WPPRC

世界政党
理论与实践研究

山东大学世界政党研究中心
组 编

人民日报出版社

北京

图书在版编目（CIP）数据

世界政党理论与实践研究 / 山东大学世界政党研究
中心组编. —北京：人民日报出版社，2024.12
ISBN 978-7-5115-8417-5

Ⅰ. D564-53

中国国家版本馆CIP数据核字第2024GK2518号

书　　　名：世界政党理论与实践研究
　　　　　　SHIJIE ZHENGDANG LILUN YU SHIJIAN YANJIU
编　　　者：山东大学世界政党研究中心
责任编辑：梁雪云　　王奕帆
封面设计：中尚图

出版发行：人民日报出版社
社　　　址：北京金台西路2号
邮政编码：100733
发行热线：（010）65369527　65369846　65369509　65369512
邮购热线：（010）65363531
编辑热线：（010）65369526
网　　　址：www.peopledailypress.com
经　　　销：新华书店
印　　　刷：三河市中晟雅豪印务有限公司
法律顾问：北京科宇律师事务所　010-83632312

开　　　本：889mm×1194mm　1/16
字　　　数：800千字
印　　　张：41
版次印次：2024年12月第1版　2024年12月第1次印刷

书　　　号：ISBN 978-7-5115-8417-5
定　　　价：108.00元

出版说明

自2003年以来，山东大学政党研究基地始终立足中国实践、面向全球视野，深耕"党的建设理论与实践研究""世界政党理论与实践研究"两大领域，产出了一系列研究成果，该文集收录的是其中的部分成果。

二十余年间，全球政治格局经历了巨大而深刻的变革。中国和世界将如何走向未来？这是中国之问、世界之问，也是人民之问、时代之问。"四个之问"的核心问题是"政党之问"。回答"政党之问"的关键在于以更长远的历史眼光、更宽广的世界视野、更深入的比较研究，不断深化世界政党政治、社会主义国家政党政治、中国社会主义政党政治的规律性认识，以政党政治理论自觉，赢得政党政治实践主动，推动政党政治文明不断走向新的历史高度。基于这样的前提性认识，山东大学政党研究基地秉持"究政党政治之原理，发政党学术之先声"的价值追求，由"中共党史""党的建设"的研究，拓展到"中国共产党党务管理"研究；由社会主义国家马克思主义执政党研究，推进到世界政党政治整体性研究；由中国社会主义政党政治专题性研究，发展到世界政党治国理政比较研究；由马克思主义政党理论学科体系、学术体系、话语体系研究，深入到中国自主政党政治知识体系、世界政党政治基本原理研究，提出若干标识性的学术概念和学术范畴，形成一种新的政党政治解释框架，为构建中国自主的政党政治知识体系打下了较为坚实的学术基础。

需要说明的是，由于成果的时间跨度较长，某些早期观点在今日看来可能存在一定的认知局限，这恰恰是学术研究的重要注脚，不仅展现了理论发展的动态过程，更为当今提供了反思学术演进规律、推动理论创新的参照坐标。

通过文集的出版，我们既希望系统提炼中国特色政党政治研究的学术范式，也期待以历史审视的视角把握政党政治研究在中国式现代化进程中的新使命、新方向。未来，山东大学政党研究基地将持续深化政党政治理论与实践研究，持续探索政党政治研究的新领域、新方法，为构建自主知识体系、推动政党研究领域学术创新、服务国家治理现代化贡献更多"山大智慧"，为构建中国社会主义政党政治学科体系、学术体系、话语体系做出新的贡献。

编　者

2024年12月

目　录

当代世界政党政治新变化探析

付立华

摘　要：进入新世纪以来，随着世界多极化和经济全球化的发展，世界范围内政党政治空前活跃，在意识形态、组织形式、社会基础、运作方式等方面正在发生深刻变化。研究世界政党的发展变迁，更好地把握世界政党政治发展的总形势，借鉴一些国家政党长期执政的成功经验，深化对政党执政规律的认识，不断完善党的执政理论体系，提高我党的执政能力，这对于推进中国特色社会主义伟大事业和党的建设新的伟大工程具有十分重大的意义。

关键词：政党政治；执政能力建设；与时俱进

一、当代世界政党政治的新变化

政党是人类文明发展到一定阶段的产物，政党政治是当代国际政治领域中的一种重要的政治现象。从世界范围看，政党政治方兴未艾并发生着深刻变化，在世界各个国家发挥着越来越重要的作用。

其一，世界政党数量增加，世界范围政党政治空前活跃。从19世纪以来，世界政党发展史上经历了四次大的建党"浪潮"，分别发生在19世纪60年代到20世纪初、两次世界大战之间、二战之后以及冷战结束以后。据不完全统计，当今世界的5000多个政党中约有35%是冷战结束以后建立的。在前苏东地区，冷战后曾一度出现上千个政党；在非洲，20世纪80年代末，总共只有130个政党，而到90年代中期，政党数目增长到1800多个[1]。从政党类型来看，新增政党多种多样，这些政党的产生和发展打破了世界政党政治原有的格局，今天的世界政党政治丰富多彩，比冷战时期更为活跃。

其二，多党制民主化浪潮已过去，传统的政党政治格局被打破，多元化的政党政治格局已经初步形成。冷战结束以后，由东欧剧变、两极对立的结束所引发的多党制浪潮已经结束，世界上多数国家完成了政党的建立与改革，政党制度日臻完善，政党

---

[1]　梁守德：《面向21世纪的中国国际战略》，中国社会科学出版社1998年版，第398页。

政治呈现多元化的特点。进入新世纪以来，国际政治局势呈现复杂多变的特征，人类文明的多元性与发展模式的多样性更加彰显。民族文化的多元性，社会结构和社会意识的多元性，都是政党生长的丰富土壤，世界上各个国家的政党都依照本国的国情，不断调整改革，与时俱进，谋求适合本党发展的新体制，形成丰富多彩的政党政治景观。这种政党政治多元化的趋势，在发展中国家表现得尤为突出。

其三，领导国内的经济建设、协调国内社会问题，加强政党的执政能力建设已经是各国政党，尤其是执政党的首要任务。在经济全球化大潮中，随着各国经济实力和综合国力之间竞争的日趋激烈，经济和社会发展的任务变得日益重要，政党的意识形态色彩继续淡化，政府首要的责任就是提高本国的经济、社会发展水平，这已成为评判一个政党执政能力高低的重要依据。在新的历史条件下，着眼于国内经济建设、协调国内社会问题，加强政党的执政能力建设将成为世界各国政党特别是执政党的首要任务。

其四，政党成员及政党群众基础的"中间化"倾向明显。随着科技革命的迅猛发展和经济结构的深刻调整，发达国家的阶级、阶层和利益群体不断分化组合，中产阶级力量日渐壮大，社会阶级结构发生明显的变化，出现"两头小、中间大"的结构特点，政党赖以存在的社会基础也随之改变，许多政党为扩大党的阶级基础，都注重向中产阶级靠拢。现代资产阶级政党传统的左中右格局逐渐向中左、中右的态势演变，更加照顾到中间阶层的利益、愿望和要求。各类政党为争取社会中间阶层、扩大自己的选民基础展开了激烈竞争，有些党甚至把代表和体现社会中间阶层的利益作为参加竞选、上台执政的基本出发点。在一些资产阶级政党或小资产阶级政党的党员中，出现了不少工人阶级和中等阶层的代表。另外，工人阶级政党也有群众基础"中间化"的倾向，在组织上大力发展个人党员，扩大中间阶层出身的党员成分，提高党员素质，吸引更多的选民。从世界政党的发展历程来看，政党的意识形态出现淡化的趋势，将会有更多国家的政党趋向"全民化"。

其五，世界政党政治区域化、国际化趋势日益加强，政党交往成为当代国际关系中的热点。目前，国际性的政党组织有社会党国际、基民党国际、自由党国际和保守党国际等；地区性的有欧洲社会党、欧洲人民党、欧洲政党联盟、美洲基民组织等。这些政党组织，经常就共同关心的政治经济社会问题进行协商讨论，对国际事务的影响和作用越来越大，政党之间的联系、交往与合作更加频繁和密切。利用政党交往为国家的外交和经济建设服务成为今后的热点。政党（包括政党间的国际组织）之间的交往有着一般的政府交往无法代替的独特作用。2004年9月第三届亚洲政党国际会议在北京召开，标志着亚洲政党合作机制走向成熟。

其六，大众传播媒介作用加强，政党传统运作方式和组织方式逐步改变。21世纪是数字时代或网络经济时代，新科技革命令媒体发生了巨大变化，政党政治也不可避免地要面对这种转变。各国政党在媒体的作用下，政党传统运作方式和组织方式逐步发生改变，党的组织日趋松散，基层组织和党员的个人作用不断弱化，政党领袖和精英利用各种媒体获得媒介效应，来突出个人魅力和形象，以宣扬本党的主张、树立良好的政党形象。总体看来，媒介发展对政党的影响具有两面性：一方面，媒介使政党扩大了与民众沟通的渠道；另一方面，媒介也使民众相对于政党的独立性大幅增强，政党的影响力逐步下降。

二、当代世界政党政治新变化对我们的启示

世纪之交，世界政党政治所发生的一系列深刻变化，促使我们对政党的许多问题重新进行思考，这对于深入开展执政理论研究，努力提高我党的执政能力有着重大的意义。

其一，多党合作和政党制度多样化是21世纪世界政党政治发展的趋势，各国人民有权自主地选择代表本国人民利益的政党和适合本国国情的政党制度，西方的两党制或多党制绝不是政党制度的唯一模式和各国人民的唯一选择。这个判断，是几百年来政党和政党制度的历史已经证明了的，更是20世纪世界政党和政党制度的发展变化实践证明了的。由于各国的国情千差万别，经济发展水平、传统政治文化、宗教信仰和社会结构各不相同，世界政党制度没有一个统一的放之四海而皆准的模式。多党合作和政党制度多样化是21世纪世界政党制度发展的趋势，在当今世界，已有许多国家实行几个党联合执政，一党为主、多党参政，一党领导下的多党合作等多种政党合作的模式。我国实行的是共产党领导的多党合作制度，这是具有中国特色的社会主义政党制度，既适合中国国情，又符合世界各国政党制度发展的大趋势，我们必须始终坚持并不断完善这个基本政治制度。

其二，与时俱进是政党生存和发展的基本条件。任何一个政党，主观上想执政或想执好政，并不等于客观上能执政或能执好政。这完全取决于政党的先进性以及其自身具有的与时俱进的能力。而政党要实现和保持其先进性，就必须在代表先进生产力的前提下根据生产力的重大发展和社会结构的深刻变化适时调整其理论和政策，努力扩大政策主张的包容性。在新世纪，面对新情况、新形势和新问题，世界各国的各种类型的政党，都在进行理论探索和政策调整，革新自己的组织机制和活动方式，加强自己的适应能力与应变能力，努力扩大自身的影响和社会基础，以适应全球范围内经济、政治、社会的巨大变化。我们党必须以宽广的眼界观察世界，增强时代意识，正确认识当今时代特征，全面把握时代发展趋势，积极吸收和借鉴各国执政党的成功经

验。江泽民同志关于"必须使全党始终保持与时俱进的精神状态"，要"把握住时代特点""始终走在时代前列""紧跟世界进步的潮流"等一系列重要论述，是对我们党的历史经验的科学总结，也是我们党在长期执政条件下保持先进性和创造力的重要指针。

其三，加强党的执政能力建设，是执政党建设的重中之重。"党的执政地位不是与生俱来的，也不是一劳永逸的。"在新世纪，世界上一批长期执政的大党老党失去了执政地位，其兴衰成败的经验教训值得我们反思。尽管这些执政党丧失政权有着各方面的原因，但是，思想理论僵化，不重视党的执政能力建设，党的执政基础发生动摇，不能正确应对国际国内形势变化，不能有效解决国内经济和社会发展问题，却是这些执政党面临的共同问题和危机。政党只有不断增强执政能力，创造新业绩，保持党的先进性，才能始终获得人民的拥护。对于中国共产党而言，要想获得人民群众对社会主义制度、对共产党的信任，就必须提高执政能力，以政绩来取得人民的信赖和支持。加强执政能力建设，是中共执政后始终面临和不断探索的一个重大课题。党的十六大以来，从"战略任务"，到"重点"，到"重中之重"，党中央关于执政能力建设的思考在不断深化。这是中国共产党积极、主动、勇敢地迎接新考验、新挑战作出的重大战略部署，表明了中国共产党对执政规律的认识达到前所未有的新高度，是中国共产党走向成熟的重要标志。

其四，政党要确保其执政党的领导地位，实现社会的长治久安，就必须不断扩大社会基础，提高政治整合能力。阶级性是政党的基本特性，但在执政条件下，由于政党执政的对象是公共权力，而公共权力为社会各个阶级、阶层、群体和个人所共有。因此，执政党在坚持其阶级性的同时，面临着如何把因社会的不断分化而出现的新的社会阶层和群体纳入政治体系的问题，即如何"包容"新的社会力量和如何适应新的社会发展的问题。坚持阶级性，扩大包容性，不因包容性而阉割阶级性，也不因阶级性而排斥包容性，努力集阶级的先锋队和人民的、民族的先锋队于一身，是对中国共产党执政素质的一个检验，也是对其执政能力的一个考验。如果执政党的包容性和政治整合能力不强，失去了对日益分化的社会的领导能力，不能有效地领导社会，而是以强力控制社会，就会使社会窒息而失去活力。因此，执政党必须不断提高政治整合能力，及时有效地吸收各种新生社会力量，使之与现存政治秩序达到协调状态。目前，我国社会分化加剧，我们必须适应时代发展的要求，不断巩固党的阶级基础和扩大党的社会基础，使党永远保持建设中国特色社会主义事业的领导核心地位。

原载于《理论学刊》2005年第1期

世界政党政治的基本走势及其启示

付立华

摘　要：随着世界多极化与经济全球化不断向纵深发展，世界范围内政党政治出现了一些新的特点和新的发展趋势。应开阔视野、放开眼界，更好地把握世界政党政治的发展规律，借鉴世界政党发展的经验教训，以努力提高我们党的执政能力，巩固我们党的执政地位。

关键词：政党政治；基本走势；启示

进入新世纪以来，随着世界多极化和经济全球化进程的不断加快，世界政党政治发生了一系列深刻的变化，政党政治走到了一个新的历史阶段，这个阶段向所有政党都提出了新的要求。在世界性的现代化浪潮面前，政党只有顺应潮流，适应社会现代化进程的要求，适时调整自身的结构和运作，才能更科学、更有效地影响政权和政治的运作。

一、世界政党政治的基本走势

（一）政党的意识形态"中间化"倾向明显，政党的社会基础不断扩大，更多政党成为"兼容性"政党。目前，世界各国政党为了应对社会的急剧变化和全球化带来的挑战，拥有更多的党员和支持者，都最大程度地代表和满足尽可能多的不同阶级、阶层选民的愿望和利益表达，其纲领、政策和主张要求具有相当强的包容性和调和性，造成意识形态的"中间化"趋势。西方国家左、右翼政党的政策主张明显趋同，政党不再有固定的社会分层而趋向"全民化"，传统政党将逐渐由党魁政党、阶级政党、团结性政党向"兼容性"政党发展。随着科技革命的迅猛发展和经济结构的深刻调整，发达国家的阶级、阶层和利益群体不断分化组合，中产阶级力量日渐壮大，社会阶级结构发生明显的变化，出现"两头小、中间大"的结构特点，政党赖以存在的社会基础也随之改变，许多政党为扩大党的阶级基础，都注重向中产阶级靠拢。现代资产阶级政党传统的左中右格局逐渐向中左、中右的态势演变，更加照顾到中间阶层的利益、愿望和要求。各类政党为争取社会中间阶层、增加自己的选民数量展开了激烈竞争。在一些资产阶级政党或小资产阶级政党的党员中，出现了不少工人阶级和中等阶层的代表。另外，工人阶级政党如社会民主党也有群众基础"中间化"的倾向，如布莱尔领导的英国工党向中产阶级靠拢，在组织上大力发展个人党员，扩大中间阶层出身的党员成分，提高党员素质，以吸引更多的选民。从世界政党的发展历程来看，政党的意识形态出现淡化的趋势，更多国家的政党趋向"全民化"，这是政党适应社会环境变化、顺应潮流的结果。

（二）新世纪以来，与世界政治格局的多极化一样，世界政党政治也将趋向多样化，形成丰富多彩的政党政治景观。冷战结束以后，政党政治面临新的条件和新的环境，原有的政党政治模式在许多方面已不能适应新情况的要求，各种类型的政党都在谋求通过改革来找到适合自己发展的道路，因此，世界政党政治格局更趋多元化，政党制度更加多样化。由苏东巨变、两极对立的结束所引发的多党制浪潮已经结束，世界上多数国家完成了政党的建立与改革，政党制度日臻完善，在新的国际形势和时代主题下，世界政党政治呈现多元化的趋势。进入新世纪以来，国际政治局势出现复杂多变的特点，各种意识形态、政治力量与社会运动竞争并存，世界文明的多样性与发展模式的多样化更加彰显。民族文化的多元性，社会结构和社会意识的多元性，都是政党丰富的生长土壤，世界上各个国家的政党都依照本国的国情，不断调整改革，与时俱进，谋求适合本党发展的新体制，形成丰富多彩的政党政治景观。

（三）随着各国经济实力和综合国力之间竞争的日趋激烈，经济和社会发展的任务将变得日益重要，着眼于国内经济建设、协调国内社会问题，加强政党的执政能力建设将成为世界各国政党特别是执政党的首要任务。当今世界，经济全球化步伐加快，世界科技革命突飞猛进，世界范围的贸易竞争以及国与国之间经济实力的较量越来越激烈。在信息技术飞速发展的新形势下，经济和社会问题日益成为民众关心的焦点，政府的首要责任就是要增强自身的适应能力与应变能力，提高本国的经济、社会发展水平，这也已经成为评判一个政党执政能力高低的重要依据。在新时期，面对新形势和新任务，领导国内的经济建设、协调国内社会问题，提高自己的政治影响力，加强政党的执政能力建设已经成为各国政党，尤其是执政党的首要任务。

（四）新世纪伊始，政党国际性组织与区域性组织纷纷开展活动，就共同关心的国际问题交流看法，世界政党政治区域化、国际化趋势日益加强，多边政党活动日益频繁，政党交往成为当代国际关系中的热点。随着世界多极化与经济全球化进程的不断发展，跨国政党组织或国际政党越来越多，这些政党组织经常就共同关心的政治经济社会问题进行协商讨论，对国际政治的影响日益增大，利用政党交往为国家的外交和经济建设服务成为今后的热点。政党以及政党国际性组织之间的交往有着一般的政府交往无法代替的独特作用。一是能够表达不同社会阶层的意愿和要求，影响国家和国际组织的行为和决策；二是可以创造和提供非政府性的对话和信息渠道，使得国家间的交流和沟通具有更大的灵活性和多样性，解决国家和政府组织不便于、不愿意、不应该介入的双边事务和国际问题。近年来，我们党与世界各国各类政党广泛开展友好交流，一个全方位、多渠道、宽领域、深层次的政党外交新格局已经形成。2004年9月，第三届亚洲政党国际会议在北京召开，与会各国政党代表围绕"交流、合作、发展"的主题，就"地区安全与多边合作、经济增长与社会进步、政党建设与国家发展"三个议题进行了热烈的讨论，达成了许多共识，标志着亚洲政党合作机制走向成熟。

（五）现代信息技术的发展和媒体作用的增强，使世界政党面临新的挑战。为了适应现代化的要求，政党的媒体化倾向加强，政党传统运作方式、组织方式和意识形态逐步改变。媒介是现代社会的重要部分，现代科技革命令媒体发生了巨大变化，政党政治也不可避免地要面对这种转变。各国政党在媒体的作用下，党的组织日趋松散，基层组织和党员的个人作用不断弱化，政党领袖和精英利用媒体获得媒介效应，来突出个人魅力和形象，以宣扬本党的主张、树立良好的政党形象。在政党领袖的选拔中，候选人是否具有媒体魅力是一条重要标准。媒体魅力即候选人不但应该具有较好的外在形象、政治才能、学识、品行等个人素质，同时，还必须熟知媒体的报道方式和运作规律，能够成功地利用媒体为自己服务。选民往往根据对候选人媒体形象的好恶来决定投票倾向，媒体在政党选举方面显示出独特的作用，政党的组织日益成为选举的机器。1997年，英国工党领袖布莱尔的选举成功，就很好地诠释了领袖媒体魅力的作用。通过电视，布莱尔展现了良好的个人品行、能力，以其充满活力、现代派的个人形象吸引了选民。由于政党的领袖可以通过媒体直接面对广大选民，对党的基层组织和普通党员的依赖性变小，基层党员在政党的政治行为中的作用和价值大幅降低，政党的运作和成功越来越依靠党内精英，这样一来，普通党员参加党内政治生活的热情降低，参加数量也越来越少，群众性政党逐渐向精英政党转变。值得注意的是，不仅仅是政党领袖凭借是否具有媒体魅力被选出，更重要的是党的纲领也要以它们能够按照传媒规律以最佳方式得到传媒为准则而加以修饰和增删[1]。政党的意识形态也因此发生改变。总体看来，媒介发展对政党的影响具有两面性：一方面，媒介使政党扩大了与民众沟通的渠道；另一方面，媒介也使民众相对于政党的独立性大幅增强，政党的影响力逐步下降。

---

[1] 托马斯·迈尔：《媒体社会与社会民主党的选举战略》，《当代世界与社会主义》1999年第2期。

二、世界政党政治新发展的启示

认真研究世界政党政治的发展规律，对于我们党深入开展执政理论研究，加强党的执政能力建设，改革和完善党的领导方式和执政方式，保持党的先进性有着重大的借鉴意义。

（一）与时俱进，保持政党的先进性与时代性是任何政党生存和发展的首要条件。政党要实现和保持其先进性，就必须在代表先进生产力发展要求的前提下根据生产力的重大发展和社会结构的深刻变化适时调整其理论和政策，努力扩大政策主张的包容性。在世纪之交的重要时刻，社会不断向前发展，时代不断发生变化，面对新情况、新形势和新问题，世界各国各种类型的政党，都在进行理论探索和政策调整，革新自己的组织机制和活动方式，增强自己的适应能力与应变能力，努力扩大自身的影响和社会基础，以适应全球范围内经济、政治和社会的巨大变化。

对于工人阶级政党来说，先进性决定着工人阶级政党的本质，这是工人阶级政党与其他任何政党相区别的根本标志，也是其存在和发展的根本依据及得到最广大人民群众信任和拥护的根本条件。而政党的先进性由时代性传承、检验和发展，时代性是政党主动适应时代需求而显示出的一种充满生机和活力的与时俱进的姿态[1]。在世界格局发生深刻变化的今天，对我们党保持先进性与时代性提出了新的更高的要求。我们党必须以宽广的眼界观察世界，增强时代意识，正确认识时代特征，全面把握时代发展趋势，积极吸收和借鉴各国执政党的成功经验，时刻保持党在纲领、理论体系、阶级基础和执政方式等各方面的先进性与时代性。江泽民指出，"必须使全党始终保持与时俱进的精神状态"，要"把握住时代特点""始终走在时代前列""紧跟世界进步的潮流"。这一系列重要论述，是对我们党的历史经验的科学总结，也是我们党在长期执政条件下保持先进性和创造力的决定性因素。

（二）应提高党执政的科学性，加强党的执政能力建设。"党的执政地位不是与生俱来的，也不是一劳永逸的。"在世纪之交，世界上一批长期执政的大党老党失去了执政地位，这些执政党兴衰成败的经验教训值得人们反思。尽管这些执政党的失败有着各方面的原因，但是思想理论僵化，不重视党的执政能力建设，不能科学执政，不能有效解决国内经济和社会发展问题，是这些执政党共同面临的危机和遭遇失败的根本原因。政党只有提高执政的科学性，不断增强执政能力，创造新业绩，才能巩固其执政地位，与时俱进。

加强执政能力建设，是我们党执政后始终面临和不断探索的一个重大课题。对于

---

[1]　王韶兴:《论工人阶级政党的先进性与时代性》，《马克思主义研究》2002年第2期。

我们党而言，要想获得人民群众对社会主义制度、对党的信任，就必须提高执政能力，以实际行动来取得人民的信赖和支持。世纪之交，深刻变化的国际局势和艰巨繁重的国内现代化建设任务，迫切要求党提高执政能力和执政水平。2004年9月16日，在北京召开的党的十六届四中全会审议通过《中共中央关于加强党的执政能力建设的决定》，"深刻阐述了加强党的执政能力建设的重要性和紧迫性，全面总结了半个多世纪以来党执政的主要经验，明确提出了加强党的执政能力建设的指导思想、总体目标和主要任务"[1]。党的十六大以来，从"战略任务"，到"重点"，再到"重中之重"，党中央关于执政能力建设的思考在不断深化。这是我们党积极、主动、勇敢地迎接新考验、新挑战作出的重大战略部署，表明了我们党对执政规律的认识达到前所未有的新高度。

（三）一个政党，尤其是执政党，要确保其执政党的领导地位，就必须具备广泛的包容性和整合能力，尽可能广泛地顾及不同利益集团的利益、愿望和要求，寻求不同社会利益之间的调和而不是对抗。阶级性是政党的基本特性，但在执政条件下，由于政党执政的对象是公共权力，而公共权力为社会各个阶级、阶层、群体和个人所共有。因此，执政党在坚持其阶级性的同时，面临着如何把因社会的不断分化而出现的新的社会阶层和群体纳入政治体系的问题，即如何"包容"新的社会力量和如何"适应"新的社会发展的问题。坚持阶级性，扩大包容性，是对执政党素质的一个检验，也是对其执政能力的一个考验。政党作为阶级、阶层和社会集团的政治组织这一本质特征不会改变，但为了执政，政党必须考虑到多数选民的要求，在维护本阶级根本利益的同时，还需协调全社会的利益，提高政治整合的能力，从而有效地领导社会。因此，执政党必须切实加强党的建设，不断提高政治整合能力和自我调整能力，及时有效地吸收各种新生社会力量，积极应对社会的急剧变化和现代化带来的挑战，使之与现存政治秩序达到高度的整合状态。在知识经济快速发展的今天，随着社会主义现代化事业的进一步展开，我国的产业结构优化升级，其中的一个重要表现是，工人阶级结构不断优化、丰富和扩展，工人阶级内部逐渐形成知识水平高、懂技术、会管理的脑力劳动阶层。我们党必须适应社会现代化进程的要求，提高自我调整的能力，及时吸收这些新生力量，不断巩固党的阶级基础，扩大党的社会基础，使党在推进现代化建设过程中不断发展和完善自己。

值得注意的是，这种借鉴并不意味着照搬照抄西方政党和政党体制的模式。一个优秀的政党，不是能把世界上最流行的政治模式搬来的政党，而是能够把人类政治文明的优秀成果与本国国情有机地结合在一起、创造更适合自己的政治制度的政党。我们党应该是这样一个政党，也有能力成为这样一个政党。世界各国的政党和政党体制

---

[1] 《加强党的执政能力建设的重要纲领》，《人民日报》2004年9月21日。

因各国的国情（经济、政治、文化、宗教信仰和社会结构）各不相同而没有一个统一的模式。各国人民有权自主地选择代表本国人民利益的政党以及适合本国国情的政党制度，任何对他国模式的移植和照搬照抄都不可能成功。西方国家的政党和政党体制植根于西方国家特定的政治经济环境和社会土壤，西方的两党制或多党制绝不是政党制度的唯一模式和各国人民的唯一选择，多党合作和政党制度多样化是21世纪世界政党政治发展的趋势，这是几百年来政党和政党制度的发展实践证明了的。在当今世界，已有许多国家实行几个党联合执政，执政党为主、多党参政，一党领导下的多党合作等多种政党合作的模式。我国实行的是中国共产党领导的多党合作制度，是具有中国特色的社会主义政党制度，既适合中国国情，又符合世界各国政党制度发展的大趋势，必须始终坚持并不断完善这一基本政治制度。

原载于《广西社会科学》2005年第5期

欧盟层面政党：构成、功能及其走势

李 宏

摘 要： 就总的特征而言，欧盟政治是"两级政治"，欧盟的方方面面都打下了这一特征的烙印，政党自然也不例外。欧盟的政党体系是由两个层次构成的，一个是民族国家层次，另一个是欧盟层次，即超国家层次。从政党的架构来看，欧盟层次的政党已经与民族国家政党相类似，但是，就政党的地位与功能而言，欧盟层次的政党却难以发挥类似政党在民族国家中的那种核心作用。我们可以把欧盟各成员国的政治称为"政党政治"，但却不能把这一称谓加之于欧盟政治。本文的主要目的是在比较欧盟两级政党架构和功能的基础上，探寻限制欧盟层面政党作用的各种因素，并对其未来的走势进行分析。

关键词： 欧盟；政党；民族国家；超国家

欧盟的政党体系涵盖两个层次，即民族国家层次和超国家的欧盟层次。就民族国家的层面来说，欧洲是近代政党的发源地，是政党制度最完备和政党政治最活跃的地区。欧盟层面的政党是欧洲各国在一体化过程中产生的，是欧洲特有的一种政治现象，发展尚不成熟。本文的主旨是在概括民族国家政党组织架构及其在国内政治中的功能、作用的基础上，探讨欧盟层面政党在欧盟政治中的地位和作用，并通过比较的方法，分析欧盟层面政党在欧盟政治中存在局限性的原因及未来的发展趋势。

从起源的角度来看，政党是民族国家的国内政治组织。近现代意义上的政党起源于欧洲，它得以产生的前提条件是资产阶级革命的胜利、资产阶级民主制度的创立发展，以及与此紧密相关的近现代意义上民族国家的形成与成熟。民族国家这种组织形式的出现不是偶然的，它是资本主义经济、政治和思想文化发展到一定阶段的产物，是与资本主义的生产方式相适应的。在民族国家逐步成熟的过程中，"当社会中的民族内聚力开始足以容忍政治分裂，并容忍为权力而进行有组织竞争，并力图使其制度化时，政党便开始产生了"[1]。因此，所谓政党就是因寻求占据国家内部决定性权威地位而参与选举竞争的持久性组织，其目标则在于获取权力[2]。政党的出现以及在一个国家政治结构中所占据的中枢地位，使现代政治结构更加牢固，政治系统更加具有弹性和稳定性，几乎成为西方政治生活中的"唯一重要的机制"[3]。沙茨施奈德曾指出："政党的产生是现代政府的显著标志之一，政党创造出民主政治，现代民主政体不容置疑地与政党制度互栖共生。"[4]在当代世界政治中，政党已成为各种类型民族国家普遍存在的政治现象[5]。

就政党的组织架构而言，现代意义的政党应具备以下几个特点：一是组织的延续性，即组织的预期寿命并不取决于现任领导人的寿命；二是存在具有长期性的地方组织，在地方组织和全国组织之间存在定期沟通和其他联系；三是在国家和地方各级，领导者能自觉地决定单独或与他人联合获得和保持决策权，而不仅仅是对行使权力施加影响；四是关注组织在寻求选举的支持者或以某种方式争取大众支持方面的作用[6]。以政党的发源地英国为例，早在1832年保守党便在各选区设立选区协会，登记拥护保守党的选民并组织竞选。1867年选举法通过以后，保守党又把各选区的协会联合起来，建立"全国保守党与宪政协会联盟"，以统一全党的宣传和竞选工作。1870年设立保守党行政机构"中央事务所"，管辖党务工作，1886年又决定成立保守党的区域组织。通过这些组织的设立，保守党基本上形成了领袖、议会内组织、议会外组织和党的行政机关这样的组织结构，在这种组织结构中，中央和地方组织之间有着直接的联系纽带。其后英国的自由党和工党也大致经历了类似的过程，并建立起类似的组织机构[7]。到了19世纪末，在英国政党制度中已经形成了如下基本事实：在议会中存在着紧密结合在一起的永久性集团；在议会外存在与议会内的集团有着明确关系，并在同样的政治标签下密切结合在一起的永久性组织；议会内外的这些组织不断影响着选民。

---

[1] 杨光斌：《政治学导论》，中国人民大学出版社2000年版，第132页。李普塞特也认为，社会分化形成了政党，政党而后又加强了这些社会分化或裂痕。在西欧社会的发展中，一些重要历史阶段中的重大因素造成了社会分化，如民族革命、工业革命、后工业革命，从而促成了新的政党的产生。参见［英］罗德·黑格、马丁·哈罗普：《比较政府与政治导论》，中国人民大学出版社2007年版，第274页。

[2] 罗德·黑格、马丁·哈罗普：《比较政府与政治导论》，中国人民大学出版社2007年版，第268页。

[3] 王惠岩：《政治学原理》，高等教育出版社2002年版，第188页。

[4] E.E.Schattschnieder, Party Government, New York: Holt, Rinehart & Winston, 1942, p.1.

[5] 在全世界二百多个国家和地区，除二十多个国家和地区外，均实行政党政治。参见王惠岩：《政治学原理》，高等教育出版社2002年版，第179页。

[6] 林勋建：《当代西方政党研究译丛》总序；参见［意］G.萨托利：《政党与政党体制》，商务印书馆2006年版，第4页。

[7] 杨光斌：《政治学导论》，中国人民大学出版社2000年版，第147页。

在民族国家民主政治中，为了保持政治体制的整体性并使其运转，政党拥有以下功能。一是利益聚合与表达功能[1]。现代社会是一个利益多元的社会，政党需要将其所代表的社会阶级或阶层的利益，通过选择、归类和综合，以政治目标、纲领或政策等形式聚合反映出来。在这里，政党充当社会和国家之间的过滤器，决定着哪些要求可以穿过过滤网[2]。在选举获胜掌握行政权力之后，政党将使其所代表的利益得到实现或部分实现[3]。二是政治整合功能。为了扩大自己的选举基础，政党通常会欢迎新的利益集团加入自己的阵营，允许它们表达意见或者将其意愿写进党的纲领，这就赋予了这些利益集团实际的和心理上的利害关系来支持整个政治体系。利益集团的成员感到自己有了代言人，自然就会产生出为政治体系高效工作的内在要求和对政治体系的忠诚[4]。政党一方面为公民提供经常性的参与途径，保证了公民的正常参与，另一方面又抑制了公民参政过度膨胀的可能性。因此，政党在维护政治体系稳定有效运转，维护社会稳定方面具有重要的作用[5]。三是精英录用功能。政党是为公共职位准备和录用候选人的主要机制，"谁要是想充当国家领导，谁就必须首先说服某个政党将其当作候选人"[6]。四是选举组织功能。政党在选举中最主要的功能就是通过宣传、造势，使选举议题简单化、明确化，从而使选民明晰各个政党的基本主张，便于他们在复杂的选项中进行选择，吸引选民进行投票。没有政党的宣传，许多选民就会对大选置之不理。五是政府管理功能。通过竞选，获得胜利的政党获得组建政府，行使政府职能，使他们具备了把政党意志转变为国家政策的可能性。政府可以凭借其在议会中的多数席位，控制决策和方案的通过，从而有利于对国家的有效管理和提高政府的工作效率。与此同时，在竞选中失利的政党充当反对党，反对党既是政府行使权力的最有效的监督机构，也是后备政府，它与执政党在"政治游戏规则"上是一致的，而且它有一个"影子内阁"，它的前座议员对应着一定的大臣职位，他们定期开会，研究决定政策和策略。反对党通常在某些事务上与政府合作，发现执政中存在的问题并提出相应的解决方案，起着政府帮手的作用。

综上所述，在民族国家层面的代议制民主中，政党（包括执政党和反对党）在整个政治结构中处于核心位置，并且是政治系统中最活跃、最有能力的政治主体，是使现代政治系统得以持续运转的关键因素。也正是在这个意义上，我们可以把西欧政治

[1] 迈克尔·罗斯金等：《政治科学》，华夏出版社2001年版，第217页。

[2] 罗德·黑格、马丁·哈罗普：《比较政府与政治导论》，中国人民大学出版社2007年版，第268页。

[3] 罗德·黑格、马丁·哈罗普：《比较政府与政治导论》，中国人民大学出版社2007年版，第140页。

[4] 迈克尔·罗斯金等：《政治科学》，华夏出版社2001年版，第217页。

[5] 傅金铎等：《国外主要国家政党政治》，华文出版社2001年版，第6页。

[6] 罗德·黑格、马丁·哈罗普：《比较政府与政治导论》，中国人民大学出版社2007年版，第268页。

称为政党政治，即指政党掌握或参与国家政权，并在国际政治社会生活和国家事务及其体制的运行中处于中心地位的政治现象[1]。

二

与民族国家的政党组织结构相类似，在欧洲一体化的过程中，政党组织跨越了民族国家的边界，形成了超越国家层面的政党组织架构。从目前的情况来看，欧盟层面政党组织架构由三部分构成，即欧洲议会内的党团、议会外的跨国政党联盟和区域委员会。

欧洲议会党团是指议会内属于一个政党或属于几个政党的政治倾向相同的议员组成的集团。在欧洲各国议会中，党团这种组织形式早已有之。国家议会的党团一般有三种形式，一是跨党派的议会党团，二是由一个党派组成的党团，三是一个党派内部组成的不同党团[2]。欧洲议会党团与民族国家议会党团的不同之处在于这个党团是由同一个政党家族中的来自不同民族国家的政党所组成的，亦即它的跨国特性。欧洲议会的前身是1952年9月成立的欧洲煤钢联营共同体的共同大会（the Common Assembly）。1953年1月，共同大会的代表认为，大会专业委员会的构成除了反映国家之间的平衡，还应当反映不同政治取向之间的平衡。为此，一些意识形态相同或相近的政党形成了一些非正式的团体，这些团体构成了欧洲议会党团的雏形。由于这种政治运作方式与各国议会的运作方式及政治惯例相吻合，很快得到了共同大会的认可。1953年6月，煤钢共同体大会制定了可以组建党团的新规定，增补的《共同大会程序条例》规定：议员可以根据他们的政治倾向组成党团，每个议员只能加入一个党团；组成一个党团需要有占总人数的12%的议员，即9名以上的议员可以组成一个党团。这一规定确认了欧洲议会党团存在的事实并赋予了议会党团以合法性。1957年，"共同大会"改名为"欧洲大会"（the European Assembly），1962年又改为"欧洲议会"（the European Parliament）。煤钢共同体大会建立之初只有三个党团，它们是由38名议员组成的基督教民主党党团，由23名议员组成的社会党党团和由11名议员组成的自由党及其联盟党团。随着欧洲一体化的进展，成员国数目的增多，欧洲议会议员数量的增加，党团的数量也在不断增加。2009年欧洲议会选举后的党团组织有7个，即占有265个席位的欧洲人民党（天主教民主党）党团（EPp），占有184个席位的欧洲社会党与民主党进步联盟党团（S&D），占有84个席位的欧洲自由党和民主党联盟（ALDE/ADLE），占有55个席

---

[1] 梁琴、钟德涛：《中外政党制度比较》，商务印书馆2001年版，第7—8页。

[2] 阎小冰、邝扬：《欧洲议会：对世界上第一个跨国议会的概述与探讨》，世界知识出版社1997年版，第111页。

位的绿党和欧洲自由联盟党团（Greens/EFA），占有54个席位的欧洲保守党与改革党团（ECR），占有35席位的欧洲联合左翼与北欧绿党左翼党团（GUE/NGL），占有32席位的自由和民主欧洲党团（EFD），以及27位无党团议员[1]。

作为一个超国家机构，欧洲议会采取了诸多措施以促进跨国党团的发展。首先，欧洲议会几次修改程序条例，降低由多国议员所组成的跨国党团最低人数的限制。1987年《欧洲议会程序条例》规定：23名（4.4%）来自同一个国家的议员可以组成党团；18名（3.5%）来自两个国家的议员可以组成党团；来自三个或四个国家的议员只需12名（2.3%）就可以组成党团[2]。随着欧盟的扩大，1994年新的《欧洲议会程序条例》再度调整了组成党团的人数，规定26名（4.5%）来自一个成员国的议员可以组成党团，21名（3.7%）来自两个成员国的议员和16名（2.8%）来自三个成员国的议员、13名（2.3%）来自四个成员国的议员可以组成党团。其次，除了用程序规则促进多国跨国党团的形成和发展，党团还得到来自欧洲议会的资金支持。一般来说，党团专用的经费占议会总预算的15%左右。经费分配主要依据三个标准：一是特定基数，即每个党团一份；二是人数，即党团的人数越多经费就越多；三是成员国的数目，即党团内议员所属的国别越多经费就越多[3]。第三，议会还按照党团的规模来分配一些重要的职位，如委员会成员、议员的坐席以及报告的起草人等重要职位。程序条例的调整、资金的分配标准以及重要职位的倾斜有效地促进了议会中各国党派的党团化：欧洲议会中党团化的比例很高，党团外独立议员的比例极少能超过10%，一般保持在6%~7%，2009年选举中无党团议员只有27名，约占全体议员总数的3.7%[4]。

党团是议会活动中的一个重要层次，发挥着一定的功能。迈克尔·帕尔默认为党团的作用主要体现在两个方面：一是在议会工作的组织方面；二是在影响议会的决策方面[5]。首先，党团可以影响并决定欧洲议会重要职位的安排，如议长、副议长和司务官等职位；其次，党团在欧洲议会的最高决策机关中发挥影响作用。在议会的全体大会中，党团是基本的组成单位，议员们并不是以国家代表团就座的，而是按照跨国党团就座的，即依照意识形态的划分来就座。在大会中，与无党团议员相比，党团议员享有一些重要的权利，如优先发言权及要求进行或停止进行辩论的权利，要求休会的

---

[1] http://www.europarl.europa.eu/parliament/public/staticDisplay.do?id＝146&language＝en.

[2] "European Parliament：Rules of Procedures"，Lux-embourg：Office for Official Publications of the European Communities，1987，p.25.

[3] 阎小冰、邝扬：《欧洲议会：对世界上第一个跨国议会的概述与探讨》，世界知识出版社1997年版，第114页。

[4] http://www.europarl.europa.eu/parliament/archive/staticDisplay.do?language＝EN&id＝213.

[5] Michael Palmer，European Parliament：what it is，what it does，how it works，Oxford：Pergamon Press，1981，p.68.

权利及选择委员会报告起草人，提出质询的权利。在某种意义上，党团在欧洲议会中占据主导地位。

欧盟层次上的另一个跨国政党组织是由各国政党所组成的跨国政党联盟。跨国政党联盟是由跨国政党合作组织演进而来的。当前在欧洲政治舞台上的跨国政党联盟主要有四个，即欧洲社会党、欧洲人民党、欧洲自由民主联盟、欧洲绿党联盟。政党联盟形成于20世纪70年代中期对欧洲议会第一次直选的准备阶段，最早是1974年4月成立的欧洲共同体的社会主义联盟，接着是1976年3月成立的欧洲自由和民主党联盟，1976年4月欧洲基督教民主党的欧洲人民党成立，绿党在1984年建立了一个跨国协调组织——欧洲绿党协调。在当时，这只是一些非常松散的组织，没有清晰的政策定位。80年代，欧共体各国为建立欧洲联盟进行了谈判，围绕《马斯特里赫特条约》进行的谈判和批准过程，对跨国政党联盟的发展产生了积极的影响，与会者希望以意识形态为界而不是单纯地以国家利益为中心来寻找同盟者。在前三个政党联盟秘书长的运作下，《马斯特里赫特条约》引入了"政党条款"即138a条。该条款规定："欧盟层次的政党是联盟内部一体化的一个重要因素，它们有助于欧洲意识的形成和联盟公民政治意志的表达。"根据这一条款，社会党、自由党和基督教民主党联盟建立了新的更为紧密的组织。1992年11月，建立了欧洲社会党；1992年11月，欧洲人民党采纳了新的章程；1993年6月，建立了欧洲绿党联盟；1993年12月，建立了欧洲自由、民主改革政党。而且，每个政党组织都加强了他们与欧洲议会内党团的联系，以及与委员会、理事会及欧洲理事会中本党代表的联系。

跨国政党联盟建立以来最具实质性的进展是政党领导人峰会的制度化。最初，这是国内政党领导的非正式会议，但是在20世纪80年代后期，这一会议成为各自政党联盟内的核心决策机构。对于欧盟运转来说更有意义的是，这些政党领导人会议开始依照欧洲理事会的议程和日程而组织起来。这意味着来自同一政党家族中的民族国家的政党领袖在欧盟历史上第一次有动力聚集在一起，以便在欧盟政府首脑会议之前达成一个共同的符合欧盟中长期议程的纲领。

除议会内党团和议会外的跨国政党联盟以外，欧盟层面的政党还有区域委员会（COR）中的党团。区域委员会是由《马约》确定建立的，目的是满足地方和区域当局在欧盟表达其利益的要求，区域委员会有344个成员[1]。和欧洲议会一样，区域委员会在成立不久就成立了党团，目前共有四个，分别是欧洲人民党党团（EPp）、欧洲社会党党团（PES）、欧洲自由民主与改良党党团（ALDE）和欧洲联盟党团（EA）。区域委员会中党团的产生是欧盟层次政党体系的又一个重大发展。

---

[1]　http://www.cor.europa.eu/pages.

欧盟在制定条款及建立类似民族国家政党架构的同时，还引入了与民族国家议会制竞争性民主政府模式相类似的方式，即选举。自1979年第一次直选以来，欧洲范围的选举每五年进行一次，至今已举行了六次。

从以上的阐述中可以看出，在组织架构上，欧盟层面的政党体系与民族国家政党体系极其相似，即在议会中存在着紧密结合在一起的永久性集团；在议会外存在着与议会内的集团有着明确关系，并在同样政治标签下密切结合在一起的永久性组织。欧洲层面政党组织的出现和发展，改变了欧盟的政治结构，即在欧盟层面的治理机构和民族国家的民众之间加入了一个政党因素，从而使欧盟这一政治系统更加类似于民族国家的政治系统，这为在欧盟层面引入代议制民主、建立超民族国家的架构提供了可能性。

三

然而，尽管自《马斯特里赫特条约》以来，在欧盟层面上的政治党派已经被公认为一体化的重要因素之一[1]，尽管在组织架构及制度建设方面都有了长足的发展，尽管在形式上已具备了竞争性民主所具有的基本要素和基本制度，如跨国层面的政党、政党制度、选举制度和议会制度，但真正的竞争性民主体制并没有因此到来，欧洲议会中的跨国党团与议会外的跨国政党联盟在整个欧盟政治中的作用还十分有限，还不能与政党在民族国家政治过程中所发挥的那种核心作用相提并论，欧盟政治不同于其成员国那种政党政治仍然是一个显而易见的事实[2]，欧洲仍然是"国家之欧洲"。那么，该如何来解释这种现象呢？

欧盟层面的政党难以发挥民族国家政党那种核心作用，首先应归因于欧洲议会跨国特性本身所固有的缺陷。一般来说，民族国家议会的主要功能是代表、审议和立法。"还有其他一些功能，对某些议会具有关键意义但并不是对所有议会都重要。这些功能

---

[1] 尤利·德沃伊斯特：《欧洲一体化进程——欧盟的决策与对外关系》，中国人民大学出版社2007年版，第51页.

[2] 对于欧盟政治是否是政党政治，学术界有不同的意见。西蒙·希克斯认为欧盟政治就是政党政治。"欧盟政治就是政党政治。这一点对于一个偶尔对欧盟进行观察的人来说似乎并不太清楚。但是，如果做更细致的观察，你会发现政党组织、标签、意识形态、政策、联盟和利益集团占据着中心舞台。在国内和欧洲层次上的所有政治家都是政党领袖，他们当前的位置和未来的职业生涯都拜选举的成功和'他们'所在政党的政策立场所赐。在国内选举、欧洲议会选举和公民表决中，政党都是主要的行为体。它们是联系政府与议会、议会与选民的主要机构。它们在民族国家和欧盟领域以及在欧盟自己的各个机构之间提供了重要的联系。"参见SimonHix, Political System of the European Union, Palgrave Macmillan, NewYork, 2005, p.180。

包括：产生政府、授权支出和监督行政机构。"[1]但欧洲议会的跨国特性使这一机构难以完全履行这样的功能。就代表功能来看，由于欧洲议会议员的职位是通过各国国内政党的运作来获得的，议员兼有国家身份与超国家身份，两者并不总是完全统一，在两者发生矛盾时，议员往往首先效忠民族国家的政党和国家利益。2001年德国在欧洲议会内的全部议员在政府压力下投票反对一项竞争法的通过就是一个很好的例证。

就立法权来看，欧洲议会的功能也是不完全的。从20世纪50年代一体化启动初期到1993年11月《马斯特里赫特条约》生效为止，欧盟的立法事务一直是由各成员国部长所组成的部长理事会独立负责。虽然《单一欧洲法令》和《马约》相继引入了合作程序和共同决策程序，扩大了欧洲议会在立法领域的权力，但目前的结果也只是"欧洲议会已经在立法过程中与部长理事会取得平等地位"[2]。换言之，欧洲议会不享有独立的立法权，它必须与代表民族国家利益的部长理事会共同分享欧盟的立法权，从而使其权威性大打折扣。《里斯本条约》对此作了较大的修改，将欧洲议会与部长理事会实施共同决策程序扩展到包括农业、能源安全、移民、司法与国内事务等四十多个领域，但并没有从根本上解决这一问题。例如，在欧盟对外政策领域，特别是在最具有政府间合作性质的共同外交与安全政策领域，欧洲议会就被排除在该进程之外。

就欧盟层面的行政机关——欧盟委员会的产生来看，欧洲议会的作用也十分有限。在相当长的时间内，欧盟委员会并不从欧洲议会中产生，所以议会只有批准或拒绝委员会委员提名的权力及对作为一个整体的欧盟委员会进行弹劾的权力。《里斯本条约》对此作了修改，规定议会可以选举欧盟委员会主席。最后，欧洲议会也不享有独立的预算与开支权，在实际的运作中，它与欧盟理事会一起负责欧盟的预算，只有批准或否决整个预算的权力。所以，尽管在《单一欧洲法令》，特别是《马约》之后，欧洲议会的权力和作用都不断得到加强，但仍未能从根本上改变欧洲议会由于其跨国特性而造成的这一机构在欧盟整个政治过程中的间接性，也未能改变它在一些有关税收、社会保障以及外交等重大问题上仅具咨询作用的弱者地位。也就是说，欧洲议会未能成为国内议会的有效替代者。欧洲议会在欧盟整个政治系统中的地位决定了跨国层面党团地位及其作用的有限性。

其次，欧盟特有的选举制度也限制了跨国层面政党作用的发挥。欧洲议会议员的选举并不是在跨越国家边界之上进行的欧洲层面的选举，选区仍然局限在各成员国的国界之内，候选名单的组成以及候选人在候选名单中的排名都控制在国内政党团体手中。就国内政党来说，在任何选举竞争中，它的"核心目标就是获得对国家政府职位

[1] 罗德·黑格、马丁·哈罗普：《比较政府与政治导论》，中国人民大学出版社2007年版，第357页。

[2] "Parliament becomes a truly equal lawmaker with the Council of Ministers, represent in gmember states governments", http://www.cor.eu.int/crz107.htm.

的控制。因此，欧洲选举是政党为了保持国家政府职位而展开的竞争"，而且只要国内政党决定选举中的候选人并在选举过程中控制媒体的关注，那么欧洲议会党团和政党联盟根本不可能通过做些什么来打破它们对这一过程的控制。也就是说，与民族国家议会的选举相比，欧洲议会议员的选举是次要的，是第二序列的或二流的，首要的和重要的仍是民族国家内部的大选。由于欧盟的行政机构并不从议会内部产生，且议会的作用有限，所以各国民众一般把议会选举当作是对本国国内政治经济问题的一次民意测验，是对执政党的一次信任投票，"选举权在欧洲政治中的分量要轻得多"[1]。尽管欧盟委员会认为，对欧洲政治党派的加强可以从根本上组织欧洲政治辩论以及在市民社会之间建立牢固的联系，但在尼斯谈判期间，委员会关于通过制定跨国界选举名单以加强欧洲层面上政治党派职能的建议却遭到了否决。欧洲议会选举的二流性质也影响到党团的稳定性及其在欧盟政治中作用的发挥。

再次，欧盟层面的政党本身存在的问题。一是欧盟层面政党的代表性和授权问题。从欧洲一体化的历程来看，欧盟层面政党的形成与民族国家政党的形成过程有着明显的不同，它缺乏一个核心力量，缺乏民族的认同，这使欧盟层次的政党缺少一种坚实的基础。从过去五次欧洲议会的选举情况来看，最为突出的问题是缺少欧洲普通公民与泛欧层面的政治互动，缺少一种超越成员国范围的对欧洲层面问题的共同关注，所以难以形成欧盟层面的议题。从2009年欧洲议会竞选议题来看，各成员国也只是选择与本国情况联系较为密切的议题作为欧洲议会的议题[2]。情况正如伦敦经济学院的一位教授所说："每次欧洲议会选举时，人们都力图找到一个欧洲范围内的议题，但这却从来没能发生。"[3]在2004年欧洲议会的选举中，在全欧范围协同竞选的只有鼓吹消费者权益保护和性别平等的绿党一家，其他政党都是在各国分头行动。在2009年欧洲议会选举中，虽然该党团又提出了包括环境变化、公民权利以及社会问题的选举议题，但也仅仅获得了55个席位。由于欧洲层面政党的代表及授权是不完全的，所以，与民族国家政党相比，它就难以或者根本不能履行自己在治理机构与社会、欧盟层面公共权力与个人权利应该负有的职责。二是就欧洲议会党团本身来说，其自身的凝聚力也是一个问题。在大的一致下面，其成员的观点各不相同。就欧洲自由民主联盟（Alliance of Liberals and Democrats for Europe）来说，它既包括经济自由主义者又包括社会自由主义者，前者相信自由市场经济，在社会事务上持保守态度；后者则在社会问题及对市场进行规制等问题上，比自己党团中的同道们更接近于社会民主主义者。在意识形态更为紧密的党团中，如欧洲社会党党团和欧洲人民党党团中，其差异也因每个国家对问

[1] 约瑟夫·威勒：《欧盟宪政》，中国社会科学出版社2004年版，第268页。
[2] 王军：《2009年欧洲议会选举：问题与前景》，《欧洲研究》2009年第4期。
[3] 《现代国际关系研究院张健谈欧盟跨国议会选举》，中华网2004年9月14日。

题的不同取向而显现出来。1999年，当欧洲议会对桑特委员会提出不信任投票的动议时，社会党党团的公开意见是反对这一动议。但是这一党团中几乎所有的德国议员都投票支持这一不信任动议，这使议会党团的一致性和效率受到了影响。三是民族国家正在经历的"政党危机"的影响。政党在民族国家的政治过程中起过重要的作用，可以说整个20世纪就是政党的世纪。在西欧，群众性政党为争取不断扩大的投票群体而展开竞争；在苏联、东欧国家执政党控制了全部权力以改造社会和社会中的人民；在发展中国家，民族主义政党成为把殖民统治者赶回他们老家的工具。因此，在整个20世纪"政党已经成为并将继续成为政治生活不可缺少的组成部分"[1]。但是在21世纪初，政党在西欧各国却出现了程度不一的衰退现象：政党之间的意识形态日益模糊，党员人数持续下降且日益老龄化，选民的忠诚度不断减退，政党的收入越来越依赖于国家补贴而不是党员交纳的党费。与20世纪相比，民族国家的政党虽然仍在发挥作用，但似乎已经不再是一个积极的社会施动者。[2]政党在欧洲各民族国家内部目前所面临的危机到底意味着什么还是一个未知数，对欧盟层面政党的影响和作用也有待于继续观察和研究。

综合以上三个方面的原因可以看出，欧盟层面的政党难以发挥民族国家政党那种核心作用的一个根本原因就是民族国家因素的存在，这使欧盟政治变成了两极政治。为了与现有的民族国家体系及其运转方式相融合，欧盟形成了一个立体的、多层次的、多渠道的、独具特色的治理网络，这里面既有正式的制度也有非正式的决策议程，既有欧盟层次的决策和命令，也有政府间的妥协、谅解和民族国家的保留。也就是说，欧盟政治既不具备民族国家所具有的垂直特征，也没有像民族国家那样形成一个权力中心对政策结果负责。在这种情况下，虽然欧盟在形式上具备了类似民族国家的政党制度、选举制度和议会制度，但由于民族国家以其文化、历史、语言和法律所建立的强大认同及其惯性的影响，欧盟层面上的政党以及欧洲议会还不能成为国内政党和议会的有效替代者。

就未来发展趋势而言，欧盟层面政党能够发挥何种作用在某种意义上取决于对欧盟本身的定位。美国学者约瑟夫·威勒曾指出，欧盟可以有三种定位：第一种定位是将欧盟定义为一种技术工具，一种代理机构，目的是用来解决后工业时代的一些问题，如环境保护、跨国贸易、运输以及类似的跨国问题。果真如此，那么人们根本就不应该在共同体中寻找意义和价值，而只应将其看作一种工具，得到的回报就是推翻作为政治文化主要界限的国家边界，以及作为政治与社会情感主要载体的民族国家。第二

[1] 罗德·黑格、马丁·哈罗普：《比较政府与政治导论》，中国人民大学出版社2007年版，第268页。
[2] 罗德·黑格、马丁·哈罗普：《比较政府与政治导论》，中国人民大学出版社2007年版，第269页。

种定位是从欧共体对东欧负有的推定责任中所找到的一种新的政治内涵。这种定位赋予共同体的主要历史使命就是用超国家主义的新结构来遏制民族主义的泛滥和横行。第三种定位是将欧洲联盟视为一个属于其公民而不是国民的政治体，并以此为出发点去探讨欧共体理想核心中的公民价值[1]。

　　从欧盟跨国政党的产生和发展来看，欧盟已超出了第一种定位，但第二、第三种定位尚未成为现实。如果我们将欧盟视为一个公民的政治体，那么真正的欧洲层面的政党应当在欧洲议会选举中就欧盟政策议程和欧盟的公职问题进行竞争，选民应当在欧洲议会选举中根据竞争对手的政策纲领或候选人进行选择，而且通过更紧密的政党合作，这些选择应当被转化成为欧盟层面的立法和行政行为。只有这样，才能够使欧洲从"国家之欧洲"变成"政党之欧洲"，才能填补公众期望和政治无能之间的鸿沟，才能真正解决欧盟的民主赤字问题。自《欧洲单一法令》以来，欧洲议会的权力不断得到加强，新近生效的《里斯本条约》在立法、预算等方面进一步加强了欧洲议会的权力，而且在新条约下，欧盟的决策方式和机构设置都有了较大的革新。就制度设计来看，欧盟尚有进一步发展的空间和能力，所以我们也有理由相信欧盟层次的政党仍具有发展的空间。

原载于《当代世界社会主义问题》2010年第1期

---

[1]　约瑟夫·威勒：《欧盟宪政》，中国社会科学出版社2004年版，第263、264页。

超越民族主义的东欧政党政治

——基于全球化和欧洲化的视角

方　雷

摘　要： 全球化时代，东欧国家的政治环境和政党制度发生了根本改变，东欧政党政治的发展出现新的趋势，过去无处不在的"左"和"右"之间的分野现已变得模糊不清，出现朝中间靠拢的倾向。同时，急剧的社会转型和持续的"欧洲化"进程使东欧国家内部传统的社会认同和族群意识遭遇挑战。东欧各政党针对政治形势和政治体系内相对力量的变化进行了一系列调整，以扩大社会基础，巩固或赢得政权。东欧政党政治开始显现出超越民族主义的趋势。

关键词： 全球化；欧洲化；民族主义；东欧；政党

超越民族主义的政党政治是在保持国家统一的前提下，各政党以民族共治为目标，以各民族权益平衡发展为取向，以民族关系良性互动为核心的政治运作机制。对于东欧国家来说，政党政治史就是代表民族利益的政党从要求民族自治到超越民族主义要求共治的斗争史。由他治、自治到共治，体现了民族政治的发展历程，也是当代东欧政党政治发展的趋势。在东欧，民族自治根源于对"他治"的不满和"他治"的难以为继。长期处于附庸地位的东欧国家尤其渴望独立的国家主权。冷战之后伴随着全球化和欧洲化进程的深入发展，东欧国家获得了真正的自治权利，在重新完成民族国家构建的过程中不断寻求民族共治的发展道路。虽然局部地区发生过或还存在民族分离主义的现象，但已不是主流，超越民族主义的政党政治成为区域集体认同的坚硬政治外壳。

一、全球化时代东欧民族主义的开放性

"民族国家终结""全球公民社会"和"全球治理"等意味着不同身份的政治主体可以通过适当的调节而和睦相处。全球化侵蚀了民族国家的边界，削弱了它的主权。

在全球化背景下，地方性中的世界性因素不断积累，民族成分中的世界性色彩日益增强，各民族的特殊性或差异性则成为有着一定统一性的特殊性和差异性。霍布斯鲍姆曾预言："未来的历史舞台主要属于超民族和次民族，人们将看到民族国家的语言文化如何在新兴的超民族主义重建全球的过程中被淘汰或整合到跨国的世界体系中去。"[1]在当今国际社会，任何一个国家、一个民族，都要尊重其他民族或国家的合理追求和利益，既要避免民族"自恋"情结，又要反对民族虚无主义。只有这样，才能尽可能地防止民族主义的负面作用，在全球范围内较好地解决和平与发展问题。

在全球化时代背景下，东欧国家不断发展的积极的民族主义不再盲目排外，而是着眼于国家建设，促进民族发展。转型初期以建立单一民族国家为目标的民族主义趋缓，取而代之的是以积极参与全球一体化和突出民族文化为特点的"开放的"民族主义。这是东欧各国为适应全球化发展趋势的挑战而作出的战略调整。各国为自身利益而协调立场，逐步摆脱自我封闭状态而融入国际社会，不断加强民族合作；民族间相互交流加深，狭隘的民族主义受到冲击。民族主义不再欣赏孤立意义上的独立，"这种国家与民族的共生保证了民族国家作为一种文化整体形式的存在和恢复的弹性，并持续发展到今日"[2]。

第一，全球化为东欧地区民族共生关系的发展带来可能。全球化把世界连成一个整体，加强了各社会之间的联系。随着东欧国家相互交往的日益增强，人员的流动性陡增，民族疆界渐渐打破；人们在感受自己本地的生活方式时，经常介入到更为广阔的外部世界，相互的隔离感慢慢淡化，共有的知识和体验正逐步增加。民族学意义上的民族国家，或者说"一个民族一个国家"的理念已经成为一种理想的神话。在全球化这个大背景下，东欧民族主义逐步放弃种族和文化优越的教义，削弱对抗和冲突，尊重多元化、走向开放。表现在政党政治方面，就是无论其信仰是自由主义、社会民主主义，还是激进主义、保守主义，各政党都积极进行民族文化与经济的整合，增强民族凝聚力。在东欧，民族共生为多民族的发展提供了路径，要求各民族在相互激励中合作发展。在强调共生系统中"共同价值"的同时，又积极承认各单元在共生系统中的能量释放和匹配都处于"自我"的地位，具有平等、均衡的分配系数[3]。东欧国家"民族共生关系"体现为民族之间相互平等、互惠合作、成果共享及共同优化。他们已认识到，民族平等是民族共生的前提和基础，而互惠合作则是根本的方式和法则；倡导民族互惠合作就是要在民族平等的基础上，加强民族之间对称性互惠合作的关系，

[1] 埃里克·霍布斯鲍姆著，李金梅译：《民族与民族主义》，上海人民出版社2000年版，第223页。
[2] 安东尼·D.史密斯著，龚维斌等译：《全球化时代的民族与民族主义》，中央编译出版社2002年版，第121页。
[3] 袁年兴：《共生哲学的基本理念》，《湖北社会科学》2009年第2期。

实现"共赢"和"共存"，造就一个真实的民族"命运共同体"，从而使不同民族和民族国家打破地域界限和民族壁垒，促进各国的经济政治文化交往和沟通，谋求地区经济的普遍繁荣与地区政治的持久和平。

第二，全球化带来东欧地区民族认同建构的多元化。民族主义本质上是一种集体利己主义，具有排外性，通过对"他者"的贬抑来实现对自身的积极认同。民族主义的狭隘性、排他性容易导致民族冲突与对立，不利于世界和平与安宁。而在全球化的背景下，民族认同受到身份相对化、流动化和竞争化的冲击，面临再造自我的使命。全球化对东欧国家民族主义冲击的直接后果便是民族认同的开放化，超越民的区域性认同越来越具有吸引力。东欧国家回应时代的诉求，既倾听内部的声音，又关注外部的进程，是其民族认同在当下安身立命的关键所在。这也反映了东欧国家民族疆界正被打破，跨国关系日益密切的现实。超民族的政党政治意识到了原有民族认同在全球化时代的局限性，在塑造民族认同时，以包容的心态承认和尊重其他民族的特殊性。超越民族主义的政党以开放的眼光建构民族认同，以族裔为根基、以民族为皈依，以世界和地区为观照，借助民族国家的政治影响来塑造地区认同。主张民族认同的建构是民族国家进行文化融合与政治整合的过程，其要点在于民族统一与族裔多元的平衡以及文化与政治的良性互动。它既缓解了民族与族裔的矛盾，促进了文化与政治的相互协调，同时又呼应了全球化进程。以"柔性地理""主权部分让渡"及"世界主义框架中的多元文化主义"为特征的新的东欧民族认同，通过国家的政治精英，利用行政机构、司法体系、教育和通信网络等进行文化同化和政治整合。民族政治认同诉诸法律和权力，统合不同的族裔，实现国家公民的普遍权益；民族文化认同借助历史与文化凝聚民众，抵御它者，捍卫民族身份的特殊性。两者互相倚重、互相依存，共同推动东欧民族共同体的发展。"民族认同形成本身就是世界文化多元化进程的一部分，表达的也是文化认同的多重性。"[1]东欧已经开始逐步认识到不同社会身份之间相互补充、相互建构和增进相互了解的良性互动的重要性。未来多重认同将成为东欧的一种普遍接受的模式。

第三，全球化促进东欧聚合型民族主义的发展。聚合型民族主义是同一地区内各主权国家在全球化趋势的推动下寻求合作，推进区域一体化的动力，是一种现代意义上的包容性民族主义。它试图把地区民族主义加以聚合，在区域内适当淡化国家民族主义，增强泛区域民族主义，采取一致行动来维护本地区的共同利益。当前东欧地区的一体化真实体现了民族聚合在现实中的发展。"欧盟区域经济一体化为聚合型民族主

---

[1] Ralph Schroede, Rethinking Nationalism in the Context of Globalization, in Kevin J. Brehonyetaleds. Nationalism Old and New, London: Macmillan Press Ltd, 1999, p.180.

义提供了强大的驱动力。"[1]聚合型民族主义崇尚民族合作，是地区国家的一种集体防御性反应，是维护共同民族利益的一种努力，也是一种历史进步表现。它符合东欧民族及国家利益，也顺应人类社会最终走向民族融合的发展方向。全球化背景下东欧国家各种民族文化相互碰撞、交流，极大地改变了人们的思想。在保持民族意识的同时，东欧人民的国家意识、地区意识乃至全球意识均得到了发展。这种超越国界的地区意识和全球意识促进了东欧民族的聚合和协调。随着全球化时代的到来，东欧国家正在顺应历史潮流，突破本民族利益界限，融身于国家、地区之中，以开放的心态建构理性、和平的民族主义。

二、欧洲化进程中东欧民族主义与政党政治的关系

冷战结束后，东欧国家数量的增加和独立主权意识的爆发说明了继续着的民族主义力量。同时，经济全球化也使地区意识和世界意识增强，主权观念受到挑战。东欧民族主义正被别的政治效忠的呼声冲淡，旧民族主义已不合时宜，但强权和霸权的逻辑也普遍遭到反对。与全球化趋势和欧洲化进程相适应的新秩序的构建，将预示东欧的民族主义在政党政治实践层面的复杂性。

自近代以来，民族主义在展开政治活动时都以政党为组织形式。政党政治与民族主义相互影响，共同塑造着今日的世界，并制约着政党政治的未来发展方向。随着欧洲经济一体化的发展，东欧各国政治意识形态的共生和融合也渐次加深。政党政治在东欧范围内有了趋同性，政党的超民族性使得东欧国家政党现代化和国家向民主化转型成为可能。

东欧民族主义作为该地区最具影响力的社会政治思潮，对东欧各国的政治认同和内外政策都产生了决定性影响。它以血缘、地域、语言、宗教和信仰为基础，对民族国家表现忠诚，追求民族国家独立，实现民族发展。民族主义的一切政治运作都被赋予合法性和正当性。正如亨廷顿所说的，"传统制度的解体可能会形成对新的认同和忠诚的要求，而这时民族主义就可以成为凝聚政治联盟的水泥和推动社会变革的引擎"[2]。转型初期，东欧国家各政党纷纷打着民族主义旗号，高举爱国主义旗帜，进入民族主义阵营。"由于民族主义是全体国民可以共同分享的一种精神财产，是蕴藏在国民心灵深处的，在一定程度上超越其他意识形态分歧的思想情感，它也就可以成为整合多种

---

[1] 金鑫：《有关民族主义的几种类型》，《欧洲》2002年第1期。

[2] 塞缪尔·亨廷顿著，王冠华、刘为等译：《变化社会中的政治秩序》，上海人民出版社2008年版，第281页。

族、多元化社会的黏合剂。"[1]各种政党的民族主义思想对东欧各国克服现实困难、增强民族凝聚力、实现转型发挥了重要作用。随着欧洲化进程的深入，东欧政党普遍调整政策，以扩大社会基础，巩固或赢得政权。东欧政党政治开始显现出超越民族主义的趋向。

历史上东欧的民族主义一直具有鲜明的超越阶级和政党的性质。冷战后，东欧各政党更加重视对社会发展进行管理层面上的探索，至于意识形态只是具有象征意义。许多东欧国家政党体制的"左"和"右"之间的分野现已变得模糊不清，出现朝中间靠拢的倾向，群众性政党的时代出现了。东欧的政治转型是自由民主式的，其主要标志是民众的政治选择由情感转向理性，政党政治逐渐成熟。不同政治倾向的政党或政党集团之间的紧张关系也变得缓和起来。以政党政治代替民族政治，这是东欧国家实行多党制和代议制以来的普遍现象。东欧国家转型过程中，各政党指导思想多元化，不拘泥于某种特定的意识形态而排斥另一种意识形态。东欧政党综合了自由主义、民主社会主义等各种意识形态，对于转型中的各种思想加以建设性地改造、吸收，并积极利用全人类的价值进行整合，形成了具有包容性的、与地区民族国家的实际情况相结合的各具特色的指导理论。随着时代的发展、转轨的深入，东欧国家政党除去特定政治标签，淡化左或右的分野，以"人民的全部价值观"的代表者身份，占领了一切重要的政治思想空间。而且，政党组织成分十分复杂，入党条件宽泛，在组织形态上一般都具有开放性的特征，很难说代表和维护哪个阶级的利益，都强调自己的全民性、民族性、多阶级性，宣布自己是"全民性的党"等。

伴随着欧洲化的不断推进，东欧各国政党把回归欧洲、加入欧盟和北约作为目标，并为达到此目标而进行民主化和市场化改革。东欧内部一体化进程也有了很大进展。在全球化、欧洲化背景下，东欧民族国家为实现共同利益，逐步形成强调民族国家联合的区域经济民族主义，让渡部分国家主权，建立某种超民族国家机构，形成超越民族主义的国际合作。有学者认为："以欧盟为代表的由民族国家聚合的地区主义是放大了的民族主义，是民族主义在地区框架中的发展和延伸。"[2]东欧国家实行"融入欧洲"的战略及政策，政治上都巩固和发展与欧盟的伙伴关系，全面提升多党制政治文明水准；经济上加快市场化步伐，搭乘"欧盟经济快车"以增强实力；安全上加入北约；文化上竭力融入欧洲共同的文化和价值体系；外交上拓展合作渠道，增进在重大国际问题和地区问题上的对话与协调。

进一步说，民族主义与地区主义的协调共生是东欧政党政治转型的新特征。在全

---

[1]　姜毅:《社会转型过程中的俄罗斯民族主义》,《俄罗斯中亚东欧研究》1997 年第 2 期。

[2]　庞中英:《地区主义与民族主义》,《欧洲》1999 年第 2 期。

球化与地区主义快速推进的后冷战时期，东欧地区民族主义的意识和行动必须纳入欧盟一体化的进程中。东欧诸国要实现区域一体化，必须超越排他性的地方民族主义、进攻性的极端民族主义和狭隘性的国家民族主义，实现民族主义与地区主义的协调共生。"国家民族主义在当今国际社会的一个突出表现就是区域集团化的发展。"[1]主权国家参与区域一体化、出让部分主权的目的是更好地维护和谋取本国的利益。在欧洲一体化的大背景下，东欧国家种族民族主义和民族独立等逐步淡出政治论题范围。在欧洲一体化问题上，东欧政党多数是积极的，以一种新的超越民族主义的政党政治削弱各成员国的狭隘的传统民族主义，促成民族大融合，促进东欧融入欧洲一体化。转型中，东欧民族主义在"超国家"与"政府间"不断整合，民族国家的传统民族主义逐步让位于一体化进程中的新的聚合型民族主义。在东欧各国政党推动下，民族认同超越民族国家的界限，走向多元化，培养人们超国家主义的价值取向。东欧政党引领地区人民将认同超越国界，扩大到更为广大的共同体；加入欧盟便是东欧民族国家的超民族认同之目标所在。这种区域性的民族聚合主义企图把东欧地区民族主义与经济民族主义相结合，把地区的经济一体化作为政治一体化的过渡形式，在区域内适当淡化本国民族主义，采取一致行动来维护本地区的共同利益。

东欧国家的目标就是与"文明的西方"融为一体，即在全球化进程中与西方共同体实现一体化、均质化的发展。东欧国家在超越国家民族主义上走向一体化，但"由于东欧民主化的政治文化基础的差异，政治民主远不够成熟；经济上仍然存在社会贫困化、贫富悬殊、失业、地区差距和腐败等许多问题。由于政策调整的负面影响，涌动着与一体化反向的极端民族主义的潮流"[2]。东欧国家在应对民族主义与国家建设关系上的任务，仍然是其路漫漫。在欧洲一体化的背景下，东欧国家政党正在逐步摆脱民族主义的羁绊，出现超越民族主义的合流趋向，但能否发展为西欧式的政党政治，还要经历多次选举的检验。

三、东欧政党政治超越民族主义回归欧洲

冷战之后，随着欧盟因素的不断介入，东欧各国在政治经济乃至社会生活领域发生了许多重要变化，欧盟也成为影响东欧国家的最重要的外部行为体。为了适应欧盟这个新的政治舞台，保证在欧盟层面上更好地发挥作用，东欧国家的政党不再仅仅着眼于国内，而是把目光投向整个欧洲。它们开始主动建立相应的对外机构，积极参与

---

[1]　程人乾：《论欧洲联盟国家民族主义的发展趋势》，《世界经济与政治》1995年第7期。

[2]　崔宏伟、姚勤华：《中东欧国家加入欧盟进程：战略选择与政策调整》，《俄罗斯中亚东欧研究》2002年第2期。

欧洲选举和欧洲议会的实践。为了获得外部承认与接纳，东欧政党越来越重视与欧盟其他成员国政党间的跨国接触与合作。

欧洲一体化进程并不是东欧政党发展跨国政党联系，建立跨国政党组织的唯一动因。在东欧政党登上欧盟新舞台的过程中，东欧政党政治的迅速发展同样起到了不可忽视的作用。在历经20年大规模政治改革后，政党政治发展成为东欧国家政治生活中最令人瞩目的领域[1]。多党制议会民主逐渐确立，政党联盟趋于稳固，选举系统有效性增强，这些成就都显示出东欧国家政党政治的成熟。尤其在以哥本哈根标准为代表的入盟门槛对东欧政党的党内民主和组织建设提出了更高要求时，东欧政党通过对内部制度设计和行为规则的改革调整，在群体平等、民主选举和权力分配等方面取得了长足进步，达到了欧盟对于政党民主化和规范化的要求。而在政党内部，通过建立分析处理信息、谈判和游说、自身利益表达等对外机构，搭建跨国政党间的对口协商机制与谈判对话平台，东欧政党能够制定实施更为恰当的欧盟政策，在欧盟层面上更好地发挥作用。由此，政党政治的发展和政党能力的提升成为东欧政党进入欧盟层面的最好的通行证。在内外因素的共同作用下，超越民族主义的东欧政党政治应运而生。

第一，超越民族国家层面的参与形式

东欧政党参与欧洲政治实践，建立跨国联系合作，主要包括三种形式："欧洲议会党团""欧洲跨国政党联盟"和"欧盟区域委员会中的议会党团"。通过这些形式，东欧政党将自身政治表演舞台从国内延伸到国际，并通过国际合作、寻求国际援助来满足自身政治利益。

在这些形式中，被赋予欧洲治理民主合法性来源使命的欧洲议会党团最受瞩目，并在运作上最有可能实现各国政党及议员的自身利益。自1952年欧洲煤钢共同体的代表机构——共同体大会（欧洲议会的前身）成立以来，欧洲议会经历了规模的不断壮大、权力的增设以及选举模式的变革。来自欧盟27个成员国的150多个政党组成欧洲议会的七大党团。尽管这些政治团体权力有限，但早已在形式上争取到民族国家所拥有的部分监督权、预算权和立法权等政治权力，成为制约超国家机构欧洲理事会的控制机构。2004年和2007年，欧盟分别吸纳了10个和2个东欧国家作为其新成员国，根据欧洲议会的普选原则与方法，按照人口比例在各国进行直选，议员按照党团性质而非国籍进行全欧盟层面的议题讨论。

欧洲议会作为超国家组织形式，决定了其选举后援必然也是超越民族国家地理界线的。因此，欧洲跨国政党联盟服务于欧洲议会直选，逐步建立了完善的组织体系，并按照统一的竞选纲领、竞选标识，提出统一的竞选口号。欧盟各成员国包括东欧成

---

[1] 方雷、孙奇:《中东欧国家的政治转轨——以波匈捷为例》,《山东大学学报》2006年第1期。

员国都有党员参与欧洲跨国政党联盟，并通过该组织表达其政治利益。

1993年《马斯特里赫特条约》确定建立了欧盟区域委员会，以表达并满足欧盟区域利益。区域委员会发挥咨询作用，主要表现为"审查欧盟理事会、欧盟委员会和欧洲议会通过的文件，然后起草建议，获得通过后再提交欧盟理事会、委员会和欧洲议会"[1]。欧盟区域委员会中也设有党团，其影响力也在逐步增强，党团在委员会中能够有效地表达、辩论并争取地区、区域利益，尤其是相对较落后的东欧地区。如何形成统一的政治意见并达成有关有效建设欧洲的共识，是区域委员会的主要任务。

在以上三种形式中，欧洲议会无疑发挥着核心作用，其他两大组织的一切努力最终将归结于会议的最终决策。因此，在进入欧盟层面、建立跨国合作的过程中，加入议会党团，参与欧洲议会的政治实践成为东欧政党的最佳选择。意大利佛罗伦萨欧洲大学研究院的爱德华多·布雷萨内利（Edoardo Bressanelli）认为，影响欧盟成员国在议会中党团成员身份选择的原因主要有两个，分别为基于意识形态的政党合作和基于实用主义的政党合作[2]，前者即民族国家国内政党选择意识形态相同、价值目标类似的其他国家政党，组建或加入跨国政治党团，这样在政策选择过程中就容易达成一致倾向或者协商、中和政策。"要想把欧洲统一所带来的经济优势作为继续扩大欧盟的理由，就不能离开大幅超越经济范畴的文化凝聚力。"[3]基于实用主义的政党合作，即民族国家往往以政府目标和实用主义目的为导向，在进入欧洲议会时，更加理性地考量党团在议会中的权重，避免影响力缺失以及政党孤立。这就导致党团的意识形态分歧更加模糊，成员关系更加松散，即所谓的"free ideology"。再者，欧盟的制度规则授予大党团更宽泛的资源和权力，而不加入党团或选择议会内小党团则无法实现其实际意义上的国家目标；同时，大党团对于民族国家政党而言，更具政治诱因和激励，对于国际影响力有限以及国内矛盾重重的东欧国家来说，权衡一切综合因素，加入欧洲议会中占主导地位的党团更具现实意义。

第二，东欧政党政治欧洲化的利益驱动

首先，欧洲议会党团帮助东欧国家政党融入西欧成员国的民主化政治轨道中。冷战以后，东欧国家虽然经历了政治变革，但政党体系仍然与西欧成员国有很大的差异和差距。这些异质性因素的存在对其民主化、欧洲化以及入盟进程阻扰不断，而欧洲议会党团等跨国政党组织以自身标准引导了东欧国家政党体系的现代化。东欧国家参照西方国家的政党体系，将西欧各党派以及欧盟相关组织、制度规则翻译为本国语言，

---

[1] 王明进：《欧洲层次的政党》，《当代世界》2002年第10期。

[2] Edoardo Bressanelli, National Parties and Group Membership in the European Parliament: Ideology or Pragmatism? http://euce. org/eusa/2011/papers/6f_bressanelli. pdf, pp. 6-10.

[3] 田烨：《欧洲一体化——区域民族主义与国家民族主义的交织》，《世界民族》2011年第2期。

并明确以这些规则为导向，建立西方化的政党体系，构造自身内部的政党谱系。例如，波兰共和国社会民主党的纲领中包含了欧洲社会民主党的纲领的基本原则。左右翼政党成立的同时，纷纷同西欧相对应的政党国际建立联系，加强自身与西欧同类政党的合作关系，如各国社会民主党纷纷参加社会党国际（SI）或欧洲社会党（PES）。由此，在政党层面上先于国家、社会的欧洲化，政党政治与西欧其他国家率先达成了一体化，"跨国的政党联系在中东欧政党发展中发挥着重要作用，导致欧洲政党政治的集中"[1]。

其次，跨国党团对东欧国家国内多党议会政治具有重要影响。一方面，在民族国家内部无法获选执政的东欧国家内部反对党可以通过跨国政党联盟，参选欧洲议会，在议会党团各组织架构下进行政治活动，进而在更宽广的范围内为国内政治目标而努力。在跨国政党联盟中，各党派尤其是反对党的参与还能够对政府间会议起到一定的制约。"如果一国反对党的建议得到跨国政党联盟的采纳，该跨国政党联盟中作为执政党的他国政府首脑则必须在政府间会议上予以支持。"[2]另一方面，由于欧盟议会选举与国家选举之间存在时间差，东欧政党可以根据其得票率来衡量自身在本国政坛中的地位与受欢迎程度，从而采取相应措施，调整、完善自己先前的政治主张，以便在国内选举中获得更多的选民支持。

以保加利亚为例，2007年正式加入欧盟的保加利亚获得向欧盟派驻议员的权力并于当年5月进行了欧洲议会议员选举。参加选举的193.3万名保加利亚公民中，21.41%的选民投给了执政党保加利亚社会党，而2006年刚成立的保加利亚公民欧洲发展党竟获得了21.69%的选票。此次保加利亚社会党失利的原因在于，作为左翼政党，其经济政策上不断"向大企业妥协"[3]，早已使得国内劳动者和中小企业主非常不满，时至2009年1月，"65%的保加利亚人接近或处于贫困状态"[4]。2007年4月，能源部部长、社会党副主席奥夫恰罗夫等人接连曝出的腐败丑闻也严重伤害了2007年欧洲议会选举以及2009年地方选举中投票公民的感情。除去客观原因，保加利亚社会党在政策上并没有对2007年选举失利状况作出有效改观，以至于在2009年国内选举中，保加利亚社会党又以17.7%的得票率远远落败于得到39.72%票数的公民欧洲发展党。

最后，在财政上，欧盟是东欧政党重要的财政来源。通过欧洲议会和欧洲选举的实践获得资金支持和物质资源，成为东欧政党实现自身发展的重要手段。欧洲议会党团能够得到欧洲议会的财政支持，其中党团专用经费占欧洲议会总预算的15%左右。

---

[1] 孙敬亭：《转轨与入盟——中东欧政党政治剖析》，中国文史出版社 2006 年版，第 205 页。

[2] 王明进：《欧洲层次的政党》，《当代世界》2002 年第 10 期。

[3] 孔寒冰、项佐涛：《保加利亚社会党欧洲议会议员选举失利的原因和影响》，《中国特色社会主义研究》2007 年第 5 期。

[4] 夏纪媛：《保加利亚社会党 2009 年大选失利的原因》，《国际关系学院学报》2010 年第 2 期。

党团越大，其所涵盖的国家议员数越多，党团所能获得的经费份额越大。这部分经费很大一部分被分配给各民族国家的政党以支持其自身发展，因此，"党—党团关系"呈现出"基于利害关系的姻亲"特征。党团作为"供给方"能获取较多数量的议员座席，而其中的"需求方"——政党，则可获得丰厚的可支配的财政资源。而在东欧，政党的财政收入受到严格监督。许多国家规定，政党在选举中必须设立专门机构来管理统计选举中得到的捐赠和收入，而且要在选举结束后向议会提交公开的财务报告[1]。在国内财政渠道受限的情况下，从欧盟和欧洲议会中获得资金支持成为东欧政党纷纷采用的办法。

第三，东欧政党政治欧洲化的可能后果

随着欧洲化进程的不断深入，东欧政党能够突破民族和国家的界限，在欧盟层面和欧洲议会中发挥自身作用。在欧洲议会中，议员按照党团性质而非国籍讨论议题的制度，也提供了各国政党平起平坐、共同协商的可能。但在实际的政治运作中，国家实力、政党自身规模和政党在国内的政治地位，都在客观上对政党在欧盟层面的利益诉求造成影响。来自弱小国家或是自身影响力有限的政党的意见往往被忽视，其利益诉求也难以实现。因此，对于东欧政党来说，欧洲化并非有百利而无一害，如何在欧洲政治实践中表达自身及其所代表的社会阶层的利益诉求，进而维护本国的利益和价值观，成为摆在东欧政党面前的一道难题。

首先，欧洲议会各大党团虽然在原则上按照政策偏好与意识形态而组建，但在1979年欧洲议会直选之后，随着党团规模的扩大，党团的构成模式发生了巨大变化，各党团为最大程度地获取在欧洲议会中的席位，不断吸纳新的民族国家政党，其构成日益复杂化。为应对这种局面、协商党团内部的机会与资源分配、统筹政策目标，国家代表团在党团内部的出现改变了党团的内部组织结构，并对欧洲议会党团的运作产生了重大影响。由于国家代表团是由党团中来自一个国家的议员构成的，那么国家代表团的存在必然部分取决于民族国家自身的利益最大化；通过党团内部权力资源的分配，如专门委员会、议会执行局的成员资格划分，在一定程度上将国内政党的影响映射到欧洲议会党团中。虽然这些职位分配在理论上要顾及国家代表性，但在党团中占据较多席位的大国必然在这些职位分配上拥有较大主动权，并且在语言分量上也更具权重。

其次，欧盟的特定组织架构决定了欧洲议会不得不"避轻就重"，有意或无意地忽视一些微弱声音，尽可能达成与多数主流声音一致的政策目标。相较于欧盟其他组织

[1] Vera Stojarová, Jakub Šedo, Lubomír Kopecek and Roman Chytilek, Political Parties in Central and Eastern Europe, In Search of Consolidation, IDEA (International Institute for Democracy and Electoral Assistance), Sweden Stockholm: March 19, 2007, p. 29.

机构而言，欧洲议会所拥有的部分立法权少于欧洲联盟理事会（原称部长理事会）；针对欧盟预算决定权来说，欧洲议会也仅仅与理事会共同决定非强制性开支（结构基金、科研、环境、能源、产业政策及对第三国的发展援助等）这部分预算，而占欧盟总预算近一半的共同农业政策开支和有关执行国际协定开支等的决定权则属于理事会。对其自身而言，欧洲议会"在行使其权力时也都有严格的条件限制，即必须得到全部欧洲议员的绝对多数票（而不是参加表决的欧洲议员的绝对多数）支持才行"。这使得欧洲议会在出勤率较低的情况下，其监督、咨询功能更加受限。因此，欧洲议会的权力配额在整个欧盟的权力体系中处于劣势，也就意味着欧洲议会必须保证其现有权力最大程度地发挥，尽可能地"克服意识形态分歧而进行合作"[1]。这种情况难免对欧洲议会的公平竞争体制产生影响，削弱各国尤其是东欧国家区域利益的表达。

最后，东欧国家自身的社会政治症候影响到东欧政党在欧洲层面的准确利益表达。对于东欧政党来说，欧洲政党和欧洲议会是他们表达本国利益价值观以及民众要求的重要平台。在欧洲一体化进程中，欧盟作出的统一的制度性安排和要求可能会忽视个别国家的具体国情，损害特殊阶层和群体的利益。这时便需要东欧政党整合社会意见与民众要求，通过欧洲层面的政治实践，将代表本国的利益诉求反馈给欧盟和欧洲议会，使欧盟在制定规则时充分考虑具体情况，减少简单划一的制度性安排，推动"欧洲化"进程与各国国情相协调。但是，由于东欧国家在政治社会化程度上与西欧国家存在巨大差距，东欧政党无法有效发挥这一反馈功能。以2009年欧洲议会大选为例，在欧盟15个原成员国中，除希腊下降幅度较大外，其他国家变化不大，多数成员国的投票率略有增长。但2004年后新入盟的波兰、捷克等12个成员国的投票率与上届选举相比并没有得到明显改善，部分成员国甚至出现大幅度下滑，斯洛伐克的投票率更是只有惊人的19.6%[2]。民众参与度不足导致东欧政党无法充分整合民意，也就无法将国内民众在欧洲一体化进程中的态度和利益要求准确地传达到欧盟层面。在一定程度上，这种结果意味着欧盟决策会或多或少地"绑架"那些未参与投票的民众的意愿，与国内政治呼声产生一定的误差。

在欧洲一体化发展过程中，"欧洲层次的跨国政党组织作为联盟内部一体化的重要因素，有助于欧洲意识的形成以及欧洲公民政治意志的表达"[3]。对于东欧国家来说，"政党之欧洲"先于"国家之欧洲"积极带动了东欧国家政治的欧洲化。然而，作为"第

---

[1] 王明进：《欧洲议会党团——一种特殊的政党组织》，《北京行政学院学报》2006年第4期。

[2] 王军：《2009年欧洲议会选举：问题与前景》，中国社会科学网，http://www.cssn.cn/news/137428.htm.

[3] 王明进：《论欧洲跨国政党联盟的性质》，《欧洲》2001年第2期。

二序"[1]的欧洲议会选举使得欧洲议会党团等超越民族主义的党团活动仍然次于国内重大的政治选举。欧盟新成员国参选欧洲议会选举的很大动机源自理性的实用主义，民族国家政党利用超越民族主义的党团或政党联盟合作，无非是为了获得更多的利于自身政治发展的资源。尽管东欧国家政党的出发点是自身以及本国政府的切身利益，欧洲议会以往的制度设计对经济实力、政治民主化、人口规模都不占优势的小国而言却是弊大于利。因此，统筹民族国家发展与欧洲一体化的关系，如何在欧盟层次内尽可能表达并实现自身的政治意图，仍然是东欧国家政党面临的问题。

原载于《社会科学》2013年第1期

---

[1] 王军：《2009年欧洲议会选举：问题与前景》，中国社会科学网，http://www.cssn.cn/news/137428.htm.

金融危机与资本主义政党政治的相互作用

吕　虹

摘　要： 在全球化和自由市场经济大行其道之时，美国执政党对金融业的偏袒与关照无意间成为金融危机的重要推手。不仅如此，肇始于美国次贷危机的全球金融危机给世界带来巨大的经济压力，也对资本主义政党政治产生了深远影响。金融危机之后，资本主义政党在执政环境和治国理政的方式上发生了诸多新变化，其政党制度也出现了若干新动向。研究金融危机之后资本主义国家政党政治的新变化，总结西方政党政治经验教训，可以为中国共产党加强治国理政和自身建设的科学发展提供有益的借鉴。

关键词： 金融危机；资本主义政党政治；相互作用

政党政治最早起源于英国，是人类的政治活动和文明程度发展到一定历史阶段的产物。目前，除20多个国家和地区外，全世界200多个国家和地区均实行政党政治。西方政党政治是资本主义国家政党进行社会政治活动的合法规则、程序和方式，政党通过执掌国家政权或参与政治推行政策纲领，扩大政治影响，实现利益诉求。在全球化和自由市场经济大行其道之时，美国执政党对金融业的偏袒与关照无意间成为金融危机的重要推手。不仅如此，2007年肇始于美国次贷危机的全球金融危机给世界带来巨大的经济压力，也对资本主义政党政治产生了深远影响。本文拟探讨金融危机与资本主义政党政治之间的相互影响，总结西方政党政治的经验教训，为进一步完善中国共产党治国理政和自身建设的科学发展提供借鉴。

一、资本主义政党政治助推全球金融危机爆发

一般来说，金融危机可以分为货币危机、债务危机、银行危机等类型，但现代金融危机常呈现多种形式混合的趋势。近年来，由于美国住房市场持续繁荣，加上前几年利率水平较低，美国的次级抵押贷款市场迅速发展。2006年春季，美国次贷危机开始逐步显现，至2007年8月便已席卷美国、欧盟和日本等世界主要金融市场，后经由华尔街风暴最终演变成全球金融危机。美国次贷危机的背景十分复杂，原因也多种多样，

如美国民众的超前消费习惯、新自由主义经济思潮、金融衍生品泛滥及具体的政策工具等。然而，这些原因的背后隐藏着一个重要推手，即美国的政党政治。具体说来，美国两党的掣肘与轮番执政加速了危机的爆发，并导致其进一步扩散和演变。尽管其他西方国家的政党政治也在金融危机的发展演变中起到了推动作用，但由于此次危机发源于美国，本文拟以美国政党政治对金融危机的影响为例进行分析。

（一）争夺政权：新自由主义经济政策诱发危机

不少西方学者认为，金融危机由虚拟经济脱离实体经济、金融体系混乱、美元货币体系的不稳定性等因素导致。伦敦大学经济学教授考斯达斯·拉帕维查斯认为，在当代资本主义经济中，企业融资方式与银行等金融机构的信贷方式发生了重大变化。生产性大企业不再主要依靠贷款扩展业务，金融机构不得不瞄准单个工人或家庭的金融需求或从事投资银行业务。金融机构怀有的强烈制造金融泡沫的内在冲动，使得金融体系日益不稳定，资本主义金融危机难以避免。[1]然而，这次金融危机的发生与发展实际上是美国30年来加速推行新自由主义经济政策的必然结果。

新自由主义经济政策源于新自由主义经济思潮。所谓新自由主义经济思潮，其主要目标是减少政府对经济社会的干预，复兴传统的自由主义理想。美国执政党主要采取了以下几个方面的新自由主义经济政策：一是放松对市场的监管。由于缺乏对宏观市场特别是金融市场的监管，金融机构得以自由地追逐最大利润，投机性业务吸引了越来越多的参与者，次级贷款和由按揭所支撑的债券以及其他所谓金融创新层出不穷，造成金融市场混乱。二是倡导自由化、市场化和私有化。进入21世纪以来，工薪家庭的收入增长出现停滞或者下降，他们不得不把房屋作为抵押进行借贷以保持超前消费的生活水平，加剧消费需求不足与日益严重的贫富分化。三是输出新自由主义经济政策。长期以来，以美国、国际货币基金组织与世界银行为主的新自由主义倡导者致力于在全球强制推行自由化政策，这不仅成为垄断资本掠夺发展中国家财富的重要手段，更是美国金融资本迅速转嫁风险和损失的有效途径，加剧了世界金融市场的危机与混乱，导致全球金融体系的混乱与不均衡发展。可见，以美国为首的西方发达国家推行的新自由主义经济政策，为金融危机的爆发埋下了隐患。

新自由主义经济政策是美国两党争夺和巩固统治地位的手段。20世纪80年代初期，由于70年代经济滞胀危机的后效影响，凯恩斯经济学的退潮，以诺贝尔经济学奖得主米尔顿·弗里德曼为首的新自由主义经济学开始兴起。为了刺激经济增长，巩固共和党的执政地位，里根政府开始遵循新自由主义意识形态，将大政府、福利国家等这些

[1] Costas Lapavitsas, "Financialised Capitalism: Crisis and Financial Expropriation.", Historical Materialism, Vol.17, No.2, 2009.

支撑二战后经济发展的框架统统打碎。90年代，民主党人克林顿上台后，为了兑现竞选承诺，先后出台一系列措施，鼓励那些没有经济实力的人去买房。同时，美联储连续降低利率，并无限量向金融机构放贷，美国社会进入了一个超前消费的时代，许多人甚至靠大量借贷提高消费能力。"在克林顿政府的后期，美国联邦住房管理委员会的管理局官员就对次贷危机有过表述，但为了给戈尔上台铺路，使民主党能继续执政，这些问题被有意忽视了。当布什以微弱优势战胜戈尔上台后，他也明显看到了次贷的风险。但他一直企图拖延，想把这烫手的山芋重新交还给民主党。结果事与愿违，次贷危机就在布什政府即将结束的时候爆发了。从某种程度上说，政党政治成为美国次贷危机的根源性诱因。"[1]

（二）利益代言：权钱交易推动危机升级

"任何政党都是有阶级的，都是一定阶级利益的代表，有着自己赖以存在和发展的阶级基础。"[2]一般认为，美国民主党代表知识分子、中产阶级等中下层民众的利益，共和党则代表富裕的大资产阶级和白人的利益。然而，美国前总统杜鲁门曾说过："美国的两党制就是两党合作制。"这说明，两党制实质上是资产阶级一党——财团党——执政，只是在具体的政策上略有不同。在现今的美国，无论是民主党还是共和党，都代表大金融资本家的利益，这是选举政治与自由市场经济密切相连的必然结果。因此，美国政党政治带有浓重的大金融资本的影子，金融资本支持政治精英，政治精英庇护金融资本。当金融资本大赚其钱时，政府常保持缄默，当金融资本陷入危机时，政府首先救助的就是金融资本。当然，出于政治目的和选举需要，民主和共和两党在国会中进行了激烈的斗争。

两党相互掣肘延误救助时机。共和党执政时，布什政府曾在危机爆发之初抛出了一个7000亿美元的紧急救援方案，但该方案在2008年9月的国会表决中被民主党否决了。因为民主党人认为，这一方案顺利通过可能给参加2008年总统大选的共和党候选人麦凯恩加分。后来，由于金融危机发展迅猛，两党普遍感到美国的经济不能再如此下去了，否则所有人都将受到影响。在共和党的努力下，民主党进行了妥协，该方案在第二次国会讨论时才得以通过。民主党上台执政后，历史再次重演。为了应对近乎失控的金融危机，2009年2月13日，奥巴马强力敦促国会对总额为7870亿美元的经济刺激方案进行表决。尽管众议院以246票对183票的表决结果通过了该方案，但没有一位共和党议员在表决中投票支持。由此可见，美国政府和国会的微妙制衡牵制了救市的进程，两党在救市过程中不忘攫取更大的利益，失去拯救危机的最佳时机，大幅削弱

---

[1] 孟建波、王智：《从"次贷危机"看美国政党政治与价值观》，《银行家》2009年第2期。

[2] 周淑真：《政党政治学》，人民出版社2011年版，第212页。

了救市效果，也增加了拯救危机的成本。

两党的救助政策助长了金融大鳄的贪欲。美国是金融危机的发源地，也是危机最严重的地区之一，美国的救市方案是向濒临破产的企业注资。2008年11月，美国金融巨头花旗银行股票连续多个交易日下挫，市值不及2006年时2740亿美元的1/10。花旗告急，美国政府立即选择了直接介入的救助方法，为其债务提供担保。同时，布什政府还从7000亿美元的金融救援方案中拨出200亿美元用于购买花旗的股份。2009年2月，在奥巴马签署经济刺激计划之际，美联储前主席格林斯潘呼吁政府将银行国有化，以便解决金融系统的问题和使信贷再次流通。然而，美国政府救市政策的效果并不理想，至少短期内效果并不明显，还出现了一些负面的情况，如向花旗银行注资，花旗银行反而闹分家。更令美国民众气愤的是，华尔街的高层拿到政府的资金，不去拯救企业的危机，却将纳税人的钱装入私囊。这种做法严重违背了政府注资的初衷，损害了美国民众对这项挽救金融危机政策的信心和信任。但是，由于金融资本在美国选举中的重要影响，两党都不会坐视金融业陷入危机而不顾，对华尔街高管的贪婪也只能从道德层面予以谴责。

二、金融危机恶化资本主义政党的执政环境

"马克思主义认为，政党本质上是特定阶级利益的集中代表者，是特定阶级政治力量中的领导力量，是由各阶级的政治中坚分子为了夺取或巩固国家政治权力而组成的政治组织。"[1]政党上台执政后，必然通过领导和掌握国家政权来贯彻实现党的政纲和政策，使自己所代表的阶级或阶层、集团的意志变为国家意志，这是政党政治的核心。然而，全球金融危机爆发后，多国经济放缓，引发深刻的社会危机和政治危机。在这种背景下，一些资本主义国家的执政党面临种种压力，贯彻党纲和实施政策的执政环境变得日益复杂。

（一）作为执政基础的经济社会环境恶化

由于美国银行业违规操作严重，次贷危机不可避免地引发了金融危机，使美国很多银行、财团和企业破产。作为世界第一经济体和全球金融帝国，美国爆发危机则全世界都难以幸免。全球金融危机拖累世界经济，各国民众对政府的不满情绪呈集中爆发之势，社会动荡不安，执政党维护社会稳定难度加大。

在全球化深入发展的今天，各国经济"一荣俱荣，一损俱损"。源于美国的金融危

---

[1]　王浦劬：《政治学基础》，北京大学出版社2006年版，第209、210页。

机不仅令始作俑者自食其果，还使其他国家深受其害。一是美国经济实力受到削弱。金融危机爆发以来，美国银行体系和整个金融业存在的问题暴露无遗，大量金融企业破产，特别是一些规模巨大的投资银行轰然倒闭，极大地遏制了美国金融业在国内外的扩张，而美国政府为了救助濒临破产的金融企业，也背上了沉重的财政负担。二是欧洲全面爆发债务危机。长期以来，欧洲各国以高额的财政支出维持不切实际的高工资、高福利，造成政府财政负担过重，金融危机爆发后，欧洲各国纷纷发行国债，出台"经济刺激"计划，这进一步加剧了政府的债务负担。2009年末，全球三大评级公司下调了希腊主权评级，投资者抛售希腊国债，导致希腊陷入债务危机，在市场情绪带动下，欧洲债务危机全面爆发。三是日本经济遭到重创。全球金融危机导致全球经济自20世纪30年代以来首次出现负增长，而日本在这次萧条当中所受的冲击更大，因为日本向美国出口的耐用消费品数量极大。

经济低迷直接影响民生，导致民众抗议示威活动此起彼伏。这种社会动荡不仅发生在欧美等发达和中等发达的资本主义国家，也出现在亚非拉等发展中国家，主要表现为三个方面：一是悲观失望情绪蔓延。危机损及民众切身利益，多国失业率大幅上升。据联合国国际劳工组织的全球就业形势报告，2009年全球失业率达6.6%，失业人数为2700万人。[1]不断恶化的经济形势特别是就业前景，使民众对未来的不安全感上升。二是大规模社会抗议活动此起彼伏。2009年，法国、拉脱维亚、立陶宛、保加利亚、捷克、匈牙利和俄罗斯等国爆发了大规模的抗议活动，其他国家的罢工、抗议活动也呈多发趋势，影响最大的是美国的"占领华尔街"运动。"占领华尔街"运动的参与者反对美国政治的权钱交易、两党政争以及社会不公正。三是暴力犯罪事件增多。在各国的"占领运动"中，不少示威者以暴力行为发泄心中的不满，他们的游行还时常与警方发生冲突，导致暴力升级。此外，东欧、东南亚、非洲等一些国家的民众也诉诸暴力，表达不满，犯罪活动呈上升态势，危害社会治安。

（二）执政党在各种选举中频频失利

金融危机迅速席卷全球，公司企业和个人持有的资产严重缩水，政府债务飙升，普通家庭只能勒紧裤带，节衣缩食。在经历艰难经济生活的同时，许多选民将怨气撒向执政党，不少资本主义国家执政党在议会选举或总统选举中失利，危及甚至丧失执政地位。

美国执政党在各种选举中接连失利。2008年10月，正当金融危机在美国多个行业肆虐之时，总统选举大战正酣。尽管布什领导的共和党连续两次入主白宫，但共和党

---

[1] Bradley S. Klapper.UN, "27 Million People Became Unemployed in 2009", http://seattletimes. nwsource.com/html/businesstechnology/2010897884_apdavosforumu nemployment.html.

坐视华尔街面临20世纪30年代大萧条以来最严重的金融危机而无所作为，致使选民纷纷倒戈。民调显示，47%的选民将经济问题归咎于共和党，只有24%的选民怪罪民主党。结果不出所料，执政的共和党输掉总统大选，民主党高票上台，并在参议院改选中取得明显优势。然而，在民主党赢得白宫2年之后，选民对美国深陷经济困境的焦虑，以及对奥巴马政府的不满，点燃了共和党在众议院改选的胜利火焰，执政的民主党在中期选举（议会选举）中再度失利。

英国工党在各种选举中连续败北。自2007年北岩银行危机以来，执政的英国工党使尽浑身解数救市、救经济、救工党。从北岩银行的国有化到政府参股注资濒临破产的银行，从召开伦敦G20峰会到宣布"2010年预算计划"，都表明工党试图为这次金融危机在国内造成的影响负责。工党救市、救经济的思路是"控制赤字，加大投资，削减开销，政府干预，银行监管"。然而，选民对工党的努力并不买账，工党在国内外的选举中接连败北。2009年6月7日，英国工党在欧洲议会选举中惨败，得票数落后于英国保守党和英国独立党。2010年5月6日，工党在英国下议院选举中失败，结束了13年的执政期，再度沦为在野党。

日本执政党在国会选举中失败。金融危机重创了日本经济，日本的各项主要经济指标迅速出现战后少有的急剧下滑态势。2008年和2009年，日本GDP增长率分别为-1.0%和-5.5%，出现了战后最严重的衰退。尽管执政的自民党政府在2008年8月、10月和12月先后采取了被称为"三级火箭助推"的"紧急综合对策""生活对策"和"紧急经济对策"措施，但依然未能在选民那里获得加分。在2009年8月的众议院大选中，自民党败在民主党手下，黯然下台。然而，在金融危机的阴霾下，上台执政的民主党和国民新党联盟也未能幸免。2010年7月12日，日本执政联盟在参议院选举中失利，在野党赢得了参议院过半数议席。

三、金融危机影响西方政党参与政治的方式

政治参与是一定的政治主体从事政治的活动，是政治文明进程的一个重要变量。政治参与的一般意义是"普通的公民通过各种方式参加政治生活，并影响政治体系的构成、运行方式、运行规则和政策过程的行为"，[1]而政党参与政治活动的主要方式是执政、议政、参与政治选举和组建政府等。全球金融危机爆发之后，资本主义政党参与政治活动的方式和内容发生了深刻变化。

---

[1] 王浦劬：《政治学基础》，北京大学出版社2006年版，第166页。

（一）执政党竭力应对国内危机

治国理政是执政党对国家事务的管理，这次金融危机来势凶猛，波及范围极广，多米诺骨牌效应让许多国家对金融危机的降临措手不及，执政能力面临重大考验。面对百年一遇的金融风暴，资本主义各国执政党纷纷出台各种措施，拯救国家经济，挽回国民信心。

出台反危机政策和措施，提振经济。为了刺激经济，阻止经济进一步衰退，各国执政党采取多种应对之策：一是投入巨资拯救大型金融机构，确保经济稳定。美联储自2007年底开始，通过公开拍卖等市场操作对中小型银行进行救助。美国财政部在2008年9月推出7000亿美元救市计划，不但迅速接管了美国国际集团、房利美和房地美，还对各大金融机构如花旗集团、美国银行、摩根大通等斥资上千亿美元购买其短期债务和"有毒资产"。二是刺激经济，保障就业。美国民主党政府出台了7870亿美元的"经济复兴与再投资计划"，预计将创造350万个工作岗位。澳大利亚工党政府推出总额420亿澳元的第二轮经济刺激计划，其中大部分资金用于固定资产投资。三是减轻国民负担，缓和社会不满。在美国政府7000亿美元经济刺激计划投资中，有1900亿美元用于支持失业救济、医疗补助、食品券以及其他福利项目。

加强社会应急处置，力保社会稳定。多数执政党重视金融危机敏感期的社会稳定，一方面加强社会管控，引导社会舆论，防止民众情绪失控。许多国家注意采取行政与司法措施，甚至武力打压，逮捕和起诉有关违法人员，防止社会形势进一步恶化。另一方面，加强了与工会、社会各阶层的沟通对话，谋求弥合分歧。

加强内部团结，化解政治压力。在危机面前，多数执政党或联盟强调加强内部团结，为执政党施政护航，如埃及民族民主党会同政府与各大企业和银行进行沟通和协商，推出一系列出口和贸易行业的紧急措施。同时，一些执政党也对反对党作出必要的妥协，如加拿大保守党政府积极吸纳反对党建议，承诺减税、加大政府投入以及定期向反对党汇报预算执行情况，暂时平息了三大反对党联合抵制政府的政治危机。

（二）在野党抓住机遇搅动国内政坛

尽管资本主义各国执政党出台了种种应对危机的措施，但由于全球市场低迷、贸易保护主义抬头、投资者信心不足、民众消费水平急剧下降，令不少执政党的反危机成效不甚理想。一些执政党一再加大反危机力度，致使政策工具捉襟见肘、政府债台高筑，顾此失彼之势渐露。各国在野党或反对党纷纷借机发难，利用议会舞台、压力集团、社会媒体和街头政治对执政党发起攻势，煽动民众向执政党及其政府施压，导致议会主导权易手，甚至出现政权更迭。

利用国内问题向执政党施压。通常情况下，经济形势良好有利于执政党，经济形势恶劣则有利于在野党。金融危机之后，不少国家的反对党借机发难，挑战执政党权威。英国、法国、加拿大、希腊、俄罗斯、拉脱维亚、保加利亚等国在野党，围绕危机责任、救市举措、经济刺激计划等议题，在议会内外展开激辩。多数反对党强调要追究执政党的责任，或要求举行信任表决，图谋弹劾政府，或要求提前举行大选。加拿大三大反对党结成联盟，向议会提出对政府的不信任案。保加利亚反对党向议会多次提交了对政府的不信任案，理由是政府采取的应对措施不仅没能使保加利亚走出危机，反而使情况恶化。日本民主党、智利反对党联盟、捷克社民党等国在野党抓住各自国家民众对未来生活的担忧和对政策的不满，高调渲染本党主张，向执政党施加压力。

利用民众不满抢夺议会席位。在任何国家，经济都是政治生活的中心议题，因为经济事关国计民生，民众总是拿经济表现来评判政府绩效。金融危机爆发后，不少国家的反对党利用民众对执政党的不满，加快在议会中扩张的步伐。在2010年的美国中期选举中，共和党以压倒性多数夺回对国会众议院的控制权，还赢得了超过一半的州长职位。2011年5月22日，塞浦路斯主要反对党民主大会党赢得了议会选举。2012年7月9日，墨西哥反对党革命制度党在参众两院选举中均取得胜利。当然，由于美国、塞浦路斯和墨西哥都是总统制国家，议会选举的结果并不导致政府更迭，只是议席的分配发生相应变化。虽然执政党的根基在议会选举后勉强得以维持，但反对党力量上升势必给执政党的政策实施增加难度。

利用执政党颓势更迭政权。民生问题令许多国家的执政党疲于奔命，反对党则利用执政党颓势逼其交权下野。除了美国、英国和日本的政权在大选后易主，还有不少国家的执政党在金融危机的风暴中退出政权核心。2008年11月8日，新西兰反对党国家党在议会选举中击败执政的工党，赢得政府组阁权。2009年10月4日，希腊反对党泛希腊社会主义运动赢得希腊大选，组建新一届政府。2011年5月26日，爱尔兰执政党共和党遭遇历史上最惨重失败，最大反对党统一党与工党联合执政。2011年6月5日，葡萄牙最大在野党社会民主党得益于主权债务危机引发的民众不满情绪，重挫执政的社会党，组建新一届政府。2011年9月15日，丹麦反对派联盟赢得议会选举，取得组阁权。2011年11月20日，西班牙反对派人民党在议会选举中赢得压倒性胜利。2012年5月6日，法国总统大选第二轮投票后，执政党人民运动联盟沦为在野党。

四、金融危机冲击资本主义政党制度

政党制度是一个国家关于政党结构及其活动规范的总称。从狭义角度看，政党制度指政党自身的意识形态、政治纲领、组织原则、组织体系、活动方式等如何在相互影响的制度规范内发挥作用。从广义角度看，政党制度指一国主要政党的数量，即一党制、两党制、多党制，或一党领导下的多党合作制。[1]国际金融危机使资本主义执政党面临空前的压力和挑战，使资本主义政党制度产生了一系列新变化。

（一）政党自身的新变化

自20世纪七八十年代以来，资本主义政党政治开始出现"向中间靠拢"的趋势。在这次金融危机和主权债务危机冲击下，西方政党政治虽然延续了这一趋势，但也出现了很多值得关注的新变化，一些看似矛盾的动向反映了资本主义政党制度在金融危机之后的探索与调适。

意识形态呈现"向左转与向右转"并行的趋势。在金融危机和债务危机的背景下，一些欧洲国家难以支撑高福利的国家体系，移民问题凸显为严重的社会矛盾，右翼借机壮大自己的势力。从丹麦自由党到更好匈牙利运动，从瑞典民主党与真正芬兰人党到斯洛伐克国家党和法国国民阵线，再到德国国家民主党，欧洲右翼边缘政党在国家和地方议会中占据了众多席位。与此同时，欧洲政坛出现了一些左转迹象。在2012年3月举行的斯洛伐克议会选举中，左翼的方向党获得议会半数以上席位。4月27日，罗马尼亚中右翼内阁倒台，左翼的社会民主党主席维克多·蓬塔受命组阁。在法国总统选举中，左翼社会党候选人奥朗德也赢得了大选。

执政理念以中右路线为主流。欧洲国家传统上由左翼和右翼政党轮流执政，但在金融危机和债务危机以及经济衰退的压力之下，欧洲各国的执政党，无论左翼还是右翼，大多采取了救市措施，纷纷制定增收减支、大幅削减公共赤字的财政计划，采取了降低福利水平、延长退休年龄、减少教育投入等偏右的社会政策，期望借此恢复财政健康，促进经济平稳复苏。然而，欧洲各国民众对此普遍不满，各国执政党支持率因此全线下跌，而奉行"中庸"之道的中右政党的执政理念在欧洲获得了更多的认可。中右路线受到欢迎的原因是右翼政党向中间靠拢，在医疗福利、环境保护等问题上采纳了原属于左翼政党的一些立场。

技术官僚当政救国。愈演愈烈的债务危机将"欧猪五国"（葡萄牙、意大利、爱尔兰、希腊、西班牙）推上了风口浪尖，也让技术型官僚颇受青睐。首个因债务危机下台的是爱尔兰前总理布赖恩·考恩。2011年3月9日，教师出身的统一党领导人恩达·肯尼成为爱尔兰新总理。同月，葡萄牙总理苏格拉底因经济紧缩计划遭到议会否决而辞去总理职务，经济学家佩德罗·帕索斯·科埃略担任新一届政府总理。11月6日，希腊

---

[1] 周淑真：《政党政治学》，人民出版社2011年版，第108页。

总理帕潘德里欧同意下台，经济学家、欧洲央行前副总裁卢卡斯·帕帕季莫斯出任总理。11月12日，意大利总理贝卢斯科尼递交辞呈，经济学家马里奥·蒙蒂任政府总理，组建了由银行家、外交官和企业高管构成的"技术型内阁"。11月20日，著名法学家拉霍伊领导的西班牙反对党人民党以压倒性优势赢得议会选举，拉霍伊就任首相。

（二）政党制度的新变化

资本主义国家政党制度是资本主义国家政党进行合法社会政治活动的规则、程序和方式。按照轮流执政的政党的数目，通常把资本主义国家政党制度划分为两党制、多党制和一党制。[1]自全球金融危机爆发以来，许多资本主义国家先后举行了总统、议会和地方选举，不少深陷危机的执政党在选举中失利或以其他方式被迫下台，而这一切正在悄然改变资本主义国家的政党制度。

美英资本主义两党制遭遇挑战。美国和英国是两党制国家的典型代表，但在全球金融危机的背景下，堪称资本主义最发达的美英两国的两党制也受到不同程度的冲击。金融危机之后，越来越多的美国民众对两党政治表示不满。据《华尔街日报》评论，美国中期选举结果显示，多达四成的选民认同茶党，这足以改变美国的政治环境。茶党能否长久存在姑且不论，但它确实鼓舞了那些挑战两党制的人，给美国两党制造成不小的冲击。再来看英国，2010年大选使英国出现了36年来的首个"悬浮议会"，保守党被迫与自民党组成联合政府，这是自1945年以来的首个联合政府，在现实中打破了两党轮流执政的格局。

欧洲资本主义国家多党制受到冲击。在全球金融危机的冲击下，不少欧洲国家的主流政党在选举中"失宠"。例如，爱尔兰共和党长期主导着该国的政治走向，并带领爱尔兰从欧洲一个贫困国家成为全球最富裕的国家之一，但在2011年的选举中，爱尔兰共和党却惨遭选民的抛弃。由于主流政党面临诸多困境，一些边缘性政党的作用日益凸显。在2011年的选举中，具有疑欧情绪的真正芬兰人党成为芬兰第三大党；以吹捧民粹主义和反移民闻名的荷兰新自由党成为议会二院第三大党，使得主流政党纷纷对其大献殷勤；对外来移民持敌视态度的瑞典极右翼政党民主党首次取得进入议会的资格。主流政党边缘化和边缘性政党主流化严重冲击了欧洲政党体系和原有的多党制政党制度，政党联盟逐渐增多，不少执政联盟中的政党在意识形态上相去甚远，只是为了执政而联合在一起。[2]

现实再一次证明了马克思主义关于经济基础与上层建筑辩证关系理论的正确性。西方政党政治作为上层建筑的一部分集中体现了资本主义的经济关系，并推动或阻碍

---

[1] 王浦劬：《政治学基础》，北京大学出版社2006年版，第217页。

[2] 史志钦：《西欧政党竞争呈现新特征》，《人民论坛》2012年第10期。

经济的进一步发展。在这次金融危机中，政治的反作用更多地体现为对经济发展的阻碍作用，即促使金融危机爆发。不仅如此，历史表明，每一次大规模的经济危机都会对世界政治产生巨大的影响，从1929—1933年间的大萧条到20世纪70年代初的石油危机莫不如此。这次全球金融危机对世界政治的影响同样值得关注。尽管这次危机从发生到现在的时间并不太长，但它对世界各国政党政治的影响和冲击是全面而深远的。

中国依靠稳健的银行与货币体系以及大规模的外汇储备，抵御了全球金融危机的冲击。但金融危机对中国外向型的经济发展模式形成了严峻而深刻的挑战。在资本主义世界，金融危机打击了"市场万能"的理念，使美国式新自由主义模式和新自由主义思潮受到质疑和批评，放任市场和削减社会福利的主张失去了市场，重视国家作用、保障社会福利、维护欧洲模式的主张重新受到关注。金融危机也触发了不同政党关于发展模式及其发展的理论、思潮乃至国际秩序与体制之争。众多主流政党深刻反思自由市场经济理论，批判美国模式和新自由主义理论，呼吁改革国际货币和金融体系，乃至重构国际政治、经济秩序。面对金融危机的冲击和考验，资产阶级政党作出了各种探索和调适，总结它们的经验教训对于马克思主义执政党加强治国理政与自身建设的科学发展具有重要的启迪意义。

原载于《毛泽东邓小平理论研究》2013年第4期

冷战后欧洲左翼"新社会主义"探索浅析

陈海燕

摘　要：欧洲作为社会主义思想和社会主义运动的发源地，左翼力量的影响一直引人关注。苏联东欧剧变后，在世界社会主义运动低潮时期，欧洲左翼政党以及独立左翼人上相继提出了系列"新社会主义"的思想观点。尽管这些观点还不尽一致，其影响也忽冷忽热，但其探索的意义显而易见。

关键词：欧洲；左翼力量；新社会主义

欧洲左翼力量，无论是过去还是现在，对社会主义思想和社会主义运动的发展都发挥着重大作用。苏联东欧剧变后，在社会主义运动低潮时期，欧洲左翼在反思现实社会主义经验教训的基础上，开始了致力于实现资本主义替代运动的"新社会主义"探索。但由于欧洲左翼流派众多，成分复杂，其观点也不尽一致。本文试图在分析梳理冷战后欧洲左翼力量构成状况的基础上，对其"新社会主义"的探索做一浅析。

一、"新社会主义"探索视域下的欧洲左翼

左翼是一个比较宽泛的政治概念。有的学者称"凡是对资本主义的生产方式和社会方式持批判或否定态度，主张对其改造的思想、组织和运动都可以列为左翼的范畴"[1]。根据这样的界定，欧洲左翼力量可以包括欧洲国家中除反共反社会主义的右翼"民主派"之外的各种力量，既包括共产党、社会党，也包括左派工会和参加左派联盟的农民党等。还有的学者把欧洲左翼分为温和左翼、激进左翼和极端左翼三类力量。[2]温和左翼，主要指那些认同资本主义的主流价值观，但更为强调国家的计划和调节功能、更为强调分配政策的政治力量，其中最重要的是欧洲各国的社会民主党。激进左

---

[1]　杨烨、黄俊红：《金融危机背景下欧洲左翼新动向及其评析》，《同济大学学报》（社会科学版）2009年第6期。

[2]　林德山：《欧洲中左翼政党面临的挑战》，《探索与争鸣》2012年第3期。

翼政党是一些在政治意识形态和政治主张上比社会民主党更为激进的力量，包括一些国家的共产党和一些对传统左翼政治方式更为认同的政治力量。它们对资本主义，尤其是新自由主义也持更为激烈的批判态度，很大程度上继承了战后社会民主党在"民主社会主义"原则下的一系列政治主张。极端左翼具有突出的反体制特征，从总体上否定资本主义的经济及政治秩序，并强调制度替代。

而本文所说的欧洲左翼是"新社会主义"探索视域下的左翼。所谓"新社会主义"探索视域，包括时间和空间两个层面的"新"。从时间上来说，是指苏联东欧剧变以来，那些致力于探索不同于传统苏联模式社会主义的左翼力量；从空间上来说，是指冷战后欧洲国家那些致力于探索不同于传统苏联模式社会主义的新观点、新思想或新策略，在称呼上有的称"新共产主义"（法国共产党的表述），在这里我们统称为"新社会主义"。基于这两方面的考量，本文研究的主体主要包括欧洲左翼党（包括共产党、工人党和部分社民党）、独立左翼人士、绿色左翼运动和左翼学术组织的"新社会主义"探索。由于这些左翼组织和左翼运动本身又处于动态变化之中，其力量构成也在不断分化组合，其观点或主张也在不断调整。具体可作如下分析。

1. 欧洲左翼政党。欧洲左翼政党源自苏联东欧剧变之初由各国共产党和社会运动组成的"新欧洲左翼论坛"，成立于2004年5月。当时由欧洲的德国民主社会主义党、爱沙尼亚社会民主工党、法国共产党、希腊左翼运动和生态联盟、意大利重建共产党、奥地利共产党、罗马尼亚社会主义联盟党、圣马力诺重建共产党、瑞士劳动党、斯洛伐克共产党、西班牙共产党、西班牙联合左翼、加泰罗尼亚联合选择左翼、捷克民主社会主义党、匈牙利工人党15个共产党和左翼政党组成，另有意大利共产党人党、塞浦路斯劳动人民进步党、卢森堡左翼党3个左翼政党保持观察员身份，其目的是重新唤起欧洲左翼运动。欧洲左翼政党的政治纲领吸收了新社会运动的一些思想，在政治上主张建立所谓"另一个欧洲"，即民主的、福利的、生态主义的、女权主义的与和平的欧洲。一是坚持和平、反对战争，主张裁减军备，强调脱离北约和摆脱了欧盟军事同盟的集体安全；二是追求社会公正，反对贫富分化，主张从上到下、从富到穷的社会财富再分配；三是主张对欧盟部长会议和欧盟委员会的权力加以限制，希望加强各国议会和欧洲议会的权力；四是主张文化多元性，提倡男女平等。

在欧洲左翼政党中，法国共产党、意大利重建共产党、西班牙共产党的理论与实践尤为瞩目。尽管这几个政党在冷战后一度沉寂，但其对未来新社会主义的探索则很执着。法国共产党是目前法国第四大政党，二战后曾连续4次入阁。苏联东欧剧变后，在世界社会主义低潮时期，法国共产党坚持"捍卫社会主义基础"，抨击东欧的"资本主义复辟"，主张坚持社会主义道路。1996年底，法共29大用"新共产主义"代替了"法国色彩的社会主义"，确定了21世纪"共产主义新规划"。强调用"以公平、民主、利益分享、联合等为特征"的社会制度取代资本主义制度的理论和体系，提倡与左翼合作，积极参与社会变革。特别是其"回到马克思"和"超越马克思"的理论思维方法，"超越资本主义"的共产主义目标等观点，不仅与民主社会主义有鲜明的区别，坚决反对自由资本主义，而且对苏联社会主义模式的教训也作了深刻反思。"新共产主义"理论比较全面地阐述了法共对资本主义、对苏联模式、对自身历史和对共产主义未来的新观点。与此同时，2008年2月成立的法国新反资本主义党，更是明确宣布为社会主义战斗，强调"摆脱资本主义全球化危机的唯一途径，是争取人类未来的21世纪社会民主主义的战斗"[1]。在2009年6月的欧洲议会选举中，新反资本主义党赢得了4.88%的得票率。在全球金融危机蔓延和右翼政府的强势进攻下，新反资本主义党广泛团结反对资本主义的左翼力量，调整战斗策略，力争在法国街头斗争和议会选举中发挥更大的政治影响。西班牙共产党自20世纪50年代以来一直致力于探寻一条不同于俄国革命的、"在和平与民主自由中走向社会主义"的道路。2009年西共第18次全国代表大会还提出了一个新的概念"21世纪的社会主义"，成为当前西共一面新的理论旗帜[2]。在西共看来，"21世纪的社会主义"就是过渡到共产主义的一种民主过程，"是民主的连贯发展和充分实现过程"。在这一过程中，必须承认和保障个人自由的价值，坚持世俗国家原则和多元政党的民主衔接、工会自治、宗教和个人信仰自由，以及保证质询、艺术和文化活动的充分自由。

此外，德国新左翼党、荷兰社会党、挪威社会主义左翼党的作为也很受瞩目。成立于2007年6月的德国新左翼党，由在东部地区很有影响的德国左翼民主社会主义党与在西部土生土长的"替代选举工作和社会正义"党合并而成，标志着德国左翼力量的统一，成为德国政坛的第三大党。德国新左翼党的目标是建立新型的社会国家，关注民生，主张建立公平和平的社会。[3]荷兰社会党强烈反对"贪婪奢侈"的价值观，认为这种价值观是膨胀的奖励制度和宽松的货币机制下的资本主义产物。它们积极呼吁建立一个"人人尊重、人人平等、团结友爱"的社会，要求彻底结束荷兰一直以来所扮演的美国"走狗"的角色。挪威社会主义左翼党（Socialist Left Party）与劳动党（the Labour Party）以及中央党（the Centre Party）共同组成"红绿"统治党联盟上台执政，曾被贴上"欧洲左翼性最强政府"的标签。

2. 欧洲独立左翼人士。冷战后，欧洲独立左翼人士在探索"新社会主义"方面的

---

[1] "Principes Fondateurs du Nouveau Parti Anticapitaliste Adoptés par le Congrès", http://www.npa2009.org/node/24.

[2] Raúl Martínez Turrero, From "Eurocommunism" to Present Opportunism, International Communist Review, Issue 2, 2010—2011.

[3] 殷亮：《德国新"左翼党"成立》，《国际在线专稿》2007年6月16日。

独树一帜，从萨米尔·阿明到斯拉沃热·齐泽克，到乔瓦尼·阿瑞吉、大卫·哈维、霍布斯鲍姆、克劳德·勒弗尔、安东尼奥·奈格里、伊曼纽尔·沃勒斯坦等[1]，出现了许多社会主义的杰出人物。包括伦敦经济学院教授梅格纳德·德赛（Meghnad Desai），意大利著名历史学家卢西亚诺·坎弗拉（Luciano Canfora），剑桥大学政治学教授G.S.琼斯（Gareth Stedman Jones），法国后现代主义哲学家德里达、佩里·安德森，苏黎世大学经济学教授、市场社会主义者奥塔·锡克（Ota Sik），牛津大学经济学教授、市场社会主义者布鲁斯（W·Brus）、阿历克·诺夫（Alec Nove），法国学者托尼·安德列阿尼，西班牙左翼人士费尔南多·克劳丁，国际马克思大会主席塔里克·阿里，生态社会主义者萨拉·萨卡、布鲁诺·科恩、乔尔·科威尔和迈克尔·洛威等。

3. 欧洲"绿色左翼"。"绿色左翼"（Green-Left）主要是指西方受20世纪六七十年代新政治运动深刻影响的共产党或激进社会主义政党或者其中绿色一派（翼）的政治意识形态及其实践，明确地把生态环境问题纳为其社会与政治解放运动和未来社会主义或共产主义社会创建目标中的一部分。明确把一种公正、民主与可持续的社会政治形态作为真正解决人类面临的生态环境难题的制度预设或前提。"绿色左翼"在价值观上基本接受马克思主义的社会结构与矛盾分析方法和充分尊重人类自身价值及其利益，认为生态环境难题归根结底是一种社会性弊端（同时在制度与政策层面上）；在现实政治立场上，对当代资本主义制度持批判与反对态度，认为在资本主义的经济与社会制度框架内不可能真正解决环境问题，但与此同时，它也对当代资本主义国家内部的社会民主主义环境政策和传统社会主义国家的环境保护实践持一种总体批评态度。"绿色左翼"理论逐渐成为一种既不同于传统马克思主义、社会主义的"深红色"（工人阶级政党及其革命）政治，也不同于生态无政府主义（生态区域或"公社"自治）的"深绿色"政治的新政治[2]，而是真正的"红绿政党"，既坚持传统的社会公平目标，也强调保护环境、女权等新的要素。

4. 欧洲左翼学术组织。追求变革、寻找替代资本主义模式的新方案是欧洲左翼力量长期追求的战略目标之一，而左翼学术组织在这一过程中发挥着不可替代的"智囊团"的作用。其中，"变革"（Transform）是欧洲大陆左翼力量开展国际合作的典范。该国际网络组织是一个由来自欧洲大陆16个国家的22个学术团体组成的左翼学术组织群。该国际网络组织旗下的大多数组织由左翼人士所创办，重视马克思主义理论的重要价值，关注新自由主义的资本主义生产方式对人民大众生活的影响，注重人文关怀等。其刊物《变革》的宗旨是向人们提供替代性思维参考，组织政治对话和学术对话，以

---

[1] 凯姆西·艾尔、奥杰里著，张永红译：《描述社会主义：三种声音》，《国外理论动态》2013年第1期。

[2] 郇庆治：《21世纪以来的西方绿色左翼政治理论》，《马克思主义与现实》2013年8月12日。

变革当今世界。[1]例如：成立于2006年的"变革！奥地利"（Transform! Austria），明确其目标是成为左翼学者进行讨论的平台，并致力于加强国际合作，坚决反对各种形式的新自由主义、家长统治、性别歧视主义和原教旨主义。而以比利时劳工党著名领袖约瑟夫·雅克莫特的名字命名的"约瑟夫·雅克莫特文化协会"（Association Culturelle Joseph Jacquemotte），积极致力于比利时法语社区的成人继续教育事业，同时也开展对各种社会问题、政治问题和文化问题的研究和分析。成立于1986年的"民主公民协会"（Democratic Civic Association），坚持左翼和工人运动传统，鼓励人们积极参与公民活动和文化活动，尤其是参与左翼组织和工人运动，以及其他争取民主权利、和平、环境安全的运动。"埃斯佩斯·马克思"（Espaces Marx）则以解放人类和克服资本主义为研究出发点，力图建立理论研究与社会实践、政治实践之间的关系，它的一切活动由成员全体会议决定，按照组织章程召开会议。创立于法国的"哥白尼基金会"（Copernic Foundation），坚决支持为建立一个更加公正、团结的社会而努力，它经常出版小册子，向活动参与者提供意见和指导。挪威左翼组织"宣言基金会"（Manifesto Foundation），由"社会主义青年"（Socialist Youth）、"红色青年"（Red Youth）以及学生组织"红色前线"（Red Front）联合创立，具有完全的独立性，致力于开展学术讨论，寻找替代资本主义的新方案，并为左翼力量提供政策或战略指导。由瑞典左翼力量所发起创办的"马克思社会理论研究中心"（Center for Marxist Social Studies）支持各种以马克思主义或相关理论为指导的学术活动。应该说，这些左翼学术组织的存在，无疑为欧洲"新社会主义"的探索提供了学术平台和舆论空间，在欧洲左翼的复兴以及理论创新过程中发挥着独特作用。

二、欧洲左翼的"新社会主义"面面观

冷战后，欧洲左翼以社会主义为价值取向、以否定和"替代"资本主义为己任，相继提出了一些"新社会主义"观念。所谓"新"，就是从新的时代条件出发，对社会主义进行新的思考和阐述，建构一种非传统的社会主义或共产主义理论框架。甚至在革命的动因和目标、主体和途径等方面"修正"了马克思主义[2]，既反对传统社会主义，又反对新自由主义的资本主义，其实质是试图用温和或激进的方式改造资本主义。其主要观点包括：

其一，否定斯大林模式社会主义，主张建立新社会主义。欧洲著名左翼理论家齐

---

[1] 糕明亮：《当代欧洲大陆主要左翼学术组织》，《国际研究参考》2013年第1期。

[2] 轩传树、谢忠文、马丽雅：《当代世界社会主义思潮研究述评》，《马克思主义研究》2010年第10期。

泽克说："20世纪已经结束了。无论是国家社会主义和社会民主主义的福利国家，还是充满希望的乌托邦左翼、横向联合组织、地方社区、直接民主、自我组织，我认为它们都没有发挥作用。"[1]强调现在是时候重新忠诚于共产主义观念了，并呼吁"必须重新确立一些新东西，以此仅仅为了确保体系正常运转而且保持住原来好的方面——教育、医疗和基本的社会服务"。[2]欧洲左翼党第一任主席意大利重建共产党全国书记法乌斯托·贝尔蒂诺蒂（Fausto Bertinotti）也强调，从苏联经历中我们得出的教训是，对斯大林主义的批判不仅是对他个人崇拜或错误的否定，而且是对一种权力体制的批判，苏联那种中央集权和垂直的组织形式阻碍了人民的参与，是错误的权力理念。历史给我们留下的精神，是继续建设社会主义理想。[3]法国共产党在20世纪90年代中期就提出了"新共产主义"理论，批判斯大林主义，指出它是"共产主义的悲剧"，认为苏联缺乏民主和公民干预，结果不仅不能超越资本主义，而且导致了资本主义的复辟。倡导通过对资本主义进行"结构性变革"来"超越资本主义"。法国学者托尼·安德列阿尼指出，社会主义不是凭空产生的，它是在资本主义各种矛盾演进的基础上产生的。社会主义一时出现的历史倒退和不确定性并不意味着社会主义没有出路，相反，在这种倒退中又形成了新的社会主义模式如市场社会主义等等[4]。葡萄牙共产党一直强调其未来目标是建设一个社会主义和共产主义的新社会。这个新社会将摆脱剥削、压迫、歧视、不平等，摆脱资本主义的社会苦难，将是建立在政治、经济、社会和文化民主，建立在人民群众的广泛积极参与，能够保证葡萄牙主权完整以及葡萄牙人民的物质和精神生活增长的新社会。意大利重建共产党强调社会主义建设和向共产主义过渡是一个历史进程，充满了曲折，既有前进，也有倒退。面对威胁人类未来的重大矛盾，共产主义者应有能力提出解决办法。只有这样，才能在一些国家甚至全世界范围内重新获得领导地位，带领人民从资本主义剥削中解放出来。社会主义的伟大革命目标是实现生产的社会所有，经济的发展规划与管理，满足人民需要，消灭剥削，实现均衡和生态的发展。

其二，批判资本主义，主张重建一个新世界。欧洲左翼人士齐泽克明确指出，新自由主义意识形态不将金融危机归咎于全球资本主义体系本身，而是归咎于它运转的失败，即疏于监管、大金融机构的腐败等。这其实是要人们继续做梦，而我们必须从

---

[1] 哈西卜·艾哈迈德著，杜敏、李泉译：《占领运动、左翼复兴和今日马克思主义：对话齐泽克》，《国外理论动态》2013年第1期。

[2] 张剑：《齐泽克：超越资本主义的激进政治学》，《中国社会科学报》2012年2月29日。

[3] 孙丽慧：《欧洲左翼党对社会主义的看法——意大利重建共产党全国书记贝尔蒂诺蒂访谈录》，《当代世界》2006年第3期。

[4] 周穗明：《国外左翼论全球化与资本主义、社会主义》，马克思主义研究网2010年12月22日。

这个迷梦中尽快醒来，认识到资本主义制度本身就是永久处于危机中的制度，对它进行全面的、整体的否定。[1]欧洲左翼党领导人法乌斯托·贝尔蒂诺蒂也指出，欧洲左翼党的成立是欧洲反战、反新自由主义、反压制民主的左翼力量的大联合。它不是对20世纪90年代政治斗争的单纯继承和延续，而是一种新型的政治组织，目的是重新唤起欧洲左翼运动。法国新反资本主义党主席贝桑瑟诺说，"我们党是为反对资本主义、国际主义、反对种族主义、女权主义而战斗，反对一切社会歧视"[2]；"继续坚持马克思主义精神，但现在的国家及其政府机构是资产阶级的工具，由于它们是不会为政治和社会的变革服务的，所以它们必须被推翻"[3]。法国共产党明确提出"要汇集所有力量，全力应对危机，重建一个新世界"。希腊共产党在巴西圣保罗举行的第十届各国共产党和工人党国际会议上强调美国和欧盟当前的经济发展"再次表明资本主义不可能避免周期性的危机爆发"。葡萄牙共产党也强调，"现实再次证明了马克思列宁主义关于社会运动的核心命题，即需要采取革命行动推翻资本主义"；"现在，社会主义比以往任何时候都代表着对资本主义的必要而可能的选择"。[4]意大利重建共产党更是深刻批判资本主义制度，坚决反对欧洲为应对危机而出台的一系列削减社会福利、损害劳动者利益的措施。

其三，民主是社会主义的本质。英国学者安东尼·克罗斯兰就指出，社会主义是作为资本主义当代对立统一面而产生和发展的，既然资本主义已不是原来意义上的资本主义，那么，社会主义的目标需要重新界定。即"社会主义的新目标最集中地体现在'社会平等'上"[5]。左翼人士克劳丁认为，社会主义不外乎是一个在更多的自由和社会公正的意义上改变现存社会的实在的运动。牛津大学经济学教授布鲁斯认为，社会主义是资本主义失去其经济社会进步作用这一历史进程的合法结果。强调基于传统国家社会主义的教训，生产资料的国有制不是公有制的唯一形式，社会主义的社会所有制应该容纳多种经济成分[6]。西班牙共产党强调，民主是"21世纪的社会主义"方案的核心内容，民主是任何一种社会主义定义的必要组成部分，无论是从人民权利还是绝

---

[1] 张剑：《齐泽克：超越资本主义的激进政治学》，《中国社会科学报》2012年2月29日第B03版。

[2] "Le Nouveau Parti Anticapitaliste, c'est parti", Radio France Internationale, June 30, 2008. http://www.rfi.f/actufr/articles/102/article_68032.asp.

[3] "Le Nouveau parti anticapitaliste d'Olivier Besancenot est lancé", June 29, 2008, http://www.lepoint.fr/actualites.

[4] Albano Nunes, "The Crisis of Capitalism—Socialism as a nessessary and possible alternative", http://www.international.pcp.pt/index.php?option=com_content&task=view&id=271&Itemid=44, November30, 2008.

[5] 安东尼·克罗斯兰著，轩传树、朱美荣、张寒译：《社会主义的未来》，上海人民出版社2011年版，第6页。

[6] 姜辉：《国外独立左翼人士的"新社会主义"观》，《教学与研究》2000年第5期。

大多数人的意义上理解都是如此。"21世纪的社会主义"的实现，需要各个层面的参与和民主决定，任何政治和社会运动提出的各种措施需要在各个运动层面达成一致，并运用国家的民主机制清除阻碍其实现的障碍。[1]英国生态社会主义者劳伦斯·怀尔德认为，社会主义不是一种制度，不是"科学设计"的结果，而是对资本主义的积极扬弃。

其四，在实现社会主义的途径和依靠力量上，除希腊共产党仍然主张通过社会主义革命，建立无产阶级专政外，欧洲左翼政党都主张通过和平、民主的道路走向社会主义，一般不再提无产阶级革命。但这与社会民主主义的改良道路完全不同，其基本依据仍然是以实现社会主义、共产主义为己任，走议会民主道路是一种战略选择。例如：法共认为，法国的革命"只能是和平的、民主的、合法的和逐步的"。这是"实现社会主义最好的路，最短的途径"和"唯一现实主义的道路"。但它"同认为向社会主义的演变是直线的、安静的、平坦的观点，或者同认为在资本主义范畴内可能建立社会主义绿洲的幻想毫无共同之处"。[2]需要指出的是，在苏联东欧剧变之后，欧洲一些左翼政党，包括法共、意大利重建共产党曾一度弱化自身的工人阶级立场，淡化党的阶级意识形态色彩，欲以新的形象吸引民众的支持，结果事与愿违。这种"去阶级化"和"非激进化"取向反而在一定程度上造成了共产党传统选民的流失，在实践中原本属于共产党的大量低层阶级选民转而倒戈投向更具激进特点的极左翼或极右翼政党。包括一些左翼人士也强调要实现对资本主义社会的变革，就要依靠一切进步的社会力量，主张在工人阶级之外寻求社会变革力量。如西班牙社会学教授霍赛·费力克斯·特扎诺什认为，在当今时代必须通过一切左翼力量的联合去争取社会主义。这些力量应当包括各派社会主义政党、独立左翼人士、生态社会主义者等一切向资本主义提出抗议的力量。波兰著名理论家亚当·沙夫从现代资本主义结构的变化和冲突左翼力量的变化出发，提出了必须扩大社会基础的主张，强调要把新社会运动活动者包容进来，包括革命的宗教运动、生态运动、妇女运动和反战运动等等。

其五，重视联合与国际团结。欧洲左翼党成立本身就是选择一条联合的发展道路。并且也只有联合起来，采取共同行动，开展共同斗争，才能不断发展壮大。西班牙共产党强调，建立"21世纪的社会主义"也需要加强国际团结。在西共看来，拉美和亚洲的政治和经济解放进程，是一个积极因素，是人民反帝斗争历史上的重要时刻，同时也极大促进了人类的全球解放。因此，欧洲建立社会主义的斗争必须比以往更加具有国际视野，在平等和互利的基础上与其他各洲的社会主义运动建立一种新型合作关系。为此，欧洲左翼党以极大热情关注着中南美洲的发展，参与圣保罗论坛咨询的政

[1] 于海青：《联合左翼中的西班牙共产党：发展演进、理论战略与前景》，《马克思主义研究》2013年12期。

[2] 林建华：《法国共产党与社会党的"法国式的社会主义"比较》，《社会主义研究》1997年第3期。

党数量不断攀升。值得提出的是，法国新反资本主义党也非常注重团结其他左翼政党，批判社民党"社会民主自由化"的自由市场的政策，强烈反对社民党与中间党自由民主党之间结盟，拒绝加入社民党领导的左翼大联盟。坚持自己作为"左翼中的左翼"形象，对中左翼政党持既独立又联盟、既批判又团结的态度。[1]金融危机后，欧洲一些极左翼政党在活动方式上，大多出现从"工人阶级的党"转向"群众党"、从"抗议型政党"转向"运动型政党"的趋势，越来越加强同非政府组织，以及包括维和、环保、反移民、反全球化在内的各种社会运动的联系，努力凝聚所有反现存体制者。一方面，加大社会主义思想宣传力度，在知识阶层中扩大马克思主义关于资本主义和社会主义的解释力和感召力；另一方面，广泛联合左翼力量，开展群众性抗议运动，唤醒民众的阶级意识。

综上可见，欧洲左翼关于"新社会主义"的探索可概括为以下几个特点：一是淡化传统共产党的色彩，重视其他力量，强调要向欧洲所有共产党、社会党左翼、红色绿党及其他左翼党开放，明确表示要"切断与斯大林主义的联系"，更多体现"左翼特色"，而非"共产党特色"。二是以"自由、平等、公正与团结"为基本价值观，致力于建立替代性的、激进的、环保主义的、女权主义的左翼力量，为和平、反法西斯、民主、社会公正、妇女权利与生态保护而战。三是强化"左翼替代战略"。其主要政策主张包括：反对新自由主义的全球化，捍卫并扩展工人与工会的权利；倡导"民主的"欧洲一体化政策，认为"民主赤字"已成为欧盟的核心危机，主张强化欧洲和各国议会的权力；主张改革欧洲的经济社会发展模式，建立一个"团结互助、拥有社会福利、上层帮下层、富人帮穷人的再分配型社会"；强调独立、和平的国际政策；支持生态平衡与可持续发展等。[2]

三、欧洲左翼"新社会主义"探索评析

在欧洲左翼力量的光谱中，其"新社会主义"观还五花八门，并且多停留在理论概念的阐释上。虽然也有实践上的推动，包括欧洲著名左翼理论家齐泽克在美国发生的"占领华尔街运动"中，曾亲临现场做了热情洋溢的演讲，强调"我们没有破坏任何东西，我们只是在目击这个制度如何自我毁灭。人们唯一要做的就是抛弃整个资本主义制度"[3]。齐泽克警告人们，不仅要提防敌手，也要提防那些试图使运动趋于淡化

---

[1] 张莉：《透视法国新反资本主义党》，《当代世界》2011年第3期。

[2] 王继停、李元：《当前世界社会主义运动中的左翼：现状与趋势》，《当代世界与社会主义》2009年第3期。

[3] 张剑：《齐泽克：超越资本主义的激进政治学》，《中国社会科学报》2012年2月29日。

的盟友，因为这不是狂欢节、嘉年华，而是现实的斗争，要坚持下去，不能半途而废。但这种身体力行也仅仅是一种"新社会主义"的探索，从总体上来看，欧洲左翼所倡导的"新社会主义"还只是一种观念，其性质更接近于民主社会主义。

其一，指导思想多元化。英国、芬兰、挪威、瑞典、希腊、葡萄牙、丹麦等国的共产党坚持以马克思主义的世界观为指导，认为马克思列宁主义作为科学理论被证明是超越时空的，作为分析、认识和革命性地变革社会的工具起着不可替代的作用。一些左翼人士积极拥护马克思主义的指导，并掀起了一波又一波马克思主义的研究热潮。例如，伦敦经济学院教授梅格纳德·德赛（Meghnad Desai）在《马克思的复仇》一书中指出，马克思遭到了误解，这位伟人在许多问题上的看法都是正确的，他应该得到更多的承认。意大利著名历史学家卢西亚诺·坎弗拉（Luciano Canfora）认为，马克思是19世纪资本主义的最伟大的阐释者。而且，他以天才的洞察力总结出，迄今为止的西方历史都是生产方式和交换方式的变革史，因而也是对立阶级不断冲突的历史。但也有些共产党组织只提马克思主义或科学社会主义，不再提列宁主义，认为列宁主义的某些基本观点已不适用于它们的国情。即使一些主张回到马克思的左翼政党也倾向于把马克思主义归结为抽象的人道主义，用抽象的自由、民主、博爱、人道等概念取代马克思主义的革命性内容。例如，法国共产党认为自己倡导的"新共产主义"的实质就是人道主义，法共的政策就是以人为中心的人道主义政策。还有一些左翼力量对马克思主义理解比较片面，存在用"马克思的思想"替代"马克思主义"的倾向；有的理解过于简单化，将丰富的马克思主义体系归结为某一具体理论或思想；有的则试图把马克思主义多元化，将马克思主义扩张为糅合了西方各种思潮的大杂烩。这种指导思想的多元化无疑造成了欧洲左翼在意识形态领域的混乱，由于缺乏采取统一行动的意识形态基础，难以形成统一明确、有号召力和凝聚力的纲领目标；由于缺乏意识形态的坚强指导，也不能从根本上揭示资本主义基本矛盾规律及其表现，对资本主义现实的批判仅仅流于形式、局限于抽象的道德价值层面，缺乏实际意义和建设性作用，使得左翼的战斗力和影响力大为减弱。即使在著名的"占领华尔街运动"中，尽管有类似齐泽克这样的左翼人士在占领者的大本营——祖科提公园——作了一个鼓动性的即席演讲，但其基本立场"依然是资本主义制度和秩序的维护者。他们揭露资本主义制度本身存在的问题，目的并不是要颠覆这种制度，而是使这种制度完善化"[1]。致使资本主义危机来临之际，左翼力量也未能有效抓住机遇，实现理论与实践上的突破。

其二，实践目标多样化。在东欧剧变的冲击下，社会主义、共产主义、福利国家

[1] 俞吾金：《西方左翼理论家并未突破资本主义意识形态——以对"占领华尔街"运动的评论为例》，《社会科学报》2013年1月3日。

等西欧左翼的传统斗争目标，有些在实践斗争中顽强坚持了下来，而且在理论创新上还有所突破，集中表现为法共的"新共产主义"理论等。随着经济全球化的纵深发展，资本主义社会的一些弱势群体被日益边缘化，以反对资本扩张的负面影响为主要目标的种类繁多的大规模社会抗议活动蓬勃兴起，包括反全球化、反体系、反经济霸权运动等等。欧洲左翼政党以"自由、平等、公正与团结"为基本价值观，致力于建立"替代性的、激进的、环保主义的、女权主义的左翼力量"，"为和平、反法西斯、民主、社会公正、妇女权利与生态保护而战"。主张改革欧洲的经济社会发展模式，建立一个"团结互助、拥有社会福利、上层帮下层、富人帮穷人的再分配型社会"；强调独立、和平的国际政策；支持生态平衡与可持续发展，反对欧盟现行的限制移民和排外主义政策。[1]这种多目标的活动，无疑制约了实际性效果的取得。

其三，斗争方式多样化。囿于欧洲悠久的民主传统，西欧左翼依然把政党政治框架内的议会斗争作为自己的主流活动方式，特别是金融危机之后，一些试图作为社会民主党"替代力量"的激进左翼改变了其传统的极端色彩，开始把政治战略的重心放在选举活动上，也不反对与其他左翼，尤其是作为主流政党的社会民主党形成联盟参与政府。例如：在2014年9月德国图林根州的选举中，绿党重新获得加入州议会的资格，并愿意同社民党一起在左翼党领导人波多·拉莫罗的领导下组建政府，谋求实现民主社会主义。[2]而宣扬阶级矛盾和阶级斗争的传统左翼虽然较苏联东欧剧变前进一步减少，但仍然坚持斗争并不断探索新的发展模式。独立左翼人士在理论研究方面十分活跃，主要通过著书立说、召开会议、发表演讲等方式揭露资本主义的弊端。还有一部分左翼活动以集会、游行、示威、抗议等较为激进的形式出现，直接冲击资本主义统治秩序，造成了广泛的社会影响。但从总体上看，欧洲左翼的变革依然是在坚持资本主义民主制度的框架下推进改善社会中下层地位的改革，强调加强国家对经济和社会生活的调控，尤其强调对福利国家的保护[3]，但对如何实现新社会主义的具体途径和方式的探讨还很不具体。

其四，运动主体复杂化。东欧剧变使欧洲左翼经历了剧烈的动荡、分化和重组过程，到现在影响较大的共产党人党、社会民主党人、新社会运动力量和欧洲独立左翼人士四股力量中，欧洲社会党在东欧剧变后由于纷纷抛弃"民主社会主义"而改用"社会（的）民主主义"概念，放弃社会主义目标而表现出亲资本主义的"社会自由主义"形象，特别是其所信奉的"第三条道路"或"新中间道路"等理念，在实践中日益走向极端实用主义，使其传统选民尤其是饱受资本主义全球化之苦的中下层选民纷

[1]　林尉：《欧洲左翼政党大整合》，《当代世界》2004年第7期。
[2]　《原德国共产党即将组建德国图林根州政府》，观察者网2014年9月15日。
[3]　林德山：《欧洲激进左翼思潮影响有限》，《人民论坛》2014年第4期。

纷抛弃自己的传统代言者，大多将选票投给了极右或极左政党。[1]而极左型政党，尽管其意识形态、政策偏向和力量来源有些差异，但几乎都不同程度地经历了去极端化过程，都参加选举，都主张"克服"和"超越"资本主义，主要的极左政党都在欧洲议会"左翼联盟党团"拥有一定议席。在2009年欧洲议会选举中，极左政党除在意大利、捷克、芬兰等少数国家外，大多有所增益，基本延续着近10年的发展势头。[2]尽管其未来发展仍不容乐观，但基本上已度过了苏联东欧剧变之初的艰难时期，历经磨难后逐步走向成熟。

应该说，冷战后欧洲左翼能够从反思传统社会主义的教训、分析资本主义社会出现的新情况、新问题入手，揭示资本主义经济关系和社会关系对人的发展所造成的异化，寻求克服不平等现象的有效途径，批判现实资本主义的弊端，根据现实社会关系设计变革资本主义社会的新社会主义替代方案等，促进了左翼在新形势下的发展。但他们在理论上批判资本主义的过程中则没有能够科学揭示资本主义的基本矛盾，不能正确了解社会主义代替资本主义的规律。有的观点目光短浅、偏重实用，缺乏战略规划和考虑。有的视野狭窄，把资本主义的弊端归结为片面的经济体制问题或其他细枝末节。有的过于宽泛，仅仅从时代更迭和科技进步等宏观角度出发抽象地设想替代资本主义。在制定自身纲领和变革资本主义社会的具体方案上缺乏一致性、系统性和现实性。在政治实践中又不能提出现实可行的行动纲领，特别是在党的指导思想、社会主义的目标、方向、依靠力量和实现途径等问题上的模糊不清，心无定数。包括像法国共产党这样的欧洲左翼大党，其纲领和政策总是左右摇摆，举棋不定，时而赞同福利国家，时而又反对，忽而主张入阁，忽而又翻脸，致使党内观点不一，派系林立，缺乏凝聚力，在很大程度上制约了其发展。从长远看，欧洲左翼要实现社会主义运动的复兴，还需要注重党内党外的团结，特别要注重加强左翼力量的合作，更需保持意识形态的定力和社会主义奋斗目标的坚定性。

原载于《"改革与创新——当代世界社会主义的理论与实践"学术研讨会暨当代世界社会主义专业委员会2014年年会论文集》

---

[1] 轩传树、王永乐：《欧洲左翼政党现状分析》，《党政论坛》2011年12月。

[2] 轩传树：《经济危机背景下的欧洲左翼政治现象评析》，《中共党史研究》2012年第4期。

美国政党复兴论及其质疑探析

臧秀玲　王　磊

摘　要： 美国政党出现复兴趋势的观点是美国学者针对20世纪80年代以来美国两大政党的组织和功能增强的现象提出来的。从"选民中的政党""政党组织"和"政府中的政党"三个向度，对美国"政党复兴"概念的提出、基本依据、研究的相关特征以及受到的质疑进行探析，从而更加清晰地判断美国政党变迁的发展过程，能够为研究西方政党政治提供一个新的视角。美国政党短期内出现复兴，但长期衰落的趋势仍然存在。

关键词： 政党复兴；政党认同；政治极化；政党政府

综合世界经济发展的长周期理论和世界政治发展的长周期理论，可以说，世界政党的产生与发展是有周期性规律的，长周期是50年左右，短周期为30年左右，呈现出波浪式的发展过程。[1]按照马克思主义的观点，从政党的发展史来看，政党衰落是历史趋势，并将随着阶级的消灭而消亡。"政党文明因民主政治的一定发展而形成，最终又将因民主政治的高度发展而消亡。"[2]美国学者一般认为，西方政党自20世纪60年代以来出现了政党衰落或政党危机。[3]但美国政党变迁的新发展却对政党衰落提出了挑战，20世纪80年代以来美国的两大政党暂停了衰落，并且出现一股复兴的趋势。相应地，美国学界在观察美国政党政治变迁、反思"政党衰落论"的基础上提出了关于"政党复兴"的观点。近年来随着美国两大政党复兴趋势的增强，美国学者对政党复兴的现象也有了更深入的研究。本文将对美国"政党复兴"概念的提出、基本依据、研究的相关特征以及受到的质疑进行探析，以更加清晰地判断美国政党变迁的发展历程，为研

---

[1]　王韶兴：《政党政治论》，山东人民出版社2011年版，第66—67页。

[2]　王韶兴：《政党政治论》，山东人民出版社2011年版，第17页。

[3]　陈崎对"政党衰落"问题的相关国内外研究成果有过较全面的归纳总结。参见陈崎：《衰落还是转型：当代西方政党的发展变化研究》，中国传媒大学出版社2010年版。约翰·J.科尔曼（John J.Colman）在1996年出版的《美国政党衰落：政策、政治和财政状况》一书中对政党衰落的美国相关文献，包括专著和论文有过比较详细的总结。参见John J.Coleman, Party Decline in America: Policy, Politics, and the Fiscal State, Princeton University Press, 1996.

究西方政党政治提供一个比较案例视角。

一、美国"政党复兴"概念的提出

美国政党衰落的现象很早就被美国学界归纳为"政党衰落论"[1]。政党衰落最先发生于"选民中的政党",1970年,沃尔特·伯恩汉姆(Walter Dean Burnham)通过观察选民党派性的变化首先提出了"美国政党逐渐消亡"的长期趋势。[2]选举中强党派性的选民下降,独立选民持续上升,政党组织在提名候选人上的垄断被打破,国会中议员的政党团结投票持续下降。此后,西方学者围绕政党衰落问题形成了比较系统的理论。"政党复兴"的概念是相对于"政党衰落"的概念而提出的,一般是指,两大政党在"选民中的政党""政党组织"和"政府中的政党"三个向度中的组织和功能相对于过去得到了增强。这三条研究路径是弗拉基米尔·奥兰多·基(Valdimer Orlando Key)提出的。"政党组织"包括那些为政党事业和候选人而工作的政党领袖和积极分子;"政府中的政党"是指党员竞选公共职位并且获得了公共职位;"选民中的政党"指对政党表现出忠诚的那部分选民。[3]坚持"政党复兴"的学者认为20世纪80年代之后,美国政党走出衰落困境,先后在"政党组织""政府中的政党"和"选民中的政党"三个向度出现复兴的趋势。很多学者开始重新评估"政党衰落论",戴维·罗德(David W .Rohde)指出了国会层次政党的复兴,科尼利厄斯·考特(Cornelius C.Cotter)和詹姆斯·吉布森(James L.Gibson)研究了政党组织的复兴,"选民中的政党"研究者更多,也存在很大的争议。莫里斯·菲奥里纳(Morris P.Fiorina)甚至指出,美国已经进入了一个"政党重生"的时代。[4]詹姆斯·斯瑟尔(James W.Ceaser)根据政党变革的情况归纳了政党的三种模式:"衰落模式""稳定模式"和"复兴模式",[5]明确将政党复兴的趋势界定为一种政党政治变迁的模式。但是他并没有将"政党复兴"归纳为一种理论。

一般来说,美国学者认为两大政党在20世纪六七十年代经历了衰落,而在80年代

[1] Jay A.Desart, Information Processing and Partisan Neutrality: A Reexamination of the Party Decline Thesis, The Journal of Politics, Vol.57, No.3, August, 1995.

[2] Walter Dean Burnham, Critical, Elections and the Mainsprings of American Politics, New York: Norton, 1970, p.133.

[3] Marjorie Randon Hershey, Party Politic in America (Twelfth Edition), Pearson Education, 2007, pp.7-8.

[4] Morris P.Fiorina, "Parties and Partisanship: A40-year Retrospective", in Political Behavior., Vol.24, No.2, 2002.

[5] James W.Ceaser, "Politial Parties—Declining, Stabilizing, or Resurging?" see Anthony King (ed.), The New American Political System, (Second Version), Washington, D.C., The AEI Press, 1990, pp.89-90.

开始了复兴。詹姆斯·斯瑟尔认为，美国两大政党当前的形势是"衰落""稳定"和"复兴"三种趋势同时存在的复杂情景。[1]大多数政党学者都认为美国两大政党在20世纪80年代之后出现了复兴的趋势。政党复兴模式与衰落模式是一个硬币的正反两面，都是政党变迁的外在表现形式，也是最直观的表现。由于政党复兴现象的暂时性和碎片性，"政党复兴"的现象还没有形成像"政党衰落论"那样系统的理论体系，但是，不难发现"政党复兴"的倡导者们提出了一些共同的基本依据，"政党复兴"现象及其研究也存在一些基本的特征。

二、"政党复兴"的基本依据

（一）政党认同极化带动"选民中的政党"复兴

"政党认同"是指选民在选举中对政党的忠诚感以及采取的投票态度和行为。美国学者安格斯·坎贝尔（Angus Campbell）在《美国的选民》（*The American Voter*）一书中最早提出这一概念，后来被广泛应用于政党的三个领域。学界关于政党认同有三种看法。一种观点是把党派性依附看作社会认同的一种形式，类似于宗教或者种族认同。还有一些学者是把政党认同视为"知觉之幕"（perceptual screen），是关于政治世界的一种持久性的构想，一旦形成，选民个体能够过滤掉可能接收到的任何相冲突的信息。第三种观点认为政党认同是可变的，它就像选民关于积极或者消极经验的一本流水账，记录着政党的立场或者政党在政府中的表现。这种评价会不断地被更新，可以帮助选民有效地作出投票决定，而不会过多地困扰于了解某一个具体的候选人。[2]这三种路径不是相互排斥的，每一种都能帮助我们更好地理解美国政治中党派性的特征。

选民的政党认同在童年和青少年时期受到家庭的影响，这也是选民政党认同最普遍的来源。成年时期的政党认同随着选民进入新的环境，例如大学、工作、结婚和结社之后，在某一段时间里，选民会根据他们自己关于政治的经验重新检验儿童时期的政党忠诚。马卓理·兰登·赫胥（Marjorie Randon Hershey）指出，政党认同、候选人的吸引力和选举中的各种议题这三种力量紧密地联系在一起。[3]

[1] James W.Ceaser, "Politial Parties—Declining, Stabilizing, or Resurging?" see Anthony King（ed.）, The New American Political System,（Second Version）, Washington, D.C., The AEI Press, 1990, p.90.

[2] Donald, Green, Bradley Palmquist, and Eric Schickler, Partisan Hearts and Minds, New Haven: Yale University Press, 2002, Chapter5, See Marjorie Randon Hershey, Party Politics in America, Pearson Education, 2007, p.101.

[3] Marjorie Randon Hershey, Party Politic in America（Twelfth Edition）, Pearson Education, 2007, pp.110-111.

两大政党复兴首先表现在"选民中的政党"中两党议员和选民日益只投本党的票，即政党认同的极化。政党认同的极化是指民主、共和两大政党的意识形态和政策日趋对立，两党内部意识形态同质化，导致国会议员的精英层次中，一党的多数反对另一党的多数。在选民选举的大众层次中，两党选民同意只投本党候选人的票。"意识形态选民重组理论"认为，自20世纪80年代以来，两大政党意识形态的极化使得美国选民越来越依据他们的意识形态倾向选择政党认同，导致了意识形态的政党忠诚逐渐重组。[1]政党认同极化的现象自20世纪70年代以来日趋激烈，在时间段上与政党复兴的趋势大致吻合，受到"政党选民重组"产生的选民结构变化的影响。在国会议员的投票上，2003年达到了一个空前极化的高度，在2003年国会的所有投票中，有385次（超过总数的30%）选择了这种极化的投票模式。选民"直接投票"——选民只投给其中一个政党的候选人——是"以政党为中心"这一观点的重要依据。2004年的大选，直接投票的选民达到了83.3%，是自1964年以来的历史最高水平。[2]精英层次的政治极化促进了政党的复兴。精英层次极化的作用基本形成了共识，但是，美国学者在大众层次极化的作用上仍然存在分歧。也有许多学者认为，精英层次的极化会促进大众层次的极化，例如马克·海瑟林顿（Marc J. Hetherington）认为精英层次的极化已经说明了公众关于两党意识形态差别的认识，并且导致了"选民中的政党"的复兴。

政治极化不只是两大政党复兴的表现，同时也对美国政治产生了影响，使政党与选民的关系成为美国政府面临的核心问题。米奇·爱德华兹（Mickey Edwards）的最新研究成果认为，政治极化使两党差异变得更加确定，总统、州长和议员都加入到了党派性的争夺当中，党派性在国会中的问题更加严重，国会日益陷入了机能失调的状态，不能在任何一个全国性的重要议题上达成共识。[3]我国学者张业亮在考察了美国两党政治极化的历史和现实之后认为，"政治极化"对现有的政治理论提出了挑战，两党政治极化的现实说明，两党与选民之间的联系正在加强，政党的地位不是衰落，而是再度兴起。[4]尽管张业亮只是在结论处以存在争论的方式提出美国政党复兴的观点，并没有明确提出及详细论证这一观点，但这表明美国政党复兴的现象开始被国内学者关注。

政党认同中的"独立选民"也发生了变化。独立选民是指自称不归属于任何政党的选民群体。有必要对两种不同类型的"独立选民"，即"纯粹的独立选民"和"有独

[1] Kyle L.Saunders, Alan I.Abramowitz, Ideological Realignment and Active Partisans in the American Electorate, American Politics Research, Vol.32, No.3, 2004, pp.285-309.

[2] Donald C.Baumer, Howard J.Gold, "Party Images and Partisan Resurgence", The Social Science Journal, 2007, pp.465-479.

[3] Mickey Edwards, The Parties Versus the People: How to Turn Republicans and Democrats into Americans, Yale University Press, 2012.

[4] 张业亮：《"极化"的美国政治：神话还是现实？》,《美国研究》2008年第3期。

立倾向的选民"进行区分。后者虽然也属于"独立选民",但被认为与两党中的一党有相对较密切的联系,在选举投票中更容易进行党派性投票。在2004年总统选举中,只有10%的选民是"纯粹的独立选民",1/3的选民是强党派性的选民,强党派性选民在选举中占了不小的比例。[1]

(二)政党组织强化促进"组织中的政党"复兴

1. 组织结构的强化。一些美国政党政治学者认为,美国的全国、州和县三个层次的政党委员会的活跃程度都经历了真正的变革。政党组织的强化出现在20世纪60年代,首先是在州和县一级的政党组织,一开始,这一强化并没有被视为政党组织的复兴。考特和吉布森等人认为,政党的预算、党员在政府中任职的数量、雇员的规模以及地方和全国政党组织的活跃程度都比至少一代人之前的情况要更好。[2]有学者对州和县一级的政党委员会主席进行了大规模的调查,发现这些组织比二战以来的任何时候都活跃。县一级的政党组织在选举中的参与度也得到了提高,1980年是80%,而1992年达到了92%。一项针对1996年总统大选期间九个州的县一级政党组织的研究发现,一个地方政党组织存活下来的几个基本要素,即永久性的职位、预算、电话目录和雇员都比1980年更加广泛。约瑟夫·施莱辛格认为,美国两党在政府职位的控制上达到了历史上的最高程度。

2. 政党功能的强化。政党组织在筹集竞选经费、招募和训练候选人上变得更加强大,政党的制度化水平变得更加持久和专业。民主、共和两党在2003年筹集到的资金比2001年多1.89亿美元,政治极化帮助两党筹集了更多的资金。[3]政党组织可以利用其特殊的政治地位为重要的候选人筹集"软钱",即那些选民捐给政党,而不直接捐给候选人的钱。捐给某一特定总统候选人的"硬钱"数额受到联邦选举委员会的严格限制,而"软钱"可以绕过联邦选举委员会的监督。由于"软钱"不受数额限制,所以公司和个人可以向政党提供任何数目的捐款。共和党全国委员会(Republican National Committee,RNC)用它筹集到的"软钱"促进地方政党组织的复兴,全国委员会在影响地方提名候选人上也达到了空前的高度。地方组织功能的强化很大程度上得益于经费的增加。所有层面的政党组织都采取了更多有效的手段筹集资金,而地方政党组织得益于从州政党组织中分享到这些资金。在总统选举上,20世纪60年代,总统候选人

[1] John C.Green and Daniel J.Coffey(eds.),The State of the Parties(Fifth Edition),Rowman & Littlefield Publishers,2007,p.272.

[2] See Cornelius C.Cotter,James L.Gibson,John F.Bibby,Robert J.Huckshon,Party Organizations in American Politics,New York:Praegur,1984.

[3] Marjorie Randon Hershey,Party Politic in America(Twelfth Edition),Pearson Education,2007,p.61.

参加选举很大程度上是依靠候选人自己的组织，政党组织在选举中起着次要的作用。自20世纪80年代以来，这种趋势反转过来，使得政党的复兴好像有了真正的希望。美国的政党也越来越注重制度化的作用。例如，20世纪60年代早期，只有50%的州一级政党组织有永久性的州总部，在1979年到1980年，有永久性的州总部比例达到91%。

（三）政党政府的巩固推动"政府中的政党"复兴

政党政府或者称为"责任政党"，既区别于传统的限权政府，也不同于传统的强大政党，它提供了一种关于民主政治的展望。政党政府的捍卫者相信我们需要一个强大的政府来处理社会和经济问题。政党和国家通过建立"责任政党政府"的方式互相渗透和互相影响，政党依靠国家的力量加强了对政治权力的垄断。

1. 国会层次的巩固。正当一些美国学者忙着打算给国会层次的政党张贴讣告时，"政府中的政党"出现了复兴的趋势。"政府中的政党"在20世纪70年代早期触底之后，在罗纳德·里根竞选总统时期明显复兴。到90年代，政府中的政党已经比50年代显著加强。党派投票是指，在一个法案上，民主党的多数反对共和党的多数。党派团结分或者党派支持通常被用来表示两党议员站在本党多数一边投票的比率。[1]党派团结分在20世纪80年代继续上升，特别是1995年共和党控制国会之后增加更快。1995年"金里奇革命"时期，众议院共和党议员的政党团结分高达93%。[2]戴维·罗德认为，选举势力的重组促进了政党地区差异的降低——特别是北部民主党和南部民主党之间的差异，扩大了两大政党在许多重要议题上的分歧。他认为，国会改革有助于党派性的增加。[3]

2. 总统层次的巩固。一些学者认为，虽然20世纪90年代美国选民的党派性与50年代相比稍显不足，但是选民在总统选举中确实有更强的党派性。莫里斯·菲奥里纳认为，米勒（Miller）是第一位主张20世纪80年代总统选举中的投票比康福斯指的"稳定状态"时期的党派性更强的学者。米勒依据的是政党认同与总统选举投票之间的相互关系。巴特尔斯在方法论上使得米勒的分析变得更加精密，使之更加令人信服。[4]乔治·W.布什执政时期，美国两党继续维持30多年的政治极化趋势。两党在反恐、伊拉克战争和国土安全问题上分歧巨大，布什也成为50多年来美国公众评价最两极分化的一位总统。

[1]　Marjorie Randon Hershey, Party Politic in America（Twelfth Edition）, Pearson Education, 2007, p.257.

[2]　张业亮：《"极化"的美国政治：神话还是现实？》，《美国研究》2008年第3期。

[3]　See David W.Rohde, Parties and Leaders in the Post reform House, University of Chicago Press, 1991.

[4]　Morris P.Fiorina, "Parties and Partisanship：A40-year Retrospective", in Political Behavior., Vol.24, No.2, 2002.

三、"政党复兴"趋势及其研究的相关特征

1. 复兴相对性。约翰·科尔曼（John J.Coleman）认为，美国政党衰落并不是指政党相对于"理想"状态的衰落，而是相对于过去政党状态的衰落。[1]同理，政党复兴也是相对于过去政党的复兴，而不是更趋向于政党的"理想"状态。大多数学者都赞同美国的政党是相对的复兴，而不是绝对的复兴，这不仅仅是一般意义上而言的，在政党的三个领域所表现出的复兴趋势亦然。支持"政党复兴"的学者一般以20世纪50年代的美国政党作为衡量政党是否复兴的主要参考对象，这一方面是由于美国学者一般都使用美国密歇根大学的调查研究中心和政治研究中心的"美国国家选举研究"（ANES）数据库进行定量分析，受到数据库中数据资源的限制，另一方面也与美国总统的大选年相关。由于在20世纪60年代至70年代出现了政党的低谷，因而美国的政党复兴是指两大政党接近或者超过50年代时的政党状态。

2. 指标多样性。衡量政党复兴需要进行综合性的考察，存在具体衡量政党复兴的指标，这些指标同时也是政党衰落的重要指标，指标呈现出多样性的特点。美国政党复兴理论涉及许多相关概念，例如，"选民中的政党"领域的政党认同、独立选民、分裂选票等概念，"政党组织"领域的组织结构和政党功能，"政府中的政党"的总统层次和国会层次，另外还有政治极化等。这些概念同时也是衡量政党复兴的重要指标。大多数指标可量化，有的指标即使不可量化，如政党功能，也可以通过政党筹集竞选资金等具体功能进行考量。各个指标并不是相互独立的，而是相互联系、相互影响的。

3. 程度层次性。美国的政党衰落与复兴是一个十分复杂的过程。尽管学者认为两大政党在不同程度上都得到了一定的复兴，但是两大政党的衰落与复兴程度不同。共和党的政党组织首先面临衰落，不过它也比民主党要更早复兴，比过去更加强大，甚至正在挑战民主党的多数党地位。政党政治的不同层面在不同时期呈现出的状态不同，在同一时期不同领域衰落与复兴程度也不相同，"选民中的政党""政党组织"和"政府中的政党"出现复兴趋势的先后顺序也不同。一般认为"政府中的政党"最强，衰落得最少；政党组织复兴得最早；而"选民中的政党"衰落程度最深，复兴得最晚。即使在同一领域内部，也存在不同的复兴程度。"选民中的政党"中精英层次的复兴比较明确，而大众层次的复兴存在争论。"政府中的政党"中总统层次的复兴与国会层次的复兴程度也不同。

---

[1] John J.Coleman, Party Decline In America: Policy, Politics, and the Fiscal State, Princeton University Press, 1996, p.5.

4. 方法综合性。美国学者研究政党衰落与复兴一般都使用"美国国家选举研究"数据库。研究方法不仅局限于定性分析，更多的是使用定量分析的方法。在定量分析方法上，研究者一般采用个人层次分析和集体层次分析，两种分析方法各有优劣，个人层次分析注重态度调查，集体层次分析强调行为结果。这两种方法也不是研究"政党复兴"趋势的全部方法。例如，有的学者就使用了"信息过程理论"（Information Processing Theory），对政党衰落理论进行了重新检验。[1]

5. 检验易变性。这里的易变性主要包括两层意思：一是指"政党复兴"趋势是否成立的易变性。在定量分析为主的研究中，由于研究者选择样本以及研究方法的不同，往往会得出不同的研究结果。例如，拉里·巴特尔斯（Larry M.Bartels）引用学者的研究指出，美国的政党在选举层面的衰落将持续到新的世纪。这就使得"政党复兴"的理论与现实依据受到巨大的挑战，尽管这些方法上的挑战是少数。二是，如果"政党复兴"趋势成立的话，政党复兴也会受到短期政治势力、候选人选举策略和各种议题的冲击。李道揆认为，政党复兴是由多种因素造成的，其中一些因素带有明显的偶然性。[2]因此，很难确定"政党复兴"是一个长期的、可持续的美国政党变迁趋势。

四、"政党复兴"受到的质疑

（一）长期存在的低投票率现象的冲击

美国的民主政治是通过选举制度表现出来的，但是美国的选民投票率一直很低。一方面，投票选民的政党认同日益极化，两党选民日益只投本党候选人的票；另一方面，没参加投票的选民数量依旧很大。美国选举层面的政党政治危机主要表现为选民的低度政治参与现象。2004年总统大选，美国适龄选民人数大约有2.213亿，其中只有1.237亿、约55.3%的人参加了投票。根据1904—2006年的相关数据，只有1960、1964和1968三个年份的投票率超过60%。[3]选民的政治冷漠也制约了"选民中的政党"的复兴。正如亨廷顿所说："低水平的参与也会削弱政党在与其他政治机构和社会势力对比中的地位。"[4]但是，选民的低投票率是否意味着选民不认同政党或者政府？也不尽然。纳尔

---

[1] Jay A.Desart, "Information Processing and Partisan Neutrality: A Reexamination of the Party Decline Thesis", in The Journal of Politics, Vol.57, No.3, 1995.

[2] 李道揆：《美国政府和美国政治》，中国社会科学出版社1990年版，第200页。

[3] Steffen W.Schmidt, Mack C.Shelley, Barbara A.Bardes, American Government and Politics Today, 2008—2009, Brief Edition, Wadsworth, Cengage Learning, 2009, pp.200-201.

[4] 塞缪尔·亨廷顿著，王冠华、刘为等译：《变化社会中的政治秩序》，上海人民出版社2008年版，第336页。

逊·波尔斯比（Nelson W.Polsby）和艾伦·威尔达夫斯基（Aaron Wildavsky）反对将选民的低投票率归因于选民表达对政治不满与疏离的一种方式，美国人在其他政治参与的形式上也比较活跃，为他们支持的候选人或政党工作。他们认为，造成选民不投票的原因很多，例如，需要进行的登记工作有很多，历史、地理与习惯在导致当今低投票率的形势上起了重要作用，对投票权的记录分散导致需要预期选民所做的工作更多等问题。[1]另一现象是"分裂投票"，即将选票投给不同的政党及其候选人——造成"分裂政府"成为美国政治的常态。1953—1997年共12届美国总统任期内，共和党执政7届，民主党执政7届，7届共和党的总统任期内国会都控制在民主党的手中。分裂选票也是"政党衰落论"者的重要依据之一。

（二）第三党以及利益集团的挑战

汉斯·达尔德尔（Hans Daalder）认为，从民主政治的发展趋势来看，政党对民主政治发展曾经起到的作用不容否定，但是，随着后工业社会的来临，其他的政治行为主体和政治制度已经取代了政党的大多数功能，政党终将衰败。[2]在美国就表现为第三党和利益集团的兴起导致政党的衰落，挑战"政党组织"的复兴。1992年总统大选，企业家罗斯·佩罗自己组建"改革党"参加总统竞选，最终获得了19%的选民票，是独立候选人参加竞选以来的最好成绩，并最终分化了共和党的选票，导致执政的共和党总统布什落选。这并不表示第三党对民主、共和两大政党产生了根本性冲击，民主、共和两党占统治地位的政党体制在美国十分巩固。因为选举人团计票的规则，选举系统非常不利于第三党的候选人在事实上当选。2000年总统选举，第三党的候选人只获得了400万张选票；2004年总统选举，民主、共和两党的政治极化更高，第三党的候选人仅仅获得了100万张选票。

2009年的茶党运动是美国保守的右翼人士反对奥巴马的经济刺激计划而发展起来的社会运动。虽然茶党运动是美国民众的草根运动，但是明显得到了共和党右翼以及保守派的支持，反映了美国政治和经济日益分裂的趋势。茶党运动的兴起说明，无论是民主党还是共和党都不能为当前的大混乱局势提供很好的替代选择。茶党运动影响了美国民主、共和两党的选举运动，并且使温和派共和党人担心共和党的政治基础发生根本性的改变。虽然茶党运动声势浩大，吸引了媒体的关注，但是民调显示茶党的发展空间有限，到2010年底，仍有1/3的美国民众对茶党很陌生，茶党的发展势头正在

[1] 纳尔逊·波尔斯比、艾伦·威尔达夫斯基著，管梅译：《总统选举——美国政治的战略与构架》，北京大学出版社2007年版，第5—8页。
[2] Hans Daalder, A Crisis of Party, Scandinavian Political Studies, Vol.15, No.4, 2001,

停滞和衰落。[1]

此外，利益集团政治对选举活动的介入极大地改变了选举政治地图，尤其是国会选举的政治地图，不少候选人争相获得某个大的政治行动委员会的支持而不是党的支持。[2]利益集团在选举中扮演着游说的角色，在筹集竞选资金、宣传候选人和选民动员等方面对民主、共和两党的政党组织造成了影响。杰弗里·贝瑞（Jeffrey M.Berry）和克莱德·威尔科克斯（Clyde Wilcox）认为，美国利益集团的繁荣是以美国政党为代价的观点也有一些更基本、更经得起时间检验的理由。[3]

（三）"候选人为中心"政治的制约

"候选人为中心"是指选举运动聚焦于候选人的行动和策略，而不是政党。候选人在选举中直接接触选民而不需要依靠政党作为媒介，利益集团和其他政治组织可以直接为候选人服务，支持他们的竞选运动。1976年，吉米·卡特赢得民主党总统候选人提名，他公开反对许多州和县一级的政党组织。戴维·普莱斯（David Price）表示，没有一个现代总统像卡特那样少地利用全国的政党组织。[4]在国会选举中，议员一般都会保留自己竞选组织的基本构架，而挑战者从决定参选的那一刻起，就要开始建立一个竞选组织，通过竞选组织筹集竞选资金。大众媒体的扩张，特别是互联网的普及扩大了选民获取政治信息的途径，促进了"候选人为中心"的政治，加速了政党组织的衰落。20世纪60年代中期以来，美国民主党"新政"选民联盟的解体使得选民的政党认同更新，"政党解组"导致政党稳定的选民认同不复存在。而政党候选人当选总统之后则强调自己的超党派性质。例如，奥巴马当选之后就宣称自己是超党派的总统，试图调和民主、共和两党之间的裂痕。"候选人为中心"的选举使得政党的作用降低，而选举结果也越来越不确定和不可预测，在"政党为中心"的选举中，选民更容易进行"直接投票"。"候选人为中心"的选举有利也有弊，弊端是它冲击了政治的稳定性，选民投分裂选票的可能性增大，出现分裂政府的情况将越来越频繁。

（四）利益代表与利益聚集功能的限制

一方面，美国两大政党在筹集资金、招募候选人以及政党制度化和专业化方面的

---

[1] Vanessa Williamson, Theda Skocpol and John Coggin, The Tea Party and The Remaking of Republican Conservatism, Perspectives on Politics, Vol.9, No.1, March 2011.

[2] 张立平：《美国政党与选举政治》，中国社会科学出版社2002年版，第214页。

[3] 杰弗里·M.贝瑞、克莱德·威尔科克斯：《利益集团社会（第5版）》，中国人民大学出版社2012年版，第92页。

[4] James W.Ceaser, "Politial Parties—Declining, Stabilizing, or Resurging?" see Anthony King（ed.）, The New American Political System（Second Version）, Washington, D.C.: The AEI Press, 1990, p.88.

功能越来越强大；另一方面，美国政党在利益代表与利益聚集的功能上又是弱小的，正在受到越来越多的挑战。在美国的政党史上，强大的政党及其产生的党争是美国国父们所告诫的。麦迪逊甚至担心，某个强大的党派可能会对社会中的其他成员实施专制统治。[1]不同群体的多元利益如何表达就是美国政府需要解决的一个重要问题。多元主义认为，利益集团正在利用其优势通过游说发挥很多利益代表和利益聚集的功能。利益表达和利益聚集功能的衰落也表明政党的社会基础正在萎缩。国内学者柴宝勇认为，"政党的衰弱"体现的是政党功能的一种转化，即由原来的利益表达功能为主转化为控制政府功能为主。他提供的解决办法是政党需要重新审视代表性功能，并使之强大，降低政党对国家和社会的控制范围。[2]关于党派竞争的利弊在美国政治学界并没有形成共识，而是存在争论，例如基·达尔等人就支持党派竞争，他们从少数群体利益的代表方面进行论述，声称各个党派之间的竞争会致使各个政党领导人想方设法地获得所有群体的支持，因此他们会增加传统上被忽视群体的关注度。[3]在利益集团与两大政党的关系上，美国大多数利益集团摇摆于党派性和非党性之间，利益集团在两党之间有所偏向。然而，随着时间的推移，利益集团维持这种两党路线越来越困难。随着政党之间差距的拉大，对政党的忠诚由于点名表决而得到加强，利益集团发现同时支持两大政党的候选人要做到合情合理越来越难，政党领袖也推动利益集团向政党立场上靠近。[4]两大政党与利益集团是相互影响、相互支持、合作共事的关系。美国一直存在的一个老问题是，一方面，两大政党越来越采取极化的立场，特别是在一些对大多数美国人的正常生活极为重要的议题上；另一方面，如果要忽视任何一个反对者的利益，两大政党就会遭受公众的不信任。[5]

五、结语

约翰·科尔曼认为，无论是关于"政党复兴"的研究还是"政党衰落"的研究，在研究政党时犯了一个同样的错误，都过多地依赖于政党的二个领域（"选民中的政党""政党组织"和"政府中的政党"），没有能够说明政党体制中一个领域的变革怎

---

[1] 汉密尔顿·杰伊·麦迪逊：《联邦党人文集》，商务印书馆1980年版，第44—51页。

[2] 柴宝勇：《政党发展：涵义、视角及趋势》，《当代世界与社会主义》2001年第5期。

[3] 皮特·F.伯恩斯：《仅有选举政治是不够的：少数群体利益表达与政治回应》，任田忠译，中央编译出版社2011年版，第11页。

[4] 杰弗里·M.贝瑞、克莱德·威尔科克斯：《利益集团社会（第5版）》，王明进译，中国人民大学出版社2012年版，第98—99页。

[5] Marjorie Randon Hershey, Party Politic in America (Twelfth Edition), Pearson Education, 2007, p.97.

样促进或者阻止另一领域的变革。[1]韦尔将这种模式称为"不适宜的三位一体"。美国的两大政党不同于现存的西欧政党。拉里·戴蒙德（Larty Diamond）和理查德·冈瑟（Richard Gunther）认为，所有现存的政党类型学都是在过去一个半世纪内从西欧政党研究中得出的，美国两个分权型政党几乎不符合现存的政党类型学。[2]因而，美国两大政党的变迁对政党类型学是一种补充和扩展。美国政党的复兴只是相对的，各个领域都有一套衡量政党复兴还是衰落的指标体系，每一个领域的复兴程度也各不相同。在"选民中的政党"中，政党认同的极化在一定程度上恢复了政党过去对选民的动员能力，但是，选民的低投票率仍将长期存在，影响政党复兴的势头。在"政党组织"中，美国两大政党的各级政党组织的组织结构在过去几十年里都得到了一定程度的加强，组织在筹集资金和支持候选人上的功能也比过去更强大，但是，第三党分化了两大政党的组织基础，尤其是利益集团对政党功能的冲击更明显，政党的利益表达和利益聚集功能也急需重塑。在"政府中的政党"中，总统和议员的党派性有所增强，但是，选举过程中的"候选人为中心"的政治在一定程度上弱化了政党的作用。根据美国政党变迁的发展过程来看，美国政党短期内将出现复兴，但长期衰落的趋势仍然存在。

原载于《当代世界与社会主义》2014年第1期

---

[1] John J.Coleman, Party Decline in America: Policy, Politics, and the Fiscal State, Princeton University Press, 1996, p.5, pp.7-8.

[2] 拉里·戴蒙德、理查德·冈瑟编：《政党与民主》，上海人民出版社2012年版，第5页。

衰落抑或调适：冷战后西方国家政党
危机的再认识

韩　慧

摘　要：冷战后，西方国家政党在变革和转型过程中加深了自20世纪六七十年代以来出现的意识形态模糊、政党组织萎缩、社会功能弱化和治国理政乏力等危机。这些危机的出现与加深主要是西方国家社会结构转型、社会组织力量竞争、现代媒体发展等外部因素综合影响的结果。围绕着冷战后西方国家政党危机，学术界形成了政党衰落和政党调适两种观点。政党危机与政党发展并存背景下，政党衰落论略显悲观，而政党调适论不仅客观与辩证，而且也为西方国家政党通过变革摆脱危机和推进世界政党政治健康发展提供了依据。

关键词：冷战后；西方国家；政党危机；政党变革

政党是伴随西方资本主义国家民主政治的发展而逐渐兴起和兴盛的。美国政治学家卡茨和梅尔认为，政党从产生初期的"备受诟病"到现在成为世界范围内普遍存在的社会政治现象共经历了四个阶段，即精英型政党、大众型政党、全方位型政党和卡特尔政党[1]。政党发展的历史是一部政党变革史。冷战后，西方国家政党在变革和转型过程中出现了意识形态模糊、政党组织萎缩、社会功能弱化和治国理政乏力等危机，这些危机伴随政党的日益"卡特尔化"和全球金融危机的持续发酵而不断恶化。因此，探讨冷战后西方国家政党危机的表现、剖析政党危机出现和恶化的原因、诊断西方国家政党危机的性质、探讨西方国家政党通过变革摆脱危机的有效路径，不仅是西方国家政党可持续发展的重要课题，也是推进世界政党政治和民主政治健康发展的迫切需要。

一、冷战后西方国家政党危机的表现

政党危机是指政党在自身建设和国家民主政治运行过程中出现的意识形态模糊、

---

[1] Richard S.Katz and Peter Mair.Changing Models of Party Organization and Party Democracy：The Emergence of the Carter Party[J].Party Politics 1，January 1995.

政纲失灵、组织萎缩、功能弱化、治理乏力等问题以及由此而导致的政党认同危机。冷战后，西方国家政党不但没有在变革和转型过程中治愈自20世纪六七十年代以来出现的危机，反而使其更加恶化。

（一）意识形态标签日趋模糊，政党凝聚力不断下降

意识形态不仅能为政党提供凝聚力量的价值标签，同时还可以为政党行为提供"合法性"依据，正如冯·伯莫所总结的，"在长期的发展过程中，只有那些建立在某种意识形态基础之上的政党能够成功地在政坛立足"[1]。西方国家政党在由精英型政党向大众型政党和全方位政党转型过程中，为争取更多选民支持而纷纷淡化意识形态差异，模糊政党的价值标签和思想特性，造成政党政治"左翼不左，右翼不右"的趋同现象。2013年，德国、意大利、奥地利等西方国家大选后组成的左翼和右翼、中左翼和中右翼联合执政的"彩虹政府"更加印证了这一趋势。意识形态标签的日益模糊，不仅导致了政党成员的信仰危机，也弱化了政党思想体系吸引外部选民的强大功能。从党内来看，因缺乏鲜明意识形态的凝聚，政党成员围绕着思想理论走向、纲领政策导向和制度变革趋向等问题意见分歧加剧、派别争斗严重，甚至造成了党内分裂，如法国社会党内就曾是"密特朗派""莫鲁瓦派""罗卡尔派"等几大派别就相关问题各抒己见、争论不休，而2004年德国社民党内以拉方丹为首的近70名党员因在思想政纲、政策方针和改革导向等问题上的争论而脱党更是造成了政党分裂。从党外来看，意识形态标签模糊使政党的"铁杆选民"大幅减少，政党认同也没落了。冷战后，民众因意识形态信仰而对某一政党"从一而终"的"铁杆选民"越来越少，而依据政党政绩、政策议题、领袖魅力等"短期政治变量"而经常改变投票意向的"流动选民"越来越多。调查显示，2005年英国60%的受访选民不认为自己会很坚定地支持某个党派，而自认为是工党的坚定支持者的只占17%[2]。选民党派性的持续下降和流动选民数量的持续上升，使政党自身的可持续发展面临严峻挑战，成为"政党衰落"的重要表现之一[3]。

（二）政党组织日趋萎缩，政党吸引力大幅减弱

政党组织是衡量一个政党强弱兴衰的重要方面。当前，伴随卡特尔政党的发展和金融危机的持续发酵，西方国家政党普遍面临着政党组织日益萎缩和政党吸引力下降

[1] Klaus Von Beyme.Political Parties in Western Democracies[M], translated by Eileen Martin, Aldershot, Hants: Gower, 1985.

[2] Alan Travis, Election apathy at record level, March 23, 2005, http://www.guardian.co.uk/pilitics/2005/mar/23/uk.

[3] Jay A.Desart, Information Processing and Partisan Neutrality: A Reexamination of the Party Decline Thesis, The Journal of Politics, Vol.57, No.3（August., 1995）.

的危机，主要表现在四个方面：一是党员数量锐减。近年来，西方国家政党在变革和转型过程中，无论是左翼政党还是右翼政党都出现了党员数量持续下降的窘境。如英国工党人数从1997年的40.5万人下降至2010年的19万人，党员人数在过去10多年里锐减了一半以上，挪威工党人数从1999年的61327人下降至2009年的50269人，荷兰工党也从2005年的61111名党员减少至2010年的54504人[1]，德国社民党从1998年胜选时的78万名党员减少至目前的不到55万人[2]；同样，英国保守党党员也从20世纪50年代的280万人下降到2005年的25万多人，英国自由民主党2005年的党员数比20世纪80年代下降了50%多[3]，德国基民盟从1986年的71.4万人下降至2008年的53.3万人[4]。党员数量锐减在某种程度上意味着政党的吸引力大幅下降，政党认同危机凸显。二是党员老龄化问题严重。西方国家政党特别是那些传统大党老党因越来越难以招募到新生的政治力量而呈现出严重的党员老龄化问题，政党的可持续发展面临挑战。如德国社民党内青年党员的比例从1974年的10.8%下降到1999年的2.8%，而在1980年到1998年间，德国社民党和基民盟党员年龄超过60岁的老党员比例均从20%上升为35%[5]。三是党员消极化现象明显。调查显示，英国工党党员在选举期间主动为党拉选票的人数占党员总数的比例从1991年的1/2下降到1999年的1/3[6]，德国社民党中积极参加党内政治生活的党员比例只相当于党员总数的10%[7]。四是政党组织的竞选作用被弱化，政党对候选人的吸引力大幅降低。卡特尔政党时代，政党领袖和候选人越来越倚重于个人合法化的竞选组织和融资渠道来支撑其政治生涯，加之新闻媒体在候选人竞选中的包装作用和特效，使"政党在选举中的作用降低了，政党对那些没欠政党多少情的当选官员中的影响也减少了"[8]。

（三）社会功能日趋弱化，政党的社会根基逐渐瓦解

政党社会功能弱化是政党危机最为明显的表现，也是引发危机最深的一个领域。政党社会功能是与国家功能相对应的，它包括利益表达与综合、组织动员、政治教育和社会价值观念整合等。卡特尔政党时代，政党的国家功能不断强化，而决定其兴衰

[1] 夏庆宇：《浅析当前西欧社会民主主义政党的危机》，《科学社会主义》2011年第6期。

[2] 柴尚金：《变革中的政党：国内外政党建设的经验与教训》，经济科学出版社2013年版，第126页。

[3] Douglas Alexander, Stella Creasy.Serving a Cause, Serving a Community, London：London Demos, 2006.

[4] 于海清：《国外政党现代化的观察与思考》，《山东社会科学》2012年第1期。

[5] 张世鹏：《从德国看欧洲政党制度的危机与改革前景》，《当代世界与社会主义》2002年第2期。

[6] Douglas Alexander, Stella Creasy, Serving a Cause, Serving a Community, London Demos, 2006.

[7] 托马斯·迈尔、郭业洲、陈林：《热话题与冷思考（十六）——关于媒体社会中政党政治的对话》，《当代世界与社会主义》2000年第4期。

[8] 史蒂芬·E.弗兰泽奇著，李秀梅译：《技术年代的政党》，商务印书馆2010年版，第29页。

成败的社会功能则大幅衰退，政党的社会根基也逐渐瓦解。政党社会功能的衰退是与政党不断脱离社会相伴而行的。冷战后，西方国家政党的一个最大变化就是政党逐渐从"选民中的政党"转向"政府中的政党"，政党与社会的关系逐渐疏离，与社会组织曾经紧密的联系也日益松弛。如欧洲的社会民主党在发展历史中曾经与工会建立了紧密的关系，英国工党甚至是在工会的帮助和支持下建立和发展起来的，但伴随政党的日益卡特尔化，社会民主党、工党等左翼政党与工会的紧密关系不断弱化，一些国家甚至面临破裂的危险。除与社会组织的联系日益弱化外，西方国家政党也未能与近年来西方国家爆发的反映社会诉求的"占领伦敦运动""占领华尔街""愤怒者运动"和"占领欧洲央行运动"等社会运动建立起有效联系，致使其在国家治理和政策制定过程中不能有效利用组织化的社会力量来发挥社会整合功能，相反却使这些力量不断销蚀和挤占了政党在社会领域的功能和空间。与社会脱节使政党虽然仍在向选举过程提供支持并维持着象征性的重要性，但其在整个治理过程和利益表达过程中的实际作用已经大不如从前[1]。政党社会功能弱化使其在发展过程中夯实的社会根基不断瓦解，政党认同度不断降低。以美国为例，宣称自己是民主党人的选民从1970年的49%下降到2011年1月的31%，宣称是共和党人的选民从31%下降为29%[2]。冷战后，"所有的迹象都显示出政党联系选民、吸引选民和赢得他们的献身等传统功能已现颓势。……政党作为代表性机构的地位正在下降"[3]。

（四）治国理政能力日显乏力，政党公信力遭受质疑

治国理政能力不仅是政党实现其理想和纲领目标的重要手段，也是影响和衡量政党发展的重要变量。西方国家政党的日益"卡特尔化"和国家功能的强化使政党无形中变成了国家问题和社会问题的承担者和埋单者，这不仅使政党因治国理政能力日渐乏力而降低了公信力，也使政党因承担过多的不良后果而削弱了合法性基础，正如斯特凡诺·巴尔托里尼（Stefano Bartolini）和彼得·梅尔（Peter Mair）所总结的，"政党的公共特权在其代表性下降的同时增长了，尽管这在短时间内可以维持政党的生存，但就长期而言，公共特权可能会削弱政党的合法性"[4]。冷战后，西方国家政党治国理政能力日渐乏力的表现主要有五个方面：一是政党治国理政的自主性危机。在治国理

---

[1] Philippe Schmitter, Parties Are Not What They Once Were, Larry Diamond and Richard Gunther, ed., Political Parties and Democracy.Baltimore, MD: Johns Hopkins University Press, 2001.

[2] 尼克·吉尔斯比、玛特·韦尔吉著，赵仲法译：《独立派选民挑战美国两党制》，《青年参考》2011年7月20日。

[3] 拉里·戴蒙德、理查德·冈瑟著，徐琳译：《政党与民主》，上海人民出版社2012年版，第358页。

[4] 拉里·戴蒙德、理查德·冈瑟著，徐琳译：《政党与民主》，上海人民出版社2012年版，第360页。

政中，一方面政党因在竞选过程中受到利益集团的"照顾"而过多地受其影响和牵制，甚至变成了他们的"传声筒"，另一方面伴随国家治理技术性的增强，政党越来越倚重于专家委员会、技术部门、全民公决、民意测验等，这无形中侵蚀了政党在选民中的自主形象。二是政党在日益复杂的政治生态环境中难以实现治国理政的良好效果。风险社会中，社会利益和需求日益碎片化和特殊化，各种全球问题、棘手问题日益凸显，尤其是在全球经济危机背景下，无论哪个政党上台都难以从根本上解决经济社会困局，而左右共治之"彩虹政府"的治国理政能力和效率更是受到牵制。三是政党在满足选民"刚性增长"的期望过程中日显局限。在竞选过程中，政党为了迎合选民"刚性增长"的需求与期望，不断放大和提高其竞选纲领和承诺，以致超出了自身治理能力的范围，这不仅促生民众的"失落感"，也使民众对政党渐渐失去了"信任感"。四是政治"极化"削弱了政党的治理能力和绩效。在西方国家政党意识形态趋同的同时，政党的政策主张却出现了"极化"现象，政党间"为了反对而反对"的争斗大幅削弱了政党的治理能力。如2013年，美国民主党与共和党的相互争斗使奥巴马的综合移民政策改革受挫、控枪法案被否、医保法案实施遇阻；同样，欧洲左右翼政党的"极化"和争斗也使其经济、社会改革难以达成共识而步履维艰。五是政党在治国理政过程中的腐败行为大幅侵蚀了民众的信任。从法国2000年的"梅里事件"，到德国2002年社民党科隆分部的结帮受贿，到英国2009年的"骗补门"事件，再到2013年卢森堡情报部门的贪赃枉法丑闻等可以看出，西方国家政党未能根除腐败这一侵蚀政党机体的致命"顽症"。西方国家政党治国理政能力的日渐乏力使其面临着严重的信任危机：在德国，2004年，61%的民众对政党能胜任国家治理任务持不信任态度；在法国，2006年，63%的选民不相信左右两派政党能管理好国家[1]；在美国，2012年，民主与共和两党的民意支持率一度跌至30%和20%，民众对国会的不满意率更是高达84%[2]。

二、冷战后西方国家政党危机出现的原因

西方国家政党危机的出现固然与政党内部的思想和变革导向有着必然的联系，但伴随全球化和现代化不断深入而出现的社会结构转型、社会组织力量竞争和现代媒体发展等外部因素更具有引领意义，即"有一套外部的因素统一地作用于政党的所有组成部分，降低了它们的活力和重要性"[3]。

---

[1] 于海清：《国外政党现代化的观察与思考》，《山东社会科学》2012年第1期。

[2] 魏伟：《2012年世界政党形势的突出动向》，《当代世界》2013年第2期。

[3] 史蒂芬·E.弗兰泽奇著，李秀梅译：《技术年代的政党》，商务印书馆2010年版，第139页。

（一）社会结构的转型

社会结构的变化与转型不仅是政党产生的主要动因，也是政党发展与变革的主要动因。

新中产阶级大量涌现，社会结构由哑铃型转向橄榄型，是促使冷战后西方国家政党进行变革和转型的根本动力，也是其在变革和转型中出现危机的主要原因。冷战后，伴随科学技术的迅猛发展和第三产业的异军崛起，传统工人阶级和资产阶级的人数日益锐减，而"新中产阶级"则不断涌现，社会结构由哑铃型转向橄榄型，社会价值理念由物质主义转向后物质主义，"这种转型影响了政党，改变了它们的支持基础和政治场所"[1]。后物质主义时代，新中产阶级作为社会的主体呈现出利益需求的碎片化、思想诉求的特殊化、价值观念的自私化、行为取向的个体化等特征，而以新中产阶级的发展壮大为标志的橄榄型社会结构也呈现出多元化、复杂化和变动性的特征，这些特征决定了西方国家政党在治党理政过程中因社会整合难度加大、由政党控制的物质激励下降、政党意识形态日益中间化而出现严重危机，无怪乎有的学者总结说，"一旦社会形成以中产阶级为主的社会结构，政党就开始衰落"。[2]

（二）社会组织力量的竞争

后物质主义时代，民众尤其是青年人越来越不愿意接受政党单一化、集中化的利益表达，随着直接行动意愿和能力的增强，民众越来越多地将心理支持和行动重点转向社会组织力量更加民主有效的利益表达，这使得"在利益代表性功能上，政党不能再声称享有垄断地位"[3]。

冷战后，西方国家"政党日益被大量不同的、试图进入传统的政党活动中的组织所挑战"[4]，这些组织主要包括：一是以候选人为核心的组织。对于民众尤其是那些专业工作者来说，"更加个人化的、参加到一个候选人探求公职的活动之中的诱惑，比在党组织的葡萄园里匿名地辛苦地工作，更加具有吸引力"[5]。二是民间组织。冷战后，民间组织越来越成为一支不可忽视的力量，如德国目前共有60万个协会，15000个基金会，平均每10000人就有700个协会[6]。这些民间组织主题鲜明、活动能力强、组织形式

[1] 安格鲁·帕尼比昂科著，周建勇译：《政党：组织与权力》，上海世纪出版集团2013年版，第301页。

[2] 刘长江：《政党的转型还是政党的衰落》，《江苏行政学院学报》2008年第6期。

[3] 拉里·戴蒙德、理查德·冈瑟著，徐琳译：《政党与民主》，上海人民出版社2012年版，第358页。

[4] 史蒂芬·E.弗兰泽奇著，李秀梅译：《技术年代的政党》，商务印书馆2010年版，第20—21页。

[5] 史蒂芬·E.弗兰泽奇著，李秀梅译：《技术年代的政党》，商务印书馆2010年版，第164页。

[6] 门洪华：《社会结构、政党危机与2009年大选前景——关于德国政党体制变迁的调研与思考》，《国际观察》2009年第5期。

灵活、影响面广，已成为反映社情民意和解决社会问题的一条有效渠道。三是利益集团。在西方国家，利益集团的成员人数已远远超过了各政党的成员人数。以英国2001年和2002年的统计数据为例，英国保守党、工党、自由民主党和绿党共有党员69.123万人，而仅国民信托基金（National Trust）和皇家鸟类保护协会（RSPB）两大利益集团的成员数就高达399万人，大幅超过了政党成员人数[1]。日益强大的利益集团不仅将那些可能为政党工作和支持政党的人分争了出去，而且比过去更为强劲地闯入政治领域，挑战政党功能的发挥，在某种情况下还大幅超过了政党的信誉。美国1983年的一项民意测验显示，45%的民众相信利益集团最好地代表了他们的政治利益，只有24%的民众相信两个政党之一如此做了[2]。四是新社会运动。20世纪60年代末以来，由西方国家民众发起的新社会运动吸引了那些具有直接行动能力和偏好直接民主形式的新中产阶级成员，拉走了不少政党的支持者。总体来看，这四支有着新的、更松散的、更直接的参与形式的社会组织力量并不会完全替代现有政党，但却无形中挤占了政党的功能空间和"势力范围"，对政党的政治影响力产生了很大冲击。

（三）现代媒体的发展

现代媒体发展引起了西方国家政党政治的一场地震。现代媒体广泛介入政党政治，已从一种信息传播工具逐渐演变成具有一定社会功能和政治功能的行为主体，它不仅成为政党争取民众和政治话语权的竞争者，而且一定程度上还弱化了政党的功能。

信息时代，现代媒体大幅弱化了政党的影响力，主要表现在以下四个方面：一是现代媒体弱化了政党原有的民众基础。现代媒体是造成民众政治冷漠的罪魁祸首。伴随现代媒体的普及，民众将大部分业余时间花在现代媒体为他们提供的娱乐节目上，而很少有时间和意愿参加政治活动，支持政党行为。现代媒体不仅"抢夺"政党受众，还弱化了政党在20世纪初期通过开展社会活动和娱乐活动在党内培育的集体感，大幅"削弱了作为社会生活中心的政党的吸引力"[3]。二是现代媒体弱化了政党的选举功能。"全国性的、专业化的、集中的媒体运作代替了所有的地方运动"[4]，不仅冲击了政党的宣传功能和教育功能，还大幅弱化了政党在选举中的作用，正如有的学者所总结的，"选民们被认为已经变得不太容易受政党习惯（在传统的挨家挨户的游说中形成的）

[1] 比尔·考克瑟、林顿·罗宾斯、罗伯特·里奇著，孔新峰译：《当代英国政治（第四版）》，北京大学出版社2009年版，第12页。
[2] 史蒂芬·E.弗兰泽奇著，李秀梅译：《技术年代的政党》，商务印书馆2010年版，第76页。
[3] 艾伦·韦尔著，谢峰译：《政党与政党制度》，北京大学出版社2011年版，第211页。
[4] 理查德·赫弗南著，彭萍萍译：《媒体操纵：英国工党的政治信息交流策略》，《当代世界与社会主义》2002年第2期。

影响，而更易受通过大众传媒进行的以候选人为中心的竞选运动的影响"[1]。三是现代媒体削弱了政党权威。现代媒体一方面不断收集民众关心的社会热点，引导社会舆论导向，从而迫使政党迎合媒体的报道调整纲领政策；另一方面因商业化需求而使其报道内容往往集中于政党领袖的花边新闻、小道消息甚至是贪污受贿和渎职违法等消极方面，这大幅削弱了政党的政治权威和良好形象。四是现代传媒导致了政党的"去社会化"。现代媒体发展使西方国家竞选由劳动密集型转向资本密集型，竞选资本不断攀升，如美国2012年总统大选的总经费突破了20亿美元大关。昂贵的竞选新手段导致的巨额竞选资本，使政党逐渐脱离资源基础日渐薄弱的党员和社会，而转向资金雄厚的国家。"如果有政府补助来支付这笔开销，那么在解决财政问题时便不需要交费党员起任何作用"[2]，这"对政党扩大及发展党员基础起了抑制作用"[3]。

三、对冷战后西方国家政党危机的几点结论

围绕着西方国家政党危机，学术界形成了"政党衰落"与"政党调适"两种论调。客观来看，"政党衰落"略显悲观。政党危机与政党发展并存背景下，"政党调适"或"政党转型"的诊断不仅较为客观和辩证，而且也为金融危机背景下西方国家推进政党变革以摆脱危机、重新获得民众认同提供了依据和空间。

（一）政党危机是政党适应政治生态环境变化的调适或转型

围绕着西方国家政党危机，学术界形成了两种代表性观点：一是政党衰落论。自20世纪70年代以来，伴随政党危机的出现和不断恶化，"政党衰落"逐渐成为学术界热议的焦点。如1970年沃尔特·伯恩汉姆（Walter Dean Burnham）在考察了美国选民党派性变化后，首次提出"美国政党逐渐消亡的长期趋势"[4]；1984年，詹姆斯·M. 伯恩斯进而指出，"我们今天遇到了美国基本政治制度解体的悲哀，由托马斯·杰斐逊领导的政党体制，正遭遇被瓦解的严重危险"[5]。国内学者也表达了相似的看法，如张海洋以欧洲政党为分析对象，指出，"近30年来，欧洲传统民主国家的政党政治却陷入了危

[1] 利昂·D. 爱泼斯坦著，何文辉译：《西方民主国家的政党》，商务印书馆2014年版，第297页。

[2] 利昂·D. 爱泼斯坦著，何文辉译：《西方民主国家的政党》，商务印书馆2014年版，第315页。

[3] 艾伦·韦尔著，谢峰译：《政党与政党制度》，北京大学出版社2011年版，第95页。

[4] Walter Dean Burnham, Critical Elections and the Mainsprings of American Politics, New York: Norton, 1970.

[5] Ruth K.Scott, Ronald J.Hrebenar, Parties in crisis: party politics in America, New York: John Wiley & Sons, 1984.

机。……而从最新的研究成果看，欧洲政党的危机仍在持续深化"[1]。二是政党调适或转型论。这种观点认为西方国家政党危机只是政党为更好地适应政治生态环境的调适或转型。如巴尔托里尼和梅尔所总结的，"我们所观察到的现象实质是政党的一种调适而非衰落，出现在新的政治条件下的政党只是不同的政党，与之前的大众型政党相比，既不更好也不更差，但肯定的是他们更符合当代民主国家的需要与要求"[2]。国内部分学者也用"功能转型"或"政党变革"表达了相似的观点，如柴宝勇指出，"政党是强大的，而同时又是弱小的。实际上，'政党的衰弱'体现的是政党功能的一种转化，即由原来的利益表达功能为主转化为控制政府功能为主"[3]；门洪华以德国2009年大选为分析背景，认为"把当前德国政党政治归结为危机太过悲观，视之为变革则显得乐观"[4]；陈崎也指出，"在政党功能的层面上，绝不能说政党已经全面走向衰落。我们目前看到的政党功能的变化趋势，是政党的功能由'群众性政党'在其所谓的'黄金时代'所形成的代表性功能和制度性（程序性）功能并重的状态发展到侧重制度性（程序性）功能"[5]；任军锋以北欧五国政党政治实践为基础总结得出，"政党的功能虽然发生了重要变化，但它在现代政治生活中仍然发挥着不可替代的作用，……政党控制着通向政府权力的唯一通道"[6]。

冷战后西方国家政党危机的实质，是政党转型或政党调适的观点更为客观和辩证。首先，西方国家政党自20世纪六七十年代出现的危机是政党在新的政治生态背景下由大众型政党向全方位政党和卡特尔政党转型过程中出现的消极结果，既非政党之本意，也非政党所能控制，且面对危机，西方国家政党并没有"宣布失败，放弃政治战场"[7]，而是更加积极努力地改革，这些改革虽未从根本上扭转"颓势"，但也取得了不少的成效，政党发展迹象明显。在这一背景下，断言"政党衰落"，既过于武断，也略显悲观。其次，虽然"政党是因民主的发展而产生，为民主的发展而存在，它最终也将因民主的发展而消亡"[8]，但当前西方国家代议制民主仍为主流的客观现实决定了政党还是当前民主政治发展不可替代的工具。最后，借用詹姆斯·斯瑟尔概括美国政党变迁的结论来阐释西方国家政党危机的实质，即既非单纯的"复兴"，也非单纯的"衰落"，

[1] 张海洋：《续深化的欧洲政党危机》，《当代世界》2012年第5期。

[2] 拉里·戴蒙德、理查德·冈瑟著，徐琳译：《政党与民主》，上海人民出版社2012年版，第361页。

[3] 柴宝勇：《政党发展：涵义、视角及趋势》，《当代世界与社会主义》2011年第5期。

[4] 门洪华：《社会结构、政党危机与2009年大选前景——关于德国政党体制变迁的调研与思考》，《国际观察》2009年第5期。

[5] 陈崎：《从西方国家政党功能的演变看"政党衰落"论》，《理论月刊》2005年第8期。

[6] 任军锋：《超越左与右：北欧五国政党政治比较研究》，上海三联书店2012年版，第46页。

[7] 史蒂芬·E.弗兰泽奇著，李秀梅译：《技术年代的政党》，商务印书馆2010年版，第46页。

[8] 王韶兴：《政党政治论》，山东人民出版社2011年版，第137页。

而是政党"衰落"、"稳定"和"复兴"三种不同趋势并存的复杂情景[1]，是西方国家政党在变革、转型和调适中的消极表现。

（二）政党危机与政党发展是一枚硬币的两面，二者相伴而行

"政党发展意味着一定政党体系的正向变迁，是一定政党体系适应社会、政治体系的变化而进行的自我变革，从而使自己在社会历史发展中发挥更大的作用。"[2]对冷战后西方国家政党的正向性变迁进行分析和总结，既是反驳"政党衰落论"的有效力证，也是全面认识西方国家政党危机、科学推动政党变革的前提条件。冷战后，与政党危机相伴而行的正向性变迁主要有以下四个方面：一是政党数量不断增加，政党活动日趋"国际化"。一方面，与党员数量锐减相伴而行，冷战后西方国家政党的数量大幅增加。随着社会阶层的日益多元和选民后物质主义价值观的增强，西方国家不仅新增了许多政党，而且还有不少民间组织在参与民主政治过程中逐渐转型为政党，如民族主义政党、绿党和极右翼政党等，这不仅弥补了传统政党的不足，也为西方国家政党重获民众认同提供了契机；另一方面，与党员的消极化相伴而行，西方国家政党活动的国际化趋势加深。冷战后，西方国家不仅努力拓展和深化原有的社会党国际、保守党国际、基督教民主党和中间民主党国际、自由党国际等联盟的影响，还积极成立了全球绿党国际、绿党党团、欧洲激进联盟党团等全球组织和跨国党团。这某种意义上说明政党仍然是推进民主政治乃至世界民主可持续发展不可或缺的关键力量。二是与卡特尔政党的集中化趋势相伴而行，党内民主建设成绩斐然。西方国家政党发展到卡特尔政党时代，出现了米歇尔斯所预料的"寡头统治"特征，而"长期探索形成的一个共识是：发展党内民主是医治政党内部寡头政治的最主要的手段"[3]。政党危机出现后，西方国家政党积极开展党内民主建设，并取得了一定成效。如英国工党通过设立政策论坛和实行党内公决来增加党员的参与感；德国社民党通过建立"网络党"、"数字化党"以及"红色电脑"和"红色手机"计划构建了一个党员和民众共同参与的宽阔平台，大幅扩大了党内民主的范围；法国社会党也通过全体党员直选第一书记和地方党组织选举党的各级议会候选人来拓展党内民主的形式和深度。三是政党有效利用媒体的意识和能力大幅提升。现代媒体在给政党带来挑战和冲击的同时，也为政党活动和政党发展提供了一种有效的沟通工具和宣传工具。冷战后，西方国家政党尤其是政党领袖都非常重视建设政党网站，注重提高其与媒体打交道的意识和能力，积极向"网

---

[1] Anthony King（ed.）, The New American Political System（Second Version）, Washington, D.C: The AEI Press, 1990.

[2] 龚少情、孔凡河：《政党发展：意蕴及其价值》，《社会主义研究》2008年第5期。

[3] 王长江：《政党政治原理》，中共中央党校出版社2009年版，第147页。

络党"媒体党"转型。如在美国2008年总统大选中，奥巴马"从一开始就积极接纳了社会化媒体"[1]，通过媒体宣传自己，通过媒体募集捐款，在某种程度上可以说，奥巴马的成功当选得益于其对现代媒体的深刻理解、高度重视和娴熟运用；在德国，社民党提出要把政党从"新闻报道对象"变为"影响新闻报道主体"的战略，广泛利用媒体技术创新党的运行方式和活动方式，从而使那些曾经绕开政党而建立自己组织的候选人又被重新吸引，回到了国家政党之中[2]。四是政党制度在受到小党冲击后仍保持相对稳定。政党制度"是指一个国家关于政党结构及其活动规范的总称"[3]，是衡量政党成熟与发展的重要标尺。虽然西方国家的政党制度在金融危机背景下受到小党和边缘性政党不同程度的冲击，如美国两党制受到茶党的"猛然一击"，英国、德国、挪威、奥地利、卢森堡、意大利和保加利亚等欧洲主要国家也因小党搅动而在近几年内的大选中出现了"悬浮议会"（Hung Parliament，即无政党获得过半议席），但小党和边缘性政党的影响力和冲击力仍然有限。西方国家政党制度在受到冲击后仍然稳固，这不仅说明西方国家政党仍具有较强的生命力，而且为西方国家政党和政党政治可持续发展提供了有效的保障。

（三）政党变革是西方国家政党摆脱危机的必由路径

"政党变革是政党充满生机和活力的力量源泉，是政党政治发展的核心驱动力。"[4]全球金融危机背景下，政党变革是西方国家政党摆脱危机、重新获得选民认同的必由路径。西方国家政党变革可以沿着弗拉基米尔·奥兰多·基（Valdimer Orlando Key）提出的"选民中的政党"、"政党组织"和"政府中的政党"三个维度展开。一是回归社会，建立服务型政党，重振"选民中的政党"。社会是政党生存和发展之母体。冷战后，西方国家政党危机的实质就是政党逐渐脱离社会，不断从"选民中的政党"转化为"政府中的政党"，从而削弱了催生它、支持它的社会基础。因此，西方国家政党要想重获民众认同，必须回归社会、回应选民，增强政党的社会性，实现从"政府中的政党"向"社会和政府中的政党"转型，发挥好社会与国家间的中介桥梁作用。具体到政党改革实践中就是要树立公民社会本位理念，关注民生，倾听民声，表达民意，凭借自身的政治优势和政党资源向社会和民众提供优质服务，积极构建服务型政党。二是革新结构，构建扁平化、民主化和立体化的网络型政党[5]，重振"政党组织"。信息

[1] 奎尔曼.颠覆著，刘吉熙译：《社会化媒体改变世界》，人民邮电出版社2010年版，第39页。

[2] 史蒂芬·E.弗兰泽奇著，李秀梅译：《技术年代的政党》，商务印书馆2010年版，第129页。

[3] 周淑真：《政党政治学》，人民出版社2011年版，第108页。

[4] 王韶兴：《政党政治论》，山东人民出版社2011年版，第532页。

[5] 祁刚利：《政党民主论》，中央编译出版社2011年版，第182-185页。

时代，新型政党组织的特征主要体现为组织结构的扁平化、组织运行的民主化和信息流动的立体化。因此，作为政党组织的变革，首先要构建扁平化的政党组织结构。在后物质主义时代，以自上而下的科层结构为特征的大众型政党组织已不适应时代发展的要求。媒体时代，架构以议题为核心、以目标为导向、以亚组织间的平等合作为原则的扁平化组织，建立高效灵活的网络型组织结构，用最少的人力资本实现政党功能的最大产出，是西方国家政党应对"组织危机"、重新焕发活力的有效路径。其次，建设民主化的政党组织运行机制。西方国家政党政治"寡头化"是党员和民众对政党产生厌恶情绪甚至是远离和抛弃政党的重要原因。因此，加强民主化建设，恢复政党的民主性和民主功能成为当下西方国家政党走出危机的必由路径。最后，设计信息能够立体而全方位流动的系统结构。信息共享是政党民主的重要前提，也是政党组织吸引党员和民众的重要方面。三是加强培训，构建专业型政党，重振"政府中的政党"。伴随治理技术性和专业性的增强，尤其是国际金融危机背景下，专业化成为21世纪政党变革和政党发展的主要趋势。为此，西方国家政党应不断加强党内学习和专业培训，积极从迪韦尔热所推崇的"大众官僚型政党"向安格鲁·帕尼比昂科所描述的"选举专业型政党"转型。在专业型政党中，"专业人员（所谓的专家、具有特殊知识的技术人才）扮演了更加重要的角色，对组织而言，他们比传统的政党官僚更为有用，因为政党的发力重点（gravitational center）从党员转移到了选民身上"[1]。专业型政党能够大幅提高政党的专业化水平和自主形象，增强其在与其他社会组织化力量竞争中的优势，从而重新赢回其曾经被挤占的社会空间和功能领域。"虽然，政党的三个组成成分——党组织、选民中的政党，以及政府中的政党——概念上彼此明确，但是，事实上，它们却相互作用"[2]，因此，通过政党变革构建的服务型政党、网络型政党和专业型政党不是彼此孤立的，而是一个相辅相成、缺一不可的有机整体，它们彼此影响、相互作用，共同为西方国家政党摆脱危机、重获公信力提供路径选择。

原载于《理论学刊》2014年第11期

---

[1] 安格鲁·帕尼比昂科著，周建勇译：《政党：组织与权力》，上海世纪出版集团2013年版，第299页。

[2] 史蒂芬·E.弗兰泽奇著，李秀梅译：《技术年代的政党》，商务印书馆2010年版，第420页。

战后美国政党政治的新变化

臧秀玲　王　磊

摘　要：美国政党的变迁对西方政党政治变革是一种补充和扩展。本文从"选民中的政党""政党组织"和"政府中的政党"三个向度对战后美国政党政治的新变化进行探析，从而更加清晰地审视美国政党的变迁。虽然"衰落模式"、"稳定模式"和"复兴模式"交替存在，但是，美国政党自20世纪80年代以来的确出现了复兴的趋势，并且政党正在试图通过国家政治权力恢复其功能。尽管美国政党无论是在政党组织、选举层面，还是在政府层面，都走出了六七十年代的低谷，但随着政治生态的变化，这种复兴态势也呈现出更加复杂多变的特点。

关键词：政党变迁；政党复兴；选民中的政党；政府中的政党；政党组织

西方政党自20世纪60年代以来出现了政党衰落或政党危机，存在的争论主要围绕"政党是衰落了，还是政党危机的本质是西方民主的转型"这个问题而展开。[1]通过观察20世纪80年代以来美国政党政治的新变化，反思"政党衰落论"，美国政党的新变化无疑对政党衰落论提出了挑战。美国的两大政党不同于现存的西欧政党。所有现存的政党类型学都是在过去一个半世纪内从西欧政党研究中得出的，美国两个分权型政党几乎不符合现存的政党类型学。[2]分析战后美国政党的变迁，对西方政党政治研究是一种补充和扩展。本文从"选民中的政党"、"政党组织"和"政府中的政党"三个向度对美国政党政治的新变化进行探析，从而更加清晰地判断美国政党政治的变迁和前景。

---

[1]　陈崎对"政党衰落"问题的相关国内外研究成果有过较全面的归纳总结。参见陈崎：《衰落还是转型：当代西方政党的发展变化研究》，中国传媒大学出版社，2010年。约翰·J.科尔曼（John J.Coleman）在1996年出版的《美国政党衰落：政策、政治和财政状况》一书中对政党衰落的美国相关文献，包括专著和论文作过比较详细的总结。参见John J.Coleman, Party Decline in American: Policy, Politics, and the Fiscal State, Princeton University Press, 1996。

[2]　拉里·戴蒙德、理查德·冈瑟著，徐琳译：《政党与民主》，上海人民出版社2012年版，第5页。

一、围绕战后美国政党变迁的争议

第二次世界大战后，政党的衰落与复兴成为美国政治学界研究最多也是最富争议的政治现象之一，一直以来没有统一的答案。持"衰落论"与"复兴论"观点的学者都有强有力的论据来论证各自的观点。根据笔者搜集的资料，美国学者在"政党衰落还是复兴"这个问题上除了系统地著书立说，更多的是发表各类论文。美国政治学会（APSA）的《美国政治学评论》（*The American Political Science Review*）、美国南部政治学会（SPSA）的《政治学杂志》（*The Journal of Politics*）、美国中西部政治学会（MPSA）的《美国政治科学杂志》（*American Journal of Political Science*）、美国西部政治学会（WPSA）的《西部政治学季刊》（*The Western Political Quarterly*）等期刊在近几十年刊登了大量有关"美国政党衰落与复兴"这一问题的相关学术论文，《美国政治学评论》更是探讨这一问题的权威期刊。

美国政党衰落的现象很早就被美国学界归纳为"政党衰落论"（the party decline thesis）。[1]美国学者观察政党政治与政党制度主要依据弗拉基米尔·奥兰多·基（Valdimer Orlando Key）提出的"选民中的政党"、"政党组织"和"政府中的政党"三条研究路径，也就是理查德·卡茨（Richard Katz）和彼得·梅尔（Peter Mair）所说的政党的"三张面孔"。"政党组织"包括那些为政党事业和候选人而工作的政党领袖和积极分子，"政府中的政党"是指党员竞选并且获得了公共职位，"选民中的政党"指对政党表现出忠诚的那部分选民。[2]政党衰落最先发生于"选民中的政党"。1970年，沃尔特·伯恩汉姆（Walter Dean Burham）通过观察选民党派性的变化首先提出了"美国政党逐渐消亡的长期趋势"。[3]此后，大量美国学者对"政党衰落"问题进行了深入的研究，提出了比较系统的"政党衰落理论"。这些学者认为，20世纪60年代美国的政党组织已经瓦解，选举中强党派性的选民人数下降，独立选民持续上升，政党组织在提名候选人上的垄断被打破，国会中议员的政党团结投票持续下降。20世纪80年代之后，美国政党并没有出现"政党衰落理论"所预示的情况，"政党衰落"这个概念也就不再时髦，取而代之的是"政党复兴"的概念。"政党复兴"是相对于"政党衰落"而言的，一般是指美国两大政党在"选民中的政党"、"政党组织"和"政府中的政党"这三个向度恢复了

[1] Jay A.Desart, Information Processing and Partisan Neutrality: A Reexamination of the Party Decline Thesis, The Journal of Politics, Vol.57, No.3, August, 1995.

[2] Marjorie Randon Hershey, Party Politics in America（Twelfth Edition）, Pearson Education, 2007, pp.7-8.

[3] Walter Dean Burnham, Critical, Elections and the Mainsprings of American Politics, New York: Norton, 1970, p.133.

过去的组织和功能。莫里斯·菲奥里纳（Morris P. Fiorina）甚至指出，美国已经进入了一个"政党重生"（Party Renewal）的时代。[1]詹姆斯·凯瑟尔（James W.Ceaser）在安东尼·金（Anthony King）主编的《新美国政治制度》一书中，根据政党变革的情况将政党变迁的模式归纳为三种："衰落模式"、"稳定模式"和"复兴模式"。[2]在"衰落模式"中，政党遭受了影响力的持续损失；在"稳定模式"中，政党稍微加强了它们的地位，并且扮演着次要的角色；在"复兴模式"中，政党则恢复了丧失的功能或者获得新功能，使得它们比过去更加强大。

综上所述，政党复兴模式与衰落模式是一个硬币的正反两面，都是政党变迁的外在表现形式。第二次世界大战后美国的政党变迁中虽然"衰落模式""稳定模式"和"复兴模式"交替存在，但是，美国政党在最近几十年的确出现了复兴的趋势，并且正在试图通过国家政治权力恢复政党的功能。尽管美国政党无论是在政党组织、选举层面，还是在政府层面，都走出了六七十年代的低谷，但总体而言，两大政党的复兴现象更多的是暂时性和碎片化的。

二、"选民中的政党"的新变化

1. 选民的政党认同出现极化

"政党认同"是指选民在选举中对政党的忠诚感，以及采取的投票态度和行为。美国学者安格斯·坎贝尔（Angus Campbell）在《美国的选民》（*The American Voter*）一书中最早提出这一概念，后来被广泛应用于政党的三个领域。选民的政党认同在童年和青少年时期受到家庭的影响，这也是选民政党认同最普遍的来源。成年时期的政党认同随着选民进入新的环境，例如大学、工作、结婚和结社之后，在某一段时间里，他们会根据自己关于政治的经验重新检验儿童时期的政党忠诚。政党认同、候选人的吸引力和选举中的各种议题这三种力量强烈地联系在一起。[3]

"选民中的政党"的新变化首先表现为两党选民益发只将选票投给本党，即选民政党认同的极化。政党认同的极化是指民主、共和两大政党的意识形态和政策日趋对立，两党内部意识形态同质化，导致两党国会议员和选民日益只投本党候选人的票。20世纪80年代以来，两大政党日益显著的意识形态极化使得美国选民越来越依据他们的意

[1] Morris P.Fiorina, Parties and Partisanship: A 40-Year Retrospective, Political Behavior, Vol.24, No.2, 2002, p.99.

[2] James W.Ceaser, Politica Parties-Declining, Stabilizing, or Resurging? in Anthony ing（ed.）, The New American Political System（Second Version）, Washington D.C.: The AEI Press, 1990, pp.89-90.

[3] Marjorie Randon Hershey, 2007, pp.110-111, p.116.

识形态倾向选择政党认同，导致了意识形态的政党忠诚逐渐重组。[1]政党认同极化的现象自20世纪70年代以来日趋激烈，在时间段上与政党复兴的趋势大致吻合，受到"政党选民重组"产生的选民结构变化的影响。2004年的大选中，"直接投票"（straight-ticket voting）的选民达到了83.3%（选民"直接投票"是指选民只投给其中一个政党的候选人），是自1964年以来的历史最高水平。[2]选举势力的重组扩大了两大政党在许多重要议题上的分歧，政治极化促进了美国两大政党的复兴。

政治极化同时也对美国政治产生了影响，使政党与选民的关系成为美国政府面临的核心问题。米奇·爱德华兹（Mickey Edwards）的最新研究成果表明，政治极化使两党差异变得更加确定，总统、州长和议员都加入到了党派性的争夺当中。党派性在国会中的问题更加严重，国会日益陷入机能失调的状态，不能在任何一个全国性的重要议题上达成共识。[3]我国学者张业亮在考察美国两党政治极化的历史和现实之后认为，"政治极化"对现有的政治理论提出了挑战，两党政治极化的现实说明，两党与选民之间的联系正在加强，政党的地位不是衰落，而是再度兴起。[4]

政党认同中的"独立选民"也发生了变化。独立选民是指自称不归属于任何政党的选民群体。有必要对两种不同类型的"独立选民"，即"纯粹的独立选民"（pure independents）和"有独立倾向的选民"（independent leaners）进行区分。后者虽然也属于"独立选民"，但被认为与两党中的一党有相对较密切的联系，在选举投票中更容易进行党派性投票。在2004年总统选举中，只有10%的选民是"纯粹的独立选民"，三分之一的选民是强党派性的选民。强党派性选民在选举中占了不小的比例。[5]

2. 选举层面的政党危机深化

美国的民主政治是通过选举制度表现出来的。一方面，投票选民的政党认同日益极化，两党选民日益只投本党候选人的票；另一方面，没参加投票的选民数量依旧很大。选举层面的政党政治危机主要表现在选民的低度政治参与现象。2004年总统大选，适龄选民人数大约有2.213亿人，但却只有1.237亿、约55.3%的人参加了投票。根据1904年至2006年的相关数据，只有1960、1964和1968三个年份的投票率超过

[1] Kyle L.Saunders, Alan I.Abramowitz, Ideological Realignment and Active Partisans in the American Electorate, American Politics Research, Vol.32, No.3, 2004.

[2] Donald C.Baumer and Howard J.Gold, Party Images and Partisan Resurgence, The Social Science Journal, 2007.

[3] Mickey Edwards, The Parties Versus the People: How to Turn Republicans and Democrats into Americans, Yale University Press, 2012.

[4] 张业亮：《"极化"的美国政治：神话还是现实？》，《美国研究》2008年第3期。

[5] John C.Green and Daniel J.Coffey（eds.），The State of the Parties（Fifth Edition），Rowman &Littlefield Publishers, 2007, p.272.

60%。[1]低水平的参与也削弱了政党在与其他政治机构和社会势力对比中的地位。[2]然而，尽管选民的投票率很低，但是这并不意味着选民不认同政党或者政府。纳尔逊·波尔斯比（Nelson W.Polsby）和艾伦·威尔达夫斯基（Aaron Wildavsky）反对将选民的低投票率归因于选民表达对政治不满与疏离的一种方式，认为美国人在其他政治参与的形式上仍比较活跃，为他们支持的候选人或政党工作。造成选民不投票的原因很多，例如，需要进行的登记工作有很多，历史、地理与习惯在导致当今低投票率的形势上起了重要作用。此外，对投票权的记录分散也导致选民需要因此而承担更多的预期工作。[3]

另一现象是"分裂投票"（split-ticket voting）——将选票投给不同的政党及其候选人——造成"分裂政府"，这已成为美国政治的常态。在1953至1997年共12届的美国总统任期内，共和党执政7届，民主党执政5届，7届共和党总统任期内国会都控制在民主党的手中。现在的第113届国会中，民主党虽然占据了参议院的多数（53席），但在众议院中，共和党以233席占据着绝对优势。两党分别掌控着参议院和众议院，在民主党控制政府的前提下，现有的状况更加复杂。由此，分裂选票也是"政党衰落论"者的重要依据之一。

三、"政党组织"的新变化

1. 组织结构的新变化

美国的全国、州和县三个层次的政党委员会的活跃程度都经历了真正变革。政党组织的强化出现在20世纪60年代。首先是在州和县一级的政党组织。起初，这一强化并没有被视为政党组织的复兴。政党的预算、党员在政府中任职的数量、雇员的规模以及地方和全国政党组织的活跃程度都比至少一代人之前的情况要更好。[4]州和县一级的政党委员会的组织比二战以来的任何时候都活跃。县一级的政党组织在选举中的参与度也得到了提高，1980年是80%，1992年达到了92%。一项针对1996年总统大选期间9个州的县一级政党组织的研究发现，一个地方政党组织存活下来的几个基本要素是：

[1] Steffen W.Schmidt, Mack C.Shelley and Barbara A.Bardes, American Government and Politics Today, 2008—2009, Brief Edition, Wadsworth, Cengage Learning, 2009, pp.200-201.

[2] 塞缪尔·亨廷顿著，王冠华、刘为等译：《变化社会中的政治秩序》，上海人民出版社2008年版，第336页。

[3] 纳尔逊·波尔斯比、艾伦·威尔达夫斯基著，管梅译：《总统选举——美国政治的战略与构架》，北京大学出版社2007年版，第5—8页。

[4] Cornelius C.Cotter, James L.Gibson, John F.Bibby and Robert J, Huckshorn, Party Organizations in American Politics, New York：Praeger, 1984.

永久性的职位、预算、电话目录和雇员都比1980年要更多地应用。[1]专职党务人员的人数曾经很少。以州政党为例，通常只有一个秘书或者行政指挥。但是随着以候选人为中心的政治潮流兴起，这样的人员配置显然无法满足竞选活动的需要，大量专业化的人员进入政党组织。现在，在几乎所有的州，政党都有全职的领导人。[2]美国两党在政府职位的控制上达到了历史上的最高程度，两党的力量比过去50年里的任何时候都显著强大。[3]两大政党也越来越注重制度化的作用。例如，20世纪60年代早期，只有50%的州一级政党组织有永久性的州总部，在1979—1980年，有永久性州总部的比例达到91%。[4]在总统选举上，20世纪60年代，总统候选人参加选举在很大程度上是依靠候选人自己的组织，政党组织在选举中起着次要的作用。自80年代以来，这种趋势正在不断反转，这使得政党的复兴似乎有了真正的希望。

2. 政党功能的新变化

政党组织在筹集竞选经费、招募和训练候选人上变得更加强大。由于在选举中需要花费大量的金钱，为相关的选举筹措资金一直是两大党的主要任务。在这方面，两党都是不折不扣的"筹款机器"。政党的制度化水平变得更加持久和专业。民主共和两党在2003年筹集到的资金比2001年多1.89亿美元，政治极化所起的作用明显。[5]政党组织可以利用其特殊的政治地位为重要的候选人筹集"软钱"（soft money），即那些选民捐给政党而不直接捐给候选人的钱。捐给某一特定总统候选人的"硬钱"（hard money）数额受到联邦选举委员会（Federal Election Commission）的严格限制，而"软钱"则可以绕过监督。由于"软钱"不受数额限制，所以公司和个人可以向政党提供任何数目的捐款，政党对"软钱"的使用更加灵活。里根政府的共和党全国委员会（Republican National Committee，RNC）用它筹集到的"软钱"促进地方政党组织的复兴，全国委员会在影响地方提名候选人上也达到了空前的高度。地方组织功能的强化在很大程度上得益于经费的增加。所有层面的政党组织都采取了更多有效的手段筹集资金，而地方政党组织得益于从州政党组织中分享到的这些资金，在政党地方组织获得上级政党财政支持的同时，党的全国委员会在影响地方提名候选人上也达到了空前的高度。

一方面，两大政党在筹集资金和招募候选人上的功能越来越强大。另一方面，政党在利益代表与利益聚集的功能上又是弱小的，正在受到越来越多的挑战。利益集团

---

[1] John Frendreis and Alan R.Citelson, Local Parties in the 1990s, in John C.Green and Daniel M.Shea（eds.）, The State of the Parties（3rd ed.）, pp.135-153.See Marjorie Randon Hershey, 2007, p.56.

[2] 周淑真、冯永光：《美国政党组织体制运行机制及其特点》，《当代世界与社会主义》2010年第3期。

[3] Joseph A.Schlesinger, The New American Politica Party, American Political Science Review, 1985.

[4] James L.Gibson, Cornelius P.Cotter, John F.Bibby and Robert J, Huckshorn, Assessing Party Organizational Strength, American Joumal of Political Science, 1983, p.199.

[5] Marjorie Randon Hershey, 2007, p.61.

正在利用其优势通过游说发挥很多利益代表和利益聚集的功能。利益表达和利益聚集功能的衰落也表明，政党的社会基础正在萎缩。"政党的衰弱"体现的就是政党功能的一种转化，即由原来的利益表达功能为主转化为控制政府功能为主。[1]美国一直存在的一个老问题是，一方面，两大政党越来越采取极化的立场，特别是在一些对大多数美国人日常生活极为重要的议题上；另一方面，如果要忽视任何一个反对者的利益，两大政党就会遭受公众的不信任。[2]

3. 第三党以及利益集团的新变化

汉斯·达尔德尔（Hans Daalder）认为，从民主政治的发展趋势来看，政党对民主政治发展曾经起到的作用不容否定。但是，随着后工业社会的来临，其他的政治行为主体和政治制度已经取代了政党的大多数功能，政党终将衰败。[3]美国第三党和利益集团的兴起导致政党的衰落，挑战"政党组织"的复兴。1992年总统大选，企业家罗斯·佩罗自己组建"改革党"参加总统竞选，最终获得了19%的选民票，是独立候选人参加竞选以来的最好成绩，并最终分化了共和党的选票，导致执政的共和党总统布什落选。2009年的茶党运动是美国保守的右翼人士反对奥巴马的经济刺激计划发展起来的社会运动。茶党运动兴起于美国各地的基层，并在全国范围内相互呼应，形成了重要的政治影响。该运动的基本主张是反对政府的高税收、高福利政策和大规模的经济干预。虽然茶党运动是美国民众的草根运动，但是明显得到了共和党右翼以及保守派的支持，反映了美国政治和经济日益分裂的趋势。这些人大体上可以被视为持右翼自由放任立场的共和党人。茶党运动的兴起说明，无论是民主党还是共和党都不能为当前的大混乱局势提供很好的替代选择。运动增强了大量持自由放任立场民众的政治参与程度，影响了美国民主共和两党的选举运动，并且使温和派共和党人担心共和党的政治基础发生根本性改变。尽管茶党运动声势浩大，吸引了媒体的关注，但是民调显示茶党的发展空间有限，到2010年底，仍有三分之一的美国民众对茶党很陌生，该党的发展势头正在停滞和衰落。[4]在美国，第三党常常是昙花一现，不会对民主、共和两大政党产生根本性的冲击，两党制仍然在美国政党体制中占据统治地位。

如果说第三党只能算美国政治中的一个点缀的话，那么利益集团对美国政党政治的影响则要深远得多。美国是世界上利益集团政治最为盛行的国家。在现实政治中，除了政府，利益集团对政治也有很大影响，它们常常以组织化的方式参与和影响政府

[1]　柴宝勇：《政党发展：涵义、视角及趋势》，《当代世界与社会主义》2001年第5期。

[2]　Marjorie Randon Hershey, 2007, p.97.

[3]　Hans Daalder, A Crisis of Party, Scandinavian Political Studies, Vol.15, No.4, 2001, pp.269-270.

[4]　Vanessa Williamson, Theda Skocpol and John Coggin, The Tea Party and The Remaking of Republican Conservatism, Perspectives on Politics, Vol.9, No.1, March 2011.

决策。它们可以越来越多地越过政党，通过直接游说国会和诉诸法院，赢得立法结果，从而获取其自身利益。现在，在美国政党政治运作中，这是一股不容忽视的力量。利益集团政治对选举活动的介入极大地改变了选举政治地图，尤其是国会选举的政治地图，不少候选人争相获得某个大的政治行动委员会的支持而不是党的支持。[1]美国利益集团的繁荣是以政党为代价的观点，也有一些更基本、更经得起时间检验的理由。关心政策议题的个人拥有的资源有限，但他们可以把这些资源给予利益集团或者政党。在很多情况下，给予利益集团是合乎逻辑的选择，因为它们致力于范围狭窄的议题。[2]在少数群体利益的代表方面，社区、团体和社会服务组织发挥了重要作用，它们会增加领导者代表这些群体利益的可能性。[3]在利益集团与两大政党的关系上，大多数利益集团摇摆于党派性和非党性之间，尽管它们在两党之间实际上会有所偏向。然而，随着时间的推移，利益集团维持这种两党路线越来越困难。随着政党之间差距的拉大，对政党的忠诚由于点名表决而得到加强。利益集团发现，同时支持两大政党的候选人要做到合情合理越来越难，政党领袖也推动利益集团向政党立场上靠近。[4]

四、"政府中的政党"的新变化

1. 责任政党政府的巩固

政党政府（party government），或者称为"责任政党"（responsible parties），既区别于传统的限权政府，也不同于传统的强大政党，它提供了一种关于民主政治的展望。政党政府的捍卫者相信我们需要一个强大的政府来处理社会和经济问题。政党和国家通过建立"责任政党政府"的方式互相渗透和互相影响，政党依靠国家的力量加强了对政治权力的垄断。

"政府中的政党"经历了20世纪70年代早期触底之后，在罗纳德·里根竞选总统时期明显地复兴。到90年代，政府中的政党已经比50年代显著加强。党派团结分（party unity scores）或者党派支持（party support）通常被用来表示两党议员站在本党一边投票的比率。[5]

[1] 张立平：《美国政党与选举政治》，中国社会科学出版社2002年版，第214页。

[2] 杰弗里·M.贝瑞、克莱德·威尔科克斯：《利益集团社会（第5版）》，王明进译，中国人民大学出版社2012年版，第92页。

[3] 皮特·F.伯恩斯：《仅有选举政治是不够的：少数群体利益表达与政治问题回应》，任田忠译，中央编译出版社2011年版，第13页。

[4] 杰弗里·M.贝瑞、克莱德·威尔科克斯：《利益集团社会（第5版）》，王明进译，中国人民大学出版社2012年版，第98—99页。

[5] Marjorie Randon Hershey, Party Politic in America（Twelfth Edition）, Pearson Education, 2007, p.257.

党派团结分在80年代继续上升，特别是1995年共和党控制国会之后增加更快。1995年"金里奇革命"时期，众议院共和党议员的政党团结分高达93%。[1]在国会议员的投票上，2003年达到了一个空前极化的高度。在2003年国会的所有投票中，有385次（超过总数的30%）选择了这种极化的投票模式。[2]在记名投票中，两党互相对立的状况更为明显。1970年，众议院两党多数派互相对立的记名投票占所有记名投票的27%，到了1995年，这一比例高达75%。随后虽然有所下降，但仍然远高于20世纪70年代。[3]国会改革（congressional reform）促进了两党党派性的增强。[4]虽然90年代美国选民的党派性与50年代相比稍显不足，但选民在总统选举中确实表现出更强的党派性。乔治·W.布什执政时期，两党持续30多年的政治极化趋势。在反恐、伊拉克战争和国土安全问题上，两党分歧巨大，小布什也成为50多年来美国公众评价最两极分化的一位总统。在奥巴马执政之后，国会议员的政治极化现象不仅没有减缓，反而有了明显的加剧，共和党出于选战需要，几乎是"逢奥必反"。一个典型的例证是，由奥巴马总统倡导的、民主党国会议员全力推动的医疗改革法2013年在国会获得通过时，几乎完全是以党派划线：在参众两院中没有一名共和党议员支持民主党的医改方案，这种情况在当代美国国会历史上实属罕见。

2."候选人为中心"的政治强化

"候选人为中心"（candidate centered）是指选举运动聚焦在候选人的行动和策略，而不是政党。在美国，政党的竞选组织和选举人的竞选组织通常是两套人马，后者只对选举人负责，而不会顾及政党的选举策略和政党能够赢得的公职数量。在两者出现矛盾的时候，政党往往服从候选人。由于新媒体时代的技术进步，候选人可以直接接触选民，而不需要依靠政党作为媒介，而利益集团和其他政治组织可以直接为候选人服务，支持他们的竞选运动。因此，候选人成了选举的关键。1976年，吉米·卡特赢得民主党总统候选人提名，他公开反对许多州县一级的政党组织。没有一个现代总统像卡特那样少地利用全国的政党组织。[5]大众媒体的扩张，特别是互联网的普及，扩大

---

[1] Bruce Mlroif, Raymond Seidelman and Todd Swanstorm（eds.），The Democratic Debate：An Introduction to American Politics，Boston and New York：Houghton Miflin Company，2002，p.309；参见张业亮：《"极化"的美国政治：神话还是现实？》，《美国研究》2008年第3期。

[2] Polle，Votes echo electoral themes，CQ Weekly December，2004；See Donald C.Baumer and Howard J.Gold，2007，p.466.

[3] Harold W.Stanley and Richard G.Niemi（eds.），Vital Statistics on American Politics，2005—2006. Washington D.C.：CQ Press，2005，p.217.

[4] David W.Rohde，Parties and Leaders in the Postreform House，Chicago：University of Chicago Press，1991.

[5] David E.Price，Bringing Back the Paries，Washington，D.C.：Congressional Quarterly Press，1984，p.78；See James W.Cease，Political Parties-Declining，Stabilizing or Resurging?in Anthony King（ed.），The New American Political System（Second Version），Washington，D.C：The AEI Press，1990，p.88.

了选民获取政治信息的途径，促进了"候选人为中心"的政治，加速了政党组织的衰落。20世纪60年代中期以来，美国民主党的"新政"（New Deal）选民联盟的解体使得选民的政党认同更新，"政党解组"导致政党稳定的选民认同不复存在。而政党候选人当选总统之后强调自己的超党派性质。例如，奥巴马当选之后就宣称自己是超党派的总统，试图调和民主共和两党之间的裂痕。"候选人为中心"的选举使得政党的作用降低，而选举结果也越来越不确定和不可预测。在"政党为中心"的选举中，选民更容易进行"直接投票"。"候选人为中心"的选举的弊端也是明显的，它冲击了政治的稳定性，选民投分裂选票的可能性增大，出现分裂政府的情况将越来越频繁。

五、结语

美国两大政党在20世纪六七十年代经历了衰落，而在80年代又迎来了复兴。从政党的发展史来看，政党衰落是历史趋势，并将随着阶级的消灭而消亡，但是美国政党政治发展所呈现出的这种错综复杂的现象，更加深刻地表现出了资本主义民主下政党政治的两难困境。我们应该辩证和具体地看待"政党危机"与政党衰落，既要看到西方政党危机的一般性，也要分析其中的特殊性，把政党放在特定的历史条件下考察。美国政党的复兴只是相对的，各个领域都有一套衡量政党复兴还是衰落的指标体系。无论是关于"政党复兴"的研究还是"政党衰落"的研究，都在研究政党时犯了一个同样的错误，即过多地依赖于政党的三个向度（选民中的政党、政党组织和政府中的政党），没有能够说明政党体制中一个领域的变革怎样促进或者阻止另一领域的变革。[1]这种模式又被称为"不适宜的三位一体"（unholy trinity）。在"选民中的政党"中，政党认同的极化在一定程度上恢复了政党过去对选民的动员能力，但是，选民的低投票率仍将长期存在，影响政党复兴的势头。在"政党组织"中，两大政党的各级政党组织的组织结构在过去几十年里都得到了一定程度的加强，在筹集资金和支持候选人上的功能也比过去更强大。但是，第三党分化了两大政党的组织基础，尤其是利益集团对政党功能的冲击更明显，政党的利益表达和利益聚集功能急需重塑。在"政府中的政党"中，总统和议员的党派性有所增强，但是选举过程中的"候选人为中心"的政治在一定程度上弱化了政党的作用。从政党变迁的发展过程来看，美国政党在短期内虽然出现一定程度的复兴，但长期衰落的趋势仍然存在。

原载于《国外社会科学》2014年第2期

---

[1] John J.Coleman, 1996, pp.7-8.

20世纪以来东欧国家的政党与政治思潮研究成果展示

方　雷

一、研究目的与意义

20世纪以来东欧国家由于缺乏西欧那种民族国家政治、经济、文化方面的整合，而一直处于不稳定状态。特殊的地理地形和地缘政治环境使得东欧在历史上一直是东西方控制和争夺的对象，从奥斯曼土耳其帝国到哈布斯堡王朝，从奥匈帝国到沙皇俄国，从纳粹德国到苏联，东欧长期是欧洲历次战争的舞台和冷战的前沿。从国内政治看，考察东欧政党政治的发展史可以看出，在20世纪的一百年中，东欧国家三易政治制度：20世纪初东欧国家在封建帝国的废墟上建立了资本主义性质的民族国家，实行了资产阶级的多党制；二战后东欧接受了苏维埃模式，大多实行了斯大林模式下的一党制；冷战后东欧的共产党政权瓦解，实行了多党议会民主制。可见，伴随着发展道路的重新选择，东欧的政党政治发生了三次根本性的转变。我们还可以看到，在东欧国家制度变迁的过程中，各种外来的和本土的政治思潮均起着催化剂的作用，在不同程度地推动着其政党政治和社会制度的更替。自由主义、共产主义、民主社会主义、民族主义、民粹主义等在东欧地区此起彼伏，盘根错节。表面看来，这一百年只是社会主义和资本主义的争斗，实际上，无论是社会主义还是资本主义占优势的时期，都无法湮灭其他思潮的冲击和影响。因此，研究20世纪以来东欧政党政治和政治思潮的变迁以及关联问题，不仅在学术研究方面具有重要的理论价值，而且对于我们考量20世纪百年社会主义运动的兴衰，总结经验教训有着重要的启发意义。

二、基本线索

20世纪以来东欧国家政党与政治思潮的变迁和关联基本沿循着三条基本线索：

一是20世纪东欧政党政治的发展脉络从历史纵向的角度划分为四个阶段，即分析一战之前的东欧政党、两次大战之间的政党格局、二战后社会民主党的共产党化、冷战后共产党的社会民主党化。

二是20世纪东欧政治思潮的历史流变从横向上可以区分为东欧地区自由主义的历史脉络、共产主义的外部移植、民主社会主义的前因后果、民族主义的正负效应、法西斯主义的兴亡根源、民粹主义的社会根基。

三是东欧政党与政治思潮的关联从国家制度变迁的角度看，20世纪一百年东欧国家在面临三次发展道路选择时，各种政治思潮影响下不同政党的政治选择。即20世纪初，资产阶级政党在自由主义主导下确立资本主义制度；二战后，共产党在马克思主义指导下建立社会主义国家；冷战后，左右翼政党在民主社会主义和自由主义的纷争中重构议会民主制。

三、主要内容

本课题除前言和结语之外，主要从以下几个方面展开自己的主题。

第一部分东欧民族主义及其政党，集中分析东欧民族主义的多面性、民族主义政党在东欧国家构建中的作用、民族主义在共产党执政期间的表现、转型改制中的民族主义政党、超越民族主义的东欧政党政治等问题。

关于东欧民族主义的多面性从成因多样、属性多元、变化多端三个方面展开论述。从成因上看，东欧不同民族的融合一直受民族的差异性、宗教的复杂性、阶层的差异性和外力的阻碍，发展程度的差异造成了各国民族主义的诉求不同，利益不同，而且常被大国列强利用，挑起民族矛盾。从属性上看，第一，不同于西欧国家的民族主义，东欧的民族主义更多地表现出群族民族主义的特征；第二，从民族主义内容及利益取向的侧重点来看，东欧的民族主义隶属于文化民族主义的范畴；第三，跨界民族主义成为东欧民族主义的重要特征。从变化上看，第一，在早期民族解放运动的过程中，东欧民族主义常常演化出泛民族主义和大民族主义的倾向；第二，在二战前和二战期间，极端民族主义在东欧部分国家演化为法西斯主义；第三，共产党执政期间东欧民族主义突出表现为与苏联大国主义、大党主义抗争的国家民族主义；第四，冷战后东欧国家的民族主义表现出强烈的民族分离主义倾向。

关于转型改制中的民族主义政党，东欧民族主义政党的价值和政策取向具体表现为：第一，民族主义政党意识形态中的自由民主内涵不断得到强化；第二，有些东欧民族主义政党对"欧洲化"的态度由敌视转向逐步认可，开始把单一的民族认同模式转变为一种混合型认同或多元认同；第三，跨国政党联系的建立与发展，呈现出新的聚合性发展趋势；第四，民族主义政党的政策重心开始向政治经济发展方面的具体问题倾斜；第五，民族民粹主义成为东欧民族主义政党新的发展方向。

关于超越民族主义的东欧政党政治。冷战之后，随着欧盟因素的介入，东欧各国的政治经济和社会生活发生了许多深刻变化，出现了所谓的"欧洲化"现象，民族主义政党作为东欧国家重要的政治力量，也必然受到"欧洲化"的影响。尽管面临"欧洲化"的巨大压力，东欧民族主义政党在国家构成、公民身份和行政区划等核心问题上，仍然坚持其基本主张，捍卫其民族立场。东欧民族主义政党不仅把自身的价值理念与自由主义有效融合，强化了自由民主的内涵，而且转变了对于欧盟和"欧洲化"的态度，成为"欧洲化"进程的支持者和获益者。同样，在"欧洲化"和政治民主化的背景下，东欧民族主义政党也在经历相似的转型和变革。因此，东欧的民族主义传统和民族主义政党不会成为"欧洲化"进程无法绕行的障碍。

第二部分东欧自由主义及其政党，集中分析东欧自由主义的历史脉络、自由主义政党与东欧国家的构建、新自由主义对东欧政党政策的影响、左右翼政党格局中的自由主义政党等问题。

关于东欧自由主义的历史脉络可以分解为以下三个方面：一是东欧自由主义的兴起伴随着民族民主解放运动，二是东欧自由主义的确立伴随着资本主义的发展，三是东欧自由主义的发展伴随着与社会主义的斗争。

关于自由主义政党与东欧国家的构建，主要从四个不同历史时期探讨自由主义政党在东欧国家构建中的作用：一战结束前，东欧自由主义政党面临的主要任务是反对专制主义和王权，争取个人的政治权利、民主权利和宪政政府。两次大战之间，东欧自由主义在政治思想领域受到来自左、右两个方面的沉重打击：一方面是迅速传播的科学社会主义，另一方面是横行欧洲的法西斯主义。二战后初期，东欧自由主义政党虽然对国家权力觊觎，但或被共产党取缔或被排斥在政权之外。冷战后，东欧自由主义政党在政治竞争中把自由主义和民族主义等其他思潮有效结合，成为具有地区特色的右翼政党。

关于冷战后左右翼政党格局中的自由主义政党。从转型初期的成功到90年代中期衰落的历程表明单纯依靠新自由主义的政治经济模式无法引导东欧的政治经济转型走向成功。如何把自由主义与其他意识形态结合起来，形成符合东欧具体情况的发展模式，成为自由主义政党孜孜以求的政治主题。自由主义政党的社会民主主义化和保守化是东欧自由主义政党两条主流的改良路线。尽管在特定时期的某些具体问题上，这些改良取得了一定成效。但这两种发展模式能否真正实现自由主义在东欧的本土化并推动东欧国家政治经济转型，还有待于时间的验证。

关于新自由主义对东欧政党政策的影响。东欧转型20年，也是新自由主义迅速传播的20年，其范式和主张逐渐受到重视，成为政治经济体制转型的指导思想。为了应对新自由主义浪潮的冲击，东欧国家的政党必须在政党政策的诸多方面做出调整和改变：社会经济政策成为各国政党政策的重心；欧盟和"欧洲化"成为各国政党政策的新内容；在党内政策上，各政党也趋于民主化。尽管在经济领域，新自由主义放任自流、缺乏调控和管理的经济发展模式饱受争议，但在政治领域，新自由主义的价值理念的确影响了东欧国家的政党政策，并推动东欧国家的政党政治走向成熟。

第三部分东欧马克思主义及其政党，集中分析马克思主义在东欧的传播和早期工人政党的建立、共产国际时期的东欧各国共产党、东欧各国共产党对人民民主道路的探索、执政时期东欧各国共产党对马克思主义的继承与发展、东欧剧变与各国共产党的社会民主党化、剧变后东欧马克思主义与共产党的现状等问题。

在东欧近现代政治发展史上，马克思主义及其政党发挥了巨大的作用与影响，尤其是共产党在东欧各国40多年的执政实践，为东欧社会历史进程的发展打上了深刻的烙印。马克思主义及其政党在东欧的发展既有高歌猛进的辉煌时期，也有一落千丈的沉沦阶段，其成功与失误、经验与教训，非常值得人们认真反思和总结。

马克思主义在东欧的传播和东欧各国工人阶级政党的建立，主要是在第一国际后期至第二国际时期。由于在这个时期马克思主义的共产主义（或称科学社会主义）与社会民主主义在概念上往往相互混用，基本上是同义语，所以当时建立的工人阶级政党多称为社会民主（工）党或社会党，它们领导下的工人运动也就通常被称为社会民主主义运动。在后来走上社会主义发展道路的东欧国家中，除前民主德国外，资本主义经济关系较为发达的匈牙利、捷克斯洛伐克（主要是捷克地区）和波兰，是马克思主义传播较早的国家。

第一次世界大战爆发前，东欧社会民主主义政党大都转向了社会改良主义，脱离了马克思主义发展轨道，继续坚持马克思主义原则的只有极少数政党或派别。十月革命胜利后，尤其是共产国际建立后，在俄共和共产国际的指导帮助下，东欧各国相继建立了共产党。由于各国政治运动发展水平参差不齐，各国革命形势、革命条件和革命要求各不相同，共产国际过于强调集中、统一、权威和纪律的组织形式显然是不适宜的。

二战后，东欧各国以不同方式获得了民族的解放和独立，并建立起完全不同于战前的新政权。新政权的一个显著特点就是共产党人或共产党领导的左翼阵线在其中占据了主导地位，采取了一系列民主改革措施。这种政权就其实质来说还不是社会主义的，但它却为走向社会主义奠定了基础；同时，这种政权在本质上也区别于资产阶级政权，因为它排除了资产阶级一个阶级专政的可能性。正是在这个意义上，人们称之为新型的人民民主政权。在东欧人民民主国家中，除阿尔巴尼亚外，其他各国共产党都对人民民主道路进行了不同程度的探索。其中，以哥穆尔卡为代表的波兰工人党提出的"通向社会主义的波兰道路"、以哥特瓦尔德为代表的捷克斯洛伐克共产党提出的

"捷克斯洛伐克式的特殊道路"和以季米特洛夫为代表的保加利亚共产党提出的"人民民主道路",不仅在理论上大幅发展了马克思主义,而且在实践上也取得了显著成果。

东西方冷战爆发后,在斯大林和苏共的直接干预下,东欧各国共产党迅速中止了对人民民主道路的探索,开始全盘照搬苏联模式的社会主义发展道路。到20世纪40年代末50年代初,东欧各国无一例外地形成了共产党一党执政的政治制度。事实上,此后的东欧已经完全成为苏联的政治经济附庸,并且在很长一个时期里与苏联经历着几乎同样的发展和危机。不过,尽管东欧的社会主义在道路、模式和体制、制度上高度效仿苏联,但由于具体国情的不同,各国共产党对社会主义理论仍进行了某种探索,而且在实践上也有一定差异。

在东欧剧变的过程中,各国共产党毫无例外地完成了向社会民主主义政党的转变,即所谓的"社会民主党化"。不同政党的"社会民主党化"是以不同的方式发生的,但实质上已逐渐完成向社会民主主义政党的转变,到20世纪90年代初,东欧所有执政的共产党都完成了其"社会民主党化",并相继丢失了政权。

随着东欧剧变和各国共产党的"社会民主党化",东欧的共产主义运动陷入了低谷,马克思主义及其科学社会主义理论面临着严重挑战和危机。冷战后,东欧一些马克思主义者和左翼学者在深刻反思苏联模式社会主义的弊端的基础上,重新回到马克思主义,提出了对社会主义的新见解,也对马克思主义理论本身进行了一些创新。同时,东欧的共产主义力量和组织,在经过了一个时期的消沉之后,也重新有了一定发展。

第四部分东欧民主社会主义及其政党,集中分析社会改良主义思潮在东欧的发展与影响、二战前东欧各国的社会民主主义政党、二战后东欧各国社会党的共产党化、冷战时期民主社会主义思潮在东欧的影响、东欧剧变与民主社会主义的兴起、冷战后东欧各国社会党的崛起与发展等问题。

第一次世界大战爆发前后,东欧各国社会民主党大都背离了马克思主义,坚决反对俄国布尔什维主义,转向了社会改良主义。就内因而言,东欧在政治、经济、文化上更加落后,资本主义生产关系和工人运动很不发达,各国工人阶级政党的马克思主义素养本来就不高,因而在重大社会变革关头更易受各种资产阶级和小资产阶级意识形态的影响,也更易被来自阵营内的右倾机会主义所左右,成为资产阶级政治运动的"尾巴"。就外因而言,西欧工人政党中的伯恩施坦修正主义、右倾机会主义、社会改良主义以及社会沙文主义在第二国际的严重泛滥,深刻地影响着以西欧党为榜样的东欧社会民主党。再加上东欧各国民众大多对沙俄以及后来的苏俄怀有反感甚至仇视心理,因而这些国家的工人政党更易走上亲西欧社会党、反对俄国布尔什维克的道路。

在两次世界大战期间,东欧社会民主主义及其政党的发展经历了两个不同阶段:

一是追随社会主义工人国际的反苏、反共政策，与本国共产党尖锐对立，积极支持或参加本国资产阶级政府，在资本主义政治体制内推动社会改良；二是随着东欧各国法西斯主义的兴起，与本国共产党及其他进步力量建立统一战线，共同进行反法西斯斗争。

东欧各国社会民主党与共产党在反法西斯斗争中所建立的统一战线和合作关系，对于战后东欧各国的政治发展方向具有重要意义。由于这两大工人阶级政党在战后继续合作，共同行动，再加上苏联的政治支持或军事干预，使它们在战后初期很快就发展成为各国政治生活中的主要力量，夺取了对国家的领导权。特别是社会民主党的左翼，紧密追随东欧各国共产党和苏共，在新型人民民主政权中居于领导地位，成为它们后来并入共产党、实现"共产党化"的前提。

二战后在东欧，尽管自20世纪40年代末已不存在有组织的社会民主党，但并不是说民主社会主义思潮在这里就没有影响。其实，在东欧整个"现实社会主义"时期，民主社会主义思潮在这里的影响始终或大或小地存在着，并在各国的改革和发展进程中有所体现。

在东欧剧变中遭到最沉重打击的是马克思主义及其政党，获益最大的是右翼资产阶级及其政党，而民主社会主义及其政党也是受益者之一。在经过了一个短暂时期的低迷之后，东欧各国的民主社会主义及其政党重新站稳了脚跟。进入21世纪后，东欧社会民主党与社会党国际和欧洲社会党的关系进入了稳定发展的时期。一方面，东欧社会民主党经过大浪淘沙和不断分化组合，在组织上已经趋于稳定，在本国政坛上的影响趋于扩大，社会党国际对它们采取了积极支持的政策；另一方面，随着欧盟和北约的东扩，东欧许多国家逐渐融入欧洲社会，欧洲议会中党派斗争的需要也加速了东西欧社会党人的联合。尽管东欧的民主社会主义思潮源于西欧，二者秉持相同的价值理念，具有共同的思想基础，在纲领政策上也大同小异，但它们还是有所不同。因为东欧毕竟有别于西欧，无论是几十年"现实社会主义"留下的特殊国情，还是东欧社会民主党人的特殊经历，都使得东欧民主社会主义在发展过程中呈现出与西欧不同的特征。

第五部分东欧法西斯主义及其政党，集中分析东欧法西斯主义的根源、法西斯主义政党在东欧的兴亡、东欧的新法西斯主义等问题。

法西斯主义的产生根源主要表现为以下几个方面：东欧建立或出现法西斯政权的国家大多具有扩张性，东欧封建残余势力较大，民族主义传统影响浓厚，资本主义发展不充分，民主制度不健全为法西斯主义的出现创造了条件，提供了空间。

20世纪30—40年代，是东欧法西斯势力接二连三发动政变和独断专行的年代，法西斯分子和法西斯组织毫不掩饰自己的真实面目，他们公开亮出旗号，鼓吹自己的政治经济主张和奋斗目标，利用当时发生的社会危机，拉拢和争取广大民众，相继在一些国家上台执政，并结盟法西斯国家集团，挑起第二次世界大战。二战胜利后，法西斯主义政权和政党被埋葬了，但是法西斯主义并未因此而被钉入棺材。

冷战后的新法西斯主义是法西斯主义的继续，但它得到的支持非常有限，新法西斯主义的兴起并不意味着法西斯的卷土重来，今天的东欧也不具备法西斯主义复活的土壤。新法西斯主义政党只是在单一的国家、民族或是国家社会关心的问题上满足了部分弱势群体的需要，用来表达民众对国家发展中出现的问题的不满。法西斯主义的死灰复燃是过渡时期动荡局势中出现的一种现象，是冷战刚刚结束后新的世界秩序尚未建立之动乱时期的产物。

新法西斯主义政党不是一种对法西斯主义的简单重复，这种改变也为他们赢得了一些发展空间，但是法西斯时代已经过去了，极少数对"第三帝国"的怀念者无法从根本上颠覆民主政治的天平，经历过世界大战的民众和饱受法西斯毒害的东欧社会对法西斯主义有着深刻而清醒的认识。因此，新法西斯主义只能在很小的范围内获得支持，注定无法成为东欧政治中的主流力量。

第六部分东欧民粹主义及其政党，集中分析东欧民粹主义的社会基础、民粹主义在东欧政党政治中的权重、民粹主义政党的现实困境等问题。

在东欧国家发展中，民粹主义及其政党以丰富多彩的形式，或强或弱地影响着各国政党政治的发展。不同时期和国家，东欧民粹主义及其政党在基本属性一致的基础上，拥有着不同内容和表现形式。东欧民粹主义的社会基础主要由三部分组成：一是农村人口，尤其是那些在政治经济体制转型中未能抓住机会的贫困农民；二是城市贫困阶层，尤其是产业工人，包括在东欧国家经济私有化进程中社会经济地位相对下降的城市人口；三是对当权者腐败现象持愤怒态度的群体，尤其是愤怒而激进的年轻人群体，这是东欧民粹主义思想潮流和政党支持者的主要组成部分。

20世纪80年代末90年代初在对苏联体制的厌恶性抗拒和回归欧洲心理的双重作用下，东欧开始了政治经济体制转型。民粹主义在这　时期虽然表现出一定的"复活"，但这些民粹主义思想、政党和人物，并没有在东欧掀起强大波澜。这一时期东欧多党制框架下的民粹主义发展呈现纷争涡流中的兴起态势。进入新世纪，民粹主义获得了新的发展空间。东欧各国具有民粹主义思想的政治家们抓住社会转型带来的剧烈社会变动时机，在前期民粹主义思想孕育形成的意识基础上，利用东欧国家发展危机，掀起了东欧民粹主义浪潮，并且在多国取得了上台执政或联合的佳绩。对民粹主义及其支持者来说，这一时期无疑是令人欢欣鼓舞的。

从当前发展状况看，尽管民粹主义在东欧国家政治领域大行其道，但是，总体而言，民粹主义尚不具备颠覆东欧国家政治制度和民主进程的能力。民粹主义的出现并非东欧国家民主政治发展的末日。主要原因在于，各国社会生态的复杂性、政党意识的不确定性、缺乏稳定的组织结构、与现行体制的冲突性、反对欧洲一体化。多方面因素的存在遏制了民粹主义在东欧的继续发展，使其不可能真正引导东欧国家的政治走向，东欧民粹主义政党仍然面对很难突破的现实困境。

四、着力点与创新点

本课题着力研究和解决了这样几个问题：（1）为什么20世纪以来东欧的政党政治异乎寻常地剧烈变动？（2）为什么20世纪的东欧成为各种政治思潮的实验场？（3）两次失败和三次选择中政党和政治思潮的影响和作用表现在哪里？（4）20世纪末的多党制不是对世纪初多党制的复归吗？（5）影响东欧国家政党政治多次演变的主要是外部因素还是内部因素？（6）共产党执政时期意识形态领域的斗争及其经验教训。（7）剧变后马克思主义丧失主导地位的背景下各种政治思潮对政党政治和社会发展的影响。（8）民族主义及其政党在民族国家构建和转型改制中有哪些积极作用和消极作用？（9）民粹主义在东欧政党政治中的权重。

围绕上述问题，本项研究在这样几个方面有所创新：（1）在研究对象方面，我们不同于以往偏重冷战后东欧政党政治现实格局的研究，而是把视野扩大为20世纪一百年东欧政党和政治思潮的发展演变；（2）在政党政治方面，我们从政党类型和政党功能的角度分析东欧政党在国家制度变迁中的作用；（3）在政治思潮方面，我们侧重于比较各种流派对政党政治和社会发展的影响。我们主张从历史纵向和理论分析两个方面切入主题，从历史纵向的角度分析东欧政党形成、发展与演变的社会生态环境以及各种政治思潮的产生、社会基础和影响，从理论分析的角度论述东欧政党政治的体制和功能以及各种政治思潮之间的关系和争斗。既注重从马克思主义强调的历史分析方法、阶级分析方法剖析政党与政治思潮之间的互动，也注重从结构功能主义分析方法强调的适应能力、目标达成能力、整合能力和模式维持能力的角度剖析政党的结构和功能。

总之，我们认为，分析东欧国家的政党和政治思潮必须从各国的历史背景和现实条件出发，在坚持马克思主义理论基本原则的前提下，学习和借鉴国外学者的先进成果，采取经验研究和规范研究相结合、个案分析和一般分析相结合、比较分析和实证分析相结合的方法，而不是简单地进行价值判断。

五、学术价值与应用价值

该项研究的学术价值在于：在当前的相关研究中，无论国外学者还是国内专家，对于东欧剧变以后政党和政治思潮进行现实分析的比较多，而对整个20世纪东欧政党和政治思潮的发展演变进行历史分析和比较研究的还不是很充分，尤其是对东欧国家政党和政治思潮的关联进行综合分析的目前尚不多见。我们通过本课题的研究，力图概括总结出一些基本的结论，弥补了学界在这一领域研究的缺位。

该项研究的应用价值和可能的社会影响在于：目前中国和东欧国家同为转型国家，在政治发展的历史进程中背倚着共同的出发点，即传统社会主义的政治模式，但是二者在政治发展的启动背景上面临的国内外环境、摆脱传统政治模式的方式、政治发展的路径选择和目标模式设定上截然不同，因此两种政治发展的实践效果差异也比较大，但却共同构成当今世界转型国家比较有代表性的政治发展的不同图景。这样的研究有助于厘清东欧国家政治发展的脉络，探析其未来的走向，借鉴他们的经验教训，规避我们可能遇到的风险。

原载于《思想政治教育研究》2015年第1期

西欧右翼民粹主义政党崛起的动因与影响

臧秀玲　马树颜　朱逊敏

摘　要： 近年来右翼民粹主义政党的崛起已成为西欧一道新的政治景观。在欧债危机、难民危机等多重危机的影响下，原本被排斥在政治舞台之外的以反移民、排外为主要政治诉求的右翼民粹主义政党强势崛起，成为欧洲"最显赫"的政治力量。右翼民粹主义政党的崛起，不能简单地归结为民众焦虑和不满心理的反应。经济上的不安全感，西欧社会面临的身份认同和安全问题上的挑战，各国的主流政党无法有效应对经济危机与难民问题而导致其在各国国内政治认同下降，右翼民粹主义政党思想和纲领政策的调整及其策略的转变，这些都为西欧右翼民粹主义政党的崛起提供了政治空间和有利条件。虽然 2017 年荷兰、法国和德国的大选结果在一定程度上代表右翼民粹主义的浪潮尚在可控范围内，但右翼民粹主义政党的崛起打破了西欧国家传统的政治平衡并重塑欧洲政治格局，深刻影响着西欧各国政治议题和政策取向的设定，对欧洲一体化进程形成了巨大威胁，使西欧社会思潮和民主政治面临巨大冲击。

关键词： 右翼民粹主义政党；认同危机；法国国民阵线；德国选择党；欧洲政治

近年来，借助金融危机、难民危机、欧债危机等契机，欧洲右翼民粹主义政党强势崛起，引人瞩目。在西欧，英国的独立党、法国的国民阵线、德国的选择党等右翼民粹主义政党表现不凡，备受关注，在选举中得票率节节攀升，引发西欧政坛地震，对西欧社会产生了强烈影响。虽然奥地利、法国的右翼民粹主义政党领袖在总统选举中均以落选告终，在备受关注的荷兰和德国大选中，右翼民粹主义政党也未能获得最后的胜利，但不可否认，右翼民粹主义政党正在对西欧的政治格局进行重塑，它们在崛起的过程中也带动了欧洲政治思潮整体右转的趋势，西欧民主政治和欧洲一体化进程因此面临更为严峻的考验。为什么这些民粹主义政党能够强势崛起，有的甚至在短时期内实现了"梦幻般的成功"？右翼民粹主义政党的崛起给欧洲的政治思潮、政党政治、欧洲一体化和民主政治又带来了哪些影响？本文以此展开探讨，以期获得对西欧右翼民粹主义政党的全景式认识。

一、当前西欧右翼民粹主义政党的界定和崛起

（一）右翼民粹主义政党的界定

右翼民粹主义政党这一标签在不同的国外学者那里有着不同的理解和指称，有的学者称之为"极右翼""激进右翼""极端右翼""右翼极端主义"等，有的学者将其定义为"激进右翼民粹主义""新民粹主义""新右翼民粹主义"等。相较于国外学界而言，国内学者对这个令人感到费解的术语的称谓则比较统一，大多数学者采用了"右翼民粹主义"这一说法。

作为一个集合型概念，右翼民粹主义政党是由"右翼"和"民粹主义"两个核心变量构成的。为了更好地理解这类政党的内在品质与基本特征，需要从理解"右翼"和"民粹主义"这两个要素的内涵来展开。右翼民粹主义作为一种特殊的"意识形态"，其政党在意识形态谱系中有着特定的空间定位，处于比传统右翼主流政党更右的位置。荷兰知名学者卡斯·穆德通过梳理相关研究成果，发现学者们在对右翼民粹主义进行概念界定时，引用民族主义、种族主义、排外主义、反民主和强国家[1]这五个特征的频率最高，并认为独裁主义（authoritarianism）、民粹主义（populism）、本土主义（nativism）[2]是右翼民粹主义政党的核心概念。

右翼民粹主义政党通过诉诸文化认同理论，构建了一套"我们"（本土居民）和"他们"（外来移民）的身份政治体系，大力鼓吹极端的狭隘的民族主义和种族主义，片面夸大不同民族和种族之间的文化差异性，强调"亲疏有别、内外有分"，宣扬人们喜欢自己的同类总是胜过于"异类"，并将所有异于自身的其他民族、种族视为对本民族的文化认同和民族特质的威胁与挑战。福利沙文主义、国家保护主义等政治纲领和政策主张便是这种理念的表现形式。排外主义是社会大众在经济全球化和欧洲一体化进程中对自身命运的不确定性所产生的一种自发心理。这是人类本能的情感反应，当人们感到想要生活在一个稳定、连贯的道德秩序中的需求受到威胁时，他们就会突然开始变得排外。[3]右翼民粹主义政党利用公众对欧洲金融危机、难民危机和安全危机等一系列危机的不安全感和国家发展方向的焦虑感，极力渲染疑欧、反欧情绪和排外主

---

[1] Mudde C，"Wing Extremism Analyzed: A Comparative Analysis of the Ideologies of Three Alleged Right-Wing Extremist Parties"，European Journal of Political Research，Vol.27，1995，pp.203-224.

[2] Mudde C，Populist Radical Right Parties in Europe，Cambridge University Press，2007，P.293.

[3] Jonathan Haidt，"When and Why Nationalism Beats Globalism"，The American Interest，Vol.12，July10，2016.

义，将欧洲社会问题简单化地归结于外来移民问题，主张"重新民族国家化"，推行经济民族主义和贸易保护主义。反民主是右翼民粹主义政治势力的鲜明特征，但并不是说他们反对任何形式的民主制度。右翼民粹主义政党通常借助于民粹主义这一"外壳"来上市，以"人民"的名义带领西方底层民众造反精英民主体制，利用建制派精英在处理社会危机不力时所留下的政治空间，极力渲染政治精英的腐败、无能，强调、加大人民与精英的对立，指责代议制民主制切断了"人民"与权力之间的直接联系，主张让权力回归人民，实行直接民主制。

右翼民粹主义政党十分倾向于威权主义，强调魅力型领袖的权威，要求有一个强有力的领袖，主张强化国家权力，限制公民个人与社会组织的权利和自由，反对多元主义、议会主义，注重发挥国家法律在维护社会与市场的自然秩序中的作用。

由此可见，作为政党家族中的一种特殊存在，右翼民粹主义政党主要是指那些将右翼自由主义和民粹主义相结合，具有民族主义、排外主义、种族主义、反民主和强国家的意识形态特征，倾向主张更为激进的政治纲领的右翼政治组织。以2016年英国脱欧、特朗普当选美国总统为标志，右翼民粹主义已由过去的星星之火逐渐呈现出蔓延大西洋两岸的燎原之势，欧洲社会日益进入"海蓝色时代"[1]。

（二）当前西欧右翼民粹主义政党的崛起

金融危机的不断延续和加剧，引发了欧洲国家主权债务危机。欧债危机给欧洲国家造成了重创，并引发了深刻的经济、政治和社会危机。而后，随着中东各国外来移民大批涌入欧洲国家，难民危机爆发，使欧洲各国面临严峻的挑战。在此背景下，西欧众多右翼民粹主义政党纷纷进入迅速发展的新阶段，开始打破边缘化，逐步进入主流政治视野。在奥地利、丹麦、意大利、葡萄牙、挪威等国，右翼民粹主义政党甚至已经成功进入政府。可以说，无论是在国内还是国际层面，右翼民粹主义政党的表现都十分令人瞩目。

2014年，右翼民粹主义政党在第八届欧洲议会选举中获得了历史性的突破和胜利，这次选举的结果被认为是右翼民粹主义政党实质性、整体性崛起的重要标志性事件。时任法国总理曼努艾尔·瓦尔斯将其形容为"一场地震"，认为"法国和欧洲迎来严峻时刻"[2]。

---

[1] 周穗明的统计显示，欧洲有13个国家的右翼民粹主义势力在迅速崛起，主要包括奥地利的自由党、法国的国民阵线、德国的国家民主党和另类选择党、意大利的新力量党和五星运动、希腊的金色黎明、英国的独立党、丹麦的人民党、荷兰的自由党、斯洛伐克的民族党、西班牙的社会党、芬兰的正统芬兰人党、挪威的奥丁士兵民兵组织以及匈牙利、瑞典和瑞士等国的极右翼政党。

[2] 史志钦、刘力达：《民族主义、政治危机与选民分野——2014年欧洲议会选举中极右翼政党的崛起》，《当代世界与社会主义》2015年第2期。

在第八届欧洲议会选举中，共有26个右翼民粹主义政党取得议席，议席数为135席，比第七届欧洲议会选举增加了约3倍，占总议席数的18%，是右翼民粹主义政党在欧洲议会选举中取得的最好成绩。其中，英国独立党、丹麦人民党和法国国民阵线分别以26.77%、26.6%、24.86%的得票率超越本国主流政党，成为本国在欧洲议会的第一大党。[1]

除了在欧洲议会中占据更多席位，近年来，右翼民粹主义政党在各国国内的全国性和地方性选举中的表现也十分引人瞩目。法国国民阵线自玛丽娜·勒庞接任主席以后，政党建设和选民拓展都取得了实质性进展。早在2012年，玛丽娜·勒庞在总统大选中的得票率就已经达到17.9%，仅次于奥朗德和萨科齐。[2]2015年的法国大区选举，国民阵线也以27.96%的支持率在第一轮投票中排名第一。[3]在2017举行的法国大选中，玛丽娜·勒庞以21.3%的得票率成功进入第二轮总统竞选[4]，且在第二轮选举中取得了33.9%的支持率，虽然最终未能当选总统，但其影响力令人瞩目，显示了法国国民阵线比过去拥有更高的民意支持率，并打破了法国传统的主流政党主导大选的局面。

成立于2013年的德国选择党也在数次选举中不断取得突破，上升迅速。2013年，在德国联邦议院大选中选择党获得了4.7%的选票，初次竞选引人瞩目；在2014年欧洲议会选举中，德国选择党获得了7.1%的选票。[5]在2014年德国萨克森州、图林根州和勃兰登堡州的州议会选举中，德国选择党以9.7%、10.6%和12.2%的得票率首次进入州议会，成为上述各州的第四大政党，给德国社民党和左翼党带来极大压力。[6]在2016年9月的梅克伦堡—前波莫瑞州的州议会选举中，德国选择党在所有传统政党都流失了选票的情况下，凭借20.8%的得票率超过基民盟成为该州第二大政党。[7]目前，德国选择党已经成功赢得国内16个州中的13个州的州议会席位。2017年德国联邦议会大选，德国选择党以12.6%的得票率一跃成为国内第三大党，同时也成为二战后首次进入联邦议会的

[1] 新华时讯—亚太日报：《欧洲议会选举初步结果揭晓——格局未变，极右逆袭》，http://cn.apdnews.com/XinHuaNews/39036.html.

[2] 石序、胡澂：《法国公布总统选举第一轮投票结果》，http://world.huanqiu.com/roll/2012-04/2655276.html.

[3] 网易新闻：《法国大区选举"剧情反转"》，http://news.163.com/15/1215/06/BARV8UEV00014AEE.html.

[4] 环球网：《2017年法国大选第一轮投票最终结果》，http://world.huanqiu.com/hot/2017-04/10535368.html.

[5] 袁帅、任珂：《德国2017年联邦议院选举最终计票结果出炉》，http://world.people.com.cn/n1/2017/1014/c1002-29587194.html.

[6] 网易新闻：《德国两个州举行州议会选举》，http://news.163.com/14/0915/02/A65ASBO700014JB5.html.

[7] 王腾飞、刘向：《奥地利大选折射民粹主义风潮》，http://news.sina.com.cn/w/2017-10-17/doc-ifymvece2287135.shtml.

右翼民粹主义政党。[1]

奥地利自由党进入主流政治更早，该党曾在2000年到2006年间与人民党进行联合执政，也在很长一段时间作为国内最大的反对党存在。2008年的国民议会选举，奥地利自由党获得17.5%的支持率，共34个议席，在2013年的选举中支持率持续提高至20.5%，议席增至40个。[2]虽然在2016年的总统选举中，自由党的霍费尔以46.7%对53.3%的得票率败给前绿党领袖范德贝伦，但在刚结束不久的2017年国民议会选举中，奥地利自由党赢得26%的支持率，成为第三大党，比第二位的社民党仅低0.8%。[3]新总理库尔茨也表示已经向自由党发出了谈判邀请，希望可以与该党组成联合政府。[4]自由党可能将进一步对奥地利的未来政治方向产生重要影响。

除此之外，荷兰自由党、芬兰"正统芬兰人党"、丹麦人民党等右翼民粹主义政党也对其国内主流政党的地位产生很大威胁。如主张反移民、仇视伊斯兰教的荷兰自由党，在2017年3月的下院选举中，该党取得了20个席位，成为仅次于执政党（自民党）的第二大党。[5]在2015年4月的议会大选中，芬兰"正统芬兰人党"成为议会第二大党并参与组建联合政府。由此可见，当前右翼民粹主义政党的崛起已成为欧洲"最显赫"的政治力量和新的政治景观。

二、西欧右翼民粹主义政党崛起的原因

西欧可以说是政党政治的发源地，然而作为其政党政治支柱的主流政党，近年来地位却一直岌岌可危，在政治极化、碎片化的大环境下，原本被排斥在政治舞台之外的右翼民粹主义政党强势崛起。这使人不得不发出"欧洲政党政治到底怎么了"的疑问。为什么这些右翼民粹主义政党，在没有深厚的理论积淀，没有娴熟的政治技巧，没有强大的财政支持的情况下，能够"挑战传统政党并占据它们的地盘？在欧洲的政治图景中发生了怎样的变化，才促成了这些民粹主义政党的出现及其成功"[6]？

事实上，右翼民粹主义政党的崛起，并不能简单地归结为民众焦虑和不满心理的

---

[1] 单册：《奥地利31岁新总理邀极右翼政党组联合政府，强调仍保持亲欧》，http://www.thepaper.cn/newsDetail_forward_1836690.

[2] 任彦：《荷兰自由党已获胜利，极右势力抬头引起欧洲政坛警惕》，《人民日报》2017年02月21日。

[3] 杨云珍：《多重危机与德国右翼民粹主义》，《中国社会科学报》2016年06月15日。

[4] 伍慧萍、姜域：《德国选择党——疑欧势力的崛起与前景》，《国际论坛》2015年第2期。

[5] 邢广程：《德国执政党连连受挫》，《人民日报》2016年09月21日。

[6] AlfloMastropaolo, "Politics against Decomcracy: Party withdrawal and Populist Breakthrough, in Twenty-First Century Populism: The Spectre of Western European Democracy", Twenty-First Century Populism, 2008, p.36.

反应，而应该更多地将其视为是对当前西欧民主政治始终未能化解的分配性危机、政治代表性危机和身份认同危机的一种回应。[1]这类政党的崛起与政党自身的思想和战略重建有关，同时也伴随着西欧国家当前经济、社会、政治问题的加深，尤其是移民问题的兴起。

第一，金融危机、欧债危机导致各国经济增长缓慢，失业率居高不下，全球化与欧洲一体化所带来的高移民率也进一步挤压了底层民众的生存空间。保持经济稳定、促进就业、保障民生是执政党的基本职责。在新自由主义的影响下，欧洲各国主流政党推崇自由市场，促进经贸、人员、资本等要素的自由流动，使得欧洲社会显示出经济有活力、就业充分和福利水平高的社会模式。但经济的一体化并不意味着发展成果分配的均等化，欧盟与各成员国之间、成员国之间、各社会成员之间在这一进程中受益不均，充斥着大量的失落者与愤怒者。由于西欧社会流动恶化，阶级分化和贫富差距严重，弱势群体被进一步边缘化，逐步成为现代化和全球化背景下的失落者。特别是欧债危机的爆发，破坏了欧洲社会原来的劳动与资本、社会与经济之间的平衡，出现了经济复苏乏力、失业率居高不下、民众既得利益受损等问题，民众对执政党愈发感到不满，感觉自身的核心利益没有被主流政党所重视。与此同时，欧洲的经济危机未平而难民危机又起。大量难民涌入欧洲，在一定程度上挤压了底层民众的就业空间、分摊了他们的公共福利资源，这就进一步加剧了民众对执政党的不满。在欧债危机、难民危机等多重危机的影响下，欧洲底层民众因"贫乱交加"而产生的不安全感和焦虑感日益加剧，这便为民粹主义政党的迅速崛起奠定了一定的社会心理基础。右翼民粹主义政党顺应民意，突出经济议题和移民问题，这在很大程度上迎合了这部分群体的政治诉求。

第二，除了经济上的不安全感，西欧社会还面临身份认同和安全问题上的挑战。大量外来人口涌入欧洲，在一定程度上暴露出了多元主义文化政策的失败：不仅没能实现移民的融入，还使白人在全球化和欧洲一体化进程中产生身份认同上的迷茫。西欧国家的欧裔人口出生率长期偏低，而中东和北非的穆斯林不仅大量进入西欧，还带来了不断上涨的高生育率，当前穆斯林在西欧国家的人口中所占比重不断上升。但穆斯林由于宗教和文化上的不可同化性和社区上的封闭性，始终独立于西欧主流社会之外，不仅与底层白人群体争夺就业机会、社会资源，还有着较高的犯罪率，尤其是随着原教旨主义复兴和ISIS的不断发展壮大，西欧国家民众的危机感进一步提升。在此形势下，右翼民粹主义政党对政教分离原则、基督教传统以及民族国家概念进行宣扬，

---

[1] Langenbacher N, Schellenberg B, "Is Europe on the 'Right' Path", in Friedrich-Ebert-Stiftung, Forum Berlin, 2011, p.2.

在较大程度上能够获得选民的共鸣。

第三，西欧各国的主流政党无法有效应对经济危机与难民问题，导致其在各国国内政治认同下降，主流政党的"代表性危机"催化了新的政党的产生。在欧洲竞争性的选举体制下，为了获得多元社会中的最大"票田"，主流政党都纷纷采取了讨好中间选民的"实用主义趋中"政策，嬗变为"全方位政党"。但在个人主义盛行的多元化的欧洲社会里，"全方位政党"并不能讨好所有选民，尤其对那些处在主流政党议题之外的边缘群体。他们往往"反对的并不是议会政治，而是主流政党及其强势的政治安排"[1]。主流政党在意识形态上逐渐趋同，主流政治代言范围被局限，政治表达出现空白区，这极大地降低了选民的信任度和忠诚度。

此外，在经济困难和低迷时期，主流政党并没有针对困境采取行之有效的措施，其政治议题也无法有效回应民众对就业、福利和安全等问题的政治需求，主流政党在处理一些复杂棘手的问题，如民族、移民、恐怖主义等问题时的消极作为，让越来越多的民众对其失去信心，转而寻求向民众夸下海口的民粹主义政党。在移民问题、欧债危机不断发酵的过程中，部分选民认为是欧洲一体化的发展和腐败低效的欧盟组织导致难民危机，因为人员自由流动弱化了国家主权和边界的功能，加剧了不安全性。以2015年的难民危机为例，欧盟在处理此项危机时，迟迟拿不出统一有力的方案，各成员国在难民分配数额上无法达成共识，致使难民问题久拖不解，引发多国民众对欧洲传统主流精英的失望与不满。再者，与难民问题相交织的社会安全、文化认同等问题，特别是法国巴黎暴恐和比利时布鲁塞尔恐怖袭击的爆发，进一步放大了民众对执政党和欧洲一体化的不信任感。民粹主义政党借着这一契机，把执政党妖魔化为腐化、无能而又冷漠的"精英俱乐部"，大肆宣传极端民族主义，附和大众心态，除此之外，右翼民粹主义政党还针对民众最为关切的问题提出新的政治议题，给出简单直接的解决方案，填补了主流政治的空缺，为自身赢取了一定的政治空间和选民认同。在难民危机严重的国家，右翼民粹主义政党针对因难民问题所衍生的失业、犯罪等问题，附和底层民众主张，提出了限制移民、强调本国优先等原则，从而为其"强势上位"打下了坚实基础。

第四，政党思想和纲领政策的调整，既促成了右翼民粹主义政党前期的选举突破，也是影响政党后期的维持与发展的重要因素。当前右翼民粹主义被认为是战后西方民主国家右翼民粹主义的第三波浪潮，虽然部分右翼民粹主义政党不可避免地具有早期极右翼的历史渊源，但当前西欧主要的右翼民粹主义政党在纲领、政策议题方面做了较大的调整，表现在去法西斯化与民主化、政策和话语温和化这三个方面。为了获得

---

[1] 李凯旋：《民粹主义在当代欧洲兴起的根源》，《当代世界》2016年第8期。

更多的合法性和政治认同，右翼民粹主义政党尽力撇清与纳粹主义的关系，否认自身意识形态中法西斯主义政治遗产，逐渐选择软化反民主的意图和修辞，将其政策主张置于政治讨论中公众所允许和接受的边界以内，并逐渐淡化自身的反民主色彩，它们很少提出革命性的议程，并不企图从根本上颠覆民主价值或者主张恢复独裁的政治秩序，也极少采取直接的暴力行为。即使是在反移民和反伊斯兰主义的问题上右翼民粹主义政党也尽量避免表达过于极端的理念，并在一定程度上借用政治左派的话语以实现在传统左翼群体中的影响力。右翼民粹主义政党通过这种策略转变方式，维持一种负责任的可靠形象，吸引中下层民众的关注。

与此同时，右翼民粹主义政党也开始由单一议题向全方位政党转型。过去的右翼民粹主义政党通常以反移民、反欧洲一体化等单一的政治议题为核心，这使其纲领政策的影响力和号召力都相当局限，虽然在欧洲层面的选举上有所收获，但在国内选举中很难取得突破。当前的右翼民粹主义政党为了在不同选民群体中获得更广泛的支持，通过综合不同领域的政策主张改变议题单一化和概括化的状况，在更广阔的层面上回应民众对各种问题的诉求，提出有关民生的各项社会福利政策，注重政策的平民化。这使得它们的纲领更加完整和全面，能够展现出比过去更为严肃的政治参与者形象。

第五，媒体，尤其是新媒体，在一定程度上为右翼民粹主义政党提供了有利条件。右翼民粹主义政党的政治动员需要借助煽动性宣传，在传统媒体时代，媒体资源多由主流政党所把控，它们可以选择对右翼民粹主义政党进行负面宣传或刻意忽视右翼民粹主义政党及其提出的议题主张，这对右翼民粹主义政党产生了很大的局限。而现代媒体的接受度和自由度更高，对话题的需求促使它们更多地去关注右翼民粹主义政党的动态，它们的报道提高了右翼民粹主义政党的关注度，也提高了这些政党的议题的显著性和讨论度。媒体对主流政党及其主要领导人丑闻的报道和曝光，也有助于右翼民粹主义政党的竞争。同时，右翼民粹主义政党也有效利用了媒体尤其是互联网和社交媒体进行自身形象的塑造和宣传，打造具有吸引力和号召力的领袖。

西方媒体一方面为了热度开始不断同政党抢夺在政治上的话语优势，另一方面也开始对政党的政治选择和政治功能产生影响。政党在选举宣传中往往需要把媒体偏好和舆论倾向作为重要参考，无论是政党和领袖的形象塑造，还是相关议题和政策的选择，都需要借助媒体的作用，并迎合主要媒体的意志和观点。而互联网和新媒体在兴起和发展过程中也逐渐开始替代过去政党所担任的利益表达以及政治整合的角色，政党更多地将注意力放在如何利用媒体吸引眼球、引导舆论，在政治中越来越多地展现出"媒体化"倾向。在组织动员方面，民粹主义政党既充分利用网络媒体的功能，又注重突出魅力型领袖的政治形象。这两者在扩大民粹主义政党影响力方面是相辅相成的，一方面，魅力型领袖的政治形象依赖于网络媒体的形塑；另一方面，网络媒体的发展又强化了魅力型领袖的政治形象。和主流政党领袖那种乏味的充满政治正确的言辞相比，民粹主义政党领袖惊人的言行往往更能激发民众的兴趣。

三、西欧右翼民粹主义政党崛起的影响

当前欧洲民粹主义的盛行是欧洲经济危机、难民危机、恐怖主义等多重危机在政治领域的体现。作为这场民粹主义运动组织化的政党，它们的崛起在多重维度上影响着欧洲政治，使欧洲既有的政党格局面临重新"洗牌"，迫使主流政党不得不吸纳民粹主义政党的价值诉求，开始调整自身政策，从而使主流政党日趋"民粹化"，并对西欧一体化和民主政治发展带来了难以忽视的影响。

第一，右翼民粹主义政党的崛起打破了西欧国家传统的政治平衡并重塑欧洲政治格局。从近些年的选举结果来看，西欧右翼民粹主义政党的崛起，打破了一些国家的传统政党格局，右翼民粹主义政党将大量传统主流政党特别是左翼政党流失的选票收入囊中，极大地冲击了主流政党在政治体系中的地位和政治力量对比。2017年4月，法国总统首轮选举，社会党候选人伯努瓦路因阿蒙的得票率仅为6.36%，创下社会党参选得票率的历史新低。[1]9月，德国联邦议会选举，德国社民党仅获得20.5%的选票，比上届减少了5.2%，创下二战后该党历次议会选举战果的新低。[2]10月，奥地利国民议会选举，奥地利社民党仅获得26.9%的选票，失去执政党位置。[3]

当前右翼民粹主义政党的组织架构和政策纲领已经渐趋完整，其获得的选票也不能再简单地被视为"抗议性投票"的结果。若在未来的一段时间内，主流政党仍然不能对当前的危机做出有效回应，民众不安和不满的情绪得不到安抚，转而支持右翼民粹主义政党的选民会继续增多，传统政党的力量将进一步被削弱，未来若干年，欧洲政党格局将面临着重新"洗牌"。

第二，右翼民粹主义政党的纲领和主张正在深刻影响西欧各国政治议题和政策取向的设定，主流政党的政策议题面临日趋"民粹化"。虽然在大多数国家，右翼民粹主义政党仍然是孤立的，也还没有哪个政党最终在大选中胜出，但它们所倡导的部分议题已经充分渗透到主流政治的话语体系中。一方面，右翼民粹主义政党提高了移民、经济、安全等议题的显著性，使主流政党不得不给予这些议题更大的关注度，因为仅

---

[1] 石序、胡澈：《法国公布总统选举第一轮投票结果》，http://world.huan qiu.com/roll/2012-04/2655276.html.

[2] 袁帅、任珂：《德国2017年联邦议院选举最终计票结果出炉》，http://www.xinhua net.com/world/2017-10/14/ c_1121802590.htm.

[3] 赵俊杰：《透视当今欧洲社会民主主义》，《世界知识》2018年第1期。

谈论传统议题已无法有效稳固其原有选民群体。另一方面，主流政党感受到右翼民粹主义政党支持率攀升的巨大压力，不得不做出调整，在一定程度上采取更加右倾的立场。尤其是在选举期间，右翼民粹主义政党极力煽动选民的排外情绪，主流政党为了保证在公共议题上的话语权并巩固选民的支持，可能会被迫采取更加严格的移民政策，并在移民犯罪、恐怖主义等问题上展现更强硬的姿态。在民粹主义政党强有力的冲击下，为了巩固执政地位，欧洲主流政党不得不吸纳民粹主义政党的价值诉求，从而使其政策理念体现为不同程度的民粹化色彩。

例如，2017年英国脱欧的"黑天鹅事件"就源于保守党首相卡梅伦为了巩固保守党的执政地位，而在2015年选举中做出的承诺。这与英国国内右翼民粹主义情绪高涨、高举疑欧主义大旗的独立党迅速崛起、保守党和工党的生存空间受到极大挤压密不可分。在法国，右翼民粹主义政党凭借鲜明的反移民主张获得了大量的选票和支持率，主流政党为了获得选举优势，也因此采取更为强硬的态度。在2017年法国大选中，前总理、共和党成员弗朗索瓦·菲永就公开表示，法国要维护其民族单一，不要成为多元文化的国家，誓言捍卫法国的历史和基督教根基；主张对法国境内的穆斯林进行控制，禁止其用阿拉伯语讲道。[1]在奥地利大选中，最终获胜的人民党也强调了要加强边境控制、限制难民人数等与自由党立场相近的政策主张。在荷兰2017年3月的下院选举中，自由党的崛起也迫使主流政党发生右转：工党前领袖博斯公开支持维尔德斯，自民党首相吕特亦对移民发表了"要么正常点，要么就走人"的强硬论调；荷兰主流政党皆反对"欧盟扩张"和欧洲一体化；自民党呼吁建设"多速欧洲"，基民盟要求欧盟成员国切实履行财政承诺，工党也公开表示"现在不是欧盟走向联邦化的好时机"。可见，荷兰的政党生态已在自由党的影响下悄然发生变化。

第三，西欧右翼民粹主义政党的崛起对欧洲一体化进程形成了巨大威胁与阻碍。在欧洲一体化发展的历史进程中，绝大多数的欧洲社会精英与普通民众都持肯定、支持的立场，这也构成了欧盟不断扩大、欧洲一体化不断深化的坚实基础。然而，面对经济持续低迷、外来移民大量涌入、社会福利锐减等问题，部分中下层民众开始表现出对欧洲一体化发展的不满情绪。而作为"脱欧"势力代表的各国右翼民粹主义政党，提出的反全球化、反欧洲一体化、反建制、反外来移民等政策主张，高度符合了"沉默的大多数"的利益诉求，并得到了他们的大力支持。在此带动下，欧洲各国的"疑欧""脱欧"势力不断发展壮大。

2016年英国脱欧则充分表现出了"脱欧"势力的巨大影响，被称为"脱欧"派的胜利。目前，法国、意大利、荷兰、丹麦等国的"疑欧""脱欧"势力也在其国内右翼

---

[1] 史志钦、赖雪仪：《西欧国家政党政治的多重两难困境》，《当代世界与社会主义》2017年第2期。

民粹主义政党的影响下发展壮大。右翼民粹主义政党的兴起也使各国政府在制定、推行一体化政策中面临着重重阻碍。在德国，选择党上升势头迅猛，右翼民粹主义势力扩大，对默克尔政府的欧盟政策形成了一定程度的制约与限制；在法国，国民阵线的支持率、影响力持续提升，对马克龙政府推行欧洲一体化发展计划造成了掣肘；此外，在意大利、荷兰、丹麦等国，右翼民粹主义政党纷纷登上政治舞台，重塑着各国的欧洲一体化政策。

同时，这些政党的崛起使得欧洲各国政策趋于保守，更加注重本国利益，这在一定程度上将会增加彼此的疑虑与摩擦，削弱欧洲国家一体化发展的动力，欧洲社会的共同体意识正在被国家主义、极端民族主义所取代。在此影响下，欧洲一体化发展的观念支撑与价值基础将会遭到严重破坏。目前，西欧右翼民粹主义政党发展方兴未艾，未来欧洲一体化进程将面临严峻挑战。

第四，右翼民粹主义政党给西欧思想观念和民主政治带来了巨大冲击。与主流政党相比，欧洲右翼民粹主义政党没有明确的、系统化的政治理念，以"议题党"的面目示人，诉诸反欧盟、反精英、反全球化、反建制等价值，展现出保护本国人民利益的"高大姿态"，并根据选民的复杂性灵活地提出超越传统左右范畴的"菜单式"政策，即"选民想要什么，民粹主义政党就会承诺什么"。右翼民粹主义作为一种政治思潮，它是对主流政党在应对欧债危机、难民危机等方面不力的回应，充斥着大量对现状怨恨、对执政党失望的负面民意。而作为这场运动的组织者——右翼民粹主义政党不可避免地给西欧民主政治发展带来了巨大的挑战。

目前来看，虽然主流政治和传统价值观依然占据优势地位，但实际上右翼民粹主义政党已经通过渲染危机、抨击现有政治制度和精英，成功地将原先散布于西欧社会的恐惧、焦虑和不满情绪调集起来，右翼民粹主义思想已经登堂入室，进入主流社会，开始影响整个社会的传统观念和思维方式。右翼民粹主义政党本质上始终坚持着反建制、反移民、反欧盟的狭隘民族主义立场，它们还反对具有精英色彩的代议制民主，认为代议制实际上把民主制度和"真正的人民"割裂开来，与之相比，直接民主可以直接地不折不扣地反映民意，才是应该被推崇和认可的理想民主形式。

从新兴的右翼民粹主义政党来看，新时期的民粹主义不只是与精英主义对立的，更是与多元主义对立的，它否认了多元群体或民族共存的权利，有悖于现代民主的本质要义。而作为一种政治实现方式，民粹主义政党所提倡的全民公投等也并未真正为民主提供更多的参与机会。由此而言，右翼民粹主义思想和政治的蔓延暴露出既有民主制度的危机的同时，也对既有的民主制度产生了威胁。[1]

---

[1] 林德山：《左与右的共奏——欧洲民粹主义政党的现状、影响及未来》,《探索与争鸣》2016年第12期。

当前的西欧社会，对于欧洲一体化、全球化、文化多元主义和代议制民主等政治议题，民众心中的质疑和不信任感与日俱增。主流政治和传统政党要想重建公信力，依然任重而道远，如果右翼民粹主义政党崛起所暴露出的社会经济和政治问题得不到有效的解决，当前西欧民主政治的基础将有可能会被进一步动摇。

四、结语

目前看来，右翼民粹主义思潮是在价值理念和政治方向上对西方社会的一次强行矫正，而右翼民粹主义政党的崛起，也只是西欧病态社会的特殊反应，并没有长久执政的根基。总的来说，右翼民粹主义政党作为当前欧洲"最显赫"的政治力量，它的发展一方面取决于欧洲社会经济危机的持续状况，如果欧洲各国执政党能够有效解决社会经济问题、走出危机，民粹主义政党的政治空间将会受到挤压，主流政党长久以来的经验、资源和民意的积淀会使其在与右翼民粹主义政党的竞争中始终占有先天优势；另一方面也取决于民粹主义政党的能力，如组织动员能力、变革调适能力、理论创新能力等，一旦右翼民粹主义政党的价值诉求和政治议题被主流政党所借鉴吸纳，其政治影响力也将会下降，在后续发展过程中它们也将面临在极端化和进一步温和化中两难的适应性困境。因此，右翼民粹主义政党是昙花一现还是具有持久的生命力，这需要进一步跟踪、观察。

但需要强调的是，西欧仍然处在危机时期，欧洲一体化和民主政治的困境仍然没有得到解答，而这一时期的右翼民粹主义不再只是一国国内的问题，它影响的范围更广，在不同国家和地区相互呼应，已经成为泛欧洲的问题，使欧洲政治存在极大的不确定性，必须加以持续的关注和警惕。

原载于《社会主义研究》2018年第5期

西方新社会运动及其对左翼政党的影响

臧秀玲

摘　要：西方新社会运动是相对于西方传统工人运动而言的。它是当前西方国家发生的、最为显著的社会政治现象之一，对西方左翼政党以及西方未来政治走向产生着重要而深刻的影响。西方新社会运动至今大致经历了四个发展阶段，呈现出了参与主体多样、价值目标各异、利益诉求多元等特征。伴随着西方社会结构的变化和新社会运动的发展，西方温和左翼政党日趋走向中间化，激进左翼政党越来越趋于活跃，极端左翼政党日渐趋向民粹化。当前，只有结合西方新社会运动实践不断创新发展左翼政党理论，同时加强西方左翼政党建设引领西方新社会运动发展，才能推动世界社会主义运动逐步走出低谷、走向高潮。

关键词：新社会运动；左翼政党；社会主义；西方马克思主义

西方新社会运动是相对于西方传统工人运动而言的。但与传统工人运动的同质化取向且侧重于物质利益诉求有所不同，西方新社会运动更倾向于各种非物质化的利益和价值目标诉求。西方新社会运动是世界社会主义运动处于低潮时期，中间阶级（或阶层）、边缘群体等自发组成反抗力量，积极对资本主义制度固有弊病进行揭露和抗争的松散性群众抗议活动的总称。它的崛起是第二次世界大战结束后西方国家发生的、最为显著的社会政治现象之一，对西方左翼政党及未来政治走向正在发生着重要而又深刻的影响，关乎西方政党政治的前景与方向。

西方新社会运动的历史演进及其主要特点

西方新社会运动发端于20世纪60年代末的法国"五月风暴"，发展于70至80年代，转型于90年代，进入21世纪特别是2008年全球金融危机爆发以来，西方新社会运动又进入了一个新的发展时期，并呈现出了许多新的特点。

西方新社会运动的发端。1968年5月，法国巴黎爆发了群众运动，即"五月风暴"。"五月风暴"是由法国在校青年大学生发动，并迅速引发了工人与其他社会阶层参与其中的一场轰轰烈烈的新型社会运动。以此为开端，欧美国家民众纷纷走上街头，采用示威、游行、静坐等非暴力方式，掀起了风起云涌的反战运动、女权运动、反核运动、民族解放运动、生态运动等浪潮。各类参与主体和抗议主题完全不同的社会运动几乎席卷了所有西方发达资本主义国家。"五月风暴"及其在西方主要发达资本主义国家爆发的一系列群众抗议运动，是世界发展处于不寻常时期的一种新的政治社会现象和利益诉求表达方式。20世纪60年代，西方社会正处于经济持续繁荣发展的"黄金时代"。在一般意义上，随着经济发展和民众生活水平的提高，社会应该趋向和谐稳定。但此时在西方主要发达资本主义国家"繁荣"的背后却孕育着社会的不稳定性。以法国为例，"1963—1969年，法国实际工资增长了3.6%，法国进入消费型社会，经济的增长伴随着通货膨胀，100万来自北非的移民使得人口激增、物价上涨、失业率上升，工人阶级的利益受到威胁。更多的法国人接受了高等教育，但是人满为患的大学、机械化的教育系统、因循守旧的文化风味，致使许多年轻人并不快乐"[1]。

于是，在法国消费型的社会中，民众对政府和权威的抵制越来越强烈。而这就意味着"五月风暴"作为"革命不但质疑资本主义社会还要质疑工业社会，消费社会注定得暴毙"[2]。它反映的是二战以后在全新的物质生活丰裕富足环境中成长起来的年轻一代对精神贫乏的社会现状愈加不满。因此，年轻一代从个人主义与理想主义出发，更加关注非物质的利益和价值目标，并极力对资本主义的文化、社会和精神发起挑战和批判。与此同时，它也反映了在二战以后，随着现代工业和第三次科技革命的迅速发展，西方主要发达资本主义国家社会阶层和阶级结构正在发生着重大的变化：传统工人阶级锐减，而与之相伴的则是以政府公务人员、第三产业服务人员、专业技术人员、现代企业中层管理人员、教师等为主体构成的新中间阶级（或阶层）成为了社会阶级（或阶层）的中流砥柱。这也就是西方以法国"五月风暴"为发端的新社会运动的主要力量是由青年学生、反战分子、妇女、同性恋者和绿色人士等阶层组成，而不是由西方传统社会主义运动主角工人阶级来领导和推动的主要原因所在。"五月风暴"开启了一种依靠非传统工人阶级作为反资本主义主要力量的西方新型社会运动。

西方新社会运动的发展。1968年由法国"五月风暴"引发的西方系列运动实际上只是西方新社会运动的预演，而真正完全意义上的新社会运动则爆发于20世纪70年代以后。20世纪70年代至80年代这段时期，是西方新社会运动的重要发展阶段。反核和平运动、全球绿色环保运动以及新女权运动是这一时期西方民众抗议运动的主题。

反核和平运动主要是指在越战结束以后，西方主要国家特别是欧洲国家民众为了

[1] 李晓燕：《21世纪西方新社会运动的新特点和新趋势》，当代中国出版社2019年版，第20—21、48页。

[2] 顾海良、梅荣政：《科学社会主义理论与实践》，武汉大学出版社2006年版，第301页。

抗议美苏在欧洲部署导弹而引发的声势浩大的反战大游行和反对核武器运动，其目标在于以反核武器来维护世界和平。同时，面对核电厂的放射性污染，以及过度工业化而引起的环境破坏，欧美民众的环保意识逐渐被唤醒。20世纪70年代，在美国华盛顿、纽约、洛杉矶等大城市爆发了由2000多人参加的公民环保运动，并产生了广泛的社会影响，社会反响强烈。随之，欧美各国反对环境破坏的群众抗议活动持续暴发，形式从聚会抗议、示威集会到尝试建立绿色"生态村"等。20世纪80年代，欧美各国在广泛开展绿色环保运动的基础上，先后创建了绿色左翼政治组织——绿党。西方第一个绿党产生于德国，目前已经发展成为欧洲乃至世界上一支重要的左翼政治力量。新女权运动则是相对于19世纪中期妇女参政运动而言的，其规模更大、涉及面更深、参与面更广。

西方新社会运动的转型。20世纪90年代，受东欧剧变和苏联解体的影响，世界政治经济形势和国际格局发生了深刻变动，西方新社会运动也进入了一个重要的发展转型期。东欧剧变不仅使世界社会主义运动陷入低谷，也给西方传统左翼政党（各国共产党、社会民主党、社会党、工人党）带来了重创，它们不得不重新思考和定位自身在西方政党政治中的前途与命运问题。与此同时，伴随着二战后凯恩斯主义的失灵和新自由主义的兴起，加之现代通信和信息技术的迅猛发展，西方主导的以新自由主义为根本指导思想的全球化快速推进，加深了利益分配的不公平和西方国家社会内部的不平等。另外，随着全球化的深入推进，全球变暖、酸雨等威胁人类生存和发展的环境问题日益严重，世界经济风险在资本和金融全球化的背景下日益加大，且各国金融危机频发，影响范围也在不断扩大。

于是，在全球化进程中利益日趋受损的弱势群体（中间阶层和底层边缘群体），便通过各种方式开始对西方国家主导的全球化表达不满和抗议。对此，欧美国家率先掀起了大规模的反全球化运动。1999年，美国西雅图爆发了第一次大规模的反全球化运动。这些在欧美国家发起的反对以西方国家为主导的全球化运动，标志着西方新社会运动进入了一个新的重要发展转型期。随着西方国家民众反全球化运动的发展，其他类型的群众抗议运动也如火如荼地展开，如全球绿色环保运动等，其势头远远超过了传统左翼政党领导的工人运动。此时，西方新社会运动已经成为了在世界社会主义运动低潮时期反抗资本主义制度弊端的有力途径和重要方式。

西方新社会运动的新发展。进入新世纪，从2001年的美国"9·11"事件到2008年的全球金融危机，反全球化运动在经历短暂低潮期后，再次进入了一个新的发展阶段。2008年，由美国引发的全球金融危机进一步激发了欧美国家内部的种种社会矛盾。至此，资本主义作为一种意识形态与社会制度陷入了系统性危机之中。对此，萨米尔·阿明认为，"继英国脱欧、右翼在欧洲选举中崛起以及希腊激进左翼联盟赢得选举胜利、西班牙'我们能'党兴起之后，唐纳德·特朗普新近当选美国总统。所有这一切表明，全球新自由体系正遭遇深度危机"[1]。全球性的金融危机深刻暴露了西方资本主义制度的固有弊端，在经济、政治以及意识形态领域对世界特别是对西方国家形成了前所未有的冲击。

在金融危机爆发十余年后，经济社会秩序还未完全恢复，2020年新冠疫情的全球暴发则进一步扯下了西方资本主义制度的遮羞布。西方国家抗疫低效和应对乏力从更深层次证明了主导世界40余年的新自由主义带来的不是世界的和平与繁荣，而是社会撕裂、冲突加剧和贫富极端分化。对此，法国经济学家托马斯·皮凯蒂认为，在西方新自由主义主导下的全球化，"基于私人产权的市场经济包含强有力的趋同力量（尤其是知识和技术扩散的影响），但是它也包含强大的分化力量，这将潜在地威胁各民主社会以及作为其基础的社会正义价值"[2]。金融危机以来，西方国家民众对由新自由主义主导的资本主义社会现状愈加不满。于是，西方此起彼伏的群众抗议运动最终汇成了新社会运动的洪流。这段时期比较具有代表性的新社会运动，如美国爆发的持续数月的针对1%高收入群体的"占领华尔街"运动、针对资本主义虚假民主与新闻自由的"民主之春"运动、疫情期间爆发的"黑人的命也是命"运动，法国的"黄背心"运动、"黑夜站立"运动，西班牙的"愤怒者"运动等。这些运动都表现出参与主体多样、价值目标各异、利益诉求多元等特点。与此同时，现代信息技术手段和社交媒体在组织动员各类主体参与运动时发挥了前所未有的作用。

当然，"新社会运动并不是绝对地独立于过去，尽管每一种变化程度不同，但它没有同过去的社会运动一刀两断"[3]，许多西方新社会运动都产生于传统左翼运动的卵翼之中。但西方"新社会运动的突出之处在于，它是一种不可约束的多元主义"[4]，强调突出参与者的价值取向与独立意识，一般缺少固定的组织系统与结构、组织章程和纲领。正是这种组织松懈、力量分散、战略缺失与目标多元的运动形式，使得西方新社会运动与传统左翼政党和左翼社会运动的政治理论与主张、运动形式与方式、运动理念与要求等都大相径庭。这却促使其在社会主义运动低潮时期和西方左翼政党身处政治危机之时，俨然成为了一种强有力的反抗资本主义的"替代性"力量和现象。

一是从组织构成方面而言，西方新社会运动"非常突出个人主义倾向，崇尚个性解放而不是改造社会，没有明确的行为规范和目的，没有严密的组织和固定的角色。

[1] 于海清：《新自由体系无可避免的内爆——萨米尔·阿明论当前世界局势》，《世界社会主义研究》2017年第2期。

[2] 托马斯·皮凯蒂著，巴曙松、陈剑等译：《21世纪资本论》，中信出版社2014年版，第589页。

[3] 秦德占：《变动中的欧美社会》，当代世界出版社2004年版，第70页。

[4] 斯蒂芬·K.怀特著，孙曙光译：《政治理论与后现代主义》，辽宁教育出版社2004年版，第15页。

它们往往围绕种族、移民、民权、性别、环境等引起公众高度关注的重大政治问题，而不是以阶级为中心形成政治认同组成各种社会运动和团体。它们自认为在身份、教育和代际类型等方面的共同之处大于阶级共性"[1]。它的兴起和不断发展，在某种程度上大幅削弱了传统工会的力量，以致对传统工人运动形成了巨大的冲击，严重弱化了传统工人阶级推进整体社会变革和争取集体利益的主要任务。特别是在冷战之后，西方国家共产党和社会民主党等传统左翼力量赖以生存发展的阶级与社会力量都被严重削弱了，它们当中的很多参与者都加入到新社会运动之中。二是西方新社会运动这样一种新的利益诉求和理念表达途径，给西方政党政治带来了颠覆性的危机和挑战。西方新社会运动的迅速发展，已使西方政党不再是作为利益代表和利益表达的唯一途径。另外，西方新社会运动在本质上已经"体现为发达国家中推动和促进资本主义制度变革的重要社会力量，在某种程度上，它已经成为发达国家内部社会主义因素的现实表现，其在发展前景上展现出较为显著的社会主义倾向"[2]。

西方新社会运动带给西方左翼政党的影响

西方左翼政党是一个概念相对宽泛的政治界定，在西方政党政治光谱中是一个和右翼政党相对应的概念。当前，在西方政党政治光谱中，按照政治意识和政策主张的激进程度来划分的话，左翼政党大致可以分为三类。政治意识和政策主张中间偏左的温和左翼政党、较为激进的激进左翼政党和更为激进的极端左翼政党。[3]"这三类左翼力量在欧洲既有政治体系中的地位不等，作用方式也各不相同。"[4]受西方新社会运动的影响，西方各类传统左翼政党相应地都发生了很大变化。

温和左翼政党日趋走向中间化。温和左翼政党是西方左翼政党的主流，以执政为主要目标，拥有较为稳定的执政力量。二战以后，特别是20世纪70年代以来，伴随着科技革命的不断发展、社会产业结构的不断调整，西方国家的阶级与阶层结构逐步发生重大变化。另外，随着西方消费社会的不断兴起，"再分配制度的调整，社会福利制度的完善，生活水平的提高，工人阶级的阶级意识逐渐弱化，加上右翼的上台、工会权力的削弱、企业组织形式的变化等，工人运动陷入低潮"[5]，西方发达资本主义国家迈

---

[1] 孟鑫：《新社会运动对西方左翼的影响分析》，《科学社会主义》2012年第5期。

[2] 孟鑫：《新社会运动对西方传统社会主义运动的挑战与创新》，《东南学术》2018年第2期。

[3] 林德山：《欧洲左翼政党：概念、分类与结构》，《中国社会科学报》2011年9月27日第15版。

[4] 林德山：《欧洲左翼政党现状与前景》，《当代世界》2015年第8期。

[5] 冯燕芳：《西方新社会运动与新的解放话语——拉克劳和墨菲为什么对新社会运动寄予厚望》，《教学与研究》2020年第12期。

进后工业社会发展时期。与之对应的是，西方新自由主义所主导的资本主义生产关系不断扩张，中间阶级（或阶层）的队伍不断发展壮大，后物质主义的价值取向和利益诉求勃然兴起。西方曾经在传统左翼政党领导下的阶级冲突和对抗运动逐渐被倡导参与主体多样、价值目标各异、利益诉求多元、形式主题纷呈的新社会运动所承接延续。为了适应新的社会阶级状况和结构的变化以及西方新社会运动发展的新形式，西方各政党特别是持有执政目标的左翼温和政党，不得不把调整自身的纲领与策略作为一项重要任务。政治战略和政策手段取向上的中间化与对市场越来越灵活的态度是西方左翼温和政党调整转型的主要标志和特征。

对此，冷战结束以后至今，以英国工党与德国社会民主党所主张的、超越左右的"第三条道路"最为典型。以英国工党为例，为了获取广泛的中间群体和力量的支持，英国工党的中间化转型使其和英国传统工人阶级日渐疏离，并逐渐失去了英国传统工人阶级最为稳定的支持，而作为工党新战略基础的中间阶级（或阶层）又始终处于变动状态；英国工党对灵活市场机制的强调又使其背上了不得不向当前仍在继续主导西方的新自由主义妥协的包袱。英国工党的中间化转型，使其获得了丰厚的短期回报。从1997年至2010年，英国工党连续执政长达13年。但这种转型所带来的恶果却在2008年全球金融危机爆发之后日益凸显。最直观的反映，就是英国工党在金融危机之后根本无法提出应对危机的策略和手段，根本无法解决金融危机之后英国社会面临的危机。从2010年至今，尽管英国工党先后实行了"蓝色工党""科尔宾主义""后新自由主义"等政治策略和纲领，但其连续四次均未获得大选胜利。这说明，"从长期来看，对于日趋以选举政治为中心的社会民主党来说，中间化战略方向是难以改变的，因此，迎合新中间阶级与避免传统支持队伍的分化的矛盾也将是长期存在的"[1]，中间化转型发展的道路对于英国工党和其他西方国家社会民主党、社会党等温和左翼政党而言仍旧任重而道远。因为，中间化的转型发展道路根本无法提出"真正体现自身特色的务实性政治理念与政策主张和准确、清晰的政治战略定位"[2]，这是英国工党新领袖基尔·斯塔莫带领英国工党继续推进现代化转型、始终保持主流政党地位、进而重新执掌国家政权面对的重大挑战。这也是在西方新社会运动不断发展的背景下其他发达资本主义国家主流温和左翼政党面临的重大挑战。

激进左翼政党越来越趋于活跃。"激进左翼政党指那些在欧洲左右政治光谱中位于温和的社会民主党与极端左翼之间的左翼政治力量。"[3]它有两个显著特征：一是激进左翼政党成员构成复杂，既包括一些传统的共产党组织、形色各异的持民主社会主义

---

[1] 林德山：《欧洲左翼政党现状与前景》，《当代世界》2015年第8期。
[2] 郑海祥：《英国工党：从激进向温和转变》，《中国社会科学报》2020年9月24日。
[3] 李其庆：《"欧洲激进左翼"探析》，《当代世界与社会主义》2014年第5期。

意识形态的社会主义政党，也包括一些因新社会运动而发展起来的持生态主义、女权主义、和平主义等观念的新激进组织；二是激进左翼政党在西方政党政治中发展空间有限。随着西方新社会运动的兴起和发展，特别是进入新世纪以后，传统欧洲共产主义生存和发展的空间日益受到挤压。为了适应社会发展要求，一些传统左翼力量通过分化、联合不断组成新的激进左翼政党。如德国民社党与德国劳动与社会公正党联合组成的德国左翼党，当前活跃于北欧政坛的丹麦红绿联盟等新兴红绿政治力量代表。这些激进左翼政党在政治主张上改变了传统左翼政党对待资本主义的激烈态度，最主要的是放弃了通过革命方式彻底变革资本主义的立场。与此同时，它们也对传统主流左翼政党的中间化改革取向提出了批评。激进左翼政党认为，左翼政党中间化的政治态度和政策主张，是与新自由主义同流合污的表现，那些为社会公平而斗争的政党已经不复存在，以社会民主党等为代表的西方左翼政党已经完全沦为了维护既有资本主义秩序的力量。因此，新激进左翼政党一定要作为主流左翼政党的"替代性"力量而出现，把左翼政党原来持有的对社会公正的强调与生态主义、女权主义等平等主张相结合（即把物质目标与非物质目标相结合），并将其当作变革资本主义的主要目标和手段。

进入新世纪后，在新激进左翼主义注入激进左翼政党，金融危机在全球范围内迅速蔓延，以及作为西方主流左翼政党的社会民主党等陷入政治危机和难以提出及时有效的政治策略的情况下，激进左翼政党为反对主流政党应对金融危机不力而提出的反紧缩政策和增加社会福利的政治政策主张与口号，使其进入了发展活跃期。甚至一些激进左翼政党还赢得大选成为了执政党。比较典型的如希腊激进左翼联盟，由于自身的政治主张比较契合民意，其由原来的一个松散联盟在短期内一跃而成为了执政党。但是，综合来看，激进左翼政党的活跃只是相对的，零星个别的激进左翼政党在选举中胜出或成为选举大党，暂时还无法改变或代替左翼温和政党在西方政党政治中的主流政党地位。原因在于：其一，激进左翼政党的表现在各国并不稳定，发展也不均衡。有些国家的激进左翼政党实力较强，发展也较快，如希腊左翼激进联盟；有些则在西方竞争性选举制度中大幅下降，如意大利重建共产党，近些年来已经由意大利重要政治性平衡力量，逐渐沦为了迅速弱化的小党。其二，西方国家激进左翼政党的活跃是在特殊条件下的特殊表现，活跃的时间长短、影响力大小，主要取决于西方主流政党对待紧缩政策和社会福利制度的态度。如果主流政党在应对危机时政策对路，那么激进左翼政党的生存空间将迅速受到挤压。当前，西方主流政党应对金融危机的财政紧缩和削减社会福利政策，以及在应对新冠疫情时的无力，为激进左翼政党的发展提供了特殊的活跃发展环境与条件。其三，激进左翼政党内部构成复杂，内部矛盾和分裂倾向严重，这决定了其难以形成一个团结有力的新型"替代性"政治力量，进而无法对西方政党政治产生决定性影响。因此，尽管从20世纪90年代至今，西方激进左翼政党力量已经得到相应的恢复发展，并呈现出了一些良好的发展势头，但其意识形态的多样性，以及其在某些重要政治问题上的政治立场差异，加之西方社会结构的重大变化和新社会运动的影响，使得西方激进左翼政党作为一个整体力量，在未来发展中充满了很大的不确定性。[1]

极端左翼政党日渐趋向民粹化。极端左翼政党是指西方那些依然持传统革命立场的共产党、依然强调战斗性的托派组织和毛派组织，以及一些无政府组织和工团主义组织。[2]西方极端左翼政党通常把马克思列宁主义作为指导思想，"它们的特点是在不同程度上继承了共产国际时期党的理论与策略"[3]。于是，与激进左翼政党相比，极端左翼政党主张对资本主义要采取更加激烈的对抗态度和根本消除社会不平等。长期以来，尤其是受传统社会主义所带来的消极因素影响，西方社会公众始终在心理上对传统欧洲共产主义（或传统社会主义）意识形态持一种抵斥的态度。极端左翼政党在欧美政党政治中始终处于边缘化的地位，其激进的社会主义政策和主张难以对西方处于主导地位的选举政治产生实质性影响，最主要的政治影响则更多地停留于社会抗议层面。具体如英国共产党、美国共产党、日本共产党、比利时劳动党、希腊共产党、葡萄牙共产党等，它们都坚信未来社会主义能够取代资本主义，可是对所在国的选举政治影响却极其有限。进入21世纪，特别是2008年国际金融危机以来，新自由主义给西方社会带来了极端的贫富分化和社会撕裂，社会各阶层和各阶级的矛盾重重、冲突不断。99%（普通大众）对1%（精英权贵）成为普遍社会现状。在精英与大众矛盾日益加深的政治社会背景下，西方共产党传统的社会主义主张逐渐被一些激进左翼组织和力量所采纳吸收。于是，极端左翼政党民粹化倾向开始日趋凸显。近些年来，在西方一些右翼民粹主义得到迅速发展的同时，西方左翼民粹主义政党的影响力也在不断增加。如西班牙"我们能"党、意大利"五星运动"等左翼民粹主义政党的势头甚至超过了右翼民粹主义政党。但是，从更深层次分析可以发现，极端左翼政党的民粹化倾向并非一种正常状态。相反，它是西方政治社会在金融危机后病态化发展的重要体现。因为，"从思想意识方面来看，民粹主义的蔓延以及民粹主义政党的崛起显示了欧美国家社会意识形态中的极化倾向的发展。但民粹主义本身并非一种超越传统政治意识图谱的新意识，而只是既有的政治意识图谱中一些过去并不凸显的意识的凸显和组合"[4]。

[1] 林德山：《欧洲激进左翼政党现状及变化评价》，《马克思主义研究》2014年第5期。

[2] 林德山：《欧洲左翼政党：概念、分类与结构》，《中国社会科学报》2011年9月27日第15版。

[3] 聂运麟：《国外非执政共产党的类型及其理论分野》，《当代世界与社会主义》2014年第4期。

[4] 林德山：《民粹主义政党崛起对欧美政党政治的结构性变化的影响》，《党政研究》2017年第6期。

它反映的是主流社会的"病态的常态"[1]，它与主流观念、大众态度与政策立场相关联或一致。当主流意识再度强势回归之时，民粹主义也将再度陷入低潮或几乎被全部遮蔽。就此来看，西方极端左翼政党的民粹化倾向也只能是暂时现象，根本无法长久持续。因此，作为西方极端左翼重要组成力量的各国共产党在西方选举政治框架下，要想获得社会的认同和长足发展，前景也并不乐观。

西方新社会运动及左翼政党的困境与未来

如果把西方新社会运动当作一个整体来看，"新社会运动声称当代社会运动是对传统政治的扬弃和对新生活方式的维护或重建；追求完全意义上的人际平等和自立自治，强调公民自主性参与；追求自我认同、自我意识以及体现这一认同的价值观，强调自我实现；追求真正的个人自由和解放，追求个人充分解放和以个人解放为基础的社会的和谐发展"[2]。但这也是其致命的弱点。一是西方新社会运动深受后现代主义碎片化、多元化等因素的影响，反对以阶级作为社会认同的基础，强调以职业、宗教、学识、政治取向等为依托的身份认同；二是西方新社会运动强调价值多元主义，缺少核心领导组织建构，排斥集体行动和统一领导，并且拒绝发展马克思主义，这实质上既消解了左翼理论内在的确定性，弱化了西方左翼政党的作用，也失去了其真正能够抗衡和彻底改造资本主义制度的思想武器；三是西方新社会运动参与主体繁杂、缺乏明确斗争目标，难以形成抗争和争取利益与价值诉求的合力，加之其无政府主义和各自为战的倾向，很容易落入民粹主义的窠臼。在这种情况下，即使西方新社会运动能够对资本主义及其制度形成全方位的批判，但在面对强势的自由市场理念和新自由主义肆无忌惮的攻击时，新社会运动往往就会表现得无足轻重和不堪一击，最终其对资本主义及其制度发起的批判也就如同隔靴搔痒，难以产生革命性价值。西方新社会运动的这些致命弱点，如果不与西方左翼政党联合，在很大程度上也就决定了其未来走向。

而对于西方左翼政党而言，无论是处于主流政党地位的温和左翼政党、当前正处于相对活跃期的激进左翼政党，还是在过去相当长的时期内和当前仍旧难以对西方政党政治产生实质性影响的极端左翼政党，如果无法根本解决内部存在分裂、替代性方案不足，以及左翼政党的民粹化取向等问题，将无法主动通过强化自身和融入新社会运动充当领导性力量，那么，西方左翼政党的发展前景将是暗淡的。为此，西方左翼政党作为批判与否定资本主义的领导性（或引领性）力量，应当积极推进自身的适应

---

[1] Cas Mudde, "The Populist Radical Right: A Pathological Normalcy", West European Politics, Vol.33, No.6, October20, 2010, pp.1167-1186.

[2] 张宗峰：《全球化背景下新社会运动的核心诉求及其诉求特征》，《社会主义研究》2014年第2期。

性变革，主动承担起左翼政党应该承担的历史使命，充分发挥出左翼政党本应发挥的作用。面对当前西方资本主义社会在政治、经济、文化以及社会结构等方面正在发生的新变化，特别是面对西方新社会运动的逐步兴起和西方传统左翼运动日渐衰落的事实，西方左翼政党应该积极摒弃内部分歧、形成统一整体，主动迎接时代发展带来的挑战，积极发挥其在西方新社会运动中的引领与推动作用，引领运动不断朝着更为积极的社会主义方向发展。

结合西方新社会运动实践创新发展左翼政党理论。当前，西方新社会运动虽然在实践中表现出了与传统社会主义运动的巨大差异，自身也存在许多致命性弱点，但西方新社会运动在反对当前资本主义政策，以及在对待西方新自由主义的态度上，与社会主义运动有异曲同工之妙。并且它的许多现实利益与价值目标诉求都十分符合西方多数民众的要求与愿望。因此，结合西方新社会运动实践，创新发展左翼政党理论，并用新型左翼政党理论指导西方新社会运动就显得相当迫切和很有必要。事实上，当今西方世界不乏有影响力的左翼学者、左翼学派和左翼理论。就左翼学者而言，有哈贝马斯、奈格里、福斯特、奥菲、詹姆逊、理查德·罗宾斯、萨米尔·阿明等人。他们立足不同的理论研究视角，从马克思主义理论出发，集中对当代资本主义在政治、经济、文化、全球化和生态环境等方面存在的问题进行了深入分析和批判，提出了很多具有积极和参考意义的改良与激进改革方案，形成了如"法兰克福学派""分析马克思主义""市场社会主义""生态社会主义"等富有影响力的左翼学派和西方马克思主义理论。但这些左翼学派、理论与思想的最大问题在于，它们大多局限于从理论到理论的学术研究和逻辑自洽，在学术界影响力较大，而对西方资本主义的政治、社会大众的思想意识的影响却十分有限。这是在当前西方新社会运动勃然兴起和发展的时代，很少看到或难以寻觅到左翼学者的身影、很少听到或根本听不到左翼学派声音的原因所在。这也是西方新社会运动至今仍旧缺少具有重要现实批判性的理论指引的重要原因之所在。鉴于此，西方马克思主义学者在做学术研究时，应该走出象牙塔，走向社会、关注现实，积极主动从西方当前蓬勃发展和延绵不绝的新社会运动实践中汲取营养，不断创新发展左翼政党理论。与此同时，西方马克思主义学者还要注重把左翼政党理论的影响传播、扩展至社会大众之中，使西方左翼政党理论充分与西方新社会运动相联合，促进后者始终站稳反抗和批判资本主义的现实立场，以便为其提供系统的运动理论指导与高效的运动组织，进而促使西方新社会运动在已经实现社会网络化的基础上进一步提升组织影响力，彻底改变其因组织消解倾向而带来消极影响。唯此，才能促使西方新社会运动日渐契合世界社会主义运动发展要求和目标。

加强西方左翼政党建设引领西方新社会运动发展。西方新社会运动一直以来都在试图重塑资本主义社会，并对其存在的问题作出新的合理解释，但自"五月风暴"发端以来，其都因缺失系统完整的理论指导和缺少明确清晰的运动目标而在认识资本主义的本质上存在较大的缺陷，在分析与批判资本主义的深度和广度上存在较大的问题。最主要的原因就在于新社会运动对传统制度化政治模式的拒绝和漠视使它自己对未来目标缺乏设计，所以，未来新社会运动的坚实发展有待于左翼理论对新社会运动思想和理念的完善和补充。[1]因此，加强西方左翼政党建设，完善和发展西方左翼政党理论，发挥西方左翼政党在西方新社会运动中的引领作用就显得尤为重要。总体而言，当前西方左翼政党在资本主义制度和自身致命弱点的双重影响下，加之西方新社会运动造成的冲击，其发展及执政前景并不乐观。当前，加强西方左翼政党建设，一是要以推进西方社会主义不断向前发展为导向，加强理论创新，建构在西方资本主义制度下的西方社会主义理论体系和话语权，突破资本主义主流舆论封锁，获得广泛的社会认同和支持，打造更具活力和更富建设性的新型西方左翼政党形象，以便持续增强其在西方新社会运动中的号召力、组织力、动员力和领导力。二是要加强温和左翼政党、激进左翼政党、极端左翼政党之间，以及各类左翼政党内部各构成部分之间的团结，求大同而存小异，组成强而有力的民族国家之间及各个国家内部的左翼政党联盟，以期在当前西方竞争型政党政治制度框架下赢得选举胜利，获取执政地位，不断推行和实施符合西方社会发展需要的社会主义政治，以和平的方式和手段逐步实现对资本主义的彻底改造。三是要充分引导工会等传统工人组织在西方新社会运动蓬勃发展背景下发挥应有的积极作用。同时，还要结合时代和社会发展需要积极领导建立和发展新的组织，广泛吸纳社会各方面的人才和专业人员加入，以实现不断引领西方新社会运动向好的方向发展。这就要求作为西方主流政党的温和左翼政党不断改变多年来实行的政治中间化、政策中性化和试图建构全民党的错误取向，尽快确立明确而清晰的、以社会主义为发展导向的政治纲领，重点关注和解决广大社会公众所关心的平等、公平和公正问题，以此来不断吸引民众的广泛认同与支持，不断增强和厚植获取选举胜利与执政的社会基础，争取能够赢得连续或长期执政机会。而对于激进左翼政党和极端左翼政党来说，要积极应对来自政党内部因派系林立而带来分裂风险与挑战，着力解决长期以来对什么是社会主义等诸多问题存在的巨大认识分歧和内在矛盾，主动加强温和左翼政党的团结与联合，以不断增强自身的政治影响力与战斗力。

结论

20世纪70年代以来，西方新社会运动不断发展转型，成为了在世界社会主义运动

---

[1]　孟鑫：《新社会运动对西方左翼的影响分析》，《科学社会主义》2012年第5期。

低潮时期一种对资本主义固有弊端进行持续抗争和揭露的主要政治现象与政治力量，其内部蕴藏着丰富的社会主义因素。但西方新社会运动参与主体多样、价值目标各异、利益诉求多元等特点，使其难以对资本主义形成持久而有效的抗争，于是这些特征无形中也就变成了西方新社会运动的致命性弱点。二战以后，随着西方社会结构的不断调整和经济政治文化变迁，西方左翼政党也随之进行分化和重新组合，发展转型后的左翼主流政党（西方国家的社会民主党、社会党、工人党）盛极一时，许多占据主流政党地位的温和左翼政党获得了执政地位和连续执政的机会。但进入21世纪，特别是2008年国际金融危机爆发以后，西方左翼政党尤其是主流政党政治中间化和政策实用化的取向，难以解决资本主义社会的根本问题。西方左翼政党的内部派系林立和内部分歧更是加剧了其在西方政党政治中地位下滑的状态，西方新社会运动甚至对其形成了强烈冲击。由于西方新社会运动和左翼政党都存在着致命性的弱点，因此当前只有把二者有机融合，才能对现存资本主义制度形成持久而全面的抗争，进而彻底变革资本主义制度，促进世界社会主义运动高潮的再度到来。为此，必须结合西方新社会运动实践创新发展左翼政党理论，加强西方左翼政党建设引领西方新社会运动的发展。

原载于《人民论坛·学术前沿》2021年第19期

21世纪国外左翼对全球气候危机的再思考

陈　凤

摘　要：进入21世纪以来，全球气候危机带来的破坏性后果日益凸显，引发国外左翼力量新一波的反思和批判。他们猛烈抨击资本主义国家推行的绿色政策所造成的负面效应，提出资本主义制度是导致气候危机的根本原因。同时，国外左翼力量积极宣传社会主义制度的优越性，倡导将社会主义运动与其他政治运动结合起来，并试图改造本国的绿色政策，使其成果能够真正为人民所共享。展望未来，国外左翼力量若想在解决气候危机问题上发挥更大的作用，仍须在理论和实践上不断进行新的探索。

关键词：国外左翼；全球气候危机；资本主义；社会主义

近几年，世界各地见证了持续的气候危机向全球自然灾难的极端化演变。一方面是创纪录的高温热浪、森林火灾和干旱，另一方面是四处泛滥的洪水和泥石流。如何应对气候变化，实现人与自然和谐相处，是我们面临的时代之问。在马克思看来，资本主义建立在人类与地球之间物质交换断裂的基础上，维持资本主义发展所必需的生产过程与自然保护相冲突。基于此，以各国共产党、工人党和左翼学者为代表的国外左翼力量从不同的视角出发，深刻揭示了全球气候危机与资本主义之间的关系，并对21世纪生态治理与社会主义的关系进行了新的探索。

一、资本主义国家推行的绿色政策弊端凸显

自20世纪80年代以来，新自由主义作为资本主义世界的主导性思潮，推动着经济全球化进程，同时也催生了诸多全球性问题，其中一个棘手难题便是气候变化。为应对全球气候危机，主张自由竞争和有限责任政府的资本主义国家提出了一系列绿色政策。然而，这些措施不但未能减缓全球变暖的速度，还放大了资本主义制度的缺陷，其弊端遭到了左翼力量的批判。

（一）拉大贫富差距，激化社会矛盾

资本主义国家推行的绿色政策是为垄断资产阶级服务的。欧洲共产党和工人党倡议（Initiative of Communist and Workers' Parties）指出，资本主义国家之间签署的各种关于气候变化的协议，实际上只反映了资本家的需求和目标。新自由主义支配下"碳排放交易"事实上暴露了资本家试图将企业的有偿污染合法化，以便继续污染和恶化环境的企图；另外，资本主义国家的"绿色增长"资金也是从工人群体那里拿来的[1]。捷克和摩拉维亚共产党（Communist Party of Bohemia and Moravia）认为，当今世界正处于所谓的工业4.0时代，新自由主义主导的欧盟试图通过大力推广新能源汽车、支付额外环保税费、对超排放量汽车罚款等措施，来降低碳排放量。但是在资本主义社会，这些绿色政策明显都是为了维护富人的利益，扩大了贫富差距[2]。比利时共产党（Communist Party of Belgium）明确指出资产阶级会从"绿色"投资和数千亿政府拨款中获得最大的利益。美国争取社会主义与解放党（Party for Socialism and Liberation）发文称，尽管控制着全球约13万亿美元财富的450家金融组织已经承诺资助清洁能源开发，但由于资本主义内在发展规律，这些投资必将以增加股东回报作为首要目标，确保投资者获得足够的利润[3]。

中下层民众利益遭到严重损害，社会不公加深。英国左翼学者乔纳森·尼尔（Jonathan Neale）认为，碳税对低收入水平的人来说是非常不公平的。与富人相比，穷人在取暖、交通和电费方面的支出占收入比例更大，因而支付的碳税占总收入的比例相对较大，因此更能感觉到额外的经济压力，这也是法国"黄背心"抗议者走上街头表达不满的主因[4]。澳大利亚塔斯马尼亚大学学者伊芙·克罗瑟（Eve Croeser）指出，资本主义国家所主导的碳交易市场很可能导致一些国家内部土地资源被大规模掠夺用作碳汇，而原来的土地拥有者流离失所，甚至失去谋生手段[5]。英国左翼报刊《社会主义

[1] Statement of the European Communist Initiative Secretariat, "On 'Green Growth' and the Environment: Profit-Based Development and Environmental Protection Are Incompatible", https://www.initiative-cwpe.org/en/news/STATEMENT-OF-THE-EUROPEAN-COMMUNIST-INITIATIVE-SECRETARIATpOn-green-growth-and-the-environment-profit-based-development-and-environmental-protection-are-incompatible.

[2] "Konečná: V jednotě je síla!", https://www.kscm.cz/cs/aktualne/aktuality/konecna-v-jednote-je-sila-0.

[3] "Capitalist Leaders at COP26: Full Steam Ahead to Climate Catastrohe", https://www.liberationnews.org/capitalist-leaders-at-cop26-full-steam-ahead-to-climate-catastrophe.

[4] Jonathan Neale, "Why Carbon Taxes Burn Workers?", https://socialistworker.org/2018/12/13/why-carbon-taxes-burn-workers.

[5] Eve Croeser, "What to Expect from COP26: Climate Action, Climate Justice or Greenwashing?", http://isj.org.uk/what-to-expect-from-cop26.

呼声》称资本主义的零排放政策主要是为了大企业及相关利益机构服务，而不顾及普通人的生活。许多普通工人因为驾驶不符合严格排放标准的车辆而面临着新的指控和罚款。"其中绝大多数是低收入的伦敦居民，他们负担不起更换车辆的费用。"[1]

阶级分化日趋严重，社会分裂加深。比利时左翼学者丹尼尔·塔努罗（Daniel Tanuro）认为，气候危机是一个阶级问题，是一个少数得利者与被剥夺的多数者之间矛盾冲突的问题，新自由主义在全球的蔓延，导致资产阶级在世界各地掠夺资源，侵犯了普通人的利益[2]。美国锡拉丘兹大学教授马修·T.胡贝尔（Matthew T. Huber）也认为气候危机是一个关于阶级斗争的议题。气候危机的产生本质上是资产阶级剥削性生产扩张的结果，因此气候斗争不是一场针对那些消耗最多碳的人的文化斗争，而是一场针对那些实际生产化石燃料的人的阶级斗争。[3]欧洲左翼党（European Left Party）分析了一份关于1990年到2015年间气候变化的报告，指出在资本主义分配方式中处于有利地位的富人才是导致气候变化的主犯。该党指出，1990年到2015年期间，温室气体年排放量增加60％，而最富有的5％人口对这一增长所承担的责任高达37％[4]。

（二）环境种族主义兴起，恶化地区冲突

西方国家内部种族矛盾激化，社会治理赤字增大。美国共产党（Communist Party of USA）指出，在美国，多数垃圾场、排放污染的化工厂、被污染的水源出现在少数族群聚居的地方，引起少数族群的不满，冲突时有发生[5]。加拿大新民主党（New Democratic Party of Canada）也强调环境污染和生物多样性的丧失对本国一些少数族群的影响更大，气候变化的后果往往不成比例地由这些边缘化群体承担。例如，加拿大的原住居民、因纽特人、梅蒂斯人的居住地生态恶化问题严重，但他们在加拿大国家权力机构高层中却无一席之地，缺乏发言权，难以有效维护自己的权益，在政府推行

[1] "Emissions Zone Expansion: for a Socialist Solution to Polution!", https://www. socialist. net/ emissions-zone-expansion -fight-for-a-socialist-solution-to-pollution. htm.

[2] Daniel Tanuro, "Neoliberal Apotheosis: COP26 Creates the Global Fire Market and Offers It to Capitalist Arsonists, at the Expense of the People", http://www. globalecosocialistnetwork. net/2021/11/19/neoliberal-apotheosis-cop26-creates-the-global-fire-market-and-offers-it-to-capitalist-arsonists-at-the-expense-of-the-people.

[3] Matthew T.Huber, Climate Change as Class War: Building Socialism on a Warming Planet, London: Verso Books, 2020, pp. 8−35.

[4] "Alternatives to the Capitalist Green Deal in Europe", https://www. european-left. org/campaigns/ alternatives-to-the-capitalist-green-deal-in-europe.

[5] "What Are the CPUSA Views on the Environment?", https://www. cpusa. org/faq/what-are-the-cpusa-views-on-the-environment.

的可再生能源项目中也没有公平参与的机会[1]。

发展中国家土著居民的人权受到侵犯。美国社会主义党（Socialist Party of USA）在官网上评论巴西亚马逊地区大火时，谴责资本主义侵犯了该地区土著居民的人权，认为资本主义为追求暴利将土著居民逐出自己的土地，使其失去了赖以生存的家园，甚至失去了人类基本的尊严[2]。美国工人世界党（Workers World Party of USA）则发文称，大部分温室气体是美国、西欧、日本等国家的垄断企业排放的，但是受到严重影响的却是一些岛国的土著居民。土著居民不得不面对森林和沿海生态系统的破坏以及不断上升的海平面等问题[3]。巴西左翼学者克劳迪娅·霍恩（Claudia Horn）批评新自由主义主导的碳交易市场允许发达国家可以通过资助或购买发展中国家的造林项目来补偿他们的超额排放。这种解决方案赋予了森林和领土额外的经济价值，不仅为一些农业领域的跨国公司提供了获取利润的渠道，而且还会导致发展中国家土著居民的土地和森林被掠夺，威胁到他们的生存[4]。

不公正的国际政治经济秩序进一步强化。美国共产党指出，受气候变化影响最严重的国家是非洲和亚洲的一些前殖民地，然而它们的工业发展所产生的温室气体却是最少的，这些地区的国家不应该承担跟发达国家同样的责任，甚至应该获得更多的补偿[5]。加拿大共产党发表社论指出，西方主流媒体激烈抨击中国和印度模糊关于逐步淘汰煤炭使用的承诺，但却闭口不谈世界上三大资本主义国家——美国、澳大利亚、加拿大——煤炭使用量占全球50%以上的事实。西方媒体描绘了这样一幅画面：美国、加拿大和英国等国家正在引领气候正义，对抗造成环境严重污染的社会主义国家中国。然而事实却是，生态危机、战争和不平等是资本主义国家为维持其资本积累和扩张所导致的恶果[6]。哥伦比亚左翼学者卡佳·沃格特（Katja Voigt）等人指出，发达国家虽然承诺向发展中国家提供气候资金或投资，但其中70%是以贷款的形式，增加了受援国的债务负担[7]。瑞典学者安德列亚斯·马尔姆（Andreas Malm）提到，中国在过去15年里

[1] "Protecting Our Air, Land, and Water, Securing Our Future", https://www. ndp. ca/climate-action.

[2] "Statement on the Fires in the Amazon", https://www. socialistpartyusa. net/amazon-is-burning.

[3] "COP26: More 'blah, blah, blah!'", https://www. workers. org/2021/11/60023.

[4] Claudia Horn and Isadora Cardoso, "COP26 Was a Flop, but the Climate Justice Movement Is Still Growing", https://jacobinmag. com/2021/11/cop26-climate-change-social-justice-movement-latin-america.

[5] "What Are the CPUSA Views on the Environment?", https://www. cpusa. org/faq/what-are-the-cpusa-views-on-the-environment.

[6] "Glasgow: Capitalist Cop-out on the Climate Crisis", https://communist-party.ca/glasgow-capitalist-cop-out-on-the-climate-crisis/#more-4154.

[7] "More than Hot Air? An Initial Assessment of the Outcomes at COP26", https://www. rosalux. de/en/news/id/45392/more -than-hot-air? cHash = faf2461fe8a1c6700c58cccebe008e61.

的碳排放量增长，因此经常受到指责，但实际上中国生产的商品是在世界其他地方消费的，尤其是在西方[1]。

二、资本主义是全球气候危机形成的根源

温室效应所造成的气候变化已经对人类和自然界产生了广泛的负面影响，如不加以控制，将会导致生态系统和社会发展产生严重、普遍和不可逆的危机。在国外左翼力量看来，资本主义对利润的无限追求是造成全球气候危机的根本原因，不进行彻底的社会变革无法解决这一危机。

（一）资本主义发展建立在对化石燃料过度开发基础上

化石燃料的使用促进了资本的快速积累。大多数左翼政党和学者都指出，自工业革命以来，正是化石燃料的使用加速了资本主义发展进程，而后者无休止的扩张和积累，以及不惜一切代价追求利润的非理性逻辑，却将地球推向灾难深渊的边缘。例如，英国左翼学者马丁·恩普森（Martin Empson）和伊恩·拉佩尔（Ian Rappel）认为资本主义制度本质上是一种化石燃料系统。化石燃料之所以成为资本家的首选能源，是因为它们让资本家摆脱了由于对水资源的依赖所受到的地理限制，并且还获得了大量的城市人口作为新的劳动力来源。据统计，2019年，单美国就有63%的能源来自化石燃料，而全球能源生产及其运输所产生的温室气体则占排放到大气中的温室气体的3/4[2]。罗莎·卢森堡基金会学者泰特·劳伦（Tetet Lauron）等人也认为，全球气候危机本质上是基于化石燃料开采的资本主义持续扩张所导致的危机，只有放弃化石资本主义作为我们社会经济的基础，气候外交才能发挥作用[3]。

化石燃料的使用深化了资本家对工人的剥削。安德烈亚斯·马尔姆指出，蒸汽机的应用是气候变化的主要原因，但英国棉纺工业从水力向蒸汽的转变并不是因为水资源稀缺、昂贵或者技术效率低下，而是因为蒸汽的使用能够使资本家更好地剥削劳动力，控制工人。"从一开始，化石燃料所产生的力量在意义和性质上都是双重的"，因

[1] Andreas Malm, Fossil Capital: The Rise of Steam Power and the Roots of Global Warming, London: Verso Books, 2016, pp. 333.

[2] Martin Empson and Ian Rappel, "Beyond Our Numbers: A Socialist Argument about Population and the Environment", International Socialism, http://isj. org. uk/beyond-our-numbers.

[3] "Climate Justice, Not False Solutions!", https://www. rosalux. de/en/news/id/45298/climate-justice-not-false-solutions? cHash =1f93124180d795a4a1a5c460eb6bc886.

为蒸汽的出现"是某些人对抗其他人的一种力量形式"[1]。英国左翼作家卡米拉·罗亚尔（Camilla Royal）在其《对自然的掠夺：资本主义与生态断裂》一书中指出，在资本主义的统治下，人类和自然环境是财富的来源，但只有工人的劳动才能产生价值，自然世界中的非人类元素并不能产生价值。资本主义通过剥削劳工来掠夺自然资源，化石燃料的使用便是这种剥削的结果，又反过来促进这种剥削[2]。

（二）资本主义生产方式与治理气候变化问题间存在张力

资本主义对利润的追求优先于生态保护。美国"左翼之声"网站称，资本主义不愿意，实际上也没有能力采取措施终止气候危机。因为这场危机本质上是资本主义的副产品，消除危机的同时也会威胁到基于利润和剥削的资本主义体系[3]。美国洛杉矶国立大学社会学家卡尔·博格斯（Carl Boggs）批评资本主义的绿色政策是自由主义的幻想：生态的可持续性发展与无穷尽的资本积累、增长和剥削在逻辑上是不相容的[4]。马丁·恩普森和伊恩·拉佩尔指出，正如马克思所言，资本主义在人类社会与自然之间的新陈代谢中造成了无法弥补的断裂。这种"代谢断裂"之所以存在，是因为资本主义是一种只对利润最大化感兴趣的生产体系，其驱动力是资本家对积累更多财富的不懈追求[5]。美国社会主义党也认为，无论是全球气候变暖还是社会不平等问题，资本主义都没有办法解决。这是由于资本主义和资产阶级都是逐利的[6]。

资本主义奉行"短期主义"策略。英国左翼学者克里斯·索尔特马什（Chris Saltmarsh）指出，资本主义的碳零排放政策如同其他针对气候变化的举措一样无效，因为资本主义始终是"短期利益胜过安全和正义"[7]。马丁·恩普森也提到了资本主义短视的本质，以及由此导致的制度性竞争和无效率现象，这种状况意味着资本主义最终

---

[1] Andreas Malm, Fossil Capital：The Rise of Steam Power and the Roots of Global Warming, London：Verso Books, 2016, p. 36.

[2] "The Robbery of Nature：Capitalism and the Ecological Rift", http://socialistreview. org. uk/460/robbery-nature-capitalism-and-ecological-rift-john-bellamy-foster-and-brett-clark-monthly-review.

[3] "COP26 Pledges Reveal Capitalism's Refusal to Solve the Climate Crisis", https://www. leftvoice.org/cop26-pledges-reveal-capitalisms-refusal-to-solve-the-climate-crisis.

[4] Carl Boggs, "Struggle for an Ecological Politics", in Carl Boggs, Ecology and Revolution：Global Crisis and the Political Challenge, New York：Palgrave Macmillan, 2012, pp. 121−151.

[5] Martin Empson and Ian Rappel, "Beyond Our Numbers：A Socialist Argument about Population and the Environment", http://isj. org. uk/beyond-our-numbers.

[6] "Covid Is Sickening Us；Capitalism Is Killing Us", https://www. socialistpartyusa. net/covid-milestone22321.

[7] Chris Saltmarsh, "Climate Change Disaster Isn't a Future Threat, It's Already Here", https://jacobinmag. com/2021/07/climate-change-extreme-heat-british-columbia-pakistan-madagascar-green-new-deal.

只会造就不可持续的社会发展模式[1]。俄罗斯联邦共产党（Communist Party of the Russian Federation）认为，今天大部分地区盛行的资本主义是一个受以攫取最大利润为主要目的的市场规律所支配的社会。在这种社会形态中，一切事物都变成了商品，金钱成为衡量人际关系的主要标准。资本主义生产方式意味着肆无忌惮地开发自然资源，而不考虑对环境造成的恶果，甚至资本主义最坚定的支持者也承认，通过资本主义固有的掠夺性方法促进生产力的发展，迟早会导致自然资源过早枯竭，引发世界生态危机[2]。

绿色资本主义无法解决资本主义增长方式与阻止气候变暖之间的矛盾。伊芙·克罗瑟指出："如果马克思和恩格斯在今天创作《共产党宣言》，毫无疑问他们一定会这样开始：'一个幽灵，一个叫灭绝的幽灵，正在困扰着人类社会'。"[3]她认为，人类面临着由资本主义生产关系的扩张引起的环境、生态、社会经济和政治的复合危机。在这种危机中，体系的"无法治愈的结构性矛盾"日益尖锐并威胁到统治阶级的霸权。资本主义社会内部对威胁到其财富和权力的隐患并非视而不见，绿色资本主义的支持者推出了各种旨在拯救资本主义制度的计划。但是，强大的既得利益集团通过各种手段反对采取任何行动来应对气候变化。石油天然气行业和大型农业企业联合金融机构正在试图破坏全球经济"脱碳"计划[4]。荷兰马斯特里赫特大学学者米里亚姆·梅斯纳（Miriam Meissner）和费德里科·萨文（Federico Savin）认为，寻求既能促进经济增长又能摆脱负面生态影响的绿色资本主义是不现实的。"在气候危机的背景下，刺激经济进一步增长就像是举办野生的新冠病毒派对，同时给所有参加派对的客人提供可口的、可能会降低感染率的维生素药片。然而，这种方式会导致更大的灾难。"[5]欧洲左翼党发布的《欧洲资本主义绿色协议的替代方案》宣称绿色资本主义是一个错误的目标。资本主义国家在市场控制、目标设定、制度制定和资金分配等方面的矛盾尖锐化表明，实现绿色增长的前景并不乐观[6]。

[1] Martin Empson, Marxism and Ecology：Capitalism, Socialism and the Future of the Planet, UK：Bookmark, 2009, pp. 3-30.

[2] Communist Party of the Russian Federation, "Party Program", https://cprf. ru/party-program.

[3] Eve Croeser, "What to Expect from COP26：Climate Action, Climate Justice or Greenwashing?", http://isj. org. uk/what-to -expect-from-cop26.

[4] Eve Croeser, "What to Expect from COP26：Climate Action, Climate Justice or Greenwashing?", http://isj. org. uk/what-to-expect-from-cop26.

[5] Miriam Meissner and Federico Savin, "Corona and the Climate：5 Lessons We Can Learn", https://planetamateur. com/2020/03/20/corona-and-the-climate-5-lessons-we-can-learn.

[6] "Alternatives to the Capitalist Green Deal in Europe", https://www. european-left. org/campaigns/alternatives-to-the-capitalist-green-deal-in-europe.

（三）资本主义体制下技术创新无法解决气候危机

技术创新是为资本利润的最大化服务的。约瑟夫·熊彼特（Joseph Alois Schumpeter）在《资本主义、社会主义和民主》一书中指出，资本为保持和提高利润率而不断改造生产资料，即通过大规模创新淘汰旧的技术和生产体系，并建立新的生产体系，最终形成了一种"创造性毁灭"的趋势。这一观点也被许多左翼组织和学者所接受。例如，欧洲共产党和工人党倡议在其2021年的公开文件中明确指出，垄断企业是以利润和对工人的剥削程度为根据来决定是否将新技术整合到生产中，而这种以攫取利润为基础的资本主义发展恰恰是导致自然资源枯竭和环境恶化的根源[1]。

资本主义阻碍一些有利于解决二氧化碳排放问题的新技术实际应用。美国左翼学者约翰·贝拉米·福斯特（John Bellamy Foster）指出，很多人认为在发达的资本主义经济体系中，解决环境问题的标准方法就是引导技术向较良性的方向发展。然而，当下有些技术已完全发展到了实用的阶段，资本主义却只会根据利益来决定是否推广。例如，现代化的运输手段的发展完全可以减少私人汽车的使用，但是，资本积累的驱动促使发达的资本主义国家走上了最大限度依赖汽车的道路，因为这是创造利润的最有效的方式。汽车工业及其相关行业目前仍然支撑着发达资本主义国家的资本积累。另外，资本家积极促进开发的是那些能为资本带来巨大利润的能源，而不是那些对人类和地球最有益处的能源，太阳能当然不属于前一种[2]。

三、社会主义制度是解决全球气候危机的根本出路

国外左翼力量认为，要想解决全球气候危机，必须沿着社会主义方向改造社会生产关系。因此，他们也积极宣传社会主义制度的优越性，推动本国社会主义事业的发展。

（一）社会主义制度能更有效应对气候危机

社会主义制度更有利于实现可持续发展。欧洲共产党和工人党倡议在2021年提出，

---

[1] Statement of the European Communist Initiative Secretariat，"On 'Green Growth' and the Environment：Profit-based Development and Environmental Protection Are Incompatible"，https://www. initiative-cwpe. org/en/news/STATEMENT-OF-THE -EUROPEAN-COMMUNIST-INITIATIVE-SECRETARIATpOn-green-growth-and-the-environment-profit-based-development-and-environmental-protection-are-incompatible.

[2] 约翰·贝拉米·福斯特著，耿建新等译：《生态危机与资本主义》，上海译文出版社2006年版，第86—94页。

只要生产资料私人所有制存在，全球环境就会继续遭到破坏，而社会主义以中央计划经济和满足群众需要为标准，赋予了劳动者保护环境的力量和现实可能性，人类对自然的有意识的、有计划的影响才能实现。只有社会主义——一种人类必须肩负起责任、停止破坏全球生态的社会主义，才能真正建立起有利于环境保护的经济体制，并让全世界所有劳动者过上可持续和健康的生活[1]。美国共产党强调要解决生态问题、实现可持续发展，必须要根据整个社会的需求以及环境保护的要求制定政策，而不是以私有财产和利润作为决策依据，生态问题的永久性解决方案是社会主义[2]。

社会主义制度更有利于可再生能源行业的发展。欧洲左翼党明确表示，实现清洁能源转型必须以国家规划和公共部门参与为基础，以确保能源可持续发展。如果没有类似的能源政策工具作为保障，该行业就可能出现大型跨国公司和风险投资基金疯狂涌入的局面，造成严重的投机泡沫（比如西班牙）。除了新能源行业，其他行业（如住房、交通、农业等）的公共部门也应当制定相应的政策，并鼓励公民、研究人员、非政府组织、工会等积极主动参与到决策中[3]。

（二）社会主义制度更能维护人民利益

社会主义制度能够保障绿色政策对人民负责。美国争取社会主义和解放党认为，要想解决气候变暖问题，必须将能源部门和金融机构国有化，将这些机构从工人那里窃取的财富直接用于实施减少碳排放的政策[4]。美国"左翼之声"发文称，人类要解决生态问题，就不能只局限于局部的政策改革，而是要实现彻底的制度变革，为社会主义而斗争。只有在社会主义社会中，自然资源才能够真正为人民所拥有和使用[5]。

社会主义民主可以保障人与自然和谐相处。法国学者迈克尔·洛伊（Michael löwy）指出，生态社会主义的核心是民主的规划，即由民众而不是资本主义市场或是苏联式的计划经济部门对经济进行主导。首先，它从资本主义制度的"经济法则"中

[1] Statement of the European Communist Initiative Secretariat，"On 'Green Growth' and the Environment：Profit-based Development and Environmental Protection Are Incompatible"，https://www. initiative-cwpe. org/en/news/STATEMENT-OF-THE-EUROPEAN-COMMUNIST-INITIATIVE-SECRETARIATpOn-green-growth-and-the-environment-profit-based-development-and-environmental-protection-are-incompatible.

[2] "Road to Socialism USA"，https://cpusa. org/party_ info/party-program.

[3] "Alternatives to the Capitalist Green Deal in Europe"，https://www. european-left. org/campaigns/alternatives-to-the-capitalist-green-deal-in-europe.

[4] "Capitalist Leaders at COP26：Full Steam Ahead to Climate Catastrophe"，https://www. liberationnews. org/capitalist-leaders -at-cop26-full-steam-ahead-to-climate-catastrophe.

[5] "COP26 Pledges Reveal Capitalism's Refusal to Solve the Climate Crisis"，https://www. leftvoice. org/cop26-pledges-reveal-capitalisms-refusal-to-solve-the-climate-crisis.

将人们解救出来；其次，生态社会主义意味着大量增加自由劳动时间，为劳动人民在经济和社会层面参与民主管理提供基本条件；最后，民主的生态规划意味着社会拥有决定自身命运的自由[1]。美国社会主义党发文称，解决气候危机等一系列环境问题的唯一出路是社会主义民主："马克思向我们表明，除非我们能够创造一个真正的民主社会，抛弃美国等资本主义国家的虚假民主，否则人类无论是作为个体还是一个物种，都无法充分发挥自己的潜力。"[2]该党认为，资本主义的快速发展只会造成更为严重的环境破坏，只有社会主义民主才能真正实现人与自然的和谐统一。

（三）全球气候危机突出实现社会主义的重要性

必须由社会主义代替资本主义。福斯特指出，由于技术本身（在现行生产方式的条件下）无助于我们摆脱环境的两难境况，所以我们要么接受威廉·斯坦利·杰文斯（William Stanley）的结论（即技术的进步对生态环境的改善并没有帮助），要么选择一种他从未触及而且显然也从未想到过的替代方案：沿着社会主义方向改造社会生产关系[3]。美国生物学家巴里·康芒纳（Barry Commoner）认为，资本主义制度及其技术——而不是人口增长，导致了环境破坏，因此可以得出这样一个结论："某种社会主义"是现实的替代方案。美国马克思主义经济学代表人物保罗·斯威齐（Paul M. Sweezy）也指出："虽然我相信，至少是原则上相信，在目前的垄断资本主义体制框架内有一些治标的药方，但我认为，如果社会秩序不发生根本变革，城市结构和整个社会关系的根本变革（或同等程度的生产与消费结构的巨变）就不能实现。"[4]

生存危机迫使人民选择社会主义。英国左翼学者亚历克斯·卡利尼科斯（Alex Callinicos）强调，气候变暖是资本主义破坏自然界导致的最严重的灾难。气候变暖所造成的生存危机迫使人们行动起来，寻找资本主义的替代方案——社会主义[5]。美国纽约伯德大学教授乔尔·科威尔（Joel Kovel）等人提出，生态危机主要是由疯狂的工业化进程超过了地球所能承受的限度引起的。资本主义体制由于对利润的无限追逐，不断影响着大自然的生态平衡，使生态系统遭到严重破坏。因此，全球民众为了实现人

---

[1] Michael Löwy，"Ecosocialism: a Vital Synthesis"，https://climateandcapitalism. com/2020/12/16/ecosocialism-a-vital-synthesis.

[2] "Capitalism Will Dictate Environmental Progress"，https://socialistmag. us/2021/01/capitalism-will-dictate-environmental-progress-not-the-biden-administration.

[3] 约翰·贝拉米·福斯特著，耿建新等译：《生态危机与资本主义》，上海译文出版社2006年版，第96页。

[4] Paul M. Sweezy，"Cars and Cities"，https://monthlyreview. org/2000/04/01/cars-and-cities.

[5] Alex Callinicos，"Capitalism and Catastrophe"，http://socialistreview. org.uk/464/capitalism-and-catastrophe.

类的生存，会最终选择社会主义[1]。

四、其他解决全球气候危机的有效途径

国外左翼力量在批评资本主义绿色政策的同时，也试图完善这些绿色政策，使其成果能够真正为人民所共享，并且呼吁将社会主义运动与其他政治运动结合起来。

（一）公平合理的低碳生活

反对过度消费，推行绿色生活。美国萨里大学研究员西蒙·梅尔（Simon Mair）认为广泛使用化石燃料对于资本主义扩张是必要的，气候变暖不仅是资本主义发展的结果，更是其根本。避免灾难性的气候危机，必须打破基于消费主义至上的资本主义扩张周期，否则技术的改进、可再生能源的使用和能源效率的提高只会增加资本家追求利润的方式。[2]他主张应着重批判消费主义，呼吁民众摆脱对消费的痴迷："消费是建立美好生活的一种无效方式。共同限制我们的消费可以为更好的经济体系开辟道路。"[3]匈牙利工人党（Hungarian Workers' Party）同样也指出，只要金钱仍是社会的决定性力量且社会仍是浪费型的消费社会，资产阶级政党的绿色气候计划只不过是纸上之谈，只有克服对消费的痴迷，才能实现真正的环境保护。[4]

增加新能源领域的就业岗位。英国社会主义党（Socialist Party UK）委员会成员尼克·哈特（Nick Hart）提出，在向可再生能源生产的快速转型过程中，石油、天然气等传统能源行业的工人们很容易成为失业者。因此，"传统能源行业的工人在规划该行业的未来发展方面应该拥有话语权，同时工会应该根据相应规定和条件，为他们创造新的就业培训机会"[5]。美国左翼学者加尔文·普里斯特（Calvin Priest）认为，可再生能源的使用能够比化石燃料创造出更多的就业机会，但不能忽视在煤炭石油等其他化石燃料行业工作的工人；社会主义者需要做的是将这些工人团结起来，为其进行免费

---

[1] Joel Kovel and Michael Löwy, "Belem Ecosocialist Declaration", https://climateandcapitalism. com/2008/12/16/belem-ecosocialist-declaration-a-call-for-signatures.

[2] Simon Mair, "Climate Change and Capitalism: A Political Marxist View", https://www. resilience. org/stories/2019-07-11/climate-change-and-capitalism-a-political-marxist-view.

[3] Simon Mair, "Climate Change and Capitalism: A Political Marxist View", https://www. resilience. org/stories/2019-07-11/climate-change-and-capitalism-a-political-marxist-view.

[4] "Tíz perc Thürmer Gyulával", https://munkaspart.hu/rolunk/a-munkaspart-valasztasi-programja-2022.

[5] Nick Hart, "How socialist planning could resolve the profit-fuelled energy crisis", https://www. socialistparty. org. uk/articles/103530/26-10-2022/how-socialist-planning-could-resolve-the-profit-fuelled-energy-crisis.

的职业再培训，制定新的就业计划，提供充分就业。[1]加拿大新民主党（New Democratic Party of Canada）在党纲中提出，在未来低碳生活中，会为加拿大工人提供超过100万个新的良好的就业岗位。该党还称要加强与工会、雇主和地方政府的合作，为受气候变化影响较大的工人和社区寻求解决之道，如提供专门的就业支持、补贴和资助再培训及就业安置服务，确保公司转型过程中能够尽量保留或妥善安置工人，确保工人提前退休的话仍能正常享受到养老金，支持可持续农业、与农民合作推广可持续土地管理技术，等等[2]。

（二）社会主义运动与其他政治运动相结合

推动不同左翼力量之间的合作。捷摩共呼吁左翼力量团结起来共同应对气候问题。"法国国内左翼力量的联合已经做出了很好的榜样，而捷克左翼政党却还处在分裂状态。捷摩共今后将致力于实现国内左翼力量的有效合作，建立一条左翼联合阵线。"[3]英国左翼学者亚历克斯·卡利尼科斯提出人类保护自身的唯一方法就是摆脱资本主义，因而重建以革命社会主义者为核心的强大左翼力量是最紧迫的任务[4]。

推动工人运动与环保运动的结合。革命政党国际协调组织（ICOR）发起倡议，呼吁工人阶级推动环保运动。"最先进的斗争往往发生在工人阶级和环境斗争相结合的地方。在拉丁美洲，广大民众正在联合起来反对水资源私有化、污水系统私有化、饮用水私有化和污染……自觉地促进这种团结，是国际马克思列宁主义和工人运动的任务……将环保运动转变为世界范围的群众运动！团结工人运动和环保运动！与ICOR一起前进！向全世界建设社会主义前进，只有在人与自然的统一中，才能开辟可持续、平等发展的道路！"[5]该倡议目前已经有32个左翼政党组织签名。

推动各类进步社会运动的联合。美国共产党提议要建立环保运动与其他社会运动之间的联系，如工人运动、公民维权运动、妇女运动、青年运动、和平运动、移民运

---

[1] Calvin Priest, "A Socialist Plan for Green Jobs", https://www. socialistalternative. org/2017/03/24/socialist-plan-jobs-green-economy.

[2] "Protecting Our Air, Land , and Water, Securing Our Future", https://www. ndp. ca/climate-action.

[3] "Konečná: V jednotě je síla!", https://www. kscm.cz/cs/aktualne/aktuality/konecna-v-jednote-je-sila-0.

[4] Alex Callinicos, "Capitalism and Catastrophe", http://socialisreview. org. uk/464/capitalism-and-catastrophe.

[5] "Call of the ICOR for the Environmental Day", https://icor. info/2021-1/global-and-regional-environmental-disasters-call-for-basic-system-change-not-catastrophic-crisis-management-2013-on-the-international-day-of-struggle-to-save-the-environment-6-november-let-us-develop-the-environmental-struggle-lets-promote-a-real-societ.

动等[1]。澳大利亚左翼学者布赖恩·托卡（Brian Tokar）和塔姆拉·吉尔伯森（Tamra Gilbertson）在其《气候正义与共同体复兴》一书中写道："当今世界存在着各种倡议、网络组织和运动……关于气候变化的任何辩论都不能跟关于殖民主义、种族主义、性别、妇女权利、帝国主义、剥削、土地掠夺等问题的讨论相脱节。资本主义永远不会解决这些关键问题，因为争取环境和气候正义的斗争必须成为争取一个新的更加公正的世界斗争的一部分。"[2]

五、结语

全球气候危机的日益严重，让国外左翼力量加深了对资本主义的理解和认识。资本主义国家为解决气候危机而推行的绿色政策，带来了一系列的负面效应，如贫富差距加大、阶级矛盾激化、环境种族主义兴起等。资本主义的生产方式和分配方式是导致全球气候危机的根本原因，因而建立社会主义制度是解决气候危机的唯一正确选择。此外，国外左翼力量还提出了一些其他解决气候危机的有效途径，如反对过度消费，推行公正合理的碳税，在新能源行业中增加更多就业岗位、实施就业培训等。不仅如此，国外左翼力量还坚持进步的立场，寻求与其他政治运动进行合作，集中力量共同推动气候危机的解决。展望未来，国外左翼力量若想在解决气候危机方面发挥更大的作用，仍需在理论和实践上不断进行新的探索。

原载于《世界社会主义研究》2023年第4期

---

[1]　"What Are the CPUSA Views on the Environment?"，https://www.cpusa.org/faq/what-are-the-cpusa-views-on-the-environment.

[2]　"Climate Justice and Community Renewal: Resistance and Grassroots Solutions"，https://climateandcapitalism.com/2021/12/07/climate-justice-and-community-renewal.

苏共党建模式历史考

王韶兴

党建模式直接关系到政党运行态势及其结果。苏共作为世界上第一个民族国家独立的、具有70余年执政历史的工人阶级政党，其党建模式不仅对其自身而且对其他社会主义国家工人阶级政党的发展和政治运行都产生了极为深远的影响。因此，我们在进一步总结20世纪社会主义国家工人阶级政党执政的历史经验，思考我国政治体制改革时，不能不对苏共党建模式进行深刻反思。

从政党学的角度看，党建模式即指政党依据一定的理论原理与策略原理，经由思想、政治、组织、制度、作风等一系列建设过程使政党（客观实体）呈现出来的表象和特征。政党的表象和特征体现于其政治运作之中，政党性质、政党结构不同，其表现形式各异。根据社会主义国家工人阶级政党建设及其政治运作的历史经验，工人阶级执政党党建模式的考察可主要从执政党的思想意识、干部制度、党政关系等内外两方面的政治运作所呈现出来的特征和特异入手。

纵观苏共党的建设史，其经历了由党建模式的选择、政党政治运行的有益探索，到高度集中党建模式的确立、政党政治运行高度集权化，再到党建模式的"根本性变革"、政党政治运行极端民主化三个发展阶段，两种不同类型的党建模式。

（一）党建模式的选择与政治运行的有益探索。苏共是列宁亲自缔造的世界上第一个民族国家独立的共产党。列宁在创立和建设苏共的历史进程中，经历了从以先进的工人阶级为基础，创建一支无产阶级的先进部队——共产党，到在共产党的领导下建设一个新型的无产阶级政权——苏维埃，再到掌握政权，运用政权的力量为共产党所代表的工人阶级和其他劳动阶级谋利益的一系列发展过程。也即经历了由建党到建政再到施政的政党政治的完整序列。在党建模式的选择和构建上，列宁先后面临三个方面的任务：（1）根据国际共产主义运动的历史发展和本国革命的需要，创立一个在思想意识、纲领路线、组织原则等方面都与第二国际后期机会主义的党划清界限、能够独立领导俄国革命走向胜利的新型无产阶级革命党；（2）从政治、思想、组织、制度、作风等方面将党建设成为一个在经济、文化比较落后国度中具有社会主义建设领导能力的工人阶级执政党；（3）探索工人阶级执政党与国家政权的关系模式、工人阶级执政党领导国家政权的具体实践形式，建立与发展社会主义类型的政党政治制度。基于此，列宁创立了建设新型无产阶级政党的理论原理和策略原理。其基本观点是：党是无产阶级的先进部队和最高组织形式；党要以马克思主义理论为行动指南；党是按照民主集中制原则组织起来的；党是无产阶级专政的领导力量；党必须有高度的统一、坚强的团结和铁的纪律；党一刻也不能脱离群众；党必须有一批杰出的领袖；党必须掌握批评与自我批评的武器；党必须有科学的工作方法；等等。其基本理论特色是鲜明的时代性和强烈的实践性。这些理论观点和理论特色，体现于列宁所从事的党的建设、党务管理和党的领导的全过程。

在苏共党的建设及其政治运行的历史进程中，列宁时期是其党建模式确立的探索阶段，也是其政治运行的初始阶段。这一时期布尔什维克党的建设及其政治运行的主要特点是：

在思想意识方面，列宁既强调马克思主义的统一指导，又倡导思想活跃、批评自由。关于马克思主义的统一指导问题，列宁强调，无产阶级政党科学的世界观是马克思主义。他认为，任何政党都有自己的理论和在这个理论指导下的世界观，即严格的无产阶级世界观只有一个，就是马克思主义。他坚信："遵循马克思的理论的道路前进，我们将愈来愈接近客观真理（但决不会穷尽它）；而遵循着任何其他的道路前进，除了混乱和谬误之外，我们什么也得不到。"[1]在列宁看来，对革命理论采取模棱两可或毫无原则的态度，就等于思想上完全破产，无产阶级政党就会失去生存权利。关于党内思想活跃和批评自由问题，列宁的基本思想包含两方面的含义：一是对待马克思主义的态度。列宁认为，我们强调马克思主义的统一指导，但"我们决不把马克思的理论看作某种一成不变的和神圣不可侵犯的东西；……它只是给一种科学奠定了基础，社会主义者如果不愿意落后于实际生活，就应当在各方面把这门科学向前推进"[2]。列宁一再强调要把马克思主义的原理运用到俄国革命的具体的政治和经济问题之中，他尖锐地指出："只有不可救药的书呆子才会简单地引证马克思关于另一历史时代的某一论述来解决当前发生的独特而复杂的问题。"[3]另一层含义是对待不同意见、反对派意见的态度。列宁认为，执政党要善于听取不同的意见，包括反对派的意见。应"对一切最重要的问题开展广泛的讨论和争论，充分自由地进行党内批评"。[4]在对待当时"工人反对派"的态度上，列宁在坚决主张解散这个派别组织时，也指出要听取这个反对派那里哪怕有一点健康的意见。他指出，在"'工人反对派'特别关心的问题，即清除党内

[1] 《列宁全集》（第13卷），人民出版社1961年版，第143页。

[2] 《列宁选集》（第1卷），人民出版社1972年版，第203页。

[3] 《列宁选集》（第1卷），人民出版社1972年版，第159页。

[4] 《苏共中央决议汇编》（第1卷），1954年俄文版，第520页。

的非无产阶级分子和不可靠分子、反对官僚主义、发扬民主和工人的自主精神等等问题上，任何切实的建议，都应当十分认真地加以考虑，并在实际工作中加以检验"[1]。总之，列宁时期由于在党的思想意识方面既坚持了马克思主义的统一指导，又反对把马克思主义教条化，既提倡党内思想活跃、批评自由，又反对由于意识形态的多元化和由此造成的纲领的多样性，从而使苏共有了一个建立在马克思主义正确轨道上的充满活力的思想保障机制，这为苏共政治运行提供了可靠的思想路线保证。

在干部制度方面，列宁既强调民主选举，又反对在干部选拔任命上的极端民主路线，力倡在充分发挥党内民主基础上的有效集中。列宁认为，无产阶级政党"是民主地组织起来的。这就是说，党内的一切事务是由全体党员直接或者通过代表，在一律平等的毫无例外的条件下来处理的；并且，党的所有负责人员、所有领导成员、所有机构都是选举产生的，必须向党员报告工作，并可以撤掉"[2]。这是无产阶级政党的群众路线在干部工作中的具体体现。但列宁同时又指出："苏维埃虽然按党纲规定是通过劳动者来实行管理的机关，而实际上却是通过无产阶级先进阶层来为劳动者实行管理而不是通过劳动群众来实行管理的机关。"[3]这表明，由于群众是由不同的利益集团组成的，也由于其活动范围、文化素养的差异等原因，因此不能盲目崇拜"选举制"，在干部的选拔、使用问题上走极端民主路线。应当把充分的民主和正确的集中结合起来，把基本上的选举制和经集体讨论的必要的集中制结合起来。

在党政关系方面，列宁既强调党是无产阶级专政的领导力量，又试图将执政党对国家、社会生活的"总的领导"与政府机关的"管理工作"区别开来。在党同国家政权关系上，列宁早在1907年就有所思考，他说："问题（而且是最重要的问题）仅仅在于，如何划分苏维埃的任务和俄国社会民主工党的任务，以及如何把二者结合起来。"[4]十月革命胜利后，列宁则进一步指出："党应当通过苏维埃机关在苏维埃宪法的范围内来贯彻自己的决定。党努力领导苏维埃的工作，但不是代替苏维埃。"[5]列宁多次强调，党的任务是对所有国家机关的工作进行总的领导，而不应当是具体的"干涉"。在党同工会关系上，列宁认为，工会不应当作为一种独立力量，它是共产党领导下的苏维埃国家的基本机构之一。但工会要尽力维护劳动者的利益，尽可能促进他们物质生活水平的提高，经常纠正由于国家机关官僚主义偏向而造成的经济机关的错误和过于热心

[1] 《列宁全集》（第41卷），人民出版社1986年版，第82页。

[2] 《列宁全集》（第14卷），人民出版社1988年版，第249页。

[3] 《列宁全集》（第36卷），人民出版社1988年版，第155页。

[4] 《列宁全集》（第12卷），人民出版社1988年版，第55—56页。

[5] 《苏共决议汇编》（第1分册），人民出版社1958年版，第571页。

本位利益的现象。[1]在党同共青团的关系上，列宁主张在"保证青年组织的广泛独立性与积极性的条件下，要加强对共青团的政治领导"[2]。

上述表明，当时列宁已经在理论上初步认识到，由于政党与政权及其他群众组织性质的不同和由此决定的功能的差异，因而它们应当在国家和社会生活中发挥不同的作用。

应当指出，列宁晚年无疑敏锐地察觉到了党的工作中暴露出的由于不适当的集中而带来的诸如官僚主义等问题，进而从政党运行机制上对此作出理性思考：要求结束"极端集中制""战斗命令制""委任制"和"以党代政"，并力倡实行民主集中制、群众监督制、改革干部制度等。这些思想集中体现在列宁的《怎样改组工农检察院》《宁肯少些，但要好些》等著作中。遗憾的是，列宁的这些事关苏共政治运行前途命运的有益探索因列宁的早逝而中断。

（二）党建模式的嬗变与政治运行的高度集权化。斯大林成为苏共领导人后，在列宁对具体时代、国度和任务条件下建设无产阶级政党及其政治运行所作的有益探索的基础上，对苏共的建设及其运行机制也提出了一些正确的主张。例如，在发扬党内民主方面，他曾批评了不经选举使用行政手段增补党的权力机关成员的做法，主张确立无记名投票制；在监督制约方面，提出要依靠自下而上的监督和党内外民主，消除官僚主义；在党、政、群团关系方面，主张党不能代替苏维埃、工会以及其他社团组织，等等。但是，由于斯大林对社会主义条件下执政党自身建设规律、党务管理规律、党的领导规律，尤其是社会主义条件下执政党运行规律和社会主义类型政党政治的本质特征、实践形式缺乏正确的认识和准确的把握，致使斯大林时期的苏共党建模式及其政治运行的总特征和总趋势是中央高度集权。其理论依据集中体现在斯大林《论列宁主义基础》一书中关于新型无产阶级政党特征六个方面的概括以及他主持编写的《联共（布）党史简明教程》结束语中关于联共（布）党建的六条经验之中。在运行机制上则表现为集中机制日趋强化，民主机制日渐弱化。

在思想意识方面，斯大林在强化党的铁的纪律的同时，更加强调所谓的党在思想上的统一。无疑，统一的思想意识是无产阶级政党得以建立并行动一致的基础。但这里的"思想"指的是党的基本思想，是党的思想的指导，其基本功能是为政党行为提供方向。可是，斯大林却把这种思想统一的灵魂及其方向和原则上的性质规定引申到党的各项具体决议、具体政策中，定位到每个党员对党的具体的要求的态度上。实际上是在思想统一的口号下不允许党的组织和党员对党的现行政策有任何不同的意见和

---

[1] 《列宁全集》（第42卷），人民出版社1988年版，第367页。
[2] 《苏共决议汇编》（第2分册），人民出版社1958年版，第536页。

建议。与此同时，斯大林则在组织上通过监察委员会支持由其推行的高压政策，压制党内出现的各种独立的思想、各种批评的呼声和各种批评意见。不仅如此，斯大林还进一步把思想统一引申到把不同意见看作派别。于是，任何不同意见都有可能被指责为派别活动。这样，到20世纪30年代以后，苏共思想领域处于一种极度沉闷、僵化的状态。与之俱来的便是党内民主生活极不正常，甚至党的代表大会长达13年不召开，1941年后的8年内连一次中央全会也未曾开过。中央委员会的权力也越来越集中在少数人手中。在此情形下，斯大林的个人专断和个人崇拜达到了顶点，以至于他的思想和意志就是党和国家的思想和意志。这种思想意识上的个人专断，必然窒息党的生命。

在干部制度方面，斯大林时期的一个显著特点就是层层实行干部使用上的直接或变相的任命制。在此问题上，斯大林明确提出："在提出正确的政治路线以后，还必须挑选工作人员，把善于执行指示、能够理解指示、能够把这些指示当作自己的东西并且善于贯彻这些指示的人安置在各种工作岗位上。"[1]这种"人员安置"式的干部任命，不仅要在党的委员会内实行，而且要在国家和经济领域的管理机关内实行。而对于在除党和国家经济机关以外的其他部门中这样的干部任命不多的状况，斯大林认为"这是我们工作中的很大错误"[2]。为了在组织上保证干部的任命、分配制度，苏共十三大则把中央登记分配局和组织指导部合并成组织分配局，进一步扩大它在干部任命、调配上的权力。对此，捷尔任斯基在1926年就说过："委任制度占了统治地位，代替了选举制度"，"这种现象在政治上是危险的。"[3]中央如此，地方也必然是这样。"党委会的书记往往在地方组织中当选以前就批准了。"[4]"支部书记通常由区委任命，……选举通常按既定的方式进行。问问到会者'谁反对'，由于人们多少有些害怕说反对，于是被提名的候选人，就被任命为支部书记。"[5]在长达几十年的时间里，苏共干部使用上实际上是用等级授职制去代替选举制，并自上而下形成一股潮流，以至于任命制成为苏共领导的基石，成为苏共政治运行最有效的组织手段。长期主要由上级（实际上是少数人）任命和委派干部，干部的升迁、命运系于上级领导，势必造成干部只对上负责而不对下负责的状况。长此以往，党的干部就会脱离群众，党的生命力源泉就会日渐衰竭。

在党政关系方面，斯大林实行的是最高度集权型的党建模式。在此模式下，就党内权力运行来说，是地方的权力集中到中央，中央的权力集中于政治局，"政治局是拥

---

[1] 《斯大林全集》（第5卷），人民出版社1957年版，第171页。

[2] 《斯大林全集》（第6卷），人民出版社1957年版，第184页。

[3] 赵明义：《社会主义：传统模式及其改革》，黄河出版社1993年版，第133页。

[4] 赵明义：《社会主义：传统模式及其改革》，黄河出版社1993年版，第133页。

[5] 罗伯特·文森特·丹尼尔斯：《革命的良心》，北京出版社1985年版，第349页。

有全权的机关"。[1]而在党的机关中，权力则集中在少数人、集中在第一把手那里。这种集权型的权力运行机制在执政党和国家机关的关系问题上，则表现为以党代政、党政不分。斯大林认为，党是国家权力的核心，"党的干部是党的指导人员，也就是国家领导机关的指挥人员"[2]。这样，自苏共十七大开始，在党的中央委员会和各加盟共和国、省、区等各级党的领导机关中相应地建立了各类国民经济和社会发展的领导部门，以至于政府内有什么部门，党委内也相应地设立什么样的部门。这种党政不分的政治运行机制，必然深入到经济领域，结果又造成了政企不分、以政代企的现象。为了在实际工作中保证与集权型党建模式相适应的党政不分、以党代政的政治运行的有效性，斯大林自1931年开始实行"党政联合决议制"，即苏共采取和苏维埃国家机关共同发布决议的形式来管理国家的政治、经济、文化和社会事务。这种"决议制"在事实上表明党的指示和文件同时也是国家政权的指示和法律文件，这无疑意味着苏共政治生活的国家政权化。

赫鲁晓夫执政后曾针对苏共党建模式及其政治运行的弊端提出了改革的任务，并就改革的内容和要求作出了许多规定和尝试。但由于其党建改革的逻辑起点是斯大林的个人迷信和个人崇拜，因而其改革也就不可能触动隐藏在个人迷信和个人崇拜背后的体制性因素。其结果就是经由斯大林确立起来的以中央高度集权为总特征的苏共党建模式不仅没有改变，反而在"加强党的领导作用"下更趋强化。这些情况在客观上就为后来戈尔巴乔夫推行党建模式"根本变革"提供了一个历史根据。

（三）党建模式的"根本变革"与政治运行的极端民主化。戈尔巴乔夫上台后，在推行激进的政治体制改革中，提出对党的建设必须实行"革命性变革"。苏共党建模式根本变革的主要理论观点体现于《关于改革和党的干部政策》《改革与新思维》《社会主义思想与革命的改革》《苏共中央委员会向党的二十七大提出的政治报告》，以及1990年苏共中央二月全会、三月全会和苏共二十八大的文件等戈尔巴乔夫的著述、讲话和苏共的文献之中。其历程始于1987年1月苏共中央全会，终于1990年7月苏共二十八大。

戈尔巴乔夫对苏共传统党建模式的根本变革，是在"新思维""民主化""公开性"的前提下，"清除一切把党同官僚专制制度联系起来的东西"。[3]这种党建模式的根本变革的内容集中在党的思想意识、组织路线和党政关系等方面。

关于党的思想意识。应当说，在1991年7月苏共全会之前，戈尔巴乔夫在党的思想意识领域的基本主张，如"以创造性地发展马克思、恩格斯、列宁的思想为基础""继

---

[1] 《斯大林全集》(第7卷)，人民出版社1958年版，第328页。

[2] 《斯大林文选》，人民出版社1962年版，第243页。

[3] 戈尔巴乔夫：《在1990年苏共中央二月全会上的报告》，《苏联问题资料》，新华出版社，第35页。

承那些摆脱了教条主义解释的马克思、恩格斯、列宁的遗产""坚持抛弃对不同观点和思想的意识形态限制、教条和不容忍态度"等，从客观上来看，仍属党建模式改革的内容。对此，戈尔巴乔夫的首席顾问亚·雅科夫列夫1990年2月20日在莫斯科高级党校讲话中曾说："列宁就如何在实践中应用方法论方面为我们做出了榜样"。……可后来，我们却把列宁的"学说奉为经典，使之成为静止不变的东西，并宣布它是绝对的永远可信的。这样一来，便给社会理论带来了巨大损失。多年来使社会理论教条化和处于停滞状态。今天，如果我们想保持和发展社会主义思想，对我们来说最主要的是十分准确地区分马克思主义中的空想与现实的东西，掌握其中的主要内容——发展的思想、方针与分析"。这段话的意思无疑是正确的。问题是，如果我们纵观戈尔巴乔夫在党的思想意识领域的改革过程，如果我们联系他对党的建设的其他重要内容的改革，就会发现，戈尔巴乔夫关于马克思主义在党的思想意识形态中的指导地位问题上，实际上有一个从淡化到取消的过程，经历了一个由党建模式的变革到党的指导思想的改变再到党的性质的演变的系列过程。在苏共二十八大上，戈尔巴乔夫虽未明确放弃马克思主义理论的指导作用，但从提法上来看，已不再把马克思列宁主义作为一个完整的思想体系，而是只提"马克思、恩格斯、列宁的思想"或"遗产"。综观二十八大的《纲领性声明》《苏联共产党章程》《戈尔巴乔夫在二十八大上的政治报告》等文件，涉及此项内容时则更多感受到的是马列主义已经"过时"。到1991年7月苏共召开中央全会时，戈尔巴乔夫就明确宣布："过去，党只承认马克思列宁主义是鼓舞自己的源泉，并且这个学说被极度歪曲，以适应当时的实用主义方针，变成了一种圣经式的条文。""现在必须使我们的思想库内包括国内外社会主义和民主思想的一切财富。"[1]此后，苏共在意识形态内的"改革"已经不是本文所讨论的党建模式改革的范围了。

关于党的组织路线。戈尔巴乔夫对党建模式的根本变革的另一主要内容就是推行极端民主化的组织路线。这主要表现在党的组织原则和干部制度两个方面（这是工人阶级政党组织路线的两项重要内容）。关于党的民主集中制，早在1987年戈尔巴乔夫就提出了对此要重新认识的口号。诚然，针对斯大林时期确立起来的党建模式中的集中机制高速运转，而民主机制常常失灵的状况，提出要发扬党内民主是理所当然的。这里的问题是戈尔巴乔夫一开始对民主集中制就抱有走极端——"民主化、再民主化"的思想方法和目的要求。在1988年苏共第19次全国代表会议上，戈尔巴乔夫提出："作为苏共构成基础和活动基础的民主集中制原则，在一定阶段上往往被官僚主义集中制所取代。"[2]所以，在1990年苏共二月会议上戈尔巴乔夫则提出："党的革新要求对党进行

---

[1] 刘洪潮：《苏联1985—1991年的演变》，新华出版社1992年版，第10—11页。

[2] 戈尔巴乔夫：《在苏共第十九次全国代表会议上的报告》。

深入，包罗万象的民主化，重新认识民主集中制，重点放在民主化方面。"而同年的三中全会则明确提出："要改革民主集中制原则。"苏共二十八大决议则公开申明："苏共坚决否定在行政命令体制下形成的那种民主集中制、那种僵硬的集中制。"[1]在片面地强调民主、追求极端民主化的组织原则下，苏共党建模式迅即由高度集权型向极端民主化转换。在当时苏共领导改革处于攻坚阶段，要求全党思想统一、步调一致，而党对此认识又存在较大分歧的特殊历史条件下，提倡党内"少数有权坚持，包括利用党内的舆论工具坚持自己的观点"[2]的做法，在事实上就把党变成了一个争议不休、议而不决、没有权威的政治俱乐部；在一味地扩大地方和基层党组织的自主权，并可制定自己的纲领性文献的原则规定下，"全党服从中央"势必成为空话；在提倡党内意见的多元性、立场和行动纲领的多样性，允许党员有"建立横向组织的自由"，"不限制在辩论过程中在立场方面进行联合的权利"[3]等，苏共在二十八大前后实际上已分成不同的派别。至此，苏共已深深陷于"党内有派，党外有党"的两面夹攻之中。

戈尔巴乔夫"新"组织路线的另一项内容就是他推行的干部政策。其核心内容是以选举制代替任何形式的任命制。在戈尔巴乔夫看来，旧的党建模式的基础是干部使用上的任命制和变相任命制。所以，党建模式的根本变革，必须否定任何形式的任命制。从一般意义上讲，强调在干部使用上的选举制是对的，这是马克思在巴黎公社时就提出的一项原则。问题在于这里的"选举制"是在戈尔巴乔夫推行极端民主化的组织路线的前提下，即以形成于斯大林时期，盛行了几十年的高度集权型的"等级授职制"的极端"报复"形式——"民主化""公开性"的方式，代替干部问题上的民主集中制。从理论上讲，在不分具体情况的"民主化"、没有限度的"公开性"的导向下，民主选举的结果未必能真正体现民意。从实际上看，苏共长期以来在党建模式上存在的严重弊端，干部工作中沉积下来的一些"老陈病"，也绝不是靠简单的群众选举就能解决的。这是其一。其二，戈尔巴乔夫"新"干部政策的另一内容就是不顾后果地揭露甚至夸大党内阴暗面，搞干部队伍大换班。以边疆区、州、直辖市这一级委员会书记的干部更迭为例，戈尔巴乔夫上台以来这150个单位的书记被更换的占92.5%。在改革失利的复杂情况下，干部队伍如此不稳，下台干部的怨气和上台干部的畏难等各种情绪交织在一起，就会形成对中央领导的一股冲击力量。这正如原俄共中央第一书记波洛兹科夫所说："改革一开始即出现重大失误，夸大了党内、党员干部中和国家机关中保守主义的危险性，拼命攻击党，人为地培植反对派。本应从党抓起，使之成为社会主义改革的有力工具，本应用加强组织性来促进民主化，可是戈尔巴乔夫的做法却

[1] 《苏共二十八次代表大会文件汇编》，第42页。

[2] 《苏共二十八次代表大会文件汇编》，第21页。

[3] 《苏联共产党章程》，《真理报》1990年7月18日。

背道而驰，这个教训是十分深刻的。"[1]

关于党政关系。前面提到，斯大林时期确立起来的高度集权型的党建模式在党政关系问题上则表现为党政不分、以党代政。并且，这已成为那种党建模式的重要特征之一。因而，戈尔巴乔夫要对这种党建模式实行"根本变革"，就必然对党政关系进行理论上的重新认识和运作上的重新界定。从理论上讲，党政关系的确认涉及党的阶级性。戈尔巴乔夫在构建新的党建模式时，重新认识党政关系的思路也是如此。众所周知，苏共历来宣称自己是工人阶级的政党，即使在一段时间里称自己是"全民党"时，也要特别说明苏共"就其阶级实质和思想体系而言，仍然是工人阶级的党"。[2]然而，在苏共二十八大确定的新的党建路线却认为：苏共是一个按自愿原则联合苏联公民，实施以全人类价值和共产主义理想为基础的纲领性目标的政治组织，或称苏共是自治的社会政治组织，它是一个社会各阶层的各种利益可以在其范围内协调一致的政治体系。[3]这实质上是主张把苏共变成"全民党""议会党"。

以此为指导，在实际运作中戈尔巴乔夫对苏共同国家政权以及同工会、共青团等方面的关系作出新的界定。在党政关系上，在1988年6月召开的党的19次全国代表会议上，苏共重提十月革命时期"一切权力归苏维埃"的著名口号，随之实行权力中心的转移。1990年2月召开的苏共全会完全承认了多党制的合理性和修改宪法第6条的必要性，而在3月全会上，苏共中央则向苏联人民代表大会提出了修改宪法第6条的动议，取消苏共是社会领导力量，是政治体制和国家机关核心这一法定条款，放弃苏共政治领导地位。到苏共二十八大，在党对国家的领导问题上，强调党放弃政治垄断，放弃在宪法中的特权地位，党的作用是成为通过共产党员发挥作用的、民主承认的领袖。在党同工会、共青团的关系上，戈尔巴乔夫在纠正斯大林时期党建模式下被扭曲的关系时，则走向另一个极端。1991年戈尔巴乔夫签发的《苏联关于工会及其活动权利保障法》中，明文规定工会是不受国家机关、政治组织管辖的独立组织。苏共二十八大则宣称"党与工会只是伙伴关系"。[4]在共青团问题上，戈尔巴乔夫宣称"共青团同党一样，实际上也应当经历一个自我净化、同过去一切的消极东西决裂的阶段"。[5]此后，共青团果然如脱缰野马而"独立活动"，终于从"党的忠实助手"，中经同党"完全划清界限"而最后走到了苏共的对立面。

上述这些有关党建模式内容的"根本变革"，直接关系到苏共政治运行的方式及其

---

[1]　《真理报》，1990年11月16日。

[2]　张中云：《苏共从演变到瓦解》，《苏联1985—1991年的演变》，新华出版社1992年版，第11页。

[3]　《苏共二十八次代表大会文件汇编》，第38页。

[4]　《苏共二十八次代表大会文件汇编》，第38页。

[5]　《苏共二十八次代表大会文件汇编》，第84页。

政治功能的实现，关系到苏共及其所建立的国家政权的前途命运。而当时的戈尔巴乔夫对此既没有成熟的理论思考，又缺乏驾驭此类实践的必备素质。随着苏共党建模式由高度集权型向极端民主化急剧转变，苏共政治运行全面偏离正确轨道；而苏共应有功能的进一步丧失，又必然导致当时苏联社会上的各种矛盾更加尖锐激化并急速集聚，即刻指向苏共，苏共的领导地位岌岌可危。

纵观苏共党建模式及其政治运行，其主要经历了以斯大林时期为主要代表的高度集权型的"左"倾党建路线和以戈尔巴乔夫时期为代表的极端民主化的右倾党建路线。苏共在党建模式的选择上走了两个极端，其总根源在于没有正确认识和准确把握社会主义现代化建设条件下工人阶级执政党自身建设、党务管理、党的领导的基本特点和目的要求，因而也就不可能正确认识和准确把握建立在这三个具体规律之上的政党政治的本质特征、实践形式及其发展的总规律。

原载于《马克思主义研究》1999年第3期

论当前俄共在理论与策略上的新变化

臧秀玲

俄罗斯联邦共产党（以下简称"俄共"）是目前俄罗斯最大的共产党。它于1993年2月在原俄罗斯苏维埃联邦社会主义共和国共产党的基层组织恢复活动的基础上重建。现在拥有党员54万人，有2.2多万个党的基层组织，在全部89个联邦主体设有党的委员会，是目前俄罗斯最大、组织最严密、也最有群众基础的反对派政党。世纪之交，走过10年风雨历程的俄共，总结过去，面对现实，展望未来，阐述了一些重大理论问题，并在内外政策方面进行了一系列调整，向世人展示了后叶利钦时代和新世纪之初俄共的新形象。

一、从坚持传统社会主义转变为奉行"革新了的社会主义"

俄共作为坚持社会主义的政党，高举社会主义旗帜是其生存之基，发展之源。俄共在总结苏共失败的经验教训的基础上，根据当前的时代特征和俄罗斯实际，不断对社会主义理论进行探索。1990年6月俄共成立时，对社会主义的看法基本沿用了传统的马克思列宁主义观点，认为社会主义的主要特征是共产党领导下的苏维埃政权，经济上以生产资料公有制和计划经济为主，实行"各尽所能、按劳分配"原则。在与叶利钦政权的斗争中，俄共为了重塑自己不同于苏共的新形象，扩大在社会上的影响，1993年提出应建立"革新的社会主义"，"即不被歪曲、没有致命错误、集中当代人类社会一切精华的社会主义"。为此，久加诺夫多次强调：俄共主张国家回到社会主义的发展道路，但"不是向后退到社会主义，而是向前迈向社会主义"。因为返回过去的模式，就意味着自己将重复过去。1995年1月俄共召开三大，在党纲中对社会主义作了全新的表述："完全的社会主义是没有人剥削人、根据劳动的数量、质量和成果分配财富的无阶级社会；是一个以科学计划和管理为前提，以珍惜劳动与资源的后工业化工艺为基础，劳动生产率和生产效率都达到很高水平的社会；是一个能够促进个人创造积极性和劳动者自治的、真正民主的和精神文化发达的社会。"这里所突出的主要是消灭剥削，消灭阶级，生产力高度发展，真正的民主，发达的精神文明，劳动者自治，等等。值得注意的是，俄共提出的未来社会主义，包含了许多符合新时代要求的内容。

俄共纲领强调：社会主义要"创造新的比资本主义更高的人民生活质量和更发达的生产力"。同时提出："资本主义把人类引向更深的矛盾，产生了前所未有的全球问题——生态问题、人口问题、民族社会问题"，而社会主义则"符合当代生产力水平、生态安全、人类面临的任务的性质"。2000年12月俄共召开了七大，对社会主义的基本特征进行了较为全面的概括："真正社会主义社会是强大的国家与人的自由、市场与计划、经济效益与致力于社会平等、民主与责任、集体主义精神、劳动人民利益优先与个性发展的总和。""社会主义作为国际主义学说，绝不反对世界一体化进程，即经济相互交融、文化相互丰富，各自的文明相互影响。"

总之，俄共并没有放弃社会主义的口号，但它所讲的社会主义已不同于传统意义的社会主义，而是赋予社会主义以符合时代发展和本国实际内容的"革新了的社会主义"。概括起来说，俄共对未来社会主义目标模式的新认识主要表现在：在经济制度方面，反对社会的资本主义化，反对实行私有化，主张消灭剥削；土地应成为"全民财产"，"不允许私有和买卖土地"，但农户个人和集体可无限期租用。在所有制问题上，主张多种经济成分共同发展，但强调以"全民所有制为主"，同时发展集体经济、股份经济和私人经济等成分；主张"市场调节和国家计划有机地结合"；以统一的国家经济制度为主，同时给予地方较大的自主权。在政治制度方面，提出建立苏维埃式的人民政权和苏维埃议会共和国，赞成政治多元化和多党制、议会民主、自由选举和三权分立，尊重个人自由。在社会和文化领域，主张保障居民实际的最低生活费；保障最低工资；打击犯罪；实行免费教育和医疗保健；对巨额收入和拥有庞大个人财产者征收累进税，防止社会贫富分化；尊重俄罗斯和其他各族人民的语言和文化。在意识形态方面，把国家爱国主义、社会公正思想和苏维埃人民政权思想列入党的基本意识形态中；主张向所有合法的社会政治力量开放国家舆论工具，实行言论和新闻自由。在民族问题方面，突出"俄罗斯思想"，强调捍卫俄罗斯的民族国家利益；制定新的民族政策，消除族际冲突，保障和睦，实行各民族权利和义务平等。在外交方面，奉行符合民族国家利益和加强国家地位的独立外交政策；提出要坚持国际主义原则，与世界不同制度的国家开展合作，积极推进世界一体化进程。

二、从坚持自己是"工人阶级政党"转变为强调自己是"真正劳动人民的政党"

俄共成立之初，认为共产党是工人阶级的政党，是"捍卫工人阶级、劳动农民、人民知识分子利益的政治组织"；宣称俄共"以创造性地发展马克思列宁主义为基础"；以社会主义代替资本主义作为奋斗目标，把共产主义作为人类社会的未来。俄共纲领宣称，俄共是从俄国社会民主工党到苏共的"一脉相承"的"继承者"，是它们在俄罗斯联邦土地上的继承者。党"忠实地捍卫工人阶级、劳动农民、人民知识分子的利益"，是"真正劳动人民的党"。1997年4月，久加诺夫在俄共四大政治报告中正式提出俄共是"劳动人民——工人、农民和知识分子的政党"。2000年12月俄共七大上又强调俄共是"劳动人民的以社会利益为重的政党"。

在党的指导思想方面，俄共没有放弃马克思列宁主义，仍坚持以马克思列宁主义为党的指导思想。但它们强调：马克思列宁主义是不断发展的，不能用教条主义和僵化的态度来对待。1995年俄共三大通过的党纲明确指出："俄共在确定自己的纲领性目标、战略和为实现这些目标的斗争策略时，遵循的是发展着的马克思列宁主义学说、唯物辩证法。"俄共党章则强调：要"创造性地发展马克思列宁主义"。但俄共没有像苏共那样把马列主义作为党的唯一指导思想。1997年4月俄共七大对党纲进行了修改，对党的指导思想沿用了原党纲的表述，但久加诺夫在政治报告中对俄共指导思想进行了补充，强调俄共要遵循"社会公正思想，国家爱国主义思想和苏维埃人民政权思想"，"保护人权和公民自由也是俄共的重要思想武器"。

在党的社会基础方面，俄共以工人阶级、劳动农民、人民知识分子作为自己的社会基础。值得注意的是，俄共特别强调知识分子的作用。在俄共的党徽上，"锤头、镰刀和书籍"三者是并列的。俄共的这种新认识，考虑了时代的进步和科学技术的发展。俄共根据社会阶层结构的变化，提出要扩大党的社会基础，争取最广泛的同盟军。俄共七大指出，在目前形势下，"工人阶级依然是党的核心"，农民和知识分子是俄共的盟友，民族的、爱国的实业家和中小企业家、成百万的小商小贩也是共产党人应当争取的同盟者，共产党人还应当同"各种文化的、民族的、宗教的流派和政治运动建立联系"。俄共赞成宗教信仰自由，在俄共纲领中强调尊重东正教和其他传统教派，可以吸收信教的人入党。

俄国的不同政治派别对俄共作出了不同的评价。1999年1月16日俄罗斯《独立报》刊登了尤里·彼得罗夫的一篇题为《"第三条道路"在痛苦中诞生》的文章，认为俄共的意识形态、纲领性方针正在逐渐脱离传统的苏联社会主义模式，而具有了民主社会主义的特征。甚至有人认为俄共已蜕化为社会民主主义政党。总的来说，从俄共的理论纲领和政策方针来看，还没有充分根据断言俄共已是一个社会民主主义政党。

三、对内部工作重心进行调整，确定了俄共在世纪之初的新目标

近两年来，俄共经历了一次严重的政治和组织危机。1999年底，俄共在议会选举中虽取得多数席位，保住了其在国家杜马中第一大党团的地位，但总体优势有所减弱，

赢得的席位远远不及上届多。在2000年初举行的总统选举中，俄共候选人久加诺夫在第一轮即惨遭淘汰。久加诺夫的竞选失败，使党内怨声载道，俄共队伍内部士气消沉，领导人不断遭到来自党内的批评，组织上也出现涣散、分裂的势头。在此情况下，俄共广大党员强烈要求党的领导人认真总结10年来的经验教训，确定俄共在世纪之初的奋斗目标。针对这种局面，俄共七大回顾了叶利钦时代俄共争取社会主义的斗争实践，克服了党在近期奋斗目标上的激进情绪，放弃了"推翻现政权""恢复社会主义制度""拯救民族和国家"等提法，确定了如下纲领性任务。

一是加强党对劳动集体群众组织的影响，争取他们的信任和支持，团结劳动人民为争取自己的利益和权利进行斗争。近年来俄共由于忽略了对基层群众做工作，使党和群众的关系变得疏远起来，上层与下层脱节，直接影响了党在人民群众中的号召力。俄共七大在总结近年议会工作教训的基础上，把加强对劳动群众的影响作为近期内一项重要任务提出来，把今后工作的重心由仅仅放在议会工作上面，转变为同时重视群众工作，强调把议会内工作与议会外工作有机地结合起来。

二是制定并提出具体的关于俄罗斯发展的替代纲领，即提出俄共的治国方略，以实现其"进入政权"的战略。俄共认为，俄罗斯要摆脱危机，唯一的出路就是重新实行社会主义。为此俄共自1993年起就提出"进入政权"的战略，即依靠合法斗争，通过竞选，参加各级议会和政府，以逐渐改变现行的政治制度及其经济方针。在屡遭挫折之后，俄共七大宣布成立"影子内阁"，并打算制定一套与现政权不同的施政纲领和苏维埃宪法，在尚未夺得权力和执政的情况下，向社会提出与当局政策不同的可供选择的方案，并以自己的方案影响当权者，在有机会时加入政府，展示俄共施政纲领的有效和可行。继续积累治国经验，准备承担国家发展的责任，"与同盟者一起组成人民信任的政府"。

三是巩固党的团结和纪律，加强党的战斗力，扭转目前队伍内部纪律松弛、组织涣散的局面。俄共七大决议规定，不允许在普通党员和党员领导中搞双重标准，不允许党员尤其是领导人公开发表违反党纲和党的大会决议的言论。重视干部的选拔和培养，力争使党的工作真正职业化。

总之，俄共前进的道路将是极不平坦的。对俄共来说，机遇和挑战兼有，但挑战更多一些。目前俄共面临严峻的历史考验，是否能提出符合俄罗斯大多数人民要求的纲领主张和政策方针并在实践中加以贯彻，是否能在组织上得到巩固和发展，赢得群众的广泛支持。对此，人们将拭目以待。

原载于《理论学刊》2001年第6期

越共把马克思主义与本国国情相结合的探索

崔桂田

摘 要：越共认为把马克思列宁主义普遍原理与本国具体国情相结合，最根本的就是要正确把握社会主义的普遍性和特殊性的关系，用马克思列宁主义的立场、观点和方法解决本国本民族的具体问题，寻找符合时代特征和本国特点的社会主义发展道路和模式，并在实践的基础上发展和创新马克思列宁主义。

关键词：马克思主义；越共；探索

越南共产党在革新开放的进程中，努力把马克思列宁主义的普遍原理与本国具体国情相结合，积极探索符合时代特征、具有本国特色的社会主义发展道路和模式，使越南的社会主义呈现出一派新的气象。

一

如何正确处理和把握"社会主义普遍性与特殊性"的关系，把马克思列宁主义的普遍原理与越南的具体国情和时代特征相结合，走有本国特色的社会主义发展道路，这是越南共产党一直在探索的重大历史性课题，也是目前越南理论界研究的热点问题。那么，越南党和理论界是怎样认识这一问题的？有哪些主要观点呢？

第一，把马克思列宁主义普遍原理与本国国情相结合，就是要把握社会主义发展的一般规律与特殊规律，用马克思列宁主义的立场、观点和方法解决本国本民族的具体问题。胡志明主席早就说过："我们学习马克思列宁主义是为了分析和解决我们革命的具体问题，为了在我国的特殊条件下加以运用。"[1] "我们要自己提高马列主义的修养以便总结我们党的经验，用马列主义的立场、观点、方法来总结我们党的经验，正确地分析我国特点。只有这样，我们才能逐步领会越南革命的发展规律，制定符合我国

---

[1] 《世界社会主义思想通鉴》，人民出版社1996年版，第495页。

国情的社会主义革命的路线方针和具体的步骤。"[1]越共前总书记长征也曾讲过："马列主义原则适用于全世界，但如何结合越南的实际来运用则是我们自己的事情。马列主义原则必须同越南的实际情况相结合。"[2]最近，越南社会科学与人文中心主任阮维贵在中越学术讨论会上发言时指出："越南共产党已经意识到社会主义在一个国家的形成和发展，必须以马列主义的理论为基础。此外更重要的是要从这个国家具体的特点、条件和历史环境出发"，我们要用马列主义"解决越南在走向社会主义道路的实践过程中出现的各种问题"。[3]从越共六大到九大的文件也都强调，要把马列主义与越南的具体实际相结合，坚持实行与越南特点和实践相符合的革新。

第二，把马克思列宁主义普遍原理与本国国情相结合，最根本的就是要找到符合本国国情的社会主义发展道路和模式。越南国家社会科学与人文中心副主任黎友层认为："马克思、恩格斯发现了人类社会发展的必然趋势，形成了资本主义必然为社会主义所代替的结论。这一发现是绝对正确的，这一代替是必定发生的。但这一未来社会将如何具体建构，马克思和恩格斯只提出了预言式的、对将会发生的事情的描绘，而没有提出明确的论断。"[4]胡志明国家政治学院院长阮德平教授最近更加明确地指出，把马克思列宁主义与各国的具体国情相结合，"最迫切的是用马列主义的方法来突破实践提出来的那些基本的、迫切的问题，从此达到符合每个民族具体条件的社会主义建设道路的新的、越来越正确的认识"[5]，"中国共产党主张'中国特色的社会主义'，越南共产党主张'符合越南条件和特点的社会主义及社会主义道路'"[6]。所以，早在八届六中全会越共就强调："要大力加强对国内外实践经验的总结和理论研究工作，进一步搞清实践中产生的急迫问题，搞清越南社会主义模式和走向社会主义的道路。"[7]

第三，把马克思列宁主义普遍原理与本国国情相结合，就是要在实践的基础上，在解决时代和本民族新情况新问题的进程中，去发展和创新马克思列宁主义。越共和越南理论界认为，马克思主义已经诞生150多年了，世界已经有了很大的变化，党正面临着前所未有的在马克思主义著作与实践经验中都找不到的新问题，这些问题经典作家未能预测，所以"没有留下一句明白的话"[8]。因此，"在当前复杂的背景下，对于共产党，比任何时候更重要的是坚持马列主义的立场、观点、方法，灵活地运用和发展

[1] 《社会主义：理论与实践》，中国社会科学文献出版社2001年版，第165页。

[2] 古小松：《越南的社会主义》，人民出版社1995年版，第43页。

[3] 曾盛枝：《20世纪末国外马克思主义纲要》，中国人民大学出版社1998年版，第284页。

[4] 李慎明：《社会主义：理论与实践》，中国社会科学文献出版社2001年版，第50页。

[5] 李慎明：《社会主义：理论与实践》，中国社会科学文献出版社2001年版，第176页。

[6] 李慎明：《社会主义：理论与实践》，中国社会科学文献出版社2001年版，第23页。

[7] 人大复印资料：《国际共运》1999年第4期。

[8] 李慎明：《社会主义：理论与实践》，中国社会科学文献出版社2001年版，第24页。

马列主义"。[1]他们认为，关于马列主义，必须在新的实践基础上搞清楚哪些是这一理论的永恒部分及基本价值，哪些原理现在仍然正确并继续指引人类前进的道路，哪些论点符合马克思、恩格斯、列宁的时代背景但已不符合现在的条件，哪些论点判断是不正确的，要"保卫由马克思、恩格斯创立的并得到列宁发展的学说，而不是那些不正确的解释、错误的补充甚至是变了样的学说。而且，越南保卫的是经典作家们学说中正确的理论，而不是那些已经不再符合实际情况的理论"[2]。最近闭幕的越共九大不仅强调越南要坚持走与社会主义相连、建立在民族独立基础上的民族发展道路，必须把马克思列宁主义、胡志明思想作为意识形态的基础和行动的指导思想，要在革新事业中创造性地发展马克思列宁主义和胡志明思想，而且全面阐述了胡志明思想，认为胡志明思想是马克思列宁主义在越南特定条件下被创造性地应用和发展的结果。

第四，把马克思列宁主义普遍原理与本国国情相结合，这既是马克思列宁主义的本质要求，也是总结越南和世界社会主义发展的经验教训得出的结论。越共和越南理论界认为，"要澄清社会主义普遍性与特殊性的关系，不能不重新正确认识指引革命道路的马列主义；不能不与一百多年来国际共运所积累的历史经验，包括成功的经验和不成功的经验的总结相结合"[3]。一方面，马克思列宁主义不是教条，是灵活、不断发展、内容丰富的学说，"马列主义的本质是革命、科学、有创造性，与实践紧密结合"[4]，把马克思列宁主义普遍原理与各国具体国情相结合，就是"体现马列主义的科学性、创造性和革命性"；另一方面，"从越南的实践和世界上发生的一些最新事件来看，我们深信，如果共产党人牢牢掌握并坚决把马列主义的革命原理和科学正确地、创造性地运用到自己国家的革命实践中去，那么革命只会走向成功"[5]，"越南共产党既有领导正确的时候，也有在这个或那个方面的错误。这些错误的深刻原因是越南共产党没有正确理解和正确运用马列主义，使之与越南的具体情况相结合"[6]。所以，"共产党人将从实践中吸取必要的教训，创造性地发展马列主义，把马列主义正确运用到每个国家的具体条件中去，找出正确的办法，争取人民的支持，社会主义将恢复生命力，尽管道路是曲折的，但最终将取得胜利"[7]。

此外，越共和越南理论界认为，把马克思列宁主义普遍原理与本国具体国情相结合，既要反对教条主义，又要反对"民族主义"，不能过分强调民族特点而否定社会主义的共性。

---

[1]　李慎明：《社会主义：理论与实践》，中国社会科学文献出版社2001年版，第176页。
[2]　古小松：《越南的社会主义》，人民出版社1995年版，第39页。
[3]　李慎明：《社会主义：理论与实践》，中国社会科学文献出版社2001年版，第43页。
[4]　李慎明：《社会主义：理论与实践》，中国社会科学文献出版社2001年版，第176页。
[5]　曾盛枝：《20世纪末国外马克思主义纲要》，中国人民大学出版社1998年版，第352页。
[6]　古小松：《越南的社会主义》，人民出版社1995年版，第38页。
[7]　古小松：《越南的社会主义》，人民出版社1995年版，第25页。

二

在上述认识的基础上，越南共产党带领越南人民在革新开放的进程中，积极探索符合时代特征、具有本国特色的社会主义发展道路和模式。经过近16年的探索，对社会主义和在越南建设社会主义道路的认识更具体、更清楚：

第一，在什么是社会主义的认识上，明确指出社会主义的本质和目标是民富国强、社会公平和民主文明。

首先，越共和越南理论界认为，过去对社会主义的理解有错误，要正确理解和把握社会主义的概念和含义。"社会主义、共产主义究竟是什么样子？马克思仅仅作了大体的预见，列宁的说法则有明显的局限性，越南、中国的实践正在创造现实的社会主义，丰富这方面的理论学说。但要从概念上分个一清二楚确实不易。"[1] "过去，对马克思、列宁的科学社会主义的理解有错误。马克思、恩格斯有渊博深邃的知识，他俩的著作很多，由于历史条件的关系，现今的人读起来很难理解，便由少数人概括成通俗的语言简述，这就会走样。列宁的著作也很多，一般人没法读完，即使能读完，正确掌握列宁主义思想的人也很少。列宁逝世后，斯大林写了一些简化列宁主义的书，虽然通俗易懂，但只限于定义、生硬的原理，有些甚至没有正确概括列宁的原意。"[2]因此，在革新开放的条件下，要重新认识社会主义，不能套框框，死死抱住旧的社会主义概念。

其次，强调社会主义的本质和内涵应该是共同的，指出社会主义有六大特征。越共和越南理论界在就中国特色社会主义与越南社会主义作比较时认为，对于一些社会主义概念，我们与中国有的相同，有的不一样，中国有中国特色，越南有越南特色，但目标是一致的，社会主义的本质和内涵应该是共同的，无论在什么情况下，社会主义"必须是一个人们生活得比资本主义社会更加富裕，也更加平等、更加幸福的社会。我们认为，这是社会主义的两个最重要、最基本的质量特征——以比资本主义具有更高发展阶段、具有许多优越性的品质而与之区别开来的特征"[3]，这也是所有社会主义不同模式都应具有的。在此认识基础上，越共七大提出社会主义有六大特征：劳动人民当家作主；有一个在现代生产力和主要生产资料公有制基础上高度发展的经济；有先进的民族色彩浓厚的文化；把人从压迫、剥削和不公正中解放出来，各尽所能，按劳

[1] 《世界经济与政治》，1995年第1期。

[2] 周新城、顾海良、靳辉明：《越南、古巴社会主义现状与前景》，安徽人民出版社2000年版，第76页。

[3] 李慎明：《社会主义：理论与实践》，中国社会科学文献出版社2001年版，第55页。

分配，有温饱、自由、幸福的生活，有个人全面发展的自由；国内各民族平等、团结，相互帮助，共同发展；同世界上所有国家的人民保持友好和合作关系。在这六大特征中，他们认为最重要的是人民当家作主、生产资料公有制和消灭阶级剥削。

最后，认为尽管越南的社会主义还处于过渡时期，是不完全的社会主义，但其发展目标是民富国强、社会公平和民主文明。1991年越共七大报告指出，坚持社会主义目标就是"为民富国强而奋斗"。1992年以国家大法的形式对建设过渡时期的社会主义目标作出规定，即"建设富强的国家，实现社会公平，人人有温饱、自由、幸福的生活，有全面发展的条件"。2001年4月，越共九大在重申上述目标的同时又特别强调了"民主"，认为民主或人民当家作主是越南社会主义政权的性质，也是越南社会主义发展的动力和所要达到的目标。这样，越南社会主义的奋斗目标也由原来的"民富、国强、社会公平、文明"变成了"民富、国强、社会公平、民主、文明"，更加全面和科学。

第二，在社会发展阶段的问题上，认为越南仍然处在向社会主义过渡的时期，目前正由过渡时期的"初期阶段"向促进工业化现代化阶段转变。

越共根据列宁的过渡时期理论，结合国内情况和国际经验，对本国社会主义所处的历史方位和发展阶段进行了重新认识。越共六大指出："从资本主义到社会主义必须经过一段过渡时期，这是客观必然性，过渡时期的长短取决于每个国家的政治经济和社会条件。由于我国是从小生产起步跨越资本主义发展阶段而直接走上社会主义的，因此，我国的过渡时期必定是长期而且充满困难的"，"党的四大由于没有充分认识到社会主义过渡时期是一个相当长的历史过程，必须经过许多阶段，加上指导思想上犯了主观、急躁的毛病，想省去必要的步骤，未能确定好初期阶段的目标"。大会强调，越南仍处在"向社会主义过渡的初期阶段"，"初期阶段是整个大过渡中的小过渡"[1]。1991年七大仍然强调越南处在向社会主义过渡的"初期阶段"，认为向社会主义过渡是一个长期的过程，"如果前一段时间有还未完成的工作或做得不好的工作，那么，我们在社会主义过渡时期将其完成"。[2]1996年越共八大在强调越南仍处于向社会主义过渡的时期的同时，认为"我国已经走出严重并持续15年以上的社会经济危机，虽然有些方面还不稳固，但已创造了必要的前提条件，转向推进工业化、现代化新的发展时期"[3]。对此，越共前总书记黎可漂曾讲，越共八大具有历史性的意义，是越南争取民族独立

---

[1] 《80年代世界共产党代表大会重要文件选编》，中国广播电视出版社1989年版，第225—230页。

[2] 周新城、顾海良、靳辉明：《越南、古巴社会主义现状与前景》，安徽人民出版社2000年版，第37页。

[3] 周新城、顾海良、靳辉明：《越南、古巴社会主义现状与前景》，安徽人民出版社2000年版，第70页。

和社会主义斗争事业的重要转折的标志。2001年4月召开的越共九大再次重申，建设社会主义、跨越资本主义是一项艰巨复杂的事业，必然需要有许多过渡阶段组成的较长过渡时期和各种社会经济组织形式，越南现在还处于向社会主义过渡的时期。而实现工业化和现代化是越南向社会主义过渡时期的中心任务，到2020年越南将"基本成为一个工业化国家"。大会提出，在现阶段，党和国家的主要任务是为胜利实现朝着社会主义方向的工业化、现代化，把越南建设成为一个繁荣的人民幸福的社会主义国家而奋斗。当然，越南领导人也反复强调，社会主义过渡时期是一个很长的时期，即使到2020年越南实现了工业化，也还是处在过渡时期。

第三，在所有制结构方面，主张实行以公有制为基础的多种经济成分，在突出国有经济的主导作用的前提下，要特别重视国家资本主义经济的发展。

首先，越共认为"多种成分的经济政策"具有长期的战略意义，具有从小生产走向社会主义的规律性。越共六大报告指出，按照列宁的观点，社会主义时期存在多种经济成分是一个特点，"在认识和行动上，我们没有真正承认在相当长的一段时间内我国仍将存在多种经济成分的经济结构的现实；没有掌握并运用关于生产关系必须与生产力的性质和水平相适应的规律"，"表现在急于立即取消各种非社会主义的经济成分，迅速变私人资本主义经济为国营经济"[1]。1991年越共七大重申"坚持实行遵循社会主义方向的多种经济成分的经济政策"，"适应生产力的发展，逐步从低到高地建立各种所有制形式的社会主义生产关系。发挥多种经济成分的积极作用，以国营和集体经济为基础"[2]。1996年越共八大政治报告进一步强调，"为了发展生产力，必须发挥各种经济成分的力量"。[3]2001年越共九大则明确指出，各种经济成分都是社会主义经济重要的"组成部分"，都在社会主义市场经济规律下运行，且在一个健康的竞争环境中稳步发展，互为补充。越南理论界在阐述发展多种经济成分的意义时认为："发展多种成分的经济是具有创造性的理论，这个模式需要在整个过渡时期坚持相当长期的发展过程，而并不是一个暂时的办法，不是一个策略性的主张。"[4]其次，特别强调要重视国家资本主义的发展。越共认为，越南与其他社会主义国家相比有其特殊性，这就是越南过去一直是半封建的殖民化社会，经济欠发达，是沿着不经过资本主义制度的"捷径"直接向社会主义过渡的，"我们不仅因资本主义而吃苦，我们还因没有发达的资本主义而

[1] 《80年代世界共产党代表大会重要文件选编》，中国广播电视出版社1989年版，第225页。

[2] 古小松：《越南的社会主义》，人民出版社1995年版，第71页。

[3] 周新城、顾海良、靳辉明：《越南、古巴社会主义现状与前景》，安徽人民出版社2000年版，第82页。

[4] 李慎明：《社会主义：理论与实践》，中国社会科学文献出版社2001年版，第86页。

吃更多的苦"。[1]因此，越南要学会使用资本主义的形式和方法，通过国家资本主义的形式来使用资本主义经济，以建设社会主义。通过国家资本主义走向社会主义，这不仅符合越南"过渡时期"的实际，而且符合列宁的思想，列宁新经济政策的核心就是正确对待和利用国家资本主义。所以，从六大到九大，越共都一直强调和重视国家资本主义经济的发展，并把国家资本主义经济作为越南社会必需的一种重要的经济成分。越共六大政治报告指出："私人资本主义经济的活动，将在国家的监督下，与国营经济和集体经济建立横向联系，通过国家资本主义的多种形式纳入社会主义的轨道。"[2]越共七大强调，要用多种形式发展国家资本主义，"私人资本主义经济准许在法律规定的有利于国计民生的行业中经营。国家通过多种形式与国内外私人进行联营，形成国家资本主义类型"[3]。越共八大不仅重申"国家资本主义经济是重要的角色"，而且将国家资本主义经济由原来的排名第5位提高到了第3位，并对国家资本主义经济作了界定，其形式有两种，一种是国营经济与国内私人资本主义合作经营，另一种是国营经济与国外资本主义合作联营。近年来，越共对国家资本主义的认识更加深刻，认为"国家资本主义其实是一种'特别的国家资本主义'，因为这里的国家已不再是资本主义国家，而是社会主义的无产阶级国家"[4]，"它对走向社会主义的整个过渡时期有重大、长期的经济战略作用"[5]。正因为如此，2001年召开的越共九大进一步强调，国家资本主义经济是"我国经济的一个组成部分"，要发展国内外跨所有制的经济形式和股份制经济。为搞好国有经济与外国资本的合作联营，大会通过的"2001—2005年经济社会发展计划"明确指出，要根据2000年修改外国投资法的精神，加强对外国直接投资的优惠政策，为扩大外国投资"提供方便"。

第四，在经济运行方面，明确提出要建立"朝着社会主义方向的市场经济"（也称"社会主义定向的市场经济"），认为这是越南向社会主义过渡时期的基本经济模式。

在九大之前，越南党和政府的正式文件虽然很少使用"市场经济"这个词，也没有明确提出建立社会主义市场经济，但随着革新开放的深入，越共对市场经济的认识却越来越深刻。越共六大报告指出："在国民经济计划中充分并正确地利用商品—货币关系是客观的必然。正确地利用商品—货币关系，这是我们正着手建立的新的经济管理体制的第二个特征"，"利用商品—货币关系，要求生产必须与市场密切联系，一切

[1] 李慎明：《社会主义：理论与实践》，中国社会科学文献出版社2001年版，第321页。
[2] 《80年代世界共产党代表大会重要文件选编》，中国广播电视出版社1989年版，第233页。
[3] 古小松：《越南的社会主义》，人民出版社1995年版，第73页。
[4] 李慎明：《社会主义：理论与实践》，中国社会科学文献出版社2001年版，第32页。
[5] 李慎明：《社会主义：理论与实践》，中国社会科学文献出版社2001年版，第322页。

经济活动必须权衡费用和效益。"[1]七大认为，发展商品经济是走向大生产的必由之路，是社会主义经济的规律性问题，"为发挥多种经济成分的巨大潜在能量，必须废除官僚统包制度，转向由国家以法律、计划政策和其他工具进行管理的市场机制"[2]。1994年1月越共第七次全国代表会议文件更加明确地指出，要建立"在国家管理下朝社会主义方向的市场机制"，并在论述国有经济在多种经济成分中的作用时，首次使用了"市场经济"这一概念，指出：国有经济是"国家调控和引导朝着社会主义方向的市场经济的一个强有力的物质工具"[3]。1996年越共八大政治报告在总结革新10年新经济管理机制时进一步指出，商品生产是人类文明发展的结果，是客观存在，与社会主义并不对立，而且是社会主义建设的需要，要继续发展按照社会主义方向、由国家管理、遵循市场机制运行的多种成分的商品经济。越共九大对社会主义市场经济的认识又有新的突破，明确提出要建立"朝着社会主义方向的市场经济"，认为"朝着社会主义方向的市场经济的目的是发展生产力，发展经济，建设社会主义物质技术基础"[4]，并规划在2001—2005年的5年发展中初步建立朝着社会主义方向的市场经济体制。2001年12月越南国会会议又决定在宪法前言中增加"推进社会主义市场经济"的内容。

"朝着社会主义方向的市场经济"的内涵和特点主要有三个方面：首先，"朝着社会主义方向"的市场经济是一种体现商品经济发展共同规律的具体经济组织形式，"从某种意义上说，市场经济是一种公认的经济体制，它既可以在资本主义制度下运作，又可以在社会主义的条件下发挥促进经济发展的作用"[5]，"朝着社会主义方向的市场经济"是越南在向社会主义过渡时期的总体经济模型。其次，认为"朝着社会主义方向的市场经济"是包含着社会主义性质并被其支配、与资本主义市场经济有着本质区别的市场经济，它内含着共产党领导、社会主义国家管理和社会主义方向。最后，认为"朝着社会主义方向的市场经济"是受社会主义过渡时期性质决定的、不完全的、发展中的市场经济，有越南走社会主义方向的特征。目前，越南的市场经济还处于市场机制阶段，是在生产力不发展和各地发展不平衡的基础上建立起来的，又刚刚从高度集中的官僚包给制下摆脱出来，是一种低水平的不完全的市场经济，这与其他已实现了社会主义并取得现代化建设很大成就的国家有着很大的差别。大约再经过10年的努力，把已具雏形或萌芽的商品市场、原材料市场、劳动力市场、金融市场等四大市场培育

[1]《80年代世界共产党代表大会重要文件选编》，中国广播电视出版社1989年版，第233—234页。

[2]《社会主义研究》，1995年第5期。

[3] 周新城、顾海良、靳辉明：《越南、古巴社会主义现状与前景》，安徽人民出版社2000年版，第42页。

[4]《当代世界社会主义问题》，2001年第3期。

[5]《国外社会科学》，2001年第4期。

完善，才能转入严格意义上的市场经济。

　　总之，越南共产党在革新开放中，对如何把马克思列宁主义普遍原理与本国具体国情相结合的历史性课题的探索已取得初步的成果，对社会主义的认识已有许多新的见解，使越南的社会主义理论与实践在许多方面都初步显现出与其他社会主义国家不同的特点。但目前越南仍存在着"理论落后于实践"的状况，有许多深层次问题需要在理论上有所突破和创新，其"结合"的进程将任重而道远。

原载于《当代世界社会主义问题》2002年第1期

国外共产党执政国家对社会主义
发展规律的新认识

崔桂田

近年来，越南、老挝、朝鲜、古巴等国外共产党执政的社会主义国家，认真总结东欧剧变的教训，反思本国社会主义理论与实践，对"什么是社会主义，如何建设社会主义"等规律性问题有了许多新的认识，使本国社会主义发展的总体思路有了新的变化。

一、要"按自己的方式进行革命和建设"，寻找符合时代特征、具有本国特色的社会主义发展道路和模式

目前越南、老挝、朝鲜和古巴的共产党都已经认识到，社会主义在世界各国不可能有一个统一的模式，各国必须把马克思主义的普遍原理与本国的具体国情相结合，找到适合本国发展的道路和模式。越南共产党提出，要搞清越南社会主义模式和走向社会主义的道路。认为"中国共产党主张'中国特色的社会主义'，越南共产党主张'符合越南条件和特点的社会主义及社会主义道路'"[1]。越共"九大"强调，要在坚持马列主义、胡志明思想的前提下，实行与越南特点和实践相符合的革新，走与社会主义相连、建立在民族独立基础上的民族发展道路。老挝人民革命党认为老挝有自己的特点，有地理、经济、社会、历史等条件造成的种种困难，"不能无选择地抄袭某一个国家的模式"[2]。朝鲜劳动党一直强调建设"朝鲜式的社会主义"，东欧剧变后进一步深化了这一思想。金正日指出，"喜欢别人的样式，并喜欢模仿他们的习惯绝不是负责民族命运的主人翁式的态度"，要"按自己的方式进行革命和建设"[3]。古巴是西半球上唯一的社会主义国家，其革命和建设都有自己的独特性。菲德尔·卡斯特罗现在又明确

---

[1] 李慎明：《社会主义：理论与实践》，中国社会科学文献出版社2001年版，第23页。

[2] 钟清清：《各国共产党总览》，当代世界出版社2000年版，第78页。

[3] 任明：《金正日时代朝鲜政治经济前景展望》，《国际政治人大复印资料》1998年第11期。

提出要建设"有古巴特色的社会主义"。他指出，古中两国情况虽有不同，但中国的经验值得学习，这将激励古巴探索符合自己特点的发展道路，进行稳步的改革和开放，建设有古巴特色的社会主义。由此可见，走有本国特色的社会主义发展道路已成为这些国家的共同选择。

二、社会主义是一个历史的、自然的发展过程，"不能凭主观愿望超越阶段地发展，不能用唯意志的方法解决问题"

越南、老挝、朝鲜、古巴等国家都曾犯过超越社会发展阶段的错误，急躁冒进，凭激情办事，给革命和建设造成了极大的危害。现在，各国都不同程度地认识到，社会主义是一个自然的历史过程，要根据生产力的发展水平，找准本国社会主义发展的历史方位和逻辑起点。越南和老挝已明确提出本国的社会主义发展阶段问题。越共"六大"指出，越南处在向社会主义过渡的"初期阶段"。老挝人民革命党从1986年党的"四大"到2001年党的"七大"都一直强调，老挝以往所犯错误的原因是对老挝国情的估计不符合实际，急躁冒进，超越阶段。认为目前老挝尚不具备建设社会主义的物质基础，仍然处在巩固、发展和完善人民民主制度，为逐步走向社会主义创造条件的历史阶段。朝鲜和古巴虽然没有明确提出对目前的发展阶段进行重新认识和定位，但他们最近的某些说法和做法，也在某种程度上反映出对过去超越阶段发展的反思。这些国家对社会主义发展阶段的明确认识或现实态度，为制定正确的路线和政策提供了根本依据。

三、"芸豆比大炮更重要"，必须以经济建设为中心，大力发展生产力

社会主义建设得"不够格"，经济文化十分落后，社会主义制度的优越性显现不出来，是越南、老挝、朝鲜和古巴面临的共同问题，有的国家甚至还面临着生存危机。生产力是社会生存和发展的决定因素，社会主义必须有现代化的生产力和高效的劳动生产率已成共识。越南共产党认为，对越南来说，既根本又紧迫的任务是大力促进生产，发展一切潜在能量解放生产力。发展，尤其是经济增长是带有生存性的问题。为此，越共制定了经济"追赶"战略，并提出要以能否推动社会生产力的发展、能否不断改善人民生活水平、能否实现社会公平作为评价革新开放的标准。老挝人民革命党从革新之初就提出，目前老挝尚不具备建设社会主义的物质基础，当前最迫切的任务是大力发展生产，改变经济落后状况。要转变党的工作重点，实行以经济建设为中心的革新开放。朝鲜劳动党最近也指出："经济实力是国家强盛复兴的基础，军事和政治

思想威力必须依靠强大的经济实力，没有什么比提高经济实力更为重要。"[1]受到美国40年经济封锁的古巴，由于东欧剧变使本来脆弱的经济雪上加霜，他们更感到发展经济的迫切和重要，甚至提出了"芸豆比大炮更重要"的口号。可以说，这些国家抓住了经济建设这个中心，也就抓住了社会主义的根本。

四、改革是社会主义的必由之路，要"改革而不改色，融入而不融化"

解放和发展生产力是社会主义的根本任务，但通过什么样的方法与途径来解放和发展生产力，以前在越、老、朝、古等社会主义国家中是有分歧的。随着古巴、朝鲜对改革认识的变化以及某些改革措施的实行，改革对社会主义国家的发展就具有了普遍的意义，"改革是社会主义发展的必由之路"的观点，已经成为或正在成为这些国家的发展理念。越南认为，革新是必要的，是生活对我们的命令，是一个不可逆转的趋势，并在1986年就提出和实行了革新开放政策。现在其革新开放不断走向深入。老挝近年来不仅坚持了"有原则的全面革新"路线，而且加大了革新的力度，不断推出新举措。老挝党主席最近表示，要借鉴中国改革开放的经验，进一步革新开放，发展经济。其国家宣传部门的负责人奥萨甘·塔马泰瓦甚至表示："从现在开始，老挝共产党将采用邓小平的政策。"[2]朝鲜劳动党也已经认识到了改革的重要性，表示要全面研究过去外国式的旧框框和惯例，要根据新时代的要求更新其面貌。古巴共产党从1993年开始踏上了改革开放之路，使古巴度过了"特殊时期的最为困难的时期"。所以，菲德尔·卡斯特罗认为，我们走这条路，主要是因为它是拯救革命、拯救社会主义成果的唯一办法。同时，越南、老挝、朝鲜、古巴等国家的共产党特别强调，要坚持改革开放的社会主义方向，"要改革而不改色，融入而不融化"。为此，越南提出要坚持"五项基本原则"，老挝提出要坚持"六项基本原则"，朝鲜提出要"思想优先"，古巴提出要坚持"三个不放弃"，这都保证了改革开放的健康发展。

五、坚持和加强党的领导，"党的建设是关键"

越南、老挝、朝鲜、古巴等国的共产党，从前苏东原共产党丧失执政地位的惨痛教训中认识到，不仅要坚持和加强党的领导，更重要的是要从各个方面搞好党的建设。越共认为，为使党在政治上、思想上和组织上强而有力，必须在内容上和方法上革新

---

[1] 陈峰君：《朝鲜经济与战略变》，《亚洲论坛》2001年第4期。

[2] 王云志：《老挝想走中国改革之路》，《党建文汇》2002年第6期。

党的领导，这是确保革新成功的一个决定因素。越共"八大"更是明确指出，经济建设是中心，党的建设是关键，党建工作要适应新时期的要求，不断提高与其执政地位相适应的领导能力。老挝人民革命党最近表示，为了加强党的领导核心作用，必须把对全社会的领导视为使国家稳步迈向既定目标的决定因素；为了加强党的领导核心作用，必须从政治思想、组织机构、领导方法、监察管理和干部队伍等方面加强党建工作。朝鲜劳动党认为，为了建设朝鲜式的社会主义，必须加强党的建设和思想工作，这是关系到社会主义革命和建设成败的最重要的问题。古巴党的领导人菲德尔·卡斯特罗近来表示，历史的教训告诉我们，党的领导是关键，必须保障党的领导，保障党的领导不犯错误，我们要完善其作为社会领头人作用的条件，建设一个钢铁般的党。

总之，越南、老挝、朝鲜和古巴等国外共产党执政国家对社会主义发展规律的认识已经前进了一大步，虽然这些国家目前还存在着许多困难和问题，但这种社会主义发展思路上的新变化，必将给这些国家社会主义的发展带来生机和活力。

原载于《理论学刊》2003年第1期

普京执政以来俄共的新探索及其困境

臧秀玲

摘　要: 普京执政以来,俄共在内外政策和工作重心方面作了新调整,即对普京从期望到失望,斗争目标从幻想到现实,工作重心从上层转向下层。俄共不断探索在新形势下实现重掌政权、复兴社会主义的目标和手段。

关键词: 俄共;策略调整;困境;前景

俄罗斯独立后,其国内政治力量不断变化。俄罗斯联邦共产党作为坚持社会主义方向的政党,根据俄罗斯改革和社会发展趋势,不断修改自己的理论纲领和行动策略,一度成为俄国内最大的政党,在政坛上的影响不断加强。但从普京总统执政以来,俄罗斯国内各派政治力量的对比发生了有利于执政当局的变化。在这种新形势下,俄共在内外政策方面不断进行调整,一方面调整其内部工作重心,另一方面调整其外部斗争策略,探索在新形势下实现重掌政权、复兴社会主义目标的途径和手段,以继续赢得人民群众的支持,维持其在俄罗斯政治舞台上的影响力。尽管如此,俄共处境仍日渐严峻。2002年上半年,俄共又受到俄政坛其他政治力量的夹击,经过多年政治斗争取得的成果丧失许多;与此同时,俄共内部也因出现分歧而导致组织受损。俄共何去何从,令世人关注。本文拟对普京执政以来俄共的新探索、面临的困境及其未来前景作一分析。

一、俄共的新探索与策略性调整

俄共成立于1990年6月,1991年"8·19"事件后被解散。1993年2月,俄共召开第二次代表大会,宣布恢复党的活动,并选举久加诺夫为俄共中央主要领导人。10多年来,俄共经历了低潮、发展、胜利和挫折的考验。普京执政以来,俄共先后进行了三次策略性调整。第一次,从与叶利钦的针锋相对转到试探着与普京合作,对普京的态度由期望到失望。第二次,提出把议会内斗争与议会外斗争结合起来。第三次,提出把工作重心从议会内转到议会外，把组织群众性抗议运动作为当前党的政治工作和组织工作的主要方针。

1. 对普京政权的态度：从建设性反对派到负责任的不妥协反对派

在整个叶利钦执政期间，俄共与叶利钦政权展开了针锋相对的斗争，反对叶利钦的一切改革措施。普京上台之初，采取了一系列不同于叶利钦的做法，如恢复中央对地方政权的管理与控制，向金融寡头开刀，裁减和改革军队，加强国家对媒体的控制，抨击西方人权高于主权的价值观，解决多年未决的国家象征标志（国旗、国徽、国歌、军旗）问题，等等。普京的行动赢得了社会的广泛支持，同时也使许多人产生了错觉，以为他要对叶利钦时代的大政方针作出重大改变。与此同时，普京及其当局同反对派，尤其是同俄共为首的左翼反对派逐步走向缓和。俄共领导人对普京提出的拟在俄罗斯建立两党或三党政党体制的设想，尤其是对普京对俄共作为一个"形成了体系的党"的肯定言论产生幻想[1]，以为普京在将来的政治生活中会给俄共以更大的生存空间。于是，他们接受普京的邀请，几次与普京进行长达几小时的会谈，而且对谈话结果感到满意并一直抱有希望。同时俄共一直批评格列夫纲领，试图说服总统不将其付诸实施。于是，俄共这样一个在叶利钦时代对当局持彻底反对派立场的左翼组织，在普京上台后，逐渐务实地调整了自己的政治态度，即对普京采取"建设性的"立场，而对其政府的经济改革方针则采取"不妥协的反动派"立场。到2000年12月俄共七大时，俄共对普京的评价已有变化，"要对普京采取审慎的路线"，即"正确的予以支持，错误的就无情地批评"；强调自己是"资本主义化破坏方针的不妥协的反对派"，与普京当局的关系则是"建设性反对派"。

然而，普京经过一年的准备，终于在执政一周年之际，系统地推出了自己的改革方针，即坚持叶利钦改革的既定目标，在制度和结构上完善以私有制为基础的自由市场经济体制。2001年3月22日，俄罗斯联邦政府通过了以格列夫纲领为基础的《俄罗斯长期经济社会发展基本方针》[2]。4月3日，普京发表了第二个国情咨文，普京政府的基本战略方针通过这两个文件得到了最终的表述。用普京的话说，"俄罗斯当局的任务是使民主自由的原则不可逆转，经济方针不变"。他在谈到私有化问题时特别强调，"我对90年代改革的目标和任务没有疑问"，"我反对重新分配财产"[3]。为使经济战略得以实施，普京在政治方面的准备工作也已基本就绪：建立了新的联邦委员会、国务委员会和各联邦区；调整了各边疆区、州以及地方自治的执行权力机关和代表权力机关；改组了内阁班子；推动政党法尽快通过，形成了新的支持总统的政党和联合组织。

---

[1] 俄通社—塔斯社：《普京在"统一"运动成立大会上的讲话》，2000年2月27日莫斯科电。

[2] 《俄罗斯2010年前经济发展新纲领条例》，《经济与生活》2000年第24期。

[3] 普京：《2001年国情咨文》，《俄罗斯报》2001年4月4日。

普京政府上述一切行动使俄共感到非常失望。俄共中央第一副主席瓦连京·库普佐夫在2001年4月14日俄共中央七届二中全会上作的报告中称，在近一年来关于国家改革的战略方针的争论中，总统作出了有利于自由主义的选择，而抛弃了国家主义的方案。普京在其第二个国情咨文中，将"右翼集团的真实政策的轮廓"清晰地表达了出来，普京的国情咨文事实上是一个俄罗斯资本主义化的宣言。普京在国情咨文中宣布了一切俄共所不支持的方案，建议议会通过政府拟定的劳动法典草案、将教育和医疗从由社会的战略性资金拨款转向一般的有偿服务、允许农用土地的买卖等。库普佐夫说，"得到这个文件后我们方才明白，资本的政权正在得到加强"。当局的任务实质上是开始第二阶段的反革命——资本对公民基本权利发起强大攻势的进攻。

回顾一年来俄共对当局的态度，库普佐夫在接受独立报记者的采访时谈到，"我们对作为总统的叶利钦制定了一套明确的行动准则，但对如何认识普京这个人，实际上是没有准备的。普京把我们的行动准则拿过去作为自己的基础，如爱国主义、强国精神、自力更生、独立自主的外交政策等。俄共用了整整一年的时间，非常积极地与总统合作"。而七大以来的这段时间，"我们对许多进程的实质有了更深刻的了解，对当局的面孔看得更清楚，对事件的发展可以作出更明确的预测"。"任何人都不会怀疑，对俄罗斯来说，艰难、沉重、严重的时期开始了。"[1]

俄共意识到，普京改变了对反对派的策略，对俄共从对话转向压制尤其是在政治力量构成上做手脚，打压俄共。在俄共看来，当局将来对反对派的政策的实质是：反对派言行将被认定为破坏性质，甚至反国家性质的活动。当局的方针是建立听命于克里姆林宫的假左翼政治组织，以便将来排挤俄共。

2001年2月22日国家杜马审议国家预算修正案时，俄共议会党团借故集体退场，拒绝参加投票。同月23日，俄共领导人久加诺夫首先表示要对政府提出不信任案。提案虽然在国家杜马会议上被否决，但这一事件表明，俄共强化了对普京政权的反对派立场，同当局的"和平共处"时期已经结束[2]。

2001年9月28日在俄共召开的七届三中全会上，俄共中央副主席梅利尼科夫对普京作了更为严厉的批评。认为私有制的土地法典、以19世纪为榜样的劳动法典、住宅和公用事业改革、养老金改革、自然垄断和军工综合体改组等等，就是普京射向自己国家、自己的人民、尚未被完全摧毁的社会主义成果的几发炮弹[3]。在2001年10月27日"共产党联盟—苏共"理事会第32次代表大会上，在分析俄罗斯的局势时，久加诺夫认为，俄罗斯现在正遭到全面削弱和破坏。在谈到对普京总统的态度时，他说，普京越

---

[1] 瓦·库普佐夫：《在俄共七届二中全会上的报告》，《真理报》2001年4月17—18日。

[2] 孙占林：《从俄共"倒阁"看俄政局变化》，新华社莫斯科2001年3月15日电。

[3] 伊·梅利尼科夫：《在俄共七届三中全会上的报告》，2001年9月30日下载于俄共网站。

来越清楚地表明他作为叶利钦继承人的真面目。普京在继续叶利钦的事业。克里姆林宫的政策没有发生不同于叶利钦时期的根本性变化，将来也不会发生这样的变化[1]。俄共明确指出，"对普京的国家机构寄予希望不过是幻想"。2002年1月19日久加诺夫在俄共第八次非常代表大会报告中猛烈抨击了当局推行的政治经济方针[2]。

2. 斗争的目标：从幻想到现实

俄共在普京执政以来的策略调整始终以理论上的思考和探索为基础。目前，现实生活使俄共不再对社会主义可能很快在俄罗斯复兴抱有幻想，意识到要实现复兴社会主义这一目标，不是短期内能实现的，需要进行长期的斗争。为此，俄共提出首先要搞清楚如下问题：通过哪些阶段走向社会主义？社会需要俄共在可预见的未来成为什么样的政党？俄共以什么样的行动向社会证明自己存在的必要性？不回答这些问题，不创造性地发展理论，党就不能得到巩固。

俄共仍然坚信，只有社会主义才是俄罗斯的未来，但社会主义应该是重建的社会主义。俄共中央第一副主席库普佐夫在2001年4月召开的七届二中全会的报告中提出，"现阶段的主要任务是找到使马克思列宁主义这一充满生机的学说应用于当代现实的提法，并保持党在思想和组织上的统一"。他谈到，在苏共废墟上诞生的俄共，联合了具有各种观点的共产党人——从真诚地相信斯大林路线是正确的人，到倾向于社会民主主义价值观的人。而联系俄共成员的共同基础，事实上是对叶利钦主义、自由主义改革方针的拒斥。俄共的战略目标和俄罗斯唯一应有的未来是社会主义，这是既吸收了过去的成就也吸取了过去的教训的、重建的社会主义。然而今天，笼统地谈论社会主义，说社会主义几乎可以自动地取得最终胜利，是完全不够甚至有害的。用对社会主义前景所作的思辨，来对抗在俄罗斯已经被确认了的野蛮资本主义，也远不能起到应有的效果。因此，除了要确定最终的斗争目标，还要清楚地指出达到这一目标的途径和手段[3]。

俄共七大回顾了叶利钦时代俄共争取社会主义的斗争实践，克服了党在近期奋斗目标上的急切情绪，放弃了"推翻现政权""恢复社会主义制度""拯救民族和国家"等提法，确定了俄共在世纪之初的新目标。（1）要在劳动集体和居民的各阶层中扩大党的影响，争取他们的信任和支持，团结劳动人民为争取自己的利益和权利而斗争。近年来俄共由于忽略了对基层群众做工作，使党和群众的关系变得疏远起来，上层与下层脱节，直接影响了党在人民群众中的号召力。俄共七大在总结近年议会工作教训的基础上，把加强党对劳动群众的影响作为近期内一项重要任务提出来，强调把

[1] 《真理报》，2001年10月30—31日。

[2] 《俄共非常代表大会讨论国家形势及党的任务》，《法制日报》2002年2月21日。

[3] 瓦·库普佐夫：《在俄共七届二中全会上的报告》，《真理报》2001年4月17—18日。

议会内工作与议会外工作有机地结合起来。（2）巩固党的团结和纪律，加强党的战斗力，扭转目前干部纪律松弛、组织涣散的局面。重视干部的选拔与培养，力争党的工作真正职业化。（3）在尚未夺得权力和执政的情况下，向社会提出与当局政策不同的可供选择的替代纲领，始终不渝地贯彻国家复兴纲领。为此，俄共七大宣布成立"影子内阁"，继续积累治国经验，准备承担国家发展的责任，"与同盟者一起组成人民信任的政府"。（4）注意运用共产党人及其同盟者手中所掌握的联邦、地区和地方的权力杠杆，"将红色地带和爱国主义地区变成国家在摆脱危机、利用现代经营方法和复兴社会公正方面获取先进经验的基地"[1]。

3. 工作的重心：从上层转向下层

俄共在当今社会的处境是矛盾的。一方面它是现政权的反对党，另一方面它又不得不在现行法律框架内活动，如参加议会，某些党员甚至在执行权力机关中工作。在俄罗斯共产党人中一直存在着为什么要参加政权的争论。但俄共坚持认为，在俄罗斯目前条件下，共产党人参加政权是必要的。库普佐夫提出，俄共不仅要成为公认的人民的先锋队，而且要成为群众性的政治组织，俄共就要在社会中树立这样的新形象。他认为，俄共只有成为人民不可分割的一部分，使自己的活动服从于人民的利益，才能成为事实上的先锋队，使人民跟着自己走。为此，俄共应该提出为社会的大多数人都能理解的意识形态和纲领，表明并向社会显示自己对社会发展的所有问题的立场。

近10年来，俄共取得了一些合法斗争的经验和成果，但俄共也意识到，俄共参加现政权本来是要捍卫劳动人民的权利和利益，抑制资本主义复辟的速度，可是这在客观上却促进了现行制度的保存和完善，并且影响了俄共自身的存在。为此，俄共七大把加强党对劳动集体的影响作为全党的一项重要任务提出来。在七届二中全会上，库普佐夫进一步提出，"今天该是反思所走过的路并制定未来的工作路线的时候了。首先应该清楚地认识到，通过少数上层人物而没有来自下层的强大压力，要改变现行俄罗斯制度已经是不可能的了"[2]。因此，俄共现在不是简单地补充其争取各级政权的斗争的战略和策略，而是在一系列方面作原则性的改变。

俄共目前在国家杜马中的代表多于在各联邦主体立法会议的代表，而后者又多于市、区级杜马的代表。库普佐夫提出，当前的任务是集中力量夺取地方自治机构，变自治机构为苏维埃。为此要改变党的组织体系、建立作为单独的战斗单位的自治区党组织。在中央全会上，代表们就组织结构的调整提出了如下建议：在中央一级，加强与青年工作、工会运动、大众媒体、议员团相关的各机构的工作；在联邦区一级建立

[1] 关于俄共七大的资料来源，参见《真理报》2000年12月6日；孙凌齐：《俄罗斯联邦共产党第七次代表大会纪实》，《国外理论动态》2001年第1期。

[2] 瓦·库普佐夫：《在俄共七届二中全会上的报告》，《真理报》2001年4月17—18日。

新的机构——协调委员会和党委会；在区委和州委一级，建立按地区划分的平行机构，以便使州党委的工作与基层党组织和区党委接近；在基层组织，则建议将其划分为小的单位，以便每个基层组织都能够根据形势的变化而改变行动策略，不必等待上级包括州党委的命令。总之，俄共提出将工作重心"向下"转移，即移向地方自治。

面对俄罗斯政坛新的力量改组，俄共提出加强以俄共、俄罗斯人民爱国联盟和"俄罗斯"为基础的左翼同盟的组建。此前，在俄共的倡议下，重建的俄罗斯人民爱国联盟已经成立，俄共仍是其核心。2001年9月29日，爱国联盟又召开大会，针对政府提出的改革计划和2002年预算案，提出自己的替代方案和近期的行动纲领。

在2001年9月28日的三中全会上，俄共进一步提出把工作重心从议会内转移到议会外，把发动和组织各阶层群众的抗议行动作为当前的主要工作方针。为此，它要求各级党组织利用一切群众抗议的合法形式，克服自身在组织上和理论上存在的妨碍把议会斗争与抗议斗争有效结合起来的缺陷[1]。

俄共的策略调整，既有务实的一面，也有迫不得已的一面。当然，俄共所说的议会外斗争，并不意味着它要放弃合法斗争地位，俄共只是要以合法的、和平的群众游行示威等方式，凭借社会中下层民众的支持，对当局形成强大的压力，恢复其在议会中举足轻重的地位。

二、俄共连受重挫，面临严峻挑战

俄共在经历图存和发展的艰难曲折后，已成为一支强大的现实反对派力量。早先几年，俄共的力量发展迅速，其影响也直线上升。近两年来，特别是普京主政以后，俄共的力量开始减弱，其影响也迅速下降。俄共处于空前的政治危机和组织危机，面临着1993年重建以来最严峻的挑战。

俄共力量和影响的下降主要表现在以下几个方面。

第一，议会选举失去优势。在1999年12月的议会选举中，俄共虽然获得24.29%的选票，比上届议会选举还多2个百分点，但由于"统一"运动的崛起和"右翼力量"联盟进入杜马，俄共只分得110个议席，比上届杜马少了47席，从而失去议会的控制权。

第二，总统选举遭到失败。2000年3月的总统选举，没有像1996年那样出现两轮投票的局面。普京在第一轮投票中就顺利当选，获得52.9%的选票。久加诺夫遭到惨重失败，只获得29.21%的选票，其得票率大幅低于1996年。也就是说，经过3年多的努力，俄共的选票不但没有增加，反而明显减少。这表明俄共在叶利钦时代即将结束之时，

---

[1]　伊·梅利尼科夫：《在俄共七届三中全会上的报告》，2001年9月30日下载于俄共网站。

丧失了一次取代叶利钦、使共产党人重掌政权的机会。

第三，多次较量遇到挫折。作为主要的反对派政党，俄共在同普京政权进行较量时已经力不从心，并多次遭到挫折。例如，俄共在总统选举前后多次表示，要求建立联合政府，使自己能够进入政府，但遭到普京的拒绝。后来建立的新政府，完全由民主派和中间派人物组成，俄共对组阁没有发挥任何影响。又如，俄共在2000年初提出一项议案，要求普京撤回他任代总统时发布的关于给叶利钦提供终身保护的命令。但在国家杜马2月29日审议时，这个提案遭到多数议员的否决[1]。2001年以来，俄罗斯国家杜马相继通过新的劳动法典、土地法典、政党法等重要法律。以俄共为首的左翼杜马党团尽管对这些法案投了反对票，但最终未能阻止这些议案的通过。

第四，中派政党联合组成"统一俄罗斯"党，逐渐成为国家杜马中的第一大党。持中间派立场的"统一党"与"祖国"运动在2001年7月12日宣布组成"统一祖国联盟"后，着手建立统一的政党。12月1日"统一祖国联盟"在莫斯科克里姆林宫召开了第三次代表大会，正式成立全俄罗斯"统一与祖国党"，"全俄罗斯"运动也加入了该党，组成"统一俄罗斯党"。在当局的大力扶植下，以"统一俄罗斯"党为主体的中派势力在俄政坛不断发展壮大，在国家杜马中的议员数已大幅超过俄共，成为事实上的第一大党，从而使普京总统在议会中能够获得比较稳定的支持。

第五，俄共被剥夺了在议会中的实权。自2001年12月杜马中的"统一俄罗斯"等中派党团联合以来，议会中要求重新分配杜马领导职务的呼声日渐升高。进入2002年以来，中派连连向左翼发起强攻。第一步，他们要求解除谢列兹尼奥夫的杜马主席职务。此事没有得手，中派便迈出第二步，3月20日议会投票决定将在组织上仍属于俄共和俄共议员团的国家杜马主席谢列兹尼奥夫排挤出杜马理事会，使其丧失了杜马中的一票否决权。于是，中派采取了第三步，即利用他们早已控制议会议事规则的权利和议会的法定多数，于2002年4月3日通过了关于重新分配杜马委员会领导职务的决定。导致俄共及其盟友农业党失去了对经济政策委员会、工业委员会、国家建设委员会等7个重要委员会的领导职务。俄共和农业党对此表示强烈抗议，当即宣布辞去留给他们的委员会主席职务。这样，俄共及其盟友在议会下院就失去了借以向总统和政府施加影响的重要杠杆，进而丧失了在国家立法机构的任何实权。

然而，俄共面临的威胁还不仅限于此。来自"祖国—全俄罗斯"议员团的代表尼古拉·费杜罗夫还提请杜马审议取缔俄共，追究俄共主席久加诺夫在国内挑起民族和社会分歧的刑事责任。此提案虽然遭到总统办公厅及杜马大部分代表的反对，但还是被杜马理事会允许列入4月19日杜马全会讨论的内容。正如沙金娜所说，"虽然解散共产党今天

---

[1] 孙占林：《俄共陷入政治危机的原因及对策》，新华社2000年7月23日莫斯科讯。

看来并不现实，但有一点是清楚的，那就是上层已经开始对左派发动全面进攻"[1]。

第六，俄共面临分裂危机。久加诺夫竞选总统的失败，使俄共的凝聚力进一步减弱，也使左派阵营的分化进一步加剧。目前，俄共已陷入自1993年重建以来最严重的危机，久加诺夫的领袖地位也首次受到挑战。党内许多人也严厉批评他身兼俄共中央主席和俄共议会党团领导人两大职务的做法，希望他辞职，认为俄共需要一个新的领袖。在这种情况下，俄共内部出现了分裂的征兆。党内比较激进的"列宁派"公开提出，要筹建自己的党。俄共中央委员、"共产党联盟—苏共"理事会主席舍宁，不顾久加诺夫的警告，在2000年7月15日召开了"俄罗斯和白俄罗斯联盟共产党"成立大会，随后又向俄共中央提交了一个"退党声明"[2]。2001年1月，"共产党联盟—苏共"发生分裂。舍宁被解除了"共产党联盟—苏共"理事会主席职务，改由俄共主席久加诺夫担任主席。但舍宁不承认这一决议，在俄罗斯共产主义工人党等的支持下成立了另一个"共产党联盟—苏共"，继续自称理事会主席，并谴责久加诺夫等进行分裂活动[3]。而谢列兹尼奥夫则从实用主义立场出发，主张对当局进行建设性合作，以此来扩大俄共的影响，由于俄共高层内部思想不够统一，2000年7月15日谢列兹尼奥夫从俄共队伍中拉出一部分人组建了"俄罗斯"运动[4]。

其实，"俄罗斯"运动是在违抗俄共中央、得到普京支持和鼓励的情况下建立起来的。俄共中央曾极力阻挠该运动的建立，久加诺夫不仅多次找谢列兹尼奥夫谈话，希望他放弃这一计划，而且同普京进行会谈，希望总统不要加以支持，但都遭到拒绝[5]。俄共中央书记克拉韦茨公开说，"俄罗斯"运动的建立"有利于克里姆林宫在俄共的拥护者中制造混乱"[6]。问题在于，该运动是以俄共地方组织为基础建立起来的，它吸纳并拉走了一大批俄共的基层组织和党员。"俄罗斯"运动的成立，预示着俄共内部分歧的进一步发展，预示着左派力量的走向分裂。

由于谢列兹尼奥夫以"国家利益高于党派利益"为由拒绝辞去国家杜马主席职务，导致俄共在2002年5月25日召开的中央全会上以76票赞成、25票反对的表决结果，开除谢列兹尼奥夫及其他两名俄共议会党团成员的党籍。国家杜马"人民代表"议员团领导人赖科夫认为，谢列兹尼奥夫被开除出党是俄共分裂的开始[7]。

[1] 刘淑春：《俄共失去在杜马委员会中的领导职位，面临严峻考验》，《国外理论动态》2002年第5期。

[2] 刘淑春：《从舍宁退出俄共看俄罗斯共产主义运动的分化》，《国外理论动态》2000年第12期。

[3] 《关于"共产党联盟—苏共"的分裂》，《国外理论动态》2001年第8期。

[4] 俄通社—塔斯社、法新社2000年7月15日莫斯科电；孙占林：《"俄罗斯"运动成立标志着俄共走向分裂》，新华社2000年7月23日莫斯科讯。

[5] 李庆义：《俄议长另建"俄罗斯"》，《中国青年报》2001年1月16日。

[6] 李兴耕：《俄罗斯政党最新动态》，《俄罗斯研究信息》2000年第3期。

[7] 新华社莫斯科2002年5月25日电，人民网2002年5月26日。

从上可见，俄共的地位已今非昔比。俄共力量和影响之所以下降，既有国内形势发生变化的客观原因，也有俄共工作不力、左派内部矛盾加剧等主观原因。

其一，普京主政以后，俄政局趋向稳定，现政权地位相对巩固，反对派难以抗衡。俄共目前取得的部分成就得益于俄罗斯久未摆脱的政治、经济危机。在危机时期俄共更容易获得发展机遇，有更多的机会利用现政权党的失误和人民的不满夺取政治主动权，增强自己的力量。一旦国家、社会稳定下来，它就难有机会重获权力了。普京着手振兴俄罗斯，打击车臣叛乱武装，强调"社会团结"，淡化意识形态色彩，并采取各种务实措施，革除叶利钦时期的积弊。这一切，使普京的威信和居民支持率直线上升。俄共过去一直以叶利钦为斗争的对象，叶利钦政权所犯的种种错误，使俄共的拥护者越来越多。现在，俄共失去了叶利钦这个攻击靶子，其号召力和凝聚力便大幅下降了。普京的成功，使俄共面对空前强大的对手。普京不仅政绩好，威信高，而且没有历史包袱，没有辫子可抓。作为反对派来说，俄共拿什么来反对普京政权，现在成了问题。

其二，俄经济形势有所改善。国际市场石油价格的上涨，以及国内政局的趋于稳定，使俄经济形势有了较大改善。2000年，俄国内生产总值增长8.3%，工业生产增长9.5%，农业生产增长3%。2001年在全球经济普遍衰退的情况下俄经济仍保持强劲增长的势头，增长率为5.5%。失业率从上年的11.1%减少到8.9%。联邦预算盈余达GDP的5%，黄金外汇储备突破385亿美元，达到近10年来的最高点。卢布汇率稳中有升，居民人均收入水平增长幅度为6.5%[1]。这都是前所未有的，说明俄经济已开始走出谷底，踏上"复兴之路"。这种情况，显然有利于提高现政权的威信，而不利于俄共争取选民的斗争。

其三，社会思潮和国民心态不利于俄共争取群众。多年的政治斗争已使国民感到厌倦，俄罗斯独立之初的政治狂热已大幅降温。目前俄罗斯人的主要心态是：求稳定，重务实，寄希望于改革，盼治求新。俄罗斯社会目前正处于近10年来少有的政治相对稳定经济状况好转的状态下，群众思稳求安，政府也采取了一些顺乎民心的措施。上述社会思潮和国民心态显然不利于俄共动员群众，扩大自己的队伍。

其四，俄共自身存在的各种问题亦尚未解决，左派力量内部政见不一，分歧严重。俄共高层内部思想不够统一，围绕走什么路、举什么旗等重大问题存在严重分歧；俄共某些上层领导以及在杜马的许多俄共议员满足于议会斗争，等待历史机遇，不希望"破坏现有秩序"，更不愿冒犯当局而丧失杜马阵地以及作为议员享有的"地位和特权"的风险，主张同当局进行建设性合作；而俄共主席久加诺夫主张加大对当局的斗争力度，树立俄共的鲜明反对派形象。由于这些分歧使俄共高层内部思想不够统一，导致

---

[1] 《文汇报》2001年12月31日。

俄共组织上的分裂。

其五，俄共背负着沉重的历史包袱，理论不健全，斗争纲领缺乏吸引力。虽然俄共的意识形态、政策和斗争方式发生了重大变化，但仍被许多人视为苏共的翻版。尽管俄共宣称要建立重建的社会主义制度，但并没有就根治苏联旧体制的弊端提出十分吸引人的口号。它提出的爱国主义、恢复俄罗斯的强国地位、反对民族分裂等主张已被当局接过去，因而缺乏新意和号召力。

其六，俄共等左派组织受到现政权的遏制和打击。现政权出于策略考虑，有时也向俄共伸出橄榄枝，但在本质上仍把其视作对自己威胁最大的反对派，为此，一直采取各种手段对其进行限制和围堵。由于俄共加大了对政府自由化改革的批评力度，与当局矛盾不断加深。当局为了使自己的政令更为畅通，对中右派挤压俄共的行动采取了充耳不闻、乐见其成的态度，客观上对中派打压俄共起到了推动作用。

三、俄共前景将艰难曲折

俄共的前途如何？是继续向前发展，还是逐步走向衰落？这是人们关注的焦点所在。对此，俄罗斯舆论界议论纷纷。一些右翼人士认为，俄共潜伏着内在危机，可能在5至10年内自然消亡。"右翼力量"联盟议会党团副领导人绔田在接受记者电话采访时说，俄共的前途主要取决于国家的社会经济形势。由于目前相当一部分人的生活仍然十分困难，俄共得以保持稳定的社会基础，但随着经济形势的好转，俄共的颓势将在所难免。另一些人则认为，共产党的支持率将攀升并在大选中获胜。还有人认为，俄共今天面临的局面在很大程度上是自己造成的，共产党人应当从休克中苏醒过来，开始采取行动[1]。

久加诺夫并不悲观。他说，俄共将以左翼力量的大联合组织——"人民爱国联盟"为依托，向基层纵深发展，争取在下次杜马选举中东山再起，夺回议会多数派地位，借此大幅提高自己的影响力。"共产党人联盟"党中央书记普里加林说，根据最近的一次民意调查，如果现在举行杜马选举，俄共将获得35%的选票，大幅超过1999年的24%[2]。

关于俄共的前景及其未来走向，本文提出以下几点初步看法。

首先，俄共如何应对变化，在困境中寻求发展，在俄政治生活中继续发挥重要影响，是俄共面临的一个重要难题。俄共一直将国家杜马主席一职及俄共议员团作为其

---

[1] 李兴耕：《俄罗斯政党的最新动态》，《国外理论动态》2000年第8期。
[2] 俄罗斯国际文传电讯社2002年4月25日电。

进行政治斗争的重要阵地，当重新分配杜马委员会领导职务的决议通过后，左翼党团立即宣布拒绝担任杜马任何委员会主席的职务，并呼吁谢列兹尼奥夫辞职以示抗议。而谢列兹尼奥夫拒绝辞去杜马主席职务导致俄共将其开除出党，也标志着俄共议员在杜马担任的领导职务全部丧失，这是俄共恢复活动以来在杜马中遭到的重挫，使俄共在国家杜马中的影响力明显缩水，处境较为被动；中派力量挤压俄共的做法打破了杜马内原有的政治力量配置，近期内左翼力量与当局的关系势必趋紧；俄共上层的分裂也给俄共带来了严重消极影响。如何通过不断地探索、变革，真正寻找到能为民众所接受和符合本国国情的发展道路，保持自身队伍的稳定，扩大社会和阶级基础，争取更广泛的支持，将是俄共今后所面临的考验。俄共不会停止对社会主义的探索和为社会主义复兴而斗争。俄共的发展表明，社会主义和共产主义理想在俄罗斯仍有植根的土壤和广泛的社会基础。由于俄罗斯社会中受剥削的劳动阶层将会继续存在，因此作为工人阶级等劳动者利益代表的俄共今后仍有一定的生存空间。俄共作为反对资本主义的主要政治力量，也仍然有其存在的政治和社会需要。但受主客观条件限制，俄共发展道路将是复杂曲折的。

其次，就目前俄共自身的情形、俄罗斯的局势、民众的心态来看，营造稳定、和睦的公民社会是普京时代的主旋律，在相当一段时期内，俄共没有单独执政或建立以俄共为首的左翼执政的可能。从目前情况看，俄共领导层非常重视地方选举和基层组织建设。俄共拥有50多万名党员，在俄所有地区约有2万多个基层组织；全国三分之一的联邦主体的行政长官由俄共党员或者同情支持俄共的人士担任，俄共在全国三分之一地区建立了"红色地带"；俄共拥有的3000万左右的选民也是其宝贵的资源，俄共将努力博得更多选民的同情与支持，在俄国家杜马下届选举中获得重整旗鼓的机会。

最后，俄共仍将坚持既定方向，不会改旗易帜，朝社会民主党方向发展。这是因为：俄罗斯是十月革命的故乡，其国情、党情有别于西欧和东欧一些国家和政党；俄共党内传统势力仍较强，特别是广大党员和地方党的领导干部不赞成党演变为社会民主党。2001年7月11日，普京在记者招待会上谈到左派运动时建议俄共改名"俄国社会民主工党"，俄共予以拒绝。而且，俄罗斯现在存在将近15个社会民主党或社会主义党，其中有很多著名的活动家，但他们在俄国社会上并不拥有多大的威望，投票支持他们的只有1%。这说明选民不信任该运动[1]。俄共如改变党的性质，势必会失去传统选民的支持。但是，为了保存和发展自己，俄共会继续顺应形势的变化，修改党的纲领，更新党的战略和战术。

原载于《俄罗斯研究》2003年第1期

---

[1]　郑异凡：《俄共拒绝普京改名"社会民主工党"的建议》，《当代世界与社会主义》2001年第5期。

苏联解体后的摩尔多瓦共产党

李亚洲

摘　要： 摩尔多瓦共产党人党是苏联地区唯一重掌政权的共产党，因而它的发展历程及前景引起世人关注。本文拟从摩共是如何重掌政权的、它现在面临哪些考验的角度，提供一些情况和分析。

一、重掌政权和再次执政

1991年"8·19"事件后，随着苏共解散、苏联解体，摩尔多瓦也宣布完全独立，成为多党议会制国家，同时禁止共产党在境内活动并没收其财产，摩尔多瓦共产党被迫解散。

但是摩尔多瓦共产党人并没有停止为捍卫自己的权利而斗争。从国内形势来看，当时摩尔多瓦独立伊始，摩共同苏东地区多数共产党境遇相似，在人民阵线等极右势力甚嚣尘上的反共气焰下遭禁，但总体上说，当局后来并没有像一些国家那样对摩共"打压封杀"和"反攻倒算"。再加上刚刚上台执政的右翼彼此倾轧，不断分化组合，无暇顾及其他，未能形成反共气候。在这种内部环境里，以共产党为首的左翼力量得以喘息和发展，原摩共一部分党员加入了"摩尔多瓦农业民主党"，另一部分党员则组成了"摩尔多瓦共产党人党"，与此同时，前摩尔达维亚苏维埃社会主义共和国内务部长沃罗宁成立并领导了废除非法取缔和恢复共产党的组委会。1994年2月，摩尔多瓦第13届议会选举举行，"摩尔多瓦农业民主党"大获全胜，并在议会中形成压倒多数。同年4月，摩尔多瓦新议会通过决议，取消了对共产党的禁令。"禁共令"解除后，摩尔多瓦共产党人党作为原摩共的继承者开始公开活动，经重新改组获准登记为合法政党。1994年12月，摩尔多瓦共产党人党召开第一次党代会，沃罗宁当选为中央委员会第一书记。

重新改组后的摩尔多瓦共产党人党强调自己是摩尔多瓦共产党的继承者，是工人阶级、劳动农民、人民知识分子和一切劳动者的政党；认为苏联社会主义失败是"戈尔巴乔夫式的改革"造成的，但这种挫折是"暂时的"，两种制度的斗争并没有结束，而是"进入了一个新阶段"；强调必须创造性地，而不是教条地对待马列主义学说和坚持社会主义原则；提出党的近期目标是建立"革新形态的社会主义，最终目标是建立共产主义；认为只有经历泛民主主义阶段（恢复基本生产资料的公有制，同时保留多种经济成分等）和复兴社会主义阶段（通过直选建立人民政权，社会主义经济在多种经济成分中占主导地位等）这两个阶段才能使摩摆脱危机"。[1]

为了实现自己的奋斗目标，摩尔多瓦共产党人党面临的首要任务是通过和平、民主的道路夺取政权。为此它成立后一直非常注重自身思想和组织建设，首先建立健全了党的各级领导机构，并在全国大多数地区建立了自己的基层党组织，此外还成立了自己的共青团和妇女组织。与此同时，它既坚持马列主义又不机械照搬，既注意发扬党内民主又禁止派别存在，既努力维持原有的工农和知识分子这一社会基础又注意不断吸收新鲜血液充实党的队伍，并且能够根据情况的变化及时调整自己的斗争策略，使人感到耳目一新。正是由于上述原因，摩尔多瓦共产党人党迅速成为摩国内一支举足轻重的政治力量。

1998年3月22日，摩尔多瓦举行第14届议会选举。结果摩尔多瓦共产党人党脱颖而出，获得30.01%的选票，位居第一。摩尔多瓦第一任总统斯涅古尔领导的竞选联盟"民主协议会获得19.36%的选票"，"争取繁荣民主的摩尔多瓦获得18.14%的选票"，"民主力量党"获得8.82%的选票。上述四个获胜党在新一届议会中分别获得40、26、24、11个议会席位。上次选举中得票第一的"摩尔多瓦农业民主党"在本次大选中因得票率未达到法定的4%，而未能进入议会。

议会选举结束以后，进入议会的4个政党中的3个政党结成执政联盟，而在选举中得票最多的共产党人党成为议会反对党。根据执政联盟各党达成的协议，得票第三的"争取繁荣民主的摩尔多瓦"运动领导人迪亚科夫当选议会议长[2]。但是摩尔多瓦共产党人党已经成为摩国内影响力最大的政党，是各派政治力量都承认的一个事实，它不仅是拥有40个席位的议会第一大党，并且占据了1个副议长、5个常设局成员（共13人）和4个专门委员会主席（共11人）的位子。除了首都基希讷乌，共产党人党在地方也有很大的影响，在全国10个县中，有4个县长、5个副县长的职位由其党员担任。

但是，新议会从刚一开始工作就出现了与总统的对立。在总理人选问题上，新议会与卢钦斯基总统意见相左。经过双方艰苦的谈判，议会同意了总统提出的总理候选人丘布克的组阁方案和执政纲领。但总统和议会之间的矛盾并没有随着丘布克政府的

---

[1] 杨连弟：《摩尔多瓦："红色政权"重新崛起》，《当代世界》2001年第4期。
[2] 顾志红：《摩尔多瓦》，社会科学文献出版社2004版，第90—91页。

走马上任而缓解，反而日益尖锐化。双方矛盾产生的根源在于国家政权由哪一方主导，即摩是建立总统制国家，还是建立议会制国家的根本问题。

1999年2月，卢钦斯基总统提议修改1994年宪法，改变国家管理体制，由半议会半总统制改为总统制，即总统有全权管理国家，并且负责组建内阁。此举遭到了议会的坚决反对，而且议会先于总统提出了更加完善的宪法修正案。2000年7月5日，摩尔多瓦议会以绝对多数通过采用欧洲民主模式和对宪法中规定的总统选举程序进行修正的决议，从而确立了摩尔多瓦为议会制国家，总统由原来的全民选举改为议会选举。

2000年12月1日，摩尔多瓦议会开始选举总统，候选人分别为议会第一大党共产党人党领袖沃罗宁和宪法法院院长巴尔巴拉特。根据宪法规定，候选人必须获得议会101个议席的3/5，即61席以上才能当选总统。如果议会经反复投票无法选出新总统，在任总统有权解散议会，并宣布重新选举日期。由于沃罗宁和巴尔巴拉特的支持者互不让步，相持不下，经过4轮选举，两名候选人仍无一人获得法定的票数。于是，卢钦斯基总统根据宪法规定，于2000年12月31日宣布解散议会，提前举行大选。

2001年2月25日，摩尔多瓦举行第15届议会选举。除摩尔多瓦共产党人党外，另有9个政党和6个政党联盟参加了选举。结果共产党人党一枝独秀，得票率达到了50.2%，而由总理布拉吉什领导并得到卢钦斯基总统支持的中派联盟仅以13.42%的得票率名列第二，另一个进入议会的是罗什卡领导的右翼政党基督教民主人民党，得票率为8.24%，其他党派则与议会"无缘"。这样一来，摩尔多瓦共产党人党赢得了101个议会席位中的71个，在新议会中拥有绝对优势，获得了单独组阁的权力，并确保该党领袖沃罗宁在总统选举中轻松获胜。同年4月4日，共产党人党第一书记沃罗宁当选为摩尔多瓦共和国总统。摩共经过10年的奋斗终于重新获得了执政权，摩尔多瓦成为苏联解体后在前加盟共和国中出现的第一个由共产党重新执政的国家，同时也成为欧洲大陆上唯一由共产党掌权的国家，这一事件在独联体以至全世界都引起了强烈震动。

在选举中获胜上台执政的摩尔多瓦共产党人党并没有被暂时的胜利冲昏头脑，它对当时的国内形势和自己所肩负的任务有着清醒的认识，并及时完成了从反对党到执政党角色的转换。2001年4月21日，摩尔多瓦共产党人党在大选获胜后不久隆重举行了第四次全国代表大会。大会就修改党章、党纲问题进行了重点讨论，并选举了新的中央领导机构，沃罗宁当选为党的主席。更为重要的是，为了使国家摆脱危机形势，将复兴经济、改善人民生活和促进社会团结的承诺早日变为现实，此次大会提出了一整套以振兴国家为核心目标的治国方略。

经过不懈努力，摩尔多瓦共产党人党取得了良好的执政业绩。首先，在发展经济和改善人民生活方面，其执政4年间，摩国内生产总值年增长率都在6%以上，新增工作岗位10万个，职工平均月工资增加1倍，达到了目前的90美元，建立了一个较完善的社会保障体制，对科技、教育和文化事业的预算投入增加了1.5倍，并补偿了20世纪90年代初私有化时居民的储蓄贬值损失部分[1]。其次，在保持社会稳定方面，共产党人党尽量淡化意识形态色彩，缓和与在野党的矛盾，在国内营造了较宽松的政治环境，同时政府组织专项行动，着力打击社会上的黑恶势力和团伙犯罪。经过努力，摩国内大型犯罪集团已基本被制服，社会治安有明显改善，共产党人党在加强治安管理方面采取的措施深得群众拥护。可以说，摩尔多瓦共产党人党4年前在选民面前所作的振兴经济和振作民族精神的承诺全部得到了兑现，在各个方面都取得了自摩尔多瓦独立以来任何一届政府都未能取得的巨大成就。

与此同时，上台执政后，摩尔多瓦共产党人党更加重视自身建设问题。据统计，2001年1月—2004年10月，共产党人党新增党员1.1万人，数量上几乎翻了一番，与此同时，党的队伍年轻化成就显著：在新增党员中，2400人年龄在30—40岁，3000多人年龄在50岁以下。在新增党员中，1/3以上受过高等教育，其余的则受过中等或中等专业教育。共产党人党在重视发展队伍的同时，也特别强调严肃党的纪律。在上述新增党员中，目前已经有800多人被开除出党，占新增党员数的7.5%，在个别地区这一比例甚至达到了40%。这些人被开除的原因各不相同，但最主要的是他们身上极为明显的功利主义目的，将党证作为向上爬的"敲门砖"[2]。由于不断加强党的建设，摩共的战斗力日渐增强。

2004年12月11日，摩尔多瓦共产党人党举行了第五次代表大会，641名来自全国各地的代表出席，现总统沃罗宁再次当选为主席。本次代表大会的中心任务之一是为2005年摩尔多瓦全国大选做准备，大会修改了党章，提出了参加大选的竞选纲领。竞选纲领提出，如果摩共获胜，则党在2005—2009年任期内的奋斗目标是，把摩尔多瓦建成一个国家富足、人民安康的新社会。具体来说：（1）全国投资和国家预算均增加1倍，实施国际公认的经济增长战略，实现经济现代化；（2）新增30万个工作岗位，职工平均月工资增加2倍，达到300美元以上，不断提高人民生活水平；（3）在互尊互谅和民主的基础上把国家和各族人民团结起来，自由发展各具特色的民族文化及其创新，充分保障个人自由及其选择的权利；（4）把摩尔多瓦变成一个对国家经济有效投资、西方市场对其产品开放的欧洲型国家，摩尔多瓦公民可以免签证自由出入欧洲国家[3]。由此可见，共产党人党在大选中提出的竞选纲领振奋人心，再次使摩尔多瓦人民对美好未来充满了憧憬，加上共产党人党4年前在选民面前所作的振兴经济和振作民族精神的承诺全部得到了兑现，所以有相当一部分民众对其再次兑现竞选承诺抱有坚定信心，

---

[1]　参见2005年1月6日摩《共产党人报》。

[2]　沃罗宁：《摩共五大政治报告》，俄共网站（http://www.kprf.ru）2004年12月15日。

[3]　参见2005年1月6日摩《共产党人报》。

这为摩尔多瓦共产党人党再次获胜打下了坚实的基础。

2005年3月6日，摩尔多瓦举行第16届议会选举。结果有3个政党和竞选联盟进入议会，摩尔多瓦共产党人党不负众望，得票率为45.98%，基希讷乌市长乌列基安领导的"民主的摩尔多瓦"竞选联盟获得了29.41%的选票，罗什卡领导的基督教民主人民党得票率为9.7%。根据得票率，共产党人党在由101名议员组成的议会中控制了56个席位，以较大优势保住了第一大党的地位。但是这并不标志着共产党人党取得了完全的胜利，因为其候选人离再次成功蝉联摩尔多瓦共和国总统还差5票，而进入议会的反对党——"民主的摩尔多瓦"竞选联盟和基督教民主人民党都声称，在任何情况下，他们都决不会投共产党人党候选人的票。也就是说，如果不能顺利选出新总统，摩尔多瓦共产党人党主导的议会仍然有被解散的危险。[1]面对这种形势，共产党人党成功分化了反对派，获得了议会其他两党部分议员的支持。在4月4日举行的总统选举中，共产党人党主席沃罗宁共获得75张选票，从而超过宪法规定的3/5的多数，成功蝉联摩尔多瓦共和国总统。

摩尔多瓦共产党人党的再度获胜表明，共产党不仅能够赢得选举的胜利，而且有能力领导人民建设好国家，连续获得人民的信任和支持。在苏东地区各国纷纷抛弃社会主义思想，进行以资本主义方式为主的社会改造，以及共产党不断摸索、坚持斗争的情况下，摩尔多瓦共产党人党再次获胜给共产党人以信心并使共产党人看到了希望，是一个有着积极意义的重大事件。

二、面临的考验

摩尔多瓦共产党人党作为一个以和平、民主的方式获得政权的政党，有前期的经验可资借鉴，其再次执政获得成功具有一定的潜力。但同时它在国家统一、保持社会稳定以及兑现经济发展和提高民众生活水平允诺等诸多方面也面临严峻的挑战。

首先，摩共再次执政面临的最大挑战仍然是国家统一问题。尽管摩尔多瓦是个欧洲小国，但民族问题却十分复杂。20世纪80年代末、90年代初，一股民族极端主义倾向随着东欧剧变浪潮席卷整个欧洲大地，摩尔多瓦也未能幸免。1990年9月，德涅斯特河左岸的俄族人宣布成立"德涅斯特河沿岸共和国。摩尔多瓦独立后，虽几经努力，却由于俄罗斯在该地区的军事存在及德河左岸当局独立立场一直强硬，德涅斯特河左岸闹独立的问题最终没能解决"。摩共上台执政后，把解决德涅斯特河左岸地区的冲突、完成国家的统一事业作为自己工作的优先方面。摩共认为，通过和平的政治途径

---

[1] 参见2005年3月9日做报纸网（http://www.gueta.ru）。

解决德涅斯特河沿岸地区问题是唯一可行的方案。

2003年11月中旬，俄罗斯提出了一个解决摩境内德涅斯特河左岸问题的新方案。这一方案的具体内容是，摩尔多瓦将成为一个由基希讷乌中央政府和两个联邦主体——"加告兹摩南部土耳其族自治区"和"德河左岸"组成的联邦国家。新方案出台后，摩总统沃罗宁表示原则上接受，但遭到了反对派的强烈反对，反对派还多次组织大规模游行示威。沃罗宁迫于美国和西方以及国内反对派的压力，最终拒绝了俄罗斯的这一方案，俄罗斯总统普京也取消了原定对摩的访问计划。这一事件给以后的摩俄关系蒙上了阴影[1]，摩共由亲俄逐渐开始"反俄"。

格鲁吉亚、乌克兰发生"颜色革命"后，两国相继建立了亲西方政权，而美国又将摩尔多瓦作为其推行"颜色革命"的下一个目标。为抵制反对派的"颜色革命"，2004年12月11日举行的摩共五大决定要把自己建设成一个新型的欧洲民主政党。2005年2月22日，摩尔多瓦又同欧盟签订了加入欧盟的行动计划。与此同时，摩尔多瓦政府还坚决要求俄罗斯从摩尔多瓦德涅斯特河左岸地区撤军，认为俄在德涅斯特河左岸的驻军是对一个国家领土的非法占领，俄罗斯延长驻军没有任何可以解释的理由。此外，摩尔多瓦联合格、乌亲西方政权，积极致力于复活"古阿姆集团，形成抗衡俄罗斯"的三角同盟。该组织的再次活跃表明，西方支持组成的跨地区机构"古阿姆集团"正在独联体地区崛起。2005年4月22日，"古阿姆组织峰会"在基希讷乌举行，摩尔多瓦总统沃罗宁、乌克兰总统尤先科、格鲁吉亚总统萨卡什维利和阿塞拜疆总统阿利耶夫出席了峰会。当天会议结束时通过的一项声明宣布，与会成员国愿意在政治、经济和军事方面，包括在维和行动方面进行密切合作，并坚决要求俄罗斯尽快从该组织成员国撤出其军事基地。[2]

其实，摩尔多瓦完成国家统一大业的真正障碍源自以美国为首的西方和俄罗斯对摩尔多瓦的争夺。摩尔多瓦虽是一个欧洲小国，但却是美俄争夺的一个战略要地。美国要推进北约东扩，完成对俄罗斯西部的战略包围，摩尔多瓦是一个必争之地。在摩尔多瓦德涅斯特河左岸地区，即未被国际社会承认的"德涅斯特河沿岸共和国"驻扎着俄罗斯第十四集团军，美国和西方认为这是北约东扩的障碍，而俄则将其视为抵制北约东扩的前哨[3]，况且未被承认的"德涅斯特河沿岸共和国"领导人反对俄罗斯撤军，认为俄军是维护地区安宁的保障，所以俄罗斯不会轻易退出这一舞台。

众所周知，摩共在2001年2月是以主张与俄罗斯加强合作、将俄语作为第二官方语言、加入俄白联盟等亲俄政策上台的。此次摩共出人意料地主动"革命"，外交政策

[1] 参见2005年3月8日《文汇报》。

[2] 参见2005年4月22日俄报纸网（http://www.guzta.ru）。

[3] 参见2005年3月8日《文汇报》。

一百八十度大转弯，积极申请加入西方阵营，由亲俄摇身一变为"反俄"，其中既有西方的影响，也与俄罗斯迟迟不肯从摩尔多瓦德涅斯特河左岸地区撤军有关。摩共既要求俄罗斯撤军，又在国家统一问题上离不开俄罗斯的合作，摩共在该问题上的对俄政策陷入了两难境地。在国家统一问题上，摩共如何调整自己的对俄政策，避免成为大国争夺的牺牲品，完成国家统一大业，成为摩共面临的最大挑战。

其次，摩共的社会稳定目标面临严重挑战。摩共在2001年2月的议会大选中以绝对优势获胜的重要原因之一是，占全国人口总数1/3的俄语居民是摩共的传统支持者。摩共在竞选纲领中明确提出了执政后将赋予俄语以第二官方语言的地位，并表示将致力于加入俄白联盟等亲俄政策，从而更加坚定了这部分选民对摩共的支持。

但是从2003年开始，摩共由亲俄变为"反俄"，这使其失去了相当多俄罗斯族选民的支持。如前所述，摩共在这次议会大选中的成绩比4年前的那次大选有所下降，从某种程度上说，这与摩共实施反俄政策不无关系。因此，摩共在社会稳定问题上也陷入了两难境地。如何协调国内民族关系，既不伤害大多数摩尔多瓦人民的民族感情，又能赢得俄及其他少数民族选民的支持，从而保持摩尔多瓦今后的政局稳定，这不仅牵动着摩各族人民的心，也受到世人的关注。

最后，摩共的经济发展和提高民众生活水平目标面临巨大挑战，摩共兑现在竞选纲领中的允诺还存在多种变数。摩尔多瓦历史上一直"颠沛流离，饱经磨难，在东西方的夹缝中生存"。沃罗宁总统2001年上台时就明确表示："我国的地理位置决定了偏向任何一方都是不可取的。我们是现实主义者，哪里存在国家利益，我们就应该出现在哪里。首先，我们必须正视现实：摩尔多瓦所需的能源95%来自俄罗斯，销往俄罗斯的商品占出口总额的65%。对我们来说，目前最现实的无疑是发展同俄罗斯和原苏联其他加盟共和国之间的关系。"基于这种认识，摩共执政后积极发展与独联体国家，特别是与俄罗斯的关系。而摩"前几届政府总是瞄准西方"，"他们反对俄罗斯"。对摩态度上的转变，俄罗斯也适时地给予了回报。此后，俄将出口给摩尔多瓦的天然气价格从原来的每1000立方米60美元降到50美元。此举与2000年3月，由于摩长期拖欠俄天然气款不还，俄断然对摩停供天然气达半月之久，形成了鲜明的对照。这无疑是对摩共的莫大支持。此外，摩与其他独联体国家也有着长期的传统联系，在宗教、文化等领域都有许多相似之处，经贸往来更是历史久远。[1]

但是从2003年开始，摩共由亲俄变为"反俄"，两国关系也逐渐恶化。2005年2月以来，摩尔多瓦不断指控俄对摩从事颠覆活动，指控俄罗斯联邦安全局人员对其现任总统和总统候选人搞间谍活动。摩国家安全情报机关开始大规模驱逐俄罗斯间谍，有

---

[1] 赵鸣文：《步履维艰的摩尔多瓦》，《瞭望新闻周》2002年第19期。

20名左右的俄罗斯人被驱逐出境，还有多人被关押。俄罗斯外交部专门就此问题发表了声明。俄罗斯国家杜马也通过决议，要求政府对摩尔多瓦进行制裁。[1]俄罗斯不仅是摩尔多瓦工农副产品出口的主要市场，也是摩尔多瓦能源的供应者，在这两方面摩尔多瓦都离不开俄罗斯。如果两国关系继续恶化，不排除俄罗斯对其进行制裁，首先是经济制裁的可能性。这势必严重影响摩的经济发展，使摩共在竞选纲领中允诺的经济发展和民众生活水平提高目标面临巨大挑战。综上所述，摩共目前如何做到不偏不倚，既能获得西方的援助，又能保持住与俄罗斯、独联体国家以及一些"东方国家的传统联系和友谊，从而保持经济社会的稳定，实现自己的执政目标"，这是它面临的重大考验。展望未来，摩共再次执政，可谓任重而道远。

原载于《国外理论动态》2005年第8期

---

[1] 参见2005年3月4日消息网（http://www.eai.ru）。

越南共产党巩固执政地位的战略举措

崔桂田　王韶兴

摘　要： 越南共产党巩固执政地位的战略措施主要有七个方面：坚持"社会主义是唯一选择"是党巩固执政地位的制度依托；构建"越南走社会主义道路的理论体系"是党巩固执政地位的理论基础；"发展和经济增长"是党巩固执政地位的经济基础；"建设和逐步完善社会主义民主"是党巩固执政地位的政治基础；建设"先进的、具有浓厚民族本色的文化"是党巩固执政地位的文化精神基础；实行"独立、开放、全方位、多样化的外交政策"是党巩固执政地位的国际条件；搞好"党的建设"是党巩固执政地位的自身保障。

关键词： 越南共产党；执政地位；战略举措

从20世纪80年代末90年代初开始，在东欧剧变的冲击和影响下，在世界格局的变化和经济全球化发展的挑战中，越南共产党执政的政治生态环境不断恶化，党的执政地位面临着严峻的挑战，越共将其高度概括为经济发展滞后、和平演变、偏离社会主义方向、贪污腐败"四大危机"。从1991年"七大"到2006年"十大"，越共为了克服四大危机，巩固党的执政地位，在总结东欧剧变的经验教训和进一步深化革新开放的基础上，从确保"社会主义定向"、巩固共产党执政地位、实现国强民富的有机结合上，不断推出"以经济建设为重心、以党的建设为关键、以文化建设为社会精神基础"为总体思路的战略举措。

一、"社会主义是唯一选择"：党巩固执政地位的制度依托

越南共产党认为，共产党与社会主义是生命共同体，党的执政地位能否长久与社会主义制度能否稳固息息相关。所以，要巩固党的执政地位，首先就要解决好革新思维与坚守信仰、革新开放与坚持社会主义方向的关系问题。

1. 提出"五项基本原则"，保证革新开放的社会主义方向。五项基本原则就是，坚持社会主义道路，坚持马列主义、胡志明思想，坚持无产阶级专政和党的领导，坚持社会主义民主，坚持爱国主义与无产阶级国际主义相结合、民族力量和新形势下的时

代力量相结合。从1989年越共六届六中全会正式提出五项基本原则以来，党的历次代表大会都强调革新开放要坚持五项基本原则，"改革不改色，融入不溶化"。

2. 提出"社会主义定向"的概念，规范革新开放。为了防止在革新开放的进程中偏离社会主义方向，越共在提出"五项基本原则"的同时，发明了"社会主义定向"一词，以此来提醒人们时时刻刻明确革新开放的社会主义方向。"社会主义定向"，一是说明革新开放要坚持社会主义，二是说明越南目前还处在向社会主义过渡的时期，还不能不用某些非社会主义的东西，但这是为了发展生产力，是为社会主义创造条件。

3. 制定《过渡时期社会主义建设纲领》和新宪法，使社会主义具有制度保障。1991年，越共"七大"通过了《过渡时期社会主义建设纲领》，对越南过渡时期走向社会主义的道路作了规划，强调"对于我国来说，除此（社会主义）之外没有任何其他道路能够带来真正的民族独立和人民的自由、幸福"。必须强调的是，这是"历史的选择"。1992年，越共制定了新宪法——"越南社会主义共和国宪法"，明确规定"越南社会主义共和国是人民的国家，由人民所组成，为了人民"。

4. 旗帜鲜明地反对西化，坚决清除党内散布多党制和政治多元化的自由化分子。1990年8月，越共六届八中全会撤销了鼓吹政治多元化和多党制的越共中央政治局委员陈春柏的一切职务。1999年，又将鼓吹自由化和多党制的越共中央委员陈度开除出党。

二、构建"越南走社会主义道路的理论体系"：党巩固执政地位的理论基础

越共从1986年党的"六大"到2006年党的"十大"，在"弄清社会主义和我国走社会主义道路的问题"的进程中，已初步形成了以胡志明思想、社会主义过渡时期初级阶段理论和社会主义定向市场经济理论为主要内容的理论体系，成为党巩固执政地位的理论基础。

1. 坚持胡志明思想。1991年越共"七大"第一次提出了胡志明思想，认为"胡志明思想的提法符合于我国革命实际，符合全党、全民的感情和愿望"[1]。2001年，越共"九大"全面系统地阐述了胡志明思想，认为胡志明思想是关于越南革命基本问题的一套全面、深刻的理论和政治观点体系。2006年，越共"十大"再次强调，要坚定马克思列宁主义、胡志明思想、民族独立和社会主义目标。

2. 创立"过渡时期初级阶段"理论。越共从1986年党的"六大"就提出了"社会主义过渡时期初级阶段"理论，一方面指出了发展的重要性和紧迫性，认为在经济全

---

[1]　古小松：《中越社会主义比较研究》，《东南亚纵横》1995年第4期。

球化的形势下，不加速经济发展，就会被边缘化，拉大与其他国家的差距；另一方面说明，经济发展和"追赶不能超越发展生产力基本而必要的阶段"。更为重要的是，过渡时期初级阶段理论的创立，使多种所有制形式和多种生产方式的存在具有了合理性和合法性。

3. 不断丰富社会主义的内涵，提出"越南特色社会主义"的概念。首先，在社会主义的内涵和目标上，1991年越共"七大"提出社会主义的目标是"民富国强"。1996年，越共"八大"提出社会主义的目标是"民富国强、社会公平、文明"。2001年，越共"九大"提出社会主义的目标是"民富、国强、公平、民主、文明"。2006年，党的"十大"再次强调"党的目标是把越南建设成为独立、民主、富强、社会公平、文明的，没有人剥削人的国家，成功实现社会主义并最终实现共产主义"。其次，在越南特色社会主义的特征上，1991年越共"七大"通过的《过渡时期社会主义建设纲领》提出了"六个特征"和"七个方向"。2006年，越共"十大"在此基础上概括为七个特征，即"我国人民建设的社会主义社会是一个民富国强、社会公平、民主、文明，人民当家作主；依靠现代化生产力与生产力发展水平相适应的生产关系，经济高度发展；文化先进，民族特色浓厚；人民脱离压迫和不公，生活温饱、自由、幸福、全面发展；越南各民族平等、团结、互帮互助、共同进步；是一个在共产党领导下的、属于人民、来自人民、为了人民的社会主义法治国家；与世界各国人民建立友好合作关系"[1]。

4. 创立"社会主义定向市场经济"理论。2001年4月，越共"九大"首次明确指出"社会主义定向市场经济"是越南向社会主义过渡时期经济体制革新的目标模式，并提出要在2010年"基本上形成社会主义定向的市场经济体制"。2006年，越共"十大"提出要继续完善社会主义定向的市场经济，并提出了发展和完善市场经济的八条措施。

三、"发展和经济增长是生死攸关的问题"：党巩固执政地位的经济基础

1. 把发展生产力当作"第一优先的问题"。越共认为，"对于越南来说，发展和经济增长是生死攸关的问题"，要把发展生产力当作"头等重要的任务、第一优先的问题"。所以，越共从1992年6月党的七届三中全会首次提出经济建设是中心任务，"党的建设是关键任务"以来，党的历次代表大会都强化这一理念，一直将经济建设视为党执政的第一要务、党建的出发点和落脚点。

2. 提出"追赶"战略和发展经济的新标准。2001年，越共"九大"通过的

---

[1]　古小松：《2007年越南国情报告》，社会科学文献出版社2007年版，第245—246页。

《2001—2005五年经济社会发展计划》《2001—2010十年经济发展战略》提出了追赶中国、追赶东盟、追赶发达国家的"追赶战略"。为实现经济追赶战略，越共"九大"提出了发展经济的新标准，即根据能否推动生产力发展、能否不断改善人民生活、能否实现社会公平的标准使用一切发展经济的手段和方法。2006年，越共"十大"提出要"促进经济快速增长"，到2010年国内生产总值达到2000年的2.1倍，年均增长要达到7.5%—8%，努力争取达到8%，到2020年基本实现国家的工业化和现代化。

3. 在体制和社会心理上为私营经济的发展创造有利环境。越南在坚持国有经济主导地位的前提下，全方位发展非公有制经济，目前发展的重点是私营经济。2002年，越共九届五中全会通过了《关于继续革新机制、政策，鼓励私有经济发展世界社会主义与国际共运并为之提供条件》的决议，强调要在体制和社会心理上为私有经济发展创造有利环境。这次全会还首次明确肯定了党员可以发展私有经济，可以成为私有企业主。2006年，越共"十大"再次强调，"要扫除一切障碍，为私营企业在法律允许的各个行业、领域包括各重要的生产经营领域中的发展规模不受限制创造有利的社会心理和经营环境"，并第一次在党的代表大会的政治报告中允许"党员从事私营经济"。

4. "主动融入国际经济"，大力发展外资经济和对外贸易。实行全方位的开放，积极主动地融入国际经济，引进资金技术，扩大对外贸易，是越共经济发展的重要战略，也是越南经济发展中最大的亮点。越南先后通过和修改了《越南外国投资法》《外国在越南投资法若干条款修改补充法》《越南外资法实施细则》，以及国内外企业都适用的《企业法》和《投资法》，促进了外资经济的发展。截至2006年底，越南累计已吸收了6813个外国投资项目，合同金额为604.7亿美元，实际到位资金360亿美元。同时，越南积极发展双边或多边贸易关系，扩大对外贸易。目前，越南与200多个国家和地区建立了贸易关系，2006年11月加入了世贸组织，促进了对外贸易的大幅增长，2006年越南货物贸易进出口额为840亿美元，同比增长21.5%，服务贸易进出口额为102.2亿美元，同比增长16.19%。

四、"发扬民主……保证权力属于人民"：党巩固执政地位的政治基础

2001年，越共"九大"报告在越南的社会主义奋斗目标中第一次加上了"民主"一词。2006年，越共"十大"明确指出：社会主义民主既是改革、建设和保卫祖国的目标，又是动力，要"发扬民主，继续建立和完善社会主义法制"，"确保国家一切权力属于人民"。与其他国家相比，越共民主政治建设最有特色的措施表现在四个方面：

1. 实行国会的直接选举制、质询制与不信任投票制，不断提高国会的作用和实际效力。（1）实行国会代表的直接选举制。越南于1992年开始在全国范围内实行国会代

表的直接选举，全国的选举在同一天举行，选举日必须是星期天，从全国选举委员会、选区选举小组的设立，到代表候选人的产生、全国选举日的确定以及对整个选举、计票过程的监督等都比较民主、规范。（2）提高国会代表的责任和素质。为了避免国会兼职代表"既踢球，又吹哨"，真正发挥民意机关的作用，越南将专职国会代表的比例大幅提高到25%。（3）实行国会的不信任投票制。2001年12月，越南国会批准了一项宪法修正案和《国会组织法》，允许国会对国家和政府领导人进行信任投票，并赋予国会据此罢免国家主席、国会主席和政府总理等领导人的权力。（4）2002年实行国会的质询制。国会代表有权就国家主席、国会主席、政府总理和政府其他成员、最高人民法院院长和最高人民检察院院长各自的职责范围的事项向他们提出质询，被质询者必须作出如实回答，且质询场面向全国进行现场直播。现在基本上每个国会会期都有质询。

2. 实行"民知、民谈、民做、民检"的基层民主。1986年，越共"六大"提出了"人民了解，人民讨论，人民动手，人民检查"（简称"民知、民谈、民做、民检"）的基层民主原则。1998年颁布了《关于制定和实行基层民主制度》的30号文件，要求进一步实施基层民主。随后相继颁布了"乡坊民主条例""国家机关民主条例"和"国营企业民主条例"等，具体明确了应向人民公开的事项、应由人民参与讨论和直接决定的事项、应由人民参与讨论由政府直接决定的事项和应由人民监督检查的事项。2002年，越共中央书记处颁布了"关于继续推动基层民主条例的编制和实施"的指示，要求在总结基层民主建设经验的基础上，进一步完善基层民主建设条例。2004年底，由中央书记处牵头，由祖国战线、越南劳动联合会和政府内务部分别起草了乡坊、国有企业、行政机关的民主制度范本，全国的基层组织依照范本制定和完善本单位的民主制度。2005年初，越共总书记农德孟强调："实行基层民主制度是新时期越南社会民主建设的突破口。"

3. 建设"属于人民、来自人民、为了人民的法治国家"。1986年，越共"六大"报告指出："要依靠法律，而不仅仅靠讲道理去管理国家"。1991年，越共"七大"通过的《社会主义过渡时期的建设纲领》指出·"国家用法律来管理社会"。2001年的越共"九大"强调，要加强社会主义法制建设，要把党的纲领、路线、主张、政策体制化、法律化，由"党治""人治"，向"法治"转变。2006年，党的"十大"世界社会主义与国际共运明确提出要建设"属于人民、来自人民、为了人民的法治国家"。目前，越南国会已经通过了58部法律和43部法令，其中包括社会广泛关注的《企业法》《投资法》《知识产权法》和《预防和反对腐败法》，初步形成了有越南特色的法律体系。

4. 发挥祖国战线和社会政治团体的民主监督功能。为了更充分地发扬民主，调动全社会的力量建设和管理国家，越共建立了任何重大决定作出前要同祖国战线及其他社会政治团体进行民主协商的制度。2006年，党的"十大"再次强调，党尊重和发挥祖国战线和社会政治团体的地位和作用，为了密切联系群众，发挥全民族大团结的力量，要继续改革越南祖国战线和各社会团体的活动方式。

五、建设"先进的、具有浓厚的民族本色的越南文化"：党巩固执政地位的文化精神基础

越共认为，文化是社会的精神基础，是推动经济和社会发展的一个动力。1998年7月，越共八届五中全会明确提出要建设先进的、具有浓郁民族本色的文化。2001年，越共"九大"提出了先进的、富有浓厚民族特色社会主义文化的特征，即大众化、民族化、现代化和具有人文精神。2006年，越共"十大"再次强调，要"继续广泛深入发展先进的、具有浓厚的民族特色的越南文化，提高其质量，将其与经济社会发展紧密结合"。

1. 在文化建设中发扬民族精神，突出爱国主义教育，将爱国主义与马列主义、胡志明思想相结合。越共在分析东欧剧变的原因时指出："俄罗斯的社会经济危机不完全是经济与政治危机，而且是一种文化危机，是一种精神上的摧毁。……危机的原因在于全盘西化的意图对民族文化与传统标准的否定。"[1]所以，在文化建设中首先要保护民族特色，大力发扬民族精神，防止全盘西化和文化庸俗化。在文化活动和文艺创作中要坚持社会主义方向，突出爱国主义教育，将爱国主义与马列主义、胡志明思想相结合，将社会效益和经济效益相结合。

2. 开展"建设健康的思想道德和生活方式"运动。越共针对革新开放以来出现的拜金主义、享乐主义、极端个人主义等各种消极现象，提出要占领文化阵地，今后文化建设的"中心任务是在社会中，首先是在党政机关、群众团体和每个家庭中建设健康的思想道德和生活方式"[2]。为此，在全国范围内开展了爱国主义教育运动和爱国竞赛，在从中央到基层的党内和政府机关内进行了思想道德与生活方式的批评与自我批评运动。2006年11月，又在全国开展了为期五年的"以胡志明为道德榜样而工作和生活"的运动。

3. 加强对中学生、大学生的政治道德品质和生活方式教育，培养具有高尚美好道德品质的越南公民。越南从初中到大专院校都开设了以马列主义和胡志明思想基本理论和知识为主要内容的公民道德教育课。在初中和高中注重马列主义和胡志明思想的基本知识教育，道德和生活方式的教育，公民在社会中的权利、义务和责任的必要知

---

[1]　范文德：《在全球化背景下发扬当今越南民族精神》，《华中科技大学学报》2005年第2期。

[2]　张向斌：《越共八届五中全会公报》，《当代世界与政党资料》1998年第170号。

识教育。在大专院校注重马列主义和胡志明思想的科学理论学习和法律、道德、社会学等学科的教育。另外，越南在奥林匹克知识竞赛活动中还设有"奥林匹克马列主义、胡志明思想知识竞赛"。

此外，越南还设立国家级重大研究课题，加强对全球化条件下越南文化与人的发展的研究。

六、实行"独立、开放、全方位、多样化的外交政策"：党巩固执政地位的国际条件

越共认为，开展积极主动的外交，改善与社会主义国家、周边国家和某些大国的关系，既可以为社会主义革新开放和保卫祖国事业营造有利的国际环境，又可以利用矛盾，化解危机，为国家安全和防止和平演变建立起一道屏障。

1. 准确把握时代的本质和特点。越共认为，"苏联和东欧的社会主义制度的崩溃使得社会主义暂时陷入低潮，但时代的本质并没有改变。人类仍然处于以伟大的俄国十月革命为开端的从资本主义向社会主义过渡的进程中"[1]。目前出现的历史曲折正在使全世界从资本主义向社会主义的过渡延长，但不可能使时代的趋势倒转，人类现在走的道路正是和平、民族独立、民主与社会主义的胜利之路。

2. 区分好经济全球化的积极性和消极性，"融入而不溶化"。越共"九大"强调，"经济全球化既促进合作，又增强竞争压力及经济上的相互依赖性"，越南应贯彻"建立独立、自主经济与主动融入国际经济必须紧密结合"的原则，积极主动地融入经济全球化[2]。要把生产力、技术层面与生产关系、政治层面严格区别开来，要"融入而不溶化"，既保证社会主义方向，又保持民族传统和民族特色。

3. 确立独立自主、全方位、多样化的外交路线同所有国家交朋友。1991年，越共"七大"提出"越南愿意成为国际社会所有国家的朋友"。1996年，越共"八大"强调实行对外关系多样化、多边化。2001年，越共"九大"提出了"始终如一奉行独立自主、开放、多样化、多边化国际关系的对外路线，为和平、独立与发展而奋斗"。2006年，越共"十大"仍重申这一主张，强调实行广阔的、多边的外交政策和构建多样化的国际关系，使越南成为国际社会中值得信任的朋友和合作伙伴。

4. 将越中关系、越美关系、越南与东盟关系作为外交工作的三大重点。（1）优先发展与中国的关系。自1991年实现越中关系正常化后，越南一直把改善和发展越中关系放在对外关系的首位，强调越中关系与越南民族的切身利益息息相关，要十分重视

---

[1]　许宝友：《时代特征与越南社会主义》，《当代世界与社会主义》2003年第1期。
[2]　梁志明：《经济全球化与面向21世纪的越南》，《东南亚纵横》2003年第2期。

并优先发展与中国的友好关系以及全面、牢固、互信的全面合作"。（2）重点突破与美国的关系。自1995年7月与美国正式建立大使级外交关系以来，越南主动出击，积极改善和发展与美国的关系，将原则性与灵活性结合起来，在依赖与对抗关系两者间寻求最佳平衡点，以经济关系的改善与合作减轻政治上的敌对与"和平演变"的压力。（3）积极改善与东盟国家的关系。越南在1995年7月正式加入东盟，为革新开放、经济建设和保卫国家事业营造了有利的国际环境，为提升国际地位创造了条件，推动了越南与东盟以外国家关系的发展，加速了越南融入地区和国际社会的步伐。进入21世纪以来，越南更加重视发展和改善与东盟国家的关系，注重提高与东盟各国的合作效果与质量。

七、"党的建设是关键"：党巩固执政地位的自身保障

2006年，越共"十大"报告指出，党的建设"是一项关键任务，关系到我们党和人民的革命事业的生死存亡"，要"建设在政治、思想和组织方面真正纯洁、坚强的党"，提高党的领导能力和战斗力。

1. 不断强化党是"源于人民，属于人民，为了人民"的理念和全心全意为人民服务的意识。越共九届七中全会提出了"重民、近民、知民、学民、对民尽责"的办事方针，认为革新的目的是人民的利益，人民的意见、愿望和创造精神对党的革新路线具有重要作用，要紧紧依靠人民，围绕人民的利益开展工作。2006年，越共"十大"强调"革命事业属于人民、来自人民、为了人民"，并明确提出"越南共产党是工人阶级的先锋队，同时是越南劳动人民和全民族的先锋队，是工人阶级、劳动人民和全民族利益的忠实代表"。[1]

2. 加强党的组织建设，增强党的战斗力。越南共产党认为，民主集中制原则是党的生命，党没有它就不再有组织性。组织方面的党建工作是当前党建工作中的一项极其重要的内容，要牢牢地坚持民主集中制的原则。2006年，党的"十大"通过的新党章再次强调："越南共产党是一个组织严密的政党，意志和行动高度统一，以民主集中制为基本组织原则。"

3. 加强党内民主建设。近年来，越共不断完善和健全了党的各级代表大会制、中央委员会工作制、集体领导制、党内选举制、干部交流制、基层民主制、权力监督制等党内民主制度。（1）党内所有领导职务实行差额选举制。党的各级领导机关和领导职务均由民主选举产生。党的全国代表大会是党的最高领导机关，中央委员在党的全

---

[1] 古小松：《2007年越南国情报告》，社会科学文献出版社2007年版，第270页。

国代表大会上通过差额选举产生。2006年，越共第十次全国代表大会就是在206名候选人中差额选举出了160名中央委员和21名中央候补委员，党的总书记也首次采用了选举前由大会代表民主推荐产生候选人的办法。越共的省委书记及所有省级干部的产生也均须采用至少10%的差额比例，在全省干部大会上通过无记名投票的方式选举产生。（2）实行集体领导制。2001年，越共制定了党的各级领导机关新的工作制度，将集体领导和个人分工负责紧密相结合。党的各级领导机关真正实行集体领导原则，各项重大主张、干部任免、重大工程项目的开展等事项，都必须通过集体讨论决定，个人不得擅自拍板。（3）实行党务和信息公开制。一是将包括党的代表大会政治报告草案在内的党所研究的重大问题向全社会公开，广泛吸收党内外智慧。2001年越共"九大"政治报告草案和2006年越共"十大"政治报告草案都是提前通过媒体向全社会公布，征求意见。二是将党的各级领导人的信息公开化，接受社会监督。各级领导职位选举前，将包括党和国家领导人在内的所有候选人的基本情况、家庭地址和电话号码向全社会公开，以便于党员干部和群众的直接监督。（4）实行质询制。2002年，越共九届五中全会首次实行了质询制度，任何一位中央委员可以对包括总书记、政治局委员和书记处书记在内的其他委员提出质询，也可以对政治局、书记处、中检委集体提出质询。被质询者必须回答质询者提出的问题。（5）实行干部交流制。2002年7月，在全党、全国范围内推行干部交流制度，规定总书记连任不得超过两届，县级以上主要领导干部在同一个地方担任同一职务不得超过两届任期，以解决当前比较突出的"关系网""裙带"等消极腐败问题。

4. 革新党的执政方式。1991年"七大"以来，越共就提出要按照"党领导、政府管理、人民作主"的思路"在内容上和方法上革新党的领导"。2006年，越共"十大"再次指出：要"改革党的领导方式"，"集中改革党对国家的领导方式。党通过路线、观点、决议等对国家实施领导；通过变成国家宪法、法律、计划和重大工作章程实现领导的具体化、制度化；安排好干部，并经常检查组织实施情况"。"党不但不能包办、代替政府进行领导，而且要在国家和社会的管理工作中，充分发挥政府的主动性和创造性。"[1]从实践来看，越南扩大了国会的权力，加强了法制建设，明确提出了党政分工，努力改变过去"党治""人治"的状态，逐步转向"法治国家"，党的领导方式发生了明显的变化。

5. 把反腐败作为目前党建工作的重中之重。越南共产党在加强党建的进程中，特别重视反对和消除党内腐败现象，认为腐败是越南当前所面临的四大危机之一，是"国难"，反腐败是党建的重中之重，是保证党完全纯洁和健康、巩固人民对越南党和

---

[1]　古小松：《2007年越南国情报告》，社会科学文献出版社2007年版，第269页。

国家的信心和信任的唯一手段。从实践上看，越共从1999年5月19日至2001年5月19日在全党开展为期两年的党的建设和整顿运动。2001年，越共"九大"后相继出台了财产申报、财政公开等一系列规章制度。2005年11月，越南国会又通过了《预防和打击腐败法》。2006年2月，越南政府批准了《贯彻落实〈预防和打击腐败法〉的政府行动计划》。2006年，越共中央成立了由政府总理任主任的反腐败指导委员会，指导全国的反腐败斗争。2006年，越共十届三中全会通过了加强党对反贪污腐败斗争领导的决议。由于采取了上述措施，反腐败工作取得了重大进展，据统计，在2000—2004年期间，全国先后查处了腐败案件8800多起，涉案官员1.2万多人，2370多人受到严惩。

此外，越共为了巩固执政地位，在解决党对军队的领导及其实现方式、解决社会公平和化解社会矛盾等方面也采取了许多战略措施。

总之，为了巩固执政地位，越共推出了一系列的战略措施，这些措施对包括中国在内的当代社会主义国家的执政党都有重要的借鉴意义。例如，社会主义国家执政党要有危机意识，要从战略高度重视制度性危机和执政安全；巩固党的执政地位要有整体性战略，既要重点突破，又要措施配套；没有民主就没有社会主义，就没有共产党的长久执政；腐败是"国难"，巩固党的执政地位必须不惜伤筋动骨地反腐败；人民群众的情绪和态度向背是衡量党执政成败得失的晴雨表，社会主义国家的执政党必须把实现和维护人民群众的利益作为自己执政的出发点和落脚点。

原载于《当代世界与社会主义》2007年第6期

日本共产党廉政建设初探

尹文清

摘　要: 在世界经济全球化进程日益加速、各种思潮交融的当代,腐败现象成为世界性的痼疾。无论是执政党还是在野党,克服腐败、廉洁建党,成为各国政党面临的共同课题。日本共产党自1922年建党以来,始终重视党的廉洁建设,其有益的经验对我们党的反腐倡廉有一定的启发和借鉴作用。

关键词: 日本共产党;廉政建设;制度

　　廉政建设关系到一个政党的生死存亡。腐败问题一直困扰着日本政界。在自民党的长期执政下,这个问题不但没能得到根本解决,反而愈演愈烈。腐败与金钱政治最终导致了执政长达38年的自民党下台。日本共产党总结和汲取了自民党的教训,加强党的思想理论建设,增强廉洁意识,完善廉政制度,成为日本政坛最廉洁的政党,逐渐赢得了民心,在日本政治生活中发挥着越来越重要的作用。本文试图通过总结日本共产党廉政建设的一些有益经验,以期对我党的廉政建设提供可借鉴的经验。

一、重视思想理论建设、增强廉洁意识

　　政党组织的特性决定政党对党员的组织和整合,不能单纯靠组织和纪律,理想和信念更具有决定性的作用,列宁曾经说过:"政治上有修养的人是不会贪污的。"[1]日本共产党自成立以来,非常重视加强对党员的思想教育、增强廉洁意识,从源头上预防和减少腐败现象的发生。日共七大提出建设一个"以马克思列宁主义理论武装的党"的党建思想。十二大提出"教育立党""既要保证数量,又要保证质量"的党建方针,把马克思列宁主义理论学习放到了重要的位置。随着时代的发展,马克思列宁主义理论的部分内容已经不适应社会形势的发展,日共与时俱进,1976年日共十三大决定将党的纲领、章程中"马克思列宁主义"改为"科学社会主义",强调党员学习马克思、

---

[1]　《列宁全集》(第33卷),人民出版社1992年版,第57页。

恩格斯关于科学社会主义基本理论。党章规定，各个支部每周召开一次会议讨论、学习，日共领导人更是以身作则，带头学习马列主义，不断著书立说。日共领导人志位和夫曾说："日共非常重视马克思著作的学习，不破哲三委员长虽然年事已高，却总是亲自主持日共中央的学习会。"[1]不破哲三委员长1980至2007年二十几年的时间出版了43部著作，如《斯大林与大国主义》《〈资本论〉与当今时代》《两个世纪与日本共产党》《科学社会主义与执权问题》《我们的日本改革论》，等等，为全党的理论学习作出了表率。同时，日共在全党推行"各级讲师资格考试制度"，取得资格的讲师活跃在全国的理论学习的第一线上。这种定期的学习，统一了思想，树立了马克思主义信仰，增强了廉洁意识。日共国际局的一位工作人员曾说过："不是为薪水，而是为信仰在工作。"委员长志位和夫接受采访时说过："廉洁才能兴党。"党领导人不破哲三在演讲中也多次强调腐败危及党的生存和廉洁建党的重要性。党组织自身的廉洁，为其抵制日本政界盛行的腐败之风提供了保障。例如在日本著名的"洛克希德案件"中，为了揭露美国洛克希德公司向日本高官行贿事件，日本共产党成立了调查委员会，到美国搞实调，结果从美国挖出"重磅炸弹"，在共产党等在野党及舆论的督促下，使事件的真相逐渐明朗起来，相关责任人受到了法律的制裁。由此，日共在国民中树立了清廉的政党形象。

二、领导干部以身作则、廉洁奉公

马克思非常赞赏巴黎公社为防止社会公仆变为社会主人所采取的两项措施，其中之一就是对国家公职人员实行低薪制，"从公社委员起，自上而下一切公职人员，都只应领取相当于工人工资的薪金。国家高级官员所享有的一切特权以及支付给他们的办公费，都随着这些官吏的消失而消失了"[2]。日本共产党虽然不是执政党，但却对议会中共产党议员和党的主要领导人的工资予以严格规定，以防止特权、腐败现象的发生。在日本，国会议员的地位和工资很高。党章规定，党的国会议员包括党的领导人不破哲三和志位和夫及秘书的工资的一部分要上缴组织。这一规定不仅大幅缩小了国会议员、党的专职干部与一般党员在工资上的差距，更重要的是铲除了国会议员及领导干部特殊化和滋生腐败的土壤，这在日本其他政党中是不存在的。日共中央机关共有900位专职党务人员，干部外出办事，包括去各国大使馆出席招待会，都须乘坐地铁等公共交通工具，在国内出差一律住便宜的旅馆。日共领导干部的严格自律、廉洁奉公，

---

[1]　高秋福：《日本共产党在斗争中发展壮大——访日共领导人志位和夫》，新华网2003年7月24日。
[2]　《马克思恩格斯选集》（第2卷），人民出版社1972年版，第375页。

带动了全党的廉洁作风的形成。2000年日共二十二大的会址设在远离东京的静冈县热海市山峦中的伊豆学习馆，当时出席大会的代表有1000多人，许多代表住在山下老百姓的家中，每天参加会议都要翻山越岭，爬过弯曲的山路到山上来参加会议，而且代表们的午饭也是简单的盒饭。[1]正是因为日本共产党的艰苦朴素的作风，使共产党的力量得到不断壮大，参政能力增强。2007年7月，日本共产党有9名众议院议员、7名参议院议员，地方议员3099人（至2008年2月），党员404000人，日本共产党成为地方议会力量最大的政党、日本政坛第四大政党、第二大在野党，单独执政的革新自治体达65个。2007年的10～12月连续3个月，党报、党刊的读者增加了3480人，达到14年来月增加人数最高水平。[2]

三、健全党的资金管理制度

政党不是生产组织，也不是服务性组织，而是一个社会性的政治组织。因此，政党不可能自然生产财富，但政党在现代社会所起的巨大作用及围绕着国家政治权力而展开的运作又必然需要强大的经济支撑，正如马克斯·韦伯所说："从经济上讲，政党的财产筹措是一个对政党行为影响的分布和实质方向至关重要的核心问题；不管是广大党员的少量党费也好，不管是出自意识形态原因的大批资助也好，也不管是有关的（直接和间接的）购买也好，也不管是由于执政而获得征税机会比处于劣势的对手的征税机会多也好，都至关重要。"[3]资金在保证政党正常运作的同时，也成为滋生腐败的温床之一，相应地，严格的资金管理制度则成为廉政建设的重要内容。

（一）严格政治资金管理，从制度上杜绝腐败的滋生

政治资金是资本主义国家政党政治活动普遍存在的现象，为了确保政治活动的公正、公开和民主政治的健康发展，政党及政治团体所进行的政治活动必须接受国民的监督，政治资金收支也必须符合法律规定。1948年，日本颁布了《政治资金限制法》，该法通过几次重要的修改，对个人、企业捐款的上限不断作出修正，禁止企业和团体向政治家个人捐款等。但是由于自民党长期执政中形成的"金权政治"，即建立在执政党、行政官员、利益集团间的利益关系，为政治腐败提供了温床。1999年12月《朝日新闻》在日、美、英3国进行的一项调查表明，75%的日本选民认为在政治家中腐败现

---

[1] 刘映春：《理想执着，实干清廉——我所看到的日本共产党的思想工作作风》，The contemporary world，2001年第3期。

[2] 2008年1月5号志位和夫委员长2008新年贺词，http://www.jcp.or.jp.

[3] 马克斯·韦伯：《经济与社会》，商务印书馆1997年版，第318页。

象蔓延，而在美、英两国这一比例分别为30%和32%。[1]为了清除建立在"利益政治"之上的政治腐败，促使政党政治及民主政治的健全发展。日本于1994年又通过了《政党助成法》，规定每个国民每年上缴250日元，全国300多亿，这些钱按各党所属议员人数和众参两院选举得票率进行分配。根据《政党助成法》，日共每年大约能分得20多亿日元。[2]但自该法颁布以来，日共一直认为这种强制国民献金的政党助成金，把国民税金作为政党的经费的做法违反了宪法，侵犯了国民的思想、信仰的自由，是政党"腐败、堕落的温床"，不仅强烈要求废除此法案，还坚决不接受政党助成金，成为日本政党中唯一未接受此项资金的政党。在腐败丑闻不断的日本政坛，除了日共没有一个政党敢说自己在资金上不存在任何问题（见表1）。美国《芝加哥论坛报》曾发表署名文章认为："日共主要的吸引力之一是它的形象，日共与金融丑闻没有牵连。"[3]正因此，日本共产党在国民中树立了廉洁公正的形象，不仅赢得了不少无党派选民的支持和信任，而且也得到了国民的理解与支持。《共同通信》对2007年9月参议院选举中无党派投票状况的调查结果显示：民主党获50.2%、自民党获16.7%、共产党获8.6%。[4]

表1　2007年收入前5位的政党的收入中政党助成金所占比例

政党名称	收入总额（万）	政党助成金所占比例（%）
日本共产党	281亿9741	0
自民党	261亿6082	64.4
民主党	125亿193	83.8
公明党	144亿3887	19.8
社民党	19亿5476	51.5

资料来源：日本共产党网站：http://www.jcp.or.jp のサイトマップ

（二）党的活动经费的来源及使用公开化、制度化

日本共产党的经费来源主要靠党员的党费、党报党刊收入及个人捐款（见表2）。党章规定：党费的交纳标准为实际收入的1%，按月按期交纳，但失业、高龄、生病等生活困难的党员可减免或免除党费。党定期出版的报纸、刊物有《前卫》《议会与地方自治》《女性视野》《月刊学习》《经济》《赤旗》等，为了增加党报党刊的收入，发动全体党员深入基层、住户，扩大发行量。对于个人捐款，规定必须采取自愿、不允许向党员摊派等原则。以上收入的经费基本上能够满足党的日常活动需要，达到了收支

[1] 杨爱珍：《当代中国政党政治研究》，学林出版社2004年版，第280页。
[2] 严维耀：《日本廉政制度建设理论与实践》，中国方正出版社2004年版，第88—89页。
[3] 曹天禄：《新世纪日本共产党面临的机遇与挑战》，《国外理论动态》2003年第8期。
[4] 日本共产党创立85周年纪念会上志位和夫委员长演讲。

平衡（见表3）。为了让国民尤其党员了解党的资金使用状况，日共自觉地把自己置于社会的监督之下，建立了网站，将党的领导人、党的政治活动、基层组织情况、党的经费收支状况等定期公布，使党的活动、经费来源及使用情况公开化。同时，在网站里设置E-mail，及时了解党员群众反映的各种建议和看法，接受党内外及媒体的监督。

表2　2006年日本共产党政治资金总收入

项目	金额（万）	前年比（%）	构成比（%）
党费	10 亿 624	92.0	3. 6
个人捐款	9 亿 609	84.5	3. 2
党报、党刊、书籍等	230 亿 9963	96.0	81.9
其他	31 亿 8545	146.3	11.3
合计收入	281 亿 9741	99.2	100

资料来源：日本共产党网站：http://www.jcp.or.jp のサイトマップ

表3　2006年日本共产党政治资金总支出

项目	金额（万）	前年比（%）	构成比（%）
经常活动经费	45 亿 9488	87.7	16.9
机关报、刊、书籍等	167 亿 2153	99.6	61.6
其他政治活动	58 亿 1571	79.4	21.4
支出合计	271 亿 3210	92.4	100

资料来源：日本共产党网站：http://www.jcp.or.jp のサイトマップ

四、严肃党的组织纪律，加强党内监督

（一）严肃党纪，重视党风建设

恩格斯曾说过："人来源于动物界这一事实已经决定了人永远不能摆脱兽性，所以问题永远只能在摆脱得多些或少些，在兽性和人性程度上的差异。"[1]日共党章规定，党的国会议员包括党的领导人不破哲三和志位和夫组成议会团，接受党的领导，在国会期间接受活动、定期过组织生活，不能把自己置于党组织之上。同时重视党的纪律建设，党章规定，中央委员、准委员及地方的委员、准委员，违反党的纪律，就要受到处分，只要中央或地方委员三分之二的多数表决通过，就可执行；对党员的处分很慎重，尤其是开除党籍的处分，强调必须认真调查，公开调查资料，并接受本人的申

---

[1]　《马克思恩格斯选集》（第3卷），人民出版社1972年版，第140页。

诉。[1]1964年，日共九大对党风建设重新作了规定：第一是革命的觉悟，第二是群众路线，第三是民主和集中的正确统一，第四是以机关报为中心进行工作，第五是建立同志式的友爱，第六是抓紧时间学习，第七是批评与自我批评，第八是发表意见要摆事实讲道理，第九是建立朝气蓬勃的支部生活。党的纪律的严明执行，党风建设的重视，尤其是对党的领导干部的严格要求，规范了党的组织生活，保证了党的纯洁性。

（二）加强党内监督制度建设

日共2000年新修改的党章，着重加强了党的纪律性和监察部门的独立性。党的最高领导机构是中央委员会，由中央委员会任命的有中央干部会、诉愿委员会、纪律委员会、监察委员会。中央干部会负责中央日常工作，任命中央机关报编辑委员会成员；诉愿委员会，主要是及时解决来自党内外反映的问题；纪律委员会，主要是调查审查违反纪律的党员干部；监察委员会，主要监管、审查中央机构的会计、事业及财产状况。[2]党的各局部、各委员会、研究所等机关由中央委员会干部会任命，受中央委员会书记局领导，党的机关工作必须接受纪律委员会及监察委员会的监督。党的纪律及监察部门完全独立于中央委员会书记局，与书记局同属于中央委员会。党内完善的监督机制，监督机关独立的工作制度，保证了党的监督工作的制度化、权威性及公正性。

日共坚持马克思主义理论与日本的国情相结合，经过85年的奋斗、探索，在廉政建设上取得了一定的成效，作为发达资本主义国家的在野党，它的做法不一定完全适合我们的国情，但它在资金管理制度、党务公开、领导干部自律等方面的经验，对我党的廉政建设有一定的借鉴作用和参考价值。

原载于《中国特色社会主义研究》2008年第3期

---

[1]　日本共产党网站, http://www.jcp.or.jp.

[2]　日本共产党网站, http://www.jcp.or.jp.

冷战后拉美共产党的理论及政策比较

崔桂田

摘　要： 本文对冷战后拉美共产党的理论和政策进行了比较研究，认为拉美共产党在理论探索上表现出从教条地对待马克思列宁主义向马克思列宁主义本国化和"拉美化"转变，从崇尚苏联传统模式向模式多样化和走本国特色社会主义转变，从建设工人阶级的政党向建设"群众性政党"转变的趋向；政策调整上表现出由主张暴力转向合法化和民主化，由关注国家政权转向关注民生，由"唯我独尊"和单打独斗转向左翼联盟的走势。由于拉美共产党的情况非常复杂，分为不同的类型，其理论和政策的调整也存在着差异性。

关键词： 冷战后；拉美共产党；理论政策；比较研究

冷战后，拉丁美洲地区的共产党面对东欧剧变带来的巨大冲击和全球化、信息化带来的挑战以及自身的生存状况，积极探索走向社会主义的新理论，采取新的灵活的政策和斗争策略，进行组织革新。经过近二十年的奋斗，大都渡过了生存危机，坚守住了阵地，有的甚至取得了长足发展。那么，冷战后拉美共产党的状况怎样？有哪些理论和政策调整？不同类型共产党的理论政策又有哪些异同呢？本文试就这些问题作一粗浅探讨。

一、拉美共产党的类型及现状

在经济全球化和东欧剧变的背景下，尽管拉美国家的共产党遭受到了空前的打击，遇到了严峻的挑战，但大多数共产党组织顽强地生存下来，有的甚至在困境中得到了发展。那么，目前拉美地区到底有多少个共产党组织？这些共产党组织的类型如何划分？它们目前的状况又如何呢？

（一）拉美共产党现有组织及力量

关于拉美地区到底有多少个共产党组织，目前我国国内还没有一个统一的说法，大体上存在以下几种看法：

一是柴尚金在《当代世界》2008年第11期发表的文章《析外国一些共产党和左翼政党通过议会斗争道路上台执政》中认为，当前拉美共产党共有20多个，共有党员40万左右，都是合法政党。二是周余云在《拉丁美洲研究》1999年第1期发表的文章《世纪之交的拉美政党政治》中指出，80年代初在拉美公开活动的共产党有23个。东欧剧变后，它们当中有的改旗易帜，有的自行解散。目前，拉美的共产党还有12个左右。三是徐世澄在《拉丁美洲政治》一书中认为，在1919年到1943年期间是拉美共产党建立的高潮，先后建立了20个共产党组织。在20世纪80年代，拉美各国各类共产主义政党包括共产党和自称信奉马克思主义的政党有50多个，到20世纪末还有30个。四是肖枫在《社会主义向何处去》一书中认为，第二次世界大战前拉美地区有19个共产党。到1990年，拉美非执政的共产党约有40多个，党员约50万人。五是祝文驰、毛相麟、李克明等在《拉丁美洲的共产主义运动》一书中认为，到80年代中期，拉美的共产主义政党和组织共有50多个，党员总数约100万人。六是据中共中央对外联络部编写组2000年出版的《各国共产党总览》一书介绍，截至1998年，拉美地区共有30个共产党组织。七是2000年1月出版的由王家瑞主编的《当代国外政党概览》一书主要介绍了拉美地区的12个共产党。

对拉美地区共产党的现有组织和力量之所以会众说纷纭，成为研究的一个难题。我认为主要有如下几个原因。

第一，拉美共产党内部由于主张和意见分歧而导致的分裂不断出现。例如，智利共产党在1963年发生分裂，一部分人于1966年2月成立智利革命共产党。阿根廷共产党在20世纪60年代大分裂，1965年部分党员组成共产主义先锋党，1968年部分党员又建立了革命共产党。1994年阿根廷共产党再次发生分裂，部分党员组建新的中左翼政党——国家团结阵线。1965年玻利维亚共产党分裂，部分党员组建了玻利维亚共产党（马列），而后者在1977—1988年间也多次发生分裂。1967年洪都拉斯共产党分裂，一部分主张武装斗争的人组成洪都拉斯共产党（马列），1988年改名为洪都拉斯改革党。巴拉圭共产党在1965年发生分裂，部分党员建立巴拉圭共产党（克雷依特派），1987年后该党衰落。尼加拉瓜社会主义党在1967年4月分裂，反对武装斗争的人另建尼加拉瓜共产党。哥斯达黎加人民先锋党在1984年分裂，以总书记曼努埃尔·莫拉为代表另立新党，另一派继续使用人民先锋党的名称。东欧剧变后，该党又发生分裂。乌拉圭共产党在1992年5月发生分裂，部分干部和党员建立民主社会主义的新党。巴西曾经有巴西的共产党和巴西共产党。秘鲁现有秘鲁共产党（红色祖国）和秘鲁共产党（团结）。如此等等。

第二，随着拉美民主化进程的发展，拉美共产党出于合法活动的战略考虑，往往以别的名义或与其他左翼政党结成统一战线参加大选，与其他政党共享战果，"你中有我，我中有你"，容易造成认知上的错觉。例如，巴西的共产党的部分党员干部曾在1982年以合法反对党"巴西民主运动党"的名义参加议会选举，并有六人当选联邦众议员；巴西共产党也从20世纪80年代中后期开始与巴西劳工党结成联盟，支持卢拉竞选总统，并在卢拉上台后成为参政党。哥伦比亚共产党自20世纪80年代中后期参与创建了社会政治阵线、民主选择和独立民主中心，并作为民主中心的成员参加大选；2005年将民主选择和独立民主中心改为民主变革中心；该党作为中心成员参加了2006年大选，并获得一个参议院席位和一个众议院席位。委内瑞拉共产党在保持自己相对独立性的前提下，也积极参加查韦斯倡导的"统一社会主义党"的筹建工作中，支持查韦斯的改革。阿根廷共产党先后在1985、1987、1989年，同争取社会主义运动等左源组织建立人民阵线、广泛解放阵线和左源联盟参加大选。秘鲁共产党（红色祖国）在1997年领导建立了包括秘鲁共产党（团结）在内的新左源运动，在2002年市政选举中获一名大区主席、五个市长和26个区长职位。厄瓜多尔马列主义共产党曾在1978年建立"人民民主运动"，并以这一名义参加1979年的大选，直至现在。

第三，拉美部分共产党在与其他政党的融合中或不复存在，或改旗易帜，新旧交织不易辨别。例如，萨尔瓦多共产党于1980年10月与其他组织建立法拉本多·马蒂民族解放阵线，共产党在阵线内保持独立性；1992年阵线转变为合法政党后，萨尔瓦多共产党不复存在。墨西哥共产党1981年与墨西哥人民党、社会主义革命党、社会主义行动和团结运动、人民行动运动等政党成立墨西哥统一社会党，从此独立的墨共不复存在；1987年11月墨西哥统一社会党又与另外五个政党联合成立墨西哥社会党，从此统一社会党也不复存在；1989年墨西哥社会党再与其他11个左翼政党和组织成立民主革命党。巴西的共产党在1992年1月改称"社会主义人民党"，放弃了社会主义和共产主义目标以及马列主义，宣布走民主社会主义道路。

第四，拉美共产党的整体影响力不够，人们缺乏对它的关注和研究。在我国，除中共中央对外联络部因政党外交的需要对其进行动态跟踪研究之外，学者关注和研究拉美共产党的不多，基本上仅限于古巴共产党、巴西共产党等几个影响较大的党。所以从已有研究看，这方面的学术成果寥寥无几，与对欧洲等发达国家共产党的研究形成鲜明对比。

（二）拉美共产党的类型划分

对拉美共产党进行类型划分也是一个非常困难和复杂的问题，上述拉美共产党现有组织和力量复杂多变的情况，同时也是其类型划分不易的原因之一。本文尝试从以下三个方面对其进行分类。

第一，从党的指导思想看，拉美共产党虽然都声称以马克思列宁主义为指导，但在对指导思想所包含内容的具体表述上不同，主要分为两类，即以狭义马克思主义为指导思想的共产党组织和以广义马克思主义为指导思想的共产党组织。这里所谓狭义马克思主义，是指马克思主义或马克思列宁主义；广义马克思主义，是指马克思列宁主义以及本国化和拉美化了的社会主义思想。

以狭义马克思主义为指导思想的共产党组织在拉美占多数，主要有三种情况：一是声称以"马克思主义"或"马克思列宁主义"为指导思想，主要有巴西共产党、智利共产党、阿根廷解放党、乌拉圭共产党、委内瑞拉共产党、委内瑞拉激进事业党、玻利维亚共产党、巴拉圭共产党、洪都拉斯改革党、哥斯达黎加人民先锋党、海地共产主义者统一党、瓜德罗普共产党、厄瓜多尔共产党、厄瓜多尔马列主义共产党等；二是声称以"列宁主义"为指导思想，主要有墨西哥社会主义人民党等；三是声称以"科学社会主义"为指导思想，主要有马提尼克共产党等。

以广义马克思主义为指导思想的共产党组织大都主张将马克思列宁主义本国化和拉美化，主要有古巴共产党、阿根廷共产党、阿根廷革命共产党、哥伦比亚共产党、哥伦比亚独立革命运动、秘鲁共产党（团结）、秘鲁共产党（红色祖国）、玻利维亚共产党（马列）等。

第二，从党员构成的主要职业成分看，尽管拉美共产党出现了群众性政党的趋势，但仍可分为三类：一是职业多元化的群众性的共产党组织，主要有古巴共产党、巴西共产党、瓜德罗普共产党、厄瓜多尔共产党、委内瑞拉共产党、秘鲁共产党（团结）等；二是以工人、农民为主要成分的共产党组织，主要有秘鲁共产党（红色祖国）、洪都拉斯共产党、尼加拉瓜社会主义党、哥伦比亚独立革命工人运动、委内瑞拉激进事业党等；三是以知识分子和青年学生为主要成分的共产党组织，主要有阿根廷共产党、阿根廷解放党、墨西哥社会主义人民党、多米尼加共产党、玻利维亚共产党等。

第三，从党在国家政治生活中的地位和影响看，拉美共产党可分为三类，即执政党、参政党与合法在野党。

执政党只有古巴共产党一个。它从1959年至今一直是古巴执政党。

参政的共产党组织比较复杂。有的是过去曾经参政，有的是现在参政，有的是单独参政，有的是联合参政。这一类主要有：巴西共产党、委内瑞拉共产党、阿根廷共产党、智利共产党、秘鲁共产党（团结）、秘鲁共产党（红色祖国）、萨尔瓦多共产党等。其中最有影响的参政党是巴西共产党，它于1985年3月获得合法地位，2003年成为参政党至今。巴共的党员人数也不断增加，1985年为1.2万，1990年为9万，1995年为20万，2001年为30万，目前为32万。党的政治地位和影响不断提高，2006年大选中有13人当选众议院议员，一人获得参议员席位；在全国的州议会选举中，每届有10名左右的党员当选为州议员；在全国5000个市议会中，共有约0名市议员。从2005年9月到2007年2

月，巴共党员阿尔多·雷贝洛出任众议院议长；自2003年1月以来，大约有6000名党员到各级政府任职[1]。

合法在野的共产党组织占拉美共产党的大多数。有的有议会席位，如玻利维亚左源革命阵线、多米尼加劳动党、厄瓜多尔马列主义共产党、哥伦比亚独立革命工人运动，哥伦比亚共产党等；有的无议会席位，如玻利维亚共产党、厄瓜多尔共产党等。

二、拉美共产党的理论探索

冷战后拉美共产党对社会主义理论都进行了不同程度的新的认识和探索，最集中的三个问题分别是马克思主义的地位及命运和未来社会主义的发展道路及模式以及在经济全球化和信息化条件下建设一个什么样的共产党，表现出从教条地对待马克思列宁主义向马克思列宁主义本国化和拉美化转变，从崇尚苏联传统模式向模式多样化和走本国特色社会主义转变，从工人阶级的政党向"群众性政党"转变的趋向。

（一）马列主义本国化和"拉美化"

冷战后拉美共产党理论调整的最大变化，就是由教条地对待马克思列宁主义向马克思主义本国化、拉美化发展。这是其理论探索的共同趋势。但由于各党自身的状况不同，其对马列主义本国化、拉美化的理论认识及理论水平存在着较大差异。

第一，拉美大多数共产党都提出了发展和创新马克思列宁主义的主张，但强调的侧重点各有差异。

比如，古巴共产党主张把马列主义与本国实际相结合，结合本国特点运用和发展马列主义。卡斯特罗指出，马克思了解的是资本主义而不是社会主义，因为他把社会主义看作是一个未来社会，他并非试图去描绘社会主义制度，更未去谈论如何建设社会主义，他认识到这并非自己的任务。所以要根据今天的实际来解决这个问题，来发展马克思主义。他强调："马克思列宁主义这门科学，说到底，是在各国人民建设社会主义的实践中极大地丰富起来的。"[2]

巴西共产党强调，革命者需要坚持马克思、恩格斯和列宁的伟大学说，党是"以马克思和恩格斯创立的、由列宁和其他马克思主义革命家发展的科学和革命理论为指导的政治组织"[3]，但我们反对教条主义，因为它是与马克思列宁主义活的、创造性的学

---

[1] 王家瑞：《当代国外政党概览》，当代世界出版社2009年版，第846—847页。

[2] 卡斯特罗：《在古巴共产党第一、二、三次全国代表大会上的中心报告》，人民出版社1990年版，第87页。

[3] 王家瑞：《当代国外政党概览》，当代世界出版社2009年版，第845页。

说背道而驰的，"革命政党要有社会革新的思想"。

此外，阿根廷共产党指出，马克思列宁主义作为变革的理论，是在实践中不断发展的。因此要"在理论上更新，恢复其批判的本质，排除教条主义"，"创造性地运用马克思列宁主义"[1]。智利共产党强调，"读一读马克思、列宁的著作是很有必要的，它将有助于建设一条通向参与性的社会主义道路"，但是"马克思列宁主义是不断发展、变革的"[2]。秘鲁共产党（团结）指出，要根据新的形势和当前的任务发展科学社会主义理论。因为当前的时代不仅同马克思、恩格斯所处的时代不同，同列宁所处的时代也是不同的，作为马克思主义者，我们应该认识新的现实。哥伦比亚共产党表示，要创造性地运用马列主义的原则和方法，寻找出适合哥伦比亚实际的社会主义道路。玻利维亚共产党提出，要"创造性地"把马克思列宁主义理论运用于玻利维亚实际中去。

第二，马克思主义"本国化"成为拉美共产党发展的趋势，但各党在"本国化"问题上的具体思想指向不同。尽管拉美共产党大多主张马克思主义本国化和拉美化，但大都是意向性的，缺乏具体的思想指向和可操作措施，只有少数共产党组织提出了马克思主义本国化应吸收和强化的思想指向。

比如，阿根廷共产党提出了马利亚特吉、格瓦拉思想，强调在坚持马克思列宁主义的同时，应吸收拉美革命者马利亚特吉、格瓦拉对马克思主义"作出的贡献"[3]。哥伦比亚共产党提出要继承"解放者"西蒙·玻利瓦尔的思想和本国及整个拉美地区的进步思想。秘鲁共产党（团结）和秘鲁共产党（红色祖国）提出了马利亚特古思想。其中前者指出，"以马列主义、国内和国际革命的社会主义者的思想贡献，特别是马利亚特古的思想贡献为基础的科学社会主义理论"，是"党的指导思想"[4]；后者提出，党要掌握把无产阶级的科学理论用于秘鲁实际的党的创始人何塞·卡洛斯·马利亚特吉思想。委内瑞拉共产党强调，委共以马列主义和委内瑞拉民族英雄的思想为指导。智利共产党强调，坚持马克思、恩格斯、列宁、雷卡瓦伦思想。

第三，在拉美共产党中，只有古巴共产党形成了本国化的马克思主义理论形态——马蒂思想，并写入了宪法。卡斯特罗曾经指出，如果马蒂生活在马克思的环境，他也会有马克思同样的思想和差不多同样的行动，从马蒂思想出发就能成为马克思主义者。1991年10月古共第四次全国代表大会第一次将"马蒂思想"列为党的指导思想，写入党纲和党章；1992年又将"马蒂思想"写入古巴宪法，使之成为国家的核心意识形态。

---

[1] 《各国共产党总览》，当代世界出版社2000年版，第741页。

[2] 肖枫：《社会主义向何处去》（下卷），当代世界出版社1999年版，第997页。

[3] 《各国共产党总览》，当代世界出版社2000年版，第741页。

[4] 肖枫：《社会主义向何处去》（下卷），当代世界出版社1999年版，第997页。

（二）有本国特色的社会主义发展道路和模式

冷战后，拉美共产党总结了苏东社会主义失败的教训，反思拉美国家和地区探索社会主义发展道路的实践进程，根据经济全球化、信息化条件下拉美社会主义发展的新情况和新挑战，提出了走各国特色社会主义发展道路的新观念。

第一，拉美大多数共产党都强调社会主义发展道路和模式多样化，但具体表述不同。

比如，古巴共产党现任领导人劳尔·卡斯特罗指出，如何建设社会主义，就像前苏联宇航员加加林飞往太空时一样，仍是个未知数。各国国情不一，即使同一个国家的不同地区也不可能完全一样。因此，如何根据本国国情建设有本国特色的社会主义，是一个需要探索的问题。

巴西共产党认为，"社会主义在模式和发展阶段上具有多样性，不能机械地照搬模式"[1]，尽管从总的方面来讲科学社会主义在各国是一样的，但它在每一个地方的具体实现要考虑地区与国家的特性。社会主义的唯一模式论是违背科学的，党的纲领不仅应考虑到国家特性、历史形成、人民斗争传统以及新生的工业无产阶级等内容，而且也应考虑到经济发展的阶段和世界格局中各战略力量的相互关系。就巴西而言，以共产主义为目标建设社会主义是包含若干个阶段的复杂过程，巴西从资本主义到共产主义过渡的整个历史阶段可能会有三个基本阶段：从资本主义到社会主义的初步过渡、完全社会化社会主义的全面建设、向共产主义逐步过渡。

此外，智利共产党认为，智共过去追随苏共"教条地"看待马克思主义，妨碍了智共的"民族性"和"独立性"，它强调社会主义没有统一的模式，各国人民"应根据其民族特点"来建设社会主义。哥伦比亚共产党指出，党的最终目标是实现社会主义，但社会主义的发展过程是非常复杂的，并且处于不断的变化和发展中，不能把任何国家的社会主义当作有约束力的模式。秘鲁共产党（红色祖国）认为，党的最终目标是实现社会主义和共产主义，但由于秘鲁革命具有自己的特殊进程和特点，因此具有不同于其他马列主义政党的特点。

第二，拉美部分共产党提出了具有本国特色的社会主义新理念，但其内涵和具体情况不一样。比如，古巴共产党认为，古巴是一个岛国，"离美国太近。离上帝太远"，只能进行稳步的改革，建设"有古巴特色的社会主义"。巴西共产党强调，党的最高目标是"建设具有巴西特点的社会主义，通过若干阶段建立起一个进步的、自由的、公正的国家，使劳动者和广大人民享有新生活"[2]。智利共产党提出要建设"参与性的社会

---

[1]　祝文驰、毛相麟、李克明：《拉丁美洲的共产主义运动》，当代世界出版社2002年版，第351页。

[2]　李慎明：《世界社会主义跟踪研究报告》，社会科学文献出版社2006年版，第330页。

主义"和"有拉美特色的社会主义"。秘鲁共产党（团结）提出要建设真正秘鲁式的、可行的社会主义。瓜德罗普共产党提出要建立有瓜德罗普特色的社会主义。乌拉圭共产党提出建设开放性的社会主义。玻利维亚共产党提出要建立一个"公正社会"。

当然，在拉美各国共产党中，只有古巴共产党是执政党，其特色社会主义既有理论也有实践，而其他共产党的"特色社会主义"大都是理念上的，不仅没有实践，也缺乏理论上的进一步阐述。

（三）建设先进的、民主的"群众的共产党"

拉美共产党在党建理论上的最大变化，就是对党的性质和地位作用重新进行了界定，纷纷提出建设先进的、民主的"群众的共产党"，以此来扩大党的阶级基础和社会基础。但由于各党所处地位不同，面临的具体情况不一样，其认识和做法也不同。古巴共产党提出要"建设一个钢铁般坚强的党"，将高度自觉的纪律性与广泛的党内民主真正有机地结合起来，严把党员发展关，坚持"宁缺毋滥"原则。古共十分重视扩大党的阶级基础和社会基础，1991年"四大"对党章进行了修改，取消了党章中关于"有宗教信仰的革命者不能入党"的规定，宗教人士也可以入党。截至目前，古巴已有2032位宗教人士被批准入党。古共重视党内民主，认为民主集中制原则是保证党的意识形态一致、政治团结和行动统一的根本条件。在坚持民主集中制的前提下，不断发展党内民主。高度重视实行集体领导和个人负责制，重视广大党员的民主权利。在党的每项重大决策出台以前，都首先在广大党员中进行讨论，征求意见，待意见统一后再对决策加以确定和实施。1997年古共五大代表的产生，没有预设的人选，完全是通过党内民主自下而上层层选举产生的。在严格执行党内不允许存在宗源主义和源别活动原则的同时，允许党内讨论问题时观点多元化，保证讨论和发表意见的充分自由。古巴共产党重视发展党员的质量，提出既要有一定的数量，更要保证质量。坚持"宁缺毋滥"的原则，在发展新党员时坚持劳动者代表大会推荐党员的制度，每年发展党员人数有一定控制，不搞突击。

巴西共产党提出建设一个"群众的共产党"。巴共文件规定：巴共"是工人阶级的、巴西全体劳动者的、代表劳动人民和国家利益的政党"[1]。进入新世纪以来，巴共特别重视扩大党的阶级基础和社会基础。2001年提出要在各大城市优先团结劳动者、青年和先进知识分子；2003年党的九届全会再次提出要"吸引有志于为巴西开辟道路的知识分子、军人、科技和文化界人士中的拥护者"；2004年3月提出了党是一个"群众的共产党"的概念，认为在新形势下，工人阶级队伍不是缩小而是扩大了，技术人员、

---

[1] 王家瑞：《当代国外政党概览》，当代世界出版社2009年版，第845页。

工程师、中低层管理人员等所有生产过程的参与者都是劳动者，要"建设一个群众的共产党以适应今日巴西的条件"[1]。

此外，秘鲁共产党（团结）提出要建设"劳动者政党"；哥伦比亚共产党提出建设面向全哥伦比亚人民的自主的全国性政党；厄瓜多尔共产党提出把党建成一个"群众的党、行动的党"等。

三、拉美共产党的策略政策调整

冷战后，拉美共产党针对共产主义运动处于低潮和党面临生存危机的现实，依据新的理念和党的主要任务，对党的现行政策进行了不断调整，日益表现出现实性、务实性和灵活性。

（一）古巴共产党推出改革开放新政策

古巴共产党提出，改革开放是拯救革命、拯救祖国和拯救社会主义的新方法。1993年卡斯特罗指出："为了拯救祖国、革命和社会主义成果，我们准备做一切必须做的事情。……古巴党和政府在革命面临崩溃的形势下进行抉择，与其自取灭亡，不如冒改革风险。"[2]1995年卡斯特罗在接受记者采访时指出："古巴的问题是如何对付因社会主义大家庭消失和苏联解体对古巴带来的灾难……为了能够在这个单极世界特殊环境中生存和发展下去，我们不得不适应这一形势，进行改革，做出努力和巨大牺牲。"[3]随着改革的不断深入，古共对改革的认识也较以前有所深化。卡斯特罗指出，变革不是出自任何人的头脑，但头脑应准备应付不可避免的变革；我们的制度必须适应当今世界的现实，"如果我们必须实行更多的改革，那么我们会实行更多的改革，如果我们必须进一步开放，那么我们会进一步开放"[4]。1997年古共五大强调，四大以来的经济改革并非权宜之计，而是党和政府对可能出现的局势和对可行性选择进行预见性分析后而做出的决策，古巴的改革是"不可逆转的"。

与此同时，古共不断推出改革开放的新举措。1991年10月，古共第四次全国代表大会提出了改革开放的初步构想，开始摸索以改革求生存之路。1992年，古巴开始全面实行以吸引外资、建立合资企业和发展旅游为主要内容的对外经济开放。1993年8月，政府以法令形式规定私人持有美元合法化；9月允许在135个行业中建立个体和合

---

[1] 张宝宁：《巴西共产党目前的政治地位》，《拉丁美洲研究》2004年第5期。

[2] 赵明义：《当代社会主义》，山东大学出版社2001年版，第201页。

[3] 徐世澄：《卡斯特罗和古巴的社会主义实践》，《拉丁美洲研究》1996年第4期。

[4] 路透社哈瓦那1995年2月8日英文电。

资企业，把国营农场转变为规模较小的、自主权相对较大的"合作生产基层组织"。1994年对政府机构进行了精简和调整，开放了农牧业产品自由市场和手工业市场，颁布税收制度法，对原有税收制度进行改革。1995年通过了新的《外资法》，进一步扩大对外经济开放。1997年10月古共第五次全国代表大会强调，经济工作具有头等重要的意义，认为"芸豆比大炮更重要"，指出社会主义不仅要公正，也要有效益、有质量，"没有效益就没有社会主义"。1998年8月颁布法令，正式开始国有企业管理体制改革。2008年2月劳尔·卡斯特罗当选古巴国务委员会主席和部长会议主席后，在古巴掀起了一场改革大潮。

（二）拉美其他共产党实行符合"社情民意"的政策

首先，由主张暴力趋向合法化、民主化。拉美共产党政策调整变化最大的是在斗争方式上，虽然各党情况非常复杂，有的是参政党，有的是地方执政党，有的是在野党，但表现出的共同趋势则是合法化、民主化。从总体看有三种情况：

一是以巴西共产党为代表的大多数拉美共产党，主张走和平道路。2005年巴共十一大指出："为了使党的主张与时俱进，巴西共产党要在国家现行法律范围内，按照现章程开展活动。"[1]巴共认为，虽然巴西现有的议会是资产阶级精英们的、保守的机构，但革命的民主进步力量可以利用这一机构来揭露现行制度的污点，申明党的立场和主张，发动和影响民众，所以，党要积极地参加选举和议会活动。委内瑞拉共产党认为，民主的中间路线是革命的重要手段，要开展意识形态斗争和群众斗争，用理论和实践的武器武装人民，把革命推向深入，推进社会的革命性变革，用人民的民主国家取代资产阶级的国家，向建设社会主义迈进。乌拉圭共产党强调，党的全部工作应"适应选举活动"，以"和平道路和议会道路"实现革命目标。智利共产党强调，党的政治路线的中心目标是"深化民主"，党应符合"人民的抉择"，为了实现党的政治目标，必须开展一切形式的斗争，不能把选举道路绝对化，人民有权自卫，但武装斗争不再适应当前的斗争形势，应代之以政治斗争。

二是以哥伦比亚共产党为代表的部分拉美共产党，主张采取包括议会斗争在内的各种斗争方式。哥共主张采取各种方式在政治、经济、思想等领域进行斗争，进行公开合法的群众运动，特别重视通过扩大民主参与实现国内和平，通过政治方式解决国内暴力问题，建立一个多元的真正民主政府；强调争取民主是目前斗争的中心任务，要为争取社会民主和自由、工人与工会的权利和自由、农民和印第安人的权利以及军队民主化而斗争，但又声称不放弃武装斗争。洪都拉斯共产党提出要走群众斗争和武

---

[1] 王家瑞：《当代国外政党概览》，当代世界出版社2009年版，第845页。

装斗争相结合的革命道路，采取包括议会斗争在内的各种斗争方式。玻利维亚共产党主张通过包括武装斗争在内的各种形式的群众斗争，建立人民政府。

三是以阿根廷共产党、秘鲁共产党（红色祖国）等为代表的少数拉美共产党，主张走革命路线或进行暴力革命。阿根廷共产党主张走革命路线，1986年阿共十六大认为，近20年来党犯了"改良主义错误"，决定"恢复革命路线"，重提"政权问题"；2004年12月第23次代表大会强调，继续坚持十六大的路线，构建民族与社会解放的未来。秘鲁共产党（红色祖国）主张暴力革命，认为革命的根本问题是政权问题，不通过暴力革命就无法取得政权；秘鲁的革命武装斗争必将是人民战争，作为总体战争，应该把政治斗争、武装斗争、经济斗争、意识形态斗争等结合起来。

其次，由关注国家政权转向关注民生。比如，巴西共产党提出"零饥饿计划"，主张重振经济、增加就业、控制通货膨胀，继续奉行支持卢拉总统、与劳工党合作的政策。智利共产党主张制定反贫困的应急计划，提高最低工资，开辟就业门路，建立公正有效的卫生医疗制度，保障劳工权利。哥伦比亚共产党主张对普通百姓实行免费医疗，投资教育、文化和社会保险事业，特别要保护失业者、残疾人、妇女和儿童的权益。阿根廷共产党反对政府推行的新自由主义经济政策，反对国营企业私有化，主张振兴国内市场、发展民族经济，建立"争取解放的工会运动"维护劳工权益，确保合理工资、就业及公共医疗制度。秘鲁共产党（团结）认为，在当前条件下，必须制定一项新的工业化计划来解决一些棘手问题，如工资、就业、暴力、和平、税收等，发展教育、卫生、住房等事业。秘鲁共产党（红色祖国）主张男女平等，保护妇女儿童，改善人民生活和劳动条件，保障劳动权，建立免费医疗，扫除文盲等。

最后，由"唯我独革"、单打独斗转向左翼联盟。冷战后，巴共提出，要根据国内力量对比组成民族、民主、人民力量的联合阵线，"左派的联合要成为选举广泛阵线的核心"，"巴西共产党应当努力巩固左派的团结并扩大其影响"[1]。玻利维亚共产党强调，要团结一切革命力量，建立工人、农民和所有劳动群众、先进知识分子及城市小资产阶级组成的广泛阵线。巴拿马人民党指出，新形势下党应遵循"努力扩大共产党的群众基础和政治同盟军"的方针。2002年秘鲁共产党（红色祖国）、秘鲁共产党（团结）等6个左翼政党联合成立了"新左翼运动"，在地方和市政选举中获得一个大区主席、五个市长、25个区长职位[2]。

原载于《当代世界社会主义问题》2009年第4期

---

[1] 袁征：《巴西共产党：为什么红旗不倒》，《理论参考》2002年第9期。
[2] 李慎明：《世界社会主义跟踪研究报告》，社会科学文献出版社2006年版，第330页。

全球化背景下日本共产党党建研究

尹文清

摘　要： 冷战结束以来，在全球化迅猛发展的大背景下，各国政党所处的内外环境都发生了很大变化，日本共产党同样面临着生存危机和发展的挑战，总结日共党建的有益经验，对我们党的建设具有一定的借鉴意义。

关键词： 全球化；日本共产党；党建

冷战结束以来，随着经济全球化、社会信息化的不断发展，日本的政治生态发生了根本性的变化。20世纪90年代以来，随着以"保革对峙"的"55年体制"的终结，日本的"保守"势力大增，日本政治进入"总体保守化"时期。本文试图通过对90年代以来日共党建的状况进行梳理、分析，以期探索全球化背景下日本共产党的建设之路。

一、全球化背景下日本政治生态的变化

二战后，世界格局进入了两大阵营对峙时期，与此相适应，日本政党也出现了保守和革新两大阵营，革新阵营里有社会主义倾向的社会党和共产党，保守阵营里有自由党、进步党和协同党等。1955年10月革新政党左右两派社会党统一，11月保守政党自由党和民主党合并组成自由民主党（以下简称"自民党"），标志"55年体制"形成，政治势力演变成以社会党为代表的和以自民党为代表的革新、保守两大阵营，这种政治格局一直维持了38年。1991年东欧剧变，国际共产主义运动处于低潮，1993年"保革对峙"的"55年体制"终结，日本政治局势进入保守时期。自民党自身开始分裂，形成众多的新保守党，日本社会党为了达到其执政的目的，放弃了一贯的信仰和宗旨，向新保守党妥协，加入到联合执政政府中。社会党的蜕变，加速了日本保守化的进程。与此同时，坚持"中道主义"的公明党在成立初期与革新阵营的社会党的理念较为接近，到了20世纪90年代，公明党为了达到执政的目的，改变其政策和主张，越

来越接近保守政党，[1]1993年成为联合执政党后，1999年再度与自民党联合执政，直至今日。随着公明党加入到以保守政党为主的联合政权中，日本的"总保守"势力大增。20世纪90年代以来，日本经济复苏乏力，政局动荡不安，引起国民对政治的强烈不满，在这样的背景下，日本社会思想意识和政治思潮发生了变化，战后长期占主导地位的"和平主义"思潮减弱，"新国家主义"思潮不断上升，国民意识趋向保守，形成了保守化、右倾化的政治土壤，成为政治总体保守的助推器，日本政治进入"总体保守化"时期。

二、日本共产党面临的严峻挑战

在全球化迅速发展、国内政治总体保守化的形势下，日本共产党（以下简称"日共"）面临着严峻的挑战。

（一）新型社会阶层的兴起动摇了日共的阶级基础

日共的社会支持者主要是一部分教职员工会、青年及妇女团体，一部分中小企业团体和企业工会。据统计，1974年（70年代日共发展高峰期）日本东京都前三位职业对日本共产党的支持率分别为：小规模工商业主的支持率为19.6%，中小企业事务从业者为18.6%，商业事务从业者为12.5%。[2]二战后日本持续20年的经济高速增长带动了产业结构、就业结构的急剧变动，从而引起社会阶层结构的变迁，城市"新中间阶层"形成并逐渐成为日本社会阶层的主体。经济全球化及科技革命的加速发展，又进一步推动了产业结构的升级，新知识经济的迅猛发展，社会的阶级结构随之发生了深刻的变化。到90年代中期，新中间层和工人阶级合计约占劳动力人口的2/3。新中间层是日本知识文化程度最高的阶层，拥有高学历者占整个阶层的51%，由于受教育的程度较高、见识增加、竞争力强，他们的经济和政治地位决定了其在政治和政党趋向上，通常表现出相当程度的实用性和不确定性。他们在选择政党时，优先考虑的是该党的政治地位和方针政策能否维护自己的切身利益，而不是意识形态和宗教信仰。据统计，现在日本选民中固定支持政党的只有40%，而无党派阶层高达60%。由于政党和选民双方意识形态的淡化，选民的需求与选择也越来越多样化，政党越来越难以拥有固定的支持者和选民。在这种形势下，加入或支持日共的人数大为减少。1982年3月NHK在东京地区以"绝对不支持的政党"为题，进行了民意测试，投票的结果显示，共产党排在第一位，达到34.1%，依次为公明党19.5%，社民联8.0%，民社党6.9%，社会党

---

[1] 吕耀东：《冷战后日本的总体保守化》，中国社会科学出版社2004年版，第107页。

[2] 张伯玉：《日本政党制度政治生态分析》，世界知识出版社出版社2006年版，第304页。

5.4%，自民党3.6%。[1]从东京的调查结果可以看到，在夹缝中求生存的日共举步维艰。

（二）其他政党的迅速发展挤压了日共的生存空间

日本是一个多党制国家，自民党不管在一党执政还是联合执政时期，通过不断调整政策，逐渐转变成为一个"包容性政党"，产业工人中支持自民党的人数也上升到总数的36%，居第一位。

1996年，新成立的民主党的政治理念和政策主张非常贴近日本国民的要求，例如"建立透明、公正、公平原则为基础的社会"，给人以年轻、富于创新、面向市民、注意生活环境等特征，得到了希望变革市民的普遍支持。2007年第21届参议院选举，民主党超过自民党成为参议院第一大党，2009年8月以鸠山由纪夫领衔的民主党以压倒性优势战胜自民党，取得执政权，成为执政党。民主党的崛起不仅对日本政党政局产生了巨大的影响，而且无疑扩大了日本保守势力的范围，使日共发展的空间进一步缩小。

（三）党员年龄结构严重老化，年轻党员数量减少，制约了党的参政能力

随着东欧剧变，原来在日本知识分子和青年学生中具有很大影响的"讲座派马克思主义"几乎不存在，原来日本大学经济学部开设的马克思主义经济学课程已经被取消。近几年来青年人的政治意识淡漠，像民主青年同盟这样共产党系列的青年组织，在20世纪70年代，人数曾经达到20多万，但现在的人数不到2万。[2]尽管日共采取不少措施力图扭转这种现象，如加大学校的工作力度，党的委员会长志位和夫亲自到学校与年轻人交流等，但短期内收效不大。造成30岁以下的青年党员比例逐年减少，年龄在50岁以上日共党员占大多数。党员的年龄结构日趋老化，年轻党员和社会精英阶层所占份额偏少，在一定程度上制约了党的力量的扩大和战斗力的提高。

三、日本共产党加强党的建设，积极应对挑战

在全球化迅速发展的形势下，日共的变革已成大势所趋，否则就面临生存危机。在当前社会阶层日益细化、利益群体更加多元的新形势下，日共要适应社会结构的变化，如何扩大党的代表性和开放性，变革党的组织形式，以便通过有效的组织吸引更多的选民，扩大党的政治影响，以及如何扩大党的群众基础和阶级基础，成为日共亟须解决的难题。

---

[1] 速水健一：《反共風土と社会進歩》，日本共产党中央委员会出版局1991年版，第80页。
[2] 黄宗良、林勋键：《冷战后的世界社会主义运动》，北京大学出版社2003年版，第80页。

（一）审时度势，及时调整党的纲领和路线

东欧剧变后，日共根据国内外形势的变化，2003年修改党章，2004年的"二十三大"又修改了党纲，对党的理论路线和方针政策进行了较大调整。新党章进一步明确了党的性质："日本共产党是工人阶级的政党，同时又是日本国民的政党。"在新的党纲中旗帜鲜明地提出，"党以科学的社会主义作为理论基础"。明确了党的奋斗目标：当前的目标是摆脱美国或者摆脱从属于美国的状态，建立独立的日本。当前的经济目标是把以大企业为中心的经济运行，转变为以国民生活为核心的内容，指出：目前日本需要的"不是社会主义性质的革命，而是在资本主义框架内尽可能推进民主改革"，最终目标是在日本建设社会主义和共产主义社会。[1]这些政策的调整，表明日共力图改变以往党在国民中过分拘泥于理想的僵化形象，与时俱进地调整党的理念，成为一个通过参加政权来影响现实政治的政党。

（二）将党组织建设的发展规模与质量的提高相结合

2006年在党的"24大"决议中，用五分之一篇幅强调党的组织建设，把组织建设放到了党建的首位，建立起一套比较完整的党组织管理制度。

1. 加强党的干部队伍建设。在中央开设"党的特别学校"，集中中央、都道府县党的年轻干部，分批分次进行党的理论、党性教育及实践活动，提高了党的青年干部的综合能力。在基层，通过定期召开支部会议，把支部建成党员之家，关心党员的生活和思想。从中央到地方实行严格的民主集中制，并通过对党员进行定期的科学社会主义理论学习，阅读党报《赤旗》，开展思想工作，从而形成了党组织的坚强凝聚力。在新的形势下，适时调整入党条件。新党章规定：18岁以上的日本国民，承认党的纲领和规章制度，参加党的活动，有2名党员推荐、经支部和上级机关确认就可入党。[2]扩大入党范围，规定企业经营者包括大企业经营者，只要符合入党的条件，也可以入党。尽量把社会各个阶层的优秀人员吸纳到党内来。为了稳固党员队伍，建立了给予党龄长（分30年党龄和50年党龄）的党员的表彰制度。

改革领导体制，结束了"德田家长式的以个人为中心的领导体制"，提出建立富有智慧、经验的与有能力、诚实的年轻的相结合的干部队伍，建立优于党员权利和义务的"市民道德"和"社会道义"的领导干部队伍。[3]通过改革改变了原有的僵化组织方式，采取了更加灵活、现实的理论路线，不仅树立了日共的新形象，而且也为日共在21

[1]　日本共产党网站，http://www.jcp.or.jp.

[2]　日本共产党网站，http://www.jcp.or.jp.

[3]　浜野忠夫：《時代を開く党づくり党建設の歷史・教訓もふまえ》，新日本出版社2008年版，第188—189页。

世纪更好地适应新形势奠定了基础。

2．健全党的基层组织，活跃、丰富党的基层组织生活。日共的"二十一大""二十二大"相继提出在全国范围内没有建立支部的自治体和学校尽快建立党组织。新的党章规定：在职场、区域、学校等地方，3个以上党员就可以成立支部，支部作为党的最基层组织在地方活动，凡不足3人的就近参加支部的活动。经过几年的奋斗，目前日共在全国大概建有24000多个基层支部，地方议员3000多人。在全国2056个市区町村中，有党的基层支部及党员活动的已达2027个，覆盖率达到98.6％。[1]2006年在党的二十四大上，又通过了关于强化党的机关体制的《加强县、地区机关体制与活动的强化》的决议，提出"县、地区机关是党在地方的代表、拥有地方政治的责任、组织国民运动的组织者。在党内肩负着'支部是主角'重任，在全国范围内加强党的基层机关建设"，同时指出"地方党组织体制的强化、指导水平的提高、活动的开展应成为推动党的建设的重要环节"。[2]

为活跃基层组织生活，日共规定：基层支部原则上一周组织一次会议，交纳党费、理论学习、讨论党的政策和方针；支部的最高机关是支部总会，支部总会至少要6个月举行一次会议。选举部长及落实党的政策在基层的实行状况。党的领导人志位和夫曾经说过："日共中央要求每个支部每周召开一次会议。定期召开支部会议，把支部建成党员之家，关心党员的生活和思想，这看似事小，实则意义重大。正是通过支部会议，日共不仅组织党员学习党的方针政策，研究斗争策略，还帮助党员解决他们工作和生活上一些实际问题。在日本这样冷漠的资本主义社会中，我们建立了一种温暖人心的人际关系。这也是日共之所以不断巩固和发展的一个重要原因。"[3]正是由于日共重视基层工作，同时，各级党组织遵循新党纲的要求，在全国范围内开展形式多样的活动，吸引了更多的民众尤其是年轻人参加。正是因为党的地方组织关注民生中的热点、难点，所以其支持率不断上升。党的影响力进一步扩大，党的地方议员人数多年来一直居各政党之首。2007年6月举行的冲绳县议会选举中，日共得票率超过了民主党，成为冲绳县第一在野党。

（三）把制度建设作为规范党建的重要途径

1．健全党的资金管理制度。为了促使政党政治及民主政治的健全发展，日本于1994年通过《政党助成法》，规定每个国民每年上缴250日元，全国300多亿，这些钱按各党所属议员人数和众参两院选举得票率进行分配。根据《政党助成法》，日共每年能

---

[1] 《2006年日本共产党党的24大决议》，日本共产党网站，http://www.jcp.or.jp.

[2] 日共机关报：《前卫》，《大会特集号》，第53页。

[3] 高秋福：《日本共产党在斗争中发展壮大——访日共领导人志位和夫》，新华网2007年7月24日。

分得20多亿日元。但自该法颁布以来，日共一直拒不接受，认为把国民税金作为政党经费的做法违反了宪法，侵犯了国民的思想、信仰的自由，是政党"腐败、堕落的温床"，因此强烈要求废除此法案。日共成为日本政党中唯一没接受此项资金的政党。在腐败丑闻不断的日本政坛，唯有日共敢说自己在资金上不存在任何问题。日共的这种结合廉洁公正形象的树立，不仅赢得了不少无党派选民的支持和信任，而且也得到了更多国民的理解与支持。《共同通信》对2007年9月参议院选举中无党派投票状况的调查结果显示：民主党获50.2%、自民党获16.7%、共产党获8.6%。[1]

日共的经费来源主要靠党员的党费、党报党刊收入及个人捐款。党章规定：党费的交纳标准为实际收入的1%，按月按期交纳，但失业的、高龄的、有病等生活困难的党员可减免或免除党费。这种人性化的手段同样博得了下层人民的掌声。党定期出版的报纸、刊物有《前卫》《议会与地方自治》《女性视野》《月刊学习》《经济》《赤旗》等，为了增加党报党刊的收入，发动全体党员深入基层、住户，扩大发行量。对于个人捐款，规定必须采取自愿、不允许向党员摊派等原则。

2. 完善党的监督制度。对于一个政党而言，如果没有强有力的监督机制，就犹如一部高速运行的车辆没有灵敏的制动系统那样，随时可能会发生危险。监督制度的建设越来越被政党所重视。尽管日共的组织建设比较完善，但受东欧剧变、世界社会主义运动处于低潮的影响，日共的组织尤其是地方组织遭到不同程度的削弱。再加上日益变化的国内外形势，日共发现自己的组织机构依然存在一定的问题，显得落后于时代的发展。如何吸收更多的党员，如何把党员的力量凝聚在一起，提高党的组织力和整合力成为亟待解决的课题。在这种形势下，日共决定对党的机构进行改革，尤其是加强党内监督制度建设。

日共从2000年党的二十一大开始，加强对党的机构的改革，尤其加强了党的纪律和检查部门的独立性改革。党的最高领导机构是中央委员会，由中央委员会任命的有：中央干部会负责中央日常工作处理，任命中央机关报编辑委员会成员；诉愿委员会，主要是及时解决来自党内外反映的问题；纪律委员会，主要是调查审查违反纪律的党员干部；监察委员会，主要监管审查中央机构的会计、事业及财产状况。党的各局部、各委员会、研究所等机关由中央委员会干部会任命，受中央委员会书记局领导，党的机关工作必须接受纪律委员会及监察委员会的监督。党的纪律及监察部门完全独立于中央委员会书记局，与书记局同属于中央委员会的机构。党内完善的监督机制，监督机关独立的工作，保证了党的监督制度化、权威性及公正性，从制度上加强了对财政状况及党的纪律实施情况的监督。

---

[1] 《日本共产党创立85周年纪念会上志位和夫委员长演讲》，日本共产党网站，http://www.jcp.or.jp.

3. 加强社会舆论监督。为了让国民尤其是党员了解党的资金使用情况，日共自觉地把自己置于社会的监督之下，建立了网站，将党的领导人、党的政治活动、基层组织情况、党的经费收支状况等定期公布，使党的活动、经费来源及使用情况公开化。可以说，在现在日本政界，没有一个政党能像日共这样公开一切党务，尤其是党的财政收入支出的公开、透明。

（四）将改善国民生活作为参政理念，稳定、扩大党的社会基础

日本是发达的资本主义国家，但日本的资本主义与欧洲的资本主义不同，是一种没有正常规制的资本主义。其社会保障制度、养老金制度、医疗保险制度等都远远落后于欧洲。针对日本的国情，日共把科学社会主义理论与日本当前的社会状况相结合，及时调整党的政策和主张，提出"要建立一个有规则的资本主义制度"的口号，指出了改革日本的三大目标：第一，废除日美安保条约，摆脱美国的控制，同美国和亚洲各国都建立真正的友好关系，使日本成为一个为世界和平作贡献的、独立的、无核、不结盟和中立的国家；第二，改变"无秩序的资本主义"，废弃大企业优先制，让大企业承担起社会责任，实行维护国民生活、照顾中小企业利益的有规则的资本主义制度；第三，阻止改宪和军国主义全面复活，使日本成为一个在所有领域都能实行民主和人的尊严受到尊重的国家，成为一个采取国民生活优先的经济发展方针的国家。同时，加大了对日本国民普遍关心的收入差距、社会保障等社会问题的参与和工作力度。2007年提出了一些务实且大胆的新政策，直面日本社会的要害问题：减免学费、让年轻人受到平等教育、消除雇佣差距、扶助农业、修改由于财政负担而废止的老年人医疗制度等。这些新政策使日共的支持率不断上升，2008年4月共同社的调查数据显示，日共的民众支持率上升为4.1%，比前一个月大幅上涨3个百分点，其中30多岁男性的支持率为11.0%，20多岁女性的支持率为9.4%，均达历史新高。

（五）活跃党际关系，提升日本共产党的国际地位

为顺应经济全球化及地区一体化的世界发展潮流，日共改变了以往的以帝国主义和社会主义划分敌友的做法，提出新的基本姿态和政策：强调独立自主的原则，反对各种形式的霸权主义和侵略战争；确立遵循联合国宪章原则的国际和平秩序；将美国为中心的全球化转变为确立新的公正民主经济秩序。在这种原则指导下，日共开始积极开展党的外交活动，开展在野党的党际交流活动。

加强同社会主义国家共产党的交流，积极恢复中日两党关系，中日两党关系曾在"文化大革命"期间中断过，1998年实现关系正常化后交流日益加深。2005年12月两党举办了以"如何在资本主义发达国家建设社会主义""社会主义建设道路的探索"为主

题的高层领导及专家交流会，在日共党内产生极大影响。与此同时，日共积极加强同越南等社会主义政党的交流与合作，为推动新形势下的国际社会主义运动作出了贡献。

随着国际社会的左翼政党和共产党的复兴，日共同这些政党积极开展交流活动。例如，同委内瑞拉执政党建立了正式关系，并签订了交流协议；参加墨西哥民主革命党代表大会、巴西社会主义人民党代表大会、瑞典左翼党代表大会以及亚洲政党国际会议等活动。2006年9月志位和夫委员长又率领代表团访问韩国、巴基斯坦等国。这一系列的外交活动，提高了日共在国际社会的地位，扩大了日共在国际社会的影响。

目前，日共已拥有众议院议员9名、参议院议员7名、地方议员3099人，党员近42万人，成为日本地方议会力量最大的政党、日本政坛第四大政党、第二大在野党，单独执政的革新自治体上升到65个。2007年10月至12月，连续3个月党报、党刊的读者增加了3480人，达到14年来月增加人数最高水平。自2008年以来，日共以每月一千多人入党的速度增长，党员已从1994年的不到36万增加到现在的近42万人，党的队伍日益壮大，成为发达国家中规模最大的共产党。

尽管日共党建取得了一定的成效，但在全球化背景下，面对国内外形势的变化，为了适应社会结构及人们思想观念的变化，拓展自己的生存和发展空间，日共还必须继续探索适合本国实际的新道路，继续进行理论探索和政策的调整，继续革新组织机制和活动方式，努力扩大党的社会基础。尽管日共面临的重重困难，距离执政的道路遥远、艰难、曲折，但距其建立联合政府的目标已越来越近。

原载于《中国特色社会主义研究》2010年第4期

也谈拉美共产党未能获取政权的原因

——基于内部生态资源的视角

靳呈伟

摘　要： 政权问题是工人阶级革命的核心问题，工人阶级的政党——共产党完成历史赋予自身使命的第一步就是要获取政权。目前，除古巴共产党外，其他拉美共产党尚未有获取政权者。拉美共产党未能获取政权的原因，从生态资源的角度讲，就是其"所图甚大而所有甚少"，即拉美共产党所拥有的资源不足以支撑其获取国家政权。

关键词： 拉美共产党；政权；资源

拉美地区是继西欧之后较早出现共产主义运动的地区，在该地区有"古巴、智利、尼加拉瓜等国革命和建设方面的成功和失败，拥有十分丰富的武装斗争及和平过渡的经验，非常值得全面总结"，而"这些历史遗产，可能是各大洲中最为丰富多彩的"，对之"历史地、全面地加以总结，从中找出规律性的东西"[1]，无疑具有重大理论意义，对包括中国共产党在内的其他地区共产党的发展具有"他山之石"的功效。

共产党如何完成自己的历史使命，实现共产主义？共产主义的实现不能一蹴而就，需要一个过程，需要分阶段完成。"首先无产阶级革命将建立民主的国家制度，从而直接或间接地建立无产阶级的政治统治。"[2]"工人革命的第一步就是使无产阶级上升为统治阶级，争得民主。"[3]政权问题是"革命的核心"问题。目前，除了古巴共产党以外，绝大多数拉美共产党都尚未执掌国家政权，对这些拉美共产党未能获取政权的原因进行分析，可以视为对拉美共产党经验教训一种形式的总结。

---

[1]　祝文驰、毛相麟、李克明：《拉丁美洲的共产主义运动》，当代世界出版社2002年版，第357页。

[2]　《马克思恩格斯选集》（第1卷），人民出版社1995年版，第239页。

[3]　《马克思恩格斯选集》（第1卷），人民出版社1995年版，第293页。

一、政党分析的生态资源视角

政党的适应性决定着政党的命运，而政党的适应性则主要取决于政党的能力。从生态资源学的角度讲，政党的能力主要体现为其有效整合资源的能力。政党越能有效地整合资源，政党的能力越强，其适应性也越强，其生存、发展及价值功能实现的状况也就越好；反之，亦然。

政党所能整合的资源主要有外部资源与内部资源两大类。外部资源由政党的生态环境系统提供，主要在物质、财力、工具、技术、信息等方面。内部资源则源于政党自身，主要包括政党的理论、政策和组织资源。思想理论是一个政党对诸多基本问题的系统的认识与解答。从生态环境的角度讲，政党的思想理论可以理解为政党对生态环境及自身在生态环境系统中位置的认识、估计，应对环境要求、缓解环境压力、获取环境支持方法的选择。如果把对生态环境的认识看作对"外因"的认识，那么，对自身位置的判断，即对自身的定位，则是对"内因"的把握。对"内外因"的认识、说明与判断能力的大小，即政党思想理论水平的高低，是决定一个政党生死存亡的大事，对政党具有根本意义。因而，政党的思想理论是其所拥有的内部资源的主要部分。政党要实现自身的发展，仅有对生态环境的理论认识和对自身的定位还不够，还应该在此基础上，对应该做什么以及怎样做等问题进一步作出规定、细化与说明。也就是说，将对党的根本目标及实现目标的工具设计等基本问题的抽象理论认识，转换到可操作的层面。因而，政党的政策是连接其理论与实践的关键环节，而政策资源是影响政党发展状况的直接因素。与政党的"软要素"政党的思想理论相对应的"硬要素"是政党的组织，或者说，政党的组织是政党意识形态的物化，是政党存在的物质载体。没有相应的组织资源，政党的思想理论就无法得到体现，而其政策主张也无法得以贯彻执行。因而，政党的组织资源是政党发展的组织基础。

就其各自的作用、重要性及相互关系而言，一定的外部资源是政党发展的必要条件，缺乏必要的外部资源将严重影响政党的发展；而内部资源的基本作用在于提供政党活动的规则、规范及行为模式，提供保障和增加党员甚至外界对政党认同的目标基础、绩效基础和组织基础，内部资源对政党的发展具有决定性影响。政党对外部资源的整合效果要通过其对内部资源的整合来实现，同时外部资源的整合也影响到内部资源的整合效果，譬如，缺乏必需的物力、财力支撑，政党政策的执行效果将大打折扣甚至难以取得预期效果。本文拟从分析其内部资源情况入手，探讨拉美共产党未能获取政权的原因。

二、拉美共产党未能获取政权的内部生态资源分析

如果把拉美共产党未能获取政权的原因归结为一点，从内部生态资源的角度讲，就是其"所图甚大而所有甚少"，即拉美共产党所拥有的资源不足以支撑其获取国家政权。资源的不足不仅包括资源"绝对量"上的匮乏，还意味着拉美共产党整合其所拥有资源的能力差，从而未能最大程度地发挥其功效。从此意义上讲，拉美共产党为实现革命的第一步而开展的活动，实际上是在不断尝试通过各种途径缓解资源稀缺与宏伟目标之间的张力。拉美共产党未能获取政权的原因，或者拉美共产党缓解资源与目标之间张力的不成功之处主要体现在如下几个方面。

（一）理论资源方面

思想理论是政党内部资源的主要组成部分，政党的思想认识与说明能力是最重要的政党能力之一，是形成其他政党能力的基础。由于其思想理论方面存在的问题，拉美共产党所拥有的理论资源是严重不足的，其思想理论对现实的认识与说明能力是近乎无能的。

第一，教条主义顽疾的长期困扰。"教条主义的特点在于模仿别国革命经验或机械重复马克思列宁主义原理，对本国具体情况视而不见，长期不能用自己的大脑思考问题，不能用马克思主义作为行动的指南制定自己（'自己'为引者所加，原文为'秘鲁革命'）的理论。"[1]教条主义者机械地重复马列主义原理的做法实际上是其未能掌握马列主义精神实质的体现。没有真正掌握马列主义的精神，对本国的具体情况视而不见，直接的结果之一是无法找到拉美革命诸问题的答案，不能形成自己的系统理论，"拉美多数党的领导人物，无论是普列斯特斯还是阿里斯门迪、柯尔巴兰和柯都维亚等人，基本上都没有自己的理论建树，他们在几十年中留下的东西只不过是'应景之作'"[2]，这些"应景之作"多具有模糊性，对拉美现实的说明能力不强。缺乏系统的结合性理论成果，仅有对现实说明能力不强的模糊的应景性认识，是难以胜任指导本国革命进程的重任的。其结果往往是理论与实践的脱节，从而导致"始终在激烈的革命言辞（理论上的左——引者所加）和行动上的机会主义（实践上的右——引者所加）之间不停徘徊"[3]的尴尬境地。

第二，"一言堂"与思想混乱并存。"一言堂"是家长制的典型表现和主要内容。

---

[1] 吴斌康：《80年代世界共产党代表大会重要文件选编（下）》，中国广播出版社1989年版，第1218页。

[2] 郭元增、江时学：《拉美共产党为什么难以取得政权》，《红旗文稿》2005年第18期。

[3] Rollie E.Poppino，"International Communism in Latin America：a history of the movement 1917—1963"，The Free Press of Glencoe，1964，p.25.

在多数拉美共产党内部，奉行"一言堂"的"家长"的理论修养往往不足，不能形成理论上的权威，而缺乏理论根基的权威是没有说服力和感召力的，是难以服众的。如此，往往催生党内的思想混乱局面。缺乏说服力与感召力就只能转而通过强制的方式来寻求表面的一致，"在党的生活中，'思想恐怖主义'一向是被用来压制不同意见或批评意见的方式"[1]。强行压制不同声音的"思想恐怖主义"使思想混乱的局面进一步恶化，而思想混乱局面的恶化又招致更多"恐怖主义"，形成"交相为恶"的恶性循环。这些容不得不同声音的消极因素加在一起，使拉美共产党丧失了"试错""纠错"的机会，也大幅降低了其形成合乎拉美实际的理论认识的可能性。

第三，缺乏本土思想的滋养，因而拉美共产党的思想理论往往被视为异类而很难被接受甚至被排斥。诚然，拉美大陆一直受到各种各样外来思想的影响，其文化也是多元的，但是外来思想最终往往都被本土化——虽然多数时候本土化以后只保留了该思想的形式，其内容却已面目全非。拉美共产党宣称以马克思主义为指导，显然，共产党的指导思想也是"外来货"，而且是传入拉美大陆历史较短的"舶来品"。既然如此，马克思主义也应该经历一个本土化的过程才能显得不那么另类，才能更容易为大家所接受。但拉美共产党的教条主义做法却无疑是在宣布拒绝将马克思主义本土化，一个拒绝本土化的外来思想为大家所猜忌在拉美大陆是正常现象。可叹的是，拉美共产党对马克思主义的教条主义做法也是只学到了其外壳而未把握其精髓，与传统对外来思想本土化后只保留其形式而扭曲其内容的做法"殊途同归"。

教条主义、思想上的专制以及对本土思想的忽视等使拉美共产党的思想理论能力处于一个非常低的层次，决定了其不能对自身面临的生态环境形成客观、真实的认识，不能及时判断生态环境的变化，更不能对生态环境发展的趋势作出科学预判，也就不能很好地把握生态环境的要求。

（二）政策资源方面

思想理论是制定政策的理论依据，理论对现实的分析、判断与说明能力，是决定政策能否取得预期效果的前提。拉美共产党在思想理论上的无能，决定了其政策能取得的效果亦非常有限。

第一，就当前情况而言，拉美共产党的现行政策证明不是能够替代各国当局政策的可行的解决国内问题的方案。各国共产党现行政策的情况不一，有些共产党的现行政策基本上是调整后的产物，这些不同以往的政策在一定程度上适应了东欧剧变以来新环境的要求，因而这些党的发展情况相对较好，如巴西共产党、委内瑞拉共产党等；

[1]　吴斌康：《80年代世界共产党代表大会重要文件选编（下）》，中国广播出版社1989年版，第1253页。

而多数党的政策仍然没能体现出足够的灵活性，无法满足变化的环境的要求，因而党的发展情况并不乐观甚至一团糟。总体看，无论是经过调整的，还是灵活性不足的政策，都不是能够解决目前困扰拉美各国发展问题的有效方案。对于致力于通过议会选举道路获取政权的拉美共产党而言，不能提出解决问题的可行的替代方案，意味着其在选举中获胜的概率近乎零。

第二，从历史上看，拉美共产党政策的特点有二：其一，拉美共产党的政策往往不符合拉美实际。拉美共产党政策的形成往往不是基于国内实际，政策本身通常也不是用来或者主要不是用来解决国内问题，而是对外来"指示"的简单执行与翻版，是服务于"一国建成社会主义"的目标与任务的，"不注意对具体情况作具体分析，忽略阶级斗争及党的客观实际，不关心群众的觉悟、组织水平和斗争状况……以上问题损害了党的策略"[1]。其二，拉美共产党的政策缺乏连贯性。苏联需要及其拉美政策的变化，往往导致拉美共产党的政策随之发生变化，有时甚至会在一夜之间发生一百八十度的转弯。政策缺乏连贯性甚至出现骤然的急剧变化，其负面影响是多方面的，不仅影响到政策的效果，也往往在党内引起混乱，且容易给外界留下"朝令夕改"的印象。

具体到拉美共产党长期执行的一些政策，如外围政策、统战政策及无产阶级国际主义政策等，也各有问题。外围政策最大的问题是未处理好党组织与外围组织的关系，二者经常被混淆在一起，从而削弱了党的领导作用；统战政策的最大问题是统一战线的"理所当然"的领导者无产阶级及其先锋队共产党实际上并未掌握领导权，并且关门主义与投降主义的双重极端倾向一直在冲击统一战线的防线，使之时刻面临瘫痪或解体的危险；无产阶级国际主义政策的最大问题是没能处理好独立自主与国际主义的关系，独立自主往往从属于"国际主义"，使党沦为没有独立性的走卒。上述问题牢牢扼住了这些政策的命脉，使之不能发挥出应有效果。

政策可以说是政党组织对生态环境反映的最终输出形式，也是政党组织反作用于生态环境的主要方式。政策反映生态环境及其要求的程度，决定了政党组织对环境影响的效果，也直接决定了政党生存、发展与作用发挥的状况。无论是其历史政策还是现行政策，都存在这样那样的问题，这直接导致了拉美共产党的生存之艰难、发展之困难、作用发挥之有限。

（三）组织资源方面

相较于拉美地区其他类型的政党组织，应该说，共产党的组织优势还是很明显的，民主集中制、严格的纪律使共产党成为拉美少有的有效率的组织力量，但这种优势由

---

[1] 吴斌康：《80年代世界共产党代表大会重要文件选编（下）》，中国广播出版社1989年版，第1222页。

于组织方面存在的某些问题而被削弱。

第一，作为党的"细胞"，党员的状况对党的发展具有根本影响。由于各种原因，多数拉美共产党的党员人数长期维持在一个较低水平，而且普通党员的更新速度较快，这些直接限制了拉美共产党力量的壮大及队伍的稳定。

虽然从一定意义上讲，一个党力量的大小不一定与其党员人数的多少成正比，党员人数多寡不是决定其力量大小的充分必要条件，但党员人数却是决定一个党能否进一步壮大的必要条件，一个只有几百人或者几千人的党，很难说会形成具有决定性影响的力量。比如，对于一个因为党员人数少而在推荐竞选公职人员时捉襟见肘的党而言，想在选举中胜出几乎是不可能的，更不用讲通过议会选举道路"和平实现社会主义"了。"很明显，就其本身而言，共产党党员数量的过于稀少，导致它们很难通过武力或者通过选举获取拉丁美洲任何一个国家的政权"[1]，目前多数拉美共产党在本国影响甚微的一个主要因素，恐怕还是党员人数过少。

有学者曾指出几乎所有拉美共产党的党员平均每十年会更换60%，在非常时期个别党的这一比例还要更高[2]。且无论其得出此结论依据的科学性及该结论的可信度与时效性，其结论至少说明普通党员更换速度快是拉美共产党的重要特征之一。普通党员更新的速度过快给拉美各国共产党的发展带来明显的消极影响：党员更换速度快直接影响到了党组织的稳定性，党组织的不稳定又会引发系列连锁反应，如党的政策的贯彻执行缺乏连续性及效果大打折扣、党员的教育难以发挥应有效果等。

缺乏有能力的"魅力"型领袖，未形成稳定的能凝聚全党的领导核心，缺乏大量"干事创业"的干部。"拉美各党缺乏懂得马列主义、有政治远见、有工作能力、有献身精神和高超领导艺术的领袖人物。"[3]以柯都维亚、普列斯特斯等为代表的一批长期担任拉美共产党主要领导职务的人具有一些共同特点，其中包括他们能长期担任党的领导职务主要不是靠个人的能力与魅力——系统的理论建树、突出的分析问题解决问题的能力、高尚的人格魅力等等，更多的是靠与苏联的密切关系——对苏联"心意"的准确揣摩、对苏联"指示"的言听计从与坚决执行。这些"基本上都是靠共产国际和苏共撑腰，自己没有理论建树和领导特色"[4]的人长期担任党的主要职务，相当于给党的发展施加了"紧箍咒"，而非安装了强势"火车头"。与个别人物长期担任党的主要

[1] Rollie E.Poppino, "International Communism in Latin America: a history of the movement 1917–1963", The Free Press of Glencoe, 1964, p.18.

[2] Rollie E.Poppino, "International Communism in Latin America: a history of the movement 1917–1963", The Free Press of Glencoe, 1964, p.110.

[3] 郭元增、江时学：《拉美共产党为什么难以取得政权》，《红旗文稿》2005年第18期。

[4] 郭元增、江时学：《拉美共产党为什么难以取得政权》，《红旗文稿》2005年第18期。

领导矛盾并存着的是党的中央领导层成员的频繁更替，未能形成稳定的核心领导层。领袖的魅力不足，又没有稳定的核心领导层来凝聚全党，使拉美党陷入一盘散沙的境地。与中央领导层相比，地方及基层干部的情况同样糟糕，甚至更糟。缺乏大量有能力的能够"干事创业"的中下层干部尤其是党的专职干部，是拉美各国共产党的切身之痛。例如，秘鲁共产党（红色祖国）五大政治报告指出，"党自上而下的工作是在最难以想象的条件下开展的"，导致这种局面出现的主要原因之一是"实际上，没有靠党组织为生的专职干部"。

第二，党内宗派主义倾向严重，缺乏党内团结。"党内无派，千奇百怪。"在一个党内有不同的观点认识，进而形成持不同意见的"派别"是比较正常的，只要合理协调相互之间的关系，未尝不是一件好事。但宗派主义却走向了极端，其突出表现为狭隘地排斥异己，甚至将小集团私利置于党的利益之上，宗派主义是危害党内健康生活的"恶势力"，它可以借"纯洁"党的名义打击异己、清除"不同声音"，也可以借"纯洁"党的名义阻止党在一些群体发展党员，还可以借"纯洁革命"的幌子阻止党发展与其他政治力量的关系……宗派主义一直对拉美共产党具有重要影响，无论是在其纲领、章程与决议中，还是在其日常生活中，都可以发现宗派主义的身影。宗派主义严重损害了党的团结，削弱了拉美共产党的力量。对于力量本来就相对弱小的拉美共产党而言，这无疑是雪上加霜。

第三，党组织经常性的分裂。在拉美共产党发展史上，或者因为"政见"不同——尤其是对诸如革命道路等基本问题观点的分歧，或者因为政策转变，或者因为派系斗争，或者因为个人恩怨，或者因为"激进"的青年不满领导人的保守等等，党组织的分裂简直成为"家常便饭"。比如，巴西、智利、哥伦比亚等国的共产党一分为二，乌拉圭、委内瑞拉等国的共产党一分为三，秘鲁等国的共产党一分为四，等等。遗憾的是，这种一国同时存在两个、三个甚至多个共产党组织或者共产主义组织的局面，并非共产主义事业兴旺发达的表现，而是党的微弱的力量与资源进一步分散的"耻辱柱"，是缺乏党内团结的一种极端化表现，不仅分散了党的力量与资源，也使党在人民群众中的威信降低，使人民群众不知所从，因而迷失了革命的大方向。

第四，党的组织原则、运行机制尤其是领导体制操作过程中出现异化。就其根本组织原则而言，拉美共产党在实践中往往强调民主集中制的"集中"的方面；就其领导体制来讲，拉美共产党规定的集体领导在实践中很少得到真正贯彻。把集中作为民主集中制的主要内容，集体领导没有得到真正贯彻执行，助长了党内的家长制作风，催生了一言堂的局面，造成了权力的高度集中与事实上的个人专断。个人专断影响了其他领导成员的积极性，限制了他们作用的发挥；而行使专断权力的领导通常又平庸得不具备成就大事的能力，这种矛盾的结合体"汇聚"的是众多"弊端"而非优点，其影响也就可想而知。

第五，党的领导干部的领导方式、方法与工作作风方面存在诸多缺点与不足。拉美共产党的领导干部，上至中央领导，下至基层干部，在领导开展党的活动的过程中，工作方法和作风上存在不少缺点与问题。秘鲁共产党（红色祖国）五大政治报告对此类问题作了精彩描述。报告指出，不好的领导方法与作风中最重要的有两个，一个是官僚主义，其实质是"取代党内外群众，把行政命令方法作为基本准则，破坏党内民主，个人说了算"，"沿袭官僚主义做法，党就会脱离群众，党的领导机构就会脱离群众"，因而官僚主义是"建设群众性革命政党真正的绊脚石和障碍"；另一个是领导方法上的手工业方式和落后观念，手工业方式是"一个严重的障碍"，其"严重程度可以使我们的大部分努力失败"。

组织资源方面存在的问题削弱了拉美共产党的组织优势，而多数拉美共产党未能根据生态环境的变化及时在组织方面作出相应调整，也就丧失了改善其总体发展状况的机会。"党在组织方面的变化很小。我们未能跟上哥伦比亚社会发展的速度。我们的组织状况不适应当前革命斗争的需要"[1]是对此的写照。

三、拉美共产党未能获取政权的启示

通过对拉美共产党未能获取政权原因的分析，可以得出如下启示：

政党存续、发展与价值功能实现的过程实质上就是政党与生态环境互动的过程，政党能否形成与生态环境的良性互动是事关其存续、发展与价值功能实现状况的决定性因素。政党与生态环境的互动一方面表现为生态环境通过提供资源、提出要求、施加压力等方式影响政党——生态环境对政党的影响主要体现在其思想理论、政策主张和组织方面；另一方面表现为政党主要通过其政策反作用于生态环境——政党的政策既是对生态环境的反馈，也是反作用于生态环境的武器。政党能否与生态环境形成良性互动，关键在于二者之间的渠道是否畅通。从一定意义上讲，政党的政策可以视为政党与生态环境互动渠道的一个环节。因此，政策对政党具有极为重要的价值意义。而政党政策的制定又以政党的思想理论为前提与基础，以政党组织为载体或实施者，政党的思想理论、政策与组织因素共同决定了政党与生态环境的互动效果。

横向上看，不同国家或地区的生态环境是有差异的，因而其影响着的政党各自具有不同特点，政党与生态环境的互动也具有不同特点，政党的思想理论、政策主张、组织设置要体现、适应这些个性因素。纵向上比，政党的生态环境是不断变化的，不

---

[1]　吴斌康：《80年代世界共产党代表大会重要文件选编（下）》，中国广播出版社1989年版，第1089页。

同时期的生态环境具有不同特点，其为政党提供的资源、提出的要求、施加的压力也在不断变化，即生态环境对政党的影响的内容、特点等在不断变化。因而，政党要根据变化的环境作出相应调整——思想理论要及时反映新情况并对之作出解释、说明，政策制定、组织运行要有效应对新要求。

原载于《社会主义研究》2010年第2期

越南共产党第十一次全国代表大会
开启越南革新开放新时期

山东大学政治学与公共管理学院　　赵　磊

摘　要：越南共产党第十一次全国代表大会继承了"六大"以来的革新开放路线，确立了新的经济社会发展目标，选举产生了新一届中央领导集体，在保持工人阶级政党属性的同时，扩大了党的群众基础，进一步提高了党执政的合法性，同时全方位、多元化的外交政策得到继续贯彻。此外，新一届领导集体也面临着通货膨胀、经济效率低下、腐败严重等一系列重大挑战。如何抓住机遇，迎接挑战，继续推进越南革新开放事业向前发展，将是新一届领导集体的战略目标。

关键词：越共"十一大"；革新开放；新时期

越南共产党第十一次全国代表大会（以下简称越共"十一大"）于2011年1月12日至19日在首都河内举行，由越南全国近5.4万个党组织和360多万名党员选出的1377名代表参加了大会。大会确定的主题是："继续提高党的领导能力和战斗力，发挥全民族力量，全面推进革新事业，为到2020年越南成为现代化的工业国家奠定基础。"此外，大会讨论通过了修订后的《社会主义过渡时期国家建设纲领》《党章》《2011～2020年经济社会发展战略》等重要文件。人们普遍认为，越共"十一大"将开启越南革新开放事业的新时期。

一、新生力量充实越南共产党领导层

为实现新时期的历史使命，在政治和经济方面需要新的突破，而加强领导班子建设是具有关键意义的举措。越共"十一大"最引人瞩目的成果就是许多年富力强的新生力量进入领导层。

第一，新一届领导班子的构成，体现了越南共产党领导层人事安排的整体思路：既要吸纳年富力强、德才兼备的新生力量，又要保持党的政策的稳定性和连续性。在被选出的175名正式委员中有87名为首次当选，比例接近50%；越共新一届中央政治局委员14名，其中9名获得连任，5名委员为首次进入。因此，越南共产党机关报《人民报》发表社论指出，第十一届越共中央委员和候补中央委员既具有时代性，又具有继承性和连续性。

第二，新一届中央主要成员在年轻化和知识化方面得到落实。从年龄上看，首次进入政治局的5位委员中，4位是"50后"，加上连任的胡志明市委书记黎清海（1950年生），共有5位"50后"，占36%的比例。一批新生代委员进入越共高层，对于年轻的越南（在越南，30岁以下人口占总人口的比例达45%），无疑是个好消息，新一届政治局委员的平均年龄是61.3岁，比第十届59.3岁的平均年龄还增加两岁。这显示出越南共产党在强调政治革新，倡导领导干部年轻化的同时，更加注重政策的连续性和稳定性。另外，新一届中央委员的知识化程度大幅提高，14名中央政治局委员中，有10名具有博士学位。新任总书记阮富仲堪称越南政治理论界的权威人士，在越共刊物《共产主义》杂志曾工作30年之久，从普通编辑做到总编辑，并曾长期兼任越共中央理论委员会主席。首次当选政治局委员的丁世兄，曾任越南记者协会主席、《人民报》总编辑。大量学者型领导人进入越共中央高层，将大幅提升越共的政治理论水平和治国理政的能力。

二、越南共产党在保持工人阶级政党属性的前提下，同时注意扩大党的群众基础

第一，越南共产党继续坚持以马克思列宁主义和胡志明思想为基础的社会主义目标。越共"十一大"强调指出，马列主义是一个科学的、革命的理论体系，系统性地继承了人类最重要的思想价值与科学成就。经过80年的岁月，马列主义、胡志明思想将继续成为越南共产党理论和方法论的基础。越南共产党确定马列主义与胡志明思想是党的思想基础和革命行动的指南。

关于党的性质，越共"十一大"强调，越南共产党是工人阶级的先锋队，同时是越南民族和劳动人民的先锋队，是工人阶级、劳动人民以及越南民族利益的忠诚代表。越南共产党以马列主义和胡志明思想为思想基础和指南针，以民主集中制为基本组织原则。为了保持越南共产党的先进性质，关键是加强党的建设，其中的措施主要包括：一是加强党的政治思想建设，提高政治本领和智慧；二是继续革新，健全党的组织机构和政治系统，提高党员质量；三是继续下大力气同步革新干部工作，重视保卫内部政治工作；四是革新和提高党的检查、监督水平；五是继续革新党的领导方式。

第二，越共"十一大"提出了建设强大工人阶级的主张。为了在大力推进国家工业化和现代化时期建设一个强大的越南工人阶级，越共"十一大"提出了四点主张：

1.党应继续坚持工人阶级立场，加强并保持党的工人阶级本质，使工人阶级真正成为工人、农民与知识分子联盟的核心力量，民族大团结的基础，挫败敌对势力要求成立独立工会组织以分散工人阶级、要求多党多元化体制的和平演变阴谋。2.党领导政府大力发挥在制定和落实劳动工人政策过程中的国家管理效益；国家尽早将党决议中的观点和主张变成具体的机制与政策，有效解决劳动工人的迫切问题，提高劳动者的物质和精神生活水平。3.必须有效执行工人阶级逐步知识化的主张，大力投资工人培训工作，提高工人的知识、专业水平，尤其是年轻工人和农民出身的工人。4.党应重视培养工作，提高劳动工人的政治水平、阶级意识和民族精神，让劳动工人在发展知识经济和融入国际社会的条件下离不开党、民族的革命事业，努力脱离贫穷、落后；建设工作作风、劳动纪律和职业道德。

第三，为了适应时代的发展，越南共产党本着实事求是的态度，在保持工人阶级基本性质的前提下，更加注重扩大党的群众基础，以此提高执政的合法性。2006年，越共"十大"在理论和实践上的一大创新是解决了党的性质和党员从事私营经济问题。越共"十大"指出，允许党员从事私营经济，但其必须模范遵守国家法律、政策，严格执行党的章程及中央委员会的具体规定。允许党员从事私营经济，是越共"十大"在理论与实践上的一大突破，但是越共"十大"没有涉及私营企业主能否入党的问题。越共"十大"以来，在现实生活中已经出现个别经营有方并作出突出贡献的商人被吸纳入党的现象。越共"十一大"顺应时代的发展，从理论上解决了私营企业主入党的问题，允许私营企业主入党。越共认为，这有利于巩固党的阶级基础和扩大党的群众基础，提高党在全社会的凝聚力和影响力。

越南私营经济已从2006年占GDP的45.6%上升至2010年的48%，同时私营企业创造了占全国50.2%的就业岗位。随着越南私营企业的增多、经营范围的扩大、实力的不断增强，私营企业对越南经济增长、转变经济结构和劳动就业的贡献将越来越大。在这种背景下，越共要巩固自己的执政地位，必须在巩固党的阶级基础的同时，扩大党的群众基础。进入21世纪，竞争更趋激烈，国际局势更趋复杂，越南共产党作为越南现代化建设事业的领导核心，必须调动一切积极因素，以维护国内安定团结的政治局面。为此，越南共产党必须适应变化了的政治经济形势，巩固和壮大党的队伍，巩固和扩大党的阶级基础和群众基础，提高党的执政合法性和影响力。

三、越共"十一大"确立了新的发展目标，绘制了工业化和现代化的新蓝图

1986年，越共"六大"作出重大决策，全面推行革新开放政策，集中力量进行经

济建设，努力使越南摆脱社会经济危机。经过25年坚持不懈的努力，越南的革新开放事业取得了举世瞩目的成就。从20世纪80年代后期，特别是90年代以来，越南经济持续高速发展，社会稳定，人民生活日益改善，综合国力显著提高，对外交往空前活跃，在国际和地区事务中发挥着越来越重要的作用。在此背景下，总结革新开放的经验教训，制定新时期发展大计，以全面深化革新，继续开放，成为越共"十一大"的主要任务之一。

越共"十一大"报告指出，在落实2001～2010年阶段经济社会发展战略的10年期间，越南抓住机遇、克服困难，基本完成2001～2010年阶段经济社会发展战略的主要目标。年均增长速度高达7.2%，经济结构呈积极转型的趋势，社会主义方向的市场经济体制进一步完善。2010年越南国内生产总值（GDP）比2000年增长3.4倍；出口金额比2000年增长5倍；2010年人均GDP约1200美元。另外，大会还提出未来5年的总体目标，即继续提高党的领导能力和战斗力，促进革新事业，建设廉洁、健全的政治体系；发挥民主和全民族大团结力量；提高人民物质和精神生活水平；保持政治社会稳定；加强对外活动；为越南到2020年基本成为现代化工业国家打下基础。根据《2011～2020年经济社会发展战略》的要求，力争完成以下具体目标：在2011～2015年这一阶段，越南的经济年均增长速度达到7.0%～7.5%，工业年均增值达到7.8%～8%；农业争取增值2.6%～3%。2015年，人均GDP约达2000美元，平均寿命将达74岁，根据新标准的贫困率年均减少2%。

同时，在《越南共产党第十一次全国代表大会的决议》中，越南共产党从落实党"十大"决议的实际情况中总结出以下经验：1.在任何情况下都要坚定不移地坚持党的革新路线及目标，创造性地运用马列主义和胡志明思想以及坚持民族独立和社会主义目标。2.要重视有效增长和可持续发展，提高经济增长质量和效益，保持宏观经济的稳定。3.关注经济增长与社会进步和公平相配合。4.在政治、思想和组织方面注重建党和巩固党，关注发挥民主与加强纪律相结合，保持民主集中、加强团结一致、加强与人民密切关系、尊重和发挥人民的当家作主权益、依靠人民建党的原则。5.领导和指导工作应敏锐、灵活、坚决、创新，符合国家实际情况；注重预报工作，及时制定符合新情况的措施；加强宣传工作，发挥政治体系和全社会的力量。

四、全方位、多元化外交全面发展

1986年开始的越南革新开放，至今已有25年的历史。通过20多年的艰苦努力，越南经济社会取得了长足的发展和进步，经济社会面貌发生了巨大的变化。其中，越南全方位、多元化的对外政策和外交工作为越南的经济社会发展作出了巨大的贡献。越南党和政府根据形势发展的需要，不断调整对外政策，不断开创外交工作的崭新局面。在越共"十一大"通过的修订版《社会主义过渡时期国家建设纲领》规定："越南将继续坚持多元化、多样化的外交政策。"可以预见，相对和平的国际环境将为越南国内革新事业争取更加广阔的外部市场和稳定的外部环境。

第一，多边外交取得新的成绩。越南成功担任2010年东盟轮值主席国是多边外交的最突出成就。以"面向东盟共同体：从愿景到行动"为主题，越南成功举办了东盟第16届和第17届峰会、东盟议会联盟大会（AIPA）、东盟国防部部长扩大会议（ADMM）等重要会议。越南积极主动参加了联合国框架内的相关活动，在湄公河多边论坛和会议、亚欧论坛（ASEM）、亚太经合组织（APEO）、20国集团（G20）等多边论坛上，反映了越南作为国际社会的主动、积极和尽责成员的努力和角色。

第二，伙伴关系得到加强。双边外交尤其是与邻国的外交关系取得了稳步、牢固和深层次进展。越中全面战略合作伙伴关系在"越中友谊年"和两国建交60周年继续发展，完成越南与中国陆地边界线的勘界立碑工作，到2010年，越中双方贸易总额突破了250亿美元的目标，达300.94亿美元。越南主动与柬埔寨紧密配合，加快两国陆地边界勘界立碑工作的进度。越南与东南亚其他国家的全面合作关系在双方层次和在东盟框架内不断深化。越美两国积极推动"友好伙伴、全面合作、互相尊重和互利共赢"的合作关系，以及面向深广合作与长久发展的关系。此外，越南与欧盟合作关系有了突破性的发展，双方草签了合作伙伴关系协议（PCA），并将启动自由贸易协定（FTA）的谈判。其中，越南已正式与英国签署建立战略伙伴关系的联合声明，开展加强与德国、法国、意大利和欧盟等国家的实质合作关系的各种措施，对于与梵蒂冈的合作关系，越南也采取了理性措施；越南参加了联合国人权大会、东盟关于人权的政府间机构等。

第三，越南共产党政党外交助力国家总体外交。越共"十一大"强调，革新开放25年来，越共已不断扩大和加强与世界上不同国家政党之间的多样化关系，积极参与亚洲各共产党、工人党、左翼党和各政党的论坛、会议和国际研讨会。越共已经改变之前只与共产党、工人党等左翼党建立合作关系的做法，主动扩大了与各国执政党和参政党的关系。至今，越共与全世界115个国家的200多个政党建立了不同程度的关系，其中包括100个共产党、工人党，40多个执政党，进入各国国会或议院的近80个党。与此同时，越南共产党还经常并有效地参加如世界共产党、工人党国际会议（IMCWP）、亚洲政党国际会议（ICAPp）、各左翼党的圣保罗论坛等政党的多边论坛。

为了继续提高对外工作的效率，落实党的"十一大"决议，越共特别强调注重训练对外干部队伍，经常为各级骨干干部组织对外知识培训。在同步开展对外活动的过程中，要确保党的统一领导和国家的集中管理，同时发挥整个政治体系的力量和广大人民的作用。为此，越共提出了未来六大努力方向：1.继续主动、加快和全面展开融入世界的活动，发挥在国际与地区论坛上积极和尽责的成员作用，为提高越南的国际地位作出贡献。2.主动与各伙伴国展开和完善各项关系框架，特别是重要、具有战略性和具有合作潜力的国家，旨在使各项关系框架在21世纪日益深化和稳固发展。3.在保护国家主权和领土完整精神的基础上，继续研究与寻找解决与睦邻国家边界问题的措施，维持与有关国家的稳定关系，为巩固地区和世界的和平与稳定环境作出贡献。4.加强调动与争取国外的人力资源，为越南可持续发展的新发展战略服务。5.在文化外交与政治、经济外交紧密结合的基础上，积极实施文化外交战略。6.加强管理对外活动，提高党、国家、国会、地方外交与民间外交活动的联合效果，并加快完善越南驻外办事处的法律。

五、面临的挑战

越共"十一大"指出，在落实"十大"决议期间还存在许多问题需要解决，还未达到"十大"所提出的一些目标及任务。实现经济可持续发展的工作还未能做好，经济竞争力较低；按工业化、现代化的方向调整经济结构进度比较缓慢；分配制度还存在不合理之处，贫富差距继续拉大。在克服教育培训、科学技术、文化社会和环保等方面的困难和缺陷较为缓慢；未能禁止官僚、贪污、浪费、罪犯、社会弊端、道德衰败等现象；经济体制、人力资源素质、基础设施结构等问题仍是阻挡越南发展的因素；社会主义民主和民族大团结力量还未得到充分发挥；党组织和社会主义法制国家建设、革新和提高祖国阵线及人民团体的作用等工作进展缓慢；还存在影响政治社会稳定的因素，等等。越共"十一大"指出，目前越南部分领域的贪污、腐败问题依然严重，对执政党根基的稳固造成了威胁，对内削弱了党的权威，对外破坏了越南的国家形象。腐败问题仍然是越南共产党面临的重大挑战。

六、结语

在越南共产党的领导下，经过25年的革新开放，越南经济社会面貌发生了巨变，而且仍然处于深刻的变化过程之中。虽然越南经济还处于欠发达阶段，还存在国际竞争力较弱、城乡发展差距大、贫富不均等问题，但越南是一个年轻的充满活力的国家，在越共新一届领导集体的带领下，越南的革新开放事业一定能取得更大的成绩。

原载于《东南亚纵横》2011年第2期

参考文献:

[1] 马里:《越共"十一大"闭幕, 党建经济两手抓》,《国际在线》2011 年 1 月 20 日。

[2] 《越南共产党第十一届全国代表大会的决议》,《越南共产党电子报》2011 年 1 月 21 日。

[3] 谢玉晋:《党继续坚定马列主义与胡志明思想》, 越南通信社 2011 年 1 月 17 日。

[4] 范玉光:《越南共产党员从事私人经济与保持党的本质问题》,《东南亚纵横》2006 年第 10 期。

[5] 《越共十大文件》, 越南国家政治出版社 2006 年版。

[6] 林锡星:《阮富仲: 越共新任总书记》,《环球》2011 年 1 月 26 日。

当代国外社会主义国家
执政党关于政党学习的认识和探索

邹焕梅

摘　要： 本文对越南、老挝、朝鲜和古巴等当代国外社会主义国家执政党关于政党学习的理论认识和实践探索进行了研究。在理论上，这些国家的执政党都认为政党学习在坚持和创新马克思主义、提高治国理政的能力和水平、推进执政党自身建设和变革等方面有着重要的意义和功能。在实践中，这些国家的执政党推出了政党学习的一系列具有实际操作性的举措，即强化政党学习的意识和理念、明确政党学习的阶段性任务和主题、革新政党学习的内容和方式、构建政党学习的长效机制等。本文认为，这些国家执政党关于政党学习的理论认识和实践探索对我们建设好马克思主义学习型政党有借鉴意义。

关键词： 国外社会主义国家执政党；政党学习；理论认识；实践探索

越南、老挝、朝鲜和古巴等当代国外社会主义国家执政党尽管没有明确提出建设马克思主义学习型政党的概念和命题，但都特别重视政党学习问题，不仅将政党学习视为党自身建设和组织变革的题中之义，而且将政党学习看作是提高党治国理政水平和领导能力的途径。本文拟对当代国外社会主义国家执政党关于政党学习的理论认识和实践探索进行系统梳理和研究，总结其经验教训，为建设好马克思主义学习型政党提供借鉴。

一、政党学习的重要性及功能认知

越南、老挝、朝鲜和古巴等当代国外社会主义国家执政党都非常重视政党学习，认为政党学习在坚持和创新马列主义、提高治国理政的水平和能力、促进执政党自身建设等方面有着重要的功能和作用。

（一）政党学习与坚持和创新马克思主义

越南、老挝、朝鲜和古巴等当代国外社会主义国家执政党历来重视通过政党学习的方式，加深对马克思主义基本原理的领会和理解，了解和把握社会主义发展的一般规律和特殊规律，从而用马克思主义的立场、观点和方法解决建设和改革中面临的重大实际问题，实现马克思主义的本国化、时代化，坚持和创新马克思主义。

越南共产党认为，只有深刻、全面和系统性地学习和研究马克思、恩格斯、列宁的理论思想遗产，才能创造性地运用马列主义。胡志明早就指出："学习理论……是学习马列主义的精神；学习马列主义的立场、观点及方法以便通过运用这些立场、观点及方法，好好地解决我们在革命工作中的实际问题。"[1]2006年越共十大提出，要通过政党学习，坚持和创新马列主义，"继续弄清社会主义和我国走社会主义道路的问题"。2011年，越共十一大的讨论中，越共中央委员、共产杂志总编谢土晋强调，创造性地运用马列主义和胡志明思想需要深刻、全面和系统性地学习和研究马克思、恩格斯、列宁、胡志明的理论思想遗产。

老挝人民革命党认为，只有认真学习和研究马列主义，才能形成自己新的经济观念。老挝人民革命党四大报告指出："我们必须进一步深入学习马列主义的基本原理，学习兄弟国家在社会主义建设实践中总结出的经验，接受他们的新思想、新知识，并通过我国的革命和经济建设实践活动加以消化和总结提高，形成我们自己的新的经济观念。"[2]凯山·丰威汉在第七次党的全国组织工作会议上强调，在学习和运用马克思主义过程中，反对教条主义，同时也反对歪曲、诬蔑、否定马克思主义。要求党员要学习和研究马克思主义，掌握好党的方针、路线、政策和国家的法律法规，提高自身水平和工作效率。

朝鲜劳动党认为，只有学习和研究领袖的著作并领会其思想理论，才能提出和解决建设中遇到的问题。金正日在《主体思想教育的若干问题》中指出，学习著作的目的，不仅要努力深入领会著作的思想理论，而且还要把贯彻著作所提出的原则和方法方面所遇到的问题提出来，讨论解决这些问题的办法。党员和劳动者要认真学习与本部门的工作有关的著作，并投入主要的力量去完成著作中提出的任务。2012年4月朝鲜新任领导人金正恩在《竭诚拥戴伟大的金正日同志做我们党永远的总书记，光辉完成主体革命伟业》的讲话中提出，党员干部要加强金正日思想和路线的学习和研究，要深入研究金正日同志的构思和意图是什么，在实践中自己单位面临的任务及其执行途

---

[1] 赵康太、李德芳主编：《中国与越南：马克思主义理论教育比较研究》，中国社会科学出版社2007年版，第185页。

[2] 吴彬康等主编：《80年代世界共产党代表大会重要文件选编（上）》，中国广播电视出版社1989年版，第321页。

径是什么，并周密细致地安排好工作。

古巴共产党认为，只有学习和研究社会主义经典作家的思想，革命和建设的目标才能越来越明确。卡斯特罗曾经指出，对党在经济和社会发展各个领域中的政策的说明应当是有说服力的，所有机构的工作应当是有创造性的。所以，要"把马列主义理论的学习同我国社会主义建设的具体实践结合起来"[1]。他强调说："随着我深入学习马蒂的思想和社会主义经典作家的思想，我越进行斗争，越树立了这些目标。"[2]2006年5月古巴全国人民政权代表大会主席里卡多·阿拉尔孔·德克萨达也强调："我们的任务是学习和发展马克思著作的精神，从而构建服务于现实的理论体系和政策实践。"[3]

（二）政党学习与提高执政党治国理政的能力和水平

越南、老挝、朝鲜和古巴等当代国外社会主义国家执政党在经历了由革命党向执政党的角色转换之后，肩负起了建设和改革的重担，本来就因经济文化发展落后的"先天性不足"和这些国家的执政党存在的某些不成熟，在治国理政的能力和水平上表现出"心有余而力不足"，又由于经济全球化和东欧剧变的冲击以及某些国家经济社会的转型使治国理政的形势和挑战更加严峻、任务更加繁重，执政智慧欠缺和能力不足的状况更加凸显。为此，当代国外社会主义国家执政党都加强了政党学习，希望通过政党学习提高党员干部的文化素养和业务能力，提高党的领导智慧和执政水平。

越南共产党认为，政党学习可以"培养党员的知识、智慧、能力""提高党的战斗力和领导力"。越南共产党指出："领导社会主义革新与建设事业是越南共产党有史以来最困难、最复杂的任务。这个任务要求党在提高政治思想品质、知识水平、领导本领和战斗力等方面更加努力。"[4]党员必须努力学习，不断提高马克思列宁主义理论水平，提高对党的路线、政策的认识，提高文化、科学和业务水平。2006年越共十大提出，党的领导能力和战斗力在很多方面还达不到要求，要通过学习，"提高党的智慧水平和理论研究质量""培养党员的知识、智慧、能力，以便在所赋予的各项工作中作为领导者、先进分子圆满完成任务"[5]。2011年越共十一大再次强调，目前理论研究和实践总结工作尚未满足要求，部分党员、干部、公务员欠缺能力和素质，满足不了治国理政的需要。干部党员要在深入学习、讨论的基础上把握党的观点、主张和路线，要不

---

[1] 菲德尔·卡斯特罗：《在古巴共产党第一、二、三次全国代表大会上的中心报告》，人民出版社1990版，第437页。

[2] 卡斯特罗：《总司令的思考》，社会科学文献出版社2008年版，第231—232页。

[3] 贺钦：《近年来古巴马克思主义研究动态》，《马克思主义研究》2007年第10期。

[4] 李慎明：《社会主义：理论与实践》，社会科学文献出版社2001年版，第169页。

[5] 古小松：《2007年越南国情报告》，社会科学文献出版社2007年版，第268页。

断充实自己，"提高党的战斗力和领导力"。2012年，越共总书记阮富仲在全国党建工作会议上强调，每个干部要经常学习、提高知识水平以成为日益专业的干部。老挝人民革命党认为，政党学习能提高干部队伍的质量和能力，以满足新时期政治任务的迫切需要。老挝人民革命党指出："干部的德与才要同新阶段的政治任务相适应。要给干部补充必要的知识，如社会经济管理知识、科技知识、业务知识和工作方法等，以增强干部的分析和综合问题的能力，增强对新事物的敏感性，增强经济观念和组织实施能力。"[1]2006年老挝人民革命党八大强调，党要加强学习，"吸收人类进步的智慧结晶，制定党的路线和政策，提高党的领导能力和质量"[2]。2011年"九大"再次强调，要加强党员干部的学习，建立具有坚定的阶级立场和崇高的革命道德品质与掌握一般的知识和专业技术知识并重的党员干部队伍，提高党的质量和能力，以领导老挝人民摆脱贫困和欠发达状况，实现国家的工业化和现代化。

朝鲜劳动党认为，政党学习能"提高干部和党员的政治业务水平""熟悉自己所担负的工作"。朝鲜劳动党指出："迅速发展的现实迫切要求进一步提高干部和党员的政治业务水平。"为了提高干部的政治素质和业务水平，就要加强学习。"所有干部都要加强党的政策学习，用我们党的思想牢牢地武装起来，透彻了解党的政策，不管在何时何地都要以它为准绳进行工作。干部应该坚持不懈地学习政治、经济、文化、军事等所有方面的知识，熟悉自己所担负的工作。人人都应当学习，特别是负责干部更应当多学习。"[3]冷战结束后，金正日强调："环境的变化和新的现实迫切要求用革命的方式改进和完善经济管理，以革新的眼光、从发展的角度审视和解决经济管理问题，不断适应时代发展的要求。"[4]这就需要学习理论和新的知识，"只有自己掌握知识，才能有信心""知识是闪耀人的价值的宝石"。2012年4月6日金正恩在同朝鲜劳动党中央委员会负责干部的谈话指出，"今天，世界经济朝着知识化方向发展，时代赋予我们的任务是依靠知识力量发展我国经济"，党的领导干部和党员，要加强新知识、新科技的学习。

古巴共产党认为，政党学习能使党"学会管理"，成为"经济战士"。古巴共产党提出："当一个国家的人民扫除了文盲，学会读书和写字，就掌握了起码的生活和诚实劳动的指示，但在当代，还需要克服最无知的形式：经济文盲。只有这样，我们才能

[1] 吴彬康：《80年代世界共产党代表大会重要文件选编（上）》，中国广播电视出版社1989年版，第319页。
[2] 刘洪才：《当代世界共产党党章党纲选编》，当代世界出版社2009年版，第54页。
[3] 《金日成在朝鲜劳动党历次代表大会上的报告》，人民出版社1979年版，第382页。
[4] 李慎明：《执政党的经验教训》，社会科学文献出版社2008年版，第55页。

知道世界在发生什么"，通过学习，"使我们对经济工作形成了新的观念"[1]。1997年菲德尔·卡斯特罗在古共五大上强调，做任何一件事，领导农村合作社也好，管理一家仓库也好，管理经济单位和服务部门也好，对于一位革命者来说，都应该成为一门学问。我们必须向私人学习，学习他们是如何管理的。如何管理商店？我们要学，以便使我们拥有更多更好的商店。我们有责任学会管理。作为一个市的干部，除了要有政治理论、联系群众等素质外，还要掌握必需的知识，以保证与自己责任有关的各项工作顺利进行。2007年7月卡斯特罗指出："我们国家的公民如果想要有觉悟的话，最最需要的就是知识了。"[2]

（三）政党学习与执政党的自身建设和变革

越南、老挝、朝鲜和古巴等国外社会主义国家执政党都认为，政党学习对推进党的自身建设和组织革新有着重要的作用。

越南共产党强调"在今天的时代，为了提高越南共产党的战斗力就要求每个党的领导干部具有高文化水平和通晓政治活动的知识"[3]。胡志明曾指出："学习是革命之所需，党之实际所求。"[4]越共十大指出："越南共产党要建设成政治、思想和组织坚强的政党，经常自我革新，自我整顿，不断提高干部、党员队伍的质量、党的战斗力和革命领导能力"[5]，就必须进一步加强党的学习。老挝人民革命党"六大"提出"要不断提高党的领导能力和战斗力，以便真正发挥领导核心作用"。2006年老挝人民革命党"八大"指出："党的建设和巩固必须以质量为本"，"在党的政治、思想、组织和领导作风方面建设纯洁、坚强、稳固的党"[6]。而只有不断加强党员干部的政治理论和文化知识的学习，广大党员和干部的素质和能力才能提高，才能真正保证党建的质量。朝鲜劳动党指出："提高干部的政治素质和业务水平，这是加强党的领导力量的重要要求，也是使干部尽到革命的指挥员的职责的根本条件。"[7]金正日指出："工人阶级的党要很好地完成为人民服务的使命，就必须不断加强党本身。即使党把为人民服务作为自己的使命，如果没有建设好党本身，也是不可能充分发挥自己的作用的。"[8]古巴共产党也提

[1] 李慎明：《执政党的经验教训》，社会科学文献出版社2008年版，第104页。

[2] 卡斯特罗：《总司令的思考》，社会科学文献出版社2008年版，第105页。

[3] 李慎明：《社会主义：理论与实践》，社会科学文献出版社2001年版，第435页。

[4] 邓庭富：《越南干部教育培训的发展历程与现况》，《中国浦东干部学院学报》2010年第1期。

[5] 古小松：《2007越南国情报告》，社会科学文献出版社2007年版，第271页。

[6] 刘洪才：《当代世界共产党党章党纲选编》，当代世界出版社2009年版，第54页。

[7] 金日成：《朝鲜劳动党的建设的历史经验》，朝鲜外文出版社1986年版，第95页。

[8] 金正日：《以人民群众为中心的我们朝鲜式社会主义是战无不胜的》，朝鲜外文出版社1991年版，第37页。

出，"党的领导是关键"，要"建设一个钢铁般坚强的党"。为此，"我们要教育无产阶级，要教育先锋队伍，要在先锋队伍中成立核心组织，要在所有核心组织中组织学习小组" [1]。

二、政党学习的主要措施及实际操作

越南、老挝、朝鲜和古巴等当代国外社会主义国家的执政党，为了搞好政党学习，都进行了不断的实践探索，推出了许多具有实际操作性的举措，主要表现在如下几个方面：

（一）强化政党学习的意识和理念

越南、老挝、朝鲜和古巴当代国外社会主义国家执政党为了推进政党学习，在党员和干部中形成良好的学习风气，从党的领导人到党的重要会议都不断强调学习基本理论、文化知识和业务技能的重要性，在党员和干部中不断强化政党学习的意识和理念，并营造政党学习的社会氛围，将政党学习与社会学习相结合。当然，这些国家执政党的实际操作存在着差异。

越南共产党提出要"掀起热火朝天的学习运动"，"建设学习型社会"。越共四大报告提出："必须掀起热火朝天的学习运动。每一个干部、党员都要用强烈的求知欲和刻苦学习的毅力武装自己，从书本上学习，在实际生活、劳动和斗争中学习，要每日每时都要探求和汲取新的知识。只有这样，他们才无愧于先锋战士的称号，才能很好地起群众领导者的作用。" [2]越共从1986年六大到2011年十一大都不断强调，"我们要学习很多东西" [3]，要"边做边学"。越共2011年十一大通过的《越南社会主义过渡时期国家建设纲领》（2011年修订版）提出要"建设学习型社会"。老挝人民革命党提出"要在全党全民范围内组织学习"。1982年老挝人民革命党凯山·丰威汉在党的三大报告中指出："党员要努力学习，不断提高政治、文化、科技和业务水平，以便完成党交给的任务。" [4]1996年老挝人民党六大提出，"要在全党全民范围内组织学习"，研究老挝的历史和革命史，全面系统地总结革新路线，以便能够及时分析问题、找出问题的实质，并

---

[1] 《卡斯特罗言论集》第2册，人民出版社1963版，第282页。

[2] 中共中央对外联络部二局：《越南共产党第四次全国代表大会文件》，内部出版物1978年版，第234页。

[3] 李慎明：《社会主义：理论与实践》，社会科学文献出版社2001年版，第23页。

[4] 吴彬康：《80年代世界共产党代表大会重要文件选编（上）》，中国广播电视出版社1989年版，第282页。

运用到思想领导工作中去。2001年老挝人民革命党七大强调，每一位党员要勤奋学习，提高自己的知识能力水平，自觉维护党的威信。朝鲜劳动党提出"把学习当作首要的革命任务和生活的第一需要"，要建成"全体人民都学习的学习之国"。金日成曾指出，学习是革命者的首要任务。无论是谁，不学习就不能成为真正的革命者，也不能继续进行革命工作，要积极响应全党都要学习的号召，进行学习，"把学习当作首要的革命任务和生活的第一需要"[1]。金正日在《关于主体思想》一文中强调，学习，是用革命的思想、理论和战略策略武装自己的基本途径。不进行学习，就不能领会革命斗争的真理，就不能具有深远的阶级眼光和革命见识。干革命的人任何时候都要把学习作为首要的任务，活到老学到老。

古巴共产党提出"不学习，就会落伍"，要将全国变成"一所辽阔的大学"。卡斯特罗曾说"不学习，就会落伍，跟不上形势"[2]，应当善于在实际中学习，在现实生活中学习。改革开放以后，古巴共产党更是重视党员干部对理论的学习和新知识的追求，提出"没有文化就没有自由也不可能会有拯救"，"我们从来没有对古巴人民说'要相信'，而是说'要阅读'"[3]。2007年12月卡斯特罗在《给全国人大的信》中指出："我的一生中没有一天停止学习"，要将全国变成"一所辽阔的大学"。2011年4月17日劳尔在古共六大开幕式上强调，必须重申的是，我们的干部应该摒弃不学习文件、将之束之高阁的不负责任的做法。

（二）明确政党学习的阶段性任务和主题

越南、老挝、朝鲜和古巴等当代国外社会主义国家的执政党，始终将政党学习与党所处发展阶段面临的主要问题和治国理政的主要任务紧密结合起来，使政党学习为执政党完成肩负的使命提供精神和智力支持。正因为这样，各国政党学习的主题和着力点是不同的。

越南共产党现阶段政党学习的主要任务是"继续弄清社会主义和我国走社会主义道路的问题"和加强党员干部道德廉政建设，主题是"按胡志明道德榜样而学习和工作"。就政党学习的任务来说，一方面，越共认为目前的"理论工作还不能解决改革事业中的一些重要问题"，"在一些重大问题上，如在经济成分和所有制问题，国有企业股份制问题，建立独立自主经济和融入国际经济问题，教育、医疗、文化管理的政策

---

[1] 吴彬康：《80年代世界共产党代表大会重要文件选编（上）》，中国广播电视出版社1989年版，第79—80页。

[2] 《卡斯特罗言论集》（第2册），人民出版社1963年版，第282页。

[3] 卡斯特罗：《总司令的思考》，社会科学文献出版社2008年版，第208页。

机制的革新问题，改革政治系统的组织、活动方式等等问题上，观点、方针不明确"[1]，需要加强马列主义和基本理论的学习，加强理论研究队伍建设，提高理论研究的水平和质量。另一方面，越共认为，随着革新开放的开展和深入，某些党员干部的精神和道德堕落，贪污腐败严重，已经成为"国难"，严重影响党的形象和执政地位，必须加强党员干部的政治学习和党风教育。从越共政党学习的主题看，从2006年开始开展了"按胡志明道德榜样而学习和工作"的运动，为此制订了从2006—2011年期间的运动落实计划，并将2008—2009年定为"学习胡志明道德榜样年"。2010年1月农德孟在越共学习和效法胡志明道德榜样运动中央指导委员会会议上指出，将"全党、全政治系统组织学习效法胡志明关于建设廉洁稳健的共产党的思想和道德榜样"作为学习主题，很准确，很有必要，对建党工作具有重要意义。2011年4月越共现任总书记阮富仲强调，要加大力度推动"按胡志明道德榜样而学习和工作"运动，要将向胡志明道德榜样学习和工作的运动融入各级党委和政治社会组织生活之中，使其达到更好的效果。2011年5月越共政治局颁布了有关继续推动"按照胡志明主席道德榜样而学习和工作"运动的03—CT /TW 号指示，强调要将"按照胡志明道德榜样而学习和工作"的相关内容列入各党组织、政府和团体每个月的政治生活计划及各学校的教学计划中。

老挝人民革命党目前政党学习的主要任务是提高党员干部的文化知识和素养，加强党的质量建设，主题是建设"坚强、善于全面领导"的党支部。老挝近年来针对党员和干部理论素质和文化水平低的状况，将政党学习的着力点放在政治理论和文化知识的学习和教育上，为此，采取了恢复省级政治理论学、编写政治学习和教育大纲和教材、举办高干政治学习生活会、将中高级领导干部派往国外学习等措施。1996 年老挝党通过的建设"坚强、善于全面领导"基层党支部的第 11 号决议，提出了建设和完善党支部的内容，其中提出重视教育和培养党员特别是党支部书记，保证他们能够坚持党的本质、理想、阶级特点、先进性和战斗力，提高他们的文化、专业和政治理论水平。[2]

朝鲜劳动党目前政党学习的主要任务是强化对领袖的忠诚和主体思想的一色化，主题是"四大第一主义"。东欧剧变后，朝鲜劳动党提出"资本主义以金钱为生命，社会主义以思想为生命"，东欧剧变主要是思想出了问题。为了保障党员干部和人民群众在思想和行动上同领袖保持高度一致，并贯彻"主体思想"一色化的建党路线，朝鲜劳动党加强了党员干部的政治学习，建立了更加严格的政治学习制度，围绕"四大第一主义"天天学习、总结、汇报。所谓"四大第一主义"，即"高度发扬领袖第一主

---

[1] 古小松：《2007年越南国情报告》，社会科学文献出版社2007年版，第244—245页。
[2] 李慎明：《执政党的经验教训》，社会科学文献出版社2008年版，第65页。

义"，强调金正日的领导是朝鲜永远胜利的旗帜，必须具有与金正日同样的意志、感情和命运，要以领袖为中心，绝对地信任领袖，永远地追随领袖；"高举思想第一主义"，强调要坚定对主体思想的信念，把金正日思想作为永远的指导方针，在革命和建设中对路线和原则不能做丝毫让步；"彻底体现军队第一主义"，认为军队第一主义是朝鲜革命的光荣传统，是依靠军队前进的朝鲜社会主义的永远的标志，要坚持先军政治，保证思想、政治制度和国家的稳定；"繁荣和发展制度第一主义"，强调要充分发挥社会主义制度的优越性，要在坚持社会主义原则的前提下，谋求最大的经济实利。

古巴共产党现阶段政党学习的主要任务是提高党员干部的思想政治觉悟和为经济改革及经济管理提供智力支持，主题是开展"意识形态战役"和"学会管理"。一方面，古巴共产党提出，正在为革命和祖国的生存而战，加强思想政治工作是生存的基础，不仅要在党内和干部中，而且还要在全体人民中开展强大的"意识形态战役"，而思想和觉悟更好的意识形态武器源于知识，"需要更多的阅读和思考"[1]，"没有文化就没有自由也不可能会有拯救"。卡斯特罗也强调："阅读启发觉悟，而觉悟是我们同拥有现代毁灭性武器的帝国进行斗争的主要工具。"[2]另一方面，东欧剧变使古巴经济陷入了空前的危机之中，如何克服经济危机，使社会"有效益"、人民"有饭吃"就成为古巴共产党面临的最大课题，为此，古共提出要加强党的学习，"学会管理"，成为"经济战士"。

（三）革新政党学习的内容和方式

越南、老挝、朝鲜和古巴等当代国外社会主义国家执政党为了能使政党学习达到预期目的和效果，根据形势的变化和治国理政的需要，对政党学习的内容和方式上进行不同程度的改革和调整。

在政党学习的内容上，大都从单纯地学政治、学文化向综合知识和综合能力的学习提高拓展，新理论、新知识、新技能、领导艺术和方法等越来越成为政党学习的内容。越南共产党强调，党员干部，特别是领导干部，除了要学习一般的政治理论和文化知识外，更要学习业务知识和技能。例如，2008年越南提出，省级干部在一般性的政治、法律和行政知识之外，还需要对特定主题有一定见识，如组织管理、土地管理、财政管理、司法管理等。而地方官员，城市地区的人员就需要城市管理知识，偏远和山区的人员则需要自然资源和环境管理、少数民族和宗教管理的知识等。老挝人民革命党提出，党员要学习理论、路线、政策、文化专业知识和科学技术，学习管理国家、管理经济和社会的技能，新时期党员领导干部还应具有心理学、外语等方面的知识。

[1]　卡斯特罗：《总司令的思考》，社会科学文献出版社2008年版，第227页。
[2]　卡斯特罗：《总司令的思考》，社会科学文献出版社2008年版，第208页。

朝鲜劳动党新任领导人金正恩于 2012 年 4 月在《竭诚拥戴伟大的金正日同志做我们党永远的总书记光辉完成主体革命伟业》的讲话中提出，党的领导干部和党员，要加强新知识、新科技的学习，"把我国建设成为知识经济强国"。古巴共产党强调，党员干部必须更加迅速地学习先进科技成就，学习经济和经济管理方面的知识和技能。

在政党学习的方式上，探索以党校培训为主体的多样化的学习方式。第一，党员干部参加党校或政治培训机构的学习和培训，这是目前这些国家政党学习的一种主要方式。越南有胡志明国家政治学院和国家行政学院，从乡镇到中央各个不同层级的党员干部都可以到这两所学院学习和培训，只不过学习和培训的内容不同，前者主要是研究学习党的主张、革新与发展的思路，以掌握越共的路线、方针、政策以及马列主义 胡志明思想等，后者主要是学习和研究具体的业务知识和管理技能等。老挝近年来也重视干部的学习和培训工作，例如，在 2008—2009 年度， 共有 245 名厅局长、县委书记、县长参加了政治行政教育课程的培训。2009 年 3 月，50 名中央和省级行政管理干部参加了首次举办的"市场经济及国际经济知识水平培训班"[1]。朝鲜劳动党目前在中央有中央党校、马克思列宁主义学院、人民经济大学、国际关系大学等党的干部培养机关；在地方，各道都有共产大学，各郡都有郡党校。这些干部培养机关每年都承担和完成着朝鲜劳动党的党员干部学习和培训任务。古共在全国建立了一套完备的党校系统，有 1 所中央高级党校负责省、部级领导及后备干部的学习和培训，有 14 所省级党校负责市、县级领导干部的学习和培训。每个党员和党的干部都要到不同级别的党校进行为期不同的学习和培训，近几年，每年约有 5 万名党员、干部到各级党校参加了学习和培训。第二，通过开展"运动"或"活动"的方式加强政党学习。越南共产党进行了从 1999 年到 2001 年的"党的建设和整顿运动"、2006 年至今的"按胡志明道德榜样而学习和工作"的运动和创建"纯洁稳健基层党组织"活动；老挝人民革命党近年来实施了政治思想教育的"五项工程"和建设"坚强、善于全面领导的党支部"活动，并举办高干"政治学习生活会"；朝鲜劳动党实施"一个月学习制度"和"党内学习会"；古巴共产党在各级党组织定期召开"民主生活会"，并开设了"公众讲坛"和"电视圆桌论坛"等。第三，国内外考察参观学习方式。例如，老挝采取"请进来，走出去"的方法，请外国专家到老挝举办有关理论和形势讲座，或以各种方式派代表团到国外进行考察学习、专业培训，以提高广大党员干部特别是中高级干部的政治理论水平和思想认识。[2]此外，目前越南、老挝等国家的共产党还建立了网站，越南推出《共产党电子报》，正在探索信息化、网络化条件下政党学习的新方式。

---

[1] 尹声声：《老挝公务员培训制度的问题及完善措施》，《人才资源开发》2011 年第 2 期。

[2] 《兴衰之路——国外不同类型政党建设的经验与教训》，当代世界出版社 2002 年版，第 42 页。

（四）构建政党学习的长效机制

越南、老挝、朝鲜和古巴等当代国外社会主义国家执政党为了使政党学习不流于形式、走过场，都特别重视政党学习的约束机制和长效机制建设。主要表现在三个方面。

首先，通过党章将学习规定为党员必须承担的责任和义务。越南共产党2006年十大通过的新党章规定：党员要"不断学习、锻炼，提高知识水平、工作能力、政治品质、革命道德"等[1]。老挝人民革命党2006年八大通过的新党章规定：党员要"全面积极自我磨炼，学习马列主义理论以及党的方针、路线、政策、章程和国家法律。提高科技、文化、专业和外语水平，吸收借鉴国外优秀经验，提高自身知识能力和革命道德修养"。[2]朝鲜劳动党1980年通过的新党章规定："党员必须深入学习、领会和维护党的革命传统。""党员必须深入学习主体思想、党的路线政策和革命传统，努力学习经济知识和先进科技，研究形势，提高文化素养"，"党员必须认真参加党的会议、党内学习会等"。[3]

其次，制定政党学习的专门法规和制度。1991年党的七大后，越共以政治局的名义下文强制各级干部每月必须抽出一定时间加强学习，越共九大还规定，大部分县级以上主要领导干部必须学完整套高级理论教程并具有一定专业的大学文化程度。朝鲜劳动党建立了所有干部和党员每天学习两小时以上的制度，每周一次集体学习的星期六学习制度，还建立了所有干部每年定期到各级培养机关学习一个月的制度，并强调"党组织要经常了解干部的学习情况，加强监督，使干部们好好学习"[4]。古巴共产党规定每个干部10年内要保证2000小时的学习时间，读完中央规定的12本必读教材。新党员入党后必须在基层党校接受100小时的党性教育。古共规定，每个领导干部任期内必须接受培训3个月以上，年轻干部要接受培训6个月以上，没有例外。

最后，制定干部选拔任用中的知识能力倾斜政策，以激励党员干部加强学习。越共十大报告指出："建立和制定发现、遴选、培养、重用德才兼备的人才并为其提供相应待遇的机制和政策；及时更换那些能力和品质差、存在严重问题的人员。"[5]2011年3月越共政治局委员、书记处书记张晋创在党建组织工作全国干部会议上强调，要制定并从严落实关于发现评估、选择、规划、培训、培养干部等机制和政策及规定；重用德才兼备的、具有高度责任感的干部。老挝人民革命党近年来，特别倾向于选择既有

---

[1] 刘洪才：《当代世界共产党党章党纲选编》，当代世界出版社2009年版，第308页。

[2] 刘洪才：《当代世界共产党党章党纲选编》，当代世界出版社2009年版，第56页。

[3] 刘洪才：《当代世界共产党党章党纲选编》，当代世界出版社2009年版，第34页。

[4] 金日成：《朝鲜劳动党的建设的历史经验》，朝鲜外文出版社1986年版，第95页。

[5] 古小松：《2007年越南国情报告》，社会科学文献出版社2007年版，第269页。

革命经验和丰富知识又有积极向上精神的同志进入领导班子，重视干部革命化、知识化和年轻化。老挝在新的干部标准中，其中一条是具有与所担负的工作相适应的理论、文化水平和科学技术、专业知识。古共四大规定"必须以有能力的、革命的、有贡献的和能够起领导作用的新人更新党的领导和中央委员会"[1]。1997年，卡斯特罗在古共五大上强调，对政治干部必须灌输知识，选拔干部不仅要看其政治素质，而且还要看其是否是好的管理者、是否具有好的经济领导人的素质。

原载于《山东社会科学》2013年第7期

---

[1] 《兴衰之路——国外不同类型政党建设的经验与教训》，当代世界出版社2002年版，第70页。

越南共产党党规党纪建设态势和经验

崔桂田

摘 要：越南共产党的党规党纪建设既系统配套、全方位推进，又突出重点、聚焦热点，始终将政治纪律和规范、作风纪律和规范、组织纪律和规范作为战略重点。越南共产党的党纪党规建设是在"四个结合"中行进的，即与党的"整顿运动""以胡志明为道德榜样而工作和生活"教育运动、发扬党内民主、社会主义法权国家建设相结合。

关键词：越共；党规党纪；党建；经验

革新开放以来，越南共产党内部出现了各种消极腐败现象，不断击穿着已有党规党纪的底线，而党建出现的新情况、新问题，不断折射着已有党规党纪的某些盲区和空白，党规党纪建设刻不容缓。所以，越南共产党不仅将党规党纪建设提到了前所未有的战略高度，而且注重党规党纪建设的质量和效果，表现出许多新的态势和特点，有许多经验值得借鉴。

提升党规党纪建设的战略高度

随着革新开放的深入和社会转型的发展，越共党建面临的形势愈加严峻。一方面，部分党员干部政治思想衰退、道德败坏、生活方式蜕化，存在严重的机会主义、个人主义和官僚主义、贪污、浪费的问题，引起人民的极大不满，严重威胁着党的执政地位和社会主义制度的生死存亡。另一方面，执政党建设出现许多过去未曾有过的新情况、新问题，例如，在党员结构和成分多元化的情况下如何发展党员、如何进行党的价值整合、如何扩大党的阶级基础和社会基础，在党员流动性增强的情况下如何加强党员的教育管理和过好组织生活，如何既推进党内民主又能增强党组织的团结统一，党的领导方式和执政方式如何转变，等等，这些新情况、新问题对新时期的党建提出了新的更高要求。

正是在这种背景下，越南共产党从2006年党的十大开始，不仅将党规党纪建设提到了前所未有的战略高度，而且从党规党纪的外延发展转向内涵提高，注重党规党纪建设的质量和效果。党的十大指出："各种问题相互交错、相互作用并发生复杂变化，任何一个挑战都不可轻视"，要"严格遵守党章和中央的具体规定"，"加紧和严格执行《反贪污法》《厉行节约、反对浪费法》。补充、完善《诉讼法》"，要建立机制，完善规则，革新纪律检查方法，"提高检查、监察工作的质量"，"坚决、及时、公开处理那些不管是担任什么职务、在职还是退休的贪污分子"。2010年4月，越共前总书记农德孟强调，要按照全新的领导方式、提高党组织战斗力和领导能力的精神"严抓纲纪并重视质量"。2011年党的十一大强调："党必须防止和克服大的危机，如路线错误，干部、党员的官僚作风和蜕化、变质"，要"加强党活动的民主和纪律"，"严格遵守社会纲纪"。同年，先后召开的党的十一届二中全会和十一届三中全会也都强调，要"恪守党内的纪律纪纲"，坚决打击腐败和浪费等消极现象。2012年10月越共总书记阮富仲在党的十一届六中全会闭幕式上指出："政治局和书记处将讨论并立即指导解决一些突出、迫切问题，发挥积极因素，严肃纲纪，力争起到警醒、警告、警戒作用，制止党内的一些消极现象。"2013年5月党的十一届七中全会强调，要加强党规党纪建设，"有效、严明处理和解决现存的紧迫问题"。2014年5月他在越共十一届九中全会闭幕式上再次强调，为了保证党在政治、思想、组织、干部及领导、管理方式等各方面更加清正廉洁，要确保执行好党章、严格实行集中民主制原则、维护党纪。

筑牢党规党纪建设的法理基础

越南共产党认为，党纲是党的战斗旗帜，是党的行动方向；党章是党的根本大法，是党的行为规范和法理基础。党纲和党章要与时俱进地调整和发展。

重视党纲的制定和调整。越共认为，"党的纲领是越南国家逐步过渡到社会主义建设事业胜利的战斗旗帜，是党、国家、整个政治系统和人民在今后数十年一切行动的方向"。所以，在1986年革新开放起航至今的28年间，越共先后通过了两个版本的党纲，即1991年原创版的《社会主义过渡时期的国家建设纲领》（以下简称"1991年版"）和2011年修订版的《越南社会主义过渡时期国家建设纲领》（以下简称"2011年版"）。"1991年版"根据革新开放的形势和东欧剧变的现实提出了越南社会主义社会的"六个基本特征"和建设社会主义应把握的"七个基本方向"，并将"社会主义定向"写入党纲。1991年版党纲保证了越南党、国家和社会的发展方向。2011年版根据时代的变化和20年革新开放的实践经验，总结了革命、建设和革新的五大经验教训；提出了越南社会主义社会的"八个基本特征"、建设社会主义应把握的"八个基本方向"和应处理好的"八大关系"；提出了发展经济、政治、文化、社会、国防、安宁、外交、党建的主要任务等，为越南党、国家和社会未来发展指明了方向。

不断补充和完善党章。越南共产党特别重视党章的修改和完善，从1986年党的六大到2011年党的十一大，先后对党章进行了6次修改。1986年党的六大章程在党员的标准和条件、党员的权利和义务、预备党员的期限、党的组织原则、纪检部门的职责等方面都有不同程度的调整，特别是在党员义务中新增了道德修养的内容，在纪律检查中新增了检查党员落实"民主集中制原则和组织生活"和"履行党员义务情况"的内容。1991年党的七大对党章修改的最大变化是将"胡志明思想"作为党的理论基础和行动指南，将"民富国强"作为党的奋斗目标之一。1996年越共八大对党章的修改主要体现在强调党的工人阶级本质和纯洁党员队伍、坚持民主集中制原则和确保党的团结统一等方面。2001年党的九大党章修改增添了发展民主和社会主义定向市场经济的精神，界定了"胡志明思想"的内涵。2006年党的十大对党章修改和补充的最大变化就是，重新定位党的性质，明确提出党员可以从事私营经济，但要遵守党纪国法。当然，越共每次党章修改也都对党的各级纪律检查委员会的职能和任务作不同程度的调整和完善。越共与时俱进的党章修改，既废除了与现实不相适应的条文和规制，又增添了与时代相适应的新条文和新规定，为党内其他法规、法纪的制定提供了依据。

突出党规党纪建设的战略重点

越南共产党的党规党纪建设既系统配套、全方位推进，又突出重点、聚焦热点，始终将政治纪律和规范、作风纪律和规范、组织纪律和规范作为战略重点。

防止党员干部被"和平演变"和"自我演变"的政治纪律和规范。越南共产党特别重视党的政治纪律和规范建设，这方面主要体现在越共的党纲和党章上。1989年，越共六届六中全会提出了以坚持社会主义目标和党的领导为核心的革新开放"五项原则"，成为全党的政治规范和政治纪律。越共新党章规定党员要"绝对忠于党的革命宗旨和理想，严格执行党的政治纲领、党章、党的各项决议、指示和国家法律；完成交付的任务；绝对服从党的分工和调动""少数党员有权保留自己的意见并向上级党委直至党的中央报告，但是必须严格执行决议，不能传播与党的决议相反的意见"。从实践来看，越共对违反政治纪律和规范的党员，特别是在党内散布多党制和政治多元化的自由化分子坚决清除出党。1990年8月，越共六届八中全会撤销了鼓吹政治多元化和多党制的越共中央政治局委员陈春柏的一切职务。1999年，又将鼓吹自由化和多党制的越共中央委员陈度开除出党。目前越共又进一步提出了防止党员干部被"和平演变"和"自我演变"的政治纪律和规范。

预防和打击腐败、保持党先进性和纯洁性的作风纪律和规范。越共把严明党的作风纪律，特别是反腐败作为当前党规党纪建设的重中之重。这方面主要有越共中央书记处1990年1月发出的开展反腐败的第64号指示、1996年5月越共中央政治局颁布的关于反腐败领导工作的第14号决定、越共十届三中全会通过的加强党对防止贪污腐败的决定、《党员十九条不准》、《党员禁止行为规定》、《厉行节约、反对浪费法》、《反贪污法》、《反腐败法》（草案）、《预防和打击腐败法》、《贯彻落实（预防和打击腐败法）的政府行动计划》、《防治腐败国家战略》等，越共还出台了一系列配套措施。比如，实行干部、公务员财产申报制度；关于对中央归口管理的党员干部的检举信件的处理规定；各级党委的主要领导人对本单位、本地方出现贪污腐败承担连带责任的规定。从实践看，越共对党内腐败分子给予严厉打击，据统计，从2007年到2012年各级党委对1089771名党员进行了纪律检查，发现11594名党员有违纪行为，2953起违纪案件受到查处。越共各级纪检委员会对易发贪腐案件的重点地区、突出领域进行检查。经过检查，有4名越共中央委员，17名省、中央直辖市、部、委的书记、副书记和2名大型国有集团公司的书记、总裁被处理。

确保党团结统一和具有凝聚力、战斗力的组织纪律和规范。越共视组织纪律为党的生命，把严格党员的组织生活和组织管理作为党规党纪建设的着力点。先后制定和颁布《越南共产党章程》、《国家干部道德法规》、《干部、公务员法令》、《提高党的基层组织领导能力、战斗力和提高基层组织党员干部队伍素质的决议》、《各级基层党组织的职能、任务的具体规定》、越共中央政治局关于党员干部培训的52号文件等，建立和完善了党的各级代表大会制、中央委员会工作制、集体领导制、党内选举制、党务和信息公开制、质询制、干部交流制、基层民主制、权力监督制等制度规范。越共组织纪律和规范建设有四个方面特别突出：一是坚持民主集中制原则不动摇。越共认为，党是一个具有坚强意志和行动统一的严密组织，民主集中制是党的基本组织原则，否定民主集中制原则就是从本质上否定了共产党。脱离民主集中制原则，党就会变成一个俱乐部，为机会主义、宗派主义和形形色色的无政府主义大开方便之门，导致党在组织上的涣散。二是强化党的组织生活和组织纪律。越共强调，要"在党内生活中经常开展批评与自我批评。动员群众对党员进行监督、鉴定，向党员提出意见。及时将不合格的党员开除出党""党员如果没有正当理由，一年中有3个月不参加组织生活或不缴纳党费，或奋斗意志薄弱、不执行党员任务、经支部教育后仍没有进步的，支部应审查并向上级党委建议予以除名"。三是推进党内民主，加强党内监督。党内所有领导职务实行差额选举制，党的各级领导机关和领导职务均由民主选举产生；实行集体领导制，各项重大决策、干部任免、重大工程项目的开展等事项都必须通过集体讨论决定，个人不得擅自拍板；实行党务和信息公开制，从2001年党的九大开始，党的代表大会政治报告草案在内的党所研究的重大问题向全社会公开，广泛吸收党内外智慧；

实行质询制，2002年越共九届五中全会首次实行了质询制度，任何一位中央委员可以对包括总书记、政治局委员和书记处书记在内的其他委员提出质询，也可以对政治局、书记处、中检委集体提出质询等。四是重视领导干部的建设规划与定期轮换。越共总书记阮富仲指出，干部建设与规划工作特别是领导干部建设规划工作非常重要，是发现、培养人才，建设领导干部梯队。干部岗位定期轮换制度也是一项重要制度，旨在有序、全面地开展对干部特别是中央或者战略级管理干部的选拔、培养工作。

注重党规党纪建设的协同发展

越南共产党的党纪党规建设是在"四个结合"中进行的，即与党的"整顿运动"相结合、与"以胡志明为道德榜样而工作和生活"教育运动相结合、与发扬党内民主相结合、与社会主义法权国家建设相结合。"四个结合"使党规党纪建设获得了协同联动的合力和助力。

以党的整顿运动倒逼党规党纪建设。从1992年越共七届三中全会通过《关于革新和整顿党的决议》，到1999年越共八届六中全会通过《关于当前党建工作若干基本和紧迫问题的决议》，再到2012年越共十一届四中全会通过《关于党建工作当前一些紧迫问题决议》，越南共产党一直重视党的自身建设和变革，开展党的整顿净化运动。其中比较有力度的当属1999~2001年为期两年的整顿运动和2013年至今开展的自上而下的自我检查、批评与自我批评运动。这些党的整顿运动迫切需要按章办事、依规处置，党规党纪建设成了整顿运动的题中之义和有机组成部分。可以说，党的整顿运动既严肃了党规党纪，又根据新的形势和情况创新和完善党规党纪。

以胡志明道德榜样引领党规党纪建设。越共提出，要把思想道德建设提到党建的首位，"任用干部要坚持德才兼备的原则，绝不能把有腐败行为的人选上领导岗位"。为此，从2006年11月在全党和全国开展了为期五年的"以胡志明为道德榜样而工作和生活"运动，旨在能够对越共党员进行长期的党风教育，坚定他们的共产主义信仰和"一切为了人民"的作风。2011年越共十一大提出，党风党纪建设要"与深入落实学习和实践胡志明道德榜样运动相结合"，"要把学习践行胡志明道德作为干部、党员、党组织的经常任务。一切干部、党员必须不断提高政治水平、道德品质和生活方式的修养，……防止自我演变"。可以说，越共开展的"以胡志明为道德榜样而工作和生活"运动，为党规党纪的建设和恪守注入了精神命脉。

以党内民主的发展促党规党纪建设。越南共产党从2001年党的九大以来加速了党内民主的步伐，加大了领导职务的差额选举和直接选举力度，提升了党的全国代表大会的权力和党员的主体地位，加强了党的质询、监督和问责，进一步推进党务和信息公开。党内民主的发展既为党规党纪建设提出了新的课题，党规党纪建设要与时俱进，又为越南共产党党规党纪的落实和发展创造了良好的条件和生态。可以说，越共的党规党纪有很大一部分就是为民主而来、因民主而发展。其实，纪律与民主、自由是相辅相成的，一个纪律严明的党，首先是一个充满民主自由的党，只有广大党员的主体地位受到尊重，民主权利得到落实，党员个体才能发自内心爱护这个党，恪守对党的责任和义务，党的纪律才能真正得到遵守。

以社会主义法权国家建设呼应党规党纪建设。越共在1986年党的六大就提出"以法律治国，而不是以道理治国"，1992年宪法的颁布开启了社会主义法权国家建设的进程，法律法规体系不断完善，一些有特色的法律法规，如《反贪污法》《防治贪污腐败法》《申诉控告法》《国会监督法》《新闻法》等的颁布实施引人瞩目，法权国家建设成效显著。越南社会主义法权国家建设不仅强化了越共的法治思维，从1991年越共七大通过的《越南社会主义过渡时期国家建设纲领》提出的"国家用法律来管理社会"，到2011年党的十一大通过的《越南社会主义过渡时期国家建设纲领（2011年修订版）》提出的"越南是属于人民、来自人民、为了人民的社会主义法权国家"，党"在宪法和法律框架内开展活动"，而且促进了越共的党规党纪建设和依法治党。

总之，越南共产党的党规党纪建设有着自己的做法和特色，也取得了初步成效，积累了一定的经验。目前正在向着党规党纪建设的科学化、体制化、具体化和有效化发展。

原载于《人民论坛》2014年第35期

越共的"人民主体"思想及其实现机制

邹焕梅　　崔桂田

摘　要： 越共"人民主体"思想的基本点包括：人民是主，人民当主；人是发展战略的中心，同时是发展的主体；党源于人民，属于人民，为了人民；党和国家的任何政策都要包含人民的意见等。本文从五个方面分析了越共"人民主体"思想的实现机制，即党领导、人民作主、国家管理的领导机制；党和国家重大决策全民参与讨论和征求意见的机制；各种形式的直接民主制和代表民主制；人权和公民权维护与保障的法制化建设；富民减贫的长效机制和社会保障制度。

关键词： 人民主体思想；实现机制；共产党；越南

越南共产党的"人民主体"思想，是在长期的社会主义革命和建设实践中形成的党建理论基石和治国核心理念，其实质是：社会主义是人民的事业，党"源于人民，属于人民，为了人民"，要尊重和保证人民的主体地位和创造精神。革新开放以来，越共不仅在理论上赋予了"人民主体"思想新的内涵和时代气息，而且更注重通过制度构建和体制创新，把过去往往停留在理论和口号上的"人民主体"落到实处，使人民真正感受到自己是国家的主人。越共关于"人民主体"思想及其实现机制的探索，对当代社会主义国家执政党有着重要启示。

一、越共"人民主体"思想的基本观点及其发展

越共向来重视人民的主体地位和创造精神。胡志明创建越共时就提出"民为贵"思想，1986年党的六大提出"以民为本"，党的十大提出"以人的发展为目标"，党的十一大提出"人是发展战略的中心，同时是发展的主体"，形成了有自己特色的"人民主体"思想，其内容主要包括以下几个方面。

（一）人民是主，人民当主

越共认为，人民是国家的主人，是国家权力的最高主体，要坚持和贯彻"人民是

主、人民当主"的原则和精神。越共创始人胡志明早就指出："我国是民主的国家。所有的利益都属于人民，所有的权力都属于人民，革新建设的事业是人民的责任，抗战建国事业是人民的任务。从乡级到中央的政权都由人民选出，从乡到中央的社会团体都由人民组织。总而言之，一切权力和力量都在于人民。"[1]革新开放以来，越共不断丰富和发展胡志明关于"人民主权"的思想。1986年党的六大指出"群众是历史的创造者"，"'革命是群众的事业'这条经验任何时候都是重要的，革命实践证明，哪里的劳动人民具有当家作主的意识并真正实现当家作主，哪里就会出现革命运动。把这条经验运用到新的革命阶段，我党把社会主义集体当家作主看成是社会主义民主制度的本质，并使它在生活的各个领域中体现出来"[2]。2001年宪法修正案规定"越南社会主义共和国是为人民所有、产生于人民、为人民服务的社会主义法制国家，以工人阶级、农民阶级和知识分子联盟为基础，一切权利属于人民"。2006年党的十大政治报告指出"革命事业属于人民、来自人民、为了人民"，要"逐步建立和完善社会主义民主，保证权力属于人民"，要"建设社会主义法治国家的运行机制，确保国家一切权力属于人民的原则"[3]。2011年党的十一大通过的《越南社会主义过渡时期国家建设纲领》再次强调"革命事业属于人民、来自人民和为了人民。人民是缔造历史胜利的主人"，"越南是属于人民、来自人民、为了人民的社会主义法制国家。国家所有权力属于人民"[4]。2012年9月，越共中央委员、国会副主席汪周刘就1992年《宪法》修改的意义强调，人民是国家权力的最高主体，所有国家权力属于在越共领导下以由工人阶级、农民阶级和知识分子组成的联盟为基础的人民；人民以通过国会、地方人大及国家其他机构等的直接民主及代表民主的形式来行使国家权力。2013年11月，国会通过的《越南社会主义共和国宪法修正草案》规定"越南社会主义共和国由人民作主；所有权利属于人民"[5]。2014年1月，越共中央总书记阮富仲在接受越南《人民报》记者专访时强调，党自成立以来就认为，革命是人民的事业，人民是历史的缔造者；百姓如水，水能载舟，亦能覆舟；没有什么比人民更可贵的。

（二）人是发展战略的中心，同时是发展的主体

越共认为，人既是国家社会发展进程和革新事业的中心和目标，又是发展的动力

[1] 陈明凡：《越南社会主义民主建设的理论与实践》，《科学社会主义》2007年第1期。

[2] 吴彬康：《80年代世界共产党代表大会重要文献选编（上）》，中国广播电视出版社1989年版，第226—243页。

[3] 古小松：《2007年越南国情报告》，社会科学文献出版社2007年版，第246—247、265页。

[4] 吕余生：《越南国情报告（2011）》，社会科学文献出版社2011年版，第215—216、222—223页。

[5] 越南共产党电子报中文网，http://www.dangcongsan.vn/cpv/Modules/News_China/News_Detail_C.aspx?CN_ID=624873&CO_ID=7338645.

和主体，要以民为本，关注每个人的幸福及自由发展。胡志明生前非常欣赏和重视中国孔子的"以民为本"思想和孟子的"民为贵，社稷次之，君为轻"思想，并于1921年将之译成法文"人民的利益高于一切，国家的利益次之，皇帝的利益无足轻重"[1]，发表在《共产主义杂志》上。此后，胡志明一直将"人民的利益高于一切"作为自己追求的目标和治党理政的核心理念。他常说："我只有一个梦想，那就是让我们的民族完全独立，我们的人民完全自由，每个人都有饭吃，有衣穿，有学上"[2]；"党和政府的政策是要尽可能地保障人民的生活，如果人民挨饿、挨冻、得病、文化程度低下，党和政府要负责"[3]。1986年党的六大指出"党在本身的全部活动中必须贯彻'以民为本'的思想，建立并发挥劳动人民当家作主的权利。我们党除了为人民的幸福而奋斗以外别无其他目的"；要"把发挥人的因素和为人民服务作为一切活动的最高目的"，"在现实中应充分体现党和国家关于经济政策与社会政策统一的观点，纠正忽视社会政策，即忽视社会主义建设事业中人的要素的态度"，要"关心满足人民对教育、文化、保健和增强体质方面的要求"；"在社会主义制度下，一切都是来自人民和为了人民，只有真正来自人民才能真正彻底为人民。这条基本原理逐步而稳定地得以实现，是革命一切胜利的决定条件"[4]。1991年党的七大指出：党的"各项文件阐述了关于社会政策的基本内容，其中突出的一个重大观点，亦即视发展的目标和主要的动力是为了人和来自人，首先是来自劳动者的观点"，"这也是经济政策和社会政策的目标相统一的观点——一切为了人"[5]。2006年党的十大政治报告强调要"以人的发展为目标解决好各种社会问题"[6]。2011年越共十一大进一步发展了"以民为本"思想，提出要充分发挥人的因素，把人民作为国家发展的主体、基本力量和目标。十一大通过的《越南社会主义过渡时期国家建设纲领》指出"人是发展战略的中心，同时是发展的主体。尊重和保护人权，将人权与民族、国家权力和利益与人民当家作主权利结合起来"。[7]为了落实这一目标，越共提出了五条措施：一是发挥社会、家庭、学校、劳动集体和居民区在关心培养造就越南人中的作用，使他们富有爱国心和真正的国际主义精神，具有公民的作主意识、责任意识，有知识、有道德、有健康的身体，生活有文化和有情有义，形成越南人的人格和文化，特别是要建设温饱、进步和幸福的家庭；二是加强提高民智，发展人力

[1] 李家忠：《越南国父胡志明》，世界知识出版社2003年版，第266页。

[2] 龙遍红、陈继华：《越南人权状况解析》，《东南亚纵横》2007年第2期。

[3] 李辉、蔡林慧：《刍议近年来越南社会管理改革的新特点》，《社会主义研究》2012年第5期。

[4] 吴彬康：《80年代世界共产党代表大会重要文献选编（上）》，中国广播电视出版社1989年版，第226、238—239、246页。

[5] 梁志明：《越南革新的理论思维与发展观念综述》，《东南亚》1996年第2期。

[6] 古小松：《2007年越南国情报告》，社会科学文献出版社2007年版，第249页。

[7] 吕余生：《越南国情报告（2011）》，社科文献出版社2011年版，第219页。

资源的教育和培训，促进建设学习型社会，创造机会和条件使每个公民得到终身学习的机会；三是实行以人为本的正确、公平的社会政策，保证公民权利和义务的公平、平等，不断提高所有社会成员在吃、住、行、学习、休息、治病和提高体质等生活方面的水平，将义务与权利、贡献与享受、个人利益与集体、社会的利益结合起来；四是尊重和保障人权、公民权，操心每个人的幸福、自由发展，公民的权利与公民的义务不能分割；五是建设社会主义民主，使人民通过国家、政治体系的活动和各种形式的直接民主、代表民主来实现当家作主的权利。2013年10月越共十一届八中全会强调，要培养全面发展的越南人，发挥每个人的潜力。2014年1月，越共总书记阮富仲在接受越南《人民报》记者专访时强调，干部必须以民为本，必须做好人民的公仆，要发挥人民的当家作主权和满足人民的切实利益，特别要重视人民的直接利益，依靠人民群众力量就必须与培养人民群众力量相结合，凡是有利于百姓的事再小也要做，危害百姓的事再小也要除。

（三）党源于人民，属于人民，为了人民

越共认为，革命是人民的事业，人民是党的力量之源和执政之基，党要保持与人民的密切联系，为人民服务，依靠人民建党。早在筹建越南马克思主义政党时，胡志明就指出"俄国革命告诉我们，要想革命成功，必须以（工农）民众作为根基，要有坚强的党"，"凡是对人民有利的事，我们要全力去做，凡是有损害人民利益的事，我们要全力避免。我们要热爱人民、敬重人民，这样，人民才会欢迎我们，敬重我们"[1]。1986年党的六大指出"在过去几年中得出的主要经验教训是，在执政的条件下，必须特别关心巩固党与人民之间的联系……党的每一项政策主张必须从劳动人民的利益、愿望和可能出发，党的每项政策主张必须唤起群众的同情和响应。官僚主义、命令主义、脱离群众或与人民的利益背道而驰，就会使党的力量受到削弱"[2]。从2001年党的九大到2011年党的十一大，越共进一步发展了党与人民关系的理论，提出了党"源于人民、属于人民、为了人民"的观点。十大新党章还首次将党的性质界定为"越南共产党是工人阶级的先锋队，同时是越南劳动人民和全民族的先锋队，是工人阶级、劳动人民和全民族利益的忠实代表"。[3]十一大通过的《越南社会主义过渡时期国家建设纲领》强调"党的全部活动必须从人民的正当利益和愿望出发。党的力量来自于与人

[1] 李家忠：《越南国父胡志明》，世界知识出版社2003年版，第125、247—248页。

[2] 吴彬康：《80年代世界共产党代表大会重要文献选编（上）》，中国广播电视出版社1989年版，第227页。

[3] 古小松：《2007年越南国情报告》，社会科学文献出版社2007年版，第270页。

民的密切联系"，"党除了为祖国效劳，为人民服务，没有任何其他利益"[1]。2012年8月，越共中央政治局委员、国家主席张晋创在题为《美好未来敦促着我们谱写新的历史篇章》的国庆贺文中强调，人民群众是历史性胜利的创造者，党的力量起源就是与人民紧密结合；党和政府是来自人民的，与人民要同舟共济，同甘共苦，共度患难。同年9月，越共总书记阮富仲在纪念黎鸿峰诞辰110周年大会上的讲话提出，要将越共建设成为一个廉洁、强大、密切联系群众的政党，并向广大干部和党员发出"忠诚为党、赤心为民"的号召。2013年11月，越南国会通过的《1992年宪法》（修正案）规定"党要保持与人民的密切联系，为人民服务，受人民监督，对自己的决定负责"。[2]2014年1月，越共中央总书记阮富仲在接受越南《人民报》记者专访时强调，越共在爱国运动中诞生和成长，为人民的独立、自由和幸福斗争，党除了人民和民族的利益之外没有别的利益；党和人民的关系是鱼水关系，如若没有人民巨大力量的支持，党就实现不了其高贵的目标及理想。

（四）党和国家的任何政策都要包含人民的意见

越共认为，既然人民是国家权力的最高主体，那么党的一切政策和国家的任何法律都要"包含人民的意见"，要让"人民占据越南党和国家的所有主张和政策的中心地位"。1986年党的六大指出"要纠正把群众工作仅仅看成是为了组织和动员人民去贯彻执行各种政策主张的手段这样一种错误认识。各级党委和政权机关对直接关系到全国范围或各地方、各基层单位人民生活的各项主张，必须在听取了人民的意见之后再作决定"。[3]1991年越共《社会主义过渡时期建设纲领》指出"党和国家在制定政策、法律和作重要决定之前应征求人民的意见，及时回答人民提出的问题"。2006年越共十大报告强调"在党制定形成改革路线的过程中，人民的意见、愿望和创见具有重要作用；依靠人民，从实践出发并经常总结实践经验，发现新因素，逐步查找发展规律，这是成功的钥匙"；"国家代表着人民做主的权利，同时是党的政治路线的组织执行者。党的一切方针政策和国家的法律都是为了人民的利益，包含人民的意见"；"党的一切政策和国家的任何法律的制订都要有人民的参与"；"各级党委和政府建立直接与人民进行接触和对话的制度，经常听取祖国阵线和各人民团体就人民关心的有关党和国家的

---

[1] 吕余生：《越南国情报告（2011）》，社会科学文献出版社2011年版，第215—216页。

[2] 越南共产党电子报中文网，http://www.dangcongsan.vn/cpv/Modules/News_China/News_Detail_C.aspx?CN_ID=624873&CO_ID=7338645.

[3] 吴彬康：《80年代世界共产党代表大会重要文献选编（上）》，中国广播电视出版社1989年版，第243页。

问题反映的意见，让他们参加制订方针、政策、法律"[1]。2011年党的十一大再次强调"国家为人民服务，与人民紧密联系，充分实现人民民主，尊重和倾听人民的意见，接受人民的监督"。[2]2013年5月，越共十一届七中全会强调：革命是属于人民、来自人民、为人民的事业；以人民为主，由人民当家作主，党和国家的一切主张、政策都从人民的正当利益和愿望出发。2014年1月，越共总书记阮富仲在接受越南《人民报》记者专访时强调，党意顺应民心，国家才能稳步前进，国家的命运、民心、党意是融为一体的。

二、越共对"人民主体"思想实现机制的探索

革新开放以来，越共为了更好地尊重和保障人民的主体地位，真正实现"人民主权"，不断对"人民主体"思想的实现机制进行探索和完善，经过28年的努力，初步建立起了一套保证人民当家作主的体制机制，突出表现在如下几个方面。

（一）"党领导、人民作主、国家管理"的领导机制

为了从制度上确保人民当家作主的主体地位，越共提出和建立了"党领导、人民作主、国家管理"的领导体制，并通过国家宪法加以确认。1986年越共六大报告指出"我们把'党的领导，人民作主，国家管理'的关系确定为管理整个社会的机制"；过去之所以存在着"党、国家和人民之间关系不够密切，领导和管理机关以及主管群众工作的职能部门存在着官僚主义，其主要原因是未能把党、人民和国家的活动结合起来的机制具体化为制度"；"'人民信任党，党信任人民'这个口号必须通过具体工作在生活中随时体现出来"[3]。所谓党领导，主要是指"党利用纲领、战略、工作政策和路线的定向来领导社会；利用宣传、说服、动员、组织、检查来领导社会；利用党员的表率行动来领导社会。党介绍能力强、品质好的优秀党员进入政府领导机关和团体参与活动。党对政治系统其他组织的工作不包办代替。党对政治系统进行领导，同时也是这个系统的一个分子。党密切联系人民，接受人民的监督，在宪法和法律的框架内进行活动"[4]。所谓人民作主，主要是贯彻人民至上和人民主权原则，"在所有各级建立

---

[1] 古小松：《2007年越南国情报告》，社会科学文献出版社2007年版，第246—247、223页。

[2] 吕余生：《越南国情报告（2011）》，社科文献出版社2011年版，第215—216页。

[3] 吴彬康：《80年代世界共产党代表大会重要文献选编（上）》，中国广播电视出版社1989年版，第243—245页。

[4] 蒋玉山：《从越南宪法的修改看越南共产党对社会主义认识的逐步深化》，《东南亚纵横》2008年第1期。

体现劳动人民当家作主权利的国家管理体制", "有步骤地实现'人民了解、人民讨论、人民动手、人民检查'和'一切为了人民、一切由人民决定'的口号"[1]。而国家管理, 主要是指国会、政府和其他管理机关根据各自的职能, 按照民主集中制的原则和依靠法律"统一管理和实施国家的各种政治、经济、文化、社会、国防、安宁和对外事务, 保证国家机器从中央到地方的运转, 保证遵守、执行宪法和法律, 发挥人民群众在建设和保卫祖国事业中的自主权利, 保障人民物质和文化生活的稳定和提高"[2]。

1992年通过的《越南社会主义共和国宪法》, 对这种新的领导体制给予了确认, 其前言指出"这部宪法……确立了党领导、人民作主、国家管理的新体制"。[3]2006年党的十大提出, 要通过推进社会主义民主建设, 完善党领导、人民作主、国家管理的领导体制, 要"为实现人民在经济、政治、文化、社会等领域的民主, 建立各种组织形式和机制。增强党组织和国家对人民的责任感"[4]。2011年越共十一大, 将"党领导、国家管理、人民做主的关系"确定为社会主义过渡时期重点把握和处理的八大关系之一。目前, 越共提出的"党领导、人民作主、国家管理"的领导体制不断完善, 在实践上呈现出以人民作主为核心、党政领导既相互分权又集体领导为特征的新型党政关系和权力架构, 越共总书记统管党务, 国家主席为国家元首和人民军最高统帅, 国会主席统管立法和司法, 政府总理统管行政, 分工负责, 集体领导。

（二）党和国家重大决策全民参与讨论和征求意见的机制

为了实现人民主体地位, 越共不仅提出"人民占据越南党和国家的所有主张和政策的中心地位"的理念, 而且构建了党和国家重大决策全民参与讨论和征求意见的制度机制。

首先, 党代会政治报告草案全民讨论制度化、常态化。从2001年到2011年, 连续三届党代表大会的政治报告草案都是提前交给全民讨论和征求意见。越共认为, 既然党不但是工人阶级的先锋队, 同时也是劳动人民和各民族人民的先锋队, 因此把党代会文件草案向全民公开和征求意见, 是理所当然的事情。2001年九大召开前, 越共首次通过新闻媒体提前两个月向公众公布政治报告草案, 并在各大报纸上开辟"人民意见专栏", 在全国范围广泛征求党内外意见。在征求意见的过程中, 有人认为草案中党建部分内容不全面, 对党的领导方式、党的组织机构、党与政府部门的关系、党组

[1] 吴彬康:《80年代世界共产党代表大会重要文献选编（上）》, 中国广播电视出版社1989年版, 第244—245、268页。

[2] 《越南社会主义共和国经济贸易法律选编》, 中国法制出版社2006年版, 第17页。

[3] 《越南社会主义共和国经济贸易法律选编》, 中国法制出版社2006年版, 第2页。

[4] 古小松:《2007年越南国情报告》, 社会科学文献出版社2007年版, 第265页。

与所在机关的关系、党组的活动内容和形式、党与群众组织和祖国战线的关系、什么是剥削、党员能否经商等重大问题未讲清楚。越共对这些意见十分重视，逐条进行了补充修改。2006年十大召开前，又将政治报告草案全文发表，广泛征求社会各界意见。在为期一个月的时间内，党内外广大群众和社会各界、各阶层人士，就20年改革开放的成就与不足、强化党的建设与反腐败、推进经济发展、党员从事私营经济及党中央人事安排等问题，提出了上万条坦率而尖锐的建议和意见。2011年十一大政治报告草案发布仅两个月，就收到全国14000多条修改意见。

其次是国家大事全民参与讨论的制度化、常态化。例如，2012年11月23日，越南第十三届国会第四次会议通过了第38/2012/QH13号决议，规定自2013年1月2日至3月31日征求人民对《1992年宪法》修正案的意见。同年12月28日，越共总书记阮富仲签署了政治局有关征求人民对宪法修正案意见的指示。社会各阶层人民积极响应和参与，为制定宪法建言献策，提出了许多好的意见。越共中央委员会、政治局、宪法修改草案委员会在认真研究和吸收各阶层人民意见的基础上，整理和完善了《1992年宪法》修改草案。2013年11月28日，越南第十三届国会第六次会议以97.59%的赞成票通过了《越南社会主义共和国宪法（修正案）》。目前，这种党和国家重大决策全民参与讨论和征求意见的做法已经制度化和常态化，它一方面提高了民众对执政党理论、政策和活动的关切度，另一方面也有利于执政党倾听群众呼声，集中群众智慧，做到"党心"和"民意"的统一。

（三）各种形式的直接民主制和代表民主制

革新开放以来，越共非常重视对民主机制的探索和构建，以保证人民民主在各级、各领域的实际生活中得到实现。1986年党的六大提出"使劳动人民权利和义务体制化"，2006年党的十大提出建立民主的"各种组织形式和机制"，2011年党的十一大强调"人民通过国家、政治体系的活动和各种形式的直接民主、代表民主实现当家作主的权利"[1]。经过28年的探索，越南已经建立了各种形式的直接民主制和代表民主制，这可以说是越共革新开放中最引人瞩目的地方，也是落实"人民主体"思想最有成就的体现。

首先，推进和完善国会的代表民主制。一是国会代表实行竞争性差额直选制。越南从1992年开始实行国会代表直选制，近年来又不断扩大选举的差额比例。根据规定，国会代表候选人只有经所在单位、居住社区的"民意关"和祖国阵线协商确认后，才能成为正式候选人，如果得不到所在单位和住地居民50%以上的民意支持，将不能成

---

[1]　吕余生：《越南国情报告（2011）》，社会科学文献出版社2011年版，第222页。

为候选人。选举期间，候选人至少要与选民见面六次，向选民说明当选后的行动计划。国会代表选举充分体现民意，不再是走形式，而是由人民说了算。例如，在2007年的第十二届国会选举中，计划选举产生500名代表，而实际产生493名，越共推荐的165名候选人中有12人落选[1]。二是实行国会质询制和信任投票制。越南国会的质询制始于2002年，由国会代表在国会例会期间向国家领导人和政府官员反映民众的批评性意见和关心的问题，国家领导人和政府官员必须接受质询。近年来，越南通过电视直播，让公众了解国会会议上的争论以及政府部门领导接受代表质询的实况，以适应民主公开的要求。2001年12月，越南国会通过了宪法修正案和《国会组织法》，允许国会对国家和政府领导人进行不信任投票，如果1/5以上的国会代表提出要求，国会常务委员会将向国会提出对国家主席等高级官员进行不信任投票，如果2/3以上的国会代表赞成即可罢免。2012年11月，越南国会十三届四次会议通过了关于对各级政府最重要职务任职者信任投票的决议，并于2013年6月十三届国会五次会议上首次对47名领导人进行了信任投票。三是不断提高国会在国家政治生活中的地位和权威。例如，2010年6月第十二届国会第七次会议期间，在讨论政府提交的北南高铁项目时，国会代表在票决中否决了该项目，引起国内外广泛关注。同年11月第十二届国会第八次会议期间，因越南船舶工业集团严重亏损，国会代表首次公开提出了对政府总理和相关人员进行信任投票的动议。

其次，实行基层直接民主制。越共认为，基层是社会组织和社会生活的基础，是人民居住的基地，是社会运动的开端，是革新和创新的发源地，是党和国家路线、主张、政策的出发点和落脚点，基层民众的情绪就是党的政策正确与否的晴雨表，只有不断推进基层民主，深入群众，才能提高人民群众的主人翁地位，调动人民群众参与国家和社会事务管理的积极性、主动性和创造性。为此，1986年越共六大提出了"人民了解，人民讨论，人民动手，人民检查"（简称"民知、民谈、民做、民检"）的基层民主原则。1998年颁布的《关于制定和实行基层民主制度》的30号文件，要求进一步实施基层民主。2002年越共中央书记处颁布了《关于继续推动基层民主条例的编制和实施》的指示，要求在总结基层民主建设经验的基础上，进一步完善基层民主建设条例。2004年底，由中央书记处牵头，祖国阵线、越南劳动联合会和政府内务部分别起草了乡坊、国有企业、行政机关的民主制度范本，全国基层组织依照范本制定和完善本单位的民主制度。在越南的《基层民主条例》中，明确规定了应向人民公开的事项，应由人民参与讨论和直接决定的事项，应由人民参与讨论、由政府直接决定的事项，应由人民监督检查的事项等。此外，越共还将"尊重人民、接近人民、了解人民、

---

[1] 古小松：《越南国情报告》，社会科学文献出版社2008年版，第36页。

向人民学习、对人民负责任"和"听人民说、说人民听、让人民信"的群众路线制度化，规定领导干部必须经常深入基层，每个月派政治局委员到地方检查工作，事先不通知，直接同群众接触，以掌握真实情况。

再次，发展以"祖国阵线"为载体的协商民主制。祖国阵线是越南统一战线性质的政治联盟组织，由包括越共在内的四十多个政治团体组成，是人民政权的政治基础，其职能主要是保护人民合法、正当的权利和利益，参加党和国家建设，教育和引导群众，加强人民与执政党、国家的联系等。在越南，无论什么职业和身份的人都可以参加这个组织，各阶层的利益都可以在这里得到表达，因而具有最大的广泛性。革新开放以来，越共根据形势需要，不断革新祖国阵线的机构和活动方式，先后通过了《越南祖国阵线法》《关于各级祖国阵线、人民团体和各阶层人民参与党、政权和政治体制建设的民主规程》等法规，使祖国阵线越来越成为协商民主的平台。目前，以祖国阵线为载体的协商民主制度，一方面表现为国家大事的民主协商，凡是关系国计民生的大事，越南党和政府在作出决定前要同祖国阵线及其他群众团体进行民主协商，从而使人民尽可能在更高的层次上参与决策过程；另一方面表现为国会代表选举中候选人提名、确认的民主协商。为了进一步完善祖国阵线在协商民主中的功能和作用，2011年越共十一大通过的《越南社会主义过渡时期国家建设纲领》强调"越南祖国阵线、人民团体在全民族大团结、建设和保卫祖国的事业中具有十分重要的作用"，"祖国阵线的活动按照自愿、民主协商原则，各成员间配合和统一行动"，"党尊重祖国阵线和各团体的自主性，拥护它们自愿、积极、有创造性的活动，真诚倾听他们的意见。党、国家制定政策、机制，创造条件让祖国阵线和人民团体有效开展活动，实现监督和社会辩论的作用"[1]。

第四，发展"网络民主"，通过官方网站与网民"在线对话"。越共认为，在经济全球化、信息化时代，要充分利用计算机互联网技术，建立联系群众的新平台，探索联系群众的新方式。2001年4月，越共电子报网站正式开通；2009年10月，越南中央政府门户网站开通，成为信息公开、联系群众、反映民意、服务公众的新平台，被称为"与人民群众密切联系的在线桥梁"。从2006年起，还开展了中央领导人同人民在网上直接对话的活动，从越共最高领导人到政府部长都可能被邀请参加与民众进行"在线对话"，最初是每个月举行一两次专题网聊，然后逐步定期化，每个星期都要举行。

最后，完善越共的党内民主制。一是革新和完善党内选举制度，实行党内所有领导职务差额选举。2001年，省委书记及省级领导干部差额选举的比例为10%，2006年为15%，省委常委的差额比例为20%，中央委员和中央候补委员的差额比例分别达30%和

---

[1] 吕余生：《越南国情报告（2011）》，社科文献出版社2011年版，第223页。

84%。二是进行从基层到省级党委书记等领导职务的直选试点。2011年越共十一大召开前,在1400多个乡、坊实行党委常委、副书记、书记直选,在230多个县、郡实行党委常委、副书记、书记直选,在10个省、市实行党委书记直选。

(四)人权和公民权维护与保障的法制化建设

越共认为,人民主体地位最直接的体现,就是公民的人权和公民权是否得到尊重和保障,是否有制度性措施和法律维护公民的人权和公民权不受伤害。革新开放以来,越南党和政府不断推进人权与公民权维护和保障的法制化建设。1986年党的六大指出"国家机关在关心人民生活的同时,必须尊重和保障宪法所规定的公民权",要"清除并严惩利用党和政权名义搜刮人民、压迫群众的变质分子。法院和检察、监察和安全机关应依靠人民及时发现并处理侵犯公民权的违法事件"[1]。2006年党的十大在继续强调保障公民权的同时,还特别强调要保护人权。2011年党的十一大强调"国家尊重和保障人权、公民权;操心每个人的幸福、自由发展。公民的权利和义务由宪法和法律规定。公民的权利和义务不能分割"。[2]目前,越南在维护、保障人权和公民权的法制化建设方面主要有两大举措。

一是人权与公民权维护、保障的宪政化。革新开放以来,越南党和政府为了落实人是发展的中心、动力和主体的发展理念,特别重视人权维护和公民权保障,认为人的各项权利、公民的基本权利与义务须由宪法来规定,人权与公民权的尊重、保障、维护须体制化和法制化。2013年12月越南国会通过的《1992年宪法》修正案,第一次将人权写入宪法,除继续规定公民享有自由、民主、结社、游行示威等权利外,还增加了生命权、人体组织和器官捐献权、遗体捐献权、隐私生活不可侵犯权、文化价值享受权、在健康环境中生活权等内容,将尊重、维护和保障人权与公民权提到了前所未有的高度。

二是公民信访、申诉、维权的法制化。随着越南革新开放的深化和社会转型的发展,基层群众上访和申诉的数量迅猛增加,如果处理不好,不仅会侵害基层群众的切身利益,而且会引发社会公共危机,影响社会稳定。因此,越共在不断加强基层民主建设的同时,也加大了上访、申诉工作制度化和法制化建设的力度。例如,随着越南工业化、城市化、城镇化的发展,征地拆迁工作的力度不断加大,公民涉土地纠纷和上访突出,有70%至80%的上访、投诉均与土地有关。2012年11月,越南国会专门就与此相关的政策、法律等进行了讨论,并于2013年通过了《土地法(修正案)》,为解决

---

[1] 吴彬康:《80年代世界共产党代表大会重要文献选编(上)》,中国广播电视出版社1989年版,第244页。

[2] 吕余生:《越南国情报告(2011)》,社科文献出版社2011年版,第222页。

公民涉土地纠纷和上访提供了法律依据。再如，为确保新形势下公民上访接待工作顺利、有效展开，2013年3月国会专门就《公民接访法》草案进行讨论，并于同年11月通过了该法案，对公民接待责任，投诉、上访者的权利义务，有关机关、组织接待公民的场所等作了规定。

（五）富民减贫的长效机制和社会保障制度

越共认为，要真正使人民主体地位受到尊重和保障，就必须加速经济发展，摆脱落后和贫困，让人民依法富裕起来。革新开放以来，越共一直将"民富"放在党的奋斗目标的首位，正如2011年党的十一大通过的《越南社会主义过渡时期国家建设纲领》指出的"越南人民建设的社会主义社会是这样一个社会：民富、国强、民主、公平、文明"，"人们享有温饱、自由、幸福的生活，有条件获得全面发展"[1]。为实现这一目标，越南党和政府长期以来致力于富民、减贫和社保工作，探索建立富民减贫的长效机制和社会保障制度，取得了较大成效。

首先，人民群众的收入不断增加，生活水平不断提高。一是人均GDP增长迅速，2001—2010年年均增长7.2%，使人均GDP达1168美元[2]。2011年越共十一大制定的《2011年至2020年经济社会发展战略》提出，2011—2015年GDP平均增长7.5%至8%，人均GDP达到2100美元；到2020年，力争使GDP达到2010年的2.2倍，人均GDP达到3000-3200美元[3]。二是不断提高工资水平，增加劳动者的收入。据统计，2007—2008年，越南的工资平均增加了19.5%。近几年来，受经济危机影响，年均增长12%。2011年劳动者的年均收入为3243.9万盾，2012年为3766.2万盾。三是提高最低工资标准，以保证工人最低工资收入能随经济增长不断提高。2010年前，越南的最低工资标准是全国统一的；2010年，越南政府根据不同地区的经济发展状况，把全国分为四类不同地区，分别规定其最低工资标准。据统计，2010—2013年，一类地区的最低月工资标准从98万盾提高到235万盾，增长了137万盾；二类地区从88万盾提高到210万盾，增长了122万盾；三类地区从81万盾提高到180万盾，增长了99万盾；四类地区从73万盾提高到165万盾，增长了92万盾。

其次，"消饥减贫"工作成绩显著。从1993年到2013年，越南政府先后推出"消灭贫困工程""贫穷户生产融资信贷计划工程""发展山区和偏远地区特困乡经济与社会工程"，以及社会慈善扶贫工作，帮助贫困户脱贫。经过近20年的不懈努力，"消饥减贫"工作取得了显著成就，贫困率连年下降：1993年为58.1%，2005年为22%，2006年

---

[1]　吕余生：《越南国情报告（2011）》，社科文献出版社2011年版，第217页。

[2]　褚浩：《越共"十一大"：深化革新开放》，《国际资料信息》2011年第2期。

[3]　邓应文：《2011年越南政治、经济与外交综述》，《东南亚研究》2012年第2期。

为16%，2007年为14.8%，2010年为14%，2011年为11.76%，2012年为9.6%，2013年为7.8%。为了使每一个学生都能受到应有的教育，越南政府还推出了"给未来投资"政策，一是对家庭贫困学生减免学费，近年共有250万名家境清贫的学生获得减免；二是通过社会福利银行给贫困学生发放助学贷款。2003—2007年，共有21.5万多名贫困学生获得贷款，每人每月30万盾，从2007年10月起提高到每人每月80万盾，贷款总额达8000多亿盾。

最后，初步建立了统一覆盖的社会保障体系。2012年，越南党和政府斥资323.9万亿盾用于改善民生，占当年国家财政支出的35.8%[1]。在全国范围内开工建设的124个保障性住房项目，总规模约为78700套，其中85个项目是为低收入者建造的，共51895套，投资总额为23.822万亿盾；39个项目是为工业区工人建造的，共2.7万套，投资总额为6.850万亿盾[2]。另外，不断完善社会保障制度。革新开放以来，越南先后制定和完善了《劳动法》《社会保障法》《失业法》《医疗法》《生育保障法》等法律，初步建立了统一覆盖的社会保障制度和网络。例如，2013年通过的《劳动法（修正案）》，修改补充了多项保障劳动者权益的条款，将原来规定的劳动者在试用期享有70%薪资调高到85%以上，产妇的产假从原来的4个月增至6个月，全年法定节假日从9天增至10天。

综上所述，革新开放以来，越共对"人民主体"思想及其实现机制进行了不断探索，取得了阶段性成果。在此过程中，越共特别注重通过制度建设和体制创新，把过去往往停留在理论和口号上的"人民主体"思想落到实处，使人民真正感受到自己的主人翁地位，这对当代社会主义国家执政党有重要的借鉴意义。当然，越共对"人民主体"思想实现体制和机制的探索，整体来看还处于起步发展阶段，还有许多问题和不足，需要进一步深化和完善。

原载于《当代社会主义问题》2014年第1期

---

[1] 越南共产党电子报中文网，http://cn.cpw.orgvn/Modules/News_China/News_Detail_C.aspx? CN-ID=562620&CO_ID=7338679.

[2] 越南共产党电子报中文网，http://www.dangcongsan.vn/epv/Modules/News_China/News_Detail_C.aspx?CN_ID=626970&CO_ID=7338497.

新世纪以来越共法治建设的举措和经验

祝奉明

摘 要： 政党法治建设的水准是衡量现代政党政治文明水平的标尺。新世纪以来，越南共产党采取了一系列加快政党法治化建设的重要举措，探索出了一条符合越南特色的政党法治化之路。这在某种程度上对中国政党法治建设提供了有益的借鉴和启示。

关键词： 越南；政党法治；重要举措；基本经验

当今世界，政党政治法治化建设已是大势所趋。越南共产党积极乘世界潮流之势，在政党法治建设上采取了许多举措，向政党法治化迈进，探索出了一条符合越南特色的政党法治化建设之路。越南政党法治建设的经验，值得我们研究和关注。

一、越南政党法治建设的举措

进入新世纪以来，以越共"九大"为开端，经过越共"十大"和"十一大"的不断深化，政党法治建设进入新的境界，初步形成了以共产党执政和社会主义方向为根本的政党法治体系，走出了一条具有越南特色的政党法治建设之路。

（一）越共依法执政的战略举措

越南共产党实行依法执政，主要是做到领导立法、保障执法、支持司法和带头守法，集中体现在顶层设计、组织实施、资源整合和法治思维等。

1. 领导立法，统筹顶层设计

（1）加大国会改革力度，提高法律制定质量。2011年，越共十一大强调了国会改革的新任务："革新国会的组织机构和工作，……改进和提高国会会议的质量和立法工作的质量，更好地执行对国家重大问题进行决定和监督的任务。"[1]2013年新宪法规定，越南共产党是国家和社会的领导者，国会为国家最高权力机关和立法机关，包括共产

---

[1] 潘金娥：《越南政治经济与中越关系前沿》，社会科学文献出版社2011年版，第241页。

党在内的所有机关团体、个人和所有人民都要遵守国会所通过的法律。

（2）增加专职代表比例，提高国会工作效能。越南国会代表有专职和兼职两种。2007年越共十届四中全会通过决定，增加国会专职代表的名额，并对国会的一些专门委员会进行重组，在后来的第十二届越南国会代表中，专职代表的比例上升到28%，相较于上届的25%，上升了三个百分点，专职代表比例的提高，使更多人专心于国会工作，避免兼职代表既吹哨子又踢球，公正性遭质疑的弊端，提高国会职能和效率。

2. 保障执法，推进组织实施

（1）理清改革思路，明确改革总目标。2001年越共九大制定了2001—2010年的行政改革总目标，即"在越南共产党领导下，建设一个民主、廉洁、稳定、专业、现代、高效率的法治国家"[1]。2006年越共十大进一步指出：要"按照建立统一、顺畅、现代的执法机关体系的目标，大力推进行政改革，对政府的组织和活动进行改革。政府组织、机构法制化"。[2]在总结过去十年工作基础上，越共十一大提出了继续推进行政改革的目标、任务和要求。

（2）完善干部管理制度，建设高素质队伍。

第一，落实干部薪金制度。2003年1月1日政府公务员最低工资标准上调40%，推行考试晋升工资制度，提高了干部职工工资待遇，稳定了干部队伍。第二，推行财产申报制度。2007年3月越南提出国会代表、高级军官、副处级以上干部均有义务申报财产和收入。第三，保障少数民族干部队伍培育。越共"九大"通过的《2001—2010年经济社会发展战略》，指出在干部发展方面，要优先培育在农业、农村、山区服务的尖端人才，加强少数民族干部的培养、培训，对少数民族干部队伍培育提出了特别规划。

（3）革新党的领导方式，党国关系法制化。越共努力扭转过去党政不分，"党治""人治"盛行的状态，逐步转变领导方式，转向法治国家。2006年越南共产党第十次代表大会指出："集中改革党对国家的领导方式。党通过路线、观点、决议等对国家实施领导；通过变成国家宪法、法律、计划和重大工作章程实现领导的具体化、制度化；安排好干部，并经常检查组织实施情况。""党不但不能包办代替政府进行领导，而且要在国家和社会的管理工作中，充分发挥政府的主动性和创造性。"[3]2007年2月，越共十届五中全会通过的《继续革新党对政治体系的领导方式》决议，对党政分开的领导原则再次进行了强调，要求在党紧紧把握领导权的前提下，革新党对政府工作的领导方式，坚决杜绝党权对政府管理权的侵蚀。

（4）界定政府职能，推进行政体系建设。2001年，越共九大在提出建立"社会主

---

[1] 陈明凡：《越南政治革新研究》，社会科学文献出版社2012年版，第190页。

[2] 古小松：《2007年越南国情报告》，社会科学文献出版社2007年版，第265页。

[3] 古小松：《2007年越南国情报告》，社会科学文献出版社2007年版，第269页。

义定向市场经济"后，对政府职能进行了新的界定，大方向是设计游戏规则，具体内容为颁布制度和政策，处理宏观问题。2006年越共十大更是将政府职能定位在：通过各项战略、计划和机制、政策确定发展方向；创造发挥社会力量进行发展的法理和机制、政策环境；帮助发展、建设重要的经济、社会基础和社会民生体系；限制市场机制的不良影响和弊端。[1]

3. 支持司法，确保资源整合

（1）颁布纲领性文件，指导司法改革。2002年越共中央政治局审议通过了《现阶段司法工作的重要任务》，以此为始端，吹响了越南司法改革的号角。2005年越共中央政治局制定了指导越南司法改革的纲领性文件——《关于2005—2020年司法改革战略》，提出越南司法改革的目标是建立一个共产党领导下的廉洁、健康、权威、民主、严谨、公正、维护正义，为越南社会主义国家和人民保驾护航的司法机关。在后来的两次党代会中，越共都着重强调要坚持这项战略。

（2）成立中央指导委员会，推进司法改革有序进行。2006年，越南成立了由国家主席兼任委员会主席的中央司法改革指导委员会，加强对司法改革的统筹协调。委员会每届任期5年，承担明确改革项目、制定改革方案、拟定行动计划、提出改革建议以及督促改革落实等任务，并对改革过程中的新情况展开认真细致的研究，并为相关部门进行决策提供研究报告。

（3）改组法院和检察院，确保各项举措落实到位。越共中央政治局颁布文件对法院和检察院进行改组。法院方面，对县级、省级、国家级法院的权限进行了新的界定。值得关注的是，最高人民法院可以直接审理高级领导干部的腐败案件，并且越共中央对审判工作不干预。检察院方面，对其业务进行了转移，主要负责起诉和监督的任务，承担起单纯公诉机关的角色。

（4）健全司法制度，确保司法独立。2012年越南十三届国会三次会议通过的最新版《司法鉴定法》，为提高诉讼质量，确保法院及时、客观、公正地进行判决，创造了法理依据。2013年的新宪法规定，人民法院是越南社会主义共和国的审判机关，行使司法权；人民检察院行使公诉权，对司法活动行使检察权，都明确指出向国会负责并报告工作，对新时期的司法工作不受干预提供了最坚实的法制保障。另外，还有一些具体法律以保证司法公正，例如，2004年越南国会上通过了第一部全国统一的民事诉讼法典——《民事诉讼法》，对调解民事纠纷，促进社会安定，提高司法机构维护社会公正的能力提供了强有力的法律依托。

---

[1] 古小松：《2007年越南国情报告》，社会科学文献出版社2007年版，第269页。

4. 带头守法，坚定法治思维

（1）学习胡志明思想，增强党的自我净化能力。2001年越共九大提出："全党要认真学习马列主义和胡志明思想。每一级党委、每个支部要有计划地、定期检讨有关胡志明关于提高革命道德，反对个人主义遗嘱的落实情况"，"在总结两年建党运动实现情况的基础上，继续把从中央到基层的各级党委和党组织的自我批评和批评工作纳入定期的经常性轨道，不敷衍了事，不形式主义"。[1]2011年越共十一大进一步强调：要"把'学习和践行胡志明道德榜样'变为党员干部和党组织的经常性任务。每一个党员干部都必须不断提高修养，磨炼政治本领、道德品质和生活作风，……批评和抵制'自我演变'等现象"。[2]

（2）加强党章宪法建设，定性党的活动范围。2006年，越共十大修订的新党章出现了最鲜明的转变，一是把党定位为"两个先锋队"；二是允许党员在遵守党纪国法的前提下从事私营经济活动。2013年，越南颁布的新宪法规定："越南共产党所有党的组织和越南共产党党员应当在宪法和法律范围内从事活动。"[3]

（3）开展整顿运动，加强党的作风建设。新时期，越南强调开展党的自我检查和批评与自我批评活动，积极克服影响依法办事的习惯、思维方式和做法，特别重视依规章办事、用制度管人，从自身做起，自觉培育法治思维。2012年越共十一届四中全会通过《关于党建工作当前一些紧迫问题决议》，对党的自身建设，对党员守法用法等做出了明确规定，开始了新世纪以来的第一次整顿净化运动。

（二）越共依法治党的战略举措

1. 高度重视民主，加快民主进程

（1）将民主化列为口号，纳入战略目标高度。2001年越共"九大"把社会主义理想奋斗目标概括为"民富国强，社会公平，民主文明"，尤其值得重视的是，越共在社会主义的奋斗目标中加上了"民主"。这是越共第一次把民主纳入目标，而不再仅仅把民主视为社会主义制度的本性和应有之义。2006年越共"十大"进一步把民主定位为改革、建设和保卫祖国的方向以及内在驱动力，充分体现了"党、国家和人民的密切联系"。

（2）推行党的集体领导制度，强化中央监督职权。2011年，越共作出取消政治局常委会的决定，继而推行中央书记处负责制，中央书记处具体负责党的日常领导工作，一些重大政策主张、重大工程、重要干部任免等都要在中央委员会进行民主式的集体

---

[1] 《越南共产党第九次全国代表大会文件（中文版）》，越南世界出版社2001年版，第81—82页。

[2] 潘金娥：《越南政治经济与中越关系前沿》，社会科学文献出版社2011年版，第243页。

[3] 米良：《越南社会主义共和国宪法（2013）》，《南洋资料译丛》2014年第1期。

讨论，并最终在无记名投票表决后才可以通过，这大幅强化了党的集体领导作用。

（3）试行基层党代会直接选举试点，完善党委选举制度。2009年3月、10月，越南共产党中组部先后发布了《关于基层党代会直接选举党委常委会、副书记、书记试点工作的指示》《关于省、县党代会直接选举党委书记试点工作的指示》，分别要求各中央直属机关、省、市挑选5% ~ 7%有代表性的党的基层组织进行基层党代会直接选举党委常委会、副书记、书记的试点以及在15% ~ 20%的省、县直接选举党委书记的试点。[1]此项工作的开展，有效地推动了越共组织和作风建设，领导机关公信力显著提升。虽然在推行中阻力很大，障碍不少，但也显示了越共把选举制度作为社会主义民主建设重要路径的坚定决心。

（4）打造服务型党组织，加强基层民主建设。2004年，越共中央书记处颁布了《各级基层党组织的职能、任务的具体规定》，要求各级领导要深入基层一线，密切与群众联系；机关职责和干部准则要向群众透明；在工作单位和社区党员都要过组织生活，并接受双重领导；强化信访工作，及时落实群众反映情况。2008年1月，越共在十届六中全会上审议并通过了《关于提高党的基层组织领导能力、战斗力和提高基层组织党员干部队伍素质的决议》，对下一步基层党组织建设指明了方向，坚持做到两个"及时"——及时把基层存在的问题反映给高层、及时把党和国家高层的政策传达给基层群众。

（5）民主集中制原则体制化和具体化，党组织结构和运行机制有章可循。在越南，民主集中制是党的基本组织原则，是社会主义民主政治的根本准则。"集中"只是手段，而"民主"才是目的。越南共产党历来重视民主和集中的关系，二者的巧妙运用也是越共革命和建设的制胜法宝。越共"十大"和"十一大"特别强调民主集中制原则的体制化和具体化，不仅在修改后的党章中扩大民主的内涵，从制度上确保民主集中制的执行，而且强调："国家机构的组织和活动原则是民主集中制。"[2]

2. 把握人民主权，着力提升党员的主体地位

（1）明确提出建设"属于人民，来自人民和为了人民的社会主义法权国家"，创新法治新理念。进入21世纪以来，越共更是狠抓依法治国，对自己工作的重中之重进行定位，即为充分实现人民的作主权。2006年越共"十大"提出，建设"属于人民、来自人民、为了人民的法治国家"[3]。越共"十一大"报告更是强调："我们国家是在党的领导下的属于人民、来自人民和为了人民的社会主义法权国家。"[4]

[1] 陈明凡：《越南政治革新的经验教训及其启示》，《探索与争鸣》2013年第1期。
[2] 潘金娥：《越南政治经济与中越关系前沿》，社会科学文献出版社2011年版，第240页。
[3] 古小松：《2007年越南国情报告》，社会科学文献出版社2007年版，第261页。
[4] 潘金娥：《越南政治经济与中越关系前沿》，社会科学文献出版社2011年版，第240页。

（2）对党员的民主权利作全面的、明确的规定，使党员的主体地位得到进一步提升。2006年党的十大政治报告和新党章都对党员的民主权利作了全面的、明确的规定，使党员的主体地位得到进一步提升。党员具有5项民主权利：党内事务的决定权和表决权；党内领导机关和领导职务的选举权和被选举权；党组织内部的知情权、讨论权、争论权，有提出个人意见、保留个人意见的权利；对党的各级领导机关和领导干部的批评和质询；个人申诉权等[1]。

（3）践行信息公开，力行差额选举。实行中央委员和重要领导职务的差额选举与信息公开制度。从越共九大开始，中央委员和重要领导职务的产生由等额选举改为差额选举。选举前，将所有候选人所填的选举资料向社会公开，便于党员干部和群众的监督。省委书记以及所有的省级干部均需在全省干部大会上，通过无记名投票的方式，按10%的差额比例进行选举产生。

（4）发挥祖国阵线独特优势，尊重人民团体自主精神。面对越南国内一党执政形成的党国一体化体制，越南共产党不断注重发挥民族统一战线组织——祖国阵线在团结各阶级、各阶层、各民族、各宗教方面的独特优势，调动各人民团体这一越共最信赖、最可靠、最得力助手所联系群众的积极性，给予其大力支持，保障稳固的群众基础。越共"十一大"修订通过的《越南社会主义过渡时期国家建设纲领》指出："党尊重祖国阵线和各人民团体的自主性，积极支持其活动，倾听他们的意见。党和国家为祖国阵线和各人民团体独立开展活动创造条件。"[2]

3. 突出制度反腐，紧抓反腐根本

（1）加强反腐立法，提高制度执行力。2005年，越南国会通过了《预防和反对腐败法》，对腐败行为的定义、各相关部门和个人在反腐中的职责和原则等作了详细规定，成为全国反腐败斗争的指南针。作为配套措施，同年11月越南国会又制定了世界上第一部《申诉控告法》，以法律形式对人民揭发腐败予以保护，使民告官有法可依，有章可循，标志着越南反腐败工作的正式法治化，成为越共政党法治持续推进的有效依据。2012年越共十一届四中全会通过《关于当前党的建设的一些紧迫问题的决议》，指出要落实党员思想道德建设、队伍建设和组织建设等三方面的任务，来应对党面临的贪污腐败和西方"和平演变"的严峻挑战。

（2）成立反腐指导委员会，加强党的反腐主动性。2006年越南设立了中央反腐败指导委员会，具体负责研究、指导反腐政策的落实，以便于迅速、有效惩治腐败。2012年越共十一届五中全会又成立了党的总书记担任主任、中央政治局直接领导的中

[1] 魏伟：《国外主流政党党内民主建设的主张与做法》，《当代世界》2008年第2期。
[2] 陈明凡：《越南政治革新研究》，社会科学文献出版社2012年版，第174页。

央反腐败指导委员会，取代了过去由总理担任主任的中央反腐败指导委员会，有利于越共中央对反腐的直接领导，这是越共向腐败宣战的新开端，表明越共向腐败这一"国难"发起冲击的坚定决心。

（3）健全干部任用规章，加快廉政机制建设。第一，干部定期轮换制度。2002年，越共在全党乃至全国范围内推行干部轮换制度。具体规定有：总书记任期不能超过两届；县以上主要领导干部在同一地方任同一职务不能超过两届等。第二，19条不准规定。2002年越共九届六中全会制定了关于党员19条不准的相关规定，对违法干部轻则通报批评，重则法律惩处。

（4）完善监督制衡机制，规范权力行使。首先，推行质询制度，强化党内民主监督。2002年，越共九届五中全会首次推出了质询制度，规定中央全会要预留专门的质询时间，每位中央委员既可以对中央的政治局、书记处、纪律检查委员会等集体提出质询，也可以对包括总书记在内的所有其他委员个体进行质询。所有被质询集体或个人对提出的质询必须给予答复，如若质询人不满意可以继续质询，直到得到满意答复为止。此项制度激活了党内活力，推进了越共决策的科学化、民主化，开创了党内民主法治化新纪元。其次，发挥党外人士民主作用，重视党外监督。越共提出"人民知晓、人民讨论、人民动手、人民检查"的方针，越共九大决定出台举措，对与贪污腐败进行斗争的人进行嘉奖。另外，越共还高度重视新闻媒体监督机制建设。

二、越南政党法治建设的基本经验

越南的政党法治建设虽然还有很多不完善之处，但越共已经通过在法治道路上的努力探索，逐步为越南共产党的长期执政打牢了根基、夯实了基础、铸造了发展的平台。虽然越南的政党法治建设有其本国特色，与中国具体国情、党情有差别，但在一定意义上也为中国政党法治建设提供了可资借鉴的经验和启示。

（一）坚持党对法治建设的领导，把自身法治建设放在首位

1991年的东欧剧变，致使社会主义事业遭受重创，其惨痛的历史教训告诉我们，只有共产党牢牢掌握对社会主义的领导权，才能使社会主义长盛不衰，人民群众获利万千。时至今日，越共已经发展成为拥有360多万党员的强大政治力量，这是越南发展的强有力保障。在长期的执政中，越南共产党认识到，加强法治建设是社会主义发展的最终捷径，而越共要领导法治建设，必须首先要对自身法治建设进行改进，党建新论THEORETICAL HORIZON，这是确保越南法治建设成功与否的决定要素。进入21世纪，越共曾多次指明党自身法治建设的要害性，并且积极制定了一系列改进党领导法

治建设的体制、机制，牢牢把握法治的核心所在，秉承治国必先治党，治党务必依法的宗旨，深入推进越南政党法治建设，开创"社会主义法权国家"新局面。

（二）革新法治先行，突出人民重点

越共深刻认识到，要建立一个稳定和繁荣的政党，推进革新事业的持续发展，必须事事有章可循，处处依章行事，把政党的复杂关系，包括政党与国家关系，政党与社会关系，政党与个体党员关系，党员与党员，党员与干部关系一律置于诸法律之中，打造一种规范化的法律秩序。越南2013年新宪法指出："越南社会主义共和国由人民当家作主，国家的一切权力属于以工人阶级与农民阶级和知识分子队伍联盟为基础的人民。""越南共产党与人民紧密相连，为人民服务，接受人民的监督，在自身的决定上对人民负责任。"[1]越共奉行人民主体思想，人民是国家权力的最高主体，重视人民主权、发扬社会主义民主、确保所有国家权利属于人民，一直都在致力打造属于人民、来自人民、为了人民的社会主义法权国家。

（三）厘清党纪、党规与宪法、法律关系，实现良性互动

一方面，越共党章中明确规定党必须在宪法和法律范围内活动，不能享有任何超越宪法和法律的特权，党的各级领导干部和广大党员要有遵守宪法和法律的自觉性，积极维护社会主义法治权威，某种程度上来说，在没有专门的政党法的越南，宪法已经担负起政党法的职责；另一方面，为了保证党对国家事务的政治领导，保证越共的执政地位，宪法和法律又是在越共领导下由国会制定的，是党的主张的实现、人民意志和利益的体现。唯有实现两者之间这种你中有我、我中有你的互动，才能既体现法的权威又保障党的领导，为政党法治建设注入不竭动力。

（四）以制度保障为基础，以组织依托为前提

越南抓住革新开放迈入新世纪的重要契机，借鉴国外有益的做法，加快改革进度，建立与"社会主义定向的市场经济"体制相适应的政党管理制度，其目的就是要通过制定必要的法规，对行使国家行政权力、执行国家公务的党员干部，依法进行科学化管理，造就一支高素质的党员队伍，以此推进越南的政党法治建设，进而继续促动越南的改革进程；依托组织推进法治建设是越南政党法治建设的一大特色，如《预防和打击腐败法》决定成立的中央反腐败指导委员会，委员会成员均是"铁腕级"人物，越共以设立和组建实用性组织机构强力推进政党法治建设。

---

[1] 米良：《越南社会主义共和国宪法（2013）》，《南洋资料译丛》2014年第1期。

（五）围绕党员主体，强化法治信仰

越共特别强调党员是党组织的"主人"，是党的细胞，是党的战斗力的基础。党员干部是全面推进政党法治建设的重要组织者、有力推进者和强效实践者，越共的依法执政和依法治党都离不开党员这个主体的内在信仰和外在践行。同时，思想是行动的先导，理论是实践的指南，政党法治建设，自身风清气正是第一环节，自身牢固树立法治意识和观念是首要任务。政党自身要不断强调政党纪律，培养党员的自觉守法、自愿护法观念，使法律成为党员的内在行为准则。党员干部只有自觉树立法治思维，不断强化法治意识，带头学法、维法、用法、守法，才能在领导法权国家建设中树立权威，成为坚实可靠的领导力量。

原载于《理论视野》2015年第7期

论越南一党制革新发展的主要向度

檀培培

摘　要： 越南经济市场化、社会多元化以及政治民主化等政党政治生态的深刻变化，对越南一党制的适应性变革提出了新的更高的要求。基于增强越南一党制促进民主政治发展的能力，越共在党对国家政权的领导方式革新上，以民主化和法制化为目标，将明确党领导国家政权的职能、原则与健全民主制度运行机制相结合；在党对社会的领导方式革新上，以整合社会为目标，将引导和促进公民社会的发展与加强党联系人民群众制度化建设相结合；在党自身制度完善上，以提高党的领导能力为目标，将党的意识形态包容性的扩大、党员成分的多元化和组织运行机制的民主化相结合。

关键词： 越南共产党；党的自身制度；党的领导方式；适应性变革

越南自1976年统一后，建立了越共领导下的多党合作制度。越南社会党和越南民主党以参加越共领导的祖国阵线的形式，参与国家事务管理，发挥参政议政作用。1988年10月，这两个民主党派却宣布停止活动[1]，越共成为越南唯一的政党，越南成为一党制国家。越南经济市场化、社会多元化以及政治民主化等政党政治生态的深刻变化，对越南一党制的适应性变革提出了新的更高的要求。基于增强越南一党制促进民主政治发展的能力，越共对一党制革新发展进行了积极探索。

一、在党对国家政权的领导方式革新上，以民主化和法制化为目标，将明确党领导国家政权的职能、原则与健全民主制度运行机制相结合

1. 明确党领导国家政权的职能，是党对国家政权领导方式革新的前提

越南统一后，越共将人民议会制作为越南民主制度的实现形式，人民通过选举代

---

[1]　80年代中后期，苏联和东欧国家推行"政治多元化"和"多党制"的潮流波及越南，越共领导人为防止事态进一步发展而解散了民主党派。越南民主党和越南社会党分别在1988年10月召开大会，发布通告正式宣布结束活动。参见潘金娥《越南政治经济与中越关系前沿》，社会科学文献出版社2011年版，第173页。

表组成国会行使国家权力。然而越南先有政党，后有政府的政党政治发展次序[1]，使得在越南民主制度运行机制尚未建立的很长时期内，越共包揽国家事务的情况十分明显。1986年革新开放以来，越南经济市场化、公民社会的生成、全球化信息化等政党政治生态的巨大变迁，使得民主成为人民的强烈诉求，越南政治民主化势在必行。越共在国家和社会中的领导地位，决定了越共主导下的政治民主化的主要任务是完善人民议会制；而人民议会制的发展完善必然要求重新定位越共在国家政权中的职能。这是由政党的性质决定的，政党的作用是民主政治参与的工具而不是决定国家的法律和政策。"'为民主而战'是政党的总品质和总职责，是政党职能的总性质和总要求；民主是政党职能的'内核'和'原点'。"[2]有鉴于此，越共提出要按照"党领导、政府管理、人民作主"的基本框架，在内容上和方法上革新党的领导。越共强调党在领导国家政权中的职能是纲领、战略、政策方向和大的方针的领导，这是党的最基本的职能。而上述职能的实现形式则是，经过法定程序将党的路线、方针、政策变成国家的法律、政策。越共认为实施上述目标的手段是，"党通过党组织和在各政治系统组织工作的党员进行领导，加强个人负责制，特别是牵头人负责制"[3]。实施上述手段的方法是，"党统一领导干部工作和管理干部队伍，介绍充分具备能力和品质的优秀党员进入政治系统的领导机关工作"；"党通过宣传、说服、动员、组织和检查、监督工作"[4]，确保党员特别是党员领导干部在政治上、思想上与党的路线方针政策主张保持一致。

2. 确立党领导国家政权的基本原则，为党对国家政权领导方式的革新指明方向

（1）坚持民主原则。这一原则的核心是保障国家权力产生于人民，党作为民主的参与工具发挥作用。越共以民主为核心界定了人民、党、国家三者关系，以保障党对国家政权领导方式的民主性。在党和人民的关系上，越共提出党尊重和发挥人民当家作主的权利，强调"越共是执政党，尊重、发挥人民当家作主权利，并接受人民的监督"[5]。在人民和国家的关系上，越共认为国家制度的本质是民主，人民主要通过国家民主实现当家作主的权利。"社会主义民主是越南国家制度的本质"，"人民通过国家、政治体系的活动形式的直接民主、代表民主实现当家作主的权利"[6]。在党和国家的关系上，越共提出必须保障国家政权的主动性，"政府由人民授予权力并向人民负责，管理

[1] 政党发展的一般次序是先有代议制政府，后有现代意义上的政党。英美属于这种类型，大多数传统的资产阶级国家也都属于这种类型。

[2] 王韶兴主编：《政党政治论》，山东人民出版社2011年版，第138页。

[3] 吕余生主编：《越南国情报告（2011）》，社会科学文献出版社2011年版，第224页。

[4] 王韶兴主编：《政党政治论》，山东人民出版社2011年版，第223—224页。

[5] 刘洪才主编：《当代世界共产党党章党纲选编》，当代世界出版社2009年版，第307页。

[6] 王韶兴主编：《政党政治论》，山东人民出版社2011年版，第222页。

各方面的社会生活。执政党必须保证国家政权的主动、创造作用"[1]，以此保障国家政权性质的民主性和运行效果的人民性。

（2）坚持法制原则。这是保障和落实民主原则引申出的程序性原则。在领导越南社会主义民主建设的进程中，越共十分重视法治国家建设。一是将建设法权国家作为国家建设的目标。法治国家建设的必然要求和结果就是越共领导国家政权的法制化。1991年越共在党的第七次代表大会上，正式提出了建设越南社会主义法权国家问题。大会文件指出："建设法权国家，要按照民主集中原则来组织和管理。法权要从三个方面全面建设，即立法、执法和司法。"二是提出党必须依法领导国家。1992年越共在党的七届三中全会上明确提出党必须依法领导国家。大会文件认为：在新的形势下，必须有适合的领导方式来提高党领导的质量和效果，党对国家的领导，必须在宪法和法律规定的范围内进行，任何组织和个人都不能凌驾于宪法与法律之上。三是通过宪法保障法权国家建设、党依法领导国家。越南2013年颁布的《宪法》中，第二条规定，越南是属于人民的、由人民所组成、一切为了人民的社会主义法制国家；第八条规定，党应当在宪法和法律范围内从事活动。[2]

3. 健全民主制度运行机制，推动党对国家政权领导方式的民主化、法制化

（1）国会代表选举实行差额直选制，推动党领导干部工作的民主化、法制化。选举制度是越南社会主义民主制度的基础，是越共通过民主、法制的方式实现向国会输送党员的必要条件。然而，由于选举制度的不完善，国会代表由人民选举产生往往变成了由越共任命。这在事实上剥夺了人民的选举权利。为保障人民的选举权利，1992年4月，越南八届国会第十一次会议通过了越南第四部宪法，规定国会代表实行直接选举。自1992年起，越南国会代表实行全国差额直选。此外，越南允许自荐候选人参选国会代表。新的选举制度，通过越共党员之间的竞争或越共党员与党外人士之间的竞争，为人民提供了有效的选择范围。

（2）健全国会运行机制，推动党领导公共决策的民主化、法制化。国会既是越南的最高代表机关，也是最高国家权力机关，行使立宪权、立法权，决定国家的各种重大事项和对国家的活动进行最高的监督。由国会的性质所决定，越共推荐的优秀党员必须经过国会同意才能进入国家权力机关工作，并接受国会对他们的法律监督和权力监督；党的政策主张也必须经过国会同意才能成为国家的法律和政策。从这个意义上讲，国会是保障越共对国家政权的领导方式的民主化、法制化的另一个必要条件。然而越南统一后，由于民主制度运行机制不健全，国会事实上成为了通过越共党中央指

[1] 转引自陈明凡《越南社会主义民主建设的理论与实践》，《科学社会主义》2007年第1期。

[2] 《越南社会主义共和国宪法（2013）》，米良译，《南洋资料译丛》2014年第1期。

示的表决机器。为使国会切实履行职权，越南完善了国会运行机制。2002年国会开始实行质询制度。2007—2011年逐步提高了国会专职代表所占比例。2011年第十三届国会代表中的专职代表占总数的33%。2012年第十三届国会第四次会议通过了信任投票法案，规定国会每年对选举产生或任命的政府高官举行信任投票。

国会职权的逐渐落实，使得越南一党制的动力机制逐步形成。塞缪尔·P.亨廷顿在他1968年出版的著作《变化社会中的政治秩序》中，考察了一党制的动力机制问题。他指出，"在没有党派竞争的情况下，一党制所能提供的最合格的功能性替代物就是党务官僚和政务官僚之间的竞争。但这种竞争有以下两个先决条件：一是党政系统保持分立；二是二者之间存在着大致的平衡。再者，这二者之间的斗争是两个在功能上相异而非相同的系统之间的斗争"。[1]基于这样的认识，越南一党制的动力机制形成的主要判断指标就是越南政治体系能否满足上述两个先决条件。关于第一个先决条件，党政系统保持分立。由于越南实行议行合一制，党政系统保持分立，主要是指党与国会在职能上保持分立，而这可以从国会能否正常履行其职权来判断。1992年起，国会代表差额直选制度的实行、国会运行机制的完善，推动了国会职权的逐渐落实。国会职权逐渐落实的标志性事件是，2010年越南第十二届国会第七次会议期间，国会投票否决了政府向国会提交的投资560亿美元修建从河内到胡志明市的高速铁路计划。这是国会第一次否决政府议案。关于第二个先决条件，党政系统保持大致平衡。革新开放后，越共在坚持党的领导的前提下，实行党、国家和政府在最高领导人的层面上不兼职，即党权、军权、立法权和行政权的配置相对均衡。并且，越共形成了以中央委员会为中心的决策体系，这是越南保持党权、军权、立法权和行政权的配置相对均衡的有利条件。

二、在党对社会的领导方式革新上，以整合社会为目标，将引导和促进公民社会的发展与加强党联系人民群众制度化建设相结合

1. 引导和促进公民社会的发展，是党领导社会的前提

越南社会主义定向市场经济的实行、民主政治的发展，使得公民社会的产生、发展成为一种不可逆转的客观趋势。为促进公民社会的发展，越共采取了如下措施：一是通过立法规范各种社会组织，把其行为限制在国家允许的范围内。2001年政府颁布了《关于社会救助组织成立和运行有关条例》的25/CP号决定；2002年政府颁布了《关

---

[1] 塞缪尔·亨廷顿著，王冠华、刘为等译：《变化社会中的政治秩序》，上海人民出版社2008年版，第355—356页。

于各类公民社会组织成立和运行的相关条例》的81/2002/2N—CP号决定；2003年政府颁行了《政府关于组织、运行和管理各类协会的规定》88/2003/N—CP号决定等十余项法规。二是通过宪法保障公民权和结社自由权利。越南2013年颁布的《宪法》中，第十四条规定，国家承认公民的各种人权、政治、民事、经济、文化、社会方面的公民权，依照宪法和法律的规定予以尊重、保护、保障。第二十五条规定，公民享有言论自由、出版、接触信息、集会、结社、示威游行自由的权利。行使这些权利由法律规定。[1]三是党和国家支持公民社会发展。越南新宪法第九条规定，"国家创造条件以便越南祖国阵线、阵线的各个成员组织和其他各个社会组织开展活动"[2]。2011年越共十一大通过的《越南社会主义过渡时期国家建设纲领（2011年修订版）》中指出，"党、国家制定政策、机制、创造条件让祖国阵线和人民团体有效开展活动"[3]。

2. 党在社会中的角色由控制社会转向整合社会

越南公民社会的产生和发展，是越共在社会中功能转化的动力源泉。革新开放以来，越南公民社会相对于党和国家的自主性日渐增强，使得党和国家直接干预社会日益变得不合时宜。与此同时，越南公民社会中的与日俱增的利益团体都试图在政治社会中聚合他们的利益，并相互竞争，以影响国家政策，而越南政治体系能够提供吸纳与协调、整合各方利益的制度渠道是越南共产党。这是因为，协调、调和各方利益是国家不可推卸的职责，而越共是执政党，这也是其基本任务之一；并且，在越南政治体系中，越共领导社会，准确表达、综合社会的利益和价值是实现其有效领导社会的必要条件。"一个政党要具备引领社会的能力，完成引领社会的使命，一个必须的前提是其广泛的社会代表性。"[4]正如亨廷顿指出的，"政治参与扩大的首要制度保证就是政党及政党体系"。[5]鉴于能够明确表达要求的公民社会的日益壮大，事实上利益协调与整合成为越共在社会中的主要功能选择。2006年越共十大将党的性质由一个先锋队调整为两个先锋队，"越共是工人阶级的先锋队，同时又是劳动人民和越南民族的先锋队；忠实代表工人阶级、劳动人民和民族的利益"。《越南社会主义过渡时期国家建设纲领（2011年修订版）》中，将党的全部活动必须从人民的正当利益和愿望出发作为党的重要经验。"党的全部活动必须从人民的正当利益和愿望出发，党的力量来自于与人民的

[1] 《越南社会主义共和国宪法（2013）》，米良译，《南洋资料译丛》2014年第1期。

[2] 塞缪尔·亨廷顿著，王冠华、刘为等译：《变化社会中的政治秩序》，上海人民出版社2008年版，第355—356页。

[3] 吕余生：《越南国情报告（2011）》，社会科学文献出版社2011年版，第223页。

[4] 王韶兴主编：《政党政治论》，山东人民出版社2011年版，第476页。

[5] 塞缪尔·亨廷顿著，王冠华、刘为等译：《变化社会中的政治秩序》，上海人民出版社2008年版，第333页。

密切联系。"[1]代表全体人民利益成为越共的价值取向，而这意味着在公民以及公民组成的各种利益集团的博弈中，党必须吸纳他们的政治参与，发挥协调、整合功能，否则就无法代表普遍的利益。

3. 加强党联系人民群众制度化建设，强化党的社会整合功能

党的力量来自于与人民的密切联系，但党与社会的密切联系要从理念转化为现实必须通过制度手段。"处于现代化之中的政治体系，其稳定取决于其政党的力量，而政党强大与否又要视其制度化群众支持的情况，其力量正好反映了这种支持的规模及制度化的程度。"[2]为有效协调、整合社会，越共构建党联系人民群众的制度机制有：

（1）强化祖国阵线在政治体制中的地位和作用，提升党的社会影响力。祖国阵线是越共领导下的统一战线组织。在民主发展、利益整合成为越共的执政理念的情况下，祖国阵线作为党和其他政治力量之间沟通机制就成为越共执政的重要资源。革新开放以来，越南通过宪法、法律规定祖国阵线的权利与义务，旨在提升祖国阵线在政治体系中的地位和作用。因为祖国阵线对于其他政治力量的吸引力和影响力，主要取决于其是否有足够的力量去影响党和国家的决策过程，而1999年越南国会通过的《越南祖国阵线法》汇集了分散于各种法律条文所规定的祖国阵线的性质、权利与义务。关于祖国阵线的职责，该法律规定，祖国阵线的主要任务是在党与人民之间架设沟通的桥梁，对政府的活动进行监督，选举代表以及国家工作人员；各级政府必须与祖国阵线合作、协商，并且帮助祖国阵线有效地工作。[3]

（2）提前公布全国党代会政治报告草案，为人民参与党的决策提供制度化渠道。越共在国家和社会中的领导地位，决定其党代会政治报告是今后一个阶段国家法律、政策制定的指导方针，而人民想要国家法律或政策对自己有利，影响党代会政治报告制定是可行途径。越共提前公布党代会政治报告草案，旨在通过把党员和人民的意见、建议添加到决策中，从而获得一个修正的、更加准确地反映民意的决策。这一惯例始于1986年越共召开六大前。当时越共提前两月公布了政治报告草案，在全党进行讨论后，对草案做了重大修改。此后的越共七大、八大予以延续。至2001年越共九大，党代会政治报告草案的公开范围由全党扩展到全国。越共通过媒体向全国公布，公开征求人民意见、建议。

[1] 吕余生：《越南国情报告（2011）》，社会科学文献出版社2011年版，第215页。

[2] 塞缪尔·亨廷顿著，王冠华、刘为等译：《变化社会中的政治秩序》，上海人民出版社2008年版，第341页。

[3] 转引自鲁传颖《越南祖国阵线评析》，《国际研究参考》2014年第4期。

三、在党自身制度完善上，以提高党的领导能力为目标，将党的意识形态包容性的扩大、党员成分的多元化和组织运行机制的民主化相结合

1. 确立党自身制度建设的目标：提高党的领导能力和战斗力

2006年4月，越共十大政治报告提出了2006—2010年党建的总体目标和方向，即改革和整顿党，"发扬党的革命传统、工人阶级本质和先锋性"，"提高党的领导能力和战斗力"。2006年7月，越共十届三中全会指出，优先集中加强党建工作，以进一步提高党的领导能力和战斗力，是本届中央任期的首要任务。2011年1月，越共十一大报告认为提高党的领导能力和战斗力是党的自身制度完善的关键性任务。"要保持党的本色，增强党的领导作用，要从政治、思想和组织各个方面建设真正廉洁、强大的党；提高党的领导能力和战斗力是关键性的任务，对党和当前我国人民的革命事业具有至关重要的意义。"[1]

2. 增强党的意识形态的包容性，凝聚社会共识

政党意识形态的主要作用是"它为政党提供了一套具有明确指向的理论，使政党能够凝聚人心，为完成特定目标服务"。[2]政党目标不同，政党意识形态的具体作用也不同。越共执政前，党的意识形态的主要意图是公开声明自己和统治集团不同的利益，争取人民支持，推翻旧的政治制度。党的意识形态越是理想化，其效用可能越大。执政后，新的政治制度是依据党的意识形态建立起来的，维护、发展新的政治制度成为党的首要目标。这时党的意识形态的主要作用是凝聚全体人民的利益，争取获得全社会对新的政治制度的支持。党的意识形态的效用与其能够转化为现实的程度相关。否则，意识形态主张和现实之间日益扩大的经验性裂痕，会逐渐减弱人民和党员的政治信仰。越共意识形态建设的具体措施有：

（1）重新定位党的性质，扩大党的群众基础。越共十大对党的性质进行了新的界定，将原来的"越共是越南工人阶级的先锋队，是工人阶级、劳动人民和全民族利益的忠实代表"修改为"越共是工人阶级的先锋队，同时又是劳动人民和越南民族的先锋队；忠实代表工人阶级、劳动人民和民族的利益"，使党由一个先锋队变为两个先锋队。政党本质上是特定阶级、阶层利益的代表。政党性质的再定位必然引起党的社会基础、党员成分以及党的价值选择和目标追求的变化。

（2）提出人民性、民族性的价值追求和目标，提升党的民众认同度。越共对党的目标和越南要实现的社会主义社会作了新的阐述。在党的奋斗目标上，越共十大党章

---

[1] 潘金娥：《越南政治经济与中越关系前沿》，社会科学文献出版社2011年版，第242页。
[2] 王长江主编：《政党政治原理》，中共中央党校出版社2009年版，第120页。

规定："党的目标是把越南建成独立、民主、富强、社会公平、文明、没有人剥削人的国家,成功实现社会主义,最终实现共产主义。"[1]在越南要实现的社会主义社会的目标上,越共十大政治报告指出:"我国人民建设的社会主义社会是一个民富国强、社会公平、民主、文明的社会;人民当家作主;依靠现代生产力和与生产力发展水平相适应的生产关系,经济高度发展;文化先进,民族特色浓厚;人民脱离压迫和不公,生活温饱、自由、幸福、全面发展;越南各民族平等、团结、互帮互助、共同进步;是一个在共产党领导下的、属于人民、来自人民、为了人民的社会主义法治国家;与世界各国人民建立友好合作关系。"越共十一大政治报告中,将上述越南社会主义价值追求的顺序修改为"民富、国强、民主、公平、文明"。[2]民主价值的提前即表明了民主是越南社会主义建设的重点。

3. 允许党员从事私营经济与信教,促进党员成分多元化

计划经济条件下,越南社会结构相对单一,整体上利益分化不是很明显,人民的权利意识也不强,越共的利益代表性尚能满足社会需求,而越南社会主义定向市场经济的实行,造就了社会的多元化和权利意识的增强。各个阶层或集团都希望国家的法律或政策对自身有利,因而努力通过政治过程影响立法者和决策者。由于政党是特定阶级、阶层或集团维护自身利益的工具,作为越南唯一的政党,越共必然成为各个阶层维护自身利益的工具选择。而人的理性自私决定了一个阶层利益是不可能由其他阶层或集团代表,而只能由自己的阶层或集团所代表。因此,加入越南共产党,是力图通过政治体制进行利益表达的阶层或集团的诉求。"一党制下,一个新集团要进入该制度首先必须进入政党。"[3]而对于越共来讲,只有使党员成分的多元化才能充分代表越南全体人民的利益。革新开放以来,越共的党员招募主要向两个以前被排除在外的阶层和群体进行了开放。一是允许党员从事私营经济。越共十大政治报告指出:"党员从事私营经济,要模范遵守法律,执行国家的政策,严格遵守党章和中央的具体规定",报告中还指出,越共将"尽快制定规定和指导执行,既要发挥党员从事经济的能力,又要保持党员资格和党的本质"。这一规定,表面上看是党员可以从事私营经济,但实质上则预示着那些优秀的私营企业主可以入党。二是允许党员信仰宗教。1990年越共中央政治局通过了《关于在新时期增强宗教实践》的第24号决议。该决议成为越共允许党员信仰宗教的意识形态依据。党员允许信仰宗教,实质上也预示着优秀的信教人士可以入党。但是,党员成分多元化若起到应有作用,还需要另一个支撑性条件即平等的党员权利。

[1] 刘洪才主编:《当代世界共产党党章党纲选编》,当代世界出版社2009年版,第307页。

[2] 吕余生主编:《越南国情报告(2011)》,社会科学文献出版社2011年版,第217页。

[3] 塞缪尔·亨廷顿著,王冠华、刘为等译:《变化社会中的政治秩序》,上海人民出版社2008年版,第355页。

4. 健全党的中央领导体制，推动组织运行机制的民主化

20世纪90年代以来，越南民主制度的发展、公民社会的生成客观上要求越共提升整合社会、领导国家的能力。越共领导国家与社会的权威性主要取决于制定反映全体人民利益的纲领、战略、方针、政策，而最能够反映全体人民利益的纲领、战略、方针、政策的形成机制是越共党内民主。因此，发展党内民主成为越共执政可资利用的重要政治资源。实践中，越共非常重视党内民主建设。越共的组织原则是民主集中制，党内民主的实质是全体党员选举代表组成党的全国代表大会行使党内权利。计划经济时期，越共党内的民主集中制事实上变成了党内家长制，但也是在那时越共建立起了党内民主制度结构。这就决定了，越共党内民主建设的基本任务是丰富民主内容。与国家民主的发展相适应，越共将党的中央领导体制的革新作为党内民主发展的着力点。这对尊重党章权威，保障党的各项制度的有效落实和运作具有决定性意义。

（1）党的全国代表大会代表实行差额直选制度，保障党员权利。党内选举制度是党内民主的必要环节，越共将其作为党内民主发展的重要内容。越共十大，从乡至省的各级代表，都必须有10%~15%的差额选举名额。越共十一大将这一比例提升为15%~20%。差额直选党代表既是党员权利保障，党员意愿表达以及党员代表素质提高的机制，也是党代会有效履行其职能的权力基础。

（2）健全党的全国代表大会运行机制，保障党代会职能落实。党的全国代表大会是越共的最高权力机关，是党员意志的集中表现。为使党的全国代表大会有效履行职权，越共完善了党代会的运行机制。党的六大开始提前向全党公布党代会政治报告草案，以公开征求意见，党的九大开始由全党扩展到全民。越共十大上，中央委员和中央候补委员选举的差额率分别达29、4%、119%。越共十大上还强化了中央委员会向代表大会负责并汇报工作的机制。越共十一大上，提案的最终决定权在代表手中，由代表决定。

（3）健全中央委员会运行机制，保障中央委员会的职能落实。中央委员会作为党的代表大会闭会期间的常设领导机关，是中央各机构的领导核心，在保证党的集体领导的各个环节中扮演着重要角色。为使中央委员会有效履行职权，越共完善了中央委员会的运行机制。2001年越共制定和通过了党的各级领导机关新的工作制度，其中规定中央委员在履行职责时，要将集体领导和个人分工负责紧密相结合。2002年越共九届五中全会上，开始实施质询制度。2006年越共十大上，对新一届中委政治局、书记处人选实行半数票否决淘汰制。2015年越共十一届十中全会上，开始实施信任投票制度。[1]

党代会代表差额直选产生，党代会运行机制的完善，强化了党的全代会的权力和

---

[1] 《越共十一届十中全会进入第六天》，http://www. dangcongsan. vn/cpv/Modules/News_China/News_ Detail_C. aspx? cn_id =694750&co_id=25754194.

能力；中央委员和候补委员由全代会差额选举产生，中央委员会运行机制的完善，强化了中央委员会的权力和能力。这些措施，事实上使越共形成了以中央委员会为中心的决策体系。美国学者雷影娜·阿布拉米等认为，自1991年以来，越共中央委员会就具有了一种更加制度化的存在，并且在国家政策的讨论中扮演了一个更加具有决定性的角色。学者们从中央委员会否决政治局在全体会议间隙所做决定的能力，以及举行全体会议或者正规化会议的数量和直接引用中央委员会的规定的立法文件的数量两个指标论证了上述观点[1]。

四、结语

1. 越南一党制的发展是党在一定的社会历史条件下基于自身发展和发挥作用的现实需要，对意识形态、党员资格、组织形式、党在国家和社会中的作用以及实现方式等诸要素进行的调整或转型。越南的一党制是因社会、经济、政治的现代化发展需求而产生，必然随着社会、经济、政治的现代化发展而变革。

2. 越南一党制的发展目标是促进民主政治发展。政党是民主政治的工具。越南一党制发展就是为提升党履行自身职能的水平，而这意味着党首先必须推动民主政治发展。所以，国家民主、社会民主、党内民主是一党制发展的价值指向，也是评价一党制发展的基本标准。

3. 越南一党制发展的关键所在是准确把握党的职能。党的本质规定党的职能，党的职能强化党的能力，党的能力反映政党政治发展水平的逻辑关系，决定了党的职能及其实现，从整体上规定着越南一党制发展的基本内容和价值取向。

4. 越南一党制发展涉及的主要内容有党与国家关系问题，党与社会关系问题以及党自身素质问题。一党制发展的目的在于经由党对国家政权领导方式的民主化和法制化、党整合社会的制度化、党的意识形态包容性的扩大、党员成分的多元化、组织运行机制的民主化，增强一党制促进民主政治发展的能力。

5. 越南一党制的发展是多种因素共同作用的结果。党的战略目标的调整、党的工作重点的转移，选举制度的修改、国家权力机关的职权调整、公民社会的生成、经济市场化以及全球化信息化等都会导致一党制的变迁。党的领导层对于客观"需求"的认识及其主观选择，是一党制发展能否发生及其怎样发生的关键变量。

原载于《山东社会科学》2015年第12期

---

[1] 参见雷影娜·阿布拉米等著，云南师范大学马克思主义理论研究中心译《一党执政政权内的问责与不平等——中国与越南的比较分析》，《国外理论动态》2011年第5期。

论越南共产党自我更新的动力机制

檀培培

摘　要： 自1992年以来，尤其是2000年以来，越南共产党在意识形态、组织队伍、组织运行机制等党自我更新的各个方面都取得了显著成就。越南共产党对国家领导的内容、方式以及国会在政治体制中的地位和作用，决定了国会制度的发展完善不仅能够保证党履行自身功能而且能够使党更好地履行自身功能，从而为党不断自我更新提供源源不断的动力，并且这种制度性动力具有可靠性、稳定性、长期性。

关键词： 越南共产党；自我更新；成就；动力机制

一、问题的提出

政党是民主政治的产物，也是民主政治的工具。正如G.萨托利所说，"正是从宗派到政党、从负责任的政府到反应型政府以及从议会党到选举党的渐进的、自我延续的演进，才确立了政党的基本功能、功能角色和体系地位——简而言之，确立了政党所赖以存在的理由"[1]。但是"政党所赖以存在的理由"并不代表只要是政党就具有，"在实践中，影响一个社会的发展进程的，不是'政党'这个抽象的概念，而是具体的政党体制"[2]。那么，什么样的政党体制，能够或能够更好地促进政党履行自身功能呢？西方学者往往认为，一党制缺乏党派竞争，不能保持政党活力，是不民主的，只有多党制是民主的。例如，亨廷顿指出，"两党制和主从政党制比一党制或多党制更能促成长治久安，因为它们具有更加有效的党派竞争"[3]，"政党间的竞选趋向于扩大政治参与同时又加强党的组织"[4]，而一党制的弱点则在于"政治体系内部缺乏制度化的竞

---

[1] G.萨托利著，王明进译：《政党与政党体制》，商务印书馆2006年版，第56页。

[2] 王长江：《政党政治原理》，中共中央党校出版社2009年版，第172页。

[3] 塞缪尔·亨廷顿著，王冠华、刘为等译：《变化社会中的政治秩序》，上海人民出版社2008年版，第353页。

[4] 塞缪尔·亨廷顿著，王冠华、刘为等译：《变化社会中的政治秩序》，上海人民出版社2008年版，第357页。

争"[1]。虽然西方学者关于政党体制的研究充满浓厚的意识形态色彩，但从学术研究的视角看，他们关于各种类型政党体制特性的研究开阔了人们的视野，具有一定的合理性。

从现实来看，兴起于20世纪的一党制，至20世纪80年代末开始出现衰落或解体的浪潮。例如，80年代末开始的苏联东欧国家共产党政体的解体；90年代开始的非洲国家一党制向多党制的转变。一党制政体的出现有其历史必然性，它往往存在于刚独立或解放的民族主义国家，"现代化水平低，则一党制既可能是强大的也可能是弱小的，但多党制则无一例外都是弱小的"[2]。但在新生政权巩固后，一党制确实遇到了国家建设与发展的困境。如苏联这种一党制形式，取得一定效率的同时，也往往由于沟通机制不灵而积累了大量的弊端，积重难返。经济上不足以取得证明社会主义制度优越性的发展，政治上则缺乏民主，党群关系严重疏远，为20世纪80年代末90年代初的制度性剧变埋下了伏笔[3]。一党制沟通机制不灵的根源在于执政党自我更新的动力不足。"一党体制下的执政党，常常缺乏制度建设的内在压力，既不能解决自身的蜕化、衰变乃至腐朽，也无法自我调适，主动迎接环境的变化和反对者的挑战，进而导致政党的衰落或终结"[4]。而"处于现代化之中的政治体系，其稳定取决于其政党的力量"[5]，且政党的自我更新是增强政党力量的保障。

上述现象给一党制研究提出了一个重要问题：一党制具有推动执政党自我更新的动力机制吗？如果有，那么这种机制是什么？本文选择越南一党制为分析对象，尝试以国会制度的发展完善为关键因素解释为什么越南共产党能够不断地自我更新。文章选择越南一党制[6]的主要依据在于，自1992年以来，尤其是2000年以来，越南共产党在意识形态、组织队伍、组织运行机制等党自我更新的各个方面取得了明显成就。越南共产党自我更新的主要措施或成就如下：

---

[1] 塞缪尔·亨廷顿著，王冠华、刘为等译：《变化社会中的政治秩序》，上海人民出版社2008年版，第356页。

[2] 塞缪尔·亨廷顿著，土冠华、刘为等译：《变化社会中的政治秩序》，上海人民出版社2008年版，第351页。

[3] 王长江：《政党政治原理》，中共中央党校出版社2009年版，第177页。

[4] 陈家喜、黄卫平：《一党体制衰落的制度探源——文献述评与框架建构》，《社会科学》2012年第7期。

[5] 塞缪尔·亨廷顿著，王冠华、刘为等译：《变化社会中的政治秩序》，上海人民出版社2008年版，第341页。

[6] 80年代中后期，苏联和东欧国家推行"政治多元化"和"多党制"的潮流波及越南，越共领导人为防止事态进一步发展而解散了仅有的两个民主党派。越南民主党和越南社会党分别在1988年10月召开大会，发布通告正式宣布结束活动。越南共产党成为越南唯一政党，越南成为一党制国家。参见潘金娥《越南政治经济与中越关系前沿》，社会科学文献出版社2011年版，第173页。

1．强化党的意识形态的包容性

（1）重新定位党的性质。2006年4月，在越共十大通过的党章中，越共对党的性质进行了重新界定，把原来的"越共是越南工人阶级的先锋队，是工人阶级、劳动人民和全民族利益的忠实代表"修改为"党是越南工人阶级的先锋队，同时也是越南劳动人民和越南民族的先锋队，是工人阶级、劳动人民和民族利益的忠实代表"。党由原来的一个先锋队变成两个先锋队。政党性质的再定位将会引起党员成分、党的社会基础以及党的目标追求的变化。

（2）提出人民性的价值和目标追求。越共十大对党的奋斗目标以及越南将要实现的社会主义社会进行了新的阐述。越共十大通过的党章规定了党的奋斗目标：党的目标是把越南建成独立、民主、富强、社会公平、文明、没有人剥削人的国家，成功实现社会主义，最终实现共产主义[1]。越共十大政治报告阐释了越南要实现的社会主义社会："我国人民建设的社会主义社会是一个民富国强、社会公平、民主、文明的社会；人民当家作主；依靠现代生产力和与生产力发展水平相适应的生产关系，经济高度发展；文化先进，民族特色浓厚；人民脱离压迫和不公，生活温饱、自由、幸福、全面发展；越南各民族平等、团结、互帮互助、共同进步；是一个在共产党领导下的、属于人民、来自人民、为了人民的社会主义法治国家；与世界各国人民建立友好合作关系。"2011年1月越共十一大政治报告修改了越南社会主义社会要实现的价值追求的顺序，将"民富国强、社会公平、民主、文明"修改为"民富、国强、民主、公平、文明"。将民主价值提前，表明民主将是越南社会主义建设的重要内容。

2．推进党员成分多元化

20世纪90年代以来，越共党员招募主要对两个排除在外的阶层及群体进行了开放。一是允许党员从事私营经济。越共在十大政治报告中规定："党员从事私营经济，要模范遵守法律，执行国家的政策，严格遵守党章和中央的具体规定"，党将"尽快制定规定和指导执行，既要发挥党员从事经济的能力，又要保持党员资格和党的本质"。该规定，表面上看是允许党员从事私营经济，实质上则预示着优秀的私营企业主可以入党。二是允许党员信仰宗教。1990年越共中央政治局通过了《关于在新时期增强宗教实践》的第24号决议。该决议允许党员信仰宗教，实质上也预示着优秀的宗教人士可以入党。

3．发展完善党的中央领导体制

（1）发展完善党的全国代表大会代表选举制度。党内选举制度是越共党内民主的基础。越共将党内选举制度的发展完善作为党内民主建设的重要内容。2006年越共十大，从乡至省的各级代表的选举都必须有10%~15%的差额选举名额。2011年越共十一

[1] 刘洪才：《当代世界共产党党章党纲选编》，当代世界出版社2009年版，第307页。

大，将这一比例提高为15%~20%。

（2）发展完善党的全国代表大会运行机制。党的全国代表大会是越共最高权力机关，是党员表达意志的制度机制。为保障党代会职能落实，越共发展完善了党的全国代表大会运行机制。一是强化了中央委员会向代表大会负责并汇报工作的机制。二是完善决策机制。在决策前，越共从1986年党的六大开始提前向全党公布党代会政治报告草案，以公开征求意见。九大开始由全党扩展到全民；在最终决策时，与越共十大相比，十一大提案的最终决定权在代表手中，由代表决定，而不是中央最后决定。三是中央委员及候补委员实行党代会差额选举制。越共十大上，中央委员和中央候补委员选举的差额率分别为29.4%、119%。越共十一大上，中央委员和中央候补委员选举的差额率分别为24.57%、144%。

（3）发展完善中央委员会运行机制。越共中央委员会是党的代表大会闭会期间的常设领导机关。作为中央各机构的领导核心，中央委员会是保证党的集体领导的重要制度机制。为保证中央委员会的职能落实，越共发展完善了中央委员会运行机制。一是实行集体领导制度。2001年越共制定了党的各级领导机关新的工作制度，其中规定所有中央委员都要积极参与中央委员会的集体领导工作，对有分歧的问题允许坦率争论，但各位中央委员对自己分管的事务必须负责到底。二是实行质询制。2002年越共在九届五中全会上首次实行了质询制度。三是实行信任投票制。2015年1月越共十一届十中全会上，越共中央政治局委员、书记处常务书记黎鸿英阐述了中央政治局关于越共中央委员会对第十一届中央政治局委员、中央书记处成员投信任票的呈文。而后，越共中央委员会对他们投信任票[1]。

二、越南共产党自我更新的政治体系内动力：国会制度的发展完善

1. 国会制度的发展完善

国会是越南最高代表机关和最高国家权力机关，行使立宪权、立法权，决定国家的各种重大事项和对国家的活动进行最高的监督。1976年越南统一后，由于民主制度运行机制不健全，国会事实上成为了通过越共党中央指示的表决机器。为使国会切实履行职权，越南建立健全了国会制度。

（1）发展完善选举制度。选举制度是代议制度的逻辑起点和必要条件。它是人民行使当家作主权利最主要的形式。"民主过程正是集中体现在选举和选举行为中。首

---

[1] 《越共十一届十中全会进入第六天》，人民报网2015年1月10日。

先，选举证实了共识，并赶走了冒充的或骗来的共识。"[1]冷战后越南民主政治发展的开端便是选举制度的革新。鉴于国会选举制度具体是由《选举法》规定的，1992年4月15日，越南国会颁布了《越南社会主义共和国国会代表选举法》。自此，越南国会代表由间接选举改为直接选举，由等额选举改为差额选举。之后，越南的选举制度在理论与实践的互动发展中不断趋于完善。

（2）发展完善国会运行机制。越南新宪法规定"国会是越南社会主义共和国人民的最高代表机关，是越南社会主义共和国的最高国家权力机关。国会行使立宪权、立法权，决定国家的各种重大事项和对国家的活动进行最高的监督"[2]。越南国会运行机制的发展目标，就是落实国会职权，使其真正成为国家最高代表机关和最高权力机关。为恢复国会职权，越南发展完善了国会运行机制。一是提高专职代表的比例。越南第十二届国会代表选举中，把专职代表的比例大幅提高至28%。越共十一大提出"提高国会代表素质，适当提高专业代表数量"[3]。第十三届国会代表则使专职代表占总数的33%。二是增强国会监督职能。2002年越南国会开始实行质询制度。2012年11月国会通过信任投票法案，该法案规定国会每年对选举产生或任命的政府高官举行信任投票。

2.国会制度的发展完善成为党自我更新动力的内在逻辑

越共十一大通过的《社会主义过渡时期国家纲领（2011年补充发展版）》中，规定了党对国家领导的内容、模式、方式。越共对国家的领导是纲领、战略、大政方针的领导，这是党的最基本的职能。上述目标的实现手段是：首先，党要通过法定程序完成向国家权力机关输送优秀党员的过程。"党统一领导干部工作，管理干部队伍，推荐德才兼备的优秀党员走上党政领导岗位。"[4]其次，通过进入国家政权机关的党的官员的活动，在政府决策以及执行中体现党的政策主张。"党通过政治体系中的党组织和党员实行领导，实行个人负责，特别是一把手负责制。"最后，通过宣传、教育、动员、组织、检查、监督工作，确保党员特别是党员领导干部在政治上、思想上与党的政策主张保持一致。国会则是越南最高代表机关和最高国家权力机关，行使立宪权、立法权，决定国家的各种重大事项和对国家的活动进行最高的监督。尽管国会和越共要运行良好，都有其自身基本的组织原理，但是党对国家领导的内容、方式以及国会在政治体制中的地位和作用，决定了国会制度的发展完善不仅能够保证党履行自身功能，而且能够使党更好地履行自身功能，从而为党不断的自我更新提供动力。"政党自身建设是

[1] 乔万尼·萨托利著，冯克利等译：《民主新论》，上海人民出版社2009年版，第102页。

[2] 《越南会主义共和国宪法（2013）》，米良译，《南洋资料译丛》2014年第1期。

[3] 于洪君：《当代世界政党文献（2011）》，党建读物出版社2012年版，第380页，

[4] 于洪君：《当代世界政党文献（2011）》，党建读物出版社2012年版，第395页。

政党发展的先决条件，是政党实现价值功能的基础性工程。"[1]

（1）国会制度的发展完善能够保证党履行自身功能，使党保持自我更新。"政党所赖以存在的理由"是政党发挥其应有功能。政党的各种功能可以简单地归为两类：一是政党履行各种代表性功能，包括利益表达、综合和政策制定；二是政党也发挥各种程序性或制度性功能，包括录用政治领导人以及组建议会和政府[2]。对党的代表功能而言，利益表达、综合和政策制定主要通过越共的组织体系予以完成。而对党的程序性功能而言，国会制度的有效运转是越共履行程序性功能的前提条件。越共履行程序性功能与通过国会执政是一个问题的两个方面，两者互为表里，相辅相成。通过国会制度履行程序性功能，是政党执政的基本原则和路径。党的基本功能的正常履行，则需要党不断自我更新。

（2）国会制度的发展完善能够促使党更好地履行自身功能，强化党自我更新的力度。国会与越共是相互关联的两个制度。这种联结机制就是国家法律、政策的制定和国家政治领导人的任免。越共推荐的优秀党员必须经过国会同意才能进入国家权力机关工作，并接受国会对他们的法律监督和权力监督；党的政策主张也必须经过国会同意才能成为国家的法律和政策。国会在越共供给的政策主张、政治领导人这两方面的决策权和监督权，客观上促使党不断提高政策和人才的供给质量。"执政党治国理政与自身建设的对象范围、内容特征及其价值指向的不同，决定了它们在党的工作体系中不是平行并列的关系，而是前者要求后者，后者服务于前者的关系。"[3]政党本身并非合法性的来源，其合法性则来自其对这个社会体制作出的贡献[4]。也就是说党必须加强党的自我更新，提升党对国家的领导能力。

总之，国会制度的发展完善能够为党的自我更新提供所需动力，并且这种制度性动力具有可靠性、稳定性、长期性。尽管并不十分清楚国会职权的发展完善的时间跨度到底多长，但是，目前能够看到的是，国会制度的发展完善已经积聚起了相当大的能量，使越共能够不断自我更新。

上述判断成立，还必须解释的一个问题就是国会议员主要依据民意还是党的意愿进行决策？之所以提出上述问题，是因为国会代表虽然有党外人士代表，但目前来看绝大多数是党员代表。例如，2007年5月越南第十二届国会代表选举结果显示，新当

[1] 王韶兴：《社会主义政党政治视阈下的政党能力论》，《学习与探索》2012年第11期。

[2] 转引自拉里·戴蒙德等著，《政党与民主》，徐琳译，上海人民出版社2012年版，第356页。

[3] 王韶兴：《关于中国共产党治国理政与自身建设科学化的思考》，《理论探讨》2010年第4期。

[4] 塞缪尔·亨廷顿著，王冠华、刘为等译：《变化社会中的政治秩序》，上海人民出版社2008年版，第69页。

选的493名代表中，党员为450名，约占国会代表总数的91.3%[1]。2011年6月越南第十三届国会代表选举结果显示，新当选的500名代表中，党员为458名，占国会代表总数的91.6%[2]。并且对这一问题的回答也关系着越南民主制度质量高低的判断。对于上述问题，我们认为，党员代表能够以民意为基础进行决策。理由主要基于以下四点：

（1）预期反应原则，使党员代表必须反映民意。预期反应原则是把"投票行为与代议过程联系和协调起来的原理。领导者由于受到因定期选举而可能丢掉职位的制约，会留心投票者如何看待他的行为，假如确实如此——大多数时候的确如此——他就会受制于这种反应会是什么——无论是积极的还是消极的——的预测"[3]。也就是说，通过公正选举产生的国会党员代表需要以民意为基础进行决策，否则很难再次当选。例如，2007年第十二届国会代表选举中，大批不受民众欢迎的高官落选，其中包括当时已在党内排名第二，预定将出任国家主席的现任国家主席张晋创。张晋创的意外落选给当时越南政坛带来很大震动，不仅打乱了当时高层的部分安排，更为重要的是对原来只唯"党意"、不重"民心"的官员和代表以极大的震撼[4]。公正的选举制度是党员代表以民意为基础进行决策的关键性制约。

（2）恰适性的逻辑，使党员代表必然依据国会的制度规则进行决策。制度的基本要素是规则，而规则通过身份、群体中的成员意识以及角色认同联系起来并得到维持的。规则和整套惯例体现了历史经验，使规范、期待和手段稳定下来。而且制度具有恰适性的逻辑，"我们把恰适性的逻辑看作一个政治行为的基本逻辑。行为要依据身份观念中的恰适性而符合当时的情景。其次，我们把行为看作其在规则和惯例框架中制度化的结果，包括那些在政治上重要而新鲜的行为"[5]。吉登斯等学者也认为"如果制度并不塑造其内部的个人行为的话，那么它很明显就不是制度"[6]。国会的制度规则设置的目标和价值意义是代表人民的利益和意志。因而，国会制度必然塑造党员代表的行为，使其以民意为基础进行决策。

（3）越共保障党员代表以民意为基础进行决策的必要性。一是党员代表以民意为基础对国家的法律、政策作出决策，能够依据国会制度规则为其所做的事情提供解释

---

[1] 许家康、古小松：《中国—东盟年鉴（2008）》，线装书局2008年版，第119页。

[2] 吕余生、王士威：《中国—东盟年鉴（2012）》，线装书局2012年版，第47页。

[3] 乔万尼·萨托利著，冯克利等译：《民主新论》，上海人民出版社2009年版，第173页。

[4] 赵卫华、金东黎：《民主的扩展与阶层的固化——十一大以来越南政治革新的成就及挑战》，《重庆交通大学学报》2015年第4期。

[5] 詹姆斯·G.马奇、约翰·奥尔森著，张伟译：《重新发现制度——政治的组织基础》，生活·读书·新知三联书店2011年版，第36页。

[6] B.盖伊·彼得斯著，王向民等译：《政治科学中的制度理论："新制度主义"》，上海世纪出版集团2011年版，第117页。

和合法性。因为越共虽然是执政党，但也要遵守国家的宪法、法律。越南2013年颁布的《宪法》第八条规定，党应当在宪法和法律范围内从事活动[1]。二是国会是越南社会主义民主制度的主要标志，保障国会正常运作，是越共取得执政合法性的关键。而国会代表权利的保障是国会正常运作的关键。因此，党需要保障国会党员代表的权利。三是代表人民的利益是党对自身的定位，"党是越南工人阶级的先锋队，同时也是越南劳动人民和越南民族的先锋队，是工人阶级、劳动人民和民族利益的忠实代表"[2]。国会党员代表以民意为基础作出决策与党的根本目的是一致的，从长远来看，它有助于党获得人民的支持，保持党的生命力。

（4）越共主要通过国家权力机关的高级领导干部实现领导。越南国会是最高权力机关和最高民意机关，国会拥有对一切事情的最终控制权。根据越南新宪法第五章第八十四条规定，越南立法提案主体有：一是国家主席、国会常务委员会、民族委员会、国会专门委员会、政府、最高人民法院院长、最高人民检察院检察长、国家审计署审计长、越南祖国阵线中央委员会及其阵线成员组织的中央机关在国会会议期间有权提交法律草案、在国会常务委员会会议期间有权提交法令草案。二是国会代表在国会会议期间、国会常务委员会会议期间有权提交有关法律、法令的建议和法律草案、法令草案。[3]从中可以看出，有权提交法律草案的主体大都是国家机关的领导人。尽管国会代表有权提交法律、法令草案，但是法律草案在提交国会讨论前须经专门委员会审查，并由国会常委会决定任期立法计划和年度立法计划。也就是说，提交国会表决的议案，或来自国家机关领导人，或通过国会委员会的最终审核，这些国家权力机关的领导人都是越共党员。

越共对这些担任国家领导人的党员拥有提名权。越共"通过政治体系中的党组织和党员实行领导，实行个人负责，特别是一把手负责制"。党"对决策制定和决策执行的控制较为容易放开，但对政治精英选拔的控制就较为严密"[4]。也就是说，越共通过控制国家政权机关领导人的提名权能够保障党的政策主张的落实。在这种越南政治体系安排中，党主要通过国家权力机关的高级领导人贯彻落实党的纲领政策，保持党的领导，而国会党员代表则拥有最后决定权。这与越南政体设置并不矛盾。密尔在《代议制政府》中对代议机关的职能进行了讨论，并区分了代议机关对政府事务控制和管理的区别。他指出："对政府事务的控制和实际去做这些事务，其间有根本的区别。""但是尽管国家中的实际最高权应归于人民的代表这一点对代议制政府是根本必要的，但

---

[1] 《越南会主义共和国宪法（2013）》，米良译，《南洋资料译丛》2014年第1期。

[2] 刘洪才：《当代世界共产党党章党纲选编》，当代世界出版社2009年版，第307页。

[3] 《越南会主义共和国宪法（2013）》，米良译，《南洋资料译丛》2014年第1期。

[4] 张超：《一党制的起源、分类与演化——亨廷顿一党制研究要述》，《国外理论动态》2013年第11期。

是代议团体应直接并亲自承担何种实际职能，在政府机器中起何种明确作用，则是个未解决的问题。在这方面的多种多样性是和代议制政体的本质不矛盾的，只要该项职能为代议团体保证对一切事情的最后的控制。"[1]例如，2012年越南第十三届第四次会议期间，越南总理阮晋勇在回答国会代表的质询时声称，"是党让我继续在总理岗位上工作"，"（总理职位）不是我游说来的，不是我求来的，我也不会拒绝接受这个职位。我服从党和国家对我做出的任何工作安排"[2]。

简而言之，在越南政治体系设置中，国会代表必须而且能够以民意为基础进行决策。亚洲开发银行越南代表处首席代表小西步说："国会大部分议员是越共党员，但他们现在首先服从的是各自选区选民的利益诉求，而不是党中央或政府的决策，这一点就显得很有意思。"[3] "虽然越南国会主席一直都由越共中央政治局委员担任，且现在90%的国会代表是越共党员，但不少国会代表都表示，他们首先服从的是各自选区选民的利益诉求。"[4]

三、结论

基于上述认识，我们的主要观点是：越南国会制度的发展完善是推动越共自我更新的动力机制。越南国会制度的发展完善与党的自我更新具有互补性，"不同制度之间可能存在颇为大量的互补性——亦即，两个或以上的制度安排是彼此强化的。制度间的互补性之存在，对制度发展的模式带来了一些重要的影响。当这种互补性大量出现时，我们应该预期观察到制度安排中的不同的聚类。在其他条件相同的情况下，如果制度X出现，我们更有可能看到的发展"[5]。因而，落实国会职权的制度机制的出现，我们看到了并且很可能仍会看到越南共产党的自我更新。与此同时，基于越南共产党是民主政治的工具，是民主政治发展的工具，也基于越南共产党领导国家就是"尊重和发挥人民当家作主的权利"，可以认为民主是贯穿越南共产党党内活动和党外活动始终的主线。由此决定了，越南共产党的自我更新必然能够为越南的民主政治发展提供有效的理论指导和能力支持。

原载于《东岳论丛》2016年第5期

[1] J.S.密尔著，汪瑄译：《代议制政府》，商务印书馆1982年版，第67页。

[2] 张喆：《越南国会议员建议总理辞职》，《东方早报》2012年11月15日。

[3] 张喆：《越南国会主席强调党的领导》，《东方早报》2011年1月12日。

[4] 余水：《否决高铁项目彰显实力越南国会不再是"橡皮图章"》，《世界新闻报》2011年1月14日。

[5] 保罗·皮尔逊著，黎汉基等译：《时间中的政治——历史、制度与社会分析》，江苏人民出版社2014年版，第190页。

越南的国会改革与党政关系优化

谢小飞　宋　伟

摘　要： 国会改革是越南政治革新的重要环节，对党政关系具有深刻影响。越南通过增强国会的民意代表性、赋予国会重大事项的决定权、加强国会的监督能力等措施，提高了国会的实际效力及其在党政关系中的地位，从而逐渐形成了党政关系优化发展的体制依托，促进了党政良性互动，并确立了"一党执政、分权制衡、集体领导、分工负责"的新型权力架构，其经验值得借鉴。

关键词： 越南；国会改革；党政关系；优化

完善党与国家政权机关的关系（即党政关系）始终是越南政治革新的一个着力点，而越共与国会的权力划分、职能分配则是完善党政关系的突破口。革新开放前，作为最高国家权力机关的国会名义上拥有至高无上的权威，而实际上却发挥着"橡皮图章"的作用。随着以完善社会主义民主为核心的政治革新不断深入，越南国会改革也积极推进，国会的实际权力在逐步增强，国会的地位也不断提高。越南的国会改革不但使国会自身得到完善，而且也使党政关系得到平衡和优化。

一、越共对国会在党政关系中地位的认识

越共对国会地位认识的转变以党政关系理论发展为前提。党政关系是当代社会主义国家政党政治的主导关系，也是政治体制改革的首要问题。从政治革新进程来看，越南党政关系正逐渐从"合一型"向"互动型"转变。越共党政关系理论对这一转变具有指导意义。早在1986年，越共六大就指出党政关系上存在的问题：一是"在许多场合党委仍包办代替政权的工作"[1]；二是"党、国家和人民之间的关系不够密切"[2]。针

---

[1] 吴彬康、姜士林、钟清清主编：《80年代世界共产党代表大会重要文件选编（上）》，中国广播电视出版社1989年版，第245页。

[2] 吴彬康、姜士林、钟清清主编：《80年代世界共产党代表大会重要文件选编（上）》，中国广播电视出版社1989年版，第243页。

对这一点，越共认为，"其主要原因是未能把党、人民和国家的活动结合起来的机制具体化成为制度"[1]。1991年，越共七大指出："为了保证党的领导地位和党与人民群众之间的关系，首先就要解决好党与国家政权之间的关系。政府由人民授予权力并向人民负责，管理各方面的社会生活。执政党必须保证发挥国家政权的主动、创造作用。政权机关的效力和威力正是党的领导效果的体现。这里根本不存在提高党的领导地位与增强政权机关效力之间的对立，没有顾此失彼，只有党的领导地位增强和国家政权管理作用之间相互补充增强实力的统一。"[2]1995年，越共七届八中全会指出，健全国家机构要"放在整个政治系统的革新中去，与党的革新和整顿结合起来"[3]。2006年，越共十大提出，党的领导方式的改革要与政治系统的组织活动改革相同步，党通过路线、观点、决议等对国家实施领导，通过变成国家宪法、法律、计划和重大工作章程实现领导的具体化、制度化，党不但不能包办代替政府进行领导，而且要在国家和社会的管理工作中，充分发挥政府的主动性和创造性。[4]越共十大修改通过的党章明确规定，"党领导政治体系，同时是该体系的一部分"[5]。2007年越共十届五中全会《继续革新党对政治体系活动的领导方式》决议提出，"要将政治体系机构及其活动方式的改革与党的思想建设、组织建设、作风建设以及提高党员干部队伍和国家公务员队伍素质同步展开"[6]。2011年，越共十一大修改通过的党章继承了上述十大党章的表述，同时在政治报告中明确阐述"继续坚持党对政治系统的领导。克服党一手包办或放松对国家机关领导的现象"[7]，并深刻指出"党的领导方式主要依靠国家来实现"[8]。

与越共主张相一致，越南学界也认为正确处理党政关系是越共改善领导方式的重要内容。如阮玉河认为，"要改革党的领导方式，首先就是要改变党按照强制、包办和代替政府的方法来领导和管理国家，党要正确执行自己的领导职能，而不是包办和代替国家职能"[9]。总的来看，随着政治革新的不断推进，越共关于党政关系的认识逐渐深入和发展。

---

[1] 吴彬康、姜士林、钟清清主编：《80年代世界共产党代表大会重要文件选编（上）》，中国广播电视出版社1989年版，第243页。

[2] 参见张训常：《前越共总书记阮文灵的改革思想》，《世界经济与政治》1998年第10期。

[3] 梁炳猛：《革新开放后的越南共产党（1986—2010）——以全国党代表大会为视角》，社会科学文献出版社2015年版，第123页。

[4] 古小松主编：《2007年越南国情报告》，社会科学文献出版社2007年版，第269页。

[5] 刘洪才主编：《当代世界共产党党章党纲选编》，当代世界出版社2009年版，第307页。

[6] 古小松主编：《越南国情报告（2008）》，社会科学文献出版社2008年版，第34页。

[7] 于洪君主编：《当代世界政党文献（2011）》，党建读物出版社2012年版，第385页。

[8] 古小松主编：《2007年越南国情报告》，社会科学文献出版社2007年版，第411页。

[9] 阮玉河：《当前越南政治系统中党对国家的领导作用》//郑一明、潘金娥：《中越马克思主义理论创新比较研究》，社会科学文献出版社2011年版，第201页。

综合来看，越共党政关系理论的主体思想可以概括为三个方面：一是越共与国家政权机关既存在领导与被领导关系，同时也存在分工合作关系，国家政权机关实际效力的充分发挥有赖于越共的正确领导，而越共领导能力和执政能力的提升也需要国家政权机关充分履行职责，提高积极性。二是越共与各个国家机关同属于实施国家管理的"政治系统"，在整个政治系统内部，执政党与国家机关之间必须建立科学的职能分立，同时加强有机联系。三是优化党政关系的根本价值指向是保证党的领导地位，充分体现社会主义民主，使人民当家作主的权利通过法律和组织得以制度化。

政治革新以来，越共始终强调"政治系统"改革这一概念以及国家权力统一，紧紧围绕着"党领导、人民作主、国家管理"这个中心议题。越共的党政关系理论与此密切相关。"越共六大首次提出以'政治系统'代替'无产阶级专政'的概念"[1]，并提出"把'党领导、人民作主、国家管理'的关系确定为管理整个社会的机制"[2]。该机制强调了党、国家、人民在发挥各自独特职能的基础上，构成作为"政治系统"的统一整体。学者潘金娥认为，"管理整个社会的机制"是"保障党—人民—国家发挥各自作用的机制，形成管理全社会系统的综合力量，即'政治系统'"[3]。越共在政治革新之初就提出"政治系统"的概念，这实际预示着越南准备从"党在国上"的政党治理状态，过渡到"以党领政"的国家管理状态。前者由党包办代替其他组织的职能，以党组织代替国家组织；后者则要求政党、国家机关实现职能科学分立、有机联系，使"党的领导方式主要依靠国家来实现"[4]。这种过渡是越共着力构建党政关系理论的前提条件。2011年，越共在《社会主义过渡时期国家建设纲领（2011修订版）》中重申："国家权力统一，各机关单位在立法、执法和司法工作中分工协作、相互监督。"[5]实际上，在整个政治革新过程中，越共始终强调这一点。这种国家权力形态要求以党政关系为核心的政治系统各部分必须有机联系。而"党领导、人民作主、国家管理"要求将社会主义民主作为根本价值指向，这自不待言。正如2001年黎可漂在越共九大上提出越南政治革新经验之一就是"革新必须依靠人民，为了人民的利益，符合实践的需要，不断创新"[6]。

[1] 潘金娥等：《越南革新与中越改革比较》，社会科学文献出版社2015年版，第52页。

[2] 吴彬康、姜士林、钟清清主编：《80年代世界共产党代表大会重要文件选编（上）》，中国广播电视出版社1989年版，第243页。

[3] 阮玉河：《当前越南政治系统中党对国家的领导作用》//郑一明、潘金娥：《中越马克思主义理论创新比较研究》，社会科学文献出版社2011年版，第37页。

[4] 于洪君主编：《当代世界政党文献（2011）》，党建读物出版社2012年版，第411页。

[5] 阮玉河：《当前越南政治系统中党对国家的领导作用》//郑一明、潘金娥：《中越马克思主义理论创新比较研究》，社会科学文献出版社2011年版，第394页。

[6] 梁炳猛：《革新开放后的越南共产党（1986—2010）——以全国党代表大会为视角》，社会科学文献出版社2015年版，第147页。

党政关系理论的发展使越共对国会在党政关系中地位的认识发生变化。革新之前，国会在党政关系中享有名义上的崇高地位，但"有名无实"。随着越共对党政关系认识的科学化，越共逐步明确要保证国会的实权化和独立性，确保国会履行与其地位相称的职能，使越共由对国会的绝对控制力量变为主要控制力量，实现保障国会地位与坚持越共领导的和谐一致。1986年越共六大就提出，"人民当家作主的权利要通过法律和组织的形式加以制度化"[1]。这句话表明了国会改革的根本目标和关键意义所在。因此，六大政治报告指出，"增强国家的管理效能，首先要加强国会和国务委员会的地位，加强各级人民议会的作用。……从国会到各级人民议会民选机关应正确执行自己的职能、任务和权限，不断改进各方面的活动……对切实的问题开展讨论并做出决定……加强对国家管理机关的监督检查"[2]。1995年，越共七届八中全会根据"把健全国家机构放在整个政治系统的革新中去，与党的革新和整顿结合起来"这一要求，提出继续革新国会组织活动，国会参与到有关国家重要问题的讨论中来，进一步做好国会的监督工作。[3]这表明，国会改革是以党政关系为核心的政治体系革新的一部分，关乎党的领导方式改革的持续推进。2006年，越共十大指出，"党通过路线、观点、决议等对国家实施领导"[4]，而国会要"执行好决定国家重要问题和最高监督职能的任务"[5]。对国会这种"决定"作用的认可，在越共党内得以延续。2011年，越共十一大提出，要"改革国会组织和国会工作，确保国会真正成为代表人民利益的最高权力机关"[6]。

关于国会改革对越南优化党政关系的影响，日本学者白石昌也认为，革新之前"越南国会只是对于越南共产党和越南政府领导人业已决定的事项进行事后承认的机构而已。并且，接受国会的审议并通过的文件非常少，有关国家和社会运行的各种事项，都是由越南共产党和越南政府做出实质性的决定。这种状况开始出现变化已经是1986年越南实行革新路线以后的事情。也就是说，越南至少在原则上明确提出了越南共产党与国家之间进行职能分离的方针，国家机构之间的关系也显示了明确立法、行政以及司法之间职能分担的方向"[7]。由此可见，在党政关系理论基础上，越共认为国会在

[1] 吴彬康、姜士林、钟清清主编：《80年代世界共产党代表大会重要文件选编（上）》，中国广播电视出版社1989年版，第243页。

[2] 吴彬康、姜士林、钟清清主编：《80年代世界共产党代表大会重要文件选编（上）》，中国广播电视出版社1989年版，第245页。

[3] 梁炳猛：《革新开放后的越南共产党（1986—2010）——以全国党代表大会为视角》，社会科学文献出版社2015年版，第123—124页。

[4] 古小松主编：《2007年越南国情报告》，社会科学文献出版社2007年版，第269页。

[5] 梁炳猛：《革新开放后的越南共产党（1986—2010）——以全国党代表大会为视角》，社会科学文献出版社2015年版，第265页。

[6] 于洪君主编：《当代世界政党文献（2011）》，党建读物出版社2012年版，第380页。

[7] 白石昌也编：《越南政治、经济制度研究》，云南大学出版社2006年版，第61页。

党政关系中的地位包括三方面：一是国会改革是完善政治系统各部分的职能关系，提升国家机关积极性的非常重要的方面。二是由于越共认识到"党的领导方式主要依靠国家来实现"，从而国会改革有利于完善党的领导。三是国会作为实现代表民主的最重要机制，其地位提升有利于党政互动关系更符合社会主义民主的要求，提升整个政治系统的民主性。同时，越共和国会也都认识到国会地位的提升应以坚持党的领导为必要条件。2014年，前国会主席、现任越共书记阮富仲曾指出，"保证和加强党的领导是决定国会成为人民最高代表机关、国家最高权力机关以及圆满完成人民委托的重任的因素"[1]。有国外学者指出，"国会的立法职能得到加强，……但这并不意味着越南共产党的领导地位被国家自发性的活动所替代，以及越南共产党完全撤出了国家和社会管理的实践活动"[2]。

越共对国会地位认识的变化也充分体现在宪法有关国会条款的修订上。可以说，宪法中有关国会地位的规定是越共对国会理论认识的集中反映。1992年宪法规定，国会是越南社会主义共和国的最高权威，最高的人民代表机关，是唯一享有立宪和立法权的机关，对全部国家行为行使最高监督权。1992年宪法中不仅增加了国会的若干重大职权，而且扩大了国会相对于其他政权组成机关的权力。最重要的是，根据宪法规定，越共和其他社会团体都要遵守国会通过的法律，从而为保障国会地位奠定了坚实的基础。2013年新宪法更加明确、科学地表述了国会作为"人民的最高代表机关、最高国家权力机关"的地位，以往国会的职权得以继承和扩大。在越共领导的社会主义法权国家建设目标下，国会地位的法律化使国会改革的实践找到了制度和法律依托，有利于让理论和实践有效地衔接起来。

二、党政关系视域中的国会改革举措

政治革新以来，越南为了克服党政不分，平衡党政关系，优化权力结构，在"党领导、人民作主、国家管理"的总体思路和框架内，将国会改革作为重点和突破口，推出了一系列的重大举措。特别是越共九大以来，国会改革在制度上完成了许多新的突破，正在把宪法规定落到实处。具体而言，主要体现在以下几个方面。

（一）增强国会的民意代表性，使其越来越能为人民"撑腰"

首先，越南国会代表选举的差额直选和竞选强化了代表与选民之间的联系。1992

---

[1] 《越南国会的65年光荣历程》，http://cn.vietnamplus.vn/Home/越南国会的65年光荣历程/20111/11312.vnplus.

[2] 白石昌也编：《越南政治、经济制度研究》，云南大学出版社2006年版，第2页。

年，按照《国会代表选举法》规定，越南开始在全国范围内实行国会代表的直接选举。国会代表候选人首先需要经过所在单位、居住社区和祖国阵线的三轮无记名投票，并且在新闻媒体上公布其简历和财产等情况，然后再与选民直接对话、接受选民质询，最后通过差额直选才能产生。从第九届国会到第十三届国会选举，代表的差额率分别为：52%、48%、52%、77%和65%。[1]巨大的差额比例让候选人有充足的动力加强与选民联系。以第十二届国会代表选举为例，2007年5月3—16日的选民见面会中，按要求每位候选人至少参加6场见面会，而实际上最多的参加了30场。[2]据非官方统计，候选人每个人至少会见了10个选区的选民，有一些候选人甚至会见了24个选区的选民。[3]此外，按照《国会组织法》规定，国会代表每年至少一次向选民汇报个人履职情况，而选民也可以直接或通过祖国阵线要求代表汇报工作并对其履职情况提出意见。

其次，允许个人自荐、存在独立参选人以及越共推荐候选人"能上能下"，在一定程度上打破了越共垄断国会民意代表性的局面。从1992——2016年历届国会代表分布来看，每届国会都有一定数量的党外人士和自荐候选人当选。与此同时，越共推荐的候选人也有不少落选。例如，2007年越南第十二届国会选举，875名候选人中越共中央推荐的候选人有12人落选；2011年第十三届国会选举，越共中央推荐的182名代表中有15人落选。[4]

表1　1992—2016年历届国会党外人士、自荐当选人数[5]

	正式代表	党外人士	自荐当选
1992 年第九届	395	2	2
1997 年第十届	450	66	3
2002 年第十一届	498	51	2
2007 年第十二届	493	43	1
2011 年第十三届	500	42	4
2016 年第十四届	496	21	2

---

[1] 刘旭东：《越南代表机关选举制度改革的背景和举措》，《当代世界社会主义问题》2016年第1期。

[2] 梁炳猛：《革新开放后的越南共产党（1986—2010）——以全国党代表大会为视角》，社会科学文献出版社2015年版，第211—212页。

[3] 《越南5000万选民直选国会代表》，《新京报》2007年5月22日。

[4] 吕余生主编：《越南国情报告（2012）》，社会科学文献出版社2012年版，第23页。

[5] 作者根据相关资料整理。参见刘旭东：《越南代表机关选举制度改革研究》，山东大学博士学位论文，第54页；宋镇照：《越南御风而上？变动中的国家机关、市场经济与全球化的发展关系（1945—2008）》，海峡学术出版社2008年版，第131页；古小松主编：《越南国情报告（2008）》，社会科学文献出版社2008年版，第37页；吕余生主编：《越南国情报告（2012）》，社会科学文献出版社2012年版，第23页；《越南第十四届国会选举结果对外公布》，《人民军队》2016年6月10日，http://cn.qdnd.vn/webcn/zh-cn/120/361/369/412677.html。

总的来说，虽然允许个人自荐，存在所谓"独立参选人"，对民意表达效果的影响有限，但展示了越共尊重民选的态度。而越共推荐的候选人的落选，以及党外人士代表的存在说明，越共难以做到完全垄断国会的民意代表性。虽然国会代表大部分是越共党员，但如亚洲开发银行越南代表处首席代表小西步所言，他们"首先服从的是各自选区选民的利益诉求，而不是党中央或政府的决策"[1]。这在一定程度上反映了越共正积极地将政治资源的配置权交给人民，主动接受人民的选择。这些都有利于国会真正成为由人民选举产生的最高权力机关。

再次，国会代表整体素质有保障，代表能力得以提高。一方面，按照要求，国会代表候选人若无法取得所在单位和住地居民50%以上的赞同票，则失去候选人资格。这为国会候选人素质划定了"硬杠杠"。另一方面，按照《国会代表选举法》规定，国会代表必须满足相应标准，即便有意参选的公民自认为达到标准，但如果"祖国阵线和选举委员会有确凿证据证明他们并未达标，他们照样不能如愿成为候选人"[2]。最重要的是，候选人学历水平在近年来有了很大提升。2007年第十二届国会代表中，大学文化程度的有309人，占62.68%；具有大学以上文化程度的有164人，占33.27%。[3]2016年第十四届国会的496名代表中，大学及以上文化程度的占98.79%。

最后，努力实现国会代表、代表候选人比例合理化，提高民意代表的广泛性。据统计，从第八届国会选举到第十三届国会选举，女性代表比例分别为：17.74%、18.48%、26.22%、27.30%、25.80%、24.40%。[4]从数据上可以看出，女性代表比例要远低于人口比例。为此，2015年修订的《国会代表选举法》规定，在代表候选名单中至少要有18%的少数民族代表和35%的妇女代表。[5]但2016年，第十四届国会的496名代表中，女性代表比例为26.8%，基本与之前几届持平；少数民族代表也仅占17.3%，比第十三届国会仅增加了8位。这表明，越南在国会代表比例合理化问题上还有很大的提升空间。

此外，从越南国会最新举措来看，增强国会代表的责任性、国会的透明度是下一步改革的方向。根据2015年11月新修改的国会会议内部规定，"国会代表有责任参加国会全部会议，讨论并表决属于国会的任务和权限。如果不能参加会议，必须向有关领导报告。如果在一次会议期间连续3天以上不参加会议，必须提出书面报告。公民可以

[1] 《越南国会主席强调党的领导》，http://www.dfdaily.com/html/51/2011/1/12/557965.shtml。

[2] 梁炳猛：《革新开放后的越南共产党（1986—2010）——以全国党代表大会为视角》，社会科学文献出版社2015年版，第210页。

[3] 龙遍红、何胜：《具有越南特色的国会选举》，《当代世界》2007年第8期。

[4] 刘旭东：《越南代表机关选举制度改革的背景和举措》，《当代世界社会主义问题》2016年第1期。

[5] 聂慧慧：《越南国会基本结构及运转特点》，《中国人大》2016年第1期。

列席旁听国会的公开会议"[1]。按照越南国会常务委员会的解释，该规定的修改本着便利民众参观国会、旁听国会公开会议的精神，以提高民众对国会的认识和监督。

（二）赋予国会重大事项的决定权，使其说话越来越"硬气"

政治革新使越共中央、国会、政府三者之间的职能划分越来越明晰，从而改变了三者原有的关系。从国会方面来看，尽管越共中央提出大政方针，并与政府进行协调，但是如果国会对提案行使了否决权，那么越共中央也必须对提案内容重新调整。相反，对于国会审议通过的提案，政府必须负责执行，并接受国会监督。具体而言：

首先，越南宪法和法律为国会履行决定权奠定了充分的法律基础。如前所述，越南1992年宪法、2013年宪法均对国会地位和职能作出了宪法性规定，在社会主义法权国家建设的目标之下，宪法成为国会发挥效力的关键支撑。此外，2013年宪法修改案决定成立包括国会主席、副主席、委员在内的宪法委员会，从而在制度上形成了保障国会宪法监督权力的创造性突破。由此看来，宪法确实使国会的"硬气"有凭有据。近年来，许多重大事项体现了国会决定权的巨大影响力。比如，2006年，国会在审议《劳动法》修正案时，多数代表对草案中禁止工人罢工的条款提出强烈反对，使该条款最终没有获得通过。[2]2010年，越南国会投票否决了由越南总理、越共中央政治局委员阮晋勇发起的预算总额为560亿美元的南北高铁提案，这是越南国会首次否决政府的大项目提案。2014年，在国会召开的听证会上，国会委员对承办亚运会提出强烈质疑，最终迫使越南政府宣布放弃承办2019年亚运会。2015年，越南国会法律委员会常务委员会在征求代表意见的基础上，依据宪法建议对政府总理的多项权力提出限制，等等。

其次，专职代表制度改革为国会发挥决定作用提供了人力资源保障。越南非常重视国会代表中专职代表的比例和质量，不仅有规定而且落实迅速。2001年修改的《国会组织法》首次提出专职代表概念，并规定其专职代表的比例不少于25%。2006年，越共十大规定，"继续对国会的组织和活动进行改革。完善选举机制，提高国会代表素质；合理增加国会专职代表数量，更好地发挥国会代表和代表团的作用"[3]。紧接着2007年第十二届国会代表中专职代表的比例即达到28%[4]。而2011年第十三届国会代表中专职代表的比例已经提高到33%。[5]国会专职代表比例的增加提高了国会的实际办事能力，

---

[1] 《越南国家主席政府总理将在任职时宣誓》，《中国日报》2015年11月24日。

[2] 陈明凡：《越南国会改革的举措及其成效》，《新视野》2013年第2期。

[3] 古小松主编：《2007越南国情报告》，社会科学文献出版社2007年版，第265页。

[4] 龙遍红、何胜：《具有越南特色的国会选举》，《当代世界》2007年第8期。

[5] 陈明凡：《越南国会改革的举措及其成效》，《新视野》2013年第2期。

同时减少了兼职代表"既当运动员又当裁判员"的弊端，有利于减少国会在行使监督权和决定权的时候"打折扣"的现象。

近年来，越南国会正逐步改变过去作为党和政府的"举手表决机器"的地位以及权力被架空的局面，越来越多地依靠民意支持来进行民主决策，发挥最高权力机关的应有效力。

（三）强化国会的监督能力，使其不再被"小看"

在越南的政治体系中，国会的监督权具有最高性。按照1992年《宪法》规定，国会实施对国家全部活动的最高监督权力；2013年《宪法》也明确规定，国会对遵守宪法、法律和国会决议的工作行使最高监督权。2003年《国会监督法》进一步明确了国会、国会常务委员会、民族委员会和各专门委员会、代表团和代表的监督权限，并对监督方式做了明确规定。除了法律规定外，还有两项关键举措，从而形成国会的刚性监督。

首先，信任投票制的逐渐完善。自2002年起，按照国会规定，国会在五分之一以上国会代表或国会专门委员会提议下，将对国家和政府领导人进行不信任投票，如果三分之二国会代表投不信任票，则可据此罢免国家主席、国会主席和政府总理等领导人。自此以后，信任投票制不断得以完善。2003年《国会监督法》进一步明确了信任投票的程序。2012年，越南国会通过的《对由国会、人民议会推选或批准的领导人投信任票》决议规定，每届政府的五年任期内要进行两次表决，对那些获得"低信任"票超过三分之二的官员或连续两次获得半数以上"低信任"票的官员，将进行"不信任"投票，如果"不信任"票超过半数，将请其主动辞职或由上级免除其职务。[1] 2013年，越南第十三届国会第五次会议期间，国会代表对国会批准任命的包括国家主席、国会主席、政府总理在内的47名国家高级官员进行了信任投票，其中总理阮晋勇得到了160张"低信任度"票（32.13%），比例较高，反映了国会代表对本届政府在经济工作、腐败问题方面的不满。2014年，越南第十三届国会第八次会议对包括国家主席、国会主席、政府总理等50名部长级以上官员进行信任投票，投票结果得到越南媒体和民众的普遍认同。2014年11月，对由国会推选或批准的要职人员进行信任测评和信任投票被正式写入《国会组织法》（修订）中。[2] 信任投票制的实施使国会能够行使切实可见的监督职能，赋予了国会监督国家领导人的"有形之手"，极大地改变了国会"橡皮图章"的形象，获得了广泛的认可。

其次，质询制度的有效落实。1992年《宪法》在继承以往宪法有关国会质询制规

[1] 潘金娥：《2013年越南共产党党情：防治"内寇"与抵御"外敌"并举》，《当代世界》2014年第2期。
[2] 广西社会科学院：《越南国情报告（2015）》，社会科学文献出版社2015年版，第4页。

定的基础上，明确提出国会代表有权质询负有领导责任的国家机关负责人。在此基础上，有关国会质询的法律逐步完善。1992年通过的《国会组织法》亦明确了国会代表的质询权。自2002年起，越南国会质询制度开始落到实处。在每年举行两次的国会会议期间，代表们有权对包括国家主席、政府总理在内的国家领导人及政府成员就其在任期间所负责的有关工作进行公开质询，被质询者必须做出如实回答，直至得到满意答复，全程由媒体进行直播。2013年越南宪法规定"被质询的人员必须在国会召开的会议上或者在国会两次会议期间召开的国会常务委员会会议上予以答复"[1]。国会质询制度产生了不少标志性事件。例如，2006年6月，潘文凯总理就交通运输部的腐败事件接受质询并在任期未满的情况下申请辞去总理职务；2010年，阮晋勇总理接受国会公开质询，并就经济工作失误作出检讨；2012年，越南第十三届国会第三次会议上，有19名部委级领导干部就160项问题接受质询，并引发全国范围讨论。质询制度作为越南国会的一项重要的监督机制，其实施中的公开性、透明性对质询对象造成很大的心理压力，从而使其不得不约束自身行为，正视国会代表的监督。对越共而言，国会的刚性监督形成强大的体制内约束力量，使越共必须本着对自身政党形象负责的态度，高度关注党员领导干部的行为。不信任投票制和质询制度的有效落实，使人民可以通过国会实现对政府的公开监督，符合代议制民主和国家治理现代化的基本要求。

总之，从党政关系的视角来看，越南的国会改革主要是围绕提高国会在党政关系中的实际权力和地位以及实现国会对政府领导干部的有效监督进行的。这些改革措施力度较大、针对性很强，形成了不少突破，使国会改革成为改善越共领导方式的重要抓手，从而推动了党政关系朝着民主化的方向发展。

三、国会改革对党政关系的影响

（一）逐渐形成和完善党政关系优化发展的体制依托

"党领导、人民作主、国家管理"三位一体的领导体制是党政关系优化发展必不可少的体制依托。"党领导"指的是越南共产党通过路线、方针、政策的定向，发挥社会和政府中党员的带头作用来领导社会和政治系统，并且领导不等于包办代替；"国家管理"指的是国家政权机关依据各自职能组织和实施各项国家和社会事务；"人民作主"指的是国家的一切权力"属于人民、来自人民和为了人民"，人民通过直接民主、代表民主的途径参与并决定国家事务。这实际上规定了越共、国家与人民之间的关系：越

---

[1] 《越南社会主义共和国宪法（2013）》，米良译，《南洋资料译丛》2014年第1期。

共领导是前提和保证，国家管理是手段和途径，人民作主是出发点和落脚点，越共的领导活动和国家的管理活动最终服务于人民作主的根本目的。越南的国会改革使这一领导体制逐步完善。

从实践来看，人民作主的制度安排最紧迫却最欠缺，因而如何从体制上落实人民作主，就成为关键之关键。越南国会改革也正是围绕人民作主这一目标进行的。国会作为代表民主的主要途径，其改革在政体上突出了国会地位，在关键制度上保障了国会实权，初步落实了符合人民作主要求的制度安排，从而逐渐弥补了"党领导、人民作主、国家管理"领导体制上的短板。例如，2014年，越共总书记阮富仲在与河内市选民接触时，认为国会的信任测评制度"起到了积极的作用"，"是在党的领导下，提高人民作主地位、实现民主工作的一大进展。同时也体现出国会活动更具有效果"[1]。

另外，在制度设计上，国会改革趋向于使国会的制度设计与党政关系中的其他制度有效地衔接起来，通过相互作用形成一个制度整体，从而更好地发挥"政治系统"的功效，使人民作主更好地融入整个国家制度体系。对党的领导体制而言，其发展趋势在于使越共逐渐由"强"领导转变为"善"领导，在领导中体现人民的主体性，因而国会改革成为越共进一步改善领导的推动力。对国家管理体制而言，国会改革重新确立了国会对国家一切重大事项的决定权，使政府在制度安排上逐渐把本属于国会的权力归还国会，使政府回归管理者、执行者的角色。

（二）促进了党政良性互动

越共领导方式的转变是党政良性互动的前提。国会改革在宪法和国家基本制度层面推动了越共转变领导方式。这在很大程度上保证了越共与国家政权机关互为动力、相互补充、相互影响的良性互动关系得以持续，并最终有利于人民作主。正如越南学者所指出的："与革新前相比，党的领导方式发生了很多积极的变化。如果说以前国会主要是按照国家法律程序把党的文件规范化的话，那么现在，有许多问题政治局并不事先作出决定，而是提出大方向，让国会来讨论决定。当有些问题在国会有不同意见时，政治局也要做出修改。也就是说，国会越来越有实权了，这也表示人民越来越可以当家作主了。"[2]

从党内民主的角度看，国会的改革举措为越共提供了重要的借鉴，获得了越共自身改革的积极回应，许多重要改革措施被引入党内，成为促进党内民主的重要途径。

[1]　广西社会科学院：《越南国情报告（2015）》，社会科学文献出版社2015年版，第27页。

[2]　阮玉河：《当前越南政治系统中党对国家的领导作用》//郑一明、潘金娥主编：《中越马克思主义理论创新比较研究》，社会科学文献出版社2011年版，第201页。

越共认为"增强党内民主和发挥人民当家作主的权利是政治改革的重要内容"[1]。在国会作用日益彰显，进而人民当家作主权利日益组织化和制度化的形势下，不断提高党内民主水平，就成为越共的必然选择。从质询方面说，2002年，越共九届五中全会开始将质询制度引入党内，中央委员会在举行全会时都要留出专门时间进行质询，并在很大程度上借鉴了国会质询的形式。从差额选举看，自2001年越共九大起，中央委员开始实行差额选举。2006年，越共十大总书记在正式选举之前也有一个差额酝酿的过程。[2]2011年越共十一大，"中央委员会选举差额达24.4%，……政治局委员人选的推举，差额达到70%。选举书记处时，差额还更高些"[3]。2014年越共新的《党内选举规则》明确规定，各级党委的选举必须采取差额选举的办法[4]，并且差额要有10%~30%。自2009年起，越共开始试点并推广基层党组织大会直接选举党委委员、书记、副书记；2012年越共十一届四中全会决议要求总结省委至基层党委代表大会差额直选党委书记的经验，显示了越共通过制度化的党内直选推动党内民主的决心。此外，越共十大、十一大选举曾允许中央委员候选人由个人自荐（2014年新颁布的《党内选举规则》取消了这一做法）。党委主要负责人信任测评也成为越共党内重要的干部工作规程。对差额、直选、质询、信任测评等国会改革经验的借鉴与共享是党政互动的重要体现，而越共在领导、执政理论水平和能力上的提高又为政府职能转变、发挥主动性创造了条件。

在政府方面，近年来越南政府不断向着有利于发挥国家管理职能的方向转变，在破除官僚主义、惩治腐败等方面取得了很大成绩。这与国会的重大事项决定权、强有力的监督权等硬性约束有很大关系。近年来，越南国会对政府在基建项目、对外贸易、惩治腐败方面提出了诸多要求，这些要求获得了政府的积极回应。以反腐败为例，2005年11月越南国会通过了《预防和打击腐败法》，紧接着2006年2月，潘文凯总理签署了《贯彻落实〈预防和打击腐败法〉的政府行动计划》，政府开始实施一系列反腐细则并取得重大进展。越南政府的改革绩效增强了越共执政合法性，政府主动性的提高既肯定了越共领导方式转变的成效，也为越共进一步改善党政关系打开了空间。

---

[1] 于洪君主编：《当代世界政党文献（2011）》，党建读物出版社2012年版，第411页。

[2] 古小松主编：《2007年越南国情报告》，社会科学文献出版社2007年版，第33页。

[3] 吕余生主编：《越南国情报告（2012）》，社会科学文献出版社2012年版，第20页。

[4] 潘金娥：《从越共十二大看越南革新的走向》，《当代世界与社会主义》2016年第1期。

（三）初步形成了"一党执政、分权制衡、集体领导、分工负责"的新型权力架构

越共九大之前，越南的核心领导层由越共总书记、国家主席、政府总理组成，即所谓"三驾马车"。政治革新以来，特别是越共九大之后，国会改革强化了国会的实际效力和监督职能，提高了国会在党政关系中的地位，也使国会主席改变弱势地位获得了实权，从而在核心领导层形成越共总书记、国家主席、政府总理、国会主席"四驾马车"并行、相互配合又相互制约的政治权力架构。由此，"一党执政、分权制衡、集体领导、分工负责"的权力架构成为越南党政关系的基本支撑。

在"四驾马车"的权力配置上，越共总书记作为执政党的"一把手"有重要影响力，依据宪法和法律实施政治领导，也是军队实际上的最高负责人，但并非大权独揽，也不能兼任国家主席和名义上的军队最高统帅；国家主席作为国家元首代表国家，兼任武装部队总司令、国防与安全委员会主席，按照宪法规定是军队名义上的最高统帅；政府总理作为政府最高首脑主管行政，拥有相当大的实权，负责国家具体方针、政策的制定和执行；国会主席作为国会最高领导人主管立法和司法，领导国会发挥监督职能。随着国会改革的不断推进，国会主席的实际权力逐渐得到加强，越来越形成对越共总书记、国家主席、政府总理的有力制约，从而使执政党、国会、政府、军队的权力配置越来越平衡。

越南日渐成形的权力架构是基于越南国情的政治发展选择。"四驾马车"体系"形成了一种最高层互相制约的集体领导制度，高层权力的构成也有更明晰的规律和制度可循。高层权力分配保持相当程度的制约性多少有几分削弱'党化色彩'的意味，使得各方易于协商和妥协"[1]。这种高层权力关系的明确化、制度化以及协商机制的建立既符合"分工负责"的科学执政要求，也有利于发挥越共"集体领导"的优势。此外，"三驾马车"变为"四驾马车"还表明，越共努力把"人民作主"的思想贯彻到"权力制衡"之中，保持权力的人民属性。这正是社会主义民主对权力的根本要求。

但必须看到，"四驾马车"都是越共中央政治局成员，其"权力制衡"以坚持越共领导为前提，并不会影响越共"一党执政"的地位，"四驾马车"里国会职权的提升并不以削弱党的领导为代价。按照越南《法律规范文件制定法》规定，国会制定法律的计划应遵循党的路线和方针，而审议法律草案的过程应考虑其是否与党的路线方针保持一致。即"越南的立法活动有义务与越南共产党的路线、主张和政策保持一

---

[1] 吴晓燕、张艺博：《一党执政条件下的社会主义民主政治新拓展——对越南政治体制改革的审视》，《探索》2011年第3期。

致"[1]。而在国会领导层人事安排上，越共中央高层的意见起到关键性作用。当然，防止民主失控、保持政局稳定也是越南推进民主发展、优化党政关系进程中面临的重大课题。

综上所述，越南在坚持党的领导的前提下，以国会改革为牵引，以党的领导方式改革为重点，对党政关系进行不断的调整和优化，并取得了一定的进展，其经验值得当代社会主义国家借鉴。

原载于《当代世界社会主义问题》2016年第3期

---

[1] 白石昌也著，毕世鸿译：《越南政治、经济制度研究》，云南大学出版社2006年版，第89页。

俄罗斯联邦共产党理论与实践新发展概述

李亚洲　编译

摘　要： 2016 年全年，俄罗斯联邦共产党采取了一系列举措，在为维护俄罗斯民众利益和国家利益进行斗争的同时，不断丰富和发展社会主义理论：主办奥廖尔经济论坛，提出与执政当局不同的国家经济发展方案；召开第十六次非常代表大会，阐明了杜马竞选形势、竞选纲领与任务；积极参加国家杜马竞选，总结竞选失利的主客观原因，并提出新形势下的任务；关注中国社会发展，高度评价中国共产党的治党方略与举措。俄罗斯联邦共产党不懈斗争的精神和不畏困难的努力都可圈可点，对于遭受的曲折和困难，会"在错误中不断学习"，继续前进。

关键词： 俄罗斯联邦共产党；理论；实践

俄罗斯联邦共产党（以下简称"俄共"）作为苏联共产党的继承党，是当今俄罗斯政治舞台上一支举足轻重的力量和具有国际影响力的左翼政党。2016年，俄共在参加国家杜马选举的同时，不断丰富和发展社会主义理论，采取一系列举措，为维护俄罗斯民众利益和国家利益进行斗争。

一、主办奥廖尔经济论坛，提出国家经济发展方案

近年来，持续低迷的国际石油价格以及2014年乌克兰危机爆发以来西方国家对俄罗斯的经济制裁，使俄罗斯经济持续衰退，卢布大幅贬值，居民实际收入连年下降，危机重重的经济对俄罗斯的国家发展构成了严峻挑战。在这种背景下，2016年2月12日，俄共在俄罗斯南部城市奥廖尔主办了有"红色达沃斯"之称的奥廖尔国际经济论坛。参加论坛的有俄罗斯各级议员、中央部门与地方政权机构代表、企业工商界和科教文化机构人士以及外国专家等。论坛主旨为"俄罗斯社会和经济发展存在的问题及解决之道"。借此论坛，俄共向社会和当局提出了自己的十点反危机措施。[1]

---

[1]　Г. А. Зюганов, "Развитие страны – выход из кризиса", См. http://kprf.ru/party-live/cknews/151695.html.

第一，恢复俄罗斯的经济主权和真正意义上的国家独立自主。为此，首先必须实施对银行系统以及外汇业务的国家管控。统计数据显示，近14年来，从俄罗斯合法流出7890亿美元，这个数据尚不包括通过各种非法途径流失的资金数额。因此，终止资金的无节制流失迫在眉睫。就此而言，俄罗斯中央银行应当有所作为，它必须致力于维护国家利益，致力于为国家经济、工农业发展作出贡献。此外，俄罗斯还应当逐渐摆脱对美元的依赖，并退出世界贸易组织。俄罗斯加入世贸组织三年来，国家预算损失高达8000亿卢布，间接损失估计4万亿卢布。

第二，俄罗斯的主要矿产原料须造福本国民众。当前，建立强大国有经济的时机已经成熟：不仅包括石油、天然气综合体，而且像电力、铁路、通信等其他主要部门均须实现国有化。强大的国有经济在增加国家预算的同时，可以赋予经济发展可预见的规划性。为了摆脱危机，可以采用国家和地方订单的方式增强经济的计划性。这一措施已经付诸实施，接下来需要制定具有策略性的五年计划，以及具有战略性的十年及以上规划。在当前第四次工业革命的背景下，为了摆脱对外界的依赖，俄罗斯加工业在国民生产总值中的份额必须从当前的14.5%提高到70%～80%。目前在德国，这一比例高达83%。不能空谈创造良好的投资和竞争环境，而是要创建并支持实体经济。

第三，俄罗斯经济发展必须依靠高新技术。应当终止当前科学领域的毁灭性改革，增加对本国科学工作者的资助，把从事创新研究的机构比重从当前的10%提高到40%这一发达国家的水平。目前，俄罗斯的科教投入只占国内生产总值的3%，且使用有效性低得可怜。如果说布尔什维克在二战前的短短20年里就实现了全民普遍识字，那么今天当局正在做相反的事情，金钱成为孩子们入学的敲门砖。从前俄罗斯学生在很多国际竞赛中稳居第一，而今天很多人识字都成了问题。为此，迫切需要重建高品质的中学教育，恢复各领域的职业技术教育体系，重塑技术与师范类高校的声誉。

第四，采取紧急措施拯救农业。农业专家证实，俄罗斯不仅有能力供养本国国民，而且还能另外供养五亿以上人口。然而，今天俄罗斯1/3的可耕地荒芜，半数粮食需要进口，且其中部分质量不佳。因此，必须使农业用地得到开发，恢复几乎完全废弃的粮食种子繁育业和畜牧育种业。只有重组农业生产，才能完成这一系列任务。经验证明，大型企业具有部门多、资金充足、获取贷款容易、信誉好等诸多优势，能够更好地适应不断变化的粮食市场节奏。农村的小商业也可以通过与大型农业企业的联系较好地生存下去。

第五，全面支持高效的人民企业。人民企业不仅在农业方面，而且在工业领域显露出良好的发展势头。它们不仅发展生产，而且改善了社会基础设施建设。例如，莫斯科市郊的"列宁国营农场"、斯维尔德洛夫斯克州的"旗帜"人民企业等，都是这方面的典型。

第六，动用信贷资源复兴俄罗斯。截至2015年12月，俄罗斯的黄金外汇储备，加上俄储备基金、俄国家福利基金的资金，总额为36万亿卢布。此外，还有俄罗斯各银行的存款22万亿卢布。因此，除国家预算外，还有58万亿卢布资金可以用于信贷支持俄罗斯国家复兴。

第七，对生活必需品实施价格监督。近一年来，俄罗斯的食品价格飙升了20%—25%，因此必须确定本国产品进入商业流通领域时的加价办法和幅度，这将会抑制日常生活必需品价格上涨，控制普遍的通货膨胀。无论在沙俄时代，还是在苏维埃时代，国家对酒类制品的生产和销售实行垄断是一个行之有效的措施。现今大量的资金流入了酒业巨头的个人腰包。实行酒类产品的国家垄断不仅能为俄罗斯增加3.3万亿卢布的国家预算，而且可以避免近年来数千人因饮用劣质酒而死亡的悲剧。

第八，改革现行税收体系。俄罗斯现行税制阻碍了国家各领域的经济发展。例如，增值税在苏联时代是没有的，在美国也没有，它导致国内产品的价格上涨了10%—18%，缺乏竞争力，阻碍了生产，引发通货膨胀，并大幅拉低了民众的收入水平。当前的财产税与土地税增长了好几倍，沉重地打击了小商业和农业，加深了普通民众的贫困。必须停止这种掠夺行为，由此造成的国家预算减少可以用其他的方式来解决。在中国、美国、法国、德国等几十个国家，极为重要的国家预算来源是个人收入累进税。在当今俄罗斯，拥有最高收入的110人占有国家1/3的财富，所以必须实行累进税制，由寡头和平庸官吏，而不是由普通民众为经济危机埋单，这才是走向公平之路。

第九，俄共的原则是对民众的关心即是对国家的关怀。当俄罗斯10%的人拥有该国90%的财富时，存在大规模的贫困就不足为奇了。把俄罗斯建设成社会国家的任务迫在眉睫，不能仅仅停留在宪法条文上。俄罗斯民众受教育程度低下，健康状况不容乐观，这样的国家无力应对面临的严峻挑战。2016年俄罗斯的死亡率有可能再次超过出生率。公共事业领域的糟糕状况不仅阻碍了经济的发展，而且成为民众的不能承受之重。据俄罗斯官方统计，该领域的设施损耗在60%以上，且大部分处在易发事故状态。不断被破败的基础设施就连维持现状也力不从心。当前，俄罗斯有1亿平方米的危旧住房需要拆除重建，另需新建16亿平方米新居。这就意味着，公用设施现代化面临的问题和建设维修民居的问题，没有国家的参与都无法解决。

第十，恢复优秀传统文化道德价值观。当今人类面临失去灵魂与良知的威胁，对俄罗斯来说尤甚。今天俄罗斯国家频道依旧在连续播放那些诋毁祖国历史神圣时期与形象的电影和节目，借助反苏、反俄运动，通过宣扬暴力与不讲道德来荼毒民众的灵魂。这对俄罗斯未来发展来说，是极其致命的威胁。广大民众在扭转这一趋势的进程中将是俄共的主要盟友，众多民众加入"不朽军团"就给出了很好的证明。

二、召开非常代表大会，阐明竞选形势与纲领

2016年6月25日，俄共在莫斯科召开了第十六次非常代表大会。出席此次大会的有当选代表250名，以及来自俄罗斯各个地区的应邀客人400多名。鉴于这次代表大会是为即将于9月举行的第七届国家杜马选举做准备工作，因此大会审议了与杜马选举相关的14个问题，确立了竞选纲领，并通过了以久加诺夫为首的政党比例制候选人名单，以及单席位选区候选人名单。俄共十六大的中心内容之一是听取并讨论久加诺夫代表俄共中央向大会所作的政治报告。报告对俄罗斯当前的社会经济与政治形势进行了分析，阐明了俄共竞选纲领的基本观点，论述了俄共竞选面临的任务。[1]

关于俄罗斯当前的社会经济与政治形势，报告认为，当今世界正经历着日益严重的制度性危机，20世纪的两次类似危机都以世界大战而告终。俄罗斯的外来威胁不断加剧，西方制裁和原料价格的下跌削弱了其经济。北约已经接管了苏联以前在波罗的海沿岸和东欧国家的军事基地，大洋彼岸的战争挑拨者继续插手乌克兰的国内政务，其仆从乌克兰试图在与克里米亚和顿巴斯边境地区制造紧张局势。摩尔多瓦和德涅斯特河沿岸共和国的局势也相当复杂，高加索和中亚地区的情形也令人不安。华盛顿的鹰派及其同伙正在逐步实施统治世界的全球性战略。

形势的发展证明，梅德韦杰夫政府的新自由主义政策已经走进了死胡同，并将国家引向垮台的境地。最近25年，俄罗斯被强制实行不可控制的私有化，承认美元的霸权地位，把世界贸易组织奉为神明。但这始终没有将俄罗斯引向与"金十亿"国家的一体化，西方精英俱乐部甚至不接纳俄罗斯的顶级寡头阶层，而是用刑事诉讼和制裁的方式在背后给予其重重一击。接下来他们试图将俄罗斯肢解并将其纳入世界资本主义体系。

市场原教旨主义的害处仍历历在目，但是政府内改革派对此的期望依然没有消退。把科学院置于知识浅薄的"经理人"的控制之下，苏联教育体系中最优秀的部分正在被毁掉，一些高校、中学和幼儿园正面临着合并和被兼并的命运，大量教育工作者失去了工作。尽管官方统计数据显示，目前俄罗斯医疗工作者依然缺乏，但是一些医院、诊所却被逐渐关闭，医务工作者被解雇。

与官方宣传相反，进口替代并没有化为现实的行动。工业、农业和建设事业都没有得到应有的国家支持。工厂和农业企业纷纷倒闭，因为它们没有机会充实基本资金，找到稳定的销售市场，经受住与西方企业的竞争。当前的俄罗斯，生产在缩减，劳动

---

[1] Г. А. Зюганов, "К народной власти—вместе с КПРФ!", См. https://kprf.ru/party-live/ck-news/156506.html.

人员的工资降低，失业、灾难、贫困在增加，社会紧张不断加剧。而资本家部长们却继续致力于进一步私有化，提高退休年龄，发展债券市场，拒绝调控药品价格，等等。

这种局势要求必须改变方针并调动一切资源使国家摆脱危机。为了广大民众的利益和国家安全，必须从根本上实行不同于当前的新政策，国家需要长久的、目标明确的发展政策，这样的政策付诸实施才能将爱国主义力量团结起来共图国家复兴大业。但是很多事实表明，俄罗斯的自由主义阵营开辟了一条对抗自己国家的内部战线。尖锐的社会经济问题与毒化民众心灵的企图纠结在一起，第五纵队继续搅动"恐俄症"和反苏主义的浑水。民众面对这种恶意宣传变得更加机智和强大，这就是为什么这股泥石流并没有冲垮苏联遗产的原因所在。俄罗斯的新一代一旦认识到苏维埃国家的伟大之处，对列宁和斯大林的尊重就会持续增长。

克里米亚回归俄罗斯为深层次的全民族对话奠定了坚实基础。对顿巴斯人民共和国英勇斗争的支持，彰显了俄罗斯社会强烈的爱国主义情怀。"不朽军团"胜利日游行成为回归真理价值观的有力号召。但是在这一系列事件后，当局并不急于与真正关心祖国命运的政治反对派开展合作。此外，统治集团也没有采取措施迎合民众的期许，解决其面临的问题。国家形势趋于复杂。

报告在对俄罗斯当前的社会经济与政治形势进行分析的基础上，阐明了俄共竞选纲领的基本观点。报告认为，俄共为参加2016年国家杜马选举而提出的纲领是俄罗斯经济和精神复兴的纲领，今天俄共向国家提出了自己的态度和原则，目的是将来能使它们成为国家的法律，成为维护民族利益、人民信任的政府的伟大事业。俄共竞选纲领的十个基本观点就是俄罗斯未来的新形象。

1. 国家财富掌握在人民手中。俄罗斯的财富应该服务于人民，而不是一小撮寡头。俄共支持将石油和天然气行业国有化，将主要银行、电力、铁路、通信系统以及军工综合体国有化，建立一个强大的国有经济群体，降低俄罗斯对外资的依赖性。

2. 拥有经济主权的俄罗斯。必须恢复俄罗斯的经济主权，保护其不受美元的压制。俄罗斯中央银行需要摆脱美国联邦储备体系的影响，它应该服务于俄罗斯经济发展与社会进步。俄罗斯还要退出世界贸易组织。

3. 依靠工业、科学和技术。俄罗斯需要拥有以最新发明与高新技术为基础的强大现代工业，需要数倍增加本国科学家的研究经费，创新型研究机构的比重应该从现今的10%增加到30%。

4. 发达的乡村意味着平安富足的俄罗斯。目前，俄罗斯许多农业部门处于严重危机之中，只有复兴农村，俄罗斯才会变得富足并获得健康发展。为此，必须保证不低于10%的预算支出用于支持农业，大力支持庭院经济和农场，依靠大型集体经济和合作经济。

5. 用信贷资源实现国家复兴。多年来俄罗斯借贷给国外竞争对手，现在是用这些资金为自身谋发展的时候了。各地区同样迫切需要得到支持，有些联邦主体没有能力履行社会责任，国家有义务帮助它们自信地面向未来谋求发展。

6. 通过管控价格和费率获得加速发展。国家有义务管控日用必需品、燃料及药品的价格，家庭在住宅公用事业服务上的支出不应超过其收入的10%，政府必须调节电力、燃料和交通运输费率。这些是国家经济发展和公民社会福祉最为重要的因素。

7. 兼顾公平与效率的税收政策。应该立刻取消近年来大幅增长的一些苛捐杂税，逐步取消增值税。实行累进税制，该税制在美国、中国、德国、法国等世界上许多国家都有效地发挥着作用。这种方案不仅公平，还能增加4万亿卢布的国家财政收入。

8. 人民是强国的主要财富所在。必须保障民众享有学前教育、中等教育、职业技术教育以及高等教育的机会和权利，实现居者有其屋，改善民众的生活水平，需将约7%的国民生产总值用于科教及保健，给予儿童、母亲、残疾人和老人特别关注。

9. 强大国家是安全生活的保障。必须加强国防力量，并支持俄罗斯、白俄罗斯、乌克兰和哈萨克斯坦加强联系。必须提升武装力量的战备水平和军职的威信，要特别关注国家的信息技术安全。

10.建设高文化素养国家。俄罗斯的多民族文化是俄罗斯精神复兴的根基、国家的骄傲与历史财富，需要创造条件，使所有文化成果都能得到传承并发扬，要特别关注青少年的创作、体育锻炼与运动，要为俄罗斯的人才提供全力的支持。

报告最后提出了俄共竞选需要完成的任务。第一，围绕俄共"实现幸福生活十步走"的竞选纲领开展广泛宣传，并把它作为地区及地方选举竞选纲领的基础。第二，协调各级选举指挥部，步调一致、畅通无阻地进行工作。第三，不断进行积极的宣传运动，保证其壮大趋势一直持续至9月17日，即选举日前夕。第四，创造性地进行宣传工作，不要忽视任何一种形式的宣传——从请愿抗议、游行到使用党内印刷物、社交网络。第五，俄共派出的监督员要覆盖所有选区，保护好每一张获得的选票，力保选举结果真实有效。

三、总结竞选失利主客观原因，提出新形势下的任务

2016年9月18日，俄罗斯举行了第七届国家杜马选举。结果四个政党进入新一届杜马，其中统一俄罗斯党得票率为54.19%，获得343个席位；俄共得票率为13.34%，获42席；俄罗斯自由民主党得票率为13.14%，获39席；公正俄罗斯党得票率为6.23%，获23席。在此次国家杜马选举中，俄共虽然仍位居第二，但获得席位数比上届杜马中的92席减少一半以上，并且与统一俄罗斯党之间的差距为历史之最，同时有被俄罗斯自由

民主党赶超的危险。2016年10月22日，俄共召开中央委员会和中央监察委员会联席全体会议，对俄共参加第七届国家杜马进行了总结，提出了俄共在新形势下加强工作的具体任务。[1]

俄共对此次国家杜马选举的结果是不满意的，与2011年相比，该党的支持选民人数减少了550万，这是一个沉重的事实。对此，俄共认为，导致俄共竞选不利的客观因素是，与政府的承诺相反，此次国家杜马选举并不是各政党之间纲领和团队的诚实竞争，不会促进整个社会的建设性对话。

第一，选民被政党数量的急剧增长所迷惑。在2011年国家杜马选举之后，政党登记注册变得极其简单，政党组织的最低党员数量从4万人降低到500人。结果是政党的数量从11个增加到77个，其中很多新增政党都是借鉴了俄共的思想。除了早先成立的公正俄罗斯党，新增了俄罗斯共产党人党、俄罗斯维护公正退休者党等，它们与俄共相似的思想、名称和标识迷惑了选民，减少了选民对俄共的支持。

第二，从选举比例制向混合选举制的转变。此次国家杜马选举中，此前的选举比例制转变为半数国家杜马议员为单席位选区选出，这对统一俄罗斯党来说十分有利。这些选区被交到地方权贵手中，最终统一俄罗斯党在危机、经济崩溃以及卢布剧烈贬值的背景下还收获了203个单席位议席，已经超过了它单席位选区参选总人数的90%，这与社会学家所推断的该党的实际支持率完全不符。

第三，当局推行了一种所谓"花瓣式切割"选区的做法。当局通过混合城市和农村地区组成新选区的手段，平抑了俄共在一些城市的高支持率现象。近几年，村镇成为最容易受到操纵并让统一俄罗斯党得到需要的结果的地方。例如，在新西伯利亚单席位选区，俄共候选人日尔诺夫在州中心获得了32%的支持率，而在乡村地区，却少了一倍，最终导致统一俄罗斯党的候选人获得了胜利。

第四，选举日被故意从12月调整到了9月。参加选举投票率被人为地降低了，这个数字也是苏联解体以来俄罗斯新历史上最少的一次。即使根据虚高的官方统计数据，它也低于48%。在莫斯科和圣彼得堡只有1/3的选民参加了投票。低投票率有利于统一俄罗斯党，依靠该党监控下的依附选民提高了其支持率。

第五，选举前夕信息操纵机制开始积极发挥作用。执政党统一俄罗斯党在主要电视频道的新闻和分析节目中占尽优势，与俄罗斯统一党一起获得制度上最大便利条件的是俄罗斯自由民主党，克里姆林宫的政治技术专家竭尽全力使它获得第二大党的位置。尚在叶利钦时期，当局就多次利用俄罗斯自由民主党来收获抗议群体的选票。第

---

[1]　Г. А. Зюганов, "Настойчиво защищать интересы народа", См. https://kprf.ru/party-live/ck-news/159555.html.

六，想方设法把民众的注意力从国内事务上引开。亲当局的大众媒体故意忽略席卷俄罗斯的严重的社会经济危机，美国选举运动的进展、叙利亚战报、乌克兰局势成为新闻头条。前所未有的大规模欺骗民众行动进行得很成功，在千百万选民的意识中，俄罗斯面临的迫切问题反而退居其次。

第七，全力启动伪社会调查数据的潜在力量。在长达数月的时间里，全俄舆论研究中心和社会舆论基金会发布的都是一些凭空捏造的数据。目的就是让选民相信，支持俄共是没有前途的。与此同时，从夏天就开始虚报俄罗斯自由民主党的支持率，而能够提供更客观预测的"列瓦达"中心在选举开始前不久被限制了活动。

第八，选举论战再次威信扫地。这些论战变成了类似辩论对抗赛性质的游戏，只允许每个政党用2—3分钟的时间来陈述该党对于国家生活主要问题的立场，而没有就对国家最重要的话题展开严肃认真的讨论。因此，只有1/5的俄罗斯人对这些选举论战感兴趣也就不足为奇了。

第九，深知自身地位弱势的统一俄罗斯党积极利用"普京的党"的形象。事实上，统一俄罗斯党是躲在总统的声望背后，而总统则扮演着该党的宣传者角色，这种情况在选举运动的最后关头尤为明显。

对于此次国家杜马选举不利的主观因素，俄共分析认为，在选举过程中俄共没有增加进攻的主动性，并非所有选民都能够把俄共视为社会的积极力量，而抗议当局的选民基本上都没有参加投票，他们中的绝大部分人都没有看到俄共坚决反对当局及其破坏性方针政策的力量。这种情况和造假、行政压制、分化行动、不光彩的信息技术一起发挥了作用，结果就是俄共保存了自己的核心选民力量，但也无法再扩大支持范围。

在这种背景下，没有任何根据断言共产主义思想在俄罗斯没有立足之地，左翼爱国主义思想依旧受到欢迎，俄共代表在与选民见面时看到了这一点，众多的社会舆论调查结果也证明了这一点。俄共对手的活动是更好的证明：在过去的选举运动中，他们竭尽全力迷惑和分裂左翼选民。

为了宣传自己的思想，俄共今年已经做了很多工作。俄共信心满满地在奥廖尔经济论坛上向社会展示自己纲领的内容，在劳动集体代表大会和俄罗斯民族论坛上、在第二届俄共全俄议员代表大会和社会论坛上继续做这项工作。俄共在各种场合，包括在全俄农工综合体工作者理事会上，积极推广人民企业的经验。

俄共依然保存了较高的支持潜力。即使是在不利的条件下，该党也能在鄂木斯克州等地区表现出这一潜力，在这些地区获得的选票明显高于全俄罗斯平均值。正是在这些地区，俄共能够动员自己的积极分子，有效开展宣传工作，保卫自己的成果。与此同时，很多共产党员在选举工作中诚实、忘我地工作，哈里托诺夫等在单席位选区赢得了胜利，他们无愧于党真正的近卫军战士的称号。

但是，并非所有人都在尽全力工作，有一些党组织选择了随波逐流。他们没有与选民充分会面，在散发宣传材料的过程中没有投入应有的积极性。一系列党组织分部不能加深对工人运动的影响力，没有培养干部后备力量，也不能克服组织上的薄弱环节。

很多同志显然没有准备好应对日益紧张和尖锐的形势，没有在选举日担负起应有的监督责任。而正面的例子也不少，马里埃尔自治共和国党组织有条不紊的工作不仅保证了自己的候选人卡赞科夫在单席位选区取得胜利，还大幅增加了党的得票率。

当前，俄共在各级党委会上正在对国家杜马选举进行分析。所有人都应该对选举结果给出冷静的、自我批评性的评价，并得出必要的结论。现在最不恰当的做法就是对需要解决的问题闭口不谈。俄共党员应该秉持这样的原则：敢于直言，做实事，积极行动起来。工作中的不足只能自己去改正，因此，俄共需要调整好自己的状态，投入到严肃、紧张的工作中去，这是形势所要求的。今天党内的摇摆不定会成为送给对手的最好的礼物。

针对国家杜马选举后的新形势，俄共提出了今后继续努力的方向以及加强工作的具体任务。俄共认为，当前党正面临政治和意识形态领域的双重斗争，俄共很了解自己的对手，应该准备在任何条件下甚至是最恶劣条件下，为劳动者的利益而战。

统一俄罗斯党的绝对优势地位并没有提高它受欢迎的程度，情况恰恰相反，俄罗斯"列瓦达"中心不久前举行的民调结果指出了俄罗斯政治体制的危机。这就意味着，此次国家杜马选举结束一个月后，统一俄罗斯党的"胜利"就"灰飞烟灭"了。形势要求俄共坚定地担负起唯一真正反对派力量的作用，对统一俄罗斯党要进行毫不妥协的、根据确凿的批判。

俄共"实现幸福生活十步走"纲领完全具有现实性。俄共制定了国家生活最重要方面——工业和农业、科学和教育、卫生保健和退休保障的实现措施，应该继续坚定不移地工作，把这些方针传达到每一个公民。

新一届国家杜马俄共党团的初步行动计划已经明确，目前正在为2017年俄罗斯国家预算的增长作斗争，将关于教育和《战争之子法》法律草案提交审议，并竭力使它们获得通过，研究并制定出有关国有化和其他现实问题的法律草案。

俄共能够并且应当加强议会外活动。俄共应该成为工人和工会组织中具有影响力的力量，应该成为几十个、几百个老战士联盟、青年联盟、创作协会的核心。百年前的口号"到群众中去"并没有失去现实意义，哪里有人民受苦，哪里就应该有共产党人。

必须强化抗议运动的威力，应该明确组织抗议活动的立场。全俄性抗议运动可以进行得次数少一些，但应该具有更大规模、更有力量、更大众化，准备工作应该更加细致。与此同时，地方性抗议运动要与公民和劳动集体等具体团体的生活更加紧密地联系在一起。党要利用集会、游行、抗议等形式积极地来开展工作。

俄共中央委员会多次指出扩大党的积极分子规模、巩固党地方分部的必要性。如今，在很多村镇都缺少俄共的基层机构和党务工作者，这是俄共在选举中在农村地区难以维持自己成果的原因之一。接收新党员入党、发展壮大队伍、培养共产主义坚定信念，都是很关键的任务。

俄共的工作成效与党在地方自治机构中的代表影响力直接相关。应当承认，党在其中的影响还不够，急需扩大。党应该好好地准备参加2017—2018年的一系列选举，这一时期党的很多分部会参加重要的市政选举和地区立法机构选举，接下来还有总统选举和州长选举，现在就要开始准备。

俄共应该拓展自身的信息资源。《真理报》《苏维埃俄罗斯报》和很多地区党报的全体工作人员都在尽心尽力地工作。但是在现代化条件下，伴随党的网络出版物的不断增加及其对社会网络参与度的提升，新闻工作者的工作规范应迅速完善起来。同时，党分部也要关注增加出版物订阅量和它们的有效传播。

最后，还有一个原则性很强的问题。党在任何一个领域的成功，在很大程度上取决于干部资源的潜力。俄共持续饱受干部资源缺乏之苦，在选举中尤其能明显感受到这一点。把自己的同志培养成专业政治家应始终作为每个党分部的首要任务。俄共中央委员会下属的政治学习中心将继续按部就班地开展工作，各级党委会都应积极利用这一资源。

四、关注中国社会发展，高度评价中国共产党治党方略

2016年10月24—27日，中国共产党十八届六中全会在北京召开。全会的主题是完善党内管理与监督、加强党的纪律、与腐败作斗争。此次全会不仅在中国国内引起极大反响，而且海外各界也给予了极大关注。2016年11月16日，俄共中央副主席诺维科夫接受新华社采访，阐述了对中国共产党十八届六中全会的认识。[1]同年12月6日，刚刚率团结束访华任务回国的俄共中央书记阿福宁接受俄《真理报》访谈，再次强调了中国共产党十八届六中全会的重大意义。[2]

---

[1] Д. Г. Новиков, "Борьба с коррупцией отвечает интересам строительства социализма в Китае", См. https://kprf.ru/international/new-world/160208.html.

[2] Ю. В. Афонин, "Китайский социализм вершит мировую историю", См. https://kprf.ru/dep/gosdu-ma/activities/160656.html.

俄共高度评价习近平主席上任以来中国的反腐败工作。俄共认为，中华人民共和国成立60余年来，勤劳的中国人民根据历史经验，创造性地发展了社会主义思想，在社会、经济和文化领域取得了巨大成就。世纪之交，中国展示了社会主义作为一种面向未来的社会经济发展范式的优越性，这在资本主义危机日益加深的背景下更加引人瞩目。世界资本主义体系植根于自由主义、衰退、社会经济达尔文主义、国际关系中的暴力和强权，因此，非常需要这种秩序的替代制度。

一个新世界需要建立在进步、社会公正、文化和民族多样性、国家间真正平等的原则之上。以习近平同志为核心的党中央提出了把中国经济、文化、人文发展提高到一个新水平的目标。在此基础之上，中国能够成为惠及世界各国人民、使当前世界秩序日益和谐的力量。随着中国特色社会主义建设事业不断取得新的成就，来自全球资本主义中心的压力必将日益增大。

中国很早就开始与腐败作斗争。俄共看到，习近平当选为国家主席之后，把中国的反腐败提高到一个前所未有的新高度，并使反腐败斗争更加制度化，在全国深入地讨论反腐败问题，党和国家机关的行事作风越来越坚决、高效。俄共相信，中国坚决的反腐败斗争将会取得重大成果，这也符合中国未来发展和社会主义整体利益的需要。

俄共认为，防止领导干部滥用职权、纯洁党的队伍，对中国共产党来说具有重大意义。中国共产党是中国社会的领导力量，拥有无可争辩的道德和政治权威对它来说极为重要。因此，党的领导机构必须采取切实措施揭露并切断潜在的滥用职权行为。在这种情况下，任何人都不能例外。这对那些更多地考虑个人利益，而不是从自己所负责的工作整体利益出发的人来说，都将具有巨大的威慑力。

苏联共产党执政时期，由于一部分党务人员违反社会主义法治的行为，党的形象遭受了严重的损失。个别官员的道德堕落被戈尔巴乔夫和雅科夫列夫等人利用，变成了对各级党的领导层滥用职权的声讨。事实上，党的大多数领导干部都在勤恳忠实地为人民履行着自己的职责。俄共坚信，以苏共为例，反腐不力会变成外部势力破坏社会主义国家的有力武器。因此，执政的共产党必须时时关注党的队伍的纯洁性问题。

对于官员个人而言，如果想要通过腐败获取额外收入的话，那么他就没有权利担任相应职务。腐败者掌权将对基于社会公正和集体主义原则构建起来的社会构成现实的威胁。国家应该创造条件，使具有腐败倾向的人不能占据国家机关的职位。官员应该是关心社会利益的典范。中国有良好的干部培养机制，可以随时填补任何犯有腐败和其他罪行的官员的职位。

任何级别的党的工作者必须做实事，用实际行动证明自己无愧于党和人民公仆的崇高使命。严明的纪律能够有效监督他们尽心尽力地履行职责。"无论官职大小，过去的功劳大小，违法必须受到惩处。"俄共也多次强调这一点。同时，纯行政措施也要辅以道德措施。中国共产党积极地采取了这些措施。俄共相信，中国能够应对时代发出的挑战，巩固党对社会的领导作用、坚定地走社会主义道路是取得胜利的保证，中国的社会主义建设事业一定会取得新的辉煌成就。

此外，中国共产党十八届六中全会的召开大幅加强了党的纪律检查机构的权限，对腐败实行零容忍。这些措施与俄罗斯当前的状况形成鲜明对比。俄共对中国共产党加强党的监督和纪律的经验极为关注，尽管两党在各自国家所处的位置有很大不同。因此，详细地研究中国共产党十八届六中全会材料合情合理。需要明白，这些材料不是提纲挈领，而是内容非常具体的文件。中共十八届六中全会通过的《中国共产党党内监督条例》由八章47条构成，由此可见一斑。俄共可以借鉴中共的做法来完善自己的章程和其他规范性文件。

综上所述，整个2016年，俄共采取了一系列举措和行动，为维护俄罗斯民众利益和国家利益而斗争，并且在实践中不断丰富和发展社会主义理论，其不懈斗争的精神和不畏困难的努力都可圈可点。与此同时，由于主客观两方面的原因，俄共也遭受了一些曲折和困难，尤其是在第七届国家杜马选举中获得席位数为苏联解体后历届国家杜马选举获得席位数最低，这必定大幅掣肘俄共对国家政治生活的影响力，对俄共来说，是一个不小的挫折和打击。但是，正如俄共主席久加诺夫在国家杜马选举总结会上所强调的，俄共"要在错误中不断学习"，这表达了俄共不屈不挠的决心和信心。

原载于《当代世界与社会主义》2017年第2期

俄罗斯联邦共产党反省杜马选举失利
提出未来发展新任务

李亚洲　编译

摘　要：在俄罗斯第七届国家杜马选举中，统一俄罗斯党"一党独大"的局面进一步加强，俄共、自由民主党、公正俄罗斯党三党的力量遭到削弱，其中俄共遭受的损失最为严重。俄共在选举尘埃落定后召开的中央委员会和中央监察委员会联席全会上对其在第七届国家杜马选举中的失利进行认真分析，总结导致选举失利的客观因素，分析自身工作方面的不足，提出俄共在新形势下加强工作的具体措施。本文摘要进行介绍。

关键词：俄共；选举失利；新任务；新举措

在2016年9月18日举行的俄罗斯第七届国家杜马选举中，俄罗斯联邦共产党（以下简称"俄共"）的力量遭到削弱，第二大党的地位受到严峻挑战。2016年10月22日，俄共中央委员会和中央监察委员会召开联席会议，对第七届国家杜马选举失利进行全面总结，在分析选举失利的主客观原因的基础上，提出了新形势下的具体任务。

一、俄共杜马选举失利的客观原因

俄共对此次国家杜马选举的结果是不满意的。与2011年相比，支持俄共的选民人数减少了550万，这是一个沉重的事实。对此，俄共认为，导致俄共竞选失利的客观因素是，此次国家杜马选举并不是各政党之间在纲领和团队方面的公平竞争，因而也就没有形成整个社会的建设性对话。统一俄罗斯党作为当局的代言人竭力保住自己的权力，维护自己的特权，竞选成了精心策划好的大型特别行动。

具体而言，导致俄共选举失利的因素主要有以下几个方面。第一，选民被政党数量的急剧增长所迷惑。2011年国家杜马选举之后，《政党法》修改，政党登记注册的程序变得极其简单，建立政党组织所需的最少党员数量从4万人降低到500人。结果，政党的数量从11个增加到77个。俄共认为，这些新增的政党中许多都借鉴了俄共的思想。

除了早先成立的公正俄罗斯党，新增的俄罗斯共产党人党、俄罗斯退休者争取公正党等，在思想、名称和标识方面与俄共相似。这种高度相似性降低了选民的辨识度，从而迷惑了选民，降低了选民对俄共的支持。俄共曾针对俄罗斯共产党人党的标识与俄共的标识太过相似提出抗议，但是没有获得当局的认可。俄罗斯共产党人党、俄罗斯退休者争取公正党夺去了俄共4%的选票。此外，还有祖国党以及其他一些政党属性模棱两可的政党也活跃在左翼阵营中，与俄共分庭抗礼。统一俄罗斯党、俄罗斯自由民主党则无须面对这种同一阵营竞争的现象。

第二，国家杜马选举制度从比例选举制向混合选举制的转变。此次国家杜马选举中，比例选举制遭到废弃，恢复为从前的半席位数由政党按比例选举制选出，半数席位由单席位选区选出。选举制度的这种变化对垄断地方行政权力的统一俄罗斯党来说十分有利。统一俄罗斯党在危机重重、经济崩溃以及卢布剧烈贬值的背景下依然获得了225个单席位议席中的203个，超过了该党参与单席位选区竞选总人数的90%。

第三，当局推行了一种"花瓣式切割选区"的做法。俄共认为，当局通过混合城市和农村地区以组成新选区的手段，平抑了俄共在一些城市地区的高支持率。比如，在2011年的国家杜马选举中，俄共在新西伯利亚、鄂木斯克、伊尔库茨克、加里宁格勒、符拉迪沃斯托克和陶里亚蒂这些城市中都赢得了选举。但近几年村镇成为了新兴权贵的根据地，这些区域很容易受到操纵。在新西伯利亚单席位选区，俄共中央委员日尔诺夫被推举为候选人，他在该州城市中心区域获得了32%的支持率，而在乡村地区，其支持率减少了一半。结果，统一俄罗斯党的候选人在该选区获得了胜利。

第四，选举日从传统的12月调整到了9月。时间的骤然提前导致投票率大幅度降低，不到48%。在莫斯科和圣彼得堡，只有1/3的选民参加了投票。俄共认为这是当局蓄意的行为，因为低投票率有利于统一俄罗斯党依靠其依附选民提高自身的支持率。

第五，选举前夕信息操纵机制积极发挥作用。统一俄罗斯党在主要电视频道的新闻和政论节目中占尽优势。与统一俄罗斯党一起在制度上获得了最大便利条件的还有俄罗斯自由民主党，自由民主党在本次选举中尽管仍是第三大党，但是与俄共的差距已经相当微小。俄共认为，早在叶利钦时期，当局就多次利用俄罗斯自由民主党来收割抗议者的选票。

第六，当局想方设法把民众的注意力从国内事务上引开。亲当局的大众媒体故意忽略席卷俄罗斯的严重的社会经济危机，而让美国选举运动的进展、叙利亚战报、乌克兰局势成为新闻头条。以至于在很多选民的意识中，俄罗斯面临的迫切问题反而退居其次。

第七，当局充分发挥了调查数据的潜在影响力。俄共认为，在长达数月的时间里，全俄社会舆论研究中心和社会舆论基金会发布的一些数据，刻意降低俄共的支持率，意图使选民相信，支持俄共是没有前途的。

第八，选举论战失去威信。这些论战只允许每个政党用2—3分钟的时间来陈述该党在国家生活中的主要问题方面的立场，而没有就国家最重要的话题展开严肃认真的讨论。这也导致俄罗斯人对这些选举论战不感兴趣。

第九，统一俄罗斯党积极利用了"普京的党"这一形象。统一俄罗斯党躲在总统的声望背后，而总统则扮演着该党的宣传者角色。

二、俄共杜马选举失利的主观原因

俄共认为，为了宣传自己的思想，它已经做了很多工作。在奥廖尔经济论坛上、在劳动集体代表人会和俄罗斯民族论坛上、在第二届俄共全俄议员代表大会和社会论坛上持续不断地向社会宣扬自己的纲领，在各种场合积极推广人民企业的经验。

俄共分析了自己目前的处境，认为其依然保存了较高的潜在支持率。在鄂木斯克州、马里埃尔自治共和国、布利亚特自治共和国、北奥塞梯自治共和国、伊尔库茨克州、新西伯利亚州、科斯特罗马州、乌里扬诺夫斯克州、巴什基尔自治共和国、卡巴尔达—巴尔卡尔自治共和国、哈卡斯自治共和国、滨海边疆区、阿尔泰边疆区、莫斯科近郊纳夫卡哥罗德和其他一些地区都展现出这一潜力，俄共在这些地区获得的选票明显高于它在全俄罗斯所获选票的平均值。

俄共认为，说共产主义思想在俄罗斯没有立足之地没有任何根据。左翼爱国主义思想依旧受到欢迎，俄共代表在与选民见面时看到了这一点，众多的社会舆论调查结果也证明了这一点。此外，俄共对手在以往历次选举运动中竭力迷惑和分裂左翼选民的活动就是最好的证明。

俄共也分析了在此次国家杜马选举中失利的主观原因，认为：

第一，不是所有选民都能够把俄共视为社会的积极力量，而俄共在选举过程中却没有加强进攻的主动性。曾有一些政治技术专家建议俄共把自己宣传为国家第二政权党，这种定位本身就名不符实，它低估了俄罗斯社会中累积的不满的程度。最终抗议选民基本上都没有参加选举投票，他们中的绝大部分人都没有看到俄共在坚决反对当局及其破坏性方针政策方面的力量。结果就是，俄共虽保住了自己的核心选民，但也无法再扩大其支持范围。

第二，有一些党组织选择了随波逐流，并没有尽全力工作。他们没有与选民充分交流，在散发宣传材料的过程中没有投入应有的积极性。一些党的分部不能扩大对工人运动的影响力，没有培养后备干部力量，也不能克服组织上的薄弱环节。如果一个党组织分部只有5—10名积极分子，不能协调好与劳动集体的关系，青年人员储备不足，也没有足够的资源来培养干部，那么想取得理想的结果是不可能的。

第三，很多俄共党员没有做好应对日益加剧的紧张局面和尖锐形势的准备，没有组织好与民众交流的工作，没有在选举日担负起应尽的监督责任。

当前，俄共各级党委会正在对国家杜马选举的情况展开分析。所有人都应该对选举结果给出冷静的、自我批评性的评价，并得出应有的结论。普通党员、与选民沟通交流过的党员以及在选举中担任监察员的党员应积极参与讨论。现在最不恰当的做法就是对需要解决的问题闭口不谈。俄共现在应该秉持的原则是：敢于直言，做实事，积极行动起来。俄共党员需要调整好自己的状态，投入到严肃、紧张的工作中去，这是形势所要求的。

三、新形势下俄共的任务

针对国家杜马选举后的新形势，俄共提出了今后继续努力的方向以及加强工作的具体措施。俄共认为，当前党正面临着政治和意识形态方面的双重斗争，应该准备好在任何条件下，甚至是最恶劣的条件下，为劳动者的利益而战。

俄共认为，统一俄罗斯党在选举中形成的绝对优势地位并没有提高它受欢迎的程度。俄罗斯"列瓦达中心"不久前举行的民调结果显示所有政权机构遭遇了严重的信任危机，民众对政府的信任度降到26%，对国家杜马的信任度降到22%，对法院和地方政府机关的信任度也是如此。

俄共要求自己在新形势下坚定地担负起唯一真正反对派的角色，要对统一俄罗斯党进行不妥协的有理有据的建议。俄共认为，统一俄罗斯党拥有近350个杜马席位，它要对国家正在发生的事情承担全部责任，而不能把责任推给其他任何人。

俄共认为，自己提出的"实现幸福生活十步走"的纲领完全有可能实现。工业和农业、科学和教育、卫生保健和退休保障是国家生活中最重要的方面，俄共为实现这些方面的发展制定了相关的政策方针。应该继续坚定不移地采取措施，把这些方针传达给民众。

俄共党团在新一届国家杜马的初步行动计划就是要争取增加2017年俄罗斯的国家预算，将有关教育和《战争之子法》的法律草案提交审议并竭力促使其获得通过，研究并制定有关国有化和其他现实问题的法律草案。

俄共应当加强议会外活动。俄罗斯民众对议会很失望，在这种情况下，把国家杜马的作用和能力理想化尤其危险。俄共认为，不应该忘记列宁对待沙皇杜马的态度，也就是说，议会工作只是党的全部工作的一部分。不过，俄共仍然应该利用杜马这一平台大力传播党的主张。党在杜马中的主要工作是投票，应该让民众定期从俄共这里了解到，党就一些生死攸关的重要问题是如何投票表决的，其他政党又是如何投票表决的。

列宁曾断言，不把绝大多数人民群众争取到自己一方，无产阶级就不可能取得胜利。俄共应该成为在工人和工会组织中具有影响力的力量，应该成为数十个、数百个老战士联盟、青年联盟、创作协会的领导核心。百年前的口号——"到群众中去"——并没有失去现实意义，哪里有人民受苦，哪里就有共产党人。

俄共特别要关注工人阶级。就在两年前，俄共制定了加强党在无产阶级中的影响力的方针，中央委员会全体会议就这一方针通过了相关决议，目前这一方针在原则上并没有改变。俄共目前在工会中的影响力还不够，为了改变这种状况，需要利用一切可行的机制，在俄罗斯立法中切实恢复罢工权，支持工人和工会积极分子，其中，在工农业企业中建立起党的影响力这一点具有特殊意义。

离开工人运动，共产党就无法持续发展。当前俄罗斯城市工人阶级总数超过了3000万，这是党的支持基础得以巩固的最重要来源。为此，党需要通过系统性措施把社会主义思想贯彻到工人阶级中去，而首先应该就完成这一任务所需的手段展开研究。

俄共必须扩大抗议运动的威慑力，应该明确自己作为抗议活动组织者的立场。全俄性抗议运动的次数可以减少一些，但规模应该更大、更有力量、更大众化，准备工作也应该更加细致。此外，地方性抗议运动要与民众的生活更加紧密地联系在一起。党要利用集会、游行、抗议等形式积极地开展这一方面的工作。

伟大的十月革命胜利100周年是世界性的重大事件，具有特殊意义。当前俄共需要积极开展宣传工作，必须找到新的方法和论据来说明苏维埃时代的本质。此外，可以在具有重大意义的日子发出入党号召，同时要创造机会积极在国际领域开展工作。

俄共中央委员会多次指出，必须扩大党的积极分子的规模，巩固党的地方组织。目前，很多村镇都缺少俄共的基层机构和党务工作者，这是选举中俄共在农村地区失利的原因之一。吸收新党员、发展壮大队伍、培养坚定的共产主义信念，这些都是俄共面临的关键任务。

俄共的工作成效与党在地方自治机构中的影响力直接相关。俄共承认自己在其中的影响还不够大，急需得到扩展。应该为2017—2018年的一系列选举做好充分准备。

俄共应该拓展自身的信息资源。在现代化条件下，随着网络出版物的不断增加及其对社会网络参与度的提升，应加快完善《真理报》《苏维埃俄罗斯报》和很多地区性党报新闻工作者的工作规范。同时，党的各分部也要关注增加出版物的订阅量，使其得到有效传播。

俄共的电视频道"红色路线"就其专业性而言已经能够独当一面，它的受众（包括网民和电视观众）正在扩大。现在已经有550万民众访问了该频道的网站，当前要做的是采取其他措施来扩大其收看群体。

此前，俄共就相信，历史纪念日在与反苏主义作斗争时具有很大的潜在力量，俄共也一直在挖掘这种潜力。这项工作的意义与日俱增。2018年12月是索尔仁尼琴100周年诞辰，"红色路线"为此专门拍摄了一部电影，揭示了这个人物在俄罗斯历史上的地位。这是非常切合现实的反宣传资料。同时，很有必要用有关俄罗斯文化中标志性人物的内容丰富的材料来对其进行补充。2018年3月是高尔基诞辰150周年，11月是屠格涅夫诞辰200周年，俄共应该对这些纪念日给予最密切的关注。

最后，还有一个具有高度原则性的问题。俄共指出，党在任何一个领域的成功在很大程度上取决于后备干部资源。俄共一直以来饱受缺少干部资源之苦，在选举中尤其能明显感受到这一点。把自己的同志培养成专职政治家应始终成为党的各分部的首要任务。俄共中央委员会下属的政治学习中心将继续按部就班地开展相关工作，各级党委会都应积极利用这一资源。

为了提高工作效率，俄共当前还需要加强法律方面的工作，以便更有效地解决财务和经营问题。最重要的是提高各级领导干部的个人责任感。

原载于《国外理论动态》2017年第8期

俄罗斯联邦共产党
第十七次全国代表大会述评

李亚洲

摘 要： 俄共在十月革命100周年之际召开了第十七次全国代表大会。这次大会不仅完成了选举新一届领导机构等既定任务，而且就党的一些重大理论和现实问题进行了深入讨论并做出了相关决定，通过了一系列决议，规划了俄共近期的工作目标与任务。了解和分析这次大会的有关信息，可以帮助我们更好地把握俄共的未来发展动向。

关键词： 俄共；十七大；背景；主要内容；简评

2017年5月27—28日，俄罗斯联邦共产党（以下简称"俄共"）在莫斯科召开了第十七次全国代表大会。出席此次大会的有来自全国344名当选代表中的340名，还有国外嘉宾以及新闻界代表。鉴于这次代表大会正值十月革命100周年之际召开，就党的一些重大理论和现实问题进行了深入讨论并作出了相关决定，通过了一系列决议，规划了俄共近期的工作目标与任务，选举产生了新一届中央委员会和监察委员会，因此，全面了解和分析此次大会的有关信息，有助于我们更好地把握俄共的未来发展动向。

一、俄共十七大召开的背景

俄共成立于1990年6月，1991年"8·19"事件后被当局禁止活动，后经据理力争，1993年2月得以恢复重建。叶利钦时期，俄共由被禁止活动到重新崛起，由体制外政党成为议会第一大党，尤其是在发展的鼎盛时期，俄共对现政权发起了强有力的挑战，几乎改变了俄罗斯社会的发展进程。然而2000年普京执政后，俄共一方面受到杜马中支持普京政权的中右翼势力的联合挤压，另一方面又因党内不同派别之间的斗争而出现分化。由于多方面因素的综合作用，在与现政权的较量中俄共的影响逐渐减弱，2003年后一直屈居杜马第二大党的地位。然而，作为迄今为止俄罗斯社会政治生活中最有影响的左翼反对派政党，俄共并没有气馁，而是始终为维护俄罗斯民众的利益、争取自身的政治地位而斗争。

2016年9月18日，俄罗斯举行了第七届国家杜马选举。结果按照比例代表制4个政党进入新一届杜马，其中统一俄罗斯党得票率为54.19%，获140个席位；俄共得票率为13.34%，获35席；俄罗斯自由民主党得票率为13.14%，获34席；公正俄罗斯党得票率为6.23%，获16席。而在单席位选区，统一俄罗斯党获203个席位，俄共获7席，俄罗斯自由民主党获5席，公正俄罗斯党获7席，祖国党获1席，公民纲领党获1席，自荐候选人获1席。整体而言，各政党在新一届国家杜马中所占百分比及议席总数如下：统一俄罗斯党76.2%，343席；俄共9.3%，42席；俄罗斯自由民主党8.7%，39席；公正俄罗斯党5.1%，23席；其他党0.4%，2席；无党派人士0.2%，1席。

从上述选举结果来看，统一俄罗斯党共获得343个议席，比在第六届杜马的238席增加了105席，这在很大程度上得益于在单席位选区获得的203席，其他政党在单席位选区仅获得47席。可以说，统一俄罗斯党取得了前所未有的胜利，垄断了3/4以上的席位，远超可以修改宪法的绝对多数门槛（2/3），是苏联解体以来历届国家杜马选举中获得席位最多的一次，也是亲政府的政权党在杜马选举中取得的最大优势。巨大的席位优势使得统一俄罗斯党完全控制了议会，在杜马立法、修改法律、通过决议等方面有力地协助普京治国理政[1]。

而在此次国家杜马选举中俄共虽然仍位居第二，但所获42席比上届杜马中的92席减少一半以上，降幅及与统一俄罗斯党的差距之大均为历史之最，同时有被俄罗斯自由民主党赶超的危险。自由民主党从上一届杜马的56席减少到39席，但超过公正俄罗斯党，成为第三大党。公正俄罗斯党的议席从64席减少到23席，从原先第三位降到第四位。三个议会反对党共丢掉了108席[2]。

因此，在新一届国家杜马中力量对比发生了明显变化，统一俄罗斯党"一党独大"的局面进一步加强，俄共、自由民主党、公正俄罗斯党三党的力量遭到削弱。面对不利的局面，2016年10月22日俄共召开中央委员会和中央监察委员会联席全体会议，对俄共参加第七届国家杜马选举的情况进行了总结，提出了在新形势下加强工作的具体任务，其中特别强调全党要围绕十月革命100周年积极开展工作，并专门就纪念活动进行了研讨和部署[3]。

---

[1] 臧秀玲、毕松：《2016年国家杜马选举后的俄罗斯政党政治格局及其存在的问题》，《当代世界社会主义问题》2016年第4期。

[2] 李兴耕：《俄罗斯第七届国家杜马选举评析》，《当代世界与社会主义》2016年第5期。

[3] Г. А. Зюганова, "Настойчиво защищать интересы народа", Доклад Председателя ЦК КПРФ Г.А. Зюганова на XII совместном Пленуме ЦК и ЦКРК КПРФ по вопросу《Об итогах избирательных кампаний и задачах по усилению работы партии в новых условиях》, См. https://kprf.ru/party-live/cknews/159555.html.

2017年是十月革命100周年。其实早在2015年3月，俄共中央委员会和中央监察委员会就专门召开了关于纪念十月革命100周年的联席全会。在这次全会上，俄共中央主席久加诺夫作了题为《伟大十月的革命遗产和俄共任务》的报告，并通过了相关决议。全会认为，十月革命100周年是"回忆这场革命的意义、赞颂社会主义制度的成就并动员力量为实现劳动人民最光辉的理想而斗争的一次绝好机会"，也是俄共用党的历史经验来验证"十月革命继承党"任务的机会[1]。

2016年4月21日，俄共主席久加诺夫接受中国新华社采访，以"伟大的十月社会主义革命是人类发展的转折点"为主题，再次全面、充分表述了俄共在评价十月革命问题上的思想和观点[2]。

2016年10月22日召开的俄共中央委员会和中央监察委员会联席全体会议专门听取了俄共中央副主席诺维科大所作的《关于纪念十月革命100周年的筹备工作》的报告，并就做好筹备工作采取了一系列措施，其中包括倡议第十九届世界共产党工人党国际会议于2017年11月在十月革命的故乡——圣彼得堡和莫斯科举行。俄共的这一倡议得到2016年10月底在越南河内举行的第十八届世界共产党工人党国际会议与会代表的一致赞同。

2016年12月15日，俄共中央主席团批准成立了"伟大的十月社会主义革命100周年纪念筹备委员会"。筹委会由俄共主席久加诺夫亲自挂帅，成员由党的各级领导人及社会各界人士组成。

随着时间进入2017年，十月革命100周年纪念日日益临近，俄共中央及其下属各级组织在全国各地举行游行集会及其他纪念活动，俄共各级领导人也在电视辩论、游行集会等不同场合就十月革命和苏联社会主义问题发声，俄共网站以及其他媒体对此给予及时报道，以扩大俄共的影响力。此外，俄共网站还开辟了纪念十月革命100周年专栏，以日为单位描述十月革命前夕俄罗斯社会发展动态进程。正是在这种背景下，俄共召开了第十七次全国代表大会。

二、俄共十七大的主要内容

在第十七次全国代表大会上，俄共中央主席久加诺夫代表中央委员会向大会作了政治报告，大会讨论并通过了该报告，还就一些现实问题通过了一系列决议，提出了俄共近期的工作方向，选举产生了新一届中央领导机构。综合此次代表大会材料及其他相关信息来看，俄共十七大主要内容如下。

---

[1] 刘淑春：《俄共为迎接十月革命100周年做准备》，《世界社会主义研究》2017年第2期。

[2] Г. А. Зюганов, "Великая Октябрьская социалистическая революция — поворотный пункт в развитии человечества", См. https://kprf.ru/party-live/cknews/154154.html.

第一，对世界资本主义与当前国际局势的认识。对资本主义的发展及其时代特征作出符合客观实际的判断，是当代各国共产党的基本理论任务之一，俄共也不例外。俄共十七大讨论形成的决议《资本主义的全球性危机与当今世界》认为，当今世界深陷体制性危机，导致了全球局势极不稳定。危机是资本主义经济的固有特征，在资本主义历史上曾发生过几次大规模危机和几十次规模稍小一些的危机。当前的危机已经持续了近十年，它成为自20世纪30年代美国大萧条和第二次世界大战以来最为严重的危机。这场危机是新自由主义正在消除最后一丝残存民主与人权的直接产物，大资本正在通过它残酷地建立起自己的阶级统治地位，今天世界上百分之一的富人占有的财富比其余百分之九十九民众所拥有的还多。

为了追求利润最大化，国际寡头们毫无忌惮地采用任何手段：从加强剥削到发动战争，乃至消灭其他国家。资本越来越具有侵略性，它依靠武力在各个国家挑起内部冲突，扶持各国政治舞台上的右翼力量，甚至扶植新法西斯分子。美帝国主义在乌克兰组织实施了国家政变，导致极右翼分子上台执政，从而在乌克兰建立起恐怖的、反动的民族主义体制，实行压制任何异己思想、民主和人权的方针，乌克兰共产党人成为他们打击的首要目标。

国际帝国主义为了达到自己的目的，不惜采用一切手段重塑世界，其中包括积极利用"可控的混乱"手段。美国通过在近东发起一系列"颜色革命"确立了对该地区的控制。西方厚颜无耻地声称，必须建立以美国为首的反恐联盟，与国际恐怖主义进行坚决的斗争，事实上却利用"伊斯兰国"等恐怖组织来征服叙利亚及其人民。此外，美国还竭尽全力巩固在亚太地区的影响力，试图组建包括日本、韩国、菲律宾、印度等一系列国家参加的反华同盟，并且企图通过支持维吾尔分裂分子和伊斯兰极端分子来动摇中国的稳定局面。2017年4月，美国军事集团还差点在朝鲜半岛挑起战争，拒不承认朝鲜有巩固国防的权利。在拉丁美洲，美国依然将其视为廉价原料来源和商品倾销市场的自家后院，不仅反对高举"21世纪社会主义"旗帜的委内瑞拉、玻利维亚等国，而且采用各种手段颠覆该地区的左翼政府[1]。

基于以上分析和判断，俄共认为当代资本主义的基本特征如下：全球主义是帝国主义的高级形式；世界经济危机日益加深；资本不断地践踏劳动者的权利；帝国主义的侵略性不断增强，发生新世界大战的风险在增加；金融寡头越来越公然地依靠最反动的势力来达到自己的目的[2]。因此，国际资本的寄生本质不会改变，资本主义导致国

[1] "Мировой кризис капитализма и современный мир. Резолюция XVII съезда КПРФ". https://kprf.ru/official/2017/05/27/xvii-sezd-kprf/336.html.

[2] "Политический отчет Центрального Комитета КПРФ XVII съезду партии", https://kprf.ru/party-live/cknews/165820.html.

际局势动荡、战争不断、社会道德滑坡乃至环境的破坏，不消灭资本主义就不会有社会的继续发展和进步。

第二，关于十月革命的最新理论阐述。自成立之日起，针对俄罗斯国内外出现的否定十月革命的论调，俄共始终立场观点鲜明，不仅在理论上而且在实践上为捍卫十月革命而进行不懈斗争。十七大在十月革命100周年纪念日前夕召开，十月革命自然成为此次大会的重要议题。俄共十七大通过的决议《继承十月革命的事业》写道，十月革命开创了俄罗斯历史的新时期，使俄罗斯国家免遭毁灭，没有成为西方的原料附庸；它奠定了当代俄罗斯的国家性：俄罗斯联邦是苏联公认的继承国。

20世纪之初，俄罗斯帝国正经受着国内危机。百分之三的富人享有一切财富和特权，其他民众沉重地劳作，毫无权利可言。全国性的饥荒经常发生，俄罗斯的儿童死亡率在当时的大国中居于首位，一半的孩子寿命不到六岁。因此，俄罗斯帝国在它最后的十多年期间连续遭受了两次战争失败，爆发了二次革命。二月革命虽然推翻了专制政体，但没有解决根本问题，直到1917年9月才正式宣布俄罗斯为共和体制国家，民众依旧困苦不堪。攫取了政权的资产阶级临时政府继续进行沙皇开启的、沾满俄罗斯民众鲜血的战争。从前的俄罗斯帝国四分五裂，资产阶级临时政府的方针仅仅数月内即告破产。这一切导致社会主义革命不可避免。

十月革命消除了阶级压迫和等级制度，从根本上重塑了俄罗斯社会，激发了俄罗斯及其他民族蕴含的巨大创造力，保证了苏维埃国家能够取得举世瞩目的成就。伟大的十月社会主义革命不仅符合俄罗斯社会发展规律，而且符合世界历史发展规律。列宁发现俄罗斯是帝国主义链条中薄弱的一环，并因此预见了十月革命的发生是客观的、不可避免的。期待十月革命的不仅仅是俄罗斯工人、农民以及俄罗斯帝国边区的民众，而且还有全世界的劳苦大众，因此十月革命的影响就不会只停留在俄罗斯境内，它成为了世界性的重大事件。

十月革命对世界范围内革命与民族解放运动的高涨产生了巨大影响。这场运动随后几年内迅速席卷了世界很多地区：从德国的1918年十一月革命到日本抗议战时米价暴涨的"米骚动"，从朝鲜半岛上的两百万人起义到蒙古人民共和国宣告成立，从印度尼西亚的爪哇岛起义到中国革命。虽然这股浪潮最终被资产阶级镇压下去，但十月革命依然向人类展示了一幅崭新的历史图景。因此，斯大林完全有权利把它称为"人类历史的根本转折点"。

苏联七十年所走过的道路是其革命先锋面向未来的巨大突破。这是基于社会公正、平等、各民族友谊原则的首次成功尝试，也是人类历史上首次以法制的形式巩固了民众劳动的权利、每年带薪休假的权利、八小时工作制以及免受无正当理由解雇的权利。苏联公民在世界上首先获得了免费接受教育以及包括疗养治疗在内的免费医疗的权利；

母亲获得了留职的法定休假权利；在世界上首次实现了免费住房和免费使用学前设施的权利。苏联在几十年间提出了极高的社会保护标准。此外，苏联还迅速实现了工业化，消灭了失业，战胜了法西斯，实现了飞向太空的梦想[1]。

第三，对当今俄罗斯国家现状的分析。对当前俄罗斯国情和社会现状的深入了解和认知，是俄共制定各个领域政策方针和行动策略的基础和根本依据。俄共十七大讨论并通过的政治报告以及作出的其他一系列决议，对俄罗斯的国内政治、经济、社会状况进行了认真分析。大会认为，苏联解体后俄罗斯实行的是反动的、畸形的寡头买办资本主义，其基础是依靠原料出口业和银行业，这明显地体现在俄罗斯变成了原料输出国和外国商品的倾销市场。

为了稳定国内局势，执政当局加强了爱国主义论调，采取了一些独立自主的措施。比如，使克里米亚回归祖国怀抱，向叙利亚合法政府提供援助等等。但是俄罗斯寡头们既没有能力也没有意愿切断与世界资本主义体系的联系。因此，俄罗斯至今没有承认顿涅茨克和卢甘斯克人民共和国，空谈"转向东方"而无实际行动，继续向兄弟国家白俄罗斯施压。现在又开始削减国防预算，要知道，没有独立的强大工业体系，就不可能有效地维护国家主权。

俄罗斯加入世界贸易组织是对国际资本的空前屈服。加入世界贸易组织的5年中，由于降低关税，俄罗斯预算损失约8000亿卢布，间接损失超过4万亿卢布。大私有者通过掠夺俄罗斯而发家致富，仅仅最近2年，俄罗斯资本流出超过700亿美元，执政当局只是冷眼旁观，不采取任何措施。

对国外资本的依附开始威胁到国家主权：俄罗斯通信业外资公司的比重为75%，矿产开采业为56%，加工业为49%。俄罗斯的国内生产总值已经连续两年负增长，国家预算损失将达到数万亿卢布。除了原材料行业，国内到处是一片衰败景象，国家现代化和经济多元化遭到了失败。

现行的社会经济方针把俄罗斯变成了一个大规模贫困的社会。据俄罗斯官方统计数据，近三年来，俄罗斯民众的实际收入下降了13%左右，极度贫困人口约2000万，而且是在贫困线下调1—1.5倍的情况下。与此同时，当今俄罗斯成了世界上极端不平等的国家：62%的财富掌握在百万富翁手中，29%掌握在亿万富豪手中。国际调查机构《新世界福祉》的调查结果表明，根据财富不平等的程度，俄罗斯居于世界首位。仅仅最近一年，俄罗斯最富有的200人的总资产增加了1000亿美元，达到了4600亿美元，这是拥有近1.5亿人口的俄罗斯国家预算的2倍多。

---

[1] "Продолжать дело Великого Октября! Резолюция XVII съезда КПРФ", https://kprf.ru/official/2017/05/27/xvii-sezd-kprf/335.html.

总之，俄罗斯经济最大的问题是：原料依赖型模式、工业发展潜力遭到破坏、民众普遍贫困和购买力不足、畸形的信贷政策、无效的国家管理体系。因此，俄罗斯的危机是人为造成的，正是因为俄罗斯政府没有明确的国家发展纲领导致了危机的发生[1]。

第四，进一步明晰了俄共的国家发展纲要。俄共认为，国家利益与资本利益之间的矛盾是当今俄罗斯社会的基本矛盾之一。只有恢复社会主义才能消除社会不公，阻止经济滑坡，并建立起有效的国家管理体系。1917年，正是十月革命拯救了俄罗斯，布尔什维克党维护了国家主权，使俄罗斯免遭国际资本的掠夺。基于以上认识和判断，俄共十七大进一步明确阐述了该党的国家发展纲要：

①俄罗斯的财富应该造福于人民。必须制止寡头为所欲为，将石油和天然气行业、主要银行、电力、铁路、通信系统以及军工综合体国有化。一个强大的国有经济群体会使俄罗斯免受国际资本的挤压，并使国家每年增收几万亿卢布。明晰的国家发展规划将增加俄罗斯的国际竞争力。

②保障俄罗斯的经济主权。俄罗斯需要退出世界贸易组织，建立自己独立的金融体系，摆脱美元对俄罗斯的压制。同时加强国家对银行和外汇的管控，以阻止资金大肆流出俄罗斯。积极支持中小商业、人民和集体企业。

③发展工业、科学和技术。俄罗斯需要实现以微电子技术、人工智能技术、机器制造业为支柱的新型工业化。目前俄罗斯的加工工业只占国内生产总值的14%，必须在短期内完成使它翻番的任务，完成这一任务将会有效地解决失业问题。对科学的投入需要增加数倍以上。

④使乡村过上平安富足的新生活。当前俄罗斯的粮食安全没有保证，一半的粮食是从国外进口，同时三分之一的耕地杂草丛生。因此，必须保证不低于10%的预算支出用于复兴农村大型农业生产与社会基础设施，并通过实施关于土地、森林、水的新法令，从根本上改善生态状况。

⑤用信贷资源支持国家复兴。俄罗斯政府一边抱怨资金缺乏，一边向美国提供贷款，是时候停止这种做法了。必须为俄罗斯的经济发展投资，为了帮助地方发展，需要向它们提供联邦预算补助来取代商业贷款。

⑥国家管控价格和费率。当前俄罗斯人民生活水平排名退至世界第90位。家庭在住宅公用事业上的支出不应超过其收入的10%，政府必须调节电力、燃料和交通运输费率。

⑦实施公平、有效的税收政策。应该取消增值税，这可以使国产商品价格下降。

---

[1] Г. А. Зюганов，"Политический отчет Центрального Комитета КПРФ XVII съезду партии"，См. https://kprf.ru/party-live/cknews/165820.html.

通过对个人收入实行累进税制，可以每年为国库增收3万亿—4万亿卢布。此外，国家对酒类产品实行垄断，也能够额外增加2万亿—3万多亿卢布的国家预算。制定的国家预算必须促进发展，而不是导致衰退。

⑧人民是强国的主要财富所在。保障民众享有高质量教育和医疗的权利，立即通过《战争之子法》，给予青年、儿童、母亲、残疾人和老人特别关注，将7%的国内生产总值用于科教及保健，国家开始建设社会保障性住房，保证日常生活设施的良好状态，免除它们大修费用的各种摊派。

⑨强大国家是安全生活的保障。俄罗斯国家需要强大的国防力量，它与信息技术安全、防止信息攻击密不可分。支持巩固欧亚经济联盟、上合组织以及金砖国家组织，支持后苏联空间一体化。提高国家管理的有效性，加强对官员行为的监督，坚决打击腐败和犯罪行为。

⑩高文化素养国家。保护民众不受反苏主义、民族主义与仇俄主义的腐蚀，使公民免于行为不端、粗鄙和恬不知耻。主导文化的是才能而非金钱。国家对博物馆、剧院、文化宫、图书馆等文化设施给予关注，对人才、青少年创造、体育锻炼与运动给予全面支持[1]。

第五，俄共近期工作目标与任务。面对国内外形势的新变化，俄共十七大在总结过去工作经验与教训的基础上，确定了党的近期工作目标与方向。首先，关于议会内工作。目前俄共有42名国家杜马议员、2名联邦委员会成员，在全国有81个地区议会党团，议员数达到342名，在地方自治立法机构中有9360名议员。尽管俄共杜马党团的人数减少了，但它仍在为维护普通民众的利益而进行坚决的斗争。在过去的四年中，俄共党团向国家杜马提交了900多份法律草案，其中181份已经通过并生效，目前还有212份处于审议之中。俄共反对当局的联邦预算方案，因为它会导致国力减弱、劳动大众日益贫困化。俄共反对将医疗体系建立在保险原则基础上的323号联邦法律，认为这是对免费医疗宪法条款的挤压。俄共提出了《关于全民教育》的法律草案，实施这一政策是挖掘人才潜力、实现国家现代化的关键因素。俄共反对提高退休年龄，坚持将《战争之子法》提交审议。为了加强党的影响，俄共必须坚持不懈地吸引民众参与到自己的工作中来。俄共杜马党团应更加积极地提交《劳动法》修正案。俄共必须用实际行动证明，它坚决地维护工人阶级以及所有劳动大众的利益。

至于议会外工作，俄共十七大认为，由于俄罗斯当局不能满足民众对社会公正的要求，俄共必须积极开展多种形式的议会外斗争。近期来，俄共支持了罗斯托夫州的

---

[1]　Г. А. Зюганов, "Политический отчет Центрального Комитета КПРФ XVII съезду партии", См. https://kprf.ru/party-live/cknews/165820.html.

矿工罢工、萨马拉州的退休人员集会等一系列抗议活动。在2017年4月8日举行的全俄抗议活动中，正是俄共及其盟友一贯地抵制当局的自由主义政策，提出符合现实的替代方案。而"橙色"反对派只是利用反腐败的噱头，企图使国家重新回到混乱的叶利钦时代而已。俄共领导的抗议运动大本营是组织大规模抗议活动的中坚力量，近四年来共组织举行了50多次全俄抗议运动。在这些抗议运动中，经常会遇到参加者减少的情况，这是因为相关立法越来越严苛，障碍和禁令越来越多。目前当局把议员与选民的会面也视为群体性事件，对俄共信息的围困是把青年人推向"橙色"阵营的一个因素。当局在挤压俄共的同时，也就为法西斯化的破坏性力量打开了大门。极为重要的是，俄共必须为争取自由的街头政治活动而积极开展斗争，为各种形式的抗议运动注入新鲜空气。只有在参加者不断增加的情况下，俄共才会受到重视。俄共的标语主旨必须现实、具体，必须触及到社会的痛点。俄共有责任不把群众抗议运动的领导权交给反俄罗斯的亲西方势力，在这种情况下，清晰地表明俄共的阶级立场尤为必要。俄共应当对青年人予以特别关注，加强与工会的联系极为重要，建立俄罗斯左翼和爱国力量广泛的战线是一个具有原则性的重要问题。

关于迎接十月革命100周年，俄共十七大提出，必须旗帜鲜明、采取多种形式来庆祝这一节日。俄共将继续进行为庆祝十月革命100周年征召入党活动，成立第十九届世界共产党工人党国际会议筹备组并开始工作。由于是在庆祝十月革命100周年之际主办这次国际会议，俄共感到责任重大，必须隆重地举办。重新设立列宁奖金以奖励那些为劳动人民做出重大贡献的人士举行一系列研讨会、圆桌会议。俄共旗下媒体定期刊载有关苏联历史的材料；俄共电视频道《红色路线》拍摄的一些重要影片，如《斯大林模式》《苏维埃人》等，要积极地在工作中充分利用。

关于对外工作，俄共十七大强调，世界共产党工人党的团结是共同取得胜利的保证。俄共是国际共产主义运动的一部分，必须积极地和世界上的兄弟党开展合作，齐心协力共同为劳动人民的利益而斗争，积极参与现阶段阶级斗争及其形式、方法的理论探索。在过去的四年中，俄共倡议召开了一系列科技实践大会、圆桌会晤。2015年5月，俄共主办了战胜法西斯70周年国际民主组织大会，一些大型国际组织如世界工会联合会等参加了这次会议。俄共积极参加世界共产党工人党国际活动，以及国际会议与研讨会，与世界左翼政党开展双边合作。俄共与中国共产党、越南共产党、朝鲜劳动党签署了合作协议，目前这些协议得到有效贯彻执行。俄共现在每年都派出青年积极分子到中国学习改革经验，2015年9月双方在哈巴罗夫斯克举行了共同胜利70周年中俄会晤活动[1]。

---

[1]　Г. А. Зюганов, "Политический отчет Центрального Комитета КПРФ XVII съезду партии", См. https://kprf.ru/party-live/cknews/165820.html.

除了以上主要内容，俄共十七大的一项既定任务是选举新一届领导机构。会议选举产生了186人组成的新一届中央委员会和38人组成的中央监察委员会，在随后举行的十七大第一次全体会议上，一致选举久加诺夫连任俄共中央主席，并选举产生了其他领导机构成员。此外，俄共十七大还就党面临的一些具体现实问题通过了相关决议和声明。

三、俄共十七大简评

俄共十七大是该党在第七届国家杜马选举中遭受挫折，同时又即将迎来十月革命100周年之际召开的，因此，此次大会传递的有关信息，对于我们更好地把握俄共的未来动向以及俄罗斯社会主义运动的发展趋势，具有重要的参考价值。

第一，理论探索上，俄共进一步加强了传统马克思列宁主义的观点，特别是列宁主义的观点。截至目前，俄共的理论探索可以2008年世界金融危机爆发为界限，分为前后两个阶段。在前一个阶段，俄共仍然把社会主义和共产主义作为自己的目标和原则，坚持以马克思列宁主义为党的指导思想，但同时出于生存和斗争策略考虑，明确表示放弃暴力革命、无产阶级专政等传统主张，提倡政治多元化、多党制等社会民主主义的观点与主张，以及一般民主主义的观点和主张。但是问题不在于此，而在于俄共没有把马克思列宁主义作为指导思想与一般思想作明确阐述与区分，甚至把社会主义简单归结为具有爱国主义色彩的俄罗斯思想，1995年《俄共纲领》断言"俄罗斯思想实质上就是深刻的社会主义思想"。此后俄共提出的俄罗斯社会主义理论基于俄罗斯地缘政治学，尤其是泛斯拉夫主义和欧亚主义，过于强调民族特性，混淆了社会主义与民族主义的界限[1]。因此，该理论不仅遭到俄罗斯其他共产党的非议，而且在党内也引起很大争论。2008年世界金融危机爆发后，俄共的理论探索进入到一个新阶段。在这一阶段，俄共不断加强理论中传统马克思列宁主义的观点。2008年11月召开的俄共十三大从马克思列宁主义的立场出发，对金融危机的原因和性质进行了分析，并明确提出为建设"21世纪社会主义"而斗争。2013年2月举行的俄共十五大则首次较为细致地描述了"21世纪社会主义的形象"。俄共认为，该党的21世纪社会主义涵盖了马克思列宁主义学说早已阐明并得到现实社会主义经验验证的特征，并考虑到当代实践、科技进步水平和具体国家的民族特点[2]。俄共十七大政治报告明确提出："我们的实际工作必须植根于坚实的理论基础，即马克思列宁主义意识形态以及对社会事实和现象的阶

---

[1] 刘淑春：《独联体国家共产党的理论与实践》，中国社会科学出版社2016年版，第91页。

[2] Г. А. Зюганов, "О Политическом отчете Центрального Комитета КПРФ XV съезду партии", Доклад Председателя ЦК КПРФ Г. А. Зюганова, http://kprf.ru/party-live/cknews/115790.html.

级分析方法论。"[1]此次大会无论是对当代资本主义的分析，还是对十月革命的坚持，对当今俄罗斯国家现状的认识，都采用了马克思列宁主义的立场和方法。俄罗斯十七大政治报告、决议以及其他材料大量引用列宁、斯大林的观点和论述，说明俄共尤其重视马克思主义与俄罗斯国情相结合的产物——列宁主义的指导作用。

第二，斗争实践上，俄共更加注重民众关心的现实问题。20世纪90年代中期，与其说俄共依靠自身强大的实力迅速崛起，不如说在很大程度上得益于叶利钦执政当局的糟糕政绩。众所周知，苏联解体后的俄罗斯政局动荡，经济崩溃，人民生活水平严重下降，国际影响今非昔比。因激进变革而出现的庞大社会贫困阶层开始倾向左翼反对派或带有民族主义情绪的政党和组织，社会上出现否定叶利钦政权政策路线的倾向和怀旧情绪。在1993年、1995年举行的第一、二届国家杜马选举中，对现政府不满、希望改变现状的选民把大量选票投给了许诺"恢复俄罗斯大国梦想"的俄共。普京2000年就任总统后，经过多年的努力，结束了长期以来社会政治斗争纷争不已的局面，并且整体上实现了经济的持续增长，改善了民众生活。经历了长达十余年的贫困和动荡，俄罗斯人对普京执政以来出现的政治稳定和经济增长格外珍惜。在这种形势下，作为反对派的俄共逐渐被边缘化，加上内部多次分裂，从而导致了俄共的迅速衰落。然而俄共并没有因此消沉。俄共认识到，要想获得持续、稳定的发展，就不能依赖对手的失误，而应当依靠自身实力的增强。因此从2004年十大后，俄共在进行思想、组织整顿的同时，积极开展议会内外行动，为维护劳动人民的利益而斗争。经过10多年顽强奋斗，俄共基本上站稳了脚跟，但其间也经历了不少挫折。面对第七届国家杜马选举失利的局面，俄共十七大明确提出，要为维护俄罗斯劳动人民的利益而不懈努力奋斗。在议会内，俄共将继续为已经提交国家杜马审议的数百份法律草案获得通过而抗争，力阻一些损害民众利益的法律草案获得通过，因为这些法律草案都是涉及普通民众切身利益的现实议题。比如，俄共反对导致国力减弱、劳动大众日益贫困化的联邦预算方案，反对将医疗体系建立于保险原则基础之上，反对提高退休年龄等，坚持将《战争之子法》《关于全民教育》等法律草案提交审议，并积极地提交《劳动法》修正案。与此同时，俄共将继续开展多种形式的议会外斗争，支持俄罗斯民众为维护自身权益而举行的罢工、集会等抗议活动，提出符合现实的替代方案。俄共领导的抗议运动大本营作为组织大规模抗议活动的中坚力量，将继续积极开展工作，为各种形式的抗议活动注入新鲜空气，并且抗议活动的主旨必须现实、具体，必须触及到社会的痛点。此外，俄共十七大就人民生活、教育、环保、振兴农村等讨论并通过了10多

---

[1]　Г. А. Зюганов, "Политический отчет Центрального Комитета КПРФ XVII съезду партии", См. https://kprf.ru/party-live/cknews/165820.html.

个决议和声明，这表明俄共在日常工作中更加注重民众关心的现实问题。

第三，领导人更替上，俄共作为俄罗斯政治舞台上的一支重要力量存在较大隐忧。进入新世纪以来，俄共特别关注组织队伍建设，尤其注重领导层特别是中央领导层的年轻化问题。俄共首先推进地区领导机构年轻化方针，取得了不错的成绩。在此基础之上，俄共进而在中央层面上加大实施这一方针的力度。2013年2月十五大和此次十七大选举产生的中央委员会和中央监察委员会中，都有一批年轻的面孔，俄共中央主席团和书记处也增加了年轻人的数量。在这种形势下，党的领导人更替问题却成为俄共党内，甚至俄罗斯全社会关注的焦点问题。在十七大闭幕随后召开的中央全会上，久加诺夫以全票再次连任俄共中央主席。众所周知，久加诺夫自1993年俄共恢复重建之日起便担任党的最高领导人，至今地位仍无可撼动。一方面，久加诺夫是俄罗斯颇具影响的政治家，他的连任为俄共队伍和领导层的稳定提供了有利条件，另一方面，也说明俄共组织制度的缺位，没有领导人定期更换机制，也缺乏对领导人的有效监督，党的民主集中制组织原则流于形式，显然不利于更新党的形象和增强党的活力。其实，早在2003年7月俄共中央副主席梅利尼科夫在俄"金融市场—商务网"就俄共现代化问题回答记者提问时已经阐述了俄共在这一问题上的立场。他认为："每个党都存在领导人问题。当然或早或晚都会出现新旧更替，要更换领导人，并且现在就应该为此做准备了。"[1]但是时至今日，俄共在领导人更替问题上并没有采取实质性措施。久加诺夫今年已经73岁，为了党的事业的延续，推举新的领导人的确迫在眉睫，这也成为困扰俄共继续发展的一大隐忧。

总而言之，俄共在第七届国家杜马选举中遭受挫折，同时又即将迎来十月革命100周年之际召开了第十七次全国代表大会。大会圆满地完成了各项日程，就党的一些重大理论与现实问题讨论并通过了一系列决定和决议，提出了俄共近期的工作方向，这对俄共下一步的发展极为重要。只要俄共能够按照大会确定的目标和方针，认真总结经验教训，逐步解决面临的难题，根据时代和形势的变化积极开展工作，为维护大多数民众的利益而斗争，并在实践的基础上，对国内外的许多重大问题作出马克思主义与俄罗斯实际相结合的回答，必将赢得越来越多的民众的信任和支持，进而在俄罗斯政坛上发挥应有的作用，为国际共产主义运动的发展、俄罗斯社会的稳定以及人类文明的进步继续作出自己的贡献。

原载于《当代世界社会主义问题》2017年第4期

---

[1] И. И. Мельников, "Мельников И. И. КПРФ не отказывается от строительства коммунизма", http://www.kprf.ru/19.07.2003.

俄罗斯联邦共产党理论与实践的新发展

李亚洲

摘　要： 2017年，俄罗斯联邦共产党采取了一系列举措和行动，不但维护了俄罗斯民众利益和国家利益，扩大了党在国内外的影响力，而且在实践的基础上不断丰富和发展了社会主义理论：缅怀伟大领袖列宁，重申俄罗斯社会主义发展方向；举行中央委员会和中央纪律监察委员会联席全体会议，坚决与俄罗斯社会上的反苏反俄现象作斗争；召开第十七次全国代表大会，规划未来一个时期的发展方向；积极投入地方选举，力争获得更多民众支持；主办十月革命系列纪念活动，极大提升党在国际上的影响力；参加北京政党高层对话会，盛赞中国共产党提出的"构建人类命运共同体"理念。

关键词： 俄罗斯联邦共产党；理论与实践；新发展

俄罗斯联邦共产党（以下简称"俄共"）作为苏联共产党的继承党，是当今俄罗斯政治舞台上一支举足轻重的力量，同时也是一个颇具国际影响力的社会主义政党。2017年，俄共采取了一系列举措，在为维护俄罗斯民众利益和国家利益进行斗争的同时，不断丰富和发展社会主义理论，积极扩大在国际上的影响力。

一、纪念伟大领袖列宁，重申俄罗斯社会主义发展方向

1月21日是全世界无产阶级和劳动人民的伟人导师和领袖列宁的忌日，每年的这一天，俄共都要组织纪念活动。2017年1月21日，俄共党员、俄罗斯共产主义青年团成员以及俄共的盟友和支持者，再次聚集红场，向列宁墓敬献鲜花，并向斯大林墓和朱可夫纪念碑敬献鲜花，以示纪念。以中央主席久加诺夫为首的俄共领导层参加了相关活动。久加诺夫向新入党的同志颁发了党证，并做发言，再次充分肯定了列宁的伟大贡献，重申了俄罗斯社会主义发展方向，就当前俄罗斯社会热点问题——重新安葬列宁

的问题阐述了俄共的立场和观点[1]。久加诺夫认为，列宁是一个天才、著名的国务和政治活动家，当他还是一个25岁的年轻人时，就致力于研究俄罗斯资本主义的发展状况。在深入研究文献资料的基础上，他得出了一个天才的结论：俄罗斯资本主义根本没有竞争力，它必然会为了西方资本家的利益被卷入世界大战，因为当时俄罗斯90%的资本和生产掌握在外国公司手中。因此，为了能够把俄罗斯从资本主义的泥潭中拯救出来，必须创立一种新型思想体系，创办一个新型的党。

列宁成功地创立了一种新型思想体系，这种思想体系的基础不是帝国野心，不是民族主义，也不是一些民族对另一些民族的排斥，而是劳动人民团结起来的思想。列宁不仅第一次成功地创办了一个新型政党，而且第一次创办了党报。党报成为一个集体组织者，它帮助劳动人民在1917年夺取了政权。

在第一次世界大战中，四个帝国——俄罗斯帝国、德意志帝国、奥斯曼帝国、奥匈帝国遭到毁灭。在这四个帝国中，只有俄罗斯在布尔什维克党的领导下，将劳动、公正、集体主义和各民族友谊作为联合的基础，和平地以苏维埃国家的形式重新聚合在一起。

苏联在尊重劳动人民和新技术的基础上，继承了俄罗斯帝国的爱国主义优良传统。在内战尚未结束的时候，列宁就提出了新经济政策和国家电气化计划。他多次强调，必须采取一切措施，避免使国家陷入战争。为了和平，他竭尽全力。

列宁—斯大林时期国家现代化的成功之处就在于，它重建了劳动占统治地位、尊重劳动人民的统一的苏维埃国家，制定了新经济政策和国家电气化计划，使一个垂死的国家变成了一个超级大国。在短短的十年内，苏联就建成了约6000座当时最现代化的工厂。早先半文盲的国家到1941年时已经成为当时欧洲文化水平最高的国家。此外，苏联还建立了强大的科学体系，在短短的两年内就开办了近百所师范院校，使全面普通教育得到普及。

1017年十月革命前，沙俄帝国先后在三场战争——克里木战争、日俄战争和第一次世界大战中战败，这说明沙俄政权根本无力应对面临的时代挑战。日俄战争失败后得出的结论是，战争前线一半的沙俄士兵读写能力很差，甚至根本不会读写。1906年斯托雷平曾提议在全国普及普通初等教育，但沙俄皇室不需要有文化的民众，直到1916年才在全俄普及普通初等教育。

在苏联实施现代化的20年间，经济年平均增长率达到了16%。正是在十月革命和建设有中国特色社会主义的旗帜下，今天中国复制了类似的经验，年均增长速度达到

---

[1] Г. А. Зюганов, "Будущеестраны — обновленныйсоциализм", См. https://kprf.ru/party-live/ck-news/161745.html.

10%～12%，并且正在把世界从2008—2009年的世界经济危机中拯救出来，这场危机发端于美国，后来蔓延到全世界。因此，只有实施恢复重建社会主义的新方针，才能使俄罗斯走出当前的困境。今天俄罗斯的困境正是由叶利钦、戈尔巴乔夫的背叛造成的，他们背叛了十月革命的理想，背叛了社会主义和列宁主义的理想。

至于重新安葬列宁的问题，久加诺夫认为，根本就不应该提出这种挑拨离间的问题。自古以来莫斯科河一侧就埋葬着创建克里姆林堡垒的人，埋葬着俄罗斯国家的保卫者。自从伊万·卡里达时代开始的300年间，正是在克里姆林宫的两座教堂内埋葬着历代君主及其家人，而在红场上安葬着苏联的国家领袖们。将列宁安葬于此是苏联最高立法机构做出的决定，是当时的整个国家一致通过的决定。当时成千上万的人们来到红场，向列宁表达崇敬之情，送他最后一程。

当法西斯军队兵临城下的时候，苏联红军将士正是从红场上列宁墓前受阅通过，去保卫莫斯科。战胜法西斯的胜利阅兵也是在红场上列宁墓前举行的。正是在这里，举行了欢迎人类历史上第一个宇航员尤里·加加林凯旋的仪式，在他英年早逝后，他和一些战友一起安葬在这里。这里也安葬着以朱可夫为首的32名元帅和将军，他们运筹帷幄，保证了伟大卫国战争的胜利。这里也安葬着一些为国家做出卓越贡献的天才科学家，而不远处就是无名烈士墓，以及所有英雄城市和享有军事盛誉城市的圣洁之地。

二、举行中央联席全会，抨击社会上的反苏反俄思潮

2017年3月25日，俄共在莫斯科举行了中央委员会和中央纪律监察委员会联席全体会议。参会人员约600人，除了中央两委员会成员，参加会议的还有党各地区委员会领导人、一些人民企业领导人、部分科学界与文化界人士、俄罗斯人民爱国联盟代表，此外党的媒体机构负责人也作为客人应邀参加了会议。[1]

会议开始前，与会代表观看了电影《俄罗斯土地的主人》，这部电影由俄共旗下的电视频道《红色路线》拍摄，分析了俄罗斯帝国被迫卷入第一次世界大战并在短短20年间发生三次革命的原因。

会议伊始，俄共外围组织——俄罗斯联邦列宁共产主义青年团中央委员会第一书记伊萨科夫向与会代表汇报了全俄青年论坛的有关信息。这次论坛于2017年3月23日在莫斯科举行，由俄罗斯联邦列宁共产主义青年团主办。伊萨科夫强调，青年论坛呼吁

[1] "Информационное сообщение о работе XIII (мартовского) совместного Пленума Центрального Комитетаи Центральной контрольно-ревизионной комиссии КПРФ", https://kprf.ru/party-live/ck-news/163631.html.

俄罗斯青年要积极投身到与反苏反俄作斗争的行动中去。

与俄罗斯社会上的反苏反俄思潮作斗争也是这次联席会议的中心议题，俄共中央主席久加诺夫就此作了《关于俄共加强与反苏反俄作斗争的任务》的报告。报告认为，采用犯罪手段摧毁苏联是影响俄罗斯及相关国家数百万人命运的决定性事件，反苏反俄以及民族主义是攻击苏联强大国家的三种主要武器。在苏联解体20多年后的今天，在即将迎来十月革命一百周年之际，这三种武器再次被用来对付俄罗斯国家。对俄罗斯未来发展构成直接威胁的三股力量是：恬不知耻的寡头阶层、挑拨离间的日里诺夫斯基习气与敌视一切的自由主义。事实上，正是基于反苏反俄的共同目标，这三股力量结成了联盟，来反对俄罗斯国家和人民。为此，一切爱国力量必须行动起来，采取坚决的、协调一致的措施来回击反苏反俄势力的进攻。

与会代表围绕报告和会议中心议题进行了研讨。俄共中央社会经济政策部主任、俄罗斯社会主义学者协会中央理事会主席尼基丘克认为，反苏的实质是一场个人主义反对集体主义的斗争，个人主义是一种极端低俗、恶劣的本性，它追求不劳而获，追求发财致富和奢侈的生活；发财致富和奢侈的生活确实能够使人获得某些所谓的"自由"，但这种"自由"是脱离诚实劳动、理智和良知的。在20世纪90年代初，苏联的破坏者们力求唤起民众对这种低俗的追求。遗憾的是，斯大林逝世后在培养共产主义新人的过程中有很多形式主义的做法，党的领导层也没有遵守列宁的党内生活原则，经济中则渗透了大量非社会主义的元素。这一切叠加在一起，导致了苏联的解体。

俄共斯塔夫罗波尔州委员会第一书记、斯塔夫罗波尔州杜马俄共党团领导人冈察洛夫则以自己所在的州为例，分析了苏联解体所带来的严重后果。他说，在20世纪90年代，该州的几个大型人民集体企业先后消失殆尽，代之以私人企业，这些企业根本不关心发展技术体系和社会保障。与此同时，道德滑坡达到了惊人的地步，反苏成了反对俄罗斯的主要武器。冈察洛夫认为，社会主义与爱国主义拥有共同的基础，爱国主义的基础就是培养民众为了集体利益而牺牲个人利益。

在会议休息的间隙，与会代表观看了关于新西伯利亚市政基础设施建设进展情况的影片。众所周知，新西伯利亚市是俄罗斯第三大城市，市长洛科季是俄共党员，主政该市已经两年多。在当今十分艰难的条件下，洛科季领导的新西伯利亚市获得了快速发展。这也从一个侧面反映了俄共的建设性作用。

在与会代表对报告和中心议题进行讨论的基础上，久加诺夫做了总结性发言。他号召党员同志在反苏反俄的浪潮面前表现出坚定性，并有成效地回击这些非建设性现象。他还指出了俄罗斯经济发展中不断增长的消极趋势，认为造成这一趋势的主要原因之一是当今国家领导层既没有一贯的发展战略，也没有高效的专家团队。针对这一点，俄共一年多以前就提出了"走向幸福生活十步骤"纲要。如果能够依靠民众抗议运动，并联合一切建设性人民爱国力量，就能实施俄共提出的纲要，从而实现国家复兴。

三、召开第十七次代表大会，规划未来发展方向

2017年5月27—28日，俄共在莫斯科召开了第十七次代表大会。出席此次大会的有来自俄罗斯全国各地当选代表344名中的340名，还有国外应邀嘉宾以及新闻界代表。在此次大会上，中央主席久加诺夫代表俄共中央委员会向大会作了政治报告。大会还就一些现实问题通过了一系列决议，提出了俄共近期的工作方向，选举产生了新一届中央领导机构。综合此次大会材料及其他相关信息来看，俄共十七大主要内容如下。

第一，对世界资本主义与当前国际局势的认识。俄共十七大讨论形成的决议《资本主义的全球性危机与当今世界》认为，当今世界深陷体制性危机，导致了全球局势极不稳定。为了追求利润最大化，国际寡头们毫无忌惮地采用一切手段：从加强剥削到发动战争，乃至消灭其他国家。资本越来越具有侵略性，依靠武力在各个国家挑起内部冲突，扶持各国政治舞台上的右翼力量，甚至公然扶植法西斯分子。[1]基于以上分析和判断，俄共指出，国际资本的寄生本质不会改变，资本主义导致国际局势动荡、战争不断、社会道德滑坡以及环境的破坏，不消灭资本主义就不会有社会的持续发展和进步。

第二，关于十月革命的最新理论阐述。俄共十七大通过的决议《继承十月革命的事业》指出，十月革命开创了俄罗斯历史发展的新时期，它使国家免遭毁灭，没有成为西方的原料附庸。它消除了阶级压迫和等级制度，从根本上重塑了俄罗斯社会。它激发了俄罗斯及国内其他民族蕴含的巨大创造力，保证了苏维埃国家能够取得举世瞩目的成就。[2]十月革命还对世界范围内革命与民族解放运动的高涨产生了巨大影响，完全有权利把它称为"人类历史的根本转折点"。因此，伟大的十月社会主义革命不仅符合俄罗斯社会发展规律，而且符合世界历史发展规律。

第三，对当今俄罗斯国家现状的分析。俄共十七大讨论并通过的政治报告以及作出的其他一系列决议，对俄罗斯的政治、经济、社会状况进行了认真分析。大会认为，苏联解体后俄罗斯实行的是反动的、畸形的寡头买办资本主义，其基础是依靠原料出口业和银行业。除了原材料行业，国内到处是一片衰败景象，国家现代化和经济多元

---

[1] "Мировой кризис капитализма и современный мир. Резолюция XVII съезда КПРФ", https://kprf.ru/official/2017/05/27/xvii-sezd-kprf/336.html.

[2] "Продолжать дело Великого Октября! Резолюция XVII съезда КПРФ", https://kprf.ru/official/2017/05/27/xvii-sezd-kprf/335.html.

化遭到了失败。与此同时，现行的社会经济方针把俄罗斯变成了一个大规模贫困与极端不平等并存的社会。因此，俄罗斯的危机是人为原因造成的，正是由于俄罗斯政府没有明确可行的国家发展纲领，导致了危机的发生[1]。

第四，进一步阐明了俄共的国家发展纲要。俄共认为，国家利益与资本利益之间的矛盾是当今俄罗斯社会的基本矛盾之一。只有恢复社会主义才能消除社会不公，阻止经济滑坡，并建立起有效的国家管理体系。基于以上分析和认识，俄共十七大进一步明确阐述了自己的国家发展纲要：将石油和天然气行业、主要银行、电力、铁路、通信系统以及军工综合体国有化；保障俄罗斯的经济主权；发展工业、科学和技术；使乡村过上平安富足的新生活；为俄罗斯的经济发展投资；国家管控价格和费率；实施公平、有效的税收政策；保证民众享有保障性住房、高质量教育和医疗的权利；建立强大的国防力量，提高国家管理的有效性；使俄罗斯成为高文化素养国家[2]。

第五，俄共近期工作目标与任务。面对国内外形势的新变化，俄共十七大在总结过去工作经验与教训的基础上，确定了党的近期工作目标与方向。首先，在议会内，俄共反对当局的联邦预算方案，反对将医疗体系建立在保险原则基础上的323号联邦法律，反对提高退休年龄，坚持将《战争之子法》提交审议，更加积极地提交《劳动法》修正案。其次，在议会外，俄共必须积极开展多种形式的议会外斗争，为争取自由的街头政治活动而努力，为各种形式的抗议运动注入新鲜空气，同时对青年人予以特别关注，加强与工会的联系，建立俄罗斯左翼和爱国力量的广泛战线。此外，俄共十七大提出，必须旗帜鲜明、采取多种形式来庆祝十月革命100周年这一节日，积极地和世界上的兄弟党开展合作，齐心协力共同为劳动人民的利益而斗争。

除了以上主要内容，俄共十七大的一项既定任务是选举新一届领导机构，结果选举产生了186人组成的新一届中央委员会和38人组成的监察委员会。在随后举行的十七届第一次全体会议上，一致选举久加诺夫连任俄共中央主席，并选举产生了其他领导机构成员。

四、投入地方选举，力争获得更多民众支持

俄罗斯地方选举是国家政治生活的重要组成部分，各派政治力量历来对此都非常重视。2012年前，俄地方选举一年举行两次，分别在3月和10月。从2013年起，俄地

---

[1] Г. А. Зюганов, "Политический отчет Центрального Комитета КПРФ XVII съезду партии", См. https://kprf.ru/party-live/cknews/165820.html.

[2] Г. А. Зюганов, "Политический отчет Центрального Комитета КПРФ XVII съезду партии", См. https://kprf.ru/party-live/cknews/165820.html.

方选举一年只举行一次，定在9月份的第二个星期天。根据俄中央选举委员会的消息，2017年的地方选举日定在9月10日，其中16个联邦主体选举产生地区行政长官，共6个联邦主体举行地区议会选举。

俄共作为俄罗斯政坛上的主要政党之一，历来对地方选举非常重视，将其看作向社会宣示自己的机会和重要平台，力争获得更多民众支持。在2017年9月10日的俄罗斯地方选举中，除了布里亚特自治共和国和马里埃尔自治共和国行政长官选举没有参加，俄共参加了其他14个联邦主体行政长官的竞选，以及全部6个地区立法会的竞选。就整体得票率而言，在此轮地方选举中，较之政权党统一俄罗斯党之外的其他政党，俄共整体上取得了不错的成绩。而从得票数与投入选举资金的比率来分析的话，可以说，较之包括政权党统一俄罗斯党在内的其他政党，俄共取得了最佳的竞选成绩。[1]

在此轮16个联邦主体行政长官的选举中，统一俄罗斯党凭借政权党的优势，充分利用行政资源为本党推举的候选人摇旗呐喊。因此，该党的候选人在上述所有地区均以较大优势获胜当选。而俄共推举的候选人在参选的14个地区中的11个得票率第二，俄共候选人得票率比较高的地区有基洛夫州（18.99%）、诺夫哥罗德州（16.17%）、塞瓦斯托波尔直辖市（16.42%）、萨拉托夫州（16.28%）以及别尔哥罗德州（15.95%）等。仅在梁赞州和托木斯克州，俄共候选人的得票率（分别为6.85%、11.58%）低于自由民主党候选人（分别为7.02%、19.27%）；在卡累利阿自治共和国，俄共候选人的得票率（12.13%）低于公正俄罗斯党候选人（18.05%）。

在此轮6个联邦主体议会选举中，统一俄罗斯党同样利用政权党的优势，在上述所有地区均得票率第一，以较大优势获胜。而俄共在5个地区的得票率为第二，在1个地区为第四，在所有参选地区的平均得票率为12.62%。俄共在6个地区的得票率分别为：乌德穆尔特自治共和国14.86%、北奥塞梯自治共和国6.61%、克拉斯诺达尔边疆区11.53%、奔萨州13.14%、萨拉托夫州14.68%、萨哈林州16.5%。在所有6个地区，俄共都战胜了议会内四大政党之一的自由民主党。而在北奥塞梯自治共和国，俄共不仅输给了公正俄罗斯党，而且输给了俄罗斯爱国者党。

从得票数与投入选举资金的比率来看，在此轮地区行政长官的选举中，统一俄罗斯党投入4.84亿卢布，获得490万票，平均每票99卢布；公正俄罗斯党投入3.07千万卢布，获得47.2万票，平均每票65卢布；自由民主党投入5.4千万卢布，获得39.96万票，平均每票135卢布；俄共投入3.2千万卢布，获得77.3万票，平均每票41卢布，是所有政党中最好的。在此轮地区议会选举中，统一俄罗斯党投入1.59亿卢布，获得277.68万

---

[1]　С. П. Обухов, "Эффективность функционирования партийных《избирательных машин》. На примере региональных выборных кампаний 10 сентября 2017 года", https://kprf.ru/activity/elections/170846.html.

票，平均每票57卢布；公正俄罗斯党投入4.57千万卢布，获得21.28万票，平均每票215卢布；自由民主党投入4.7千万卢布，获得36.95万票，平均每票128卢布；俄共投入1.3千万卢布，获得52.15万票，平均每票25.5卢布，同样是所有政党中最好的。

因此，根据得票数与投入选举资金的比率，俄共成为此轮地方选举中竞选最有效的政党。在乌德穆尔特自治共和国行政长官的选举中，俄共推举的候选人博德洛夫平均每票的花费只有9卢布。

五、主办十月革命纪念活动，注重提升国际影响力

2017年11月1—7日，由俄共倡议和主办，以"纪念伟大的十月社会主义革命100周年"为主题的第十九届共产党工人党国际会议和国际左翼力量论坛及相关纪念活动先后在俄罗斯圣彼得堡和莫斯科举行。来自各大洲的132个世界主要共产党、工人党及其他左翼政党的代表团参加了纪念活动，这种规模在俄罗斯近百年的历史上也是首次。除了有组织的代表团，还有1300名来自世界各国左翼运动、共产主义运动、工人运动和人民爱国运动的代表参加了俄共组织的系列活动。这场由俄共主办、全世界主要共产党工人党及进步左翼代表参加，在十月革命故乡举行的纪念十月革命100周年盛会，引起了世界各国民众的高度关注，极大地提高了俄共的国际影响力。鉴于此，俄罗斯当局对此次纪念活动也颇为关注，普京总统亲自发信表示祝贺。

俄共主办的这次纪念活动日程满满，内容丰富多彩。作为此次纪念活动的重要一环，11月2—3日，第十九届共产党工人党国际会议在圣彼得堡的塔夫利宫举行。俄共主席久加诺夫主持了国际会议开幕式，并围绕中心议题——纪念十月革命100周年，作了题为《真正的自由是社会主义》的主旨报告。100多位共产党工人党的代表就会议主题进行了发言。在国际会议期间，俄共还举行了图书发布会，推出了三本专门为纪念十月革命100周年而资助出版的图书。其中一本是名为《十月之风》的列宁生平纪念册；另一本是名为《真理与伟大的十月》的史料集，由真理报社编撰，全方位地再现了十月革命发生的背景、进程以及建立和保卫苏维埃政权的真实历史；还有一本是久加诺夫撰写的《倒计时》，其中阐述了俄共的当前任务和行动纲领。

11月4日，俄共组织与会代表参观了斯莫尔尼宫中当年宣告社会主义革命取得胜利的大礼堂和列宁工作过的办公室，参观了发出十月革命武装起义开始信号的"阿芙乐尔"号巡洋舰，还参观了冬宫艾尔米塔什博物馆。5日，与会代表移师莫斯科，中午瞻仰位于红场的列宁墓，并向红场上已故苏联领导人的墓碑献花，晚上观看了在卢日尼基体育中心音乐厅举行的盛大纪念晚会。

11月6日，俄共组织主办了此次纪念活动的一场重要研讨会，即主题为"1917年10

月——向社会主义的突破"的国际左翼力量论坛。俄共主席久加诺夫主持了论坛开幕式，并作了题为《社会主义——通往未来的道路》的主旨报告。与会代表围绕"十月革命对全球政治、社会和经济进程的影响"和"俄国无产阶级革命对各国各地区社会关系产生影响的特点"两个议题发言。

11月7日，俄共与各国来宾一起在莫斯科街头举行了庆祝伟大的十月社会主义革命100周年的游行，并在市中心的革命广场集会，俄共主席久加诺夫作了题为《列宁的旗帜就是胜利的旗帜》的演讲。晚上俄共举行了隆重的招待会。至此，此次系列纪念活动落下帷幕。

在一周的纪念活动中，作为主办方，俄共的立场和观点可谓旗帜鲜明。俄共主席久加诺夫几乎主持了每场活动并作主旨报告或发表演讲。这些报告和演讲，特别是他在第十九届共产党工人党国际会议上的主旨报告和在国际左翼力量论坛上的主旨报告，较为系统地阐述了俄共对十月革命及其开创的社会主义事业的立场和观点。

俄共认为，对于世界命运的意义和影响而言，在人类历史上没有任何事件能与十月革命比肩，它是人类通往社会主义道路上的一个伟大的里程碑。十月革命不仅仅是最伟大的社会革命，而且第一次诞生了体现人类最深切梦想——公正、平等和兄弟情谊的国家。因此，十月革命不仅是迈向史无前例的政治变革和社会变革的一步，它还放射着伟大的道德变革的光芒，这种变革改变了世界，影响了地球各地人们的世界观。

十月革命后建立了人民当家作主的苏维埃国家，人民通过苏维埃行使权力，公共财富转到人民手里，实行公有制，这对国家的发展起了决定性的作用。"苏联奇迹"就是列宁—斯大林式现代化的结果：在短短20年的时间里，国家的实力增加了70倍，新建了千百座工厂，消除了文盲，形成了先进的科学，飞上太空，确立了教育、医疗和社会保护的独一无二的保障体系，等等。"苏联奇迹"证明，只有社会主义才能够充分释放人民的创造能量，这是因为社会主义赋予每个人以真正的自由，这种自由是不再贫困和被剥削，不再害怕明天会失去工作，不再为衣食住行和药品花钱，等等。[1]

在伟大的卫国战争中，在苏联和整个地球面临巨大威胁时，苏联的社会制度成为凝聚人民的保证。没有1917年十月革命的胜利，就不可能有1945年战胜法西斯的伟大胜利。反法西斯战争胜利后，世界社会主义体系形成了。苏联对创建联合国、推动战后各国人民摆脱殖民主义枷锁、确立国际法最重要的原则作出了决定性的贡献。正是苏联及其盟友的榜样作用，才迫使西方各国统治阶级向劳动人民作出让步，形成了后来被称为福利国家的治理模式。然而，世界资本主义为了维持其统治，竭力破坏社会

---

[1] Г. А. Зюганов, "Настоящая свобода — это социализм", https://kprf.ru/party-live/cknews/170180. html.

主义体系。但苏联堡垒只通过外部的攻击是不可能被摧毁的，苏联解体是由国内的叛徒和外部的仇敌联手造成的。苏联东欧社会主义政权的垮塌，再次印证了列宁的原则，即共产党人应该成为时代的智者、荣誉和良心，成为效仿的楷模。执政的共产党若无视这个原则，就会导致理论工作的停滞，导致见风使舵者和变节者混进领导岗位。[1]

20世纪末苏联东欧社会主义模式的失败，使世界资本主义自以为取得了对社会主义的胜利，认为自己摆脱了两种制度的竞争，开始放弃原本给予公民的社会保障，资本对劳动人民权利的进攻变本加厉。当代全球主义是帝国主义的最高形式，帝国主义在世界舞台上的攻势日益增强，新的世界大战威胁日益迫近，世界范围内社会分层和大规模贫困化日趋严重，金融和经济危机加剧。面对当前的世界危机，人类要么在灾难中自我毁灭，要么在社会主义基础上进行新的大规模变革。这就要求共产党和工人党制定统一的行动策略，积极开展理论和实际工作，把伟大十月革命的理想和人民的友谊变成全球千百万人的行动指南，加强争取真正的民主和人权的斗争，加强左翼力量的国际团结，建立并巩固反帝国主义的统一战线。

与会的各国代表在发言中纷纷盛赞十月革命的划时代意义及其对世界各地的深远影响，表达了对十月革命的敬意和继承十月革命精神的决心。与会代表普遍认为，十月社会主义革命能够取得胜利，离不开正确的理论指导，马克思列宁主义仍是今天共产党人的理论指南；社会主义在人类历史上始终是必要的，而且在今天也是迫切的；在争取社会主义道路上，共产党的先锋队作用是不可取代的。与此同时，与会代表也务实地分析了当前本国及世界政治力量的对比关系和共产主义运动面临的挑战，探讨了振兴社会主义的途径和策略。

六、参加北京政党高层对话会，盛赞中国共产党全球治理模式

2017年12月1—3日，由中共中央对外联络部主办的中国共产党与世界政党高层对话会在中国北京举行，来自世界上120多个国家的近300个政党和政治组织的领导人共600多名代表参加了这一盛会。作为此次会议的亲历者，代表俄共参会的俄共中央副主席诺维科夫不仅及时将会议消息传回俄罗斯，而且在12月19日接受俄《真理报》访谈，详细阐述了对此次中国共产党与世界政党高层对话会的认识，盛赞中国共产党提出的全球治理模式——"构建人类命运共同体"理念。[2]

诺维科夫首先对此次会议的性质和目的进行了阐述，他认为，从此次会议的名称

[1] Г. А. Зюганов, "Социализм — дорога в будущее", https://kprf.ru/party-live/cknews/170292.html.

[2] "Дмитрий Новиков в《Правде》рассказал о пекинском форуме", https://kprf.ru/dep/gosduma/activities/171484.html.

"中国共产党与世界政党高层对话会"就可以看出，这不是某一个谱系的政党，而是各种类型政党参加的会议。例如，来自俄罗斯参加这次会议的除了俄共，还有统一俄罗斯党、公正俄罗斯党。此外，即使一些与会代表是国家主要领导人，但他们也不是代表所在国家，而是代表所在的政党组织参会的。例如，韩国的议会主席就不是以这个身份，而是以韩国执政党一名领导人的身份参会。

关于此次会议的目的，众所周知，历史上所有的民族都追求美好的生活。在日益加速的全球化进程中，人类社会成为民众相互之间联系不断加强的命运共同体。世界如何发展？人类将走向何方？这是每个人都关心的问题。构建命运共同体、建设美好世界是地球村里所有民族的共同追求，而政党则会直接影响命运共同体建设。正是基于这一点，中国共产党提议各国主要政党在北京会晤，就一些主要问题交流看法和观点，比如政党应当如何促进人类命运共同体的构建，大家心目中的美好世界是什么样的，等等。

关于此次北京国际政党高层对话会能够吸引世界各类主要政党参加的原因，诺维科夫认为，此次会议的议题非常清晰，这就是"共同努力，建设人类美好未来和美好世界"。目前在中国，中国梦是一个热门话题，中国共产党提出了实现中国梦的任务。正是从这一点出发，会议主办方认为，每个民族都有自己的梦想，政党的任务就是帮助民众去实现它，因为每个主要政党都有大量的民众支持者。但是没有共同的努力，单个民族就不会实现自己的梦想。因此，会议主办方提出了又一个议题，这就是"构建人类命运共同体、共同建设美好世界：政党的责任"，这也是此次对话会的中心主题。

说到中国共产党总书记习近平提出的"构建人类命运共同体"思想及其本质，诺维科夫指出，习近平总书记首次提到该思想是在2013年，从那时起就有了将该思想付诸实践的具体措施，最初叫中国"新丝绸之路"倡议，后来演变为众所周知的"一带一路"倡议，当然，它首先是一个号召促进建设"共同未来社会"的经济方案。就其本质而言，这个倡议是美国主导的全球化方针的替代方案。在俄共的文件中，美国主导的全球化通常被称为帝国主义全球化或者美国式全球化。众所周知，在实现一体化的进程中，这些全球主义者的战略意图根本不是给各民族经济和文化平等的权利，而是为了维护主要资本主义国家的帝国主义统治，在全球化的进程中把自己的规则和观点强加给其他国家及其民众。这种全球化战略的本质是采用经济或者军事手段形成21世纪的殖民主义。

在这种国际形势下，中国提出了可以作为当代全球化基础的替代方案。全球化趋势本身是必然的，因为在这种全球化趋势下的一体化进程将造福于所有的参与国及其民众。中国认为，在全球化的进程中，必须坚持平等和相互尊重的原则，必须承认一切民族所创造文化的价值。中国的一个重要出发点是，在21世纪没有平等的国际经济合作，任何一个国家想获得发展是不可能的。

中共中央总书记习近平在主旨报告中强调，中国并不打算向其他国家输出自己的发展模式，而是力求在平等的基础上发展与世界各国的关系。与此同时，他也明确阐明了中国模式的成功之处和开放政策，中国不会搞自我封闭，如果哪个国家认为借用中国模式是合理的，那中国很乐于与之分享，中国不打算向外界隐瞒自己取得成功的秘诀。

综上所述，2017年对俄共的发展来说注定是不平凡的一年。在这一年中，俄共采取了一系列举措和行动，不但维护了俄罗斯民众利益和国家利益，扩大了党在国内外的影响力，而且在实践的基础上不断丰富和发展了社会主义理论。可以说，在斗争环境极为艰苦的条件下，俄共在2017年取得了较为显著的成绩。但也应看到，俄共目前在全国85个联邦主体中仅有2人担任地区行政长官，在国家杜马450个席位中仅占42席，因此，俄共要想进一步扩大在国家政治生活中的影响力，依然任重而道远。

原载于《当代世界社会主义问题》2018年第4期

中国共产党与越南共产党党内法规制度
建设比较研究

马树颜　　臧秀玲

摘　要：中国共产党与越南共产党作为社会主义国家的执政党，自改革（革新）开放以来不断致力于党内法规制度建设，以党内治理规范化、法治化推进两党治党管党与治国理政能力的提升。但因在国情、党情方面存在的总体相似性与具体差异性，两党在推进党内法规制度建设的理念、具体做法、发展态势、具体成效等方面既表现出一定的共性，又呈现出各自的特点。当前，在中共、越共两党深入推进本国改革（革新）开放的时代背景下，对中共与越共两党加强党内法规制度建设问题进行比较研究，有利于中共与越共两党在党内法规制度建设方面互学互鉴，推进各自党内法规制度建设不断深入发展。

关键词：越南革新开放；社会主义法治（法权）；国家；党的建设

加强党内法规制度建设，推进政党治理规范化、法治化，是马克思主义执政党不断提升治党管党与治国理政能力的制度保障和必然选择。中国共产党与越南共产党一直高度重视党内法规制度建设在治党理政中的突出作用。尤其自20世纪80年代前后，中、越两国相继推行改革（革新）开放战略，中共、越共两党的党内法规制度建设也迎来了新的发展。由于中越两国有着相同的制度、相近的地缘与文化传统、相似的国情与党情，且中共、越共两党加强党内法规制度建设所面临的主题、任务也具有一定的相似性，为此，在中共、越共两党深入推进本国改革（革新）开放之际，对两党在党内法规制度建设的历史条件、理论认知、实践运行等多个层面所呈现出的一致性与差异性进行深入探讨具有重要意义。

历史上，中共与越共两党都是按照苏共模式建党并执政的，都是从领导人民进行革命战争夺取政权的党转变为执政党，从受到外部封锁和实行计划经济条件下领导国家建设的党，转变为在对外开放和发展社会主义市场经济条件下领导国家建设的党。[1]当前，随着中国改革与越南革新的深入发展，中共、越共两党都面临着伴随市场经济

---

[1]　鲁彩荣：《不断探索和把握党的建设规律》，《社会主义论坛》2019年第2期。

而来的执政风险和挑战，如腐败现象依然存在、党内矛盾突出等。为此，在党内法规制度建设的轨道上积极化解党执政所面临的风险和危机，不断提升治党管党和治国理政水平，成为两党共同追求的执政目标。中国共产党一直注重对国外执政党治党管党经验的学习与借鉴，且自党的十八大以来进一步提高了对党内法规制度建设的重视程度，将之看作关系党和国家前途命运的"根本性、全局性、稳定性、长期性"[1]问题。而越共作为世界上第二大社会主义国家执政党，在其深入推进革新开放进程中也在积极学习中共与世界各国政党经验的基础上，积极探索出一条符合越南本国实际的党内法规制度建设之路，相关的举措与经验可以从另外一个视角给我们以借鉴与启示。

一、中共与越共党内法规制度建设的社会历史条件

政党注重加强党内法规制度建设，是遵循现代政党政治运行中民主法治原则的必然选择，也是国家法治在政党治理领域的现实反映。然而，"在任何一种执政理念和执政方式的背后，肯定隐藏着许多历史的、社会内部的原因，会受到各种时代背景和客观因素的影响"[2]。法治缺失的历史文化传统，以及改革开放、发展社会主义市场经济对国家法治、党内法规的迫切追求，成为中共与越共推进党内法规制度建设所必须面对的历史与现实。

1. 中共与越共党内法规制度建设的历史条件

中越两国在历史上都受到封建专制制度的影响。中国在民主革命以前经历了2000多年的封建社会，越南在19世纪沦为法国殖民地之前也经历了很长的封建社会。随着中共与越共两党建立社会主义新政权，尽管推翻了过去在两国保持了很长统治时间的封建专制制度，但是旧的封建主义思想观念并没有就此消失，反而在特定条件下以各种新的形式顽强地表现出来。一方面，与农业小生产方式相适应的政治文化狭隘心理、对权威的服从思维等在普通民众中还有影响，制约其进行有效的政治参与；另一方面，传统政治文化中的官本位、家长制、任人唯亲、裙带关系、人治思想等仍以各种形式在政治生活中有所显现。

中越两国都存在重德轻法的政治文化传统。中越两国是邻国，历史上儒家思想不仅对中国的封建社会秩序产生了重要影响，而且对包括越南在内的其他亚洲邻国也产生了很深影响。尤其是儒家思想所倡导的"修身、齐家、治国、平天下"的治国理念以及"仁义礼智信"的道德主张，这样一种以德治国的理念曾在中越两国历史上都产

---

[1] 《习近平关于严明党的纪律和规矩论述摘编》，中国方正出版社2016年版，第61页。

[2] 封丽霞：《政党、国家与法治——改革开放30年中国法治发展透视》，人民出版社2008年版，第15页。

生了深远影响，渗透到政治、经济、文化乃至日常生活的方方面面，也逐渐形成了一种重视德治而轻视法治的政治文化传统。

中共与越共两党在建党与执政过程中都曾受到苏联共产党的影响。中共与越共两党在成立之初，得到来自以苏共为中心的共产国际在理论与具体革命运动中的指导与帮助，尤其在两党建立新政权取得全国执政地位之后，在执政理念、执政方式、执政模式等方面都受到苏共高度集中的执政模式的影响，因此不同程度地都存在集中有余、民主不足、党政不分、以党代政等现象。

2. 中共与越共党内法规制度建设的现实基础

改革开放背景下，人们的民主法治意识不断增强。中国于1978年十一届三中全会之后实行改革开放，越南于1986年越共六大之后实行革新开放战略。自改革（革新）开放以来，中越两国的社会结构、利益主体、利益诉求等日益呈现出多元化特点，民众的自主意识、权利意识、民主法治观念等不断增强，要求推进民主法治进程以实现自身权利的愿望更加迫切，这不仅对中共与越共党组织的利益表达与利益整合机制提出了新的要求，也对两党如何以保障人民的民主权利为重点、加强党内法规与国家法律体系建设、全面推进依法治国进程提出了更高的要求。

发展社会主义市场经济需要健全的法制作为保障。随着中、越两国改革（革新）开放的深入，两国在经济体制领域的改革不断推进，中国发展与完善"社会主义市场经济"，越南则提出要"建立和发展社会主义定向的市场经济"。随着市场经济体制的确立与发展，两国经济发展速度明显加快，中国经济实力不断增强，越南也成为亚洲经济发展速度最快的国家之一。现代市场经济与法治有着天然的内在联系，它在推动经济快速发展的同时，也必然要求制度化、法治化的社会秩序作为保障，而法治化水平的滞后则会阻碍市场经济的健康运行与发展。在此背景下，中共与越共两党将建设社会主义法治（法权）国家作为重要的战略目标，以确保社会主义市场经济健康运行。如中共十八届四中全会首次提出"社会主义市场经济本质上是法治经济"，越共十一大报告也指出，国家对经济的管理机制是保证社会主义法权国家通过法律、机制、政策、战略、规划、计划以及其他经济资源来对经济实行管理和调控。[1]

中共与越共两党近年来不断致力于推进民主法治建设，加大对权力的制约与惩治腐败力度。中共将反腐败放在关系党与国家生死存亡的高度，不断加大对权力腐败现象的打击。越共早在20世纪90年代就认识到越共执政所面临的"四大危机"[2]，认为这

---

[1] 吕余生主编：《越南国情报告（2011）》，社会科学文献出版社2011年版，第219页。

[2] 1994年越共七届中期会议首次提出越南存在的"四大危机"，即经济发展滞后危机、和平演变危机、偏离社会主义方向危机和贪污腐败危机。参见山东大学政党研究所课题组：《越共处理"四大危机"的理论与探索》，《当代世界与社会主义》2006年第4期。

"四大危机"至今仍然存在，而且将贪污腐败问题看作是"危机中的危机"。然而，对中共与越共两党而言，由于权力监督制约机制不够完善等原因，腐败问题作为影响国家社会稳定的危险因素仍然存在。越南甚至被国际组织列为腐败程度最高的国家之一。自越南"革新开放以来，越南共产党内部出现了各种消极腐败现象，不断击穿着已有党规党纪的底线，而党建出现的新情况、新问题，不断折射着已有党规党纪的某些盲区和空白，党规党纪建设刻不容缓"[1]。为此，以完善党内反腐败法规制度建设作为重点，不断提升依规治党、制度反腐的效能，成为中共、越共两党未来反腐之路的必然选择。

二、中共与越共加强党内法规制度建设的理论认知

中共与越共两党在执政以来的多年探索与实践过程中，主要经历了从建国初期法治经验缺乏以及对国家法治尤其是党内法规制度建设的意义认识不足，到陆续推行改革（革新）开放之后对党内法规制度建设的定位、意义、作用和功能的认识不断深化的过程。

1. 党内法规制度建设的理念

在国际共运史上，把党章及相应的党内规章、纪律、决议等称为法律或法规。恩格斯第一个将"法"的理念用到党的建设中，将党的章程称作是党的"法律"，认为"必须绝对保持党的纪律，否则将一事无成"[2]。列宁在领导俄共（布）的七年中，对党与法之间的关系进行了艰辛探索，形成较为完整的党法关系理论，主张要坚持和改善党对法治工作的领导、党必须在宪法和法律范围内活动以及公民在法律面前人人平等。列宁曾专门指出："如果没有正式规定的党章，没有少数服从多数，没有部分服从整体，那是不可想象的。"[3]马克思主义经典作家关于严格遵守党章、加强党内团结等的思想主张，对后来中越两国坚持和完善党对社会主义法治建设的领导，在宪法和法律范围内正确处理党政关系等具有重要指导意义，也是两党关于党内法规制度建设的思想渊源。

在新民主主义革命时期，中共就充分认识到以党章为统领的党规、党法、党纪等对规范党内政治生活、协调党内关系的重要性。毛泽东首次使用"党内法规"一词，认为制定党内法规可以严肃党内纪律、统一各级领导机关行动、使党内关系步入正

[1] 崔桂田：《越南共产党党规党纪建设态势和经验》，《人民论坛》2014年第35期。

[2] 《马克思恩格斯全集》（第29卷），人民出版社1972年版，第413页。

[3] 《列宁选集》（第1卷），人民出版社1995年版，第499页。

轨[1]，主张"应制定一种党规，把它当作党的法纪之一部分"[2]。党的十一届三中全会以后，随着改革开放的开启与深化，中共全面总结新中国成立后至改革开放前党内法规制度建设的经验教训，邓小平第一次将党内法规放在与国家法律同等重要的地位，强调"国要有国法，党要有党规党法。没有党规党法，国法就很难保障"[3]，开拓了制度治党的新思路。江泽民、胡锦涛也从从严治党、构建完善的党内法规制度体系等角度，多次阐明了加强党内法规制度建设的重要思想。党的十八大以来，在世情、国情、党情发生新变化的时代背景下，以习近平同志为核心的党中央充分认识到党执政所面临的危机和考验，提升了对党内法规制度建设的重视程度，并在全面从严治党的实践中不断总结党内法规制度建设的新经验，形成了一整套党内法规制度建设新思想，将对党内法规制度建设的理论认识提高到一个新的境界。

越共不仅一直高度重视党的自身建设，也非常重视党的理论思维创新，自1996年起越共中央政治局就成立了越共中央理论委员会，作为负责指导执政党的理论研究与建设工作的专门机构。随着革新开放进程的推进，面对更加复杂的国内外环境，面临着来自党内外多个层面的危机，越共认为，党自身必须不断"自我革新"以提高执政的理论水平和能力，且明确将严格党的纪律、整顿党的作风、打击党内腐败、保障党内民主，努力建设一个廉洁高效的党作为自我革新的重要目标。越共党内法规制度建设也是围绕党的建设的一系列目标开展的。越共对于党内法规制度建设相关问题的理论认识，主要体现在革新开放战略背景下越共所提出的一系列党建主张中、越共的多次重要会议报告及领导人的部分重要讲话中。作为越南革新路线和政策的设计者，阮文灵在革新开放初期，就强调要同时推进以加强和保持党的纪律为主要内容的"越共本身的改革"[4]。随着革新开放的推进，胡志明思想在党内的理论指导地位逐步明确，其中关于党的建设方面的一系列主张，成为越共党内法规制度建设的理论指导和行动指南。

2. 党内法规制度建设的功能与价值

中共、越共两党对党内法规制度建设的功能与价值的认识也处于不断深化的过程中。两党在改革（革新）开放以来的多年探索中充分认识到，党内法规制度建设作为党的建设总体布局中的关键环节，不仅关系着党内民主生活制度化、规范化，是实现政党功能、提升政党治理水平的重要保障，而且"直接影响国家法治的状况和法治化

---

[1] 《毛泽东选集》（第2卷），人民出版社1991年版，第528页。

[2] 《建党以来重要文献选编（1921—1949）》（第15册），中央文献出版社2011年版，第646页。

[3] 《邓小平文选》（第2卷），人民出版社1994年版，第147页。

[4] 梁炳猛：《革新开放后的越南共产党（1986—2010年）：以全国党代表大会为视角》，社会科学文献出版社2015年版，第52页。

进程"[1]。

加强党内法规制度建设是全面推进依法治国进程、实现社会主义法治国家目标的需要。治国必先治党，治党务必从严，从严必有法度。无论从法治国家建设的角度出发，还是从治党务必从严、从严必有法度的角度而言，社会主义国家执政党必须将法治思维与法治方式运用于自身建设、依法执政、依规治党的实践中。中共十八届四中全会通过的《中共中央关于全面推进依法治国若干重大问题的决定》就是从全面推进依法治国的战略目标出发，对完善党内法规体系、依据党内法规管党治党等提出了新的要求，特别指出要将"形成完善的党内法规体系""加强和改进党对全面推进依法治国的领导"作为全面依法治国总目标的重要内容。越共也将社会主义法权国家建设与加强党的自身建设紧密联系在一起，主张按照法权国家要求推进执政党的法规制度建设，力求通过建设一个"廉洁强大的党"，实现对社会主义法权国家建设的领导。越共八大首次提出"建设越南法权国家"的目标，强调在推进革新开放过程中按照"法权国家要求加强执政党的组织和制度建设"[2]。2016年召开的越共十二大强调要"继续建设、完善党领导的社会主义法权国家"，积极防范和抵抗各种贪污、腐败、官僚主义行为，严惩违反党章与国家法律的人，努力"建设廉洁、强大的党"[3]。而建设廉洁、强大的党，不仅要求"党的组织和党员必须模范遵守宪法和法律"，更要严明党规、党纪，"保卫党的纲领、党章；保卫党的组织和活动原则"[4]，严格依据党内法规制度规范党组织与党员行为，确保依规、依法从严治党。

加强党内法规制度建设是完善党内反腐体制机制，全面从严治党的需要。随着中共执政理念的不断发展，党的十五大之后相继提出了依法治国、从严治党的要求，强调各级党组织和每个党员都要严格按照党章和党规行事，严守党的纪律[5]。中共十八大以来，党内法规制度建设被提升到一个新的高度，加强党内法规制度建设被看作"全面从严治党的长远之策、根本之策"。党的十九大进一步提出了党内法规制度建设必须贯彻"以党章为根本遵循，把党的政治建设摆在首位，思想建党和制度治党同向发力，统筹推进党的各项建设"[6]的总体部署。越共在多年执政过程中，尤其是革新开放以来，

[1] 王振民等：《中国共产党党内法规研究》，人民出版社2016年版，第18页。

[2] 陈元中等：《越南革新30年来党建工作的创新发展》，《当代世界与社会主义》2016年第6期。

[3] 《越南共产党第十一届中央委员会在党的第十二次全国代表大会上的政治报告》（上），候尚宏等译，《南洋资料译丛》2016年第4期。

[4] 《越南共产党第十一届中央委员会在党的第十二次全国代表大会上的政治报告》（下），候尚宏等译，《南洋资料译丛》2017年第1期。

[5] 《江泽民文选》第3卷，人民出版社2006年版，第290—291页。

[6] 习近平：《决胜全面建成小康社会　夺取新时代中国特色社会主义伟大胜利——在中国共产党第十九次全国代表大会上的报告》，人民出版社2017年版，第26页。

把反腐败作为党建的主旋律[1]，并逐渐意识到加强党内法规制度建设在反腐败中的作用，尤其是在提出建设"社会主义法权国家"的目标下，进一步强调推进党内法规制度建设在反腐败斗争、纯洁党的建设以及提升党的战斗力等方面的重要性。

加强党内法规制度建设是提升党的建设制度化水平、增强党的治国理政能力的需要。加强党内法规制度建设，不仅是提升党的建设制度化水平的重要方面，也是实现政党治理制度化、规范化，以及推进国家治理体系现代化的必然选择。中共十八届三中全会明确指出，全面深化改革必须加强顶层设计，要"紧紧围绕提高科学执政、民主执政、依法执政水平深化党的建设制度改革"[2]。对越共而言，加强党内法规制度建设，要求"每一个党员都必须承认法律的最高性，不能把各级党组织的主张置于各级政府的法规之外"[3]。这既是把越南建设成为社会主义法权国家的首要条件，同时也是越南现阶段革新党的领导方式、加强党的领导作用、提高国家管理效力的重要措施。

三、中共与越共加强党内法规制度建设的实践运行

随着中共与越共对党内法规制度建设理论认知水平的不断提升，两党不断提升党内法规制度建设在党的建设总体布局中的战略高度，并通过修订完善党章、调整党的纲领、加强党内法规制度的文本建设等，逐渐形成完善的党内法规制度体系，党内法规制度建设的制度化、规范化水平明显提升。

1. 提升党内法规制度建设的战略高度

中共、越共两党在推进改革（革新）开放的过程中，不断提高对加强和改进党的自身建设的重视程度，并将党内法规制度建设提高到关系治党管党与治国理政水平的战略高度。两党通过专项会议、专门机构设置等为党内法规制度建设奠定坚实的基础，并促进党内法规与国家法律的有效衔接，以确保党在宪法和法律范围内依法执政、依照党规党法规范党组织和党员的行为与活动。

中共在对建党以来尤其是新中国成立以来党内法规制度建设的正反两方面经验进行深入总结的基础上，于党的十一届三中全会以后进一步提高了对党内法规制度建设的重视程度。经过改革开放以来党对自身建设多年探索与党内法规体系的不断完善，党内法规制度建设的制度化、规范化水平较改革开放以前获得了很大提升。1997年党的十五大首次提出依法治国的战略目标，在此背景下，党内法规制度建设被提到一个

---

[1] 邹焕梅：《越共制度反腐的演进及态势研究》，《当代世界社会主义问题》2018年第3期。

[2] 《十八大以来重要文献选编》（上），中央文献出版社2014年版，第513页。

[3] 郑一明、潘金娥主编：《中越马克思主义理论创新比较研究》，社会科学文献出版社2011年版，第205页。

新的战略高度，党内法规制度建设水平也明显提升，为党员行使民主权利提供了重要保障，为提升国家法治水平发挥重要引领。尤其自党的十八大以来，面对新的国情与党情，党内法规制度建设的战略地位进一步提升，明确将其作为严明党规党纪、实现党内团结统一的根本保证，作为推进全面从严治党、履行党的执政兴国使命的根本保障[1]，特别是加大了对党内法规制度建设进行顶层设计的力度。中共十九大更是进一步明确了新时代党内法规制度建设的最新目标和任务，即以提升党的"依法执政本领"为目标，"加快形成覆盖党的领导和党的建设各方面的党内法规制度体系"[2]，党内法规制度建设开启了前所未有的新局面。

在越共执政过程中，随着革新开放的推进，既带来了越南经济的快速发展、社会的全面转型，也给国家尤其是执政党的建设带来了挑战，越共党内在党员的思想、价值观念、生活方式等方面出现了一系列问题，党内腐败问题严重，官僚主义、机会主义、个人主义倾向突出，以上问题对党的依法执政能力、依规治党水平都提出了更高的要求。在此背景下，越共对党内法规制度建设的重视程度不断提高，2006年越共十大提出严格遵守党章和中央的具体规定，严格执行《反贪污法》，完善制度、机制和方法，尤其要提高检查、监察工作的质量；2011年越共十一大指出"党必须防止和克服大的危机"，要"加强党活动的民主和纪律""严格遵守社会纲纪"[3]；此后召开的越共十一届六中全会、九中全会也都多次提及要通过加强党规党纪建设，严肃党内纪律，化解党所面临的各种危机，建设清正廉洁的党。这都体现了越共对党内法规制度建设的重视程度不断提升。

2. 强化党内法规制度建设的法理基础

中共与越共高度重视党内法规制度体系建设，通过修订完善党章，围绕党内民主、党内监督、党内反腐等制定相应党规、党法，加强党内法治的文本建设，为党内法规制度建设提供法理基础。

中国共产党自成立之日起，即通过制定党章、明确党的纲领、完善党内法规等方式对党内法规制度建设进行了一系列积极探索。新中国成立后，中国共产党取得全国执政地位，在党内法规制度建设方面由过去注重强调革命纪律向正确处理党与政府、国家政权的关系以及加强党的领导等方面侧重。改革开放以来，尤其是党的十八大以来，中共在党内法规体系建设方面，按照十八届四中全会提出的"完善党内法规制定体制机制"的明确要求，不断完善包括规范机制、规划机制、清理机制、协调机制在

---

[1] 刘华清：《十八大以来党内法规制度建设的新进展》，《中国浦东干部学院学报》2017年第1期。

[2] 习近平：《决胜全面建成小康社会 夺取新时代中国特色社会主义伟大胜利——在中国共产党第十九次全国代表大会上的报告》，人民出版社2017年版，第68页。

[3] 崔桂田：《越南共产党党规党纪建设态势和经验》，《人民论坛》2014年第35期。

内的各项机制。在完善制定体系、加大清理力度的基础上，重点完善党内民主、党内监督等相关法规制度体系，还陆续制定和颁布一系列有关党风廉政和反腐败的法规制度，基本形成了一整套涵盖党的建设、领导工作的主要领域，以党章为根本、若干配套法规为支撑，系统、完备的党内法规制度体系。党的十八大以来，也是"党的历史上党内法规制度建设最好最快的时期"[1]，这不仅为保障党员民主权利、提升党的建设规范化水平提供了保障，而且奠定了全面从严治党的制度基础。

越共在建立与完善党内法规体系建设方面，重视党纲的制定、调整[2]与党章的修订、完善。在党纲的制定与调整方面，越共根据时代变化与革新开放的实践经验于2011年对1991年的党纲进行了修订，确立了相当长一段时间内越南社会主义建设的"八个努力方向"，提出了发展经济、政治等多方面的主要任务，尤其是对胡志明思想的内容和党的领导方式等做了进一步明确[3]，特别指出要"建设廉洁、强大的党"[4]。越共自1986年党的六大到2016年党的十二大，先后对党章进行了7次修订，每一次修订都根据新的形势提出新的补充完善意见。与时俱进地修订党章，不仅明确了党的性质、地位和作用，也为越共党内法规制度建设提供了重要依据。在此基础上，越共针对党和国家在不同时期所面临的主要任务，重点围绕党内民主、党内监督、党内反腐、加强党内团结等主题，形成了一整套包括党内选举制度、基层民主制度、党的各级代表大会制度、党风廉政制度、质询和测评制度等在内的党内法规制度体系。

3. 突出党内法规制度建设的战略重点

中共与越共在党内法规制度建设过程中，都将加强党风廉政建设、保障党内民主权利、维护党内团结、提升党的凝聚力等作为重要任务来抓。就中共而言，在党内法规制度建设过程中将党风廉政建设、惩治腐败、全面从严治党作为重点内容。尤其自党的十八大以来更加强调通过党内法规制度体系建设推进全面从严治党向纵深发展的要求，先后出台了一系列新的党风廉政制度，如《十八届中央政治局关于改进工作作风、密切联系群众的八项规定》（简称"中央八项规定"）等，党的十九大之后还陆续制定和颁布一系列有关党风廉政和反腐败的法规制度。这些党内法规的制定实施，为改进党的作风、全面从严治党，尤其是对逐步完善反腐倡廉的法律、法规、制度体系等奠定了坚实的基础，开拓了广阔的空间。

[1] 刘华清：《十八大以来党内法规制度建设的新进展》，《中国浦东干部学院学报》2017年第1期。

[2] 崔桂田：《越南共产党党规党纪建设态势和经验》，《人民论坛》2014年第35期。

[3] 许宝友：《世界主要政党规章制度文献：越南、老挝、朝鲜、古巴》，中央编译出版社2016年版，第214—215页。

[4] 许宝友：《世界主要政党规章制度文献：越南、老挝、朝鲜、古巴》，中央编译出版社2016年版，第208页。

近年来，越南共产党党内法规制度建设体现了"既系统配套、全方位推进，又突出重点、聚焦热点，始终将政治纪律和规范、作风纪律和规范、组织纪律和规范作为战略重点"[1]。一是建立党内质询制度。为体现党内民主，越共自2002年的九届五中全会首次实行质询制度。质询制度原本是在国会中实行的权力监督机制，由于取得了明显的成效而被引入党内。此制度规定，除了正常工作程序外，中央全会留出专门时间开展质询，任何一名中央委员都可以对包括总书记在内的其他委员提出质询，也可以对政治局、书记处、中央纪律检查委员会集体提出质询。质询制度的建立，不仅获得了民众好评，而且有利于发展党内民主，推进党的决策民主化、科学化，增强执政党的公信力。[2]二是改革党内选举制度。在选举国家领导人方面，越共打破过去的传统做法，鼓励毛遂自荐参加竞选。最令人瞩目的是，2006年4月越共十大总书记选举首次出现差额，前越共中央总书记农德孟与前胡志明市市委书记阮明哲竞争新一届越共中央总书记的职位。除了中央级的党内选举之外，还预先进行了省级及省级以下的党内差额选举。以上改革被视为越南党内民主走向制度化、规范化方向的重大进展。三是制定一系列党内反腐败法规，作为预防和打击腐败的重中之重。自1990年1月发出反腐败第64号指示开始，越共制定了《党员十九条不准》《厉行节约、反对浪费法》《反贪污法》《反腐败法》以及一系列配套措施。以上法规体系的建立与完善，为惩治腐败、加强群众监督提供了法律依据，制度反腐取得了显著效果，腐败现象得到有效遏制[3]。但党内腐败问题在越南尚未得到根治，越共党内反腐形势依然严峻，制度反腐之路仍任重而道远。

四、中共与越共党内法规制度建设的异同比较及现实启示

在中共、越共两党的党内法规制度建设实践中，既面对一些相同的困难，也存在完全不同的境遇，且都没有成熟的经验可以借鉴，但两党都进行了大胆的尝试与探索。其中，中共对党内法规制度建设的探索有值得越共学习的地方，越共的一些做法也能为中共提供一些有益的借鉴。

1. 中共与越共党内法规制度建设的异同比较

中共与越共作为马克思主义执政党，也都是注重党内法规建设的"强规范性"政党，而且在执政过程中面临着大体相似的世情、国情、党情，尤其是在推进改革（革新）开放进程中，都承载着通过党内法规制度建设化解党内矛盾和问题、推进从严治

[1] 崔桂田：《越南共产党党规党纪建设态势和经验》，《人民论坛》2014年第35期。

[2] 潘金娥等：《越南革新与中越改革比较》，社会科学文献出版社2015年版，第176、169页。

[3] 邹焕梅：《越共制度反腐的演进及态势研究》，《当代世界社会主义问题》2018年第3期。

党深入发展，通过政党治理规范化、法治化提升治国理政能力的共同历史使命。为此，两党在党内法规制度建设的理论与实践探索中呈现出一些共同之处。一是在党内法规制度建设的理论基础方面。中共、越共两党作为社会主义国家执政党，在党内法规制度建设的理论与实践探索中，都以马克思主义关于严格党规党纪、加强党内团结、正确处理党法关系的思想作为理论指南。二是在党内法规制度建设的总体运行态势方面。中共、越共两党在党内法规制度建设实践中，不断提升对党内法规制度建设的重视程度，中共更是将党内法规制度建设作为关系全面从严治党成效与全面依法治国进程的重要基础和制度保障。中共、越共在重点推进党内民主以及治理腐败的过程中，也都将完善党内法规制度作为重要举措来抓，并取得了突出成效，制度执行力有了大幅提高。随着中共"党的建设制度改革深入推进，党内法规制度体系不断完善"，制度笼子越扎越紧，全面从严治党也取得了显著成效，"反腐败斗争压倒性态势已经形成并巩固发展"[1]。越共党内反腐败形势有所控制，党内民主搞得有声有色。而且，两党的党内法规制度建设呈现出制度化、规范化的水平不断提升的特点。三是在党内法规制度建设的侧重点方面。中共、越共两党在执政过程中面对相似的困难、风险与挑战，并都将治理党内腐败问题作为党内法规制度建设的战略侧重点，不仅加快推进与反腐败相关的党内规范文件的制定实施，而且通过完善配套措施，不断推进党内法规制度建设在反腐败治理中发挥作用。

此外，由于中国、越南两国在具体国情方面的差异，以及中共与越共在党员规模、执政方式等具体党情方面的不同、对党内危机认识的时间有先后、两党国际影响力的差别等，从而在党内法规制度建设的指导思想、实际举措、发展态势、具体成效等方面也呈现出各自不同的特点。一是具体指导思想的不同。在实行改革开放以来的马克思主义中国化进程中，相继形成的邓小平理论、"三个代表"重要思想等思想体系，尤其是以上思想体系中关于党内法规制度建设的重要论述，成为改革开放背景下中共党内法规制度建设的理论指南。在中国发展进入社会主义新时代背景下，习近平总书记关于社会主义新时代党内法规制度建设的重要论述成为党内法规制度建设新的思想指南。越南在坚持马列主义作为理论指导的前提下，结合越南本国国情特点，明确将胡志明思想作为越共的"思想基石"和"行动指南"，胡志明思想关于党的建设的重要论述为越共党内法规制度建设指明了方向。总体看来，中共在党内法规制度建设的指导思想、理论体系建设方面更为科学。二是对党内法规制度建设的重视程度存在差异。从中共、越共党内法规制度建设的历程来看，可以看出两党都非常重视党内法规制度

---

[1] 习近平：《决胜全面建成小康社会　夺取新时代中国特色社会主义伟大胜利——在中国共产党第十九次全国代表大会上的报告》，人民出版社2017年版，第8页。

建设，但是中共对于党内法规制度建设的理论认识与研究要更加深入和透彻，尤其是习近平新时代中国特色社会主义思想使中共"对党内法规制度建设的认识达到了新境界"[1]。越共没有明确提出党内法规制度建设的概念，在此方面没有形成完整的理论体系。三是具体运行态势与成效的差异。中共是有着9000多万党员的世界第一大马克思主义政党，执政过程中需要综合考虑的因素更多一些，执政风险和压力更大一些，因而在党内法规制度建设实践中也更多体现出稳定性。与中共相比，越共有460万党员，党员规模相对较小，改革的步子迈得更大一些，但理论研究则相对偏弱一些。正如越共八大报告中所指出的，虽然越南积极借鉴中国改革开放背景下建设社会主义的理论与实践经验，并结合本国国情进行了创新，改革的力度较大，在党的建设尤其是党内民主法治建设方面成效也更加明显，但是越共在"理论上远远落后于实践，这是党的缺点"[2]。

2. 中共与越共党内法规制度建设比较研究的现实启示

首先，社会主义国家执政党的党内法规制度建设既要遵循世界政党政治发展中政党治理法治化、规范化的趋势，也要汲取和借鉴国外政党在党规制度建设方面的先进经验。面对世界范围内政党法治建设所取得的新进展，中共与越共等社会主义国家执政党，积极致力于党内法规制度完善、政党治理能力提升，这是遵循世界政党政治发展趋势的题中应有之义。此外，还要注重汲取和借鉴国外政党在党规制度建设方面的先进经验。

其次，社会主义国家执政党的党内法规制度建设既要坚持以马克思主义政党建设理论作为思想指导，还要不断推进马克思主义党内法规制度建设思想的本土化进程。党内法规制度建设作为党的建设中的重要一环，必然要遵循社会主义国家政党政治的特点和规律。社会主义国家政党政治区别于资本主义国家政党政治的主要标志就在于我们把坚持马克思主义政党理论作为思想指引和行动指南。"只有始终坚持马克思主义，社会主义国家政党政治才能在实践创造中不断健康发展"[3]，只有始终坚持马克思主义关于党内法规制度建设思想的指导，才能保障社会主义国家执政党党内法规制度建设理论与实践发展的正确方向。为此，中共、越共作为社会主义国家的长期执政党，既要坚守"社会主义国家政党政治要素构成的基本性质与核心价值"，尤其要坚持马克思主义党内法规制度建设思想的精神内核，还要不断推进马克思主义党内法规制度建设思想的本土化进程，实现马克思主义党建思想的创新发展。

[1] 刘华清：《十八大以来党内法规制度建设的新进展》，《中国浦东干部学院学报》2017年第1期。

[2] 张杰彬：《对中国共产党与越、朝、老、古各党提高执政能力的比较》，《中共珠海市委党校珠海市行政学院学报》2005年第4期。

[3] 王韶兴：《社会主义国家政党政治百年探索》，《中国社会科学》2017年第7期。

最后，社会主义国家执政党党内法规制度建设既要重点围绕党的中心任务开展，还要积极适应国家政治发展的特点与需要。党内法规制度建设是党的建设和党的领导的有机组成部分，而党的建设与国家政治建设紧密相联、须臾不可分离。为此，社会主义国家执政党的党内法规制度建设，既要始终围绕党的中心任务开展，并同党为实现这些任务而确立的理论和政策路线联系在一起，朝着党的建设、党的领导和党的执政总目标而进行；同时，也要适应本国的政治体制、政治文化，积极促进党内法规制度在国家政治发展中的功能优化。力求通过党内法规制度建设制约规范政党权力、保障党员民主权利，以党内法规制度建设规范党内政治关系、优化党内政治生态，以党内治理的制度化、规范化、法治化推进国家治理体系的制度化、规范化、法治化。

当前，我们既要注重对越共等社会主义国家执政党相关经验做法的学习与借鉴，更要明确中国共产党党内法规制度建设的独特优势，紧密结合中国共产党的执政特点以及中国政治发展的特点和需要，积极探索出一条符合中国特色社会主义新时代实际的党内法规制度建设之路。

原载于《马克思主义研究》2019年第9期

参考文献

[1] 刘红凛：《政党政治与政党规范》，上海人民出版社2010年版。

[2] 赵付科、孙道壮：《习近平党内法规制度建设思想论析》，《马克思主义与现实》2017年第6期。

[3] 谷源洋：《越南社会主义定向革新》，社会科学文献出版社2013年版。

[4] 陈忠禹：《习近平关于党内法规制度建设论述的科学内涵与理论价值》，《马克思主义研究》2018年第10期。

[5] 李斌雄：《扎紧制度的笼子：中国共产党党内法规制度的重大发展研究》，武汉出版社2017年版。

哈萨克斯坦共产主义人民党的历史、理论及前景

李亚洲

摘 要：哈共人民党是从苏联解体后新组建的哈萨克斯坦共产党中分化出来的一支社会主义力量，经过15年的发展，该党逐渐演变成为哈萨克斯坦乃至整个中亚地区最大、最具代表性的马克思主义政党。哈共人民党力图正确看待苏共的功绩又实事求是地清理它过去的错误，在批判资本主义的基础上，重申对社会主义的追求，抨击哈萨克斯坦现行制度，并明确宣布该党的目标是在科技进步和科学社会主义基础上建设真正人民当家作主、社会公正、精神富足、自由和经济繁荣的社会。哈共人民党将自身定位为"建设性反对派"，其发展前景将取决于它能否继续采取有效的措施来应对未来面临的一系列严峻挑战。

关键词：哈共人民党；发展演变；理论主张；前景

哈萨克斯坦面积272万平方公里，人口1771万，是"一带一路"沿线的中亚重要大国。哈萨克斯坦共产主义人民党（以下简称"哈共人民党"）成立于2004年4月，是从苏联解体后新组建的哈萨克斯坦共产党中分化出来的一支社会主义力量。经过15年的发展，该党逐渐演变成为哈萨克斯坦乃至整个中亚地区最大、最具代表性的马克思主义政党。本文拟简要叙述哈共人民党演变发展的历史，从总体上阐述该党的社会主义理论与政策主张的基本要点，并以此为基础进一步分析该党的发展前景。

一、哈共人民党的起源和发展演变

哈共人民党的历史应该追溯至苏联时期的哈萨克斯坦共产党。众所周知，哈共在苏联时期作为苏联共产党的组成部分，是当时哈萨克斯坦加盟共和国的领导和核心力量。1991年"8·19"事件后，戈尔巴乔夫于8月24日宣布退出苏共并解散苏共，随之时任哈共第一书记纳扎尔巴耶夫也退出哈共并建议哈共解散。在这种形势下，哈共于1991年9月召开非例行代表大会，宣布脱离苏共，改称哈萨克斯坦社会党，并声称是原哈共继承者。

但是更改党的名称和性质遭到一部分党员的反对，他们退出非例行代表大会，于

1991年10月举行哈共第十九次代表大会，宣布重新组建哈萨克斯坦共产党，同样声称自己才是原哈共的继承者。在此次大会上，哈共通过了党章和纲领性声明，表示要努力设法在已经掀起反对共产党运动的条件下继续生存下去，并用合法手段为争取各级政治权力而斗争。由于哈共的主张被当局认为有与宪法不符的内容，因此，长期不允许其在司法部注册。经过近三年的抗争，哈共终于在1994年2月获准登记，成为合法政党，党员人数为5.4万人。

哈共在1995—2002年间曾错失一个发展的黄金时期。尤其是1997年哈萨克斯坦社会党瓦解后，该党大批干部党员转而加入同根同源的哈共，极大地壮大了哈共的队伍。但是哈共并没有把握好这一时机，反而发生了党内分歧和斗争。原因在于哈共片面满足于党员绝对数量的增加，忽视了党的组织建设。与此同时，哈共领导层为了追求所谓的政治影响力自愿将党中央第一书记的职务让渡给哈萨克斯坦第一任议长、哈萨克斯坦社会党实际领导人之一阿布季尔金。阿布季尔金成为党的最高领导人后，立即在党的领导层排挤工人阶级成员，而后党的纲领性目标和策略方针也发生了改变。所有这些都加剧了哈共的党内斗争，先后有几批不赞成阿布季尔金路线的干部和党员，或遭到清洗，或离开队伍另组新党，哈共的力量遭到严重削弱。

2003年，哈共领导人阿布季尔金与国内自由主义政党建立了联盟关系。同年底，在阿布季尔金的坚持下，资产阶级自由派政党民主选择党前成员、亲西方的自由主义右派活动家托赫塔森诺夫加入哈共，并火箭般地进入哈共中央和政治局，成为中央书记处书记。此举成为哈共党内严重分裂的导火索。

以哈共第二书记、哈议会下院（马日利斯[1]）议员弗拉基斯拉夫·科萨列夫为代表的一批高级干部，发现党中央的很多行动不符合党章的要求，逐渐偏离了党的主要目标，无原则地同资产阶级政党合作。2004年初，在党的中央全会上，哈共中央十二位委员与阿布季尔金就上述干部人事安排发生严重分歧。他们指责阿布季尔金"把党带上了小资产阶级道路"，使党"丧失了自己的阶级属性，严重偏离了马列主义理论和组织原则，耽于内斗和内耗"，"与统治阶级合作"，从"非共产主义力量"手中获取活动经费，等等。[2]随后，科萨列夫和七个州的第一书记出走，宣布从哈共分离出来，组建哈萨克斯坦共产主义人民党。最终，大约2.5万哈共党员退党转而加入哈共人民党，哈

---

[1] 哈萨克斯坦议会由参议院（上院）和马日利斯（下院）组成。参议院由47名议员组成，每届任期6年；马日利斯由107名议员组成，每届任期5年。马日利斯是哈萨克斯坦议会活动的主要场所，且成员基本上由全国选民选举产生。因此，在一般意义上说到的哈萨克斯坦议会选举，就是指的马日利斯即议会下院的选举。

[2] 马晨、罗锡政：《苏联解体以来哈萨克斯坦共产主义运动的发展变化》，《新疆师范大学学报（哲学社会科学版）》2011年第3期。

共影响力大幅受损，从此逐渐走向衰落。2015年，该党被当局裁定违反有关法律，依法予以取缔。至此，哈共基本上从哈萨克斯坦的政治舞台上消失。

在哈共走向衰亡的同时，哈共人民党却逐渐发展壮大起来。2004年4月，哈共人民党举行成立大会，选举科萨列夫为党的第一书记。同年6月，该党在哈萨克斯坦司法部正式注册，从成立到正式注册仅仅用了两个月时间，表现出相当的活力和冲劲。哈共人民党自成立以来，积极参加每次总统大选和议会选举，并且合理利用竞选活动，宣传自己的政治主张，民众支持率稳步上升。

2004年9月，哈共人民党第一次参加议会选举，获得1.98%的选票；2007年，哈共人民党再次参加议会选举，获得1.3%的选票，均未达到进入议会的7%得票率门槛。2005年，哈共人民党候选人参加总统大选，仅获得0.34%的选票。在这样的背景下，哈共人民党认为单打独斗没有机会达到目标，重新与哈共合并的问题被提上议事日程。2007年3月28日，哈共人民党和哈共举行联合新闻发布会，宣布准备合并。但此后不久，哈共人民党宣布拒绝与哈共合并。时任哈共人民党领导人科萨列夫认为，该党拒绝合并的主要原因是，双方存在严重的政治分歧。具体而言，哈共主张仅仅在中央机关层面实现合并，而在基层依然保持各自的组织架构。而哈共人民党认为，哈共的组织结构已经瓦解，党在人民当中的威望基本上等于零，因此没有合并的必要。[1]

此后，哈共人民党有条不紊地开展各方面工作，为维护民众利益、争取党的政治地位而斗争。面对2010年4月提前举行的总统大选，哈共人民党组建了竞选总部和分部，积极参与选举委员会的工作以及竞选宣传活动。结果哈共人民党的候选人扎姆贝尔·艾哈迈德别科夫获得1.36%的选票，11.1万选民投票支持了哈共人民党的候选人。当然，由于哈萨克斯坦国内政治的特点，任何一个候选人都无法与时任总统纳扎尔巴耶夫抗衡。但是，参加竞选本身对哈共人民党来说，是一个宣传自己政治主张的机会。

为了迎接2012年1月15日举行的议会提前选举，哈共人民党对自己的选民基础进行了认真分析。哈共人民党认为，党代表的是普通民众的利益，争取的对象是农村居民和自雇就业者，以及没有固定收入的人。为此，在竞选正式开始前，哈共人民党举办了三期培训班，各个州委和市委成员都经过培训。在2011年11月举行的哈共人民党第六次非常全国代表大会上，共推举23人参加2012年举行的哈萨克斯坦议会选举，其中包括哈共人民党第一书记科萨列夫和该党2011年总统候选人艾哈迈德别科夫。竞选开始后，哈共人民党深入城市和乡村，通过多种方式向选民讲解自己的政策主张。2012年议会选举结果表明，哈共人民党对局势的分析是准确的。在此次议会提前选举中，哈共人民党获得近50万选票，得票率为7.19%，超过7%的"门槛"进入国家最高立法

---

[1] 刘淑春等：《独联体国家共产党的理论与实践》，中国社会科学出版社2016年版，第386页。

机构，赢得7个席位，在议会中组建了自己的党团，这为党的活动开辟了更为广阔的空间。哈共人民党中央就此发表声明，表示愿意与进入议会的另外两个政党（政权党"祖国之光"党得票率为81%，获得83个席位；"光明道路"党得票率为7.47%，获得8个席位）一起为人民的福祉而努力工作。

2013年6月1日，哈共人民党召开第八次非常全国代表大会，通过了新的党章和党纲，规定超过65岁便不能担任党的中央委员会书记和地方党组织负责人。根据新规定，党中央有包括第一书记科萨列夫在内的8位书记以及部分地方党组织负责人辞去职务，选举产生两位新的中央书记：艾肯·科努罗夫和德米特里·列赫基，另外一位中央书记艾哈迈德别科夫留任。此举为哈共人民党的领导机构输入了新鲜血液，大幅提高了该党应对一系列新任务和新挑战的能力。

2015年4月26日，哈萨克斯坦举行非例行总统选举。对此，哈共人民党面临艰难选择：如果参选，无论推举任何一位候选人，都无法与如日中天的时任总统纳扎尔巴耶夫相抗衡；如果弃选，则意味着放弃了一次为达到自己的目标而斗争的机会。经过讨论并权衡利弊，哈共人民党决定推举图尔贡·瑟兹德科夫代表党参加这次总统选举，并由中央书记科努罗夫担任竞选委员会领导人，全面负责此次竞选工作。经过哈中央选举委员会严格审查和考核，在众多候选人申请者中，只有三位候选人最终获得参选资格，分别是"祖国之光"党推选的候选人、时任总统纳扎尔巴耶夫，哈共人民党候选人瑟兹德科夫，以及哈工会联合会主席库萨伊诺夫。在竞选中，瑟兹德科夫不仅宣传共产主义，而且主张消除西方文化和价值观给哈萨克斯坦人带来的消极影响。最终结果是纳扎尔巴耶夫以97%的得票率再次当选总统。虽然哈共人民党推举的候选人瑟兹德科夫仅获得1.6%的选票，但通过竞选，哈共人民党表达了不屈不挠坚持斗争的决心和信心。

2016年3月20日，哈萨克斯坦再次举行提前议会选举。根据选举最终结果，有三个政党进入议会下院："祖国之光"党得票率为82.2%，"光明道路"党得票率为7.18%，哈共人民党得票率为7.14%，三个政党按得票比例分别获得84席、7席和7席。在此次议会选举中，哈共人民党虽然得票率和议席数与上届基本持平，但支持选民人数达到近54万，比上届多出近4万，并进一步缩小了与"光明道路"党的差距。

2019年3月19日，尚在任期内的哈萨克斯坦总统纳扎尔巴耶夫突然宣布辞职，由哈萨克斯坦参议院议长托卡耶夫暂时就任哈萨克斯坦总统。4月9日，托卡耶夫宣布该国将于6月9日提前举行总统大选。面对突如其来的非例行总统选举，哈共人民党于4月26日在努尔苏丹举行了第十四次（非常）代表大会，推举中央书记、哈议会下院议员艾哈迈德别科夫代表党参加此次总统选举，并通过了竞选纲领。艾哈迈德别科夫表示，"此次竞选纲领的基本要点和哈共人民党日常工作的原则与目标是一致的，这是一场战胜贫困、维护国内生产者利益的斗争，必须提高哈萨克斯坦经济和行政管理的效率、提高教育质量、增强社会保护，加深与邻国的经济一体化、对抗外来的破坏性影响，实事求是地评估并确定最低生活水平保障线。上述所做的一切都是为了提高人民的福祉"[1]。随后，哈共人民党开始了紧锣密鼓的竞选工作。此次总统选举共有7名候选人获准参加，最终"祖国之光"党推荐并得到纳扎尔巴耶夫首肯的候选人托卡耶夫以70.76%的得票率获胜当选总统。哈共人民党推举的候选人艾哈迈德别科夫的得票率为1.82%，获得16.7万选票。

经过多年艰难曲折的发展，哈共人民党的力量和影响力不断扩大，目前已经成为哈萨克斯坦乃至整个中亚地区最大、最具代表性的社会主义政党。哈共人民党拥有遍布全国14个州和2个直辖市的组织网络，有9万多名忠实党员。该党在议会下院有自己的议会党团，虽然只有7个席位，但拥有合法的议会讲坛，可以阐述该党的观点，使民众了解该党的政策主张。此外，哈共人民党还非常重视青年工作，拥有自己的青年组织——哈萨克斯坦共产主义青年团。该党在各方面都表现出较好的发展势头。

二、哈共人民党的理论纲领与政策主张

作为坚持社会主义的政党，哈共人民党随着斗争实践的深入，结合当代哈萨克斯坦现实国情，不断对自己的理论纲领和政策进行完善，并提出了一些具体的政治主张。

（一）哈共人民党对苏共、苏联历史的认识

哈共人民党是在苏共地方组织基础上建立起来的社会主义政党。因此，如何看待苏共、苏联历史对哈共人民党来说，是其理论发展、政策主张制定的一个基本前提和出发点。从建立之日起，哈共人民党就力图正确看待苏共的功绩又实事求是地清理它过去的不良影响，总结苏联社会主义的经验和教训，并努力在此基础上，提出革新的思想理论、纲领以及政策主张。

哈共人民党认为，在马克思主义思想的旗帜下，伟大的十月革命取得了胜利，建立了多民族的工农国家——苏维埃社会主义共和国联盟，消除了人剥削人的现象，基本上实现了人的劳动和休息、免费教育和医疗、免费住房和养老保障等权利。在一个很短的历史时期内改变了沙皇俄国数百年的落后局面，尤其是其边陲民族地区的落后状态，形成了新的历史共同体——苏联人民。苏联在经济、科技和文化领域进入先进

---

[1] КНПК выдвинула Жамбыла Ахметбекова в качестве кандидатав Президенты РК. https://knpk.kz/ru/vy-bory-2019/64650-knpk-vydvinula-zhambyla-akhmetbekova-v-kachestve-kandidata-v-prezidenty-rk.

国家行列。苏联伟大卫国战争的胜利帮助人类免遭法西斯主义的奴役，对全世界社会进步产生了重大影响。社会主义体系得以建立，推动殖民主义垮台，资本主义国家的工人运动蓬勃发展。这些成就的基础就是社会主义制度的优越性：生产资料社会所有制、集体主义、各民族友谊、计划性、集中社会力量办大事，等等。

然而，由于20世纪80年代后期东欧国家和1991年8—12月苏联发生的戏剧性事件，苏联解体，苏共被解散，苏维埃政权被取消，资本主义得以复辟。在分析苏共垮台的教训时，哈共人民党得出一个结论：除了苏共和各加盟共和国党组织领导层内部的叛徒们应对所发生的一切负有重大责任之外，还有许多深层次原因：第一，苏共领导人在理论上停滞不前，不愿意也无力在新的历史条件下继续创造性地发展马克思主义，因此在没有深度理论支撑、缺乏科学论证的行动计划的情况下就开始进行改革，导致改革失败；第二，损害党内民主，无视来自基层的批评，遏制了基层组织和普通党员的积极性；第三，干部的培养、教育和配备体系中存在严重缺陷，上级任命干部制度的封闭性导致党的精英和党的机构脱离普通党员，党脱离工人阶级和劳动人民。

（二）哈共人民党对资本主义的批判

哈共人民党从马克思列宁主义的立场、观点和方法出发，对资本主义进行了深刻的剖析和彻底的批判。哈共人民党认为，20世纪的资本主义利用科技进步以及社会主义制度的某些因素，剥削第三世界人民，得以暂时克服其所固有的对抗性矛盾并创造新的生产力。但进入21世纪后，资本主义和人类文明面临一系列严重威胁，世界资本主义体系已经进入危机状态，这表现在以下几个方面：跨国公司在经济中起主导作用，社会不断分化为穷人和富人，在政治上则是美国企图建立世界霸权，在世界上为所欲为；涌现出大量的难民和迁移人口，第三世界贫困所导致的移民在增多，这可能造成人道灾难；所谓的"金十亿"人口在很大程度上继续靠剥削发财致富，而世界人口的其余部分不会继续忍受，必须消除导致恐怖主义的原因，否则反恐战争只能是死路一条；信息现代化体系使得反动势力有条件操纵社会意识，建立信息专政，从而导致世界多层次文化的根本性衰退；核武器及其他大规模杀伤性武器的扩散正在导致世界面临全球性冲突的现实威胁，其后果不堪设想；对自然资源的掠夺性开发、对环境的自私自利态度可能导致环境灾难；只要资本占据统治地位，它就不会自愿退出历史舞台，因此，妄想通过不顾及第三世界利益的、所谓的"可持续发展"来拯救资本主义的政策及其他方案都注定要遭到失败。基于以上分析和认识，哈共人民党强调，资本主义是一个不公正的社会，是没有未来的，只有在共产主义思想基础上发展，才能够促进各国人民利益和谐、人与自然和谐，才能拯救人类。

（三）哈共人民党对社会主义的追求

基于对资本主义的批判，哈共人民党仍追求社会主义理想，坚信社会主义必将取代资本主义，共产主义终将是人类社会的未来。哈共人民党认为，不能把社会主义看作一个现成的体系，而应该把社会主义视为一个鲜活的、不断更新的过程，应该不断创造性地发展和完善社会主义思想。

哈共人民党指出，苏联社会本质上没有足以导致其灭亡的对抗性矛盾，而它所具有的矛盾都是可以克服的，一些社会主义国家的经验证明了这一点，因而是完全可以在苏联继续社会主义建设的。而苏联社会主义建设失败的主要原因在于，在党和社会生活中，不再坚持科学社会主义原则，在社会主义建设过程中没有利用一切潜在的可能和社会主义对资本主义的优越性。社会主义国家在20世纪八九十年代所发生的事件，不是社会主义本质的危机，遭到失败的不是共产主义思想，而是被歪曲的社会主义建设理论与实践。因此，必须非常认真地关注社会主义思想发展的各个阶段，这不仅是为了彻底恢复历史的真实，而且是为了在马克思列宁主义意识形态、列宁遗产基础上提出今天的观点。在研究和提出社会主义观时，必须认识到，社会主义是大量实际工作和尝试，是对每个社会主义国家的经验及其解决具体问题的方式方法的集中总结。人类早已证明了，社会主义是文明发展的一个阶段，它继承了人类进步过程中各个领域最好的东西。但是由于社会主义在全球的胜利不可能发生在同一时刻，所以，社会主义和资本主义两种社会制度的共存与斗争将会是长期的。这两种社会制度必须坚持和平共处的原则，学会在一个文明的框架内进行互动。社会主义和资本主义按照各自的客观规律在继续发展，相互竞争并且证明各自的优越性。只有这样，新社会制度取得胜利的进程才会加快。这是因为，社会主义是劳动者所有、为了劳动者的社会，而资本主义的卫道士、共产主义的叛徒将受到历史的羞辱并被抛进历史的垃圾堆。社会主义的最终胜利只是个时间问题。[1]

（四）哈共人民党对哈萨克斯坦现行制度的抨击

对于哈萨克斯坦当前的社会经济和政治状况，哈共人民党认为，苏联解体后哈萨克斯坦获得了独立和主权，这并未改善劳动人民的生活状况。统治精英将其用于维护自身利益，不顾人民意志，将国家推上资本主义道路。这不仅是一个没有前途的方向，而且是直接通往全面危机和死胡同的道路。在政治领域，解散共产党、撤销苏维埃之后，国内建立了权力不受限制的总统制，政权为富人服务，选举制度始终为当局的利益和金钱服务，民主派媒体、反对派政党和运动的领袖人物遭到迫害。在经济领域，

---

[1] 刘淑春等：《独联体国家共产党的理论与实践》，中国社会科学出版社2016年版，第400—401页。

脱离了苏联统一经济体系的哈萨克斯坦经济处于十分严峻的状况，在私有化的口号下全民财产被盗走，工业在衰退，农业在退化，科技落后日益严重，外国资本大肆收购自然资源，国家成为国际垄断组织的原材料附庸。在社会领域，社会主义时期建立起来的社会保障体系遭到破坏，教育、医疗、退休制度、保险都在退化，靠掠夺人民形成一小撮富人，社会严重分化，西方个人主义、自私自利的规范被强加给社会，腐败、犯罪、吸毒、卖淫猖獗，不满情绪在滋长，社会紧张局面在不断强化，人们丧失了对国家政权机构的信心。在外交领域，外交政策优先考虑的是各个集团、相互竞争的政治精英的利益，而不是人民的利益，不采取任何措施制止资本外流，在独联体一体化进程问题上说空话，没有实事。因此，只有走社会主义道路，与社会主义国家经济紧密一体化，才能阻止国家变为帝国主义国家的原材料附庸，克服经济、社会和政治上的落后局面，带领国家走出危机，保障人民过上体面的生活。

（五）哈共人民党对民主主义革命的探索

哈共人民党坚持以马克思列宁主义为唯一指导思想，以建成人人都享有幸福的共产主义社会为长远理想。但在当前，结合哈萨克斯坦的具体国情和该党作为反对派政党的现实，哈共人民党确立的奋斗目标是，在科技进步和科学社会主义基础上，为建成真正人民当家作主、社会公正、精神富足、自由和经济繁荣的社会而斗争，这个社会的核心应该是充分享有公民权利、广泛拥有发展及展现自己能力的机会、各种需求得到满足的人。为达到上述奋斗目标，哈共人民党认为需要经过两个阶段：在当前威权资本主义条件下夺取政权阶段和取得政权之后建设新社会阶段。

在第一阶段，作为反对派政党的哈共人民党的任务是：组织政治斗争，为建立真正的人民政权创造条件，向权力机关施加压力，维护劳动者的政治权利和公民自由，反对掠夺式公用事业收费以及物价疯涨，要求及时发放工资、退休金和补助金，解决失业问题；通过议会议员提出民主改革倡议，加强议会的监督职能，组织反对派与当局之间的常设对话机制；广泛宣传共产主义思想、马克思列宁主义理论和哈共人民党的纲领主张及其活动，停止抹黑苏联时期的哈萨克斯坦、苏联的历史以及列宁的学说；积极参与各级选举，与反对派政党和运动联合夺取各级选举机关的多数席位，建立强大的中左翼力量政治联盟，以组建联合政府，拯救社会和国家，支持独联体国家一体化进程。

在取得政权后的第二阶段，对国家机器进行民主化改造，将其从统治人民的工具变为按照人民共和原则为人民利益服务的机关，通过苏维埃、工人自治和其他广泛的人民民主形式，建立真正的人民政权；修改现行法律，使其符合真正人民民主原则；进行经济改革，在科学计划和管理、运用资源节约型后工业技术、生产资料社会所有的基础上，保障高水平的劳动生产率；恢复改革前既有的公民的生活水平、社会权利和保障，培养青少年的爱国主义和人道主义精神。

三、哈共人民党的发展前景

经过多年艰难曲折的发展，哈共人民党的力量和影响力不断扩大，目前已经成为哈萨克斯坦乃至整个中亚地区最大、最具代表性的社会主义政党。哈共人民党将自身定位为"建设性反对派"，其发展前景将取决于它能否继续采取有效的措施来应对未来面临的一系列严峻挑战。

（一）不利的体制制约

1991年苏联解体后，哈萨克斯坦获得了独立。独立后的哈萨克斯坦政治体制发生了重大变化，过去主宰一切的"共产党的领导"不复存在，开始实行多党制，众多政党如雨后春笋般建立起来，但它们在国家政治生活中的作用却不大。国家大权掌握在总统和议会的手中，由它们决定国家的重大事务。然而在谁对国家大政方针拥有决定权的问题上，总统纳扎尔巴耶夫与议会派展开了激烈的争斗，最终纳扎尔巴耶夫占了上风。1995年8月30日，哈萨克斯坦以全民公决的方式通过了独立后的第二部宪法，即1995年宪法，对国家政体作了重大修改。该宪法规定，哈萨克斯坦为"总统制国家"，总统拥有较大权力，甚至是决定一切的大权，议会的权力明显缩小。1998年，哈萨克斯坦又对宪法作了较大修改，将总统任期由5年改为7年，并取消了总统任职年龄的上限。由此可见，纳扎尔巴耶夫利用宪法和法律，强化了总统的权力，加强了总统权威。目前，哈萨克斯坦政治格局的特点可以概括为"强总统、弱议会"的权力结构和发育不良的多党制。总统在哈萨克斯坦国家政治生活中具有绝对权威，议会和政党作用相对弱小，政党对权力中心既不构成有力竞争，也形不成有效制约。[1]哈共人民党作为体制内政党，受制于国家体制。这种政治格局制约了哈共人民党在社会政治生活中的地位和作用。

（二）强大的对手挤压

根据2016年哈萨克斯坦议会选举的最终结果，有三个政党进入新一届议会下院："祖国之光"党、"光明道路"党和哈共人民党，三个政党按得票率分别获得84席、7席和7席。在进入新一届议会的三个政党中，哈共人民党是唯——个社会主义性质的政

---

[1] 马晨、罗锡政：《苏联解体以来哈萨克斯坦共产主义运动的发展变化》，《新疆师范大学学报（哲学社会科学版）》2011年第3期。

党，因此面临来自其他两个政党，尤其是"祖国之光"党的强大压力。"祖国之光"党成立于1999年，2005年改组，具有鲜明的纳扎尔巴耶夫色彩，是哈萨克斯坦的政权党。众所周知，哈萨克斯坦独立后，纳扎尔巴耶夫一直担任总统职务至2019年3月。在他任期内，哈萨克斯坦国内经济增长迅速，带来了社会的持续繁荣，人们生活水平相对富裕。民众从哈萨克斯坦的经济发展中受益，对政府现行体制有较高的认同度，纳扎尔巴耶夫也有较高的政治威望。目前，纳扎尔巴耶夫虽然卸任总统职务，但仍然担任"祖国之光"党的主席职务。"祖国之光"党虽历史短暂，却凭借纳扎尔巴耶夫的威望和无与伦比的权力，拥有议会的绝对多数席位，对议会重大事务具有决定权。不仅如此，"祖国之光"党还掌控了哈萨克斯坦国内的新闻媒体、能源资源、金融等行业，这种优势是作为反对派的哈共人民党所无法匹敌的。

（三）党的支持率瓶颈难以突破

在苏联时期，哈萨克斯坦是苏联的十五个加盟共和国之一，社会主义制度曾给该国带来了翻天覆地的变化：不仅使哈萨克斯坦构建了现代国家的雏形，而且使其经济与社会领域得到快速发展。虽然苏联解体、哈萨克斯坦独立已经20多年，但是仍有相当一部分哈萨克斯坦民众对苏联时期取得的发展和成就念念不忘，对抗击德国法西斯的侵略和捍卫祖国所付出的努力与牺牲，仍时刻牢记。哈共人民党作为在苏共组织基础上成立起来的社会主义政党，在这一部分民众中享有较高的支持率。哈共人民党也非常注重运用苏联时期的正面历史遗产，作为自己同其他政党开展竞争的重要筹码。得益于此，哈共人民党在2012年和2016年的议会选举中都成功地进入了国家最高立法机构。但是也应该看到，该党在这两届议会选举中的得票率分别仅为7.19%、7.14%，勉强超过7%的"门槛"。哈共人民党突破目前的支持率瓶颈，将是一个非常艰难的过程。这是因为，虽然社会主义给哈萨克斯坦国家带来进步，给人民带来很多福祉，但是苏联推行的社会主义也存在很多问题，影响到民众对社会主义的看法和信心。迄今经常为人们所诟病的话题和问题有：农业全盘集体化政策、肃反扩大化、高度集中的计划经济制度、忽视加盟共和国的存在和利益等。[1]这些都是哈共人民党难以摆脱的负面历史遗产。对哈共人民党来说，如何在坚持马克思列宁主义基本原则的同时，创新党的理论纲领和政策主张，使民众重拾对社会主义的信心，进而争取更为广泛的支持，一举突破目前的支持率瓶颈，将是一个重大考验。

---

[1] 赵常庆：《社会主义在哈萨克斯坦的兴衰》，社会科学文献出版社2016年版，第16—17页。

（四）具有全国影响力的领导人缺乏

哈共人民党自2004年4月成立以来，积极参加总统大选和议会选举，没有错过任何一次选举。哈共人民党在议会选举中取得了较为显著的成果：2004年、2007年的议会选举中仅分别获得1.98%、1.3%的选票，到2012年议会选举就已经获得7.19%的选票，超过7%的"门槛"进入国家议会，并在2016年议会选举中获得7.14%的选票，再次成功进入国家议会。应该说，哈共人民党在总统选举中也不断取得进步：2005年、2010年、2015年、2019年总统选举中该党候选人的得票率分别为0.34%、1.36%、1.6%、1.82%。但是相对于在议会选举中的成就，哈共人民党在总统选举中取得的成绩显得微不足道。这种状况与该党缺乏具有全国影响力的领导人有关。可以说，具有全国影响力的领导人是一个政党的思想和组织灵魂，他们的素质、水平、经验和能力，对外能够吸引民众支持，帮助自己的政党赢得选举，对内则能起到凝聚人心的作用，可以有效协调党内纷争，保证政党的稳定，能够增强党员的忠诚度，使政党形成合力，谋求更大发展。[1]目前哈共人民党不设中央第一书记职位，实行集体领导制，三位中央书记科努罗夫、艾哈迈德别科夫、列赫基分别负责不同领域的工作。[2]这种领导体制固然有助于实现党内民主，但也不利于培养具有全国影响力的领导人。如何实现两者之间的平衡，对哈共人民党的发展来说，也是一个巨大的挑战。

总而言之，哈共人民党自成立以来，采取了较为有效的策略，在议会选举中取得了较好的成果。但是，在哈萨克斯坦的政治现实中，哈共人民党候选人赢得总统大选、赢得议会多数席位的可能性不大。因此，该党需要坚持长期斗争，在保持马克思主义政党本色、不断创新社会主义理论的同时，根据形势的变化不断调整自己的斗争策略，争取更多的支持者和同情者，不断扩大自己的队伍和政治影响力。

原载于《当代世界社会主义问题》2019年第4期

---

[1]　王韶兴：《政党政治论》，山东人民出版社2011年版，第87—88页。

[2]　https://comparty.kz/ru/about/rukovodstvo.

欧洲激进左翼政治中的法国共产党与希腊共产党：殊途同归？

赵　婷　周　月

摘　要： 法国共产党和希腊共产党都是百年老党，在欧洲激进左翼政治中发挥着不可替代的作用。特别是在欧洲主权债务危机、难民危机爆发后，两党作为激进左翼力量的重要代表积极发声，在本国政坛和欧洲政治舞台上发挥了一定的影响力。两党同为共产主义政党，但在指导思想、实现社会主义的方式和途径、政党定位、组织原则等具体的理论政策和道路选择上有诸多差异。不同的理论政策和道路选择，却让两党在如今的欧洲政党格局中面临着相似的发展困境和日趋被边缘化的政治风险。

关键词： 欧洲激进左翼；法国共产党；希腊共产党；理论比较

自2008年以来，由于金融危机、欧债危机、难民危机等的影响，欧洲政党格局受到极大挑战，传统主流政党屡屡受挫，民粹主义、激进左翼力量表现活跃。在当前欧洲激进左翼政治光谱中，法国共产党（以下简称"法共"）和希腊共产党（以下简称"希共"）是两支比较重要的共产主义力量。两党历史悠久，从成立至今已近百年。在长期的发展历程中，法共和希共经受住了东欧剧变以及党内分裂的打击，一直坚持共产主义的奋斗目标和共产党的名称，在本国和欧洲政坛上发挥了很大作用。不过，在从共产主义危机到后共产主义转变过程中，两党的理论政策演进截然不同。法共不断"革新"，从探索"法国色彩的社会主义"道路，到不断创新的"新共产主义"理论，积极致力于重建；希共坚守"正统"，在理论上一直将马克思列宁主义作为党的指导思想，强调党的工人阶级先锋队作用，致力于组建反帝反垄断民主阵线和人民革命阵线等。但是，从近些年来的选举成绩和组织状况来看，两党似乎都未找到新的出口，依然面临着政治边缘化和衰落的危机。

一、列宁主义与斯大林主义：负担还是遗产？

法共与希共同为共产主义政党，从广泛意义上来说，两党都以马克思主义为指导思想，都可以被归为共产主义和马克思主义的队伍。但是，若对两党的指导思想进行比较，就可以发现两者之间的理论差异较大，特别是在核心问题，即如何认识和对待列宁主义和斯大林主义的立场上存在明显不同。目前，在指导思想上法共与列宁主义、斯大林主义保持距离，希共则坚持马克思列宁主义。

与希共相比，法共在理论政策上的波动幅度较大。法共在理论上曾长期受到苏联模式的影响，一度试图掩饰1956年赫鲁晓夫在苏共二十大上所作的报告[1]，并因此多次受到其他党派的排挤。不过，法共很快就意识到自己的问题，逐渐开始探索法国式的社会主义道路。为了消除苏联模式对党的负面影响，法共早在20世纪70年代就放弃了"无产阶级专政"这一政权组织形式，并放弃了"马克思主义—列宁主义"的提法，不再以马克思列宁主义作为唯一的指导思想。随后，法共在二十八大上再次删去了党章中的"民主集中制"原则，与列宁主义渐行渐远。法共试图与斯大林和苏联拉开距离，从马歇时期对苏联模式的"完全肯定"转向"完全否定"，认为马克思列宁主义这个概念经由斯大林定义后已经变成教条，"反对教条地对待马克思列宁主义……共产主义这一词语则被视为建立一个'更加人道、更加诚信、更加公正、更加自由'社会的愿景"[2]。不过，法共对于列宁本人及列宁主义是给予了高度评价的，认为列宁主义"仍然具有现代意义"[3]，但是列宁主义被僵化的苏联模式严重扭曲了，"列宁主义是'斯大林僵化理论的产物'"[4]。法共表示，"放弃用马列主义来形容我们的理论，并没有贬低马克思、恩格斯和列宁的重大作用，而是考虑不能把这一活生生的理论变成僵死的学说，它必须在世界范围内不断发展和充实"[5]。法共在指导思想上与列宁主义保持距离，是法共改变自身形象，与传统的苏联模式划清界限，以及法共"去斯大林化"的结果[6]。

希共自建党伊始，就明确了党的马克思主义性质。在党的第二次和第三次代表大

---

[1] 米歇尔·马索、赵超：《法国共产党的现状与未来》，《当代世界与社会主义》2008年第1期。

[2] 卢克·马奇著，于海青、王静译：《欧洲激进左翼政党》，社会科学文献出版社2014年版，第93页。

[3] Kate Hudson, The New European Left: A Socialism for the Twenty-First Century? Palgrave Macmillam, 2012, p.116.

[4] 于海青：《西欧共产党的变革与挑战》，中国社会科学出版社2017年版，第149页。

[5] 费新录：《法国共产党的兴衰之路——法共的历史演变与创新》，人民出版社2008年版，第86页。

[6] Fiona Haig, "De-Stalinisation？Grassroots Responses to the XXth Congress of the Communist Party of the Soviet Union in France's 'Var rouge'", Modern & Contemporary France, Vol.23, No.3, 2015, pp.285-305.

会上，希共在指导思想中增加了列宁主义，提出了无产阶级专政的奋斗目标，确立了民主集中制的组织原则。此后，希共便一直以马克思列宁主义为指导思想，坚信马克思主义和列宁主义的生命力，认为自身是一个无产阶级革命性质的国际主义政党。"希共在很早以前就被视为一个最忠诚于莫斯科、僵化'正统'的共产党"，希共在内战和被取缔期间"与苏联建立了紧密联系"，"希共从未经历过彻底的去斯大林化，也从未致力于'女性主义'等'新左翼'思想"[1]。希共在2017年3月底4月初召开的二十大上重申，该党是"在本国工人运动不断发展和俄国十月社会主义革命的影响下建立起来的，将继续以马克思列宁主义的革命的世界观为指导，党是工人阶级的先锋队，其战略目标是推翻资本主义，建立社会主义和共产主义"[2]。希共认为，马克思列宁主义关于垄断资本主义的认识、关于社会主义革命的理论等思想在21世纪仍然具有生命力。

对待列宁主义与斯大林主义的不同态度，反映了法共与希共在如何理解马克思主义这一问题上有着不同的认识。作为"欧洲共产主义"的主要代表，法共等发达国家的共产党认为应独立自主地探索本国的社会主义发展之路，并且"不认为'列宁主义'具有同等的指导思想地位，把列宁主义看作是落后国家条件下的特殊理论"[3]。特别是在东欧剧变以后，法共虽然信仰马克思主义，但主张发展或重新解读马克思主义，希望"超越马克思"，基本不再提列宁主义，而只提科学社会主义。与法共不同，不管国际共产主义运动形势如何变化，希共依然高举马克思列宁主义的理论旗帜，并且认为"马克思关于资本主义无法解决的社会基本矛盾的理论、列宁关于社会主义革命在一国或数国首先胜利的理论、列宁关于社会主义在帝国主义链条中的薄弱环节上首先突破的理论等，在今天仍然具有现实意义"[4]。

二、实现社会主义的方式和途径：超越资本主义还是反资本主义？

自马克思主义诞生以来，各国共产党在实现社会主义的方式和途径这一问题上就存在分歧。就马克思和恩格斯本人来讲，从最初强调暴力革命的重要性到后来主张工人阶级充分利用普选权和议会选举积蓄力量，他们对于这两种方式在工人阶级解放事业中的作用以及具体的斗争方式和策略的认识，是随着欧洲革命形势、随着工人运动

---

[1]　卢克·马奇著，于海青、王静译：《欧洲激进左翼政党》，社会科学文献出版社2014年版，第73页。

[2]　"Political Resolution of the 20th Congress of the KKE", https://inter. kke. g r/en/articles/POLITICAL-RESOLUTION-OF-THE-20th-CONGRESS-OF-THE-KKE.

[3]　费新录：《法国共产党的兴衰之路——法共的历史演变与创新》，人民出版社2008年版，第37页。

[4]　王喜满：《希腊共产党争取民主和社会主义革命的理论与实践》，中国社会科学出版社2012年版，第106页。

和社会主义运动形势的变化而发展变化的。十月革命胜利之后，在苏联的影响和支持下，社会主义从一国发展到多国。但是，关于实现社会主义的方式和途径问题，各个国家的共产党仍有不同主张。

一些国家共产党逐渐放弃了"暴力革命"的斗争方式，不再主张无产阶级革命和无产阶级专政，而是主张通过和平的议会斗争，在资本主义体制框架内进行合法活动，从而对资本主义进行逐步改革，实现资本主义向社会主义的和平过渡，如日本共产党、美国共产党、西班牙共产党、法共等。其中，法共的"超越资本主义"战略，即是一种以和平方式进行的社会变革，主张通过民主和人民的干预超越资本主义。不过，也有一些国家共产党坚持马克思列宁主义传统，认为共产党应该坚持阶级斗争原则，与资本主义和资产阶级进行革命性的决裂，反对彻底放弃"暴力革命"的主张，如希共。希共认为在资本主义和社会主义之间没有过渡的社会经济体制，因此也不会有过渡的政权形式。"政权的性质要么是资产阶级的，要么是工人阶级（无产阶级）的，没有哪个国家的经验证明了有可能并且有必要建立过渡政权"[1]。共产党在议会斗争中不能为了选票而放弃基本原则和自身的独立性，议会选举无法解决政权问题和生产资料所有制问题。所以，必须与资本主义进行革命性的决裂，才能摆脱资本主义的剥削，满足人民的需求。鉴于此，希共虽不排斥通过和平方式实现社会主义，但认为议会改革方式具有局限性，不应对其抱有幻想，因此不主张放弃革命。

具体来说，在实现社会主义的方式和途径这一问题上，法共和希共主要形成了如下观点。在罗贝尔·于、玛丽–乔治·比费和皮埃尔·洛朗以及新任总书记鲁塞尔[2]的带领下，法共一方面批判和否定苏联社会主义模式，另一方面主张进行共产主义变革，探索符合法国国情的发展之路，重塑自身形象。法共近年来不断丰富和发展"新共产主义"理论，倡导对资本主义进行全面改革，坚持用"超越资本主义"取代"消灭资本主义"，主张依靠民主力量和人民运动，通过完善马克龙政策的社会替代方案、建立参与式民主等方式不间断地对经济、政治、文化等一切领域进行变革[3]。"超越资本主义"社会变革道路的提出，是法共区别于苏联模式社会主义和社会民主主义改良模式的选择。

与法共的"超越资本主义"战略不同，希共根据希腊的社会性质和社会矛盾提出

---

[1] Makis Mailis, "The Struggle of the KKE Against Opportunism. TheExperiencefrom1949—1968", http://inter.kke.gr/en/articles/The-struggle-of-the-KKE-against-Opportunism-The-experience-from-1949—1968.

[2] 2018年11月25日，法国共产党举行第三十八次代表大会，选举鲁塞尔接替洛朗为法国共产党新一任全国总书记。

[3] 余维海、肖凤华：《法国共产党三十七大以来的发展新趋向述评》，《理论与评论》2018年第5期。

了"人民联盟"的倡议，认为"资产阶级政府的目的只有一个，那就是保护那些压榨工人剩余价值的垄断企业，这只会导致工人阶级和劳苦大众更加贫困"[1]，所以要建立以工人阶级和小农、中农、城市小资产阶级为基础的联盟，结合反帝反垄断阵线，赢得人民政权。人民政权将改变经济基础的性质，实现对经济、社会所有权以及劳动的社会控制，从而消灭资本主义。特别是欧洲主权债务危机以来，希腊经济严重下滑，失业率上升，中下层民众不得不为资本主义经济危机造成的后果买单。希共认为，激进左翼联盟和中右翼新民主党推行的紧缩政策，进一步削减了民众的福利，是反人民的。2019年9月21日，希共总书记迪米特里斯·库楚巴斯在第45届希腊共产主义青年团向导节上发表了题为"我们正在开辟通向社会主义的新道路"的演讲。他指出，希腊面临着严峻的国内外形势，希共从一开始就反对资产阶级政府所推行的紧缩政策和反人民计划。"推翻资本主义制度，为建立一个新的社会主义社会而斗争，是希腊人民的唯一出路。"[2]

对资本主义持批判态度是激进左翼政党的共同特点，但"它们之间具体的立场差别很大，既有强硬的革命者，也有在资本主义框架下寻求改良的改良者"，"有些是在用马克思主义的分析方法，从资本主义生产过程尤其是积累机制上来分析其根源，而有些则主要是从新自由主义政策的恶果的角度来看待危机"[3]。法共与希共在实现社会主义方式和途径上的不同态度，与两党对当代资本主义新发展的认识有关。法共认为，资本主义虽然存在着自身无法克服的矛盾，但现代资本主义由于其自我更新及调节能力，这种矛盾还是出现了一定程度的缓和。而希共认为，帝国主义是资本主义发展的最高形式，虽然全球化的发展使得当代帝国主义出现了一些新变化，如资本国际化、剥削形式隐蔽化等，但垄断依然是当代帝国主义的最基本特征，资本主义由于其固有的矛盾也无法克服自身周期性的经济危机，当代帝国主义体系的危机正在不断深化。所以，法共希望以和平方式"超越资本主义"，希共则对和平方式不抱有幻想。

三、政党定位与组织建设：不断革新还是坚守传统？

从党的角色定位来看，法共和希共都将自身定义为反对资本主义制度的政党。两

[1] Laurent Bernhard, Hanspeter Kriesi, "Populism in Election Times: A Comparative Analysis of 11 Counties in Western Europe", West European Politics, Vol.42, No.6, 2019, p.1199.

[2] "With the KKE for Popular Resistance and Counterattack! We are Opening the Way to the New, to Socialism", https://inter. kke.gr/en/articles/With-the-KKE-for-Popular-resistance-and-Counterattack-We-are-opening- the-way- to-the-new- to-socialism.

[3] 林德山：《欧洲激进左翼政党现状及变化评介》，《马克思主义研究》2014年第5期。

党虽然在指导思想上不尽相同，但从广泛意义上讲都以马克思主义为指导，都以共产主义为奋斗目标，对资本主义制度是持反对态度的。两党在政党光谱上同属于左翼中的极左翼[1]，是西方现行体制的"反对党"。不过，两党在党的性质和社会基础上侧重点不同。在党的性质上，希共仍坚持党的工人阶级先锋队性质，将工人阶级作为党主要的社会基础。希共认为自己必须在希腊当前复杂的社会经济形势下指导工人阶级斗争，推动反帝反垄断工人运动和人民运动的发展。与希共不同，法共在章程中明确指出，"党的大门向一切社会运动力量和一切民众积极分子敞开"[2]，"试图超越工人阶级，在工薪阶层、妇女和具有特殊性倾向的少数人群中增强号召力"[3]，致力于组建让全体人民都参与的"公民阵线"。

民主集中制是无产阶级政党的根本组织原则。在这一问题上，法共与希共的认识呈现出较大不同。两党都注重扩大党内民主，推动党的决策过程和运作程序的民主化。不同的是，法共更强调党内民主和党内生活的多样性。法共在2018年11月通过的政治纲领中多次强调，要"复兴民主"，"采用民主的解决方案"[4]。为了突出党内民主，法共早就对组织原则进行了调整，将传统的民主集中制转变为"民主的运转原则"。法共党章规定，党员可以最大限度地发挥自主权，党的纲领和政策在党员们民主协商的基础上形成。法共强调，多样性是党发展的有效保证，"党内可以充分辩论、讨论"，"多样性的领导将有助于我们迎接挑战"[5]。法共主张充分发扬党内民主，保障党的透明和多元。而希共仍然坚持以党内民主和集中领导为基础的"民主集中制"，并且主张党的重大决策和方针政策须在民主集中制的基础之上，由广大党员和干部共同参与制定。

在党的财务方面，两党比较注重财务监督，但两党的活动经费来源不太相同。在财务管理上，法共设有监察小组，负责监督和审查党的经费使用是否合理；希共在党章中也明确规定，要对党的经费进行监管，并且设有中央审计委员会负责此项工作。在党的活动经费来源方面，除了党员的党费外，两党对于国家补贴和企事业单位赞助的态度不同。法共指出，党的经费主要来自党费、募捐和公众的支持，同时也接收来

---

[1] Robert Elgie, "The Election of Emmanuel Macron and the New French Party System: A Return to the Eternel Marais?", Modern & Contemporary France, Vol.26, No.1, 2018, pp.15-29.

[2] 李淑清：《21世纪初期发达资本主义国家共产党的现状、问题与前景》，《国外社会科学》2016年第3期。

[3] 卢克·马奇著，于海青、王静译：《欧洲激进左翼政党》，社会科学文献出版社2014年版，第93页。

[4] "Pierre Laurent Congress of the French Communist Party November 23, 2018", http://international.pcf.fr/109596.

[5] "Pierre Laurent Congress of the French Communist Party November 23, 2018", http://international.pcf.fr/109596.

自省市职业联合会和国家金融协会等方面的捐助[1]。希共则坚持财务独立，党的活动经费主要来源于党员的党费、支持者的捐款以及党的杂志期刊等的出版费用，不主张接受国家补贴及其他资本主义企业的资助。希共认为，国家补贴及其他资本主义企业的资助会在一定程度上影响党的政策和决策的独立性，希共是一个革命性的政党，不会向资本主义国家妥协[2]。在当今经济危机的情况下，希共特别指出，要尽量减少财务支出，合理利用党费。

四、组织衰落与战略困境：殊途同归？

同为欧洲政坛上的激进左翼政党，法共和希共的理论差异比较明显，两党在指导思想、实现社会主义的方式和途径、政党定位等方面存在诸多不同。但是，从近些年来的发展轨迹看，两党却面临着相似的困境。

虽然法共一直致力于"革新""重建"，与共产主义政党的传统渐行渐远，但从许多方面来看，这只不过是一种表面现象[3]。"法共不断衰退，由之前的主流左翼政党逐渐沦为边缘性小党。"[4]特别是近20年来，法共的衰退更加明显，主要表现在以下三个方面。一是党员人数锐减。"它在发展最顶峰时曾拥有党员60万名，到东欧剧变之初迅速下降到27万名。而到2009年底，法共党员数只有20世纪90年代初的一半左右，约13.4万名，其中缴纳党费的党员6.6万名。"[5]2018年10月，洛朗在提交给法共全国委员会的一份报告中指出，法共目前的党员数是4.9万。[6]近年来多数发达国家共产党的党员人数呈下降趋势，但党员人数减少如此之快的也只有法共。二是选举成绩下滑，在国民议会选举、总统选举中的得票率和议席数量持续下降。法共在2002年、2007年和2017年的国民议会选举中一度遭遇生存困境，连续数次未达到5%的议会门槛。在最近一次的国民议会选举中，法共只获得10个议席，得票率也创下新低（其中第一轮得票率为2.7%，

[1] 秦俊、费新录：《法国共产党新章程（二）》，《当代世界与社会主义》2009年第1期。

[2] "Political Resolution of the 20th Congress of the KKE", https://inter. kke. gr/en/articles/POLITICAL-RESOLUTION-OF-THE-20th-CONGRESS-OF-THE-KKE.

[3] 卢克·马奇著，于海青、王静译：《欧洲激进左翼政党》，社会科学文献出版社2014年版，第93页。

[4] Jean-Numa Ducange, "The Radical Left in France", Socialism and Democracy, Vol.29, No.3, 2015, p.62.

[5] 于海青：《西欧共产党的变革与挑战》，中国社会科学出版社2017年版，第41页。

[6] "National Council 13 and 14 October-Report by Pierre Laurent", http://www.solidnet.org/. galleries/docu- ments/Rapport-CN-13-octobre-2018-Pierre-LaurentGB. pdf.

第二轮得票率为1.2%）[1]。三是党内派别多，意见难以统一。法共在理论政策上调整频繁，并且多变，再加上党内形成多个派别[2]，造成了党内严重的思想混乱[3]。各派在法共的理论路线、党内变革以及结盟政策上存有分歧，严重影响了党的统一，也在一定程度上削弱了法共的影响力。

与法共相比，希共的发展状况似乎要稳定一些。由于希共在指导思想和理论政策上的连续性，且强调党的工人阶级先锋队性质，其组织规模相对固定，选民基础以产业工人等传统支持者为主。近年来希共在本国议会和欧洲议会中的选举成绩波动不大，得票率一直在5%至8%之间徘徊。例如，希共在2019年7月的议会选举中获得了30万选民的支持，得票率为5.3%，基本与其自2010年主权债务危机以来的选举成绩持平。不过，希共虽拥有一部分较为固定的党员和支持者，但总体规模仍相对较小。从党员结构来看，现在希共的党员文化程度普遍偏低，也存在老龄化问题。而且，希共一再拒绝与其他激进左翼政党进行合作。"尤其是2010年以来，希共的反议会立场愈益坚定和彻底……一直回避与'人民团结''反资本主义左翼阵线'等议会外左翼小党进行对话与合作"[4]，其成员对与右翼共同执政更是知之甚少，所以导致了党的选票流失[5]。希共认为，希共的纲领和政策与泛希腊社会主义运动、激进左翼联盟等政党的妥协和阶级合作的立场不同，这些左翼政党支持欧盟、北约等帝国主义国际组织的发展，采取的是反人民的政策。所以，希共拒绝与激进左翼联盟或者其他力量一起参与资产阶级管理的政府，这也是希共在2012年、2015年大选中拒绝与激进左翼联盟组成竞选联盟的原因。

[1] Anja Durovic, "The French Elections of 2017: Shaking the Disease?", West European Politics, Vol.42, No.7, 2019, pp.1496-1497.

[2] 就目前来看，法共内部至少有六个不同派别，分别为以玛丽—乔治·比费和皮埃尔·洛朗为核心的多数派（主张重塑法共，强烈支持通过左翼阵线与其他左翼政党结盟）、以法共加来海峡省委和巴黎十五区支部为代表的正统派（主张回归马列主义传统，反对法共与社会党合作，批评法共领导层组建左翼阵线的做法）、以乔治·马歇旧部为代表的再造派（主张法共回到马歇的"法国色彩的社会主义"路线）、以加入法共的国际马克思主义倾向成员为代表的反驳派（反对与社会党合作，但又支持组建左翼阵线）、以罗贝尔·于旧部为代表的于派（对内主张推进民主，对外主张同社会党结盟）以及法共内部的重建派（主张解散法共，并联合环保派和共和派人士组建一个新的左翼政党）。

[3] 蒲国良：《法国共产党90年兴衰启示》，《人民论坛》2011年第18期。

[4] 于海青：《近年来希腊共产党"再激进化"评析》，《当代世界与社会主义》2018年第2期。

[5] 卢克·马奇著，于海青、王静译：《欧洲激进左翼政党》，社会科学文献出版社2014年版，第75—80页。

表1 21世纪以来法国共产党在国民议会选举中的成绩[1]

时间	第一轮得票数（票）	第一轮得票率（%）	第二轮得票数（票）	第二轮得票率（%）	赢得议席数（个）	赢得议席比例（%）	总议席数（个）
2002	1267789	4.9	690807	3.3	21	3.6	577
2007	1115663	4.3	464739	2.3	15	2.6	577
2012	1793192	6.9	249498	1.1	10	1.7	577
2017	615487	2.7	217833	1.2	10	1.7	577

表2 2010年欧债危机以来希腊共产党在欧洲议会和希腊议会选举中的成绩[2]

时间	选举类型	得票率（%）	获得议席（个）
2012.5	希腊议会	8.48	26
2012.6	希腊议会	4.5	12
2015.1	希腊议会	5.47	15
2015.9	希腊议会	5.55	15
2014.5	欧洲议会	6.11	2
2019.5	欧洲议会	5.35	2
2019.7	希腊议会	5.3	15

五、如何认识法共和希共理论上的差异

对于法共和希共理论上的差异，我们应该辩证地看待。一方面，这是社会主义发展道路多样性的体现。社会主义发展道路从来不是单一的，马克思主义理论也不是教条主义和本本主义，而是在实践中不断丰富和发展的。由于法国和希腊不同的国情及不同的工人运动形势，法共和希共在将马克思主义与本国实际结合的过程中，形成的理论和主张自然有所不同。这也是共产主义政党从整齐划一的苏联模式失败中得到的宝贵经验和惨痛教训，那就是要实事求是，尊重不同国家的国情，不能搞"一刀切"。另一方面，法共和希共的理论差异与本国的政治文化有一定关系。与1974年才确立共和制政体的希腊相比较，法国有着更为久远的共和民主精神以及自由、独立的人文传统。法共近年来所进行的理论创新和共产主义变革，其实是在寻求与法国政治文化和人文传统的一种融合，比如法共的"超越资本主义"战略、分享的共产主义目标以及

---

[1] https://www.interieur.gouv.fr/Elections/Les-resultats，http://www.parties-and-elections.eu/france.ht-ml.

[2] http://www.parties-and-elections.eu/greece.html.

多元化的联盟政策和民主、多样性的党建思想等，都是这一融合的体现。而近代的希腊政局则比较动荡，在长期的君主制度和军人独裁政权之后才得以确立共和制。由于在资本主义世界体系中处于弱势地位，希腊至今仍面临着严重的经济危机乃至政治上的动荡。特别是2008年全球金融危机爆发以来，希腊经济受到严重影响，随后引发长达数年的主权债务危机。正是由于希腊的这种局势，希共一直坚持革命性和阶级斗争原则，致力于推动反帝反垄断人民联盟的发展，以赢得人民政权。

从两党历史与理论逻辑的演进来看，我们更能清晰地勾勒出两党不同的发展轨迹。创建于1920年的法共曾是法国第一大党，并在很长一段时期内是法国最大的左翼力量，且多次参加左翼政府的组建，不过自20世纪80年代以来逐渐被排斥在主流政治之外，政治影响力越来越小，政党地位日趋边缘化。虽然法共一直在尝试寻找摆脱困境和危机的途径，曾积极反对《马斯特里赫特条约》，倡导构建"多元左翼"政府，并在2002年大选失利后"确立了一种通过建立和发展左翼联盟来重塑党的社会凝聚力和影响力的新战略"[1]，但是都未能扭转法共急速衰落的处境。再加上近年来左翼阵线也陷入发展低迷期，内部分歧和分裂不断，很难把现有的左翼力量凝聚起来。在2017年的法国选举中，中右翼和极右翼几乎占了500个席位，而左翼只有72个席位，这使得左翼力量陷入更深的危机[2]。希共是希腊现存历史最悠久的政党，建党之初便以推翻资本主义制度、建立一个苏联式的社会为目标。后来，围绕着党的路线问题，希共经历了两次大的分裂。这两次分裂虽然极大削弱了希共的力量，但也及时消除了党内的思想混乱，保持了党的革命性和共产主义性质。近年来希共发展相对稳定，在希腊政坛及国际共产主义运动中比较活跃，多次主办共产党和工人党国际会议，并发起成立了共产党和工人党倡议。

两党不同的历史和理论发展脉络，从根本上决定了两党不同的政治走向。法共不断变革共产主义理论，在指导思想、实现社会主义的方式和途径、组织原则以及联盟策略上持一种更加开放和多元化的态度，希望借此改变传统共产主义政党的"僵化"和"激进"形象。但由于其政策多变，在党的重建问题上无法采取一种连贯性的战略，再加上一味强调民主而忽视了党内思想统一的重要性，所以法共内部并没有形成一种合力，更无法领导和团结其他左翼力量。而希共拒绝意识形态妥协和选举合作，坚持激进的观点主张和反体制的政治实践，通过强调党的斗争性质和党的独立性，保持自己在反帝反垄断民主阵线中的"先锋作用"。但由于其不断激进，在理论政策和联盟策

[1] 于海青：《西欧共产党的变革与挑战》，中国社会科学出版社2017年版，第64页。

[2] Ben Clift, Sean McDaniel, "Is This Crisis of French Socialism Different?Hollande, the Rise of Macron, and the Reconfiguration of the Left in the 2017 Presidential and Parliamentary Elections", Modern & Contemporary France, Vol.25, No.4, 2017, p.404.

略上日趋陷入孤立主义，且在全球化时代依然固守激进话语和反全球化言论，希共也只有充分利用希腊一直面临的社会不平等、高失业率、腐败等问题，在少数工人阶级中发挥自己的政治影响力。

结　语

法共和希共都是百年老党，在欧洲激进左翼政治中发挥着不可替代的作用。两党一直坚持共产党的名称和共产主义奋斗目标，并且努力将马克思主义与本国实际情况相结合，活跃在本国和国际舞台上，为本国工人运动以及国际共产主义运动的发展作出了一定的贡献。特别是在欧洲主权债务危机、难民危机爆发后，两党作为激进左翼力量的重要代表在本国和国际上积极发声，一方面批判和揭露资本主义制度存在的矛盾和弊端，另一方面多次组织罢工、游行、示威等斗争活动。虽同为共产主义政党，但两党在具体的理论政策和发展道路上有诸多差异。法共求新图变，致力于"变革""重建"；希共坚守"传统"，强化党的独立性和革命性。不同的理论政策和道路选择，却让两党"殊途同归"，在如今的欧洲政党格局中面临着相似的发展困境和日趋被边缘化的政治风险。从两党的现实处境来看，法共和希共在本国政坛上的影响力比较有限，对于社会主义和共产主义的探索仍然处于困难时期，且近年来欧洲民粹主义力量的兴起也进一步挤压了两党的生存空间。当然，两党的发展困境也与欧洲整体左翼力量长期处于弱势有关，这一态势近期可能难以改变。

原载于《当代世界社会主义问题》2019年第4期

前南地区共产党对社会主义理论与实践的新探索

陈　凤

摘　要： 新自由主义的弊病和国际金融危机为前南地区共产党的发展提供了新的契机，让这些政党在本国政治舞台上重新活跃起来。它们对当代资本主义的时代特征、新帝国主义、霸权主义和本国资本主义制度进行了深刻的分析和批判，对社会主义的本质和实现社会主义的路径提出了各自的观点和实践方案。在总结历史经验和教训的基础上，前南地区共产党对社会主义理论与实践不断进行探索，积极推动了马克思主义的本土化和时代化发展。展望未来，前南地区共产党能否实现真正意义上的复兴既取决于自身的建设和革新，也取决于它们对时代潮流的把握和适应。

关键词： 前南地区共产党；社会主义；资本主义

20世纪90年代初，南斯拉夫社会主义联邦共和国（以下简称"南联邦"）在血雨腥风中解体，斯洛文尼亚、克罗地亚、波黑、马其顿、塞尔维亚和黑山先后独立成国。民族冲突与各国独立是南联邦的终点，也是前南地区各国发展的新起点。剧变后，前南各国参照欧洲模式建构新的国家，以"回归欧洲"为社会发展的方向，淡化苏联模式的影响。但是，去苏联模式并不等于去社会主义，苏联模式的失败并不意味着社会主义的消亡。相反，教条主义的衰落为前南地区社会主义的发展提供了新的契机。在社会转型和发展过程中，前南地区马克思主义者在当代资本主义的新变化、社会主义的本质、社会主义的实现途径等问题上尝试给出不同的诠释，继而形成了各具特色的共产党。

一、前南地区共产党的发展现状

前南地区共产党的数量目前较多，大多数成立于2008年世界金融危机爆发后，现在相对活跃的共有13个[1]。从政党光谱上来看，前南地区共产党都属于左翼政党。根据

---

[1]　从目前该地区共产党举行或参加的公开活动的频率、官网内容的更新以及在一些国际组织的参与情况来看，有13个共产党活跃度相对较高。

它们理念主张的差异，这些共产党又可以划分为激进左翼政党和极端左翼政党。其中，极端左翼政党又具体细分为非革命型极端左翼政党和革命型极端左翼政党。

第一类是属于激进左翼的共产党。这类共产党坚持以马克思主义为指导思想，同时强调批判性吸收其他社会主义学说；主张在现阶段通过议会斗争建立一个多元的、自由的、民主和平等的社会。其中，最具代表性的是北马其顿左翼党。该党成立于2015年，成员来自争取社会公正运动（Lenka）、左翼运动"团结"、马其顿共产党以及一些工会活动者和社会主义者等。2016年，北马其顿左翼党注册成功，随后参加了当年举行的议会选举，并取得了1.02%的投票支持率[1]。在2020年议会选举中，北马其顿左翼党获得了4.13%的选票，在议会中赢得两个席位[2]。另一个在议会中获得过议席的则是塞尔维亚共产党[3]，在2016年塞尔维亚议会选举中，其所在的塞尔维亚社会党主导的选举联盟以413770张选票赢得了10.95%的支持率，该党从而获得了1个议会席位[4]。在2020年塞尔维亚议会选举中，该党所在的选举联盟以334333张选票赢得了10.38%的支持率，再次获得1个议席[5]。

除北马其顿左翼党和塞尔维亚共产党外，前南地区还有一些活跃于议会选举中的共产党，但由于支持率较低，所获选票不足以达到进入议会的门槛。例如，克罗地亚社会主义工人党成立于1997年，是克罗地亚政治舞台上一个相对边缘化的左翼政党，以马克思列宁主义为指导思想[6]，是欧洲共产党和工人党倡议（ICWP）的成员。2000年，该党第一次参加议会选举，赢得了0.66%的选票。此后在2003年、2007年、2011年、2015年、2016年和2020年的议会选举中，克罗地亚社会主义工人党分别获得了0.59%、0.4%、0.22%、0.11%、0.19%和0.13%的选票[7]。另外，成立于2012年的波斯尼亚和黑塞哥维那共产党在2014年波黑议会选举中，赢得了0.31%的选票[8]。然而，在随后的几次议

---

[1] Organization for Security and Co-operation in Europe, "Elections in North Macedonia", https://www.osce.org/files/f/documents/8/b/302136.pdf.

[2] Organization for Security and Co-operation in Europe, "Elections in North Macedonia", https://www.osce.org/files/f/documents/b/e/4656482.pdf.

[3] 塞尔维亚共产党创建伊始，党主席是前南斯拉夫社会主义联邦共和国总统约瑟普·布罗兹·铁托的孙子约瑟普·约什卡·布罗兹。2022年，塞尔维亚共产党改名为塞尔维亚左翼党。

[4] Organization for Security and Co-operation in Europe, "Elections in Serbia", https://www.osce.org/files/f/documents/c/a/2569260.pdf.

[5] Organization for Security and Co-operation in Europe, "Elections in Serbia", https://www.osce.org/files/f/documents/a/3/466026.pdf.

[6] Socijalistička radnička partija Hrvatske, "Statut Partije", https://www.srp.hr/program.

[7] State Electoral Commission of the Republic of Croatia, https://www.izbori.hr/site.

[8] Central Election Commission of Bosnia and Herzegovina, "Confirmed results General Election 2014", http://www.izbori.ba/Potvrdjeni2014/Finalni/PredsjednistvoBiH/Default.aspx.

会选举中，该党只获得了极少量的选票。类似情况的还有黑山南斯拉夫共产党，虽积极参与议会选举，但支持率很低。

第二类是属于非革命型极端左翼的共产党。这类共产党虽然坚持社会主义对资本主义的制度替代，但接受议会多党制，不反对市场经济，重视被排斥和边缘化群体的政治参与权利。它们虽参与本国议会选举，但获得议席的机会不大，所以更多是把选举作为宣传社会主义和自己理念主张的一种有效方式。这类共产党中的典型代表是塞尔维亚的南斯拉夫新共产党，其前身是成立于1990年的南斯拉夫新共产主义运动。南斯拉夫新共产党把自身定位成一个传统马克思主义政党，将斯大林主义作为指导思想之一[1]。该党在党纲中提到其长期目标是推翻资本主义制度，实现社会主义和共产主义；短期目标是参与议会选举并获得议席[2]。

此外，属于该类型的前南地区共产党还有：塞尔维亚共产党人党、克罗地亚共产党、波斯尼亚和黑塞哥维那工人共产党等。其中，塞尔维亚共产党人党成立于2008年，主张利用计划经济和市场经济的积极经验，建立集体所有制；组建左翼选举联盟，通过议会斗争来夺取政权，建立社会主义社会[3]。

第三类是属于革命型极端左翼的共产党。革命型极端左翼政党主张采取与资本主义制度毫不妥协的态度，完全否定资本主义民主，强调议会外的斗争，反对自由市场经济。这类共产党认为苏东式社会主义失败的原因是背离了斯大林主义，坚持暴力革命是推翻资本主义的唯一方式，通常带有一定的民粹主义色彩。他们有的拒绝注册，以秘密方式进行活动；有的拒绝参加议会选举，直接向工人宣传自己的理论主张；有的虽参与议会选举，但目的是向民众揭露议会选举的虚伪。例如，成立于2008年的克罗地亚红色行动[4]认为共产主义不是教条主义，坚决反对国内的反共宣传[5]，经常参与和组织各种抗议活动，克罗地亚国内媒体曾将其描述为反政府抗议活动的主要组织者之一。该党因以红色油漆涂遮北约标志的行动而闻名。在2009年加沙冲突期间，克罗地亚红色行动组织了声援巴勒斯坦人的抗议活动。

其他属于革命型极端左翼的共产党还有塞尔维亚劳动党、塞尔维亚劳动革命联盟和斯洛文尼亚社会党。塞尔维亚劳动党是以弗拉基米尔·达普切维奇为核心的一群激进左翼分子于1992年3月创建的，该党曾于2011年参加过马克思列宁主义政党和组织

[1] Nova Komunisticka Partija Jugoslavije, "Nasa Stvar", https://nkpj.org.rs/stari/stranice-la/nasa-stvar-la.php.

[2] Nova Komunisticka Partija Jugoslavie, "Ciljevi Nkpj", https://nkpj.org.rs/ciljevi-nkpj.

[3] Komunisti Srbije, "Програм Osnobe Партије Komunisti Srbije", http://www.komunistisrbije.rs/документи/програм.

[4] 2020年，克罗地亚红色行动与塞尔维亚组织红色倡议合并，组建红色行动/红色倡议。

[5] Crvena akcija, "Onama", https://cvena.org/o-nama.

国际会议（国际通信，ICM-LPO），现为革命性政党和组织国际协调（ICOR）的成员，以马克思列宁主义为指导思想，主张领导无产阶级反对帝国主义和资本主义，废除私有制[1]。塞尔维亚劳动革命联盟成立于2000年，是马克思列宁主义政党和组织国际会议（团结和斗争，CIPOML）的观察员，奉行霍查主义。塞尔维亚劳动革命联盟强调，世界现在正处于形成帝国主义联盟的最后阶段，资本主义国家的集团化正在加速，战争一触即发[2]。斯洛文尼亚社会党成立于2016年，以马克思列宁主义、铁托主义为指导思想，认为当前资本主义政府不是代表民众，而是外国势力和资本的代表，斯洛文尼亚处于法西斯制度下，因此坚决反对现行体制，捍卫铁托创造的社会主义[3]。

总体而言，进入21世纪以来，尤其是2008年世界金融危机后，前南地区的共产党在本国政治舞台日益发挥着不可替代的作用，其整体发展呈现出重振的迹象。

二、前南地区共产党对当代资本主义发展新态势的批判性认识

冷战结束后，资本主义有了更多新的变化和特征。在此背景下，前南地区共产党结合本国的具体情况，着力于思考当代资本主义发展新态势。

（一）对当前世界资本主义发展特征的分析

马克思、恩格斯在《共产党宣言》中写道："资产阶级除非对生产工具，从而对生产关系，从而对全部社会关系不断地进行革命，否则就不能生存下去……生产的不断变革，一切社会状况不停的动荡，永远的不安定和变动，这就是资产阶级时代不同于过去一切时代的地方。"[4]面对当代不断变化的资本主义，前南地区共产党目前主要有以下几种代表性的观点。

一是当代资本主义仍处于垄断资本主义阶段。塞尔维亚劳动党指出全球化是资本主义发展的结果，具有垄断资本主义的特征，是一种打破国界限制、不断扩大和集中化的过程[5]。塞尔维亚共产党认为国家资本主义本质是垄断资本主义由于在经济上和政治上已经变得不可持续，通过支持某些经济功能，保留重要的资本主义关系的特点而

---

[1] Partija Rada, "Pitanja i odgovori", http://partijarada.org/pitanja-i-odgovori/#6.

[2] Revolucionarni savez rada Srbije, "Balkanski Narodi i Imperijalisticki Rat", https://savezrada.files.wordpress.com/2022/02/24.-narodni-front-februar-2022.pdf.

[3] Socialisticna Partija Slovenije, "Web junij 2017", https://web.archive.org/web/20180504230449/http://www.spslo.si/2017/06.

[4] 《马克思恩格斯选集》（第1卷），人民出版社2012年版，第403页。

[5] Partija Rada, "Pitanja i odgovori", http://partijarada.org/pitanja-i-odgovori/#6.

自发寻求摆脱危机的出路[1]。

二是当代资本主义面临全面性危机。南斯拉夫新共产党分析了当代资本主义所显现的多重危机：首先，资本主义国家之间的矛盾加剧，且变得更具侵略性和好战性。世界资产阶级正试图通过各种不公的措施来转移2008年全球经济危机所产生的负面产品。其次，资本主义无法解决经济领域的棘手问题，尤其是国家间经济不平衡发展的问题。全世界目前180多个资本主义国家中，只有20个左右是发达或高度发达的国家；其余的或勉强支撑，或正处于苦难和贫穷中。最后，资本主义国家失业问题长期存在。当下美国永久失业人数（包括每周只工作几个小时或两三天的人）在1400万—1600万人，在欧洲最发达的国家——德国、英国、法国和意大利，即使没有经济危机的影响，失业率也处于8%～20%[2]。

三是当代资本主义世界的不平等鸿沟进一步加深。克罗地亚社会主义工人党依据萨米尔·阿明以"中心"与"外围"的层次概念对第三世界国家与发达国家在世界资本主义经济体系中的关系分析，认为当代资本主义统治秩序仍以资本关系为基础，处于"中心"的资本主义发达国家剥削处于"外围"和"半外围"的资本主义不发达国家，前者将各种经济危机转嫁给后者；克罗地亚作为欧洲边缘的一个小国，正沦落为殖民地，变成"香蕉共和国"[3]。塞尔维亚劳动党则强调，跨国资本将资本主义政府及其机构置于其完全控制下，打破边界的限制，试图成为主导世界政治经济关系的"领导力量"，这意味着财富将越来越集中于少数国家和部分个人手中，贫富日益悬殊[4]。

（二）对本国复辟的资本主义制度的批判

冷战结束后，新自由主义主导了前南地区国家的社会转型。这些国家在政治上转向多党议会民主制，经济上大规模推行私有化、削减公共福利，建立自由市场经济，外交上积极争取加入欧盟和北约。然而，新自由主义没能为前南地区国家带来预期中的经济飞跃，相反其弊病日益凸显，社会矛盾与冲突持续增加。前南地区共产党聚焦中下层民众的利益诉求，对本国资本主义制度展开了激烈的批判。

首先是关于本国的经济转型问题。克罗地亚社会主义工人党认为，新自由主义主导的经济转型实际上是"中心"国家控制"外围"国家的一种战略手段。"中心"国家把以前的社会主义国家置于其经济控制之下，进而扩展到其他方面的控制。这并不意

[1] Komunistička partija, "O državnom kapitalizmu", http://www.kp.rs/Program%20Komunisticke%20 partije%202015.html.

[2] Nova Komunisticka Partija Jugoslavije, "Program Nkpj", https://nkpj.org.rs/program-nkpj.

[3] Socijalistička radnička partija Hrvatske, "Program Partije", https://www.srp.hr/program.

[4] Partija Rada, "Program", http://partijarada.org/program.

味着前社会主义国家进入资本主义"中心"，而是被置于资本主义的"外围"，或者充其量是资本主义的"半外围"[1]。南斯拉夫新共产党指出，从社会主义到资本主义的经济转型进程缺乏公平性，严重侵害了民众的利益，资本主义复辟导致国内资产阶级和各种寄生阶层的产生，民众不满剧增，人民生活水平急剧下降，各种形式的犯罪、极端黑手党和绑架活动猖獗等[2]。黑山南斯拉夫共产党在党纲中提到，所谓社会转型，本质上是从社会主义过渡到资本主义的原始资本积累阶段。新的统治力量根据自身需要制定法律法规，掠夺被私有化的财产，为自己及其亲信积累了无限的财富，工人阶级则在灰色经济中艰难谋生[3]。

其次是关于本国的资本主义政治制度问题。塞尔维亚共产党在公开文件中讲道："资产阶级民主是建立在资本主义私有制和剥削基础上的社会关系的政治框架，即建立在资本所有者自由行动的权利、利益和需要之上……这种制度设计原则上排除了民众对权力行使的任何直接影响，建立起政党统治而不是人民统治。"[4]克罗地亚社会主义工人党认为，多党议会制是为符合资产阶级利益的社会经济及生产关系服务的，是一种限制人的真正利益，尤其是工人阶级利益的制度形式。通过政党之间的竞争，制度本身在这些阶层中制造了他们统治社会或至少有可能统治社会的错觉，而社会实际上是由政党和国家权力机构所控制的[5]。斯洛文尼亚社会党认为，所谓新自由主义民主只不过是精英们的政治营销，明显是"空洞的承诺，愚者的快乐"，其目标是让斯洛文尼亚人相信资本主义，实际上政治精英们操控选举，确保国家做出的决策能够符合他们自身的利益[6]。

最后是关于本国资本主义体制中的社会矛盾问题。克罗地亚社会主义工人党认为当前资本主义制度虽然让一些民众获得相对多的财富，但是却将人异化成消费者，少部分人极度富有，而大部分人为生活所困[7]。黑山南斯拉夫共产党指出，当代发达国家的富饶是建立在发展中国家贫穷的基础上的，富人的财富是建立在绝大多数人穷苦的基础上的。发达国家和欠发达国家的收入比由20世纪的6∶1上升到现在的84∶1，当今

[1] Socijalistička radnička partija Hrvatske, "Program Partije", https://www.srp.hr/program.

[2] Nova Komunisticka Partija Jugoslavije, "Program Nkpj", https://nkpj.org.rs/program-nkpj/.

[3] Jugoslovenske Komunisticke Partije Crne Gore, "Politicki Program", http://www.jkpcg.me/dokumenta/Program.pdf.

[4] Komunistička partija, "O državnom kapitalizmu", http://www.kp.rs/Program%20Komunisticke%20partije%202015.html.

[5] Socijalistička radnička partija Hrvatske, "Socijalistička radnička partija Hrvatske", https://www.srp.hr/program.

[6] Socialisticna Partija Slovenije, "Web januar 2017", https://web.archive.org/web/20180504230404/http://www.spslo.si/2017/01/.

[7] Socijalistička radnička partija Hrvatske, "Program Partije", https://www.srp.hr/program.

最富有的225个人的财富超过了几乎一半的人类[1]。北马其顿左翼党谴责本国资本主义的发展导致社会不稳定、充满危机、高失业率以及日益严重的社会苦难和不安全感；政治精英掠夺了公共财产，工厂被卖掉、肢解、倒闭、破产或缩减产能，许多工人没有工作，亦没有财产[2]。

（三）对新帝国主义和霸权主义的谴责

进入21世纪后，随着经济全球化、金融化的推进，"新帝国主义"论兴起。新帝国主义的理论根基是"霸权稳定论"，但前者表现出更为直接的野心勃勃的霸道倾向。无论是新帝国主义还是霸权主义，都是前南地区共产党在对外政策方面所坚决反对的。

一是抵制欧盟和北约在欧洲的扩张。斯洛文尼亚社会党认为欧盟是资本主义和法西斯主义与超国家力量的结合体，欧元区只是德国使其他成员国陷入贫困的工具。在欧盟内部，德国不断制定新的市场标准，由于财政状况不佳，各国基本无法达到这些标准，导致它们不得不因为违反标准而支付罚款（合同罚款）。此外，欧盟很多产品都是德国自己生产的，这意味着整个欧盟都必须按照德国人制定的标准来购买产品；结果是德国越来越富裕，而欧盟其他国家越来越贫穷[3]。南斯拉夫新共产党坚决反对塞尔维亚加入欧盟和北约。该党认为欧盟的存在让富人更富有，穷人更加贫穷。欧盟保护的是大资本的利益，而不是劳动人民的利益。不仅如此，欧盟还与其他帝国主义国家参与了南联邦的解体。"统一的欧洲是必要的，但一定是进步的、反帝国主义和属于工人的。"[4]波斯尼亚和黑塞哥维那工人共产党于2005年参与了抗议欧盟要求波黑议会修改增值税法的签名活动，是该国唯一反对加入欧盟和北约的政党。

二是谴责美国在世界推行新帝国主义和霸权主义。塞尔维亚共产党人党提出以美国为首的西方列强在全球范围内推行新殖民主义，对全人类，尤其是包括塞尔维亚在内的小国和欠发达国家造成了灾难性的后果[5]。北马其顿左翼党强烈反对帝国主义，在其党纲中提到以美国为代表的世界超级大国对全球进行破坏性统治，肆无忌惮地在其他国家挑起战争[6]。塞尔维亚劳动党指出，美国等国家所推行的新帝国主义霸权依赖于

---

[1] Jugoslovenske Komunisticke Partije Crne Gore, "Politicki Program", http://www.jkpcg.me/dokumenta/Program.pdf.

[2] Левица, "Кон една сеопшта еманципација на народот", https://levica.mk/partiska-programa.

[3] Socialistič na partija Slovenije, "Program Socialisticna Partija Slovenije", https://web.archive.org/web/20180426152335/http://www.spslo.si/p/program.html.

[4] Nova Komunisticka Partija Jugoslavije, "Program Nkpj", https://nkpj.org.rs/program-nkpj.

[5] Komunisti Srbije, "Програм Osnobe Пartije Komunisti Srbije", http://www.komunistisrbije.rs/документи/програм.

[6] Левица, "Политичка Платформа На Левица", https://levica.mk/platforma.

经济和政治权力高度集中的力量，是新的世界大战或局部冲突的根源[1]。

三是剖析新帝国主义和霸权主义形成中的民众因素。塞尔维亚共产党认为，争夺霸权不总是某个国家行为体或其资产阶级及官僚的专属行为。在一定条件下，此类行为不仅得到了社会中产阶层的支持，甚至也得到了一部分工人阶级的支持。这是因为资产阶级掌权者在超额利润的基础上"贿赂"一部分工人，以至于拥有更高社会生产率的发达国家民众生活水平明显高于世界其他地区[2]。黑山南斯拉夫共产党指出，资本主义制度中的剥削不断扩展并跨越国界上升到全球水平。在这种情况下，最发达的资本主义国家的工人阶级成了不发达的依附国群众的剥削者[3]。

三、前南地区共产党对重建社会主义社会的新构想

前南地区共产党在汲取20世纪南联邦社会主义建设的历史经验与教训的基础上，根据马克思主义经典作家所揭示的社会主义社会的基本特征，尝试探索一条具有本国特色的社会主义发展道路。

（一）对社会主义历史及东欧剧变的新评价

1989年东欧剧变后，原东欧国家普遍出现了对社会主义时期历史的批判和清算，排挤和打压本国共产党组织。前南地区共产党在艰难求生的过程中，痛定思痛，不断反思社会主义历史，从中寻找能够为新理论和实践提供重要参考价值的经验教训。同时，这些共产党对东欧剧变基本都持明确的批判态度。

在经验方面，克罗地亚社会主义工人党认为，克罗地亚社会主义建设是一种在"发达的"资本主义所支配的生产关系和社会关系全球化背景下的"不发达的"社会主义，但这一时期有许多成绩是不能否认的。例如，铁托领导人民共同反对法西斯主义，他还是不结盟运动的创造者和领导者之一；社会主义时期南联邦在经济和社会领域中，让自治民主得到了相当人的发展[4]。南斯拉夫新共产党指出，塞尔维亚等前社会主义国家在抗击新冠疫情方面取得了比西方国家稍好的成绩，主要原因是社会主义时期形成

[1] Partija Rada，"Program"，http://partijarada.org/program.

[2] Komunistička partija，"Savremeni kapitalistički hegemonizam"，http://www.kp.rs/Program%20Komunisticke%20partije%202015.html.

[3] Jugoslovenske Komunisticke Partije Crne Gore，"Politicki Program"，http://www.jkpcg.me/dokumenta/Program.pdf.

[4] Socijalistička radnička partija Hrvatske，"Program Partije"，https://www.srp.hr/program.

的卫生保障系统没有被本国资产阶级政府彻底破坏掉[1]。

在教训方面，克罗地亚社会主义工人党强调，20世纪社会主义发展之所以出现重大挫折，主要是因为在信息化、生产去大众化和全人类劳动智能化时代，社会主义国家生产力受到束缚，东欧剧变只是见证了作为一种政治秩序而不是真正意义上的社会主义制度的崩溃[2]。南斯拉夫新共产党认为，社会主义的暂时崩溃和苏联的消失，是戈尔巴乔夫及其支持者的背叛所直接导致的，苏联解体的根源则在于赫鲁晓夫时期实行的改革政策[3]。塞尔维亚劳动党提出，苏东国家社会主义失败是当时各种因素共同造成的，如军备竞赛等，但根本原因却是官僚主义，官僚集团将自己的利益置于人民的利益之上，引起了社会各界的普遍不满[4]。

（二）关于什么是社会主义的再思考

20世纪，南联邦走上一条相对独特的社会主义道路，即自治的和不结盟的社会主义道路。冷战结束后，前南地区共产党继续坚持马克思主义的本土化发展，在总结历史经验教训、研判国内外形势的基础上，从理论层面对社会主义本质进行了深入的阐释。

第一，民主是社会主义的本质。克罗地亚社会主义工人党声明，社会主义社会是一个拥有发达文明且人民生活幸福、满足、充实的社会，这样一个美好的人类社会形态是需要政治民主、经济民主和社会民主来实现的。因此，21世纪新社会主义必须摒弃20世纪的教条主义，充分尊重社会的多元化，保障自由、民主和公民权利，促进多民族共同发展[5]。塞尔维亚共产党认为，与资产阶级民主相比，社会主义民主代表了在生产资料社会所有制基础上产生和发展的社会关系的政治框架。在社会主义民主制度下，每个人都可以参与到国家事务的决策中，能够对社会共同利益负责，表达自己的需求，捍卫自己的利益[6]。

第二，劳动分配是社会主义的本质。斯洛文尼亚社会党在党纲中指出，一般来说，社会生产过程包括四个阶段，即生产、交换、分配、消费；初级生产要素则有三种，即劳动力、土地、资本。其中，分配作为生产过程的第三阶段，是建立在劳动要素之

---

[1] Nova Komunisticka Partija Jugoslavije, "Novogodisnja Cestitka Nkpj i Skoj", https://nkpj.org. rs/2022/01/01/novogodisnja-cestitka-nkpj-i-skoj-2.

[2] Socijalistička radnička partija Hrvatske, "Program Partije", https://www.srp.hr/program.

[3] Nova Komunisticka Partija Jugoslavije, "Program Nkpj", https://nkpj.org.rs/program-nkpj.

[4] Partija Rada, "Pitanja i odgovori", http://partijarada.org/pitanja-i-odgovori/#6.

[5] Socijalistička radnička partija Hrvatske, "Program Partije", https://www.srp.hr/program.

[6] Komunistička partija, "Socijalistička demokratija", http://www.kp.rs/Program%20Komunisticke%20 partije%202015.html.

上的，由此社会主义在经济上的定义是：以劳动力为主要分配因素的社会制度。对应的则是资本主义的经济定义，即以资本和土地为主要分配因素的社会制度[1]。

第三，社会主义本质是一种生活方式。马其顿共产党认为共产主义和社会主义不是一种国家治理模式，而是根据马其顿共和国宪法和法律，在市场经济和议会民主制下的一种生活方式[2]。南斯拉夫新共产党提出党的目标是建设一个自由、民主、文明、富足的社会主义社会，其中一条基本原则就是人人都有技能，人人都有工作[3]。

除上述观点外，黑山南斯拉夫共产党还认为未来的社会主义必须具有以下几个方面的特点：爱国主义与社会主义、国际主义相统一，实现社会主义目标的一致性与决策和行动中重视民主相统一；经济理性与社会责任相统一；避免教条主义，重视实践；肯定人是社会的最大财富，是社会主义建设理论和实践的基本载体[4]。

（三）实现社会主义的策略与实践

从理论层面不懈探索社会主义发展道路的同时，前南地区共产党对于如何实现社会主义目标也提出了多样化的实践方案。

明确实现社会主义社会的替代路径。克罗地亚红色行动提出，今天的社会主义者是对当前资本主义发展阶段的优秀批评者，也是过去社会主义时期的坚定辩护者。但是在谈到未来的展望时，他们却保持沉默。这让社会主义者看起来像是某种怀旧者或者复仇者，而不是新社会的创造者，并且将对资本主义批判引向道德化方向[5]。没有清晰的替代路径，社会主义事业的发展就会受阻。对此，克罗地亚社会主义工人党提出，要想在未来实现社会主义，必须做到：一是通过把国有企业归还给原来的雇员来终止经济转型，企业的监督职能应该由选举产生的工人委员会接管；二是对资本的流动实行严格控制，归还私有化过程中流失的资本；三是允许各种所有制形式在市场上进行平等竞争；四是发展政治民主、经济民主和社会民主；五是在生产和劳动中采取自我管理和共同决策的形式；六是制定一项发展和融入国际分工的长期战略，让克罗地亚

[1] Socialistična partija Slovenije，"Program Socialisticna Partija Slovenije"，https://web.archive.org/web/20180426152335/http://www.spslo.si/p/program.html.

[2] Комунистичка партија на Македонија，"Комунистичка Партија На Македонија"，https://kpm.mk/komunisticka-partija-makedonija.

[3] Nova Komunisticka Partija Jugoslavije，"Program Nkpj"，https://nkpj.org.rs/program-nkpj.

[4] Jugoslovenske Komunisticke Partije Crne Gore，"Politicki Program"，http://www.jkpcg.me/dokumenta/Program.pdf.

[5] Crvena akcija，"Cik zore-Glasilo Crvene inicijative Kragujeva"，https://crvenainicijativa.files.wordpress.com/2020/02/cik_19.pdf.

跻身发达国家行列[1]。

推动国内外左翼力量之间的合作。塞尔维亚共产党人党主张通过议会斗争来夺取政权，认为共产党需要与其他左翼政党联合起来，积极参与到选举投票中，而不是作为其他政党的附庸[2]。黑山南斯拉夫共产党强调，左翼政党或社会组织通常致力于实现社会、经济以及其他方面的平等，提高民众的生活水平，这些主张和举措都是有利于实现社会主义的，因此共产党人应该把握住所有机会跟他们进行合作[3]。2005年4月，塞尔维亚劳动党、南斯拉夫新共产党、波斯尼亚和黑塞哥维那工人共产党等联合巴尔干地区其他共产党成立了"巴尔干共产党和工人党大会"。大会确立的基本原则之一便是：本着相互尊重、真诚、平等、无霸权主义的精神促进左翼和革命力量之间的团结。2006年9月和2007年12月，各共产党又召开了第二次和第三次"巴尔干共产党和工人党大会"。此外，前南地区一些共产党还与俄罗斯联邦共产党、捷克和摩拉维亚共产党、古巴共产党等共产党建立联系。例如，2016年6月，塞尔维亚共产党主席约瑟普·布罗兹与古巴全国人大主席和古巴驻塞尔维亚大使举行了会谈。

充分利用多元化媒体进行宣传。在塞尔维亚共产党人党看来，自南联邦解体后，该地区的共产党组织基本上失去了与媒体之间的密切联系，这也是共产党人的宣传和活动未能够给公众带来预期积极影响的重要原因之一。如果不重建与媒体的联系，那么共产党在公共政治舞台上很难发挥作用，社会动员能力也随之减弱[4]。波斯尼亚和黑塞哥维那工人共产党将自己的政策主张编辑成小册子，由党员通过各种渠道发送给一些工会的领导人和比较有名气的记者。不仅如此，该党还把党的主要理念凝练成18项内容，积极向普通工人进行宣讲。另外，波斯尼亚和黑塞哥维那工人共产党又重新出版了党的报纸《自由之声》，作为自己理念主张的重要宣传工具。目前，部分前南地区共产党开始在脸书和推特等社交媒体上宣传自己的选举纲领、政策理念和日常活动等，其官方网站上也设有相应的链接。

组织具有积极价值的社会活动。克罗地亚红色行动总结了左翼政治力量组织社会活动的局限："这些活动大多数都是一些知识类活动，如讲座、论坛、观影等，对民众缺乏吸引力。例如，讲座的内容虽然是关于工人阶级的讨论，但参与者却不是以工人为主，而是大学教授、学生及其他相关的学术工作人员。工人们对这些讨论既不感兴

[1] Socijalistička radnička partija Hrvatske, "Program Partije", https://www.srp.hr/program.

[2] Komunisti Srbije, "Програм Osnobe Партије Komunisti Srbije", http://www.komunistisrbije.rs/документи/програм.

[3] Jugoslovenska Komunistička Partija Crne Gore, "Vidovi Suvremene Vanparlamentarne Borbe Komunista", http://www.jkpcg.me/dokumenta/Vidovi_borbe.pdf.

[4] Komunisti Srbije, "Програм Osnobe Партије Komunisti Srbije", http://www.komunistisrbije.rs/документи/програм.

趣也没有合适的时间参与，更无法让他们从中直接受益。另外，这些讲座也没有真正表达出工人阶级真正的期望和诉求。"[1]对于存在的这些问题，克罗地亚红色行动提出要成立一些组织如足球协会、拳击协会以及针织、烹饪、陶艺工作坊等，这些能够吸引普通劳动人民的参与，获得他们的信任，以便展开阶级教育或者吸纳党员；同时，应适时组织示威抗议活动，特别是旨在捍卫某类权利的活动，开展群众动员。其他共产党也给出了不同的活动方案。例如，黑山南斯拉夫共产党建议要组建一些致力于服务社会的非营利性俱乐部，并按标准提供一定的支持资金；可以设立一些制作和销售纪念品的小作坊及商店，招募支持者来工作；另外，在条件允许的情况下，可以开设精品店、售货亭甚至生产车间等[2]。还有政党根据新冠疫情发展及时组织相应的社会活动。例如，2022年1月，南斯拉夫新共产党与其他感兴趣的团体和个人一起发起了"停止贝尔格莱德药房私有化"倡议活动。

四、影响前南地区共产党社会主义理论与实践新探索的因素

进入21世纪后，前南地区共产党的发展取得了历史性进步，与时俱进地提出了新的理念主张和斗争策略，不断扩大自身的影响力和号召力，以期能够在国内推动社会主义事业的新发展。总的来看，前南地区共产党对社会主义理论与实践的新探索受到多重因素共同影响。

转型过程中产生的社会矛盾，为前南地区共产党的理论和实践创新提供了新契机。自20世纪90年代起，前南地区国家先后开始了社会转型进程，各国出现了不同程度的经济衰退，物价飞涨，通货膨胀，失业率居高不下，民众生活水平急剧下降。2008年世界金融危机爆发后，前南地区的经济状况进一步恶化。根据全球经济指标提供的数据，在2014—2015年间，斯洛文尼亚的失业率为12%～13%，黑山为14%～15%，克罗地亚为16%～20%，塞尔维亚为19%～20%，马其顿为27%～28%，波黑为43%，青年人的失业率则普遍在40%～50%[3]。

因此，2008年世界金融危机爆发后，前南地区各国涌现出了大量批判资本主义的声音和抗议示威活动。抗议的主题通常是腐败问题、贫富差距、社会不公等。例如，

[1] Crvena akcija, "Cik zore-Glasilo Crvene inicijative Kragujeva", https://crvenainicijativa.files.word-press.com/2020/02/cik_19.pdf.

[2] Jugoslovenske Komunisticke Partije Crne Gore, "Vidovi Suvremene Vanparlamentarne Borbe Komuni-sta", http://www.jkpcg.me/dokumenta/Vidovi_borbe.pdf.

[3] Igor Štiks, "'New Left' in the Post-Yugoslav Space: Issues, Sites, and Forms", *Socialism and De-mocracy*, Vol. 29, No. 3, 2015, pp. 135-146.

2014年2月，波黑杜兹拉地区发生了一场大规模激烈的抗议活动，参与者有工人、学生、失业者等。抗议人群与警察发生暴力冲突，当地政府大楼起火。紧接着，抗议活动蔓延到波黑所有主要的城市。这场抗议持续了三个月，导致一些地方政府被迫解散下台，抗议者还在一些地区建立了新的政治组织——公民大会。这是战后波黑的民意焦点第一次从民族议题转向平等、失业、私有化、腐败等社会议题。资本主义周期性危机是社会主义政党扩大影响力、推动社会变革的时机。借此契机，前南地区共产党快速发展，摆脱了冷战后的低谷状态。它们在理论创新方面针对资本主义的发展提出新的批判性认识，对未来社会主义的实现规划多样化的蓝图；在实践方面，充分发挥议会斗争或群众斗争的作用，尝试不同的策略方案。

然而，机遇与危机是并存的。当前，前南地区共产党在社会主义理论创新与实践探索方面仍面临诸多困难。首先，各国政治语境中民族主义话语权仍占主导地位。前南地区是不同宗教和文明交会的地方，各民族之间在历史上的矛盾和积怨比较深。南联邦解体后，各共和国面临着新国家构建和社会转型双重任务。伴随着新国家构建进程的是民族主义的复兴，如塞尔维亚穆斯林族的分裂运动、波黑塞族与穆斯林族之间的冲突等。民众深受战火困扰，单在科索沃战争期间，就有超过13万人死亡，百万人失踪[1]。由于频发的民族冲突和战争，在引入多党制后，前南地区民族主义政党日渐崛起，公共话语空间转向民族议题，以至于民族问题至今仍是这些国家的主导性议题之一。但对于前南地区共产党来说，民族议题基本上很少出现在其理念主张和政策纲领中，纵使有所涉及，也多是主张保障各民族的平等权利。例如，塞尔维亚劳动革命联盟明确提出要抛弃民族主义思想，努力使巴尔干人民团结起来[2]。在这样的政治气氛下，如何增强话语权和进行社会动员，将是前南地区共产党面临的一大挑战。

其次，前南地区"反共反社力量"依然存在。在剧变初期，前南地区共产主义政党处境都非常艰难。上台执政的右翼政党把反共作为维护自己统治、赚取政治资本的工具，在竞选过程中总是抓住它们的"历史债务"不放，借反共来削弱左翼在民众中间的支持率。进入21世纪后，前南地区多数共产党在本国政治舞台上仍遭到排挤和打压。例如，2009年塞尔维亚通过新选举法，南斯拉夫新共产党由于不符合登记要求，被从已注册的政党名单中删除。该党要想重新注册，需要收集到1万个签名，且每个选区的签名人数不能超过1000人，由于这一限制，南斯拉夫新共产党到现在仍未能完成

---

[1] Trading Economics，"The Humanitarian Law Centre's Human Losses Database"，http://www.hlc-rdc.org.

[2] Revolucionarni savez rada Srbije，"Balkanski Narodi i Imperijalisticki Rat"，https://savezrada.files.wordpress.com/2022/02/24.-narodni-front-februar-2022.pdf.

注册[1]。2013年，克罗地亚共产党宣告成立，立刻在克罗地亚政坛上引起了较大的反响。克罗地亚学者安杰尔科·米拉尔多维奇认为克罗地亚共产党的建立是克罗地亚社会民主进程失败的标志："该党的成立是议会民主危机中左翼和右翼激进倾向正在加强的一个指标。是时候让米兰诺维奇总理和约西波维奇总统扪心自问，他们是否应对民主的崩溃负有共同责任。"[2]目前，从前南地区共产党所获得的选票和支持率上可以看出，该地区仍有一些民众或政党组织对这些共产党抱有质疑的态度。

最后，同其他多数地区的共产主义政党一样，前南地区共产党也面临传统工业社会和工人阶级的衰退、民粹主义政党的崛起挤压生存空间、理论创新不足、党员老龄化和流失、基层组织动员能力缺乏等问题。在身份政治兴起、政治极化日益严重的背景下，前南地区共产党正处在一个关键性的十字路口。党内保守派希望共产党能继续坚持批判资本主义和实现传统社会主义目标，但却无法解决支持者的身份危机感。而对于众多改革者来说，采取实用主义，进行左翼大联合，以身份标签为动员依据，或许能赢得少数群体的支持，但长期将会导致共产党本色的丧失。当然，针对这些新问题，前南地区共产党将会以不同的方式诠释，而不同诠释的背后显示的是这些共产党内部各种力量之间的博弈。

结　语

前南地区共产党抓住了当前资本主义世界在政治和经济上面临普遍危机的契机，重新在本地区的政治舞台上活跃起来。它们根据马克思主义经典作家的思想理论，结合本国国情，对当代资本主义新态势进行了深入的分析和批判，对重建社会主义社会提出了新构想。在总结历史经验和教训的基础上，前南地区共产党对社会主义理论与实践不断进行探索，推动马克思主义本土化和时代化发展，成为世界社会主义运动中一股充满生机的新力量。展望未来，随着政党内外部环境的不断变化，尤其是在民族主义政党和民粹主义政党的冲击下，前南地区共产党想要在本国政治舞台上发挥更大的影响力，仍有一段艰难的路程要走。前南地区共产党能否实现真正意义上的复兴，既取决于自身的建设和革新，也取决于它们对本国国情和时代潮流的把握和适应。

原载于《当代世界社会主义问题》2022年第3期

---

[1] Nova Komunisticka Partija Jugoslavije, "Nkpj i Skoj Izlaze Na Izbore", https://nkpj.org.rs/stari/clan-ci-la/clanak_id=574.php.

[2] Marko, "Jačanje lijevog ekstremizma: Treba li zabraniti osnivanje Komunističke partije Hrvatske?", https://www.dnevno.hr/vijesti/hrvatska/jacanje-lijevog-ekstremizma-treba-li-zabraniti-osnivanje-komu-nisticke-partije-hrvatske-86183.

意大利重建共产党的现实困境及其出路探索

何　淼

摘　要：意大利重建共产党自1991年诞生以来，深受内忧外患的困扰，经历了跌宕起伏的发展过程。2008年国际金融危机以来，重建共在议会选举中频频失利，迄今未能跻身议会，面临组织碎片化、地位边缘化、自身实力弱化等现实困境。近年来，意大利政坛颇为动荡，极右翼政党趁势崛起，重建共愈发衰落。为摆脱现实困境，重建共在理论革新、政策调整、组织建设、左翼联合等方面作出探索和努力，取得了一定成就，但距离复兴和崛起仍任重而道远。

关键词：重建共产党；现实困境；原因与出路；意大利

意大利重建共产党（以下简称"重建共"）诞生28年来，始终坚持马克思主义的指导思想和共产主义的奋斗目标，在逆境中谋求生存和发展，取得过显著进步，也经历了艰难困阻。2008年国际金融危机以来，重建共的发展态势趋于衰落与疲软，连续十年未能跻身议会，党员和选民基础持续弱化，日渐沦为意大利政坛的边缘性小党。近年来，西欧民粹主义思潮泛滥，意大利政坛极不稳定，传统主流政党日渐衰落，极右翼政党趁势崛起甚至上台执政，重建共面临的困境与挑战愈发严峻。为摆脱现实困境，重建共不断加强理论革新与实践探索，提出"21世纪社会主义"理论，并不断优化组织建设、争取社会力量、寻求左翼联合。重建共跌宕浮沉的发展历程是西欧共产党在时代大潮中变革、发展与奋进的缩影。深入分析重建共的发展轨迹与现实困境，探寻其背后的原因与出路，有助于我们更好地理解西欧共产党的发展现状与前景。

一、意大利重建共产党面临的现实困境

近十年来，重建共面临诸多现实困境，如组织分裂和派系纷争不断、党员数量和质量明显下降、议会选举频频失利等，政党地位趋于边缘化。

（一）党内思想分歧和组织分裂严重

重建共自1991年成立以来，党内思想分歧和派系分化不断。建党初期，党内围绕重建的性质和方式、是否与执政党联盟等问题存在较大分歧，如科苏塔派重视传统，加拉维尼派主张扩大党的活动领域等。重建共成立28年来经历了十多次大大小小的分裂，直接或间接地衍生出多个政党。2008年之前分裂出的政党主要有：加拉维尼于1995年建立的"联合共产党人"党，阿曼多·科苏塔于1998年建立的"意大利共产党人党"，以及党内托派于2006年建立的"劳动者的共产党"。2008年4月，重建共在议会选举中大败，遭遇建党以来的重大打击。党内围绕权力分配、路线制定、未来走向等问题产生巨大分歧，激进派主张保持自身特色，温和派主张与执政党合作。这一时期党的组织分裂也颇为严重，大批党员或脱党，或加入其他激进左翼组织，或放弃激进左翼立场。重建共的党内派系主要有：由保罗·费雷罗领导的"运动中的重建"派，该派系主张保持党的身份特征，建立左翼联盟，发挥党在社会生活中的作用，并向女权主义、和平主义等思想开放；由克劳迪奥·格拉西领导的"身为共产主义者"派，该派系主要由科苏塔（科苏塔1998年退出重建共）的前追随者组成，是重建共党内的传统派。2008年7月召开的重建共七大，费雷罗获得党内53%的支持率，以微弱优势当选新任总书记，党内分裂已经存在。费雷罗上台后继续采取疏远中左联盟的政策，利用街头游行、广场示威等方式斗争，党的活动范围进一步缩小，进而也削弱了党的影响力。此时，尼奇文拉代表的少数派主张建立一个新的左翼集团，并得到了贝尔蒂诺蒂的支持。2009年1月，贝尔蒂诺蒂的支持者脱党，另建"为了左翼的运动"，并于2010年更名为"左翼生态自由党"。2013年召开的重建共九大，费雷罗派获得党内75%的支持率，主张建立自由开放的组织；另一派别"重建一支共产党"获得15%的支持率，主张建立团结统一的力量[1]。2017年召开的重建共十大，费雷罗派获得党内71.5%的支持率，该派推选的毛里齐奥·阿切尔博当选为新任总书记。重建共的党内分歧和频繁分裂削弱了党的凝聚力和战斗力。

（二）党员数量和组织实力显著下降

党员是政党实力的体现，是政党发挥作用的关键。重建共的党员数量在一定程度上反映了重建共的兴衰。总体来说，重建共的党员规模在20世纪90年代中期较为平稳，20世纪90年代后期至21世纪前期有所波动，2008年之后出现明显下滑。1991年初，左翼民主党带走了原意共的主体成员，重建共约有11万党员，基本保留了党员队伍。成立初期，重建共保持激进立场，利用各种方式开展工人群众斗争，获得大批选民支持。

---

[1] 李凯旋：《论意大利共产主义政党的碎片化困境与发展前景》，《马克思主义研究》2016年第9期。

1996年，重建共成为参政党，党员人数约为12.7万。这一时期，重建共的组织规模相对稳定，实力有所发展。此后，由于党内在选举策略上存在较大分歧，组织派系分化严重，重建共在经历多次分裂之后元气大伤。21世纪前期，重建共的党员数量介于7万到10万之间。2008年的议会选举失利给重建共造成致命打击，大批党员或脱党，或组建其他激进左翼党，或放弃激进立场加入其他政党，党员数量由2008年的7.6万骤降至2009年的4.7万。重建共成为议会外政党，地位开始边缘化。之后十年，重建共的党员数量持续递减，如今仅有1.5万余名党员，政治影响力愈发微弱。

党员数量减少的同时，党员质量也在下降。重建共存在党员队伍老龄化、性别男性化、党员成分单一的问题。重建共对妇女的重视程度不够，从未举行过妇女会议；重建共的女性党员较少，全国20个大区都设有地方组织机构，但秘书均为男性；重建共的外围组织，如青年共产党人等活动频率较低；重建共党员招募困难，且新党员缺乏政党归属感和认同感[1]。重建共党员数量和质量的下降也影响了组织活力，党的基层组织日渐萎缩，支部活动相对停滞，党内缺乏新鲜力量，党员与党组织的联络较少，党员参加活动的积极性不高。绝大多数党员失去了在地方机构和基层组织中的代表权，党员工作量减少到最低限度，党的影响力不断减弱[2]。

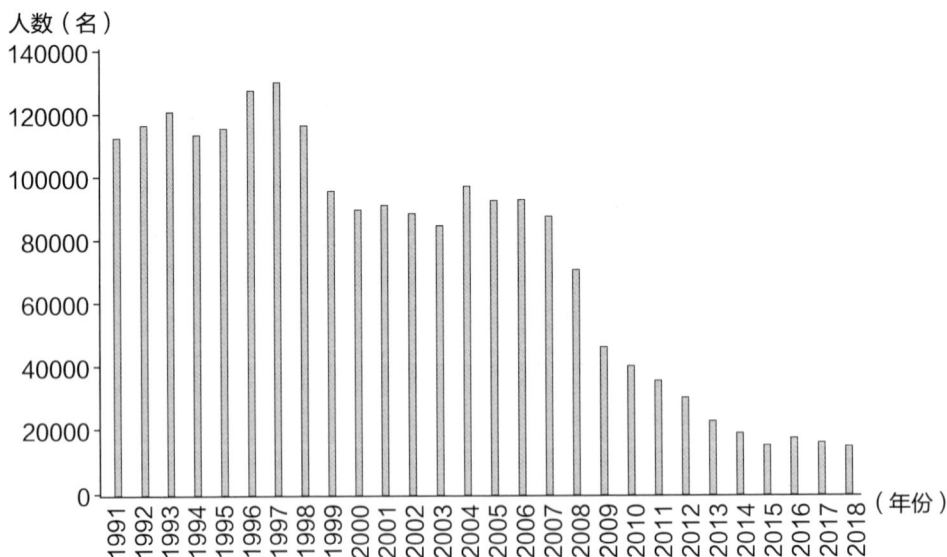

图1　意大利重建共产党历年党员数量图[3]

[1]　"Socialismo XXI, Per Un Nuovo Umanesimo", http://web.rifondazione.it/archivio/congressi/x/Social-ismoXXI_per_un_nuovo_umanesimo_doc1.pdf.

[2]　"Sinistra, Classe, Rivoluzione: Per un nuovo inizio", http://web.rifondazione.it/archivio/cpn/131006/13106doc_bellotti.html.

[3]　"Partito della Rifondazione Comunista", https://it.wikipedia.org/wiki/Partito_della_Rifondazione_Co-munista.

此外，重建共还面临财政困难。据2018年12月重建共发布的财务报表显示：党在2018年的收入较之于2017年锐减了20%，党内债务负担较重，2019年的预算赤字高达94550欧元[1]。如此，党的竞选活动、政治宣传、组织管理、日常运作难以有效开展。为节省开支，重建共不得已精简了工作人员，将负责本党刊物的员工由过去的150名缩减至如今的10名，党的政治宣传也主要依托网络。重建共意识到"经济上无法自给自足，缺乏内部和外部信息机构，缺乏中央思想和路线引领、政治和组织支持，仅仅依靠15000多名党员，以及党内的激进分子，很难在社会工作中具备战斗力"[2]。组织疲软、实力弱化、活力缺失，进一步阻滞了党的发展壮大。

（三）议会选举频频失利，选民基础持续弱化

政党在议会选举中的得票率、选票数、议席数是评判政党实力的重要指征。资本主义国家政党的首要目标是夺取政权，要想成为一个"执政的党"，就有必要进入内阁[3]。意共在历史上曾是意大利最大的反对党和参政党，重建共也一度是意大利颇具影响力的共产主义政党。20世纪90年代初期，重建共作为反对党，以维护工人和弱势群体的利益为目标，选民基础良好，组织规模和选举成绩相对稳定。20世纪90年代中期，重建共与中左翼结盟，引发了党内分歧，但其选举成绩波动不大。21世纪初期，重建共在参政党与反对党之间摇摆，选举成绩不稳定。2008年可谓重建共走向衰落的转折，在当年的议会选举中，贝卢斯科尼领导的中右翼联盟获得45.8%的支持率，民主党领导的中左联盟获得37.5%的支持率，重建共与其他左翼组织组成"彩虹左翼"联盟参选，遭遇前所未有的失败，得票率仅为3.1%，不足法定的4%，第一次未能进入议会，并在此后一蹶不振。2013年，重建共作为市民革命联盟成员参选，得票率仅为2.2%；五星运动党作为单一政党，获得25.5%的选票；中左联盟（32%）以微弱优势领先中右联盟（31%），三党势均力敌。2018年的议会选举，中右联盟以37%的得票率成为国内最大的政党联盟，五星运动党以32%的得票率成为国内第一大政党，中左联盟得票率为23%，重建共与其他左翼组织组成"权力归人民"选举联盟，得票率为1.13%。从近年来的选举成绩看，重建共已被挤到政坛边缘，甚至连参政的机会都没有。

---

[1] "Relazione del Tesoriere al rendiconto al 31 dicembre 2018", http://web.rifondazione.it/home/index. php/2-x-1000.

[2] "X Congresso PRC-SE", http://www.rifondazione.it/primapagina/? page_id=26892.

[3] 唐纳德·萨松：《欧洲社会主义百年史：二十世纪的西欧左翼》，社会科学文献出版社2017年版，第918页。

表1　意大利重建共产党在议会选举中的得票率和议席数[1]

年　份		1992	1994	1996	2001	2006	2008	2013	2018
众议院	得票率（%）	5.6	6.0	8.5	5.0	5.8	3.1	2.2	1.13
	议席数	35	39	69	11	41	0	0	0
参议院	得票率（%）	6.5		9.0	5.0	7.4	3.3	1.8	1.05
	议席数	20	18	39	4	27	0	0	0

　　从选民基础看，由于受到主客观因素的影响，重建共的核心选民越来越少。客观上看，随着科技发展和产业结构调整，传统工人阶级日渐萎缩，以产业工人为主要支持者的重建共在选举时肯定会受到影响；主观上看，由于自身影响力缺乏，重建共现有的选民基础呈现出进一步弱化的趋势。在2008年的议会选举中，重建共所在的"彩虹左翼"联盟获得112万张选票，但是约65万选民放弃支持重建共，选民尤其是工人选民流失严重[2]。在2013年的议会选举中，重建共所在的市民革命联盟仅获得76.5万张选票，工人阶级的支持率仅为3.6%，远低于中左翼联盟（21.7%）、中右翼联盟（25.8%）和五星运动党（40%）[3]。学生、家庭妇女、失业者对重建共的支持率仅为1%—3%。2018年，意大利共有3284万选民参与议会选举的投票，占选民总数的73%。在中右翼联盟获得的1215万张选票中，失业者、工人、家庭妇女的支持率均占所在群体的40%以上；在五星运动党获得的1072万张选票中，失业者、工人、家庭妇女的支持率也都超过35%；在中左联盟获得的751万选票中，工人阶级的支持率约为14%；而重建共所在的"权力归于人民"联盟仅获得37.2万张选票，工人阶级的支持率极低。这些数据表明，重建共与核心选民的关系愈发疏离，日渐失去工人阶级的认同与支持。此外，各党的选民呈现出鲜明的地域特征，五星运动党的选票主要来自失业率居高不下的南部地区；北部传统工业区主要支持极右翼联盟；中左、中右翼政党主要在中部地区较量；重建共的支持者寥寥，没有特定的选民群体。重建共在与右翼势力的斗争、与中左联盟的妥协以及与党内势力的较量中日渐消耗，政治动员力和社会影响力消失殆尽。

———————————

[1]　https://it.wikipedia.org/wiki/Partito_della_Rifondazione_Comunista-Sinistra_Europea.

[2]　Cornelia Hildebrandt and Anna Striethorst, From Revolution to Coalition-Radical Left Parties in Europe, Rosa-Luxemburg Founndation, 2012, p. 203.

[3]　于海青：《西欧共产党的变革与挑战》，中国社会科学出版社2017年版，第264页。

表2　2018年意大利议会选举选民构成及投票情况[1]

投票率（％）	中右联盟	五星运动党	中左联盟	自由和平等	其他政党
学　生	29.9	32.3	24.4	8. 2	5. 2
失业者	41.8	37.2	15.5	0. 6	5. 3
家庭妇女	41.1	36.1	17.4	1. 8	3. 6
蓝领工人	42.6	37.0	14.1	1. 3	5. 0
白领工人	29.4	36.1	25.4	5. 6	3. 5
自由职业者	46.9	31.8	15.1	2. 3	3. 9
管理者	31.8	31.2	29.5	3. 3	4. 2
退休者	36.6	26.4	30.5	3. 7	2. 8

二、意大利重建共产党深陷困境的原因

重建共面临的现实困境主要是由历史因素、外部挑战以及自身原因造成的。一方面，重建共深受东欧剧变的冲击，发展条件先天不足；另一方面，近年来意大利政党格局剧变，重建共生存空间愈发狭窄；再加上重建共自身建设不力，缺乏应对危机的实力。种种因素综合作用下，重建共难以突破现实困境的束缚，政党边缘化趋势日益明显。

（一）深受东欧剧变的冲击，缺乏对意共解体的反思

东欧剧变、苏联解体以来，世界社会主义运动整体低迷，西欧共产党普遍遭受重创，陷入生存危机和发展低谷，遭遇转型、解体或重建。受此影响，1991年初，意大利共产党解体为左翼民主党和重建共产党。重建共的诞生与发展不可避免地受到东欧剧变、意共解体的余波冲击。重建共是由意共党内的少数派建成的，党员数量和发展条件先天不足。重建共的一些理论与实践是在意共基础上的传承、批判与变革，但其未能充分汲取意共的经验与教训，许多错误甚至重蹈了历史覆辙。重建共意识到苏联和东欧的失败并不等同于共产主义的失败，但对如何实现共产主义缺乏足够的思考。重建共对意共的"历史性妥协"及"欧洲共产主义"反思不足，对本国资本主义的认识不够深刻，未能意识到工人阶级在斗争中的关键地位，未能充分发挥工人阶级对于实现运动目标的重要作用[2]，未能妥善解决党内思想混乱、组织分裂、战略失误等痼疾。20世纪70年代，意共提出"历史性妥协""欧洲共产主义"的初衷是谋求参政地位，将"革命的马克思主义同西欧各国具体实践相结合"，走符合本国实际的社会主义道路，

---

[1]　https://en. wikipedia.org/wiki/2018_Italian_general_election.

[2]　Italian lessons-International Socialism，http://isj .org.uk/italian-lessons.

虽然取得了一些成效，但结果却以失败告终。意共高估了资产阶级执政党的合作诚意，低估了工人阶级的实力，与资产阶级执政党达成妥协，从而丧失了自身特色，致使大批工人退党。重建共也存在定位不明和战略失误问题。为扩大自身队伍，重建共早期吸纳了托派、毛派等成分多样、思想多元的党员，忽视了工人阶级的重要性；为谋求参政地位，重建共一度与资产阶级政府妥协、与中左联盟合作，削弱了工人阶级的认同感。此外，东欧剧变后，西欧共产党的组织体系普遍遭到破坏，许多党放弃共产党特有的民主集中制原则和一元化领导方式，转而实行西方政党政治中通行的党内民主原则。强调民主虽有利于提高党员积极性，但忽视集中的弊端是削弱中央权威。意共十九大否定和放弃民主集中制，为组织解体埋下隐患。重建共用民主制取代民主集中制，也是造成党内思想涣散和派系分化的主要原因。

（二）意大利政党格局剧变，重建共生存空间狭窄

2008年的国际金融危机、2009年的欧债危机以及2015年爆发的欧洲难民危机严重影响了欧洲政坛的稳定，也加剧了意大利政坛的波动。意大利政党格局发生剧变，传统执政党日渐衰颓，极端政党和政党联盟不断崛起，重建共等非主流政党生存空间狭窄。意大利选举态势毫无规律和定性，既与经济因素、政策因素相关，也与选举制度相关。意大利选举制度经过多次修改，经历了比例代表制、多数选举制、混合选举制的变化[1]。原意共在比例代表制的基础上建立了坚实的社会联系，在充当反对党的角色中影响政治局面，但比例制容易造成多党纷争；多数选举制和混合选举制对大党有利，有益于政治系统的相对稳定，但易将小党排除在议会之外。在多党林立的意大利政坛，仅凭一党之力难以组成政府，政党若想取得执政地位、获得更多选票，需与其他政党结盟。但各政党内部派系林立且诉求多样，又增加了政策协调的难度。重建共为实现选举目的，在结盟过程中不得已放弃自己的部分立场，容易造成党内分歧，引发传统选民的不满。

近年来意大利选举态势极不稳定，竞争性政党制度的内在弊病日益凸显，传统中左、中右政党轮流执政的局面被打破，立场极化的小党趁势崛起。贝佩·格里洛领导的五星运动党本是起家于网络的非主流政党，却在2013年的议会选举中获得四分之一的选票。2017年11月议会通过混合选举制度，规定政党需获得40%以上的议会席位才能组阁[2]，此举增加了选举难度。在2018年的议会选举中，所有参选的政党或政党联盟

---

[1] Paolo Chiocchetti, The Radical Left Party Family in Western Europe, 1989—2015, Routledge, 2016, p.140.

[2] Italy：The Electoral Tsunami And The Neoliberal Spell, https://www.rosalux.eu/topics/crises-and-left-so-lutions/italy-the-electoral-tsunami-and-the-neoliberal-spell/? L=0 .

的得票率均未超过40%，一度出现了"悬浮议会"的迹象。重建共等小党被排除在议会之外，而极右翼政党却未被阻挡。由于民粹主义思潮泛滥，反建制政党和政党联盟发展迅猛，五星运动党抓住民众对经济危机、难民问题、非法移民的不满与担忧情绪，提出"反移民""反欧盟"等迎合选民需求的口号，获得底层民众的强烈支持，以32%的得票率跃居国内第一大政党。持欧洲怀疑主义和反移民立场的联盟党（前北方联盟）获得18.24%的得票率。其实，五星运动党和联盟党并不具备构建政治联盟的实力，他们的主张和行动更趋激进和非理性，两党组阁对社会秩序和政坛稳定造成巨大冲击，也严重压缩了重建共的生存空间。

此外，西欧地区普遍存在同一个国家内部有多个共产主义政党的现象，同类政党合作不足、内耗有余。意大利的共产主义政党包括：意大利重建共产党、新意大利共产党、共产党（意人利）、马列主义意大利共产党、劳动者的共产党、意大利共产主义者网、意大利工人共产党、意大利统一共产党、意大利社会主义党等。这些政党往往存在较多的思想分歧，缺乏合作的主观动机和客观条件。当前，重建共、共产党（意大利）、新意共是国内主要的共产主义政党。其中，重建共坚持马克思主义，放弃民主集中制，是"欧洲左翼党"的发起者和成员；共产党（意大利）坚持马列主义，是"欧洲共产党倡议"的成员；新意共以马列主义、葛兰西、陶里亚蒂的思想为指导，坚持民主集中制，认为加强党的建设是应对资本主义危机和实现共产主义复兴的关键。这三个政党虽同宗同源，却各自为"政"，难以合作。2008年，重建共在议会选举中惨败，但其与共产党人党却缺乏共识与合作，党员外流甚至向对方分流，两败俱伤。2013年的议会选举，重建共与共产党人党再次未能进入议会，遂联合开会研究困境与对策，但收效甚微。2016年6月，共产党人党解体，另建新意大利共产党（简称"新意共"）。新意共试图将包括重建共在内的所有致力于实现社会主义的组织团结起来，重建意大利共产党；重建共也提出团结共产党、建立左翼联合的主张。2018年，重建共、新意共和其他左翼党派组成"权力归于人民"联盟参与议会选举，获得了37.2万张选票，占总票数的1.18%。新意共与重建共的合作并未达到预期效果，两党分别于2018年7月和10月退出该联盟。共产党（意大利）独立参选，获得了10.1万张选票，占总票数的0.32%。在2019年的欧洲议会选举中，重建共所在的左翼只获得46.5万张选票以及1.74%的得票率。共产党（意大利）获得23.6万张选票及0.88%的得票率。由此观之，重建共、新意共、共产党（意大利）在近两年的国内议会选举和欧洲议会选举中的得票数仅为47.3万和70.1万，同类共产主义政党并未形成合力，反倒加剧选民流失、党员分流和实力分化，重建共也日趋沦为毫无影响力的边缘小党。

（三）重建共自身建设不力，缺乏应对危机的实力

重建共日趋衰落的根本原因是自身建设不力。重建共深陷身份逻辑和竞争逻辑的矛盾，身份定位不够明确，政策摇摆不定，难以在斗争方式、结盟对象等问题上形成清晰、统一的认识[1]，未能妥善处理保持自身特色与扩大社会支持的关系。重建共的政治政策经历了激进—温和—激进的转变，成立之初的政策定位是充当政府"坚定的反对派"[2]，由于坚守共产党传统，积极组织群众运动，拥有一批坚定的支持者。后来，为了赢得议会席位，重建共确立以"参政为目标"的政治纲领，对政府采取批判性支持。2008年之后，重建共主张团结左翼力量，走出选举困境。从强调党的身份特征到关注党的革新与开放，从坚持反对党的角色到与执政党合作，从提出"左翼替代"到加强左翼联合，重建共的政策围绕"作为反对党还是参政党""对待左翼合作的态度"而变化。一方面，为保持自身特色，重建共需做坚定的反对党，但这忽视了资本主义的特殊斗争环境，易使党陷入孤立无援的境地。另一方面，为谋求自身发展，赢得更多选票，重建共又不得已有所妥协，淡化党的身份特征。诚然，重建共为实现其政治目的，在不同时期审时度势提出不同的政策有其合理性，但其政策多变、定位失误，在参政党与反对党之间"摇摆"，极易给人造成立场不够坚定、政策不够连贯的负面印象，致使党员及选民无所适从。正因如此，重建共不仅未能得到资产阶级政府的真正接纳，反而丧失了原有的支持者，影响了党的复兴进程。

重建共缺乏应对危机的实力，未能抓住发展契机。金融危机的爆发反映出资本主义制度的深层弊端，意大利经济衰退明显、债务危机扩大、贫困人口上升、失业人数增多、社会福利减少、社会矛盾增加，经济危机演变成社会和政治危机。意大利民众普遍对国内危机感到不安，也对当权者感到不满。在此情势下，各政党为赢得选民，纷纷提出淡化意识形态的竞选口号，纷繁复杂的竞选局面令选民无所适从，甚至是谁的口号更具煽动性，便更容易获胜。五星运动党和联盟党大肆煽动民族主义和仇外心理，提出迎合选民需求的口号，在乱势中异军突起。重建共对于发展现状缺乏深刻的认知，提不出解决危机的有效方案，也没能开展广泛性的群众运动，对于民众忧心的就业、收入、福利、安全等问题更是无能为力，使得底层民众对本该代表自身利益的共产党倍感失望[3]。重建共只有在选举时才关心民众疾苦，提出的主张往往是流于形式的选举策略，而非立足民众需求的可行方案。重建共对于发展前景也缺乏清晰的规划。

---

[1] 刘光毅：《意大利重建共产党的演变与问题》，《当代世界社会主义问题》2012年第2期。

[2] Kate Hudson, European Communism Since 1989: Towards A New European Left, Macmilian Press LTD, 2000, p.99.

[3] Luke March、Daniel Keith, Europe's Radical Left: From Marginality to the Mainstream, Rowman & Little field Publishers, 2016, p.13.

"重建共始终在不断前进，从选举到选举，从转变到转变，却没有真正停下来看看我们到底是谁，我们来自哪里，我们曾经做过什么以及我们想成为什么。"[1]由于自身实力不足及社会公信力下降，重建共对政坛和社会难以产生实际影响。

三、意大利重建共产党摆脱困境的努力

针对党面临的内部问题与外部挑战，重建共从未停止理论与实践的探索，试图通过理论革新、政策调整、组织建设、争取团结等方式摆脱困境，寻找出路。

（一）重视理论革新，进行政策调整

成立之初，重建共将自身定位为群众性政党，将对现行制度进行社会主义改造作为奋斗目标，旨在推动国家的社会主义变革，重建共产主义理念与实践，建立自由公正的社会，最终消除资本主义。客观形势的变化以及主观上求生存、求适应、求发展的需要，促使重建共不断做出理论变革与政策调整。重建共从教条式地对待马克思主义到创造性地运用马克思主义，"抛弃党以革命先锋队自居的态度，向各种运动开放，向各种斗争经验开放，向不同的抗议文化开放"[2]。重建共主张"建设一个开放、团结、务实的政党，应该重视做，而不只是重视说"，"它不是我们在书桌前就能拟就的，而是在实践中进行再创造"[3]。重建共认为党的工作重心不能只是追求议会竞争，而应着眼于当下，着力于自身建设，积极拓宽党的生存空间和社会基础，确保党的各项理论政策切实可行。

政策主张是政党为争取选民支持或实现党内需求，以系统化方式表述出来的观点、态度、立场和策略。与意识形态的稳定性不同，政策主张具有较强的灵活性，可以依据国内外形势的变化而不断调整。重建共的政治政策经历了"充当政府的坚定反对派""以参政为目标独立进行议会斗争""与中左政党联盟""加强左翼联合"等调整。金融危机以来，重建共追求相对可行的政治目标，重视左翼联合。重建共八大提出"让我们联合起来"，呼吁党内团结与联合，并与其他左翼力量开展联合斗争，走出生存危机[4]。重建共九大主题为"书写我们的未来"，提出以党的复兴、构建反资本主义左翼和寻求摆脱资本主义危机为目标的"21世纪社会主义"理论。重建共十大深化对21世纪社会主义的探索，努力克服理论与实践的脱节，积极应对当前的危机和困难，

---

[1] Salvatore Cannavò, A Failed Refoundation, http://internationalviewpoint.org/spip. php? article2559.

[2] 姜辉、于海青：《西方世界中的社会主义思潮》，社会科学文献出版社2012年版，第11页。

[3] 刘洪才：《当代世界共产党党章党纲选编》，当代世界出版社2009年版，第676、670页。

[4] 李凯旋：《东欧剧变后意大利共产主义政党的发展》，《科学社会主义》2013年第2期。

着力发挥党在解决社会冲突中的作用[1]。2018年议会选举失败后，重建共酝酿出组建第四极左翼替代联盟的主张，试图吸收所有反资本主义、反新自由主义、反法西斯主义、反种族主义、反欧盟的力量[2]。

重建共认为长期的新自由主义和紧缩政策加剧了经济危机和仇外情绪，面对以高失业率、高剥削和低收入为特征的社会现实，重建共极力反对新自由主义、紧缩政策和民族主义，强调创造就业机会、缩短工作时间、减轻劳动强度、改善工作条件，扩大公众的经济参与。为维护社会公正，保障公民的社会福利和劳动者的基本权益，重建共提出重点保障从事低附加值产业的普通工人、服务人员、后勤人员等下层劳动者的各项权益[3]；增加对教育、文化、公共设施等的投入，改善公民的生活条件；切实保障公民福利、劳动者权益，捍卫弱势群体的利益；实现男女平等，反对歧视妇女、青年和移民，确保妇女、青年、移民的劳动权益；提高劳动生产率，解决劳动岗位的劳资争议；确立工资标准，减轻纳税负担，提高福利标准；加大环保投入，增加文化投资，开发就业机会等。

（二）优化组织建设，扩大党员队伍

重建共主张将自身建成自由开放的政治组织，建立充满活力的内部民主制度，促进党内政治生活多元化，在制定重大决策时采取民主讨论，扩大党员参政议政权利，允许党员公开发表和保留不同意见，鼓励展开自由的讨论，增强党的政治争论和立场观点的透明性。针对党的领导层可能出现的内部争论，重建共规定党的领导仅限于参与决策的过程，而非批评决策的结果。针对党内存在的议会政治困境、组织分裂以及党员数量减少等问题，重建共重新拟定了党的重要任务，致力于深化党内民主，将党的多元性与加强党的力量有机结合，强调议会外的意识形态、政治和社会斗争的重要性[4]。重建共新党章规定：党应有统一的政治实践和发展方向，党员可以自由表达对党内问题的不同观点和立场，但不允许组建永久的派系。因此，2017年重建共十大召开时，党内多年来第一次没有参会同志明确或暗示地提出解散党。

重建共积极扩大党员队伍、优化党员结构，拓宽党在各个政治层面的存在，注重发挥党员的创造力。针对党员老龄化及党员数量锐减的问题，重建共将工作重心转移

[1] Partito della Rifondazione Comunista Comitato Politico Nazionale 14 e 15 luglio 2018, http://web.rifondazione.it/archivio/cpn/180715/180715odg_locatelli_approvato.html.

[2] 李凯旋：《2018年议会选举后意大利共产主义政党的新主张与新策略评析》，《当代世界社会主义问题》2019年第1期。

[3] "Rivoluzione e Rifondazione: partito che vogliamo Comunista, Femminista, Libertario", http://www.rifondazione.it/primapagina/?page_id=26892.

[4] X Congresso PRC-SE, http://www.rifondazione.it/primapagina/? page_id=26892.

到社会运动中，重视发挥妇女运动、青年团及其他群众运动的作用，促进党员的结构优化和素质提高[1]。一方面，重建共积极吸纳女性入党，增加女性成员在领导层中的比重。重建共强调：性别民主是重建过程中的重要因素，国家和地区代表大会联合会的代表团必须尊重女性和男性的平等；应反对大男了主义和父权制观念，承认女性的价值，增加女性党员的数量，召开妇女论坛和会议。另一方面，重建共将关注点放在青年人身上，扩大青年组织的自主权。青年共产党人是重建共的外围组织，加入该组织意味着为实现社会正义与平等、人民解放与民主而奋斗。重建共规定青年共产党人的成员具备与正式党员相同的权利与义务，并在新党章中增加了关于青年问题的讨论和政治倡议[2]。2019年3月，第六次全国青年共产党人大会在罗马召开，会议强调青年共产党人是重建共的重要财富，应从政治和经济方面予以支持，今天的青年共产党人将是明天的重建共产党人[3]。

（三）争取社会力量，寻求左翼联合

重建共积极创新工作方式，争取社会力量。重建共将党的活动方式从传统封闭型向现代开放型转变，通过开展党报节等活动，发动民众、发展组织、筹集经费。当前，网络信息化的迅猛发展给传统政党的组织结构和运作方式带来机遇和挑战，也给不被传统媒体重视的小党以新的展示机会。重建共运用互联网宣传政党形象、扩大自身影响、增进内部沟通、汇集利益表达、降低经济成本。重建共在官方网站及时报道党的动态，发布入党方式、会议文件、规章制度、财务公开等内容，增进各级党组织的联络，服务政党活动的开展。重建共通过及时更新网站内容、优化网站设计，提升网站的活跃度和点击量。重建共及其官员还通过脸书、YouTube等社交媒体及时分享党内活动、党外运动、工人罢工等信息，有时会发布个人对于政治、社会问题的看法，并与民众展开互动。目前，重建共脸书有7万余名订阅者。

此外，重建共将政党看作社会变革的必要而非唯一的力量，主张建构一个多元、民主、能够自我更新的社会。重建共深知扎根社会的重要性，认为党的活动不能仅由党员来完成，也应依托社会组织和其他力量，但不必强求他们加入自己的组织。所以，重建共也在不断努力争取其他社会组织和社会力量的支持，试图在工厂、学校、研究机构以及雇佣劳动者、失业者和移民中扎根下来，并将他们按照地区联合起来。2016年11月26日，重建共开展维护女性利益的运动，致力于把女性从以前的从属地位中解

---

[1] Salvatore Cannavò，A Failed Refoundation，http://internationalviewpoint.org/spip. php? article2559.

[2] 意大利重建共产党党章，http://web.rifondazione.it/home/images/statutoXcongressoGU_prc.pdf.

[3] Partito della Rifondazione Comunista Comitato Politico Nazionale 16 e 17 marzo 2019，http://web.rifondazione.it/archivio/cpn/190317/190317doc_approvatoi.html.

放出来，把维护女权运动和反全球化、反资本主义的斗争结合起来。2018年3月8日，重建共开展支持女性平等运动的全国罢工，汇集了米兰、都灵等城市交通运输、家政服务业的力量，促使政府意识到性别平等的重要性。

针对国内左翼的"碎片化"现实，重建共提出重构统一的反自由主义左翼的历史性任务，探索出多样的联合方式，谋求团结和共同斗争，以抵抗资本主义右翼势力的冲击[1]。2017年底，重建共号召将反自由主义、反资本主义、反性别歧视、反种族主义的政治和社会力量联合起来。2018年，重建共与新意共等左翼组织组成"权力归于人民"联盟参与议会选举，是共产党开展合作的重要努力。面对国际反共、仇共势力的挤压和经济全球化的大潮，重建共积极参加国际会议，在2017年和2018年召开的共产党和工人党国际会议上，重建共与世界各地的共产党探讨十月革命100周年、当代工人阶级及其盟友等问题，深思共产党在反对剥削和帝国主义战争、争取工人和人民权利、争取和平、争取社会主义斗争中的任务，并阐述了本党21世纪重建的变革性方案。此外，重建共作为欧洲左翼党的成员，大力倡导改变现有的政治体系，改善社会福利，反对资本主义和战争，实现真正的民主和平等。

结　语

在当今世界大发展大调整大变革的背景下，重建共的前景可谓困境与希望并存。重建共的诞生与发展，本身便是对资本主义国家共产党的鼓舞；重建共对共产主义的坚守与奋进，是世界社会主义理论创新的有机组成；重建共在不同时期的发展与困境，可为其他西欧共产党提供启发与教训。若要摆脱现实困境，谋求长远发展，重建共需从意识形态、政策制定、组织建设、左翼联合等方面着手。首先，重建共应坚定意识形态，捍卫生存空间。任何政党都代表特定阶级、阶层或社会群体的利益，意识形态鲜明是共产党区别于其他政党的显著标志，理论政策的摇摆并不能从根本上解决党的困境，重建共应处理好保持自身特色与争取选民支持的关系，坚持马克思主义与本国实际相结合，探寻适合自身的社会主义发展道路。其次，加强组织建设，重视党内团结。"内部团结是最为宝贵的财富"[2]，重建共应妥善处理民主与集中的关系，减少党内分歧和派系分化。再次，提升自身实力，谋求参政地位是重建共的当务之急。在多党林立的意大利政坛，如果一个政党不是执政党或者参政党，无论其政治主张有多么符合广大人民群众的利益，政策有多么符合本国国情，都难以取得实际效果，更枉谈实

---

[1]　蒲国良：《当今世界左翼政治力量内耗现象探析》，《党政研究》2018年第4期。

[2]　唐纳德·萨松：《欧洲社会主义百年史：二十世纪的西欧左翼》，社会科学文献出版社2017年版，第472页。

现本党的政治目标。因此，重建共应注重理论与实践的结合，积极寻求左翼联合和社会支持，加强国际交流与合作，逐步改善自身的边缘化处境，并与其他欧洲共产党共同探寻生存和发展之道。

综上所述，重建共的长远发展，取决于重建共能否恰当地将马克思主义与本国政治社会现实有效结合，取决于重建共能否在拥挤的政治空间和不利的政党环境中，保持自身的意识形态标识，取决于重建共能否增进党内团结，加强党际协作，改善政党碎片化和力量弱化的颓势，取决于重建共能否将理论与实践有机结合，谋求参政地位。可以说，重建共能否充分增强自身定力、提升政党能力、形成政党合力，在世界社会主义运动的低潮中坚守自身特色，在更广阔的空间发挥共产党的影响和作用，在更多的领域开展反右翼统治的联合斗争，是重建共能否走出困境的重点，也是21世纪资本主义国家共产党崛起的关键。

原载于《当代世界社会主义问题》2019年第2期

日本共产党选战现状与态势分析

王晓林

摘　要： 随着自民党和公明党"一联盟独大制"格局的形成与巩固，日本共产党对选战理念进行了调整，倡导"在野党统一战线"的选举策略，并与广大市民进行合作，期望在众参两院的国政选举中取得突破性进展。但由于在野党的再编重组、民粹主义政党的兴起，日本共产党在众参两院又面临陷入瓶颈期的困境。在今后的选战态势中，日本共产党仍然面临诸多挑战，如小选区比例代表并立制的制度设计增加了其在众议院选举中获胜的难度、在野党统一会派的成立也使其发展存在很大的不确定性。不过，日本共产党具有稳定的地方议员、地方组织和党员，这也为其参与国政选举提供了基本保障。

关键词： 日本共产党；国政选举；选战现状；态势

2012年12月第二次安倍内阁正式成立，这标志着自民党和公明党执政联盟（以下简称"自公执政联盟"）又一次回归日本政治舞台的中心，也促使日本政党格局发生深刻的变化。日本共产党在坚持科学社会主义指导思想的基础上，力求在国政选举中实现突破性发展。在2013年参议院选举、2014年众议院选举和2016年参议院选举中，日本共产党连续取得重大胜利，实现大发展。不过，在2017年众议院选举和2019年参议院选举中，日本共产党却陷入瓶颈期，呈现出不稳定的发展态势。本文试图以第二次安倍内阁的成立为历史节点，阐释近年来日本共产党的选战状况，并对日本共产党今后的选战态势进行分析。

一、日本共产党的选战背景及其理念

随着安倍内阁的强势回归，日本政党政治进入新的发展阶段。日本共产党为了赢得国政选举的胜利以及摆脱21世纪初发展停滞的困境，积极投入到国政选举中。

（一）日本共产党的选战背景

随着自民党和民主党"两大政党制"格局的失败以及自民党和公明党"一联盟独

大制"格局[1]的形成与巩固，日本共产党迎来新的发展机遇。

第一，近年来民主党发展态势低迷，自民党和民主党"两大政党制"的政权构想以失败告终，使日本共产党获得更大的政治生存空间。五五年体制结束后，细川护熙内阁确立了小选区比例代表并立制的众议院选举制度。1996年9月，在鸠山由纪夫、菅直人等国会议员的推动下，旧民主党成立。1998年4月，旧民主党与民政党、新党友爱、民主改革联合进行合并，正式成立新民主党（以下简称"民主党"）。国民对二战后长期存在的自民党"一党独大制"格局及其政党机体腐败产生倦怠感，因而对民主党寄予很大期望，期待日本能够产生英国式的"两大政党制"。在此后的国政选举中，日本逐渐形成了"支持自民党，还是民主党"的政权选择论的政治氛围，这导致日本共产党被边缘化，政党存在感降低，在国政选举中陷入发展停滞的困境。在2009年众议院选举中，民主党大获全胜成为执政党，但民主党政权令国民极度失望，最终在2012年下台。下台之后的民主党陷入困境，发展态势低迷，其内部矛盾更是暴露无遗，领导层严重分化，国会议员也陆续退党，形成退党风潮，这宣告国民所期待的自民党和民主党"两大政党制"的政权构想以失败告终。"两大政党制"的失败，使本来处于边缘状态的日本共产党在在野党内部有了更多的政治话语权和政治影响力。

第二，自公执政联盟发展势头强劲，呈现出自民党和公明党"一联盟独大制"格局和急剧右转的政治态势，使日本共产党能够获取一些来自反对自公执政联盟的浮动选票。第二次安倍内阁成立以来，自公执政联盟在选举上表现得颇为强劲。在2013年参议院选举中，自公执政联盟大获全胜，安倍内阁解决了"扭曲国会"问题，自民党和公明党"一联盟独大制"格局初显。在2014年众议院选举、2016年参议院选举、2017年众议院选举和2019年参议院选举中，自公执政联盟一直维持着在众议院超过三分之二、在参议院超过二分之一的态势，自民党和公明党"一联盟独大制"格局得到巩固[2]。凭借众参两院的稳定多数议席，安倍内阁在国会中能够灵活自如地运作，日本呈现出急剧右转的政治态势。相比于发展势头强劲的自公执政联盟，在野党则是一盘散沙的状态。2016年3月，民主党与维新党合并，成立了民进党，但民进党依然没能摆脱发展低迷的态势。在民主党（民进党）急剧低迷的状态下，日本共产党成为在野党的先锋，从正面批判急剧右转的安倍内阁，成为"反对安倍内阁的大本营"。

---

[1] 日本政治学者冈﨑晴辉指出，小选区比例代表并立制的众议院选举制度没有带来自民党和民主党"两大政党制"的格局，反而带来了自民党"一党独大制"的"变形"——自民党和公明党"一联盟独大制"的格局。参见冈﨑晴辉：「サルトーリ再考」，日本政治学会编『年報政治学2016-Ⅱ政党研究のフロンティア』，木鐸社2016年版，第72頁。

[2] NHK選挙WEB：「選挙の歴史」，https://www.nhk.or.jp/senkyo/database/history.

（二）日本共产党的选战理念

在自民党和公明党"一联盟独大制"格局下，日本共产党逐渐调整选战理念，与其他在野党以及广大市民进行合作，积极开展各种活动。

第一，与其他在野党合作，倡导"在野党统一战线"的选举策略。日本共产党认识到，单凭一己之力难以与自公执政联盟相抗衡，必须与其他在野党合作，在国政选举中整合政治资源共同挑战自公执政联盟。2015年，安倍内阁在众参两院通过安保法案。以此为契机，日本共产党呼吁与其他在野党在国政选举中进行合作，共同建立"废除战争法（安保法案）的国民联合政府"[1]。2016年2月，日本共产党与其他在野党进行党首会谈，并就以下四点达成一致：一是将废除安保法案和撤回解禁集体自卫权内阁决议案作为共同目标；二是打倒安倍内阁；三是使自公执政联盟及其互补力量在国政选举中成为少数派；四是在国会事务和国政选举中尽最大努力进行合作[2]。由此，日本共产党与其他在野党达成了"在野党统一战线"的选举策略。在该理念指导下，2016年4月，日本共产党表示，要在参议院32个一人选区[3]与其他在野党合作，推荐统一候选人，并表示也要在众议院小选区与其他在野党进行合作[4]。在2017年1月召开的第二十七次全国代表大会上，日本共产党再次强调要实行"在野党统一战线"的选举策略，号召建立在野党联合政权[5]。围绕着2019年的参议院选举，2018年11月，日本共产党再次与其他在野党在32个一人选区达成合作，同意推荐统一候选人[6]。2019年4月，在与立宪民主党进行的党首会谈中，日本共产党强调要进一步加强政党合作[7]。

第二，淡化意识形态，从现实问题出发，推行"一点共斗"策略[8]，并与"寻求废除安保法案和恢复立宪主义市民联盟"（以下简称"市民联盟"）进行合作，推动市民运动的大发展。当下日本面临诸多亟待解决的现实问题，如消费税问题、核电站问题、跨太平洋伙伴关系协定（TPP）问题、修宪问题、安保法案问题等，相关社会团体在这

---

[1] 日本共産党ホームページ：「『戦争法（安保法制）廃止の国民連合政府』の実現をよびかけます」，https：//www.jcp.or.jp/webpolicy/2015/09/20150919-yobikake.html.

[2] 「5野党党首国政での選挙協力で合意/戦争法（安保法制）廃止、立憲主義の回復/与党と補完勢力を少数派に」，『しんぶん赤旗』2016年2月20日。

[3] "一人选区"是指在参议院选举中定数为两人，改选定数为一人的选区。当前的一人选区为32个。参见https://www.soumu.go.jp/senkyo/senkyos/news/senkyo/sangouku.

[4] 「第5回中央委員会総会/志位委員長の幹部会報告」，『しんぶん赤旗』2016年4月12日。

[5] 「日本共産党第27回大会決議」，『しんぶん赤旗』2017年1月19日。

[6] 「政治考/本気の共闘協議を/安倍政権退場へ野党注目」，『しんぶん赤旗』2019年1月14日。

[7] 「参院選1人区一本化加速/志位委員長が枝野代表と合意」，『しんぶん赤旗』2019年4月27日。

[8] "一点共斗"策略是指围绕着各种政策主张，日本共产党与社会团体及个人寻求一致点，并就一致点展开合作的策略。参见浜野忠夫：『民主連合政府をめざして――党づくりの志と構え』，新日本出版社2015年版，第108—109頁。

些问题上表现得也比较活跃。日本共产党利用国民大变革的新条件，探索与国民合作的统一战线运动，与社会团体进行合作，积极动员保守阶层和青年阶层，推行"一点共斗"策略。在对保守阶层的动员活动中，日本共产党积极走访农业团体和商业团体，在反对加入TPP问题和反对增加消费税问题上与保守阶层展开积极合作。在对青年阶层的动员活动中，日本共产党与其进行积极交流和对话，并呼吁青年阶层关注企业雇佣问题和参加东日本大地震的志愿者活动。此外，日本共产党还积极参加了反对重启核电站的市民集会。以安保法案的成立为契机，2015年12月，"市民联盟"成立。日本共产党与"市民联盟"展开积极合作，推动了市民运动的大发展。

日本共产党一直注重马克思主义统一战线理论的研究与实践[1]。在自民党和公明党"一联盟独大制"格局下，日本共产党运用"在野党统一战线"的选举策略，将处于一盘散沙状态的在野党进行联合，并积极争取广大市民的支持，期望提高在野党阵营的存在感，从而实现自身的大发展。

二、日本共产党的选战现状及其影响因素

第二次安倍内阁成立以来，在上述背景之下，日本经历了2013年参议院选举、2014年众议院选举、2016年参议院选举、2017年众议院选举和2019年参议院选举。

（一）日本共产党在众议院和参议院的选战状况

《日本国宪法》第四十五条规定：众议院议员任期为四年，但在众议院解散时，议员的任期在期满前结束。按照《日本公职选举法修正案》，众议院选举实行小选区比例代表并立制。小选区制是从各选区选举出一名议员，比例代表制是将日本全国划分为11个比例选区进行投票选举。在2014年和2017年众议院选举中，日本共产党的表现如下：在2014年众议院选举中，日本共产党在小选区获得1个议席（改选前为0议席），在比例选区获得约606万张选票（得票率11.37%），获得20个议席（改选前为8个议席），由此日本共产党总共获得21个议席，实现大发展[2]；在2017年众议院选举中，日本共产党在小选区获得1个议席（改选前为1个议席），在比例选区获得约440万张选票（得票率7.91%），获得11个议席（改选前为20个议席），由此日本共产党总共获得12个议席，比2014年减少9个[3]。

《日本国宪法》第四十六条规定：参议院议员任期为六年，每隔三年改选半数议

---

[1] 曹天禄：《日本共产党统一战线：历史·机遇·挑战》，《马克思主义研究》2017年第9期。

[2] 「第3回中央委员会总会/志位委员长の干部会报告」，『しんぶん赤旗』2015年1月21日。

[3] 「第3回中央委员会总会/志位委员长の干部会报告」，『しんぶん赤旗』2017年12月4日。

员。按照《日本公职选举法修正案》，参议院选举分为选区制和比例代表制两种方式。选区制下的选区分为复数选区和一人选区，比例代表制将日本全国作为一个大比例选区进行投票选举。在2013年、2016年和2019年参议院选举中，日本共产党的表现如下：在2013年参议院选举中，日本共产党需改选3个议席，选战结果为在东京都（复数选区）、大阪府（复数选区）和京都府（复数选区）分别获得1个议席（改选前为0议席），在比例选区获得约515万张选票（得票率9.7%），获得5个议席（改选前为3个议席），由此日本共产党总共获得8个议席，在改选议席数上实现大发展，加上非改选的3个议席，在参议院共占有11个议席[1]；在2016年参议院选举中，日本共产党需改选3个议席，选战结果为在东京都（复数选区）获得1个议席（改选前为0议席），在比例选区获得约601万张选票（得票率10.7%），获得5个议席（改选前为3个议席），由此日本共产党总共获得6个议席，同样在改选议席数上实现大发展，加上非改选的8个议席，在参议院共占有14个议席[2]；在2019年参议院选举中，日本共产党需改选8个议席，选战结果为在东京都（复数选区）、埼玉县（复数选区）和京都府（复数选区）分别获得1个议席（改选前为东京都1个议席、大阪府1个议席、京都府1个议席），在比例选区获得约448万张选票（得票率8.95%），获得4个议席（改选前为5个议席），由此日本共产党总共获得7个议席，没有在改选议席数上实现大发展，加上非改选的6个议席，在参议院共占有13个议席，比2016年减少1个[3]。

从上述众议院和参议院的选举中可归纳出以下三点：一是随着自民党和民主党"两大政党制"格局的结束，在自民党和公明党"一联盟独大制"格局下，日本共产党开始在众议院小选区制和参议院选区制下连续获得议席，并且参议院复数选区对日本共产党更有利；二是截至目前，"在野党统一战线"选举策略没能使日本共产党在参议院一人选区获得议席，也没能使日本共产党在众议院小选区所获得的议席数实现大发展；三是日本共产党主要在众参两院比例代表制下获得议席，但在将日本全国作为一个大比例选区的参议院比例代表制下，日本共产党获得的议席数上下波动较小，而在将日本全国划分为11个选区的众议院比例代表制下，日本共产党获得的议席数上下波动较大。此外，2017年众议院选举和2019年参议院选举的选战结果暴露出日本共产党在发展中的不稳定态势。

---

[1] 「日本共産党第8回中央委員会総会決議」,『しんぶん赤旗』2013年9月19日。

[2] 「共産、改選倍増6議席比例601万票/野党統一当選11氏に」,『しんぶん赤旗』2016年7月12日。

[3] 日本共産党ホームページ：「参議院選挙の結果について」, https://www.jcp.or.jp/web__policy/2019/07/post-811.html.

（二）日本共产党选战结果不稳定的影响因素

在其他在野党发展低迷的状态下，国民把日本共产党作为在野党的希望，将选票投给日本共产党，给急剧右转的安倍内阁施加政治压力，日本共产党从而实现了大发展。但从2017年开始，随着在野党的再编重组、民粹主义政党的兴起，国民的可选择性增多，这导致日本共产党在众参两院比例代表制下获得的议席数减少，再次陷入发展的瓶颈期。对于影响日本共产党选战结果不稳定的因素，本文拟从以下两个方面进行分析。

第一，中间偏左政党立宪民主党和改良型政党国民民主党的成立，使在野党初步实现再编重组。在2017年众议院选举前夕，民进党部分国会议员成立了具有自由革新特征的中间偏左政党——立宪民主党。立宪民主党倡导立宪主义的民主政治，主张尽早关闭核电站、反对修改宪法第九条、健全以日美同盟为轴心的外交关系、注重发展同亚洲邻邦的友好关系等[1]。2018年5月，民进党与希望之党合并，成立了国民民主党。国民民主党为倡导民主主义的改良型政党，主张逐步关闭核电站、反对肆意解读宪法第九条、建立以日美同盟为轴心的具有现实性的安全保障、与世界其他国家和地区实现共生等[2]。立宪民主党和国民民主党获取了一些之前因反对自公执政联盟而支持日本共产党的浮动选票。在2017年众议院选举中，立宪民主党成为在野党第一大党，并且在2019年参议院选举中，进一步巩固了其在野党第一大党的地位。国民民主党在2019年参议院选举中，成为仅次于立宪民主党的第二大在野党。

第二，民粹主义政党"令和新选组"的迅速兴起。随着社会信息流通水平的提高，具有个人魅力的知名人士通过煽动国民不满情绪来诉诸特定的政治需求，要求改变原有政治利益权威性分配的格局。"令和新选组"于2019年4月成立，主要关注和揭露日本存在的问题，表达对社会的不满情绪，主张废除消费税、减少房屋租金、免还助学金、提高最低工资、促使保育和护理等从业人员的公务员化、立即关闭核电站、保障残疾人生活等，代表身体重度残疾患者、临时工等社会弱势群体的利益[3]。"令和新选组"的政策主张在现代社交媒体上广泛传播，国民关注度迅速提升。在2019年参议院选举中，"令和新选组"的表现相当抢眼，在比例代表制下获得约228万张选票（得票率4.55%），超过日本共产党在比例代表制下得票数的一半，获得2个议席。"令和新选组"在一些政策主张上与日本共产党具有相似之处，但作为新兴政党给国民带来了一定的新鲜感，吸引了国民的注意力，对日本共产党的发展形成挑战。

---

[1]　立憲民主党ホームページ：「政策」，https://cdp-japan.jp/policies.

[2]　国民民主党ホームページ：「政策」，https://www.dpfp.or.jp/policy_commentaries.

[3]　れいわ新選組ホームページ：「政策」，https://reiwa-shinsengumi.com/policy.

三、日本共产党今后的选战态势

考虑到其他在野党的政策主张，并且在"市民联盟"的协调下，日本共产党搁浅"废除战争法（安保法案）的国民联合政府"提案，从而与其他在野党达成了"在野党统一战线"的选举策略。在"在野党统一战线"选举策略下，在野党"护宪派"（立宪民主党、日本共产党、社民党等）整体势力得到扩大，使赞同修宪的"修宪派"（自民党、公明党、日本维新会等）在2019年参议院选举后所占议席数在参议院低于三分之二[1]，"修宪派"的修宪进程遭遇阻力。这有效地遏制了急剧右转的政治态势，扩大了"护宪派"的生存发展空间。日本共产党希望借助其他在野党的力量，重塑政党形象，提高在国民中的存在感，进而在国政选举中获得更多的议席。在2019年8月召开的日本共产党成立九十七周年纪念大会上，日本共产党再次肯定了"在野党统一战线"选举策略的正确性，表示将继续坚持这一选举策略。不过，从日本目前的众议院选举制度和政坛形势来看，日本共产党的发展还将面临很大挑战和不确定性。

（一）小选区比例代表并立制的制度设计，使日本共产党的发展面临很大挑战

日本政党在众议院选举中的结果至关重要，基本上决定了该政党能否执掌国家政权。细川内阁进行政治改革，确立的小选区比例代表并立制的众议院选举制度使日本共产党处于选举劣势地位。日本共产党如果无法在众议院选举中取得突破性进展的话，那么其问鼎国家政权的难度就比较大。

众议院选举制度由小选区制与比例代表制并立组合而成。细川内阁将众议院议席数量确定为500个，并且在议席定数分配问题上迫于政治压力与当时的在野党自民党达成妥协，为了实现两大政党轮流执政的政权构想，最终将小选区制下的议席定数确定为300个，将比例代表制下的议席定数确定为200个。小选区制下的议席定数远远多于比例代表制下的议席定数，于是小选区制成为众议院选举制度的中心，而比例代表制则成为其"陪衬"[2]。此后，经过一系列调整，现在众议院议席定数为465个，其中小选区制下的议席定数为289个，比例代表制下的议席定数为176个，仍然以小选区制为中

---

[1] 《日本国宪法》第九十六条规定：（1）本宪法的修订，必须经各议院全体议员三分之二以上的赞成，由国会创议，向国民提出，并得其承认。此种承认，必须在特别国民投票或国会规定的选举时进行的投票中，获得半数以上的赞成。（2）宪法的修订在经过前项承认后，天皇立即以国民的名义，作为本宪法的一个组成部分公布之。参见张晓磊：《日美声明下的日本修宪战略》，《日本学刊》2012年第3期。

[2] 岡﨑晴輝：「政権選択論の勝利——『政治改革』の再解釈——」，『政治研究』2019年第66号。

心。小选区制是相对多数代表制，只要在小选区获得相对多数的选票即可获得议席，而相对少数的选票则变成"死票"，不能有效地反映出相对少数人的诉求，容易使除两大政党之外的中小政党被边缘化[1]。因此，以小选区制为中心的众议院选举制度对主要在比例代表制下获得议席的日本共产党来说非常不利。

此外，比例代表制不将日本全国作为一个大比例选区进行投票选举。究其原因，当时的自民党干事长森喜朗表示其目的主要是抑制日本共产党的发展[2]。由此可见，国会议员在制定众议院选举制度时，将具有不同意识形态的日本共产党作为威胁并加以制约，以至于日本共产党在众议院选举中难以取得突破性进展。

（二）在野党统一会派的成立，使日本共产党的发展存在不确定性

虽然在"在野党统一战线"选举策略下，在野党整体取得了显著的成就，但随着该选举策略的广泛深入发展，日本共产党与其他在野党之间的矛盾也日益显露出来。日本共产党在废除安保法案问题和反对修宪问题上与其他在野党的立场基本一致，但在日美同盟和自卫队等问题上与其他在野党存在分歧。2019年9月，立宪民主党、国民民主党等在众参两院成立了在野党统一会派，该会派在众议院有120名议员，在参议院有61名议员[3]。由于日本共产党与其他在野党在政党纲领上存在根本性差异，难以组成在野党联合政权，因此被在野党统一会派排除在外[4]。日本共产党今后的选战态势受在野党统一会派的影响颇大，具体表现在两个方面。

第一，在野党统一会派稳步发展的状态下，日本共产党在今后的国政选举中将面临再次被边缘化的风险。日本政治家小泽一郎对在野党统一会派的成立给予了积极的评价[5]。对于用政党联盟的方式挑战自公执政联盟以实现政权轮替，立宪民主党代表枝野幸男和国民民主党代表玉木雄一郎也都表现出积极的态度，表示可以成立以立宪民主党为核心的联合政权[6]。如果在野党统一会派能够稳步发展，日本甚至会出现自民党和公明党联盟、在野党统一会派联盟两大阵营轮流执政的政治局面。在这种背景下，日本共产党可能再次被边缘化。

第二，在野党统一会派名存实亡的状态下，日本共产党倡导的"在野党统一战线"选举策略在今后的国政选举中会继续发挥主导作用。立宪民主党和国民民主党在修宪

[1]　石川真澄：「小選挙区比例代表並立制を批判する」，『選挙研究』1992年第7号。
[2]　五百旗頭真、伊藤元重、薬師寺克行編：『90年代の証言森喜朗自民党と政権交代』，朝日新聞社2007年版，第153—154頁。
[3]　「野党統一会派を届け出」，『朝日新聞デジタル』2019年10月1日。
[4]　「共産、野党で蚊帳の外共闘推進も統一会派からは除外」，『産経ニュース』2019年8月9日。
[5]　「小沢氏、野党合併を強調『2年以内に民主党政権』」，『産経ニュース』2019年9月23日。
[6]　中北浩爾：『自公政権とは何か——「連立」にみる強さの正体』，筑摩書房2019年版，第358頁。

问题、核电站问题和消费税问题上存在分歧。在修宪问题上，枝野反对安倍修宪，而玉木摆出与安倍讨论修宪的姿态；在核电站问题上，枝野主张尽早关闭核电站，而玉木主张逐步关闭核电站；在消费税问题上，枝野主张消费税增税，而玉木主张消费税减税[1]。如果立宪民主党和国民民主党不能克服政策上的分歧，则会导致在野党统一会派的名存实亡。在这种背景下，在野党又将处于一盘散沙的状态，"在野党统一战线"选举策略则会继续发挥主导作用，使日本共产党不被孤立。

（三）稳定的地方议员、地方组织和党员，为日本共产党选战提供了基本保障

日本共产党作为日本的老党，在地方议员、地方组织和党员方面具有显著的优势。日本共产党以在工作单位、社区和学校建立的支部为基础，形成了"支部—地区—都道府县—中央"的政党组织，地方组织比较稳定。日本共产党在日本拥有2万个支部、约30万党员和约100万《赤旗报》读者，草根支持力量巨大[2]。在地方组织的日常政治活动中，都道府县委员会起到中心作用，都道府县议会议员与都道府县委员会保持密切的联系，并且接受党中央的统一领导，表现出强大的政党凝聚力[3]。

在党的建设方面，日本共产党采取了多种措施，致力于把该党建设成为有质有量的强大政党：一是发挥支部的主角作用，提高支部的自主性与自觉性，发展党员并扩大政党力量[4]；二是主动与广大劳动者和青年建立联系，强化民青体制，加强对民青同盟的支持，实现党员的代际交替[5]；三是作为草根运动的先锋，与草根运动互相配合，开展一些维护国民利益的活动[6]；四是全面强化后援会的作用，通过网络和社交媒体进行选举活动和日常新闻的分享以及双向交流互动，提高全国342万后援会成员的参与感[7]。

相比之下，在在野党统一会派中起主导作用的第一大在野党立宪民主党和第二大在野党国民民主党都是由国会议员的聚散离合形成的议员政党，没有稳定的地方议员、

[1] 泉宏：「野党が新統一会派、『民主党再来』で終わるのか改憲や原発、消費税で際立つ意見の相違」，『東洋経済オンライン』2019年10月3日。

[2] 「共闘の4年間と野党連合政権への道/政権構想主題にした話し合いを/日本共産党創立97周年記念講演会志位委員長が呼びかけ」，『しんぶん赤旗』2019年8月9日。

[3] 曽我謙悟：「都道府県議会議員から見た県連組織の実態」，建林正彦編著『政党組織の政治学』，東洋経済新報社2013年版，第39—42、49頁。

[4] 浜野忠夫：『民主連合政府をめざして——党づくりの志と構え』，新日本出版社2015年版，第120—121頁。

[5] 田村智子：「全国都道府県青年・学生部長会議での報告と特別発言（報告）民青と心一つに倍加の達成へ——総力あげて新歓を成功させよう」，『月刊学習』2018年5月号。

[6] 岡嵜郁子：「3中総実践と地方議員（団）活動」，『議会と自治体』2018年2月号。

[7] 「第3回中央委員会総会/志位委員長の幹部会報告」，『しんぶん赤旗』2017年12月4日。

地方组织和党员，因而在国政选举中缺乏固定票源，主要依靠浮动选票来增加众参两院的议席数，这是其软肋所在。另外，近几年日本国政选举的投票率比较低，而浮动选票减少恰是造成低投票率的一个因素，所以，这种选举态势其实对具有固定票源的政党更有利，这使立宪民主党和国民民主党产生了危机感。与立宪民主党和国民民主党不同，每到选举时，日本共产党动员地方议员、地方组织、党员及其后援会成员进行投票，保证了基本的选票数量，从而确保在政党竞争中不被瓦解。

四、结语

小选区比例代表并立制使日本政党形成了自民党和公明党"一联盟独大制"格局，自公执政联盟在日本政界占据主导权。日本共产党倡导的"在野党统一战线"选举策略给予自公执政联盟政治上的压力，但其他在野党与日本共产党在政党纲领上具有根本性差异，导致它们在国政选举合作中对日本共产党始终保持警惕，并又重新成立了将日本共产党排除在外的在野党统一会派。由此可见，日本共产党与自民党和公明党联盟、在野党统一会派联盟都难以组成联合政权。

在小选区比例代表并立制和政党联盟都对自身不利的背景下，日本共产党要依靠外部环境的变化与地方议员、地方组织和党员的优势来求生存、促发展。当其他在野党再次处于分裂状态时，日本共产党可以抓住契机，在在野党中发挥主导作用，借机扩大政党势力和政党影响力；当其他在野党处于联盟状态时，日本共产党可以依靠地方议员、地方组织和党员的优势保存实力，进行政党适应性变革，重塑政党形象，同时积极发挥自身作为在野党的作用，监督执政党，以赢取国民的信任。

原载于《当代世界社会主义问题》2019年第4期

澳大利亚共产主义运动的百年历史与发展前景

赵　婷

摘　要： 自1920年澳大利亚共产党成立以来，共产主义运动在澳大利亚经历了兴起与发展、分裂与衰落、重建与新探索的百年发展历史。经过一系列调整，澳大利亚共产主义力量近年来明确提出"21世纪将属于社会主义""团结就是力量"等口号，以更加积极的态度探索社会主义发展之路。由于新技术革命和产业转移引发了工人阶级内部的分化，资本主义劳资关系也随之发生变化，合作主义盛行，再加上近年来澳大利亚右翼民粹主义突起和左翼社会主义力量分散等因素的影响，澳大利亚共产主义运动仍然面临诸多现实挑战。不过，在当前百年未有之大变局中，国际共产主义运动的整体发展形势向好，资本主义的制度性弊端和结构性矛盾凸显，澳大利亚共产主义运动也面临着历史性的发展机遇。

关键词： 澳大利亚；共产主义；社会主义；共产党

2020年是澳大利亚共产党（以下简称"澳共"）成立100周年。在这百年的发展中，澳大利亚共产主义力量不畏困难，在开展工人运动、争取工人阶级团结、维护原住民权利、取消移民限制、推进澳大利亚的民主进程等诸多方面发挥了积极作用，对澳大利亚的政治、经济、文化和社会产生了重要影响。澳共曾是第一个"将土著人当作人"来对待的政党，在推动澳大利亚种族平等和解放的运动中起到了先锋作用，也曾是长期反对法西斯主义和反对帝国主义战争的主角。回顾澳大利亚共产主义运动的百年发展历史，分析其面临的现实挑战与未来发展前景，有助于我们了解澳大利亚共产主义力量的社会主义探索之路。

一、澳大利亚共产主义运动的兴起与发展（1920—1955年）

澳大利亚的共产主义运动是在其工人运动不断发展的基础上逐渐兴起的。在澳共的领导和推动下，经过30年左右的发展，其影响力在二战时期达到顶峰。

早在19世纪20—30年代，澳大利亚的一些熟练技术工人就开始自发地组织起来，在悉尼、墨尔本等城市建立了多个工会或行会。随着"黄金热"的出现以及自由工人数量的增多，澳大利亚工人运动迎来了大发展。各个行业的工会组织纷纷建立，并由分散趋向联合和统一，从行业工会发展到地区性工会，开始组织大规模罢工、争取八小时工作制等。到19世纪末期，澳大利亚的工人运动已取得不小成就，不仅迫使当局通过一系列立法和劳资仲裁条例，维护了工人的权益，还在各殖民地以不同的名称建立了工会的政治组织——工党。

工人力量和工人组织的不断发展，为澳大利亚社会主义和共产主义运动的兴起奠定了坚实基础。加上第二国际的影响，移民中的一些先进分子开始从事社会主义活动，并建立了各式各样的社会主义组织，如社会主义联盟（Socialist League）、澳大利亚社会党（Australian Socialist Party）、社会主义工党（Socialist Labor Party）等。在俄国十月革命的鼓舞下，澳大利亚的社会主义者于1920年10月30日召开会议，决定正式成立澳共，并很快成为共产国际的支部。澳共的成立开启了澳大利亚工人运动的新篇章。这一时期，以澳共为代表的共产主义力量站在了工人运动的最前列，积极领导工人斗争，组建人民阵线反对法西斯主义，与澳大利亚政府的反共政策作斗争，推动了澳大利亚共产主义运动的进一步发展。

第一，积极为工人发声，维护工人阶级利益。澳共成立后，便即刻投入到工人运动当中。当时，由于受到经济大萧条的影响，澳大利亚多个城市失业现象严重，工人生存环境比较恶劣。积极支持工人的经济斗争、维护失业工人权益成为这一时期共产党工作的重心。在澳共的领导和组织下，新南威尔士、昆士兰等地的煤矿、铁路和码头工人多次发起罢工和示威活动。1928年，在澳大利亚首次庆祝国际妇女节之际，澳共积极组织党内的妇女团体参与在悉尼的集会活动，提出了同工同酬的要求。[1]特别是1930年，澳共派遣许多组织员到煤矿区去协助被解雇的矿工，建立了一些基层委员会，并提出了"全体罢工"的口号。[2]

第二，反对法西斯主义和反对帝国主义战争。在二战期间，澳大利亚国内的反苏运动达到高潮，此时共产主义力量处境艰难。不过，澳共仍是反对法西斯主义的主要力量，4000余名共产党党员参加了此次斗争，为世界人民赢得反法西斯战争的胜利作出了极大贡献。[3]由于拒绝支持帝国主义战争，澳共曾被罗伯特·戈登·孟席斯（Robert Gordon Menzies）政府以战时预防措施为由宣布为非法团体。但澳共并没有被击垮，而是领导澳大利亚人民全力开展反对法西斯主义和反对帝国主义的斗争，积极组织工人运动，最终赢得了胜利。在禁令被解除后，澳共的党员人数不减反增。

第三，与澳大利亚政府的反共政策作斗争。随着东西方冷战形势的加剧，意识形

[1] Vinnie Molina, "For a Revolutionary International Women's Day", in Guardian, Iss.1905, 2020, p.3.
[2] 杨成果：《澳大利亚共产党的社会主义理论与实践研究》，中国社会科学出版社2014年版，第10页。
[3] 杨成果：《澳大利亚共产党的社会主义理论与实践研究》，中国社会科学出版社2014年版，第12页。

态冲突凸显，澳大利亚政府为了自身利益开始迫害澳共党员。20世纪50年代初，孟席斯政府以共产党企图以暴力颠覆现政府为由通过《解散共产党法案》（The Communist Party Dissolution Bill）。该法案指出，澳共及其所领导的工会与类似组织均为非法组织，应予以解散；政府机构、煤矿和造船厂等大企业一概不得雇用共产党员；继续开展活动的共产党员将被逮捕。不过，由于澳共的积极活动、澳大利亚工人运动和工会组织的支持，该法案被高等法院认为不符合宪法规定而驳回，1951年9月在全国举行的"反共"公民投票也未能通过。[1]孟席斯政府企图使共产党非法化的行动没有成功。

由于澳共的不懈斗争，共产主义运动在这一时期有了相当大的发展。二战后初期，澳共的党员人数由最初的26人一度达到历史最高峰——2.5万人（当时澳大利亚人口总共才500万左右），而且，共产党在煤矿工人工会、码头工人工会、钢铁工人工会、海员工会、金属板工人工会等几个大的工会中占据主导地位，对社会的影响也在逐步扩大，在议会选举中的得票率已接近3%。[2]可以说，经过最初30余年的发展，澳大利亚的共产主义力量已经成为一支比较重要的政治势力。

二、澳大利亚共产主义运动的分裂与衰落（1956—1990年）

20世纪50年代中期至90年代，由于国际形势的影响及内部思想的混乱，澳大利亚的共产主义运动并没有迎来更进一步的发展，而是在经历了多次大大小小的分裂之后逐渐萎缩。分裂与分歧基本上是这一时期共产主义运动的主旋律。

在国际共产主义运动历史上，1956年是一个分水岭。苏共二十大的召开特别是赫鲁晓夫所作的"秘密报告"，很大程度上削弱了苏联模式的权威。再加上随后苏联对匈牙利的军事干预以及中苏之间的全面论战，国际共产主义运动内部产生了严重的思想分歧。这一系列事件给澳大利亚共产主义运动的发展带来极大挑战，共产党力量内部开始出现意见上的分歧。[3]早在1956年10月苏联决定出兵匈牙利时，澳共对苏联的支持政策就遭到一部分党员的质疑，在随后的两年中大约有2000名党员因此事而陆续选择退党。[4]紧接着，中苏之间全面论战的爆发直接导致了澳共的又一次分裂。澳共的领导

---

[1] Laurence W.Maher, "Dealing with the King's Enemies: The Drafting of the Communist PartyDissolutionBill1950", in Australian Historical Studies, Vol.44, No.1, 2013, pp.37-53.

[2] 秦德占：《塑造与变革：澳大利亚工党社会政策研究》，人民出版社2009年版，第45页。

[3] Phillip Deery and Rachel Calkin, "'We All Make Mistakes': The Communist Party of Australian and Khrushchev's Secret Speech, 1956", in Australian Journal of Politics and History, Vol.54, No.1, 2008, pp.69-84.

[4] Tom O'Lincoln, Into the Mainstream: The Decline of Australian Communism, Sydney: Stained Wattle Press, 1985, p.98.

层采取亲苏的立场，以爱德华·弗勒·希尔（Edward Fowler Hill）为代表的数百名共产党员则坚定地站在中国共产党这一边，发表了《澳大利亚马克思列宁主义者宣言》，谴责澳共领导人背叛了马克思列宁主义。[1]1964年，希尔、培迪·马龙（Paddy Malone）等带领一部分共产党员和工会会员成立了新的共产主义组织——澳大利亚共产党（马列）[CPA（M-L）]，不再接受澳共中央委员会的领导。

不过，在20世纪60—70年代，澳大利亚共产主义运动内部始终没有处理好苏联问题。围绕1968年苏联出兵捷克斯洛伐克一事，澳共内部又产生了思想分歧。以埃德加·罗斯（Edgar Ross）、阿尔夫·瓦特（Alf Watt）为代表的亲苏派不同意领导层批评苏联的做法，公开谴责劳里·阿隆斯（Laurie Aarons）等领导人犯了机会主义错误[2]。阿隆斯接替劳伦斯·夏基（Lance Sharkey）出任总书记后，澳共开始强调独立自主，但却越走越远，逐渐迷失了方向。1970年3月，澳共第22次代表大会取消了马克思列宁主义的意识形态指导地位，认为其已经"过时"。[3]这次会议促使共产主义力量进一步分化。1971年12月，800名亲苏的成员脱离澳共，正式成立澳大利亚社会主义党（Socialist Party of Australia，SPA）。[4]澳大利亚的共产主义运动再次陷入分裂，这次分裂使得共产党党员数量出现断崖式下跌，极大地削弱了澳大利亚共产主义的力量。据统计，截至1972年初，澳共党员人数已不足3000名。[5]

20世纪80年代，澳大利亚共产主义运动仍处在不断分裂之中，澳共和澳大利亚社会主义党内部出现派系纷争，分歧进一步加大。共产党内部围绕着与工党的关系以及党的改革方向等问题形成了左、中、右三个派别。以伯尼·塔夫特（Bernie Taft）为代表的右派认为，澳共没有取得任何进展，呼吁党员们弃党，另成立一个新的、更广泛的"社会主义组织"；中间派以阿隆斯为代表的悉尼领导层为主，也不主张保留共产党的领导权，但认为可以与其他社会主义者一起，组建一个新的社会主义政党；少数左派党员认为，澳共的改革是必要的，但必须坚持独立，必须保持马克思主义政党的革命性质。由于各派意见不统一，1984年4月，约40名澳共核心成员以建议受阻为

[1] Nick Knight, "The Theory and Tactics of the Communist Party of Australia（M-L）", in Journal of Contemporary Asia, Vol.28, No.2, 1998, pp.233-257.

[2] Edgar Ross, Of Storm and Struggle, Sydney: Alternative Publishing Co-operative, 1981, p.140.

[3] Communist Party of Australia, CPA Documents of the Seventies: 1970, 1972, 1974 and 1976 Congress Documents Plus a New Course for Australia, Sydney: Red Pen Publications, 1977, p.6.

[4] Greg Mallory, "The Communist Movement and Australian, 1967—1975 and the Circumstances Surrounding the Formation of the Socialist Party of Australian", in The Hummer, Vol.3, No.7, Summer 2001—2002, pp.16-17.

[5] Richard F.Stear（ed.）, Yearbook on International Communist Affairs, Stanford: Hoover Institution, 1973, p.408.

由突然宣布退党，给澳共的发展带来极大困难。[1]几乎在同一时期，澳大利亚社会主义党内部也出现了意识形态方面的分歧。该党成立以后，提出要重新组织澳大利亚的共产主义运动。1983年，党的战略问题引发了澳大利亚社会主义党的广泛争论，党主席帕特里克·马丁·克兰西（Patrick Martin Clancy）与党内其他领导人意见相左，克兰西认为他们在意识形态上具有教条主义和极权主义倾向。随后，该党全国委员会解除了克兰西的领导职务，克兰西及其支持者退党，组建了一个名为"共产主义团结会"（Association for Communist Unity）的新组织。[2]澳大利亚社会主义党的分裂，使澳大利亚共产主义力量进一步分化，随后逐渐走向衰微。在1989年东欧剧变的冲击下，澳共党内思想更加混乱，在同年底的第30次特别代表大会上宣布逐渐停止其自身的政治活动，并于1991年最后一次会议上决定解散。

这一时期澳大利亚共产主义运动处在极其不稳定的发展状态，尽管在工人运动、新左派运动以及新兴的社会运动中都涌现了大量共产主义者的身影，他们在争取和平、维护原住民权利、反对种族隔离、争取妇女解放等方面发挥了重要作用[3]，但是，持续不断的分裂与分歧严重影响了澳大利亚共产主义运动的内部团结，致使运动最后走向衰落。究其原因，还在于澳共疏于思想理论的研究，时常不加批判地吸收国际上或其他左翼运动的理论思潮，照搬的结果就是脱离群众，内部思想不统一，如"对于欧洲共产主义问题的争论就严重地影响了各派之间的团结；又如关于苏联出兵捷克问题的争论也造成了同样严重的后果"[4]。东欧剧变的发生和澳共的解散，使澳大利亚共产主义运动深受打击。整个澳大利亚左翼社会主义运动陷入危机，这也迫使许多共产主义者开始重新认识资本主义和社会主义，重新思考马克思主义与澳大利亚的结合。

三、澳大利亚共产主义运动的重组与新探索（1990年至今）

澳共解散以后，澳大利亚社会主义党担起了重振澳大利亚共产主义运动的责任。东欧剧变以后，该党迅速做出反应，于1990年、1992年连续召开会议，深入讨论了苏联东欧的局势、戈尔巴乔夫的改革等问题，并就如何开展澳大利亚的社会主义运动提出了自己的想法。该党认为，虽然苏联模式的社会主义失败了，但这并不代表马克思

[1] CPA，"Statement from a General Meeting of Victorian Members of the Communist Party of Australia"，http://www.reasoninrevolt. net.au/objects/pdf/a000497.pdf.

[2] Suzanne Jamieson，"Clancy, Patrick Martin（Pat）（1919—1987）"，http://adb.anu.edu.au/biography/clancy-patrick- martin-pat-12320/text22131.

[3] Jon Piccini，Evan Smith and Matthew Worley，The Far Left in Australia Since 1945，New York，NK：Routledge，2019，p.3.

[4] 王宏周：《澳大利亚左翼》，《国外社会科学》1986年第10期。

列宁主义的失败，澳大利亚社会主义党仍然应该坚持马克思列宁主义，切实将马克思主义与澳大利亚的实际情况结合起来。其实，澳大利亚社会主义党自成立后便自我定位为一个共产主义性质的政党，一直努力把工人阶级联合起来。在原澳共解散以后，该党希望重建一个新的共产党，继承原澳共的优秀传统。经过充分讨论，该党于1996年召开第八次全国代表大会，决定将党的名称改为"澳大利亚共产党"[与原澳共名称一样，简称CPA，以下简称"澳共（CPA）"]。澳共（CPA）的成立，得到其他社会主义组织的支持。经过一段时间的探索和调整，澳大利亚共产主义运动迎来了新的发展，共产主义力量开始以更加积极的姿态活跃在本国政治舞台之上。

（一）明确提出"21世纪将属于社会主义"

以澳共（CPA）为代表的共产主义力量认为，人类社会已经进入历史的转折点，21世纪将属于社会主义。自2001年至今，澳共共召开了五次全国代表大会，多次对党章和党纲进行修订，且每次代表大会都更新党的政治决议，既深刻总结了20世纪社会主义历史进程的经验教训，又结合国内外形势对当代资本主义进行了严厉批判，阐明了21世纪澳大利亚走向社会主义社会的方式和途径。澳共坚信，社会主义才是澳大利亚的未来，只有社会主义制度才能从根本上消除当今资本主义社会存在的种种问题和制度性弊病。

驳斥了"社会主义失败论"。东欧剧变后，"社会主义失败了"的论调在资本主义国家范围内甚嚣尘上，一时间使共产主义者应接不暇，不知如何回应。针对这一问题，澳大利亚共产主义者在21世纪有了更为成熟的认识。一是高度赞扬了20世纪社会主义国家所取得的历史成就，如提高了人民生活水平、扩大了人民民主、实现了民族平等、维护了世界和平等。社会主义制度的确立，在人类历史上首次打破了资本主义的统治，开创了新的人类纪元。社会主义使人民享有更好的社会福利和教育资源、更完善的医疗保健和文化设施，为妇女、青年等群体提供更多的保护。二是深刻剖析了苏联模式社会主义失败的原因，系统总结了东欧剧变的经验教训。澳大利亚共产主义者认为，社会主义探索之路充满了困难和挑战，并不是一帆风顺的。苏联在建设社会主义的过程中背离了真正的马克思主义，因而犯了许多错误，如经济上不顾实际情况超越社会发展阶段、政治上高度集中缺乏民主、意识形态上忽略马克思主义的宣传和教育、党的建设上严重脱离群众等。一些社会主义国家之所以陷入危机，并不是由于实行生产资料公有制和工人阶级掌握政权而导致的，而是对社会主义基本原则认识不清、认识不到位的结果。[1]社会主义本身并没有失败，失败的是早已问题丛生的苏联模式的社会

---

[1]　CPA, Program, Amended CPA 13th National Congress December 2017, Sydney: New Age Publishers Pty Ltd, 2017, p.66.

主义。

资本主义弊端凸显，只有社会主义才能挽救澳大利亚。21世纪以来，资本主义的制度性危机和结构性矛盾不断深化。特别是2008年以来席卷全球的金融危机，更是宣告了资本主义新自由主义议程的破产，使资本主义制度的种种危害暴露出来。马克思和恩格斯早在170多年前的《共产党宣言》中就曾预言了资本主义周期性经济危机的不可克服性。经济危机、粮食危机、生态危机、失业、剥削和不平等现象犹如资本主义制度的影子，这些危机可以被延迟、被缓解，但只要资本主义制度存在，这些危机就无法根除。澳大利亚目前深受经济危机和环境危机的困扰，工人们的生活状况也不断恶化，社会贫富两极分化严重。"30%的澳大利亚人没有一个安全的家，超过10万人无家可归，工资占国内生产总值的比例已经下降到53%，而利润占GDP的比例已经上升到27.6%。由于工资增长滞后于通货膨胀，工人的税收负担有所增加。"[1]澳大利亚共产主义者认为，社会主义才是彻底解决现有社会问题的最佳替代方案。[2]只要坚持社会主义的基本原则，将马克思列宁主义与澳大利亚实际结合起来，社会主义不仅可能，而且可行。

（二）"团结就是力量"成为新口号

澳大利亚共产主义运动在20世纪中后期的发展中多次陷入分裂，力量比较分散，而且各个社会主义和共产主义组织之间也存在着多种分歧。共产主义力量的散乱状态，使得它们"既没有一个明确的短期奋斗目标，更缺乏一个长远的行动纲领"[3]，也难以抵挡澳大利亚新右翼政治力量的冲击。虽然在20世纪80年代中后期，原澳共、澳大利亚社会主义党等组织曾提出构建"新左翼党"的设想，也召开过"左派磋商会"，但由于随后发生的东欧剧变，澳大利亚的共产主义运动遭到沉重打击，左派联合并没有取得实质性进展。

进入21世纪，经过一系列探索和调整，澳大利亚共产主义力量的态度更加积极。"团结就是力量"（Unity Is Strength）成为澳共（CPA）和其他社会主义组织的新口号。它们认为，要想进行社会变革，必须把社会上不同的进步力量真正团结起来，建立最广泛的联盟。具体来讲，最广泛的联盟包括三个层次，即左派的联盟、工人阶级的联

---

[1] Bob Briton, "20th International Meeting of Communist and Workers' Parties", https://www.cpa.org.au/amr/69/amr-69-01-20th-international-meeting.html.

[2] Socialist Alternative, "Statement of Principles", https://www. sa.org.au/node/3924；CPA, Program, Amended CPA 13th National Congress December 2017, Sydney: New Age Publishers Pty Ltd, 2017, p.2.

[3] 王宏周：《澳大利亚左翼》,《国外社会科学》1986年第10期。

盟以及广泛的人民或民主联盟。首先，承认阶级斗争、代表工人阶级利益的左派政治力量先团结起来。以往各派的分裂与分歧严重影响了澳大利亚共产主义运动的发展，但大家的目标和基本主张却是共同的，如反对资本主义制度、主张和平与裁军、人民民主、充分就业、妇女解放等。所以，左派政治力量可先就某些具有共识的政策共同行动，然后逐步协商，从而达成联合与团结。其次，广大的工人阶级要团结起来，组成统一战线。澳大利亚的工薪阶层有着共同的经济利益和政治利益，有着组建工人阶级统一战线的基础。工人阶级统一战线将提高工人们的战斗力，从而使自己的主张和要求更容易实现。澳共（CPA）表示，将全力支持工人阶级统一战线的组建，维护工人阶级的利益。[1]最后，努力建立一个广泛的人民或民主联盟，把社会上所有进步和民主力量团结起来。工人阶级在领导人民进行经济斗争和政治斗争的过程中，也应重视其他社会进步力量的作用。只有建立广泛的人民或民主联盟，实现最大程度的团结，才能实现澳大利亚的社会变革。

在澳共（CPA）的积极推动下，左派社会主义组织和共产主义者加强了团结，把组建左派联盟一事提上了日程。为了扩大澳大利亚共产主义运动的影响，共产党和其他支持共产党的组织和人士成立了一个新的选举联盟——"共产主义者联盟"。该党于2009年3月在澳大利亚选举委员会登记注册，并向新南威尔士州参议院和悉尼众议院推出了自己的候选人。虽然共产党人尚未在联邦选举中取得多少成就，不过，"由于澳大利亚共产党积极地开展竞选活动、捍卫人民的权利和生活水平，它赢得了许多社会人士和一部分工会运动的支持，提高了知名度"[2]，也扩大了澳大利亚共产主义运动的影响。

四、澳大利亚共产主义运动面临的现实挑战

经过100年的探索，澳大利亚共产主义运动在21世纪迈上了新的台阶。但是，客观地讲，由于受到诸多因素的限制，澳大利亚共产主义运动仍然面临许多挑战。

（一）新技术革命和产业转移引发了工人阶级内部构成的变化

在信息技术革命的影响下，当代发达资本主义社会的经济、政治和文化发生极大的变化。伴随着资本主义生产方式的"信息化重组"，发达国家工人阶级的内部构成不

---

[1] CPA, program, Amended CPA 13th National Congress December 2017, Sydney: New Age Publishers Pty Ltd, 2017, p.40.

[2] 温尼·莫利纳:《从国际金融危机看不断深化的资本主义 制度性危机——以澳大利亚为例》,《马克思主义研究》2011年第4期。

断演变。

一是工人阶级的层级化特征明显，少量工人成为核心雇员，享有较好的工作保障；大部分工人成为边缘雇员，工作不稳定，如非全日制工人、不定期合同工、临时工和转包合同的受雇工人等。这就使得工人阶级内部越来越分裂，从而造成工人阶级力量的分散和对立。经济合作与发展组织的研究表明，澳大利亚有近40%的工作现在被归类为不稳定的，从事这类工作的工人没有什么保障，也没有什么权利。[1]二是经济全球化对雇佣劳动者产生了重大影响，如全球化过程中产业结构的"去工业化"导致以"蓝领工人"为主体的传统产业工人力量被削弱，企业经营的"业务外包"则使白领雇员的生存状况日趋恶化。[2]澳大利亚的制造业曾在20世纪中后期蓬勃发展，但由于经济全球化的影响，目前已经大幅萎缩。澳大利亚在"去工业化"的进程中由制造业向服务业转变，劳动力市场也随之开始重组，传统的蓝领工人数量越来越少，取而代之的是新兴的中产阶层。这就进一步削弱了共产主义政党的组织基础。

（二）合作主义在资本主义劳资关系中占据主导

资本借助于信息技术和新自由主义政策的推行，使资本主义劳资关系发生新变化，合作主义盛行。资本在政府的支持下力量不断强化，劳工则被迫与雇主合作，在集体谈判中"自愿"缩减工资。典型的例子就是1983年澳大利亚工会理事会（ACTU）与霍克–基廷政府达成的《价格和收入协议》，以及2005年霍华德政府强行通过的《工作选择法》。根据这些协议，工会同意限制工人工资，以换取雇主允诺的一些医疗保险和福利，代价则是工人们不再进行大规模的斗争，以合作取代阶级斗争和冲突。之前，工会主要通过协商的办法来确定工人的工资和工作条件，但现在需要通过与企业谈判、签订个人合同的方式，而且，如果违反协议或合同，将被罚款或起诉，罚款有时甚至高达数万澳元。澳大利亚统计局数据显示，1985年劳资纠纷共1876起，而到2019年9月，连续12个月处理的劳资纠纷才154起，数量减少90%。[3]劳资纠纷减少，并不是因为工人的要求总是能够得到满足，而是因为维护自身利益的代价太大，多数工人只能选择在协议框架内活动。随着工资和工作条件的决定权越来越分散，工会的力量远不如从前，工人们的阶级意识也逐渐被削弱。

合作主义替代了阶级斗争和冲突，工人的工资水平和工作条件得到一定改善，但是作为工人阶级共同体的意识却越来越弱了。由于历届政府和雇主们发起的反工会立

[1] OECD，"In It Together：Why Less Inequality Benefits All"，http://www.oecd.org/social/in-it-together-why-less-inequality-benefits-all-9789264235120-en.htm.

[2] 孙寿涛：《当代西方发达国家工人阶级状况研究》，南开大学出版社2017年版，第110页。

[3] Anna Pha，"Stop the Wage Rorts!"，in Guardian，Iss.1906，2020，p.1 .

法，工会密度和工会战斗性有所下降。再加上澳大利亚政府近年来对工会的打压，"将工会在澳大利亚政治中的角色边缘化，并侵蚀了左翼政治运动的支柱性政治信念——团结一致"[1]，工人阶级越来越处于无组织状态，这些因素都动摇了左翼运动和共产主义运动的组织基础。澳共（CPA）认为，近40年澳大利亚有组织的劳工运动确实出现了衰退。[2]

（三）右翼民粹主义突起

澳大利亚目前经济转型任务艰巨，人民收入增长停滞，失业率不断上升，选民焦虑、排外情绪不断蔓延。在欧美民粹主义浪潮的推动下，澳大利亚本土民粹主义力量卷土重来，边缘政党兴起。近年来，澳大利亚的极右翼政党在联邦选举中比较活跃，选票逐渐增多。如单一民族党（Pauline Hanson's One Nation）在2016年联邦选举中获得17.5万张选票，2019年其支持者增至近44万；帕尔默联合党（Palmer United Party）在2016年的联邦选举中只有315张选票，2019年其领导人克莱夫·帕尔默（Clive Palmer）另以联合澳大利亚党（United Australia Party）重新参选，获得近50万选民支持，得票率为3.43%，且在参议院赢得两个席位。[3]此外，澳大利亚目前有多个新兴的极端政党，如鲍勃·卡特（Bob Katter）的"澳大利亚党"（KAP）、"雅基·兰比小组"（Jacqui Lambie Network）、由独立参议员尼克·瑟诺芬（Nick Xenophon）组建的"尼克·瑟诺芬小组"［NXT，该组织2018年4月更名为"中央联盟"（Centre Alliance）］、由退出自由党的参议员科瑞·伯纳迪（Cory Bernardi）组建的"澳大利亚保守党"（Australian Conservatives）、"澳大利亚崛起党"（Rise UP Australian Party）、"要么爱澳大利亚要么离开"（Love Australia or Leave）等。

这些政党的兴起，虽未触及澳大利亚的主流政治，但它们打着极端保守主义和民族主义旗号，主张回归经济保护主义，抨击收入不平等，反对移民、自由贸易和全球化，直接抢走了大量传统左翼政党的核心支持者——中产的劳工阶层、底层的低收入者和失业者的选票。

（四）左翼社会主义力量分散

与右翼民粹主义形成鲜明对比的是，澳大利亚的左翼社会主义力量长期处于弱势

---

[1] 袁野、姚亿博：《2019年澳大利亚大选与政党政治新变化》，《当代世界》2019年第9期。

[2] Bob Briton, "20th International Meeting of Communist and Workers' Parties", https://www.cpa.org.au/amr/69/amr-69- 01-20th-international-meeting.html.

[3] AEC, "First Preferences by Party, 2016 Federal Election", https：//results.aec.gov.au/20499/Website/House State First Prefs By Party-20499-NAT.htm；AEC, "First Preferences by Party, 2019Federal Election", https://results.aec.gov.au/24310/Website/House State First Prefs By Party-24310-NAT.htm.

地位，且派别比较多，联合难度大。目前，澳大利亚的社会主义和共产主义组织大约有十几个。其中自称为共产党的组织主要有三个，分别为1964年从原澳共分裂出来的澳大利亚共产党（马列）、1971年成立并于1996年更名的澳大利亚共产党（CPA，其前身是1971年从原澳共分裂出来的澳大利亚社会主义党）以及2019年6月从澳共（CPA）分裂出来的澳大利亚人共产党（ACP）。比较有影响的社会主义组织主要有社会主义联盟（Socialist Alliance）、维多利亚社会主义者（Victorian Socialists）、社会主义替代（Socialist Alternative）、社会主义平等党（Socialist Equality Party）。除此之外，还有一些毛主义和托洛茨基主义政党。21世纪以来，这些左翼社会主义力量曾多次尝试建立左翼联盟，但效果甚微。

它们虽以实现社会主义为共同目标，但具体的策略和途径不尽相同。社会主义联盟和维多利亚社会主义者认为，除了罢工、示威等斗争形式外，社会主义者还应积极参加议会选举，利用选举来宣传社会主义思想、改善自身形象，从而赢得广大选民的支持，进一步推动社会运动。在2019年联邦选举中，社会主义联盟获得2447张选票，目前在西澳大利亚弗里曼特尔和维多利亚州墨尔本有两名地方议员；维多利亚社会主义者通过与维多利亚州较大的托洛茨基派合作，在此次选举中共获得12453张选票。[1]也有一些更为激进的共产主义组织不参加选举，如澳大利亚共产党（马列）认为，"议会和选举是一种肤浅的民主"[2]，强调要独立于资本主义制度之外开展社会主义活动，其目标是在"革命性变革"中消灭资本主义制度和帝国主义世界体系，建立"无产阶级专政"，并且认为必要时可采取非法行动，该党于2019年加入了主张"自治、独立和自力更生"的国际共产主义组织——"革命政党和组织国际协调"（ICOR）。还有一些无政府主义组织主张通过教育或者直接暴动来建立一个自由、互助和自我管理的社会，反对工人参加议会活动，如无政府工团主义联合会（Anarcho-Syndicalist Federation）。[3]

综上，新技术革命引发的一系列变革导致了澳大利亚产业结构和社会结构的巨大变化，不仅使工人阶级内部越来越分化，还使资本主义劳资关系发生了不利于劳工阶层的重组。再加上近年来右翼民粹主义突起，而左翼社会主义力量仍然分散，这些因素交织在一起，给当前澳大利亚共产主义运动的发展带来极大阻力。

---

[1] AEC, "First Preferences by Party, 2019 Federal Election", https://results.aec.gov.au/24310/Website/House State First Prefs By Party-24310-NAT.htm.

[2] CPA（M-1）, "Political Report of the Central Committee to the 15th Party Congress", http://www.cpaml.org/congress.php.

[3] ASF- IWA, "Aims, Principles and Statutes", https://asf- iwa.org.au/aims.

五、澳大利亚共产主义运动的发展前景

虽然挑战重重，不过，在当前百年未有之大变局中，国际共产主义运动整体发展形势向好，资本主义的制度性弊端和结构性矛盾凸显，澳大利亚共产主义运动也面临着历史性的发展机遇。

一方面，由于全球金融危机的波及，再加上本身经济转型困难和一些自然灾害的影响，澳大利亚近年来经济形势不太乐观，铁矿石需求下滑、房价暴跌、农业损失惨重，家庭负债率创新高，失业率上升，人民生活状况不断恶化。前澳大利亚政府经济和政策顾问约翰·亚当斯（John Adams）称，澳大利亚的"经济灾难"已经难以避免，然而政府并没有采取有效行动。[1]而中国、古巴、越南等社会主义国家在经济危机和公共卫生危机中的表现则突出显示了社会主义制度的优越性，这表明，资本主义和帝国主义的替代方案确实是存在的，而且是可行的。另一方面，从澳大利亚目前的政治生态来讲，选民对主流政治感到失望。"澳大利亚选举研究"互动数据库近30年的调查数据显示，选民的政治态度和投票行为发生了极大变化，对于主流政党的认同在下降，具体表现为不具有政党认同的选民数量增多且选民的政党认同感和归属感变弱，具有"强烈"政党认同的选民减少。[2]在2016年和2019年联邦选举中，25%左右的选民没有把工党和自由党—国家党联盟作为他们的第一选择，而是投给了其他新兴小党。[3]右翼民粹主义政党在澳大利亚的兴起则印证了这一点。同时，选民对政府的信任度也大幅减弱，尤其是最近两年来澳大利亚政府在应对自然灾害、族群分裂、公共卫生危机等问题上的表现遭受了广泛批评。目前的政治生态为左翼社会主义运动带来很大发展空间，这些对主流政党失望的选民正是社会主义和共产主义政党的潜在支持者。

机遇与挑战并存，而且挑战多于机遇，这是澳大利亚共产主义运动面临的现实。不过，尽管前路漫漫，澳大利亚的共产主义力量仍然满怀信心，积极开展活动。澳共（CPA）在最近一次代表大会上指出："目前资本主义制度面临着前所未有的困境，社会

---

[1] Frank Chung, "Six Pathways to Australia's 'Economic Armageddon'", https://www.news.com.au/finance/economy/australian-economy/six-path-ways-to-australias-economic-armageddon/news-story/5f-11849237d1621569e85 a9f2c2a1948.

[2] Sarah Cameron and Ian McAllister, Trends in Australian Political Opinion：Results from the Australian Election Study 1987-2019, Canberra：Australian National University, 2019, p.5 .

[3] AEC, "First Preferences by Party, 2016FederalElection", https://results.aec. gov. au/20499/Website/House State First Prefs By Party-20499-NAT.htm；AEC, "First Preferences by Party, 2019Federal Election", https://results.aec.gov.au/24310/Website/House State First Prefs By Party-24310-NAT.htm.

矛盾激化，阶级斗争形势加剧，这正是我们走向人民的机会。"[1]

共产主义运动在澳大利亚的百年演进，既是一部澳大利亚共产主义政党的发展史，也是一部工人阶级争取更好的工作条件、争取民主和解放的斗争史。虽然目前澳大利亚的共产主义力量规模有限，仍活跃在主流政治之外，但是它们一直走在为工人阶级争取权益、推动妇女解放、维护原住民权利、争取民主和平等的最前列，影响着澳大利亚政治、经济和文化的发展。

原载于《当代世界与社会主义》2020年第5期

---

[1]　CPA，"Political Resolution：Taking the Party to the People"，https//www.cpa.org.au/resources/cpa-doc-current/cpa-political-resolution-adopted-2017.pdf.

英国共产党的理论革新与发展态势

赵　婷　丁广昊

摘　要：2008年国际金融危机以来，英国共产党根据新形势进行了理论上的调整和革新，在深刻批判当代资本主义和英国国家垄断资本主义的基础上细化和完善了实现社会主义的方式和策略，进一步深化"替代性政治经济战略"，提出建立"大众民主反垄断联盟"的构想，并对社会主义发展阶段作了科学阐释。实践中，英国共产党积极参与竞选，开展反种族主义、反帝国主义和反法西斯主义等社会运动，创新多种举措加强党的建设，进一步扩大了自身影响力。总的来看，目前英国共产党的处境虽然不容乐观，但仍有生长和发展的空间。

关键词：英国共产党；理论革新；实践活动；发展前景

英国共产党自1920年成立至今已有百年。在这百年发展中，该党始终以一种积极的姿态活跃在国际共产主义运动的舞台上。由于党内分歧的增加以及东欧剧变的冲击，英国共产党在20世纪中后期多次陷入分裂，其主体部分于1991年11月改名为"民主左翼"。目前的英国共产党（以下简称"英共"）是1988年从原英国共产党中脱离出来的"晨星派"组建的，它更多地保留了老党的共产主义传统，在原英共改旗易帜后，便把"英国共产党"这个名称和旗帜接过来，是目前英国最具代表性的共产主义组织之一[1]。2008年国际金融危机以来，英共在新形势下不断进行理论上的调整和革新，着重对"替代性政治经济战略""大众民主反垄断联盟"以及社会主义发展阶段问题进行阐释。英共在实践中积极发挥共产主义政党的作用，开展多种多样的社会主义实践活动，党的活动能力不断增强。

---

[1] Communist Party of Britain, "Britain, sRoadtoSocialism（2011）", https/www. marxists.org/history/in-ternational/comintern/sections/britain/brs/2011/index.htm.

一、英国共产党对"替代性政治经济战略"的深化

"替代性政治经济战略"是英共在21世纪的主要斗争策略。近年来，结合后危机时代社会形势的发展变化，英共在坚持这一策略的基础上又对其进行了更加细致的描摹和解读。具体而言，其创新性主要体现在三个方面：一是对资本主义内部矛盾的深刻剖析；二是对"替代性政治经济战略"外延的进一步拓展；三是对"左翼纲领"这一核心策略的进一步阐发。

众所周知，2008年国际金融危机的爆发，暴露了当代资本主义制度深层次的结构性问题，进一步激化了资本主义国家的政治、经济和社会矛盾，而大多数欧洲国家统治阶级应对金融危机的策略是"将金融负担和危机责任推给工人阶级群体"[1]。由于金融业在英国经济中的比重较大，所以金融危机对英国的影响更为严重，也加剧了英国金融垄断资本与生产力之间的矛盾。加之近年来欧债危机、难民危机的影响，英国的经济和社会问题愈发尖锐。在这一背景下，英共深刻认识到"资本主义充满了矛盾和危机"[2]，这种危机具有系统性和普遍性，且在英国尤为突出。

基于对当代资本主义更加深刻的认识，英共在2011年修订的党纲中提出，在资本主义社会中存在三对明显的矛盾关系。一是工人和资本家之间存在的固有矛盾，即工人希望改善生活条件的需要与资本家希望通过剥削工人获取利润的企图之间的矛盾；二是技术进步和资本主义利润来源之间的矛盾，即生产的技术性和机械化一方面提高了生产效率，另一方面使得活劳动在生产中的份额降低，资本家从工人身上可剥夺的利润减少；三是社会化大生产和生产资料私人占有之间的矛盾，这是资本主义社会的基本矛盾，也是其他矛盾产生的根源所在。英共认为，这三对矛盾带来的必然结果是，资本家为了自身的利润不断加深对工人阶级的剥削、对生态环境的破坏和对自然资源的掠夺，由此带来深重的经济、政治、社会、文化以及生态危机。其中包括经济上存在于金融业、生产领域以及全球规模的交换领域中的深层次结构性危机；政治上资本主义民主被财团绑架，越来越多的人选择远离政治，政治参与度不断降低；社会上的不平等现象以及不安定因素日益增加；文化和意识形态上自私、贪婪和个人主义的观念盛行，人们的价值观渐渐在追逐利益的洪流中被扭曲和异化。"在经济、政治、社会

---

[1] 张顺洪：《构建大众的、民主的、由工人阶级领导的反垄断同盟——英共总书记谈当前国际金融危机》，《红旗文稿》2012年第5期。

[2] Communist Party of Britain, "Britain,sRoadtoSocialism（2011）", https://www.marxists.org/history/in-ternational/comintern/sections/britain/brs/2011/index.htm.

和文化上，资本主义早已不再在人类发展中发挥进步作用。"[1]英共认为，这些问题在资本主义制度框架内无法得到有效解决，唯一的方案就是对社会进行根本变革，开辟社会主义道路。为此，工人阶级必须做好准备，采取"替代性政治经济战略"，把一切进步力量团结起来，建立最广泛的联盟，共同反对英国的国家垄断资本主义。

英共进一步丰富了"替代性政治经济战略"的外延，将这一战略定位为一个建立广泛联盟和促进阶级斗争的完整体系。新的"替代性政治经济战略"致力于进行三个方面的斗争：经济上，通过工会与进步运动的联合实现国内经济可持续发展，保障充分就业，改善工人们的生活水平；政治上，让工人们意识到仅仅进行经济斗争是不够的，须把政治斗争和经济斗争结合起来，组建和发展自己的政治组织，通过集体行动争取政治权利，扩大民主和自由；意识形态上，左派、劳工和进步运动必须坚持不懈地与统治阶级进行思想斗争，用社会主义的价值观念去指导行动[2]。

英共将"替代性政治经济战略"的核心确立为"左翼纲领"，即包括经济、社会、民主、外交等多个领域的具体政策。在内容上，左翼纲领主要包括以下几个方面：发展高效的、可持续的经济，采取措施结束金融资本的垄断统治，逐步消除私有制，大力发展工业和服务业，支持农业的可持续发展，开发清洁能源和环保技术，发展合作社等；保障社会公平，大幅提高养老金、福利和最低工资标准，在全行业实行同工同酬，加强反歧视立法，推行高质量的免费教育，鼓励宗教信仰自由和文化多元化；扩大和深化民主，进一步恢复公民集会、游行和示威的自由，废除反工会法，保障工人的合法权益，废除上议院，维护苏格兰、威尔士和英格兰的平等地位；实行独立自主的外交政策，停止与美国的不平等交易，退出欧盟，加强与发展中国家的合作，反对进行核试验和使用大规模杀伤性武器；等等[3]。

综上，英共在坚持"替代性政治经济战略"这一斗争策略的基础上，对其进行了理论上的深化、体系上的完善、措施上的细化，更加充分地体现出其对于马克思主义理论的深入理解和运用，以及对于新形势下现实问题的切实思考与关怀。

[1] Communist Party of Britain, "Britain, sRoadtoSocialism（2011）", https://www. marxists.org/history/in-ternational/comintern/sections/britain/brs/2011/index.htm.

[2] Communist Party of Britain, "Britain, sRoadtoSocialism（2011）", https://www. marxists.org/history/in-ternational/comintern/sections/britain/brs/2011/index.htm.

[3] Communist Party of Britain, "Britain, sRoadtoSocialism（2011）", https://www. marxists.org/history/in-ternational/comintern/sections/britain/brs/2011/index.htm.

二、英国共产党关于"大众民主反垄断联盟"的构想

英共认为，当前英国社会的主要矛盾表现为国家垄断资本与生产力发展需要之间的矛盾。为解决这一矛盾，英共在明确斗争策略的基础上，进一步指明了实现社会主义所要依靠的力量和构建一个反垄断的民主联盟的必要性，并对建立"大众民主反垄断联盟"的路径进行了理论探索，这一构想成为英共社会主义理论的重要补充。

首先，英共强调了工人阶级的重要地位，认为他们是推翻资产阶级统治的最积极力量，是建立"大众民主反垄断联盟"的主体。一方面，工人阶级作为劳动力的重要来源，在资本主义社会中处于重要地位，"工人阶级虽不需要资本主义，但资本主义缺少了工人阶级就无法运行"[1]。另一方面，工人阶级具有丰富的斗争经验，"在现代资本主义社会中，没有任何组织可以代替有组织的工人阶级作为争取进步和革命变革的主导力量"[2]。英共强调，工人阶级和工会组织是反垄断联盟的重要力量，要加强工人阶级的团结，实现工会力量的最大化。植根于工人阶级的共产党应作为革命的领导力量，在保持自身独立的前提下与其他左翼政党开展合作。

其次，英共扩展了革命依靠力量的范围，强调联盟的广泛性和包容性。英共指出，为了反抗国家垄断资本主义这一共同的敌人，"大众民主反垄断联盟"必须是一个广泛的联盟，应该容纳更多的左翼力量，尽可能地把一切进步力量团结起来。无论是工人阶级还是其他阶级和阶层的进步力量，都可以被纳入联盟之中，工党左翼、中间阶层、资产阶级中的小生产者、小农场主、小商人等都是可以争取的力量。当然，实现这种联合必定需要战胜更大的困难和阻碍，英共认为可以加强宣传工作，多向他们提供支持，同时发挥共产党的独特领导能力，从而使群众斗争变得更加可能。此外，英共特别指出，要积极号召年轻人行动起来，组建反紧缩、反垄断的同盟，重视发挥青年一代在联盟中的突出作用[3]。

最后，"大众民主反垄断联盟"以《人民宪章》[4]作为理论指导。《人民宪章》是英国工会联合会、苏格兰工会、妇女工会等多家工会组织为反对政府的财政紧缩政策和公共领域私有化计划而提出的一系列具有实用性和可行性的替代方案，其中包括保障

---

[1] 刘洪才：《当代世界共产党党章党纲选编》，当代世界出版社2009年版，第709页。

[2] Communist Party of Britain，"Britain，sRoadtoSocialism（2011）"，https://www. marxists.org/history/in-ternational/comintern/sections/britain/brs/2011/index.htm.

[3] Amy Field，"Young Peoplein Revolt"，Unity，October 2020，https://www.communistparty. org. uk/wp-content/uploads/2020/10/October-Unity-2020. pdf.

[4] CPB，"What We Stand for"，https://www.communist party.org.uk/what-we-stand-for.

经济公平、促进就业、提升公共服务等举措。2008年国际金融危机后，政府采取的救市措施就是推行财政紧缩政策，削减公共福利，将危机负担转移到普通的工人阶级身上。2010年，英国政府开始采取二战以来最大规模的紧缩政策，将削减财政赤字作为核心经济政策。这一紧缩政策持续至今，已达十年之久。据统计，2010—2013年间，英国政府总共削减公共开支143亿英镑，到2015年，英国的财政赤字占GDP之比已经下降到2010年的一半；2017年2月，时任财政大臣菲利浦·哈蒙德更是明确表示坚定不移地推行紧缩计划，建议到2019/2020财年各部门预算削减6%[1]。英共认为《人民宪章》是反对紧缩政策和垄断资本的一种有效方案，建立"大众民主反垄断联盟"的首要任务是联合工人运动和群众运动中的左派和进步力量，共同努力把《人民宪章》的决议转化为工人运动的核心[2]。特别是新冠疫情以来，英国出现了严重的失业问题，全民医疗保健系统也处于崩溃的边缘。英共制作了应对失业问题的小册子，认为正是由于垄断资本和垄断联盟造成了大规模的工人失业，呼吁工人阶级团结起来组建更广泛的反垄断联盟。另外，英共也积极支持工党、工会和社区的活动，如由戈登·布朗领导的"充分就业联盟"以及由议员伊恩·拉威利、劳拉·史密斯和约翰·特里克特领导的"不退缩"运动[3]。

英共的"大众民主反垄断联盟"构想体现出新形势下其对于左翼联合的重视，是对目前左翼组织的分散和力量的低潮所作出的反应。不过，作为一个始终有意与社会民主主义保持距离的传统共产主义政党，英共近年来在依靠力量上却体现出较为明显的妥协倾向。虽然它仍将工人阶级作为主要的领导力量，但也承认扩大阶级基础的必要性，认为只要是为了同一个目标即反对国家垄断资本主义而努力，各个阶级和阶层的民众都可以被吸纳到联盟之中。

三、英国共产党对社会主义发展阶段的划分

21世纪以来，英共站在马克思主义立场上，结合本国现实状况，对社会主义的发展阶段作了进一步的划分，为分步骤、有计划地进行实现社会主义的斗争提供了理论指导。英共清醒地认识到，"我们的战略不能建立在怀旧、教条、空想的基础上，而是

---

[1] 扈大威：《英国的财政紧缩与福利制度改革》，《国际问题研究》2019年第3期。

[2] 杨艳：《英国共产党关于建立反垄断联盟的探索》，《社会主义研究》2015年第3期。

[3] Molly Brownand Andy Bain, "Fightback Against Austerity and Unemployment", Unity, October 2020，https://www.communist party.org.uk/wp-content/uploads/2020/10/October-Unity-2020.pdf.

如列宁所说的那样——'具体情况具体分析'"[1]，即这一战略规划只是基于现实情况和发展趋势进行的分析和评估，不是教条式的蓝图，仍需要在发展的过程中不断进行调试和完善。具体而言，英共将实现社会主义的进程分为以下三个阶段。

（一）第一阶段：赢得议会选举，组建左翼政府

英共认为，在社会主义斗争的初始阶段，首先需要推动工人运动持续性地左转，并且掌握国家政权，这是进行一切斗争的必要前提和基础。就选民基础而言，英共认为这样的新型左翼政府需要以议会中的工党、社会党以及共产党的大多数为基础，同时以议会外广泛的群众运动作为支持，通过建立选举联盟参与民主选举，运用选举舞台宣传自己的左翼纲领，从而推进这一纲领的实施。这意味着，广泛吸收各个阶层和阶级的力量、扩大选民基础至关重要。此外，英共提出应该积极与苏格兰和威尔士政府进行合作，但同时也要注意立场的原则性和战术的灵活性之间的关系，保持自身的独立性和目标的坚定性。

在取得政权的方式上，英共认为一方面应积极参加议会选举，另一方面也要充分开展议会外活动。英共认为，正如马克思、恩格斯所揭示的，资本主义民主有其虚伪性，依赖于这种民主是非常有限的、不稳定的。在策略的实施过程中，左翼政府不可避免地会受到统治阶级的阻挠，后者可能会寻求跨国公司、国际组织、舆论媒体的帮助，乃至采取法律和武力的强制措施对其进行打压。面对这种状况，英共指出，既不能妄自尊大，也不应过于高估反对势力的力量，需要对革命充满信心，可以号召更多民众对垄断资本进行施压，打破舆论垄断，充分发挥民众的主动性，最终实现马克思和列宁所说的"无产阶级专政"。

（二）第二阶段：发展英国特色的社会主义

英共指出，左翼政府在成功夺取政权后，英国的阶级斗争就将进入第二个阶段，这是一个更加漫长而艰难的阶段。在这个阶段，左翼政府需要继续密切联合"大众民主反垄断联盟"，以推动左翼纲领的实施。毫无疑问，这将再次受到来自资产阶级的强大阻力，需要采取更多的措施巩固政权。在经济上，左翼政府必须控制资本流动，关闭避税天堂，努力推行公有制；在政治上，左翼政府应考虑通过人员的更替和政策的更新来变革国家机器，努力摧毁资本主义并构建一个为社会利益服务的权力机关。最终，左翼政府将彻底清除垄断资本主义的一切政治和经济权力，"将国家政权交到工人阶级及其同盟者手中，建设一个以公有制为基础，维护社会正义、和平以及环境安全

[1]　Robert Griffiths, "Marxism in the 21stCentury and the Future for World Socialism", https://morn-ing-staronline.co.uk/article/mapp ing-updated-road-socialism-todays-world.

的社会主义社会"[1]。

在建设社会主义社会的过程中，英共突出强调要发展英国特色的社会主义，同时也应注重从其他社会主义国家的发展中吸取经验和教训。英共对苏联模式的社会主义进行了深刻反思，肯定了苏联在社会主义建设中取得的成绩，认为其在计划经济和公有制方面的尝试促进了经济发展和社会进步，但同时由于缺乏民主，苏联最终走向解体。另外，英共高度赞扬了中国的社会主义市场经济以及古巴捍卫国家主权的斗争，认为每个国家都应从本国国情出发，发展自己的社会主义模式。对于中国改革开放40多年来取得的巨大成就，英共给予了高度认可。英共指出，中国正是由于坚持把马克思主义与自身国情相结合，走中国特色社会主义道路，才能实现如此大的发展。

（二）第二阶段：进入高级阶段，实现共产主义

英共延续了马克思主义的观点，认为社会主义是共产主义的初级阶段。通过合作、计划和技术进步，经济领域将继续扩大生产，人们的物质需求将被极大满足，届时，人们将进入社会主义的高级阶段——共产主义社会，并实行"各尽所能，按需分配"的原则。

在共产主义社会，由于生活必需品的成本大幅降低，货币渐渐失去了它原本的用途，对经济发展的合理规划也使得环境和生态系统得到更好的保护。另外，由于资本家被剥夺了"剥夺"的权利，阶级对抗也失去了物质基础，社会合作和团结代替了原本的阶级对立。完成必要的工作仅仅成为人们获得自由的先决条件，人们有更多的空闲时间去充分发挥自己的才能。同时，英共认为对于"人性"的认识应该采取更加积极的态度，贪婪、利己主义、剥削和不平等是资本主义造成的苦难，最初的人性始终是以理性、同情、合作、勇气、牺牲、追求公正为特征的。在共产主义社会中，资产阶级的人性将被人的个性的全面发展所代替，被集体主义和彼此关心所代替。英共始终认为这样的共产主义社会是可能的，并且希望有更多的群众加入这场斗争之中[2]。

四、英国共产党多种多样的社会主义实践

（一）积极参加议会选举，扩大自身影响力

尽管英共在选举中取得的成就非常有限，但自成立至今的百年来，英共始终坚持

---

[1] Nick Wright, "Britain, s Communist Leader Analyses The PoliticalSituation", https://21centurymanifesto. wordp ress.com/2016/11/22/britains-communist-leader-analyses-the-political-situation.

[2] Communist Party of Britain, "Britain's Road to Socialism（2011）", https://www. marxists.org/history/in-ternational/comintern/sections/britain/brs/2011/index.htm.

不懈地参与选举过程。正如恩格斯在《卡尔·马克思〈1848年至1850年的法兰西阶级斗争〉一书导言》中所阐述的，普选权也是工人阶级可以利用的一种"工具"，议会可以为工人阶级政党和议员提供一个宣传和展示的讲坛。作为最早主张"和平过渡"的共产主义政党，英共希望可以充分利用选举权为工人阶级争取更多利益。英共坚信："历史的车轮始终向前，工人阶级一直在调整和适应，但从未甘于失败。"[1]

英共积极参加英国的全国选举、地方选举以及欧洲议会选举。由于英共规模较小，其得票率与主流政党相比微乎其微，但它在地方选举中的成绩稍好。具体来说，在全国层面，21世纪以来英国共举行了六次大选，英共在前四次大选中均派出候选人参选，历次得票数在1000张左右，得票率甚至不到0.01%。其中，2010年英共有6位候选人参选，共获得947张选票；2015年，英共候选人增加至9位，获得选票1229张。在2017年和2019年的大选中，英共决定不再提出候选人，而是加强与工党的左翼联合，宣布支持工党领袖科尔宾。在地方层面，英共的影响力更大一些，而且在威尔士地区设有9个党支部，负责主办共产主义大学，开展工人活动。英共多次参加苏格兰、威尔士的选举。在2007年、2011年、2016年的选举中，英共在苏格兰分别获得251票、256票、510票[2]，在威尔士分别获得3708票、2676票、2452票[3]。

在欧洲层面，英共积极参加欧洲议会选举。在2009年、2014年欧洲议会选举中，英共未单独参加竞选，而是选择参与由全国铁路、海事和运输工人工会发起的民主左翼选举联盟，与一些小的左翼力量如团结党、绿色社会主义联盟等共同参选。2009年该组织获得153236张选票，2014年获得31757张选票[4]。但是在2019年的欧洲议会选举中，

[1] Johnnie Hunter, "General Secretary's 2019 New Year's Address", https://21centurymanifesto. word-press. com/2019/01/02/ycl-general-secretarys-s-2019-new-years-address.

[2] Scottish Parliament, "2007 Scottish Parliament Election", https://www. parliament. scot/msps/25388. aspx; Scottish Parliament, "2011 Scottish Parliament Election", https://www. parliament. scot/msps/29398. aspx; Scottish Parliament, "2016 Scottish Parliament Election", https://www. parliament. scot/msps/98259. aspx.

[3] Senedd Cymru Welsh Parliament, "2007 National Assembly for Walese lection", https://senedd. wales/re-search%20documents/2007%20assembly%20election%20results%20（updated）%20-%20research%20paper-20062007-55004/07-069-eng lish. pdf; Senedd Cymru Welsh Parliament, "2011 National Assembly for Wales elec-tion", https://senedd. wales/research%20documents/2011%20assembly%20election%20results%20-%20research% 20paper-18052011-216014/11-023-eng lish. pdf; Senedd Cym-ru Welsh Parliament, "2016 National Assembly for Wales election", https://senedd. wales/research%20documents/16-30-2016%20assembly%20election%20results/16-030-web-english. pdf.

[4] "European Election Results 2009, UK Results", http://news. bbc.co. uk/2/shared/bsp/hi/elections/euro/09/html/ukregion_999999 . stm; "Vote2014, UK European Election Results", https://www.bbc. com/news/events/vote2014/eu-uk-results.

由于支持英国脱欧，英共首次呼吁民众发起抵制选举运动，没有参与此次选举[1]。

英共在选举上的困境是由多方面因素造成的，其中最主要的原因在于英共本身组织规模较小，党组织建设以及民众的认同度都非常欠缺。正如英共在党纲中所指出的那样，"英国共产党仍然太小，在许多部门的根基依旧薄弱，其数量和政治影响都需要大发展"[2]。也正因为如此，英共积极参与选举实践的努力才显得弥足珍贵。尽管党组织规模有限，但英共依然活跃在从地方到全国再到欧洲层面的选举过程中，将"普选权"这一工人阶级可以利用的合法手段运用得淋漓尽致。

（二）充分开展议会外活动，在多种场合发声

英共目前作为一个边缘政党，参加大选的主要目标并非取得政权，而是利用选举平台提高自身声望、宣扬自身主张。除了在大选中呈现出一种积极姿态外，英共还开展了多种形式的议会外活动，在反对种族主义、反对帝国主义和反战运动、反对法西斯主义等方面发出了自己的声音。

在反对种族主义上，英共的立场一直非常坚定。英共对种族问题始终保持着极高的关注度，认为"当代英国存在比较严重的种族歧视和排外现象"[3]，种族主义已经对英国社会构成了严重威胁，"种族问题是一个阶级问题"，目前英国数百万的黑人和少数族裔每天仍然生活在歧视之中，他们的晋升机会和平均薪酬始终低于白人工人[4]。特蕾莎·梅担任首相期间，英共旗帜鲜明地反对她在种族问题上的偏见，认为应该采取人人平等的反种族主义的移民政策[5]。2019年2月，英共呼吁在国际消除种族歧视日组织活动，并在伦敦、格拉斯哥和加的夫等地举行了反对种族主义的游行示威。2020年乔治·弗洛伊德遭白人警察暴力执法事件发生后，英共更是掀起了反对种族主义的新热潮，认为"对乔治·弗洛伊德的恶性杀害凸显了仍然存在于发达资本主义社会及其国家机构中的种族主义"[6]。在此基础上，英共重申了"种族主义是为阶级政治服务的"这一观点，认为阶级问题是解决种族问题的根源所在，敦促黑人和白人联合起来反抗当

---

[1] Phil Katz, "Why Some on the Left are Calling for A 'People's Boycott' of the EU Elections", https://la-bour heart lands.com/why-some-on-the-left-are-calling-for-a-peoples-boycott-of-the-eu-elections.

[2] 刘洪才：《当代世界共产党党章党纲选编》，当代世界出版社2009年版，第714页。

[3] 商文斌：《战后英国共产党对社会主义发展道路的探索》，中国社会科学出版社2006年版，第200页。

[4] Andy Bain, "Trade Unions Must Organise Against Racismand Fascism", Unity, February 2019, https://21centurymanifesto. wordp ress.com/2019/02/15/unity-february-anti-racist-anti-fascist-issue-now-out.

[5] Tony Conway, "Stand Up to Racism", Unity, March 2017, https://21centurymanifesto. wordp ress. com/2017/03/14/unity-against-racism.

[6] CPB, "CP Attack Class-based Racism and Call for Nationalisation to Save Jobs", https://www.communist-party.org.uk/communists-attack-class-based-racism-and-call-for-nationalisation-to-save-jobs.

-443-

前资本主义和帝国主义国家广泛存在的种族歧视[1]。

在反对帝国主义和反战运动上，英共立场鲜明，始终将其作为一项重要任务，基本在每届党代表大会上都会通过反对帝国主义的决议。英共谴责英国、美国和法国对叙利亚的非法侵略，呼吁反对使用化学武器，认为应建立一个尊重国际法的左翼政府，以声援世界被剥削和被压迫的民族，奉行独立的外交政策[2]。在委内瑞拉问题上，英共也发表声明，呼吁将2017年7月14日定为声援委内瑞拉及其人民自由决定自己未来的国际日，以反对帝国主义暴力和操纵媒体的行为[3]。此外，英国共青团成员在2019年4月到委内瑞拉参与声援运动，并与各个国家的青年组织进行讨论，主张发挥国际青年组织在反帝运动中的作用。他们提出，"扩大国际反帝运动，使帝国主义的计划和行动无路可走，是这个时代我们最紧迫的目标之一"[4]。

在反对法西斯主义上，英共认为"法西斯主义是一种意识形态"，是垄断资本主义应对经济危机、国内社会主义和民主力量崛起以及国外民族解放运动的手段。20世纪30年代，由于受到经济危机的重创，英国就出现过较大规模的法西斯运动。1932年10月，奥·莫斯利建立"英国法西斯同盟"，提倡民族主义和强烈的反犹主义。莫斯利的黑衣军约有5000名成员，他们经常参与暴力对抗和骚乱，特别是反对共产党员和犹太人团体。共产主义者多次号召工人和民众加入反法西斯组织，开展游行示威活动，保护犹太人。而且，在二战期间多达2000名共产党员和共产主义青年团员前往西班牙抗击法西斯[5]。英共认为，法西斯主义远没有成为过去时，当维持资本主义统治的其他方法失败的时候，法西斯主义就会成为资本主义国家的权力工具[6]。比如在委内瑞拉，帝国主义就组织和资助了暴力法西斯团体，以破坏委内瑞拉人民的和平生活、摧毁国家的合法机构、进行经济封锁和抵制等。英共指出，一方面不能对过去的反法西斯战争采取历史虚无主义的态度，为此英共积极参加庆祝反法西斯战争胜利75周年的游行活动，出版小册子对英共的反法西斯历史进行详细介绍，在2020年建党100周年之际举办

[1] Mollie Brown, "Racism Serves the Ruling Class", Unity, June 2020, https://21centurymanifesto. word-p ress.com/2020/06/10/unity-june-is-out-black-lives-matter.

[2] ML Today, "British Communists Condemn Reckless and Illegal Aggression in Syria", https://mltoday. com/british-communists-condemn-reckless-and-illegal-aggression-in-syria.

[3] Nick Wright, "14 July Day of Solidarity with Venezuela", https://21centurymanifesto. Word press. com/2017/07/04/14-july-day-of-solidarity-with-venezuela.

[4] Robin Talbot, "Wecan Show Our Solidarity with Venezuela by Struggling in Britain", https://challenge-magazine.org/2020/05/31/we-can-show-our-solidarity-with-venezuela-by-struggling-in-britain.

[5] Phil Katz, "Celebrating A Century of Struggle", Unity, September 2020, https://www.communistparty. org.uk/wp-content/uploads/2020/09/Unity-September-2020-1. pdf.

[6] Tony Conway, "Against Racism and Fascism", Unity, March 2020, https://21centurymanifesto. wordpress.com/2020/03/05/unity-against-racism-3.

多种多样的庆祝活动等；另一方面也要警惕当下法西斯主义意识形态的抬头，英共谴责欧盟发动成员国政府反对共产党和禁止传播共产党意识形态的行为，反对将共产主义者视为法西斯主义和纳粹势力的行径，积极支持国际上受压迫民族的斗争，抵制真正的法西斯主义[1]。

此外，英共积极支持妇女运动，主张重建核裁军运动并使其成为群众性的、永久的和平运动，重视气候变化等生态环境问题，并认为应该将绿色运动与其他领域的反资本主义运动相结合，追求通过国际联合和生产方式的根本变革解决生态问题，在新冠疫情期间呼吁重视奋战在一线的底层工作人员，认为"是工人使我们能够成功度过这次新型冠状病毒危机，而不是银行家或亿万富翁"[2]，组织对疫情期间去世的工作人员的纪念活动，等等。

（三）创新举措，着力加强党的建设

英共虽是一个规模不大的小党，但近年来十分重视党的建设工作，在党的理论和组织建设、党的宣传方面采取了诸多创新举措，并且紧跟时代新议题，探讨新冠病毒与资本主义和社会主义的关系，关注技术变革、人工智能等新兴领域，进一步扩大了党在工人运动和人民群众中的影响，党的活动能力也得到较大幅度提高。

首先，英共极为重视党的理论建设和组织建设工作，采取多种方式支持党员和青年团员学习马克思列宁主义，鼓励青年人加入党组织，号召他们树立正确的世界观、人生观和价值观。一是开设了"政治教育"的专题网页，提供有关英共党纲《英国的社会主义之路》的核心课程和学习资料。通过这些课程和资料，党员和工人们可以更加直接地了解到英共的价值目标和道路选择。二是出版和再版马克思、恩格斯、列宁的著作和文章，深刻揭露和批判资本主义的结构性矛盾和制度性危机。在列宁诞辰150周年、恩格斯诞辰200周年之际，英共均举行了一系列庆祝活动并进行理论学习，如总书记罗伯特·格里菲斯发表《现代理论与实践中的列宁》的主题演讲，晨星报刊登《家庭的起源、对妇女的压迫和工人阶级的状况》一文解读恩格斯的理论，等等[3]。英共的党刊《共产主义评论》也刊发了多篇马克思、恩格斯和列宁的文章。三是举办多种形

[1] Nick Wright, "Celebrate May Day and the Victory Over Fascism", Unity, May 2020, https://www. com-monist party.org.uk/wp-content/uploads/2020/04/May-Unity-2020. pdf.

[2] Mary Bousted, "It is Workers Who Will Get Us through this Coronavirus Crisis, not Bankers or Billion-aires", Morning Star, April 28, 2020.

[3] Robert Griffiths, "Vladimir Lenin in Modern Social Theory and Practice", https://workersstar. net/2020/10/22/vladimir-lenin-in-modern-social-theory-and-practice; Mary Davis, "Women's Oppression, the Origins of the Family and the Condition of the Working Class", https://morning staron line. co. uk/article/women%E2%80%99s-opp res-sion-origins-family-and-condition-working-class.

式的集会和线上会议，宣传党的价值目标和理论主张。格里菲斯多次在讲话中表示，"在百年来的发展历程中，英共始终高举社会主义和共产主义的红色旗帜。20世纪带给我们最深刻的教训就是，共产党越强大，工人运动才能越壮大，社会主义才能更强大"[1]。四是简化入党流程，积极招募新党员。英共目前在英格兰所有地区、苏格兰和威尔士都设有党支部，成员只需要在网上填写基本信息，最近的党支部就会派专人负责后续的入党事宜。

其次，英共充分利用数字技术和新媒体开展党的宣传活动，特别是新冠疫情暴发以来，许多线下集会和活动受到限制，英共随即调整党的活动方式，把社区工作、街头宣传和网络会议结合起来，充分利用网站、电子期刊、推特、脸书等新媒体开展党的活动。一是及时更新官方网站内容，并在党的脸书、推特等官方账号同步发送各项活动的通知和进展情况。二是出版多种电子期刊和书籍，期刊主要有《共产主义评论》《共产主义妇女》《团结起来！》《共产主义教育》《国际简讯》等；书籍主要有讲述英国共产主义真实历史的《红色生命》、第一部专门讲述共产党历史的单卷本《社会主义一百年：英国共产党（1920-2020）》、英共反种族主义反法西斯委员会赞助编写的小册子《反对法西斯主义》以及由英共国际委员会委员肯尼·科伊尔撰写的专门介绍中国特色社会主义的《中国新时代及其意蕴》等。三是在英共网站上推出纪念党成立100周年专栏，开设了网上募捐渠道，发布纪念徽章、明信片和宣传海报，并以低廉价格出售相关书籍和小册子，帮助大家了解英共的历史和英国工人运动的历史。四是邀请左翼学者、活动家、作家等参加网络会议，并录制会议内容供大家收听。截至2020年11月，英共已组织数十场网络会议，累计邀请100余名各行业有影响的人士发表演讲，主题涉及全民医疗保健系统、新冠病毒与资本主义和社会主义、欧盟、反种族主义、反紧缩、失业问题、技术变革、人工智能、生态问题、女权等方面。五是拍摄共产主义题材的电影和纪录片，以更直观的形式再现英国工人运动和共产主义运动的历史，如关于共产主义100年的优秀电影《红军》以及专门以老兵视角讲述历史的电影《老兵之声》。除此之外，英共还录制了《与老兵见面》的节目，并且邀请老兵们拍摄了向网站访问者问好的视频。

五、英国共产党发展的现实阻碍与未来前景

经过近年来的不断努力，英共在社会主义理论与实践方面都取得了一定成果。但

---

[1] Lynne Walsh, "Communists Celebrate 100 Years of Fighting for Socialism", https://morning staronline. co. uk/article/f/communists-celebrate-100-years-fighting-socialism.

是英共在今后发展中仍面临许多困难和阻碍，其中既有世界政治经济格局变动带来的新挑战，也有党内长期难以解决的老问题。英共需要直面困难，迎接挑战，争取实现新的突破和发展。

（一）不利的国际、国内环境

在科技革命带来全球范围内产业结构和阶级结构变动的大背景下，"活劳动在生产过程中所占的份额不断下降"[1]，加上资产阶级将传统产业向广大发展中国家转移以获取高额利润，英国国内产业工人的生存空间日益受到挤压。与此同时，原本突出的国内阶级矛盾也被转移为本国工人阶级与发展中国家工人阶级之间的矛盾，从而滋生了更多的民族问题和移民问题。随着当代资本主义的深入发展，工会性质也发生了极大改变，"即由过去共产党领导下的反资产阶级压迫的政治组织转变为淡化意识形态色彩、追求工人现实经济利益的行业组织"[2]。这些因素都在一定程度上侵蚀了英共的阶级基础，致使该党支持选民流失，党员人数减少，组织力量减弱。

与此同时，英国国内也存在许多限制英共发展的因素。从意识形态上看，无论是英国历史上浓厚的改良主义文化传统还是近年来新自由主义的热潮，都使得英共始终是一股"逆流"。大不列颠民族注重妥协、渐进、务实的文化氛围难以与革命性的政党相融合，英共很难获得广大民众的认可。从制度基础上看，英国目前的选举制度以简单多数作为获胜条件，"这种选举制度一般来说偏向少数大党，而中小政党在议会中的代表性却被牺牲掉了"[3]。英共作为一个小党，在选举中自然没有任何优势。从英共自身上看，其在党的建设上存在欠缺之处，民主集中制原则下的民主建设相对缺乏，党内难以容纳反对的声音。另外，英国国内的统治阶级也不断打压英共，剥夺英共参与政治活动和和平抗议的权利。例如，2019年6月，英共一度被英国反恐警务处列入极端组织观察名单[4]。这使得英共在宣传自身主张时存在掣肘，被边缘化的趋势越来越明显。

（二）左翼力量联合困难重重

在英共的发展过程中，寻求左翼联合，建立"大众民主反垄断联盟"是其进行革命斗争的重要基础。但从现实情况来看，目前这种左翼力量的联合面临着诸多困难，

[1] Communist Party of Britain, "Britain's Road to Socialism（2011）", https://www. marxists.org/history/in-ternational/comintern/sections/britain/brs/2011/index.htm.

[2] 孙勇：《全球化背景下发达国家共产党衰退的原因及启示》，《社会主义研究》2006年第4期。

[3] 李济时、韩荣卿：《当前英国的选举制度改革：根由、进程与争议》，《当代世界与社会主义》2018年第5期。

[4] Lamiat Sabin, "Left Wing? You May Beon Police Extremism List", https://morning staronline.co.uk/arti-cle/b/left-wing-you-may-be-on-police-extremism-list.

各个组织和政党之间内耗仍然大于合作。

随着新自由主义思潮的盛行，英国左翼政党和组织纷纷出现分裂和右转的倾向，这使得左翼联盟的政治基础受到严重冲击。作为英国重要的老牌左翼政党，英国工党在20世纪90年代末也出现了明显的右倾趋势，淡化意识形态色彩，主张走"第三条道路"。这导致英共与工党之间的差异越来越大，批评新工党曾一时成为英共主张中的重要组成部分。科尔宾上台后，这种分歧有了很大改善，英共在最近两次大选中都选择支持工党。但值得注意的是，这种联合是短暂且有限的。英国工党的左转只是短期内一种意识形态的摇摆，并不代表其社会民主主义性质的转变。同时，英国工党对英共这种联合的诉求始终呈现出一种比较冷淡的态度，英共的支持对工党来说不仅无法带来太多实质上的帮助，反而可能对工党形象造成影响。比如，2017年英共宣布支持科尔宾后，保守党议员阿曼达·米林便抓住这一把柄对科尔宾进行嘲讽，认为其"和共产党一样的空想、极端和不切实际"[1]。

此外，英国还有一些小型左翼政党和左翼组织，其中包括早期从原英国共产党中分裂出来的新英共及英共（马列），后工业时代新兴的左翼政党和组织如绿色社会主义联盟、社会主义抵抗等。它们虽然坚持左翼立场，但与英共的主张和纲领仍存在许多差异，短期内同样难以进行联合。比如，1977年从原英共中分裂出来的新英共认为走议会道路和选举政治是对马克思主义的修正，2004年7月成立的英共（马列）则认为其他共产主义政党革命性不足[2]，而新兴的激进左翼政党往往专注于某一领域的具体问题，"既坚持传统的社会公平目标，也强调保护环境、男女平等、和平主义等新的进步要素，实际上就是将传统左翼思想（社会主义）与新激进主义结合起来[3]"，其群众基础往往是中间阶级，追求的目标也与英共有很大差异。

由此可见，英共想要实现左翼联合以扩大斗争力量的愿望短期内很难实现，左翼联合依然受制于薄弱的政治基础和巨大的立场分歧，英共主张的"大众民主反垄断联盟"在实施过程中存在很大的不确定性。

（三）未来发展仍有一定上升空间

英国是最早开展工业革命和资本主义发展最为成熟的国家之一，拥有丰富的劳资

[1] Ashley Cowburn, "General Election: British Communist Party Will Not Field Any Candidates And Throws Support Behind Jeremy Corbyn", https://www. indep endent. co. uk/news/uk/politics/general-election-uk-commu-nist-party-no-candidates-jeremy-corbyn-labour-support-first-1920-a7699761.html.

[2] Communist Party of Great Britain（Marist-Leninist）, "About the Communists", https://the commu-nists. org/about.

[3] 林德山：《欧洲激进左翼政党现状及变化评介》，《马克思主义研究》2014年第5期。

斗争经验和调解劳资矛盾的方式方法，资本主义所具有的弹性和生命力也在这里得到充分彰显。可以说，共产主义政党在英国的存在本身就已经是一种胜利。自1920年英共成立以来，共产主义运动已在英国这个资本主义高度发达的国家存续百年。

虽然英共的发展在现实中存在许多阻碍，但我们也应看到该党仍有一定的上升空间。尤其是2008年国际金融危机以来，资本主义世界的经济不平等、民主困境、社会急剧动荡等状况越来越突出，特朗普上台、英国脱欧等"黑天鹅"事件频发，第三条道路也渐渐式微。在这种危机交织的现实背景下，民众的观念也在很大程度上出现了转变，传统的政党政治和政治家使人们失望，民众开始对新自由主义和资本主义内在矛盾进行新的反思，并寻求一种改变现状的政治实现形式，追求左翼价值观的呼声愈发强烈，这在很大程度上为小党、新党的崛起提供了可能。在英国国内，国有化、福利国家、宏观调控等社会主义因素不断增加，尤其是科尔宾当选工党领袖这一事件凸显出英国部分民众对左翼力量兴起的期待。就国际环境而言，社会主义运动在东欧剧变后虽然遭受巨大冲击，但基本已经度过最困难的时期，不少国家的共产党重新焕发了生机与活力，这对英国的社会主义运动以及英共的发展势必会产生一定的激励和示范作用。

从英共自身来看，虽然政党规模有限，但近年来一直注重党的理论建设和组织建设，大幅提高了党的理论水平和活动能力。特别是新冠疫情暴发以来，英共创新举措，借助数字技术和新媒体着力加强党的建设，在党成立100周年之际举办了丰富多彩的纪念活动，进一步提升了该党的存在感。一方面，英共坚持探索英国特色的社会主义道路，深刻揭露了当代资本主义和国家垄断资本主义的弊病，指明了英国实现社会主义的方式和策略。另一方面，英共持续参与英国各层级的选举活动，充分利用议会讲坛宣传党的价值理念和理论主张，积极活跃在政治舞台上；大力支持劳工和进步运动，为妇女、青年及受歧视者争取了诸多权益，开展了反对种族主义、反对帝国主义和反战运动、反对法西斯主义等方面的斗争，推动了英国工人运动和国际共产主义运动的发展；多次参与国际会议和党际活动，与西欧其他共产党共同创立了"西欧左翼论坛"，出席欧洲共产主义会议、以色列共产党代表大会、共产党和工人党国际会议等，努力在国际上发声。这些举措不仅提高了英共在国内和国际上的影响力，也加强了英共与工人阶级等社会群体的联系，有助于英共进一步扩大阶级基础。

总而言之，英共对社会主义认识的不断深入和实践上坚持不懈的努力，使其在目前相对宽松的左翼活动空间中获得了一定的发展机遇。但前方的挑战更加艰巨，想要扭转自身的边缘化处境，英共依然有很长的路要走。

原载于《当代世界社会主义问题》2020年第4期

政党组织转型视角下波希米亚和摩拉维亚共产党组织适应性变革

陈　凤

摘　要： 从政党组织转型视角来看，欧洲国家政党组织形态由群众型政党向全方位政党、卡特尔政党方向发展已成为主流趋势。波希米亚和摩拉维亚共产党虽然仍坚持将建设群众型政党作为组织革新的重要目标，但实际上迫于诸多内外因素，也正朝着上述趋势靠拢。目前，波希米亚和摩拉维亚共产党在组织建设过程中面临着基层组织衰减、与其他社会团体缺乏合作、党员人数流失等挑战和威胁。针对这些难题，波希米亚和摩拉维亚共产党从积极招募党的新成员、扩大党的选民基础、强化党的宣传手段等方面多管齐下。在全球化和信息化时代，波希米亚和摩拉维亚共产党的未来发展在很大程度上取决于组织形态革新能否适应环境变化，为其进行选举动员提供稳定的组织保障。

关键词： 波希米亚和摩拉维亚共产党；组织变革；马克思主义政党

波希米亚和摩拉维亚共产党（the Communist Party of Bohemia and Moravia）（以下简称"捷摩共"）是捷克政党政治中左翼阵营的重要代表。[1]它的前身捷克斯洛伐克共产党（the Communist Party of Czechoslovakia）（以下简称"捷共"）成立于1921年5月21日。回顾捷摩共百年历程，拥有健全有效、组织严密、动员有力的组织是其发展壮大的重要保障，而近年来整体出现颓势的重要原因之一也在于其组织变革的方向偏差和能力下降。本文把1989年政局剧变以来捷摩共组织形态嬗变历程、现实困境及相应的应对策略置于欧洲政党政治发展背景中进行考察。深入梳理和剖析捷摩共在组织革新方面

---

[1] 1939年5月，捷共中央批准活动在斯洛伐克地区的共产党组织改称为斯洛伐克共产党（the Communist Party of Slovakia），受捷共中央的统一领导。直到1989年剧变前，捷共未在捷克地区设立地区性的组织。1990年1月，捷共召开会议，决定在波希米亚和摩拉维亚地区（该地区后来独立为捷克）成立地区性政党。1990年3月31日，捷摩共宣告正式成立。捷共则成为波希米亚和摩拉维亚共产党与斯洛伐克共产党的联盟。随着捷克斯洛伐克联邦解体成为定局，斯洛伐克共产党改名为民主左翼党（the Party of the Democratic Left），并于1991年12月宣布退出捷共。自此捷摩共与民主左翼党变成两个独立的政党。

所进行的新探索，有助于加强对国外马克思主义政党党建理论与实践的研究，进一步了解世界社会主义运动的新状况。

一、欧洲国家政党组织形态的变迁

政党组织是政党发挥作用，谋求政治权力的载体。在不同时期政党有不同的组织形态。美国学者理查德·卡兹（Richard S.Katz）和奥地利学者彼得·梅尔（Peter Mair）认为欧洲政党发展过程中其组织内部出现了三个面孔：公职机构的政党、党的全国性组织或中央组织、基层党组织。[1]这三个面孔随着政党政治的发展所发挥功能各不相同。

政党最初的形态是产生于18世纪末至19世纪初英美等国会中的精英型政党。从内部结构来看，精英型政党最初只有党的公职部分而没有党的中央和基层组织，后经过几十年的发展才逐渐形成了由党的中央、基层组织和公职部分的结构。然而，这种精英型政党的组织规模相对较小，有的甚至没有常设的基层组织。党的中央一开始也是依附于党的公职部分，并不能真正发挥领导作用。

19世纪末，伴随着选举权的扩大，欧洲开始出现群众型政党。群众型政党本质上是通过组织制度化的形式把选民作为自身最重要的政治资源。党员人数的多少决定政党动员能力的强弱。庞大且严密的组织既是政党通过选举上台执政的重要凭借，也是用来向执政者施压的有效工具。在群众型政党的组织中，党的中央机构组成人员基本上是全职的，且逐渐掌握主导权；基层组织则不再是由少数人组成的临时性机构，而是发展成有数量可观正式党员的团体。[2]党的公职部分成为了党组织的工具，受中央机构的监督和指导。群众型政党还有一个特征，即党的附属组织可以不断向其基层组织提供组织资源。

从20世纪70年代起，随着社会结构的演变，社会福利制度的推行和中产阶级的崛起，西欧国家的政党组织形态由群众型政党向全方位政党、卡特尔政党的方向转型。具体来说，西欧国家政党在组织革新方面有以下几个方面的变化：政党目标不再是有针对性地维护社会某些群体的利益，而是寻求更为广泛的支持者；政党党员数量大幅度下降；政党经费越来越依赖于国家补贴或政治筹款；政党组织结构简化；利用现代化传媒手段进行组织运作和参与选举；等等。全方位政党可以视为群众型政党向卡特尔型政党发展的一种过渡形态。在组织构成部分，到卡特尔型政党，党的公职部分已经处于明显的优势地位，而党的中央和基层组织功能弱化。特别是党的基层组织，数

---

[1]　Richard S. Kate, Peter Mair, "The Evolution of Party Organization s in Europe: The Three Faces of Party Organization", American Review of Politics, Vol.14, 1993, pp.593-617.

[2]　李路曲：《论欧美政党组织形态和权力结构的变迁》，《政治学研究》2007年第4期。

量的减少成为一种明显的趋势。

冷战时期，与西欧国家政党组织演变轨迹不同，东欧国家执政的共产党仍是传统的群众型政党，且是以苏联共产党为参照建立和发展起来的一种组织层级明晰的、垂直的、刚性的集权制结构。其突出特点是意识形态鲜明，党员入党手续严格、党内纪律严明、组织结构严密。另外，作为群众型政党，东欧国家共产党除了各级党组织外，还拥有大量与党组织相关联的附属机构，如妇女组织、青年组织以及一些非营利机构等。这些党的附属组织可以不断向党的基层组织提供组织资源。

1989年政局剧变后，中东欧国家在加快"回归欧洲"的步伐中，政党政治发展也无可避免地受到了"欧洲化"的影响。各国共产主义后继党必须尽快适应新的竞争性政治生态，争夺选票以赢得政权。鉴于当时西欧国家的政党组织形态演变趋势，很多学者和观察者认为这些共产主义后继党将会变成较为集中的小型政党，精英在其中扮演重要的角色，基层组织功能缩减，政党的自身发展越来越多地取决于政治精英的需要而不是民众的利益。[1]实际亦是如此，大多数政党精英们除了果断地与过去决裂——改变党的名称、纲领、标志等，还立刻着手精简党的组织架构，合并或解散一些机构、减少党员数量，重新进行党员注册等。当然，在不同国家，共产主义后继党的转型因为组织优势不同而有所差异。例如，1990年底，斯洛伐克共产党决定重新注册其成员，保留精英力量。在注册前该党的成员人数从400000已减到190000，注册后只剩45000人；到1994年议会选举的时候，下降到25000人。[2]随后，斯洛伐克共产党又将中央层级的两个领导机构，即中央委员会和地区代表委员会合并成了共和国委员会。

同时，大部分共产主义后继党还加强了党内权力集中，但区别于剧变前的集中。这些政党解决了党内权力重叠问题，减少了决策层级，进行垂直整合，建立起集中化选举型政党。这是因为它们不再扮演国家和党的双重管理角色，而是成为了政治舞台角逐的一方力量，目标是获得选票和上台执政。从欧洲主流政党发展历程来看，集中化选举型政党具有相当高的战略灵活性。政党内部集中化提高了争取选票和联盟的效率，降低了党的决策成本。反之，决定政党政策的组织层级越多，政党应对不断变化的环境所需的时间就越长，反应的滞后性就越大，容易被竞争者利用该党反应滞后性抢占竞选空间。西欧社会民主党对不断变化的政治环境的适应模式进一步表明，政治竞争性的增强需要迅速的灵活性，在国家层面上竞争的政党越多，权力下放的政党选

[1] Erhan Büyükakinci, "The Neo-communist Parties and Power in Central and Eastern Europe", East European Quarterly, Vol.39, No.3, 2005, pp.220-240.

[2] Anna M. Grzymala-Busse, Redeeming the Communist Past: The Regeneration of Communist Parties in East Central Europe, Cambridge University Press, 2002, p.96.

举成功的概率越小。[1]不仅如此，在社会转型的混乱背景下，中东欧各国政党既没有动力也没有资源来渐进地建立忠诚的、特定的选区。因此，对于很多中东欧共产主义后继党而言，精简机构和垂直整合能够增强党的灵活性，更有效地吸引选民。比如，波兰社会民主党（the Social Democracy of Poland）、匈牙利社会党（the Hungarian Socialist Party）以及前面提到的斯洛伐克共产党在组织层级上进行了类似的精简和集中。

在这一历史背景下，继承了捷共的政治资源和组织资源的捷摩共也对党的组织架构进行了相应的调整。但与以斯洛伐克共产党为代表的部分共产主义后继党不同的是，捷摩共的调整并不是主动为了顺应上述趋势，更多的是迫于现实被动地改变，且变动的程度相对较小。

二、捷摩共组织形态的单新

1989年政局剧变后，捷摩共成为了中东欧地区唯一一个不改名换姓和坚持实现社会主义目标的共产主义后继党。该党虽然继续保留党的政治定位和纲领政策，但为了生存和最大限度地争取选票，还是在组织形态方面进行了变革。

（一）组织结构的调整

组织资源是无产阶级政党获取执政权力的重要保障。列宁曾指出："无产阶级所以能够成为而且必然会成为不可战胜的力量，就是因为它根据马克思主义原则形成的思想一致是用组织的物质统一来巩固的，这个组织把千百万劳动者团结成一支工人阶级的大军。"[2]捷共的发展壮大便是一个实例。二战结束后，捷共很快成为了捷克斯洛伐克一股重要的政治力量。在1946年的捷克斯洛伐克议会选举和捷克议会选举中，该党分别获得了38%和40%的选票。[3]1948年"二月事件"后，捷共依靠其两万多个基层组织和250万党员（约占当时捷克斯洛伐克国内成年人的25%）赢得了选举。因此一些学者认为捷共在当时能够依靠自身的力量获得单独执政的地位，苏联只是起到了一种辅助作用。[4]捷共在上述议会选举中取得的胜利在一定程度上可以归功于其严密的组织体系。正如一名捷共中央委员会成员所说："我们党的力量来源于组织，而其他政党的力量

---

[1] Klaus Von Beyme, Political Parties in Western Democracies, St.Martin's Press, 1985, p.171.

[2] 中共中央马克思恩格斯列宁斯大林著作编译局：《列宁专题文集：论无产阶级政党》，人民出版社2009年版，第158页。

[3] Mary Stegmaier, "The En durance of the Czech of Communist Party", Politics & Policy, Vol.37, No.4, 2009, pp.799-820.

[4] Marcin Czyżniewski, "The Uncompleted Revolution? The Communist Party of Bohemia and Moravia in the Post-Communist Reality", Polish Political Science Yearbook, Vol.45, 2016, pp.60-72.

则依赖于传统。"[1]据统计，1945年，捷共在捷克地区有14000个地方组织，并且数量不断增加，到1965年已经猛增到38881个；1968年改革失败后，捷克地区的地方组织数量才有所下降，到1985年还有35000个；到1989年，每286名捷克人当中就有一个党组织，每400名斯洛伐克人当中就有一个党组织。[2]

在捷克政治转型初期，捷摩共虽然背负着沉重的历史包袱，受到其他政党的排挤，但依赖于稳定的党员队伍和严密的组织结构在选举中取得相对成功。在1992年的议会选举中，捷摩共与民主左翼党联盟获得了14.05%的选票，仅次于公民民主党（the Civic Democratic Party）和基督教民主党（the Christian Democratic Party）组建的竞选联盟，是议会中第二大党。[3]1996年捷克举行议会选举，捷摩共再次赢得了10.33%的选票，为议会中第三大党。[4]相比捷摩共，捷克新建或重建的政党几乎都存在着组织薄弱，缺乏连续性等问题。

尽管捷摩共在政治竞选活动中得益于自己的良好组织结构，但同时也不得不削减自己各层组织以及附属机构。首先，依据捷克宪法确立的多党议会制，新政府取缔了各种工作场所的党组织。其次，失去了国家财政的支持，捷摩共无法保留和支持所有组织机构的正常运行。捷摩共解散了一些附属组织，如各地民兵组织。最后，捷摩共内部存在着严重的派别斗争，从而也引起了组织上的裂变。一部分改革派成员退出党组织，成立了捷克民主左翼党（the Cezch Party of the Democratic Left），还有一部分改革派成员组建了左翼集团党（the Left Bloc Party）。前布拉格市委第一书记米罗斯拉夫·斯捷潘（Miroslav Stepan）领导的"争取社会主义"论坛（"For Socialism" Platform）的成员在被开除党籍之后，又创立了捷克斯洛伐克共产党人党（the Party of the Communists of Czechoslovakia）。这样到1992年末，捷摩共地方组织的数量下降到6900个。[5]

除了各层组织数量上的变动，捷摩共在组织层级和领导层构成方面也作出了一定的变动。当下，捷摩共的组织机构共分为中央、地区级、市镇级和基层四级。在中央层面，捷摩共设立了中央委员会及下属的中央委员会执行委员会。其中，中央委员会

[1] Anna M.Grzymala-Busse, Redeeming the Communist Past: the Regeneration of Communist Parties in East Central Europe, Cambridge University Press, 2002, p.31.

[2] Anna M.Grzymala-Busse, Redeeming the Communist Past: the Regeneration of Communist Parties in East Central Europe, Cambridge University Press, 2002, p.32.

[3] European Election database, http://eed.nsd.uib.no/webview/index.jsp?study=http://129.177.90.166: 80/obj/fStudy/CZPA1992_Display&mode=cube&v=2&cube=http://129.177.90.166: 80/obj/fCube/ CZPA1992_Display_C1&top=yes.

[4] Volby do Poslanecké sněmovny Parlamentu České republiky konané ve dnech 31.5.-1.6.1996, https:// www.volby.cz/pls/ps1996/u4.

[5] Anna M.Grzymala-Busse, Redeeming the Communist Past: the Regeneration of Communist Parties in East Central Europe, Cambridge University Press, 2002, p.78.

的成员是先由捷摩共地区级组织代表大会直接选举产生，再由捷摩共代表大会通过任命。中央委员会包括主席、第一副主席和副主席、议会议员等成员。中央委员会执行委员会则先由每个地区提名14名成员，然后由中央委员会选举产生组成。目前，捷摩共的领导层包括中央委员会主席、地区委员会主席、一名第一副主席、两名副主席。2021年捷克议会选举结束后，前欧洲议员凯特日娜·科内奇纳（Kateřina Konečná）出任捷摩共党主席一职。

（二）组织运作的变革

在组织运作上，相比于其他共产主义后继党，捷摩共采取了相对保守的变革策略。1989年政局剧变前，捷共以民主集中制作为组织运作的基本原则，但因照搬苏联模式，只侧重了权力集中，忽视了党内民主这一重要原则。党内权力自上而下集中在党中央手中，其他层级的组织机构权力很少甚至没有权力，缺乏自主能力，更没有党内民主可言。这种组织结构既有浓厚的官僚等级制色彩，又效率低下、缺乏活力。

剧变后，捷摩共依然将民主集中制作为党的组织原则，但充分强调党内民主的重要性。通过总结社会主义时期的经验教训，捷摩共认为党内民主是保持党的纯洁性、摆脱官僚化的一种有效途径。捷摩共在新党章等一系列文件和声明中，反复提到党员是该党的基础，是党内决策的最终仲裁者。捷摩共允许基层党员参与代表大会发布的文件以及其他重要决策的讨论，还设立了党员审查政策意见平台。该党称："党的政策必须自下而上形成，党的所有成员必须以创造性的方式参与其制定。"[1]

在推行党内民主过程中，捷摩共非常重视普通党员与领导层之间的交流，并将其所属的周刊和日报作为一种主要的交流工具，来增强党内凝聚力和向心力。从1992年开始，捷摩共为提高支持率，尝试组织以地方为基础的社会运动，发起一些对选民具有实际利益的非政治活动和服务。为此，捷摩共基本上会尽可能满足党内活跃分子的需求，在此基础上期望党员积极参与地方层面的活动，为党赢得其他支持者，并促进党的纲领和政策的革新。

在多党竞争的政治机制中，捷摩共在推动各级组织成员参与竞选活动、与潜在的选民保持持续性接触的同时，也进行过一些改革。例如，该党领导层试图通过一些现代化的宣传手段进行选举动员，从而减少对基层组织的依赖性。在2006年议会选举中，捷摩共就选择了使用广告牌和海报来宣传该党的候选人，这是捷摩共历史上的第一次。但在这次选举中，捷摩共只获得了12.81%的选票，相比于2002年议会选举减少了近5个

---

[1]　"Pisemn Zprva V KSCS pro 18. Sjezd KSCS", Dokumenty 18. Sjezdu KSCS. Praha，3–4.11.1990.

百分点。[1]捷摩共领导层认为这是一次不明智的做法，又重新强调各级组织在进行社会动员方面的不可替代性。该党在基层继续扩大党内民主，推动党的民主化，用来提高基层党员的积极性。

（三）党员管理的微调

党员是组成政党的第一个基本要素。任何政党，都必须首先要有自己的党员。党员是议会选举中政党忠诚的支持者，有助于政党吸引其潜在的支持者，是政党开展各类政治活动的主要人力资源。剧变前，捷共拥有规模可观的党员，是一个典型的群众型政党。到1988年，捷共在捷克地区共有1250000名成员，35000个地方组织；中央干部有10500人，跟捷共有关的职位约有550000个，119名党员中就有一名干部，比例高于波兰（1：175）和匈牙利（1：150）等国，甚至高于斯洛伐克地区（1：150）。[2]

20世纪90年代初，捷摩共领导层虽然在关于是否改革的问题上存在重大的分歧，但在党员问题上却是一致的，即保留党员基础，不进行重新注册。捷摩共领导层坚持要在新的政治体制中继续依赖于稳定的党员基础，并将其作为政治生存的主要机会。在他们看来，党必须是一个群众型的政党才能具有一定的影响力。当然，捷摩共领导层的考量也与现实状况有关。在没有其他政治资源和赞助经费的情况下，捷摩共只能依靠其成员来维持正常的运作。对于捷摩共而言，要想生存下去首要便是巩固现有党员的忠诚度，而不是扩大其他选民对政党的支持。保留了原来大部分的党员也可以是捷摩共坚持不改名的原因之一。

因此，经过组织机构调整后，捷摩共党员人数虽下降较多，却依然是该国最大的政党。捷摩共党员人数在1993年大约有354549名。[3]同一时期，捷克社会民主党（the Czech Social Democratic Party）成员人数约有13000名，捷克民主联盟和捷克斯洛伐克人民党组成的联盟（the Christian Democratic Unionand Czechoslovak People's Party）约有100000名，公民民主党约有2000名党员。[4]捷摩共利用党员多的优势从事挨家挨户的竞选活动，举行示威游行等。

另外，为扩大党员的数量，吸引更多年轻人入党，捷摩共放弃了剧变前在党员吸

[1] Elections to the Chamber of Deputies of the Parliament of the Czech Republic held on 02–03 June 2006, https://www.volby.cz/pls/ps2006/ps2?xjazyk=EN.

[2] Anna M.Grzymala-Busse, Redeeming the Communist Past: the Regeneration of Communist Parties in East Central Europe, Cambridge University Press, 2002, p.70.

[3] Maxmilián Strmiska, "The Communist Party of Bohemia and Moravia: a Post-Communist Socialist or a Neo-Communist Party?", German Policy Studies/Politikfeldanalyse, Vol.2, No.2, 2002, pp.220-240.

[4] Peter Mair, In grid van Biezen, "Party Membership in Twenty European Democracies, 1980—2000", Party Politics, Vol.7, No.1, 2001, pp.5-21.

纳方面采取的严格审查手续，简化了入党的条件和流程，实行一种较为宽松的党员资格。现在，加入捷摩共的条件相当简单，只要年满18周岁并且与某个地区党的委员会保持必要的联系即可。[1]

三、捷摩共组织建设面临的困境及原因

在全球化和信息化时代，任何组织的延续性取决于其在多大程度能够适应迅速变化的外部环境。作为竞争体制中的政党，捷摩共积极探寻组织变革的有效路径。但目前捷摩共的组织建设过程中面临着基层组织衰减、与其他社会组织缺乏合作、党员人数流失等挑战和威胁。

（一）基层组织发展瓶颈

在组织调整过程中，捷摩共十分重视基层组织的建设，将其视为进行社会动员，选举市级议会议员的基础。与期望相反的是，该党的基层组织一直处于衰退的困境中，具体表现在以下三个方面。第一，基层组织数量锐减。近十年来，因合并或解散的因素，捷摩共基层组织的数量不断下降（见表1）。其中，2012—2015年，捷摩共共失去了422个基层组织。[2]基层组织数量的减少意味着捷摩共在该地区失去了一定的影响力。

表1　2012—2020年捷摩共基层组织的数量[3]

年 份	2012	2013	2014	2015	2016	2017	2018	2019	2020
数 量	3486	3376	3250	3074	3050	2950	2850	2750	2700

捷摩共自身认为导致其基层组织数量减少的原因主要有以下两方面：一方面，基层组织领导层的后备力量不足；另一方面，基层组织成员的年龄构成不合理。[4]这样一旦某一基层组织负责人病重或去世，该基层组织活动或被终止，或被合并。但针对上述原因，捷摩共除了提出要求上级干部关注和保障基层组织运行外，尚未提出有效的解决方法。

---

[1] JiříLach, James T. LaPlant, Jim Peterson, and David Hill, "The Party Isn't Over: an Analysis of the Communist Party in the Czech Republic", Journal of Communist Studies and Transition Politics, Vol. 26, No. 3, 2010, pp. 363-388.

[2] Zkvalitnění řízení organizační struktury a úpravy Stanov, https://www.kscm.cz/sites/default/files/soubory/uzivatele/Kvacskai/upload/zkvalitneni_rizeni_organizcni_struktury_a_uprava_stanov_kscm.pdf.

[3] Zkvalitnění řízení organizační struktury a úpravy Stanov, https://www.kscm.cz/sites/default/files/soubory/uzivatele/Kvacskai/upload/zkvalitneni_rizeni_organizcni_struktury_a_uprava_stanov_kscm.pdf.

[4] Zkvalitnění řízení organizační struktury a úpravy Stanov, https://www.kscm.cz/sites/default/files/soubory/uzivatele/Kvacskai/upload/zkvalitneni_rizeni_organizcni_struktury_a_uprava_stanov_kscm.pdf.

第二，基层组织活跃度低。相当多的捷摩共基层组织因为资金问题处于一种非活跃状态。在农村设立的大量基层组织因缺少必要活动费用，难以开展日常活动，导致该地方组织无法运行甚至被取消。捷摩共一位干部在采访中说："我们现在有些村子，那里人们仍然支持我们，但是我们的基层党组织已经不存在10年了。"[1]同样，在大城市的一些党组织也存在资金困难问题。例如，布拉格一位工作人员讲道："我们原本能够更好地动员布拉格的党员，但是经济状况却使我们的表现不佳。"[2]

第三，基层党员积极性不高。捷摩共依赖于各级组织成员进行竞选活动，然而基层党员却很难有机会成为候选人。根据捷摩共的党章，议会议员候选人在基层党员中通过初选产生。但是党章同样也指出，这些人只是被提名，中央委员会对名单顺序有最终决定权。这种候选人选择方式导致地区级、市镇级的普通党员对议会选举缺乏兴趣。此外，捷摩共虽然非常欢迎和重视新加入的成员，如会把新成员放在地方议会选举名单前面，但是当这些新成员试图有所作为时会被僵化的党内文化所束。党员的积极性受到打压，参与度下降。

（二）与社会组织之间未形成良好的合作机制

进入21世纪后，捷摩共的政治影响力一度攀升，在地方选举中也屡创佳绩。在2000年举行的捷克独立以来首次地方选举中，捷摩共在675个席位中赢得了161个席位，在乌斯季州名列第一，在其他州名列第二或第三，成绩不俗。[3]2004年捷克举行的地方议会选举中，捷摩共支持率为19.68%。[4]到2012年，捷摩共的支持率高达20.43%，在捷克排名第二。[5]地方选举的胜利打破了捷摩共被孤立的状态。捷摩共开始与公民民主党、捷克社会民主党以及"不满意公民行动2011"（ANO2011）等政党在地方政府层面进行合作。

然而，捷摩共地方组织在运行过程与非政党组织之间却未能形成良好的合作机制，限制了其在地方政治中的参与度。捷摩共与群众组织，甚至是工会之间的互动不多。捷克大部分工会与捷摩共的主要竞争对手捷克社会民主党保持相当紧密的联系，尤其

[1] Petar Bankov, "Czech Stalemate? The Role of Party Organization for the Communist Party of Bohemia and Moravia since 2010", European Review, Vol.28, Iss.5, 2020, pp.826-841.

[2] Petar Bankov, "Czech Stalemate? The Role of Party Organization for the Communist Party of Bohemia and Moravia since 2010", European Review, Vol.28, Iss.5, 2020, pp.826-841.

[3] Volby do zastupitelstev krajů konané dne 12. 11. 2000, https://volby.cz/pls/kz2000/kz62?xjazyk=CZ&x-datum=20001112.

[4] Volby do zastupitelstev krajů konané dne 5. -6. 11. 2004, https://volby.cz/pls/kz2004/kz62?xjazyk=CZ&xdatum=20041105.

[5] Volby do zastupitelstev krajů konané dne 12.10. -13. 10. 2012, https://volby.cz/pls/kz2012/kz62?xja-zyk=CZ&xdatum=20121012.

是在摩拉维亚地区。只有少数地区的工会与捷摩共的合作较为融洽，如在有大型煤矿工业的俄斯特拉发市。从在全国范围内来看，工会与捷摩共之间交点则相对较少。

捷克各地还存在着一些新成立但影响力较小的激进左翼社会组织。这些政治组织当中有很多持反共主义立场，不愿意与捷摩共有过多的接触。双方之间进行合作的可能性不大。目前与捷摩共有密切合作的组织仍然是一个叫捷克边境地区俱乐部（the Club of Czech Border Areas）的组织。该组织一向是捷摩共的积极支持者。捷摩共依赖于前者在捷克偏远地区进行选举动员。

近几年来，捷摩共在地方层次与非政治组织的有限合作的弊端日显，突出体现在其地方支持率下跌上。2016年的地方选举中，捷摩共只赢得了10.54%的选票。[1]2020年的地方选举中，捷摩共的支持率仅为4.75%，排名下降到第9位，为历史最低点。[2]

（三）党员人数流失严重

当下，党员人数的下降是欧洲政党的一个共同趋势。"党员数量水平现在已经下降到了如此低的一个水平，以致党员数量本身不再是政党组织能力的一个有意义的相关指标。"[3]不过，捷摩共的党员人数流失相对更为严重，一些学者甚至认为捷摩共会伴随着其成员的自然消亡而消亡。进入21世纪以来，捷摩共的党员继续大幅度减少。2000年，捷摩共有128346名党员，到2008年只剩下77115名党员。[4]近十年来，这一趋势并没有好转（见表2）。

表2 2010—2020年捷摩共党员人数的变化[5]

年 份	2010	2011	2012	2013	2014	2015	2016	2017	2018	2019	2020
人 数	61900	56763	53479	50353	46845	42944	39000	35000	31000	27000	23000

导致捷摩共党员人数不断减少的因素是诸多层次的。第一，党员严重老龄化。捷摩共是一个特殊类型的群众党，其党员以退休的老年人为主，其中部分人的党龄超过40年。1997年，捷摩共党员的平均年龄是62.5岁，1999年平均年龄为63.6岁。2008年的

[1] Volby do zastupitelstev krajů konané dne 7. 10.-8. 10. 2016，https://volby.cz/pls/kz2016/kz62?xjazyk=CZ&xdatum=20161007.

[2] Volby do zastupitelstev krajů konané dne 2. 10. -3. 10. 2020，https://volby.cz/pls/kz2020/kz62?xjazyk=CZ.

[3] Ingrid van Biezen, Peter Mair, and Thomas Poguntke, "Going, Going, Gone? The decline of party membership in contemporary Europe", European Journal of Political Research, Vol.51, 2012, pp.24-56.

[4] Ingrid van Biezen, Peter Mair, and Thomas Poguntke, "Going, Going, Gone? The decline of party membership in contemporary Europe", European Journal of Political Research, Vol.51, 2012, pp.24-56.

[5] Zkvalitnění řízení organizační struktury a úpravy Stanov, https://www.kscm.cz/sites/default/files/soubory/uzivatele/Kvacskai/upload/zkvalitneni_rizeni_organizcni_struktury_a_uprava_stanov_kscm.pdf.

一项调查显示，捷摩共的成员约70%是70岁以上的老年人；超过三分之二的成员已经有40多年的党龄了。[1]

第二，对青年人缺乏吸引力。尽管捷摩共有附属的青年人团体，但青年党员人数所占比例仍较低。捷摩共长期作为一个反对党，其政治影响力有限。况且，该党的影响力主要集中在一些偏远地区，而这些地区的青年人大多涌向了城市。更关键的是，捷摩共对很多青年人来说是保守和过时的代名词，且其理念主张也与他们现代化价值观不相符。捷摩共的一名党员曾直言："我们正缺的是如何吸引年轻的成员。"[2]

第三，党员来源范围较窄。剧变前，捷共党员以蓝领工人为主，白领和知识分子最多的时候所占比例也没有超过三分之一。捷共一直强调自己是工人阶级的先锋队。知识分子和白领在加入该党时都会面临严格的意识形态考核要求。20世纪80年代末，当波兰和匈牙利两国党的组织机构和国家行政机构当中受过良好教育的技术官员已占主导地位时，捷共仍自豪地强调自己的党政机构中的干部约90%来自工人家庭。[3]受此影响，剧变后捷摩共的党员和支持者很大部分来源于受教育程度较低的人群，且以低收入群体为主。

第四，宣传力度不足。捷摩共的鼓动和宣传工作领域的信息传播渠道不完善，主要局限于党员之间。该党在提供具有令人信服的事实和论据的宣传材料方面有所欠缺，而且与捷克国内主流媒体之间的合作性不强。结果便是民众对参与捷摩共组织的公共活动缺乏兴趣，关注度不高。

四、捷摩共的应对策略

新世纪里，捷摩共高度重视组织的建设与发展工作，把招募党的新成员、扩大党的选民基础、强化党的宣传手段等，看作是建设群众型政党的首要任务。在具体行动上，捷摩共主要采取了以下几个方面的举措。

首先，提高党内青年人所占的比重。1999年第五次代表大会中，捷摩共领导层提出要推动与青年的互动工作。2004年举行的第六次代表大会，捷摩共再次强调要重视青年群体的需要。为实现这一目标，捷摩共才从组织、宣传和日常工作等方面着手。

---

[1] Mary Stegmaier, "The Endurance of the Czech of Communist Party", Politics & Policy, Vol. 37, No.4, 2009, pp.799-820.

[2] Petar Bankov, "Czech Stalemate? The Role of Party Organization for the Communist Party of Bohemia and Moravia since 2010", European Review, Vol.28, Iss.5, 2020, pp.826-841.

[3] Anna M. Grzy mala-Busse, Redeeming the Communist Past: The Regeneration of Communist Parties in East Central Europe, Cambridge University Press, 2002, p.31.

在组织上，捷摩共在2008年第七次代表大会上提出要加强中央委员会下属的青年委员会与各地区附属的青年组织和俱乐部合作，增大对青年人的吸引力。在捷摩共的支持下，其附属组织青年共产党人（the Young Communists）较为活跃，曾发起一场禁止将Null.S.导弹安装在捷克境内的签名活动，短短六个月内收集到五千多个签名。在宣传上，捷摩共多次在官方公开的文件中表达了致力于成为青年人思想和行动的引领者的意愿。"我们知道，当前最年轻的一代不愿接受传统的结社形式，更不愿接受某些形式的政党活动。我们愿为这些年轻人提供援助之手，一个替代方案，一个总体立足点，一个他们可以求助的地方……我们还将与他们协商关于如何解决21世纪全球化带来的诸多棘手问题……"[1]在日常工作方面，捷摩共在2016年召开的第九次代表大会发布的文件中提到"要加强附属组织与年轻人的互动；充分发挥在较年轻的工作群体中任职的党员的影响力，为此有必要与这些党员建立密切联系并帮助他们开展工作；支持年轻人的利益，如他们关注的游乐场、环境、工作机会等问题"[2]。

其次，增强党组织的开放性，扩大党的选民基础。在第六次代表大会之前，捷摩共副主席、新共产主义者米洛斯拉夫·兰斯多夫（Miloslav Ransdorf）提出捷摩共必须超越一种狭窄的基于阶级支持的想法，转变成代表不同群体、不同阶层的政党。兰斯多夫称要将捷摩共塑造为一个"信息党"（information party），而不是某种亚文化的认同体。这次大会上还选举了几位具有专业背景的成员进入领导层，如瓦茨拉夫·埃克斯纳（Vaclav Exner）、卡雷尔·克里姆萨（Karel Klimsa）、弗兰蒂塞克·托曼（Frantisek Toman）等人。其中，有两人是工程师，一人是律师，三人有博士背景。这样的领导层构成反映出该党试图打破仅为工人阶级代表的形象。

在争取新的支持者当中，捷摩共积极吸引个体商户、中小型企业管理者的支持。捷摩共的第七次代表大会着重强调要重视个体商户和中小型企业的利益。"捷摩共秉持各种所有权形式的完全平等原则，以及个人有权通过诚实的方式获得价值的原则，特别是有利于社会的贡献。捷摩共，作为一个社会主义政党，一个历史悠久的左翼政党，与个体所有者、中小企业如同农民和产业工人一样始终保持密切的联系，努力保障通过自己的劳动和创造进行谋生的人们的共同利益。"[3]捷摩共还多次公开宣布要为中小企业提供发展机会，并呼吁政府加强对技术开发和创新的投资，消除无意义的行政障碍。

[1] Deklarace VII. sjezdu KSČM k mládežI, https://www.kscm.cz/sites/default/files/soubory/uzivatele/Kvacskai/upload/deklarace_vii._sjezdu_k_mladezi.pdf.

[2] Zkvalitnění řízení organizační struktury a úpravy Stanov, https://www.kscm.cz/sites/default/files/soubory/uzivatele/Kvacskai/upload/zkvalitneni_rizeni_organizcni_struktury_a_uprava_stanov_kscm.pdf.

[3] Prohlášení VII. sjezdu KSČM k živnostníkům, malým a středním podnikatelům, https://www.kscm.cz/sites/default/files/soubory/uzivatele/Kvacskai/upload/prohlaseni_vii._sjezdu_kscm_k_zivnostnikum_malym_a_strednim_podnikatelum.pdf.

另外，捷摩共还宣称反对以牺牲中小企业为代价的税收和其他优惠外国资本的举措。[1]

最后，重视舆论宣传，提升党的形象和影响力。近年来，捷摩共在舆论宣传方面做的工作主要有：要求各层组织应该充分利用党员家庭资源，鼓励其家庭成员参与党的活动；积极准备和组织各种公开集会、社交、文化和体育活动等，以便使民众通过更多渠道了解本党，抛弃过去封闭的形象；整理完善关于党的日常工作材料，用来向新成员和对党感兴趣的人进行培训和宣传；对新成员举行公开庄严的欢迎仪式，既强化党员的认同感和归属感，又能吸引更多的新成员；定期发布党关于外交内政方面的评论和主张；通过各种渠道尽可能地加强与媒体的沟通和合作；建立专门的意识形态部门，以负责与媒体的联系；等等。

五、结语

政党是时代发展和社会变迁的产物，其组织形态的变化也深刻受社会发展的影响。纵观捷摩共组织变革历程，无论是主动调整还是被动反应，仍基本遵循着欧洲主流政党的组织变革轨迹。换句话说，捷摩共在其自身发展过程中，不管是否情愿，也在一定程度上经历着"欧洲化"。21世纪以来，捷摩共所处的外部环境已发生巨大的变化。捷摩共想继续保持和增加该党在政治舞台上的影响力，就必须在组织体系方面进行深化改革。在2016年举行的第九次代表大会上，捷摩共提出了组织变革的三个具体目标：第一，及时有效地将基层党员的诉求传递到党中央并迅速做出反馈；第二，强化党的认知功能，即对社会新问题的反应能力；第三，在政治决策方面实现所有层次的自我管理。[2]未来捷摩共能否实现这些目标，其实际效果有待观察。不过就捷摩共的长远发展来看，只有凭借稳定完善的组织体系，与群众保持密切联系，积极参与到工人及其他社会团体的日常斗争中，该党才能保持活力，增加政治资本。相反，如果走不出组织转型中遇到的困境，仅聚焦于议会斗争，该党就会处于危境中。因此，捷摩共亟须探索到一条适合自身组织发展的道路，在壮大自身实力的同时，积极推动本国社会主义事业的发展。

原载于《社会主义研究》2022年第1期

---

[1] Prohlášení VII. sjezdu KSČM k živnostníkům, malým a středním podnikatelům, https://www.kscm.cz/sites/default/files/soubory/uzivatele/Kvacskai/upload/prohlaseni_vii._sjezdu_kscm_k_zivnostnikum_malym_a_strednim_podnikatelum.pdf.

[2] Zkvalitnění řízení organizační struktury a úpravy Stanov, https://www.kscm.cz/sites/default/files/soubory/uzivatele/Kvacskai/upload/zkvalitneni_rizeni_organizcni_struktury_a_uprava_stanov_kscm.pdf.

英国工党组织体系现代化改革论析

葛 丽

摘 要： 第三次科技革命之后，全球经济迅速发展，世界各国政党的组织结构和运作方式面临着前所未有的机遇和挑战，都力图寻求自身组织的革新。英国工党也在积极探索组织发展的新路径和组织体系变革上提出了许多新举措。本文从组织目标、组织基础、组织形态、组织运作、组织结构和组织决策六个方面对英国工党组织体系的变革进行了分析。

关键词： 全球化；信息化；英国工党；组织体系变革

第三次科技革命之后，全球经济迅速发展，世界进入全球化和信息化时代，各国政党的发展都面临着前所未有的机遇和挑战。英国工党在20世纪80年代长期处于在野地位，改革创新的要求更为强烈。为了适应新时期社会经济与政治发展的新变化和新要求，1994年布莱尔任领袖后，对工党开始了全方位的现代化改革，在政党组织建设上提出了许多新的举措。

一、在工党的组织形态上，从"大众党"变为"全方位党"

"大众党"也称群众党，政党组织严密，党员的权利和义务比较明确；地方层面上党的组织不断扩大，党的基层组织和中央共同居于主导地位。"全方位党"的主要特征是：政党的意识形态不断弱化，政党之间在原则问题上的对立和分歧逐渐消失，政党纲领对各阶级和阶层的包容性逐渐扩大，政党领导人的影响进一步增大而基层党员个人的作用不断下降。[1]

英国工党长期以来一直被工会所控制，政党组织严密，阶级基础单一，极大地束缚了工党发展的手脚，其政策也因一度"过左"而吓跑了中间阶层，为此，工党曾长期处于在野状态。为了改变这种状况，工党逐渐向全方位党转变，全面向社会开放，大量吸收各阶层的先进分子入党。布莱尔也大力呼吁跨阶级合作，摒弃阶级政治，宣

---

[1] 裴援平、柴尚金、林德山：《当代社会民主主义与"第三条道路"》，当代世界出版社2004年版。

称为全体人民利益说话；工党的政策也不再侧重于工人阶级的利益，而是根据选举需要和实际需要来制定，以争取更多选民的支持，使原有的工人阶级色彩逐渐淡化。此外，随着选举运动的专业化发展，中央级的权力机制可以通过现代化的大众传媒直接与基层组织和群众接触，从而使中央组织的权力大幅加强，地方组织的权力则被逐渐削弱。总之，工党的种种特征显示，工党逐渐从"大众党"变为"全方位党"。

二、在工党的组织基础上，疏远工会，向中产阶级靠拢

1. 疏远与工会的关系，淡化党的阶级色彩。英国工党最初是在65个工会组织和3个社会主义团体的基础上联合而成立的，从诞生之日起就与工会有着千丝万缕的联系。工会既是工党党员和政党经费的主要来源，又是政党选举和政治决策的重要支持力量，工党的传统政策也更注重增强工会的力量和增加工人的工资。但随着全球化信息化的深入发展、产业结构的急剧变迁，工人阶级人数大量减少，影响力也迅速下降，要想赢得执政地位，获取更多选民的支持，必须要淡化阶级色彩，而要做到这一点，工党首先要做的是疏远与工会的关系，摘掉"阶级党"的帽子。

2. 重构社会基础，走向"中间化"。随着全球化信息化时代的到来，真正从事体力劳动的"蓝领工人"越来越少，拥有一定的技术、收入相对较高的"白领工人"越来越多。中产阶级队伍迅速膨胀，逐渐取代产业工人成为社会主要群体，而这部分人与工人阶级有着相差甚大的政治利益诉求，他们惧怕社会变革，也十分厌倦党派之间的争权夺利和虚伪的政治作秀，渴望稳定、有序的社会生活和务实、平和的政治生活。因此，工党转换工作重心，围绕中产阶级制定相关政策，以拉拢这部分庞大社会群体的支持。

三、在工党的组织运行上，规范制度，重视大众媒体的作用

1. 主动出击，变被动为主动，使媒体成为政党竞选的工具。传统的社会民主主义政党，尤其是欧洲大陆的社会民主党是一种"成员党"，在组织上主要依赖积极分子的活动。这种组织运作方式需要花费许多时间将数以千计的地方协会、忠诚的党员与党的上层联系起来，甚至要花更多的时间把他们相互之间真正连接起来。而在全球化和信息化时代，由于交通和通信工具的迅速发展和广泛使用，人们可以通过现代化媒体更多、更快地获得党的有关信息，以因特网和电视为代表的现代传媒正在改变和冲击着传统的政党运作模式。

2. 灵活应对，改劣势为优势，使媒体成为政党活动的平台。在现代社会中，人

们逐渐把网络和报刊电视作为获取政治信息、参与政治活动的主要手段，尤其是互联网的广泛使用打破了时间和空间的限制，突破了原有的政党层级组织界限。因此，在赢得选举、获得执政地位之后，工党也十分重视媒体的重要作用，把党的理论、纲领和政策装饰一新，通过媒体以全新的改革者形象来面对人民。同时，工党领袖也直接面对广大选民，通过电视演讲和召开记者招待会来解释党的施政纲领、宣传党的方针政策。

四、在工党的组织结构上，精简机构，加强高层领导权力

1. 精简工党的组织机构。英国工党组织机构的复杂性在世界政党中都是极为少见的，工会、政党、社会主义团体和其他政治团体的势力相互交织，中央机构、地区机构、选区组织和基层支部四个层次的机构纵横交错，由于层级结构过多使得政党决策程序长、信息传递速度慢，从而导致政党工作反应迟钝、效率低下。为适应全球化信息化世界的高效政府要求，英国工党在冷战后进一步简化党的组织结构，把原来层层设置的金字塔式决策机制变为平面的直接民主制，以提高党的执政效率。

2. 调整工党的权力结构。为了更快、更好地推进党的方针政策，英国工党进一步调整了权力结构。首先加强了中央机构的权力，削弱了影子内阁和执委会的决策作用，同时还大力增加中央机构工作人员，如1998年和1964年相比增加了126人，增幅高达258%。其次工党也十分注重加强党领袖对决策的影响，扩充了领袖办公室的重大决策权，减少工会对党的决策的影响力，加强对地方组织的监督管理，以建立由党领袖控制的中央领导体制，提高了党的灵活性和直接决策能力。

五、在工党的组织决策上，将直接民主与基层民主相结合

1. 落实基层民主。基层党组织的活力是一个政党的生命力和源泉所在，英国工党也十分重视基层民主建设。1987年，工党建立了地方选举团制度，60%的选票归选区工党个人党员；1989年，英国将原有选区工党组织的"管理委员会"成员由原来的选区内附属组织的代表组成变成由选区内全体个人党员和所属组织的代表构成，其中，个人党员票数占60%，并采取一人一票制；1993年，工党将议会候选人的挑选办法进一步简单化，候选人由地方选区党员无记名投票选出，扩大了基层民主权利，增强了普通党员在选举中的重要作用，最大限度地调动了党员的积极性。此外，工党还改革了党员登记制度，并且直接邮寄党内公决选票和进行问卷调查，以征求基层党员们的意见。1997年，工党年会通过了"权力中的伙伴"项目，规定党的决策允许个人党员、

地方支部和其他代表参加，将基层民主制进一步落到了实处。

2. 增强直接民主。英国工党为了满足广大选民直接参与政治决策的愿望，近年来逐步推广直接民主和半直接民主，对于党的重大问题的决定实行公民表决，即公民可以通过直接投票来批准宪法和法律、决定内外政策、国土变更、国家独立等重大问题。同时，1981年，工党采用新的领袖选举制度，规定党的领袖由议会外党组织和议会党团组成的选举团选出，其中工会代表占40%，议会党团和选区组织代表各占30%，1993年这个比例又调整为三者各占1/3。

六、在工党的组织目标上，淡化社会主义和阶级色彩，以民主、平等和自由等观念为主导

英国工党一直是建立在工人阶级基础上、代表工人阶级利益的社会主义政党，意识形态色彩浓厚、具有明确的社会主义目标和鲜明阶级性。但冷战结束之后，一方面，两大阵营的对立消失，基于意识形态意义上的根本性对抗消失，左与右的分界线越来越模糊，党派之间能够坐下来商谈的问题也随之增加；另一方面，随着经济一体化程度的加深，选民们的价值观发生了巨大变化，由关注与人们生存相关的经济利益和物质财富再分配问题转向关注与人们发展相关的生态环境和生存质量。因此，工党为求得更多选民的支持，在组织目标上进一步淡化阶级色彩，通过价值观念的更新，突出"人民党"的特征，力求使工党成为一个能够为不同阶层和群体接受的政党。在1995年4月召开的工党特别代表大会上，工党修改了党章第四条，放弃原有的代表工人阶级的利益和社会主义的奋斗目标，把党的目标调整为建设充满活力的混合经济、公正开放的民主社会和健康的环境等，以取得选举胜利和推行民主、平等、自由等观念为主导，把工党从一个组织工人运动的政党变成一个选举型政党。

经过上述改革，英国工党连续获得大选胜利并上台执政，影响力空前提高。但改革后的英国工党组织体系仍存在很多问题，如组织基础的多元化必然造成政党忠诚危机，组织运作的媒体化增加了选举中的变数，组织结构的扁平化导致党的基层组织边缘化，等等，但是英国工党组织体系的改革是适应时代和社会发展的要求而展开的，在今后的执政实践中，工党应该还会将改革的步伐继续下去。

原载于《学校党建与思想教育》2010年第5期

日本自民党执政地位变迁的思考与启示

尹文清

摘 要： 1993年，自民党失去了长达38年的"一党优势"的执政地位，进入"一强多弱"的联合执政时期，2009年8月丧失长达50多年的执政地位，其教训深刻。分析日本自民党执政地位的变迁及其原因，探索政党执政的规律，对处于剧烈社会转型、体制转轨时期的我们党具有一定的借鉴意义。

关键词： 日本自民党；执政地位；变迁；启示

1993年日本自民党失去长达38年的执政地位，成为在野党，尽管1994年1月重返执政地位，但自民党单独执政的"一党优势制"一去不复返了，日本政坛进入了"一强多弱"的多党联合执政时期。1996年以后，面对频繁的政党离合，自民党为保其执政地位，无原则地妥协，走马灯式地改换合作伙伴，不仅削弱了自民党自身的执政能力，而且造成了20世纪90年代以来日本政局的动荡不安。2005年，自民党取得了众议院单独过半数的绝对优势也依然没能改变联合组阁的基本局势。2007年9月在参议院选举中败给在野党——民主党，2009年8月众议院选举中自民党大败，沦为在野党。作为执政50多年的政党，其丢失执政地位的教训值得我们总结与借鉴：执政党如果不能随时代的需要改变执政方略、执政方式，巩固其执政基础，就有丧失政权的可能。日本自民党执政地位的变迁及2008年执政地位的丧失，给各国执政党尤其是长期执政的政党敲响了警钟：任何一个政党要保持其长期执政，必须遵循执政规律。

一、与时俱进，及时调整和创新发展战略

建党初期，自民党的执政理念在很大程度上是针对以社会党和日本共产党为代表的革新政治势力的理念而形成的。20世纪60年代以前，自民党保守主义的核心内涵是坚持资本主义制度，意识形态色彩较浓。60年代以后，自民党逐步实现了向以经济和社会发展为中心的政策转变，淡化了意识形态色彩，专注于发展并完善资本主义。自

民党根据形势的变化适时调整自己的纲领、政策和理念，为其长期执政奠定了政治基础。[1]但20世纪90年代以后，冷战体制的解体给日本国内政治对立结构以很大影响。相对于冷战后重新掀起的世界性民主化浪潮而言，日本自民党保守的执政理念明显落后于时代的发展。尽管21世纪初高举"改革"大旗的小泉内阁大刀阔斧地进行了邮政民营化及金融、财政等改革，但终因自民党长期执政形成的"政、官、业"勾结的政治结构，使各种利益关系相互交织，任何触及实质的改革措施都很难推行。加之自民党急于实现其政治大国的目的，使日本的"修改宪法"更加意识形态化，而对关系民生的贫富差距、养老金及少子化等问题很少顾及，离日本国民的切身利益越来越远，在2007年的参议院选举中，输给了以"国民的生活第一"为选举口号的在野的民主党。

在当今世界日趋激烈的竞争中，一个国家、一个民族要发展，就必须做到与时俱进。对我们党来说，就要求在思想上、理论上与时代同进步，永远站在时代的前列，不断推进理论创新；在实践发展中要不断检验和丰富马克思主义理论，用发展的观点和思维方式对待马克思主义的某些原理或结论，不应教条主义地生搬硬套，削足适履。

二、树立危机意识，夯实执政基础

执政基础是执政党在执政过程中赖以掌握政权、巩固政权必须具备的根本条件和前提，是一个执政党赖以生存和发展的立足点。一旦执政基础发生动摇，势必会影响权力的稳定，甚至失去执政地位。执政党尤其是长期执政的政党，必须时刻具有危机意识。20世纪90年代以来，由于国内外形势的变化，日本自民党执政的社会基础发生了变化，动摇了执政地位的稳定。第一，社会阶层结构变动。自民党的执政基础除了"日本医师会""日本遗族会"等利益集团外，农村是自民党较大的"票田"，其选票一向主要来自农村，因为自民党执政期间实行的保护农业和农民利益的政策赢得了大多数农民的支持。但战后日本经济的高速增长带来了产业结构、就业结构的急剧变动，推动社会阶层结构发生变迁，人口从农村流向城市，尤其是向大城市集中，城市人口在总人口中所占比例从1960年的64%左右上升到75%以上，而农村地区人口则从3408万人减少到2796万人。城市"新中间阶层"形成并逐渐成为日本社会阶层的主体，到90年代中期，新中间层和工人阶级合计约占劳动力人口的2/3，农民和自营业为主体的旧中间阶级不到劳动力人口的1/4。[2]新中间阶层的大量涌现和作为旧中间阶层阶级组成部分的农民的锐减，大幅改变了日本的社会阶层结构。

---

[1] 张伯玉：《日本政党制度政治生态分析》，世界知识出版社2006年版，第177页。

[2] 矢野恒太：《从数字看日本的100年》，（日本）国势社1992年版，第68页。

新中间层是日本文化程度最高的阶层，拥有高学历者占整个阶层的51%。由于受教育程度较高，在社会生活中的竞争力也最强，他们的经济和政治地位决定了他们在政治趋向上表现出相当程度的实用性和不确定性。他们在选择政党时，优先考虑的是该党的方针政策能否维护自己的切身利益，而不是意识形态和宗教信仰。近年来，由于各政党意识形态色彩的淡化、政党之间的聚散离合以及一些政治家频繁地变更所属政党，导致日本无党派阶层不断扩大。据统计，现在日本选民中固定支持政党的只有40%，而无党派阶层高达60%。由于政党和选民双方意识形态色彩的淡化，选民的需求与选择也越来越多样化，政党越来越难以拥有固定的支持者。在当前社会阶层日益细化、利益群体更加多元的新形势下，选民结构也相应地发生了变化，城市选民的选票又具有难以聚集和容易瓦解的特点。面对变化了的选民结构，自民党处在要兼顾消费者利益和生产者利益的两难境地，只能对边缘政策进行微调，而结果是城市和农村的选民都没能很好地抓住。面对日渐扩大的无党阶层，自民党的统合能力又下降，动摇了其执政的社会基础，加剧了自民党联合执政的危机。

在我国，执政党与参政党的关系是亲密合作的友党关系。在多党合作的基本方针中，"互相监督"是重要的内容，但各民主党派对共产党的监督机制还不够完善。因此，必须充分发挥各民主党派的民主监督作用，增强我们党的预警功能。胡锦涛总书记在庆祝改革开放30周年的讲话中强调，党的执政地位不是与生俱来的，也不是一劳永逸的，现在拥有不等于永远拥有。可见，只有不断强化执政地位问题上的危机感和忧患意识，我们党才能长盛不衰，始终立于不败之地。

三、发展经济，关注民生

发展经济是政党执政的第一要务，它是保证社会进步、人民生活水平提高的基础。自民党战后之所以能长期执政，其主要原因是制定的政策措施适应了当时国内外形势的发展，造就了日本经济的高速增长的奇迹，并相对公平地使国民生活水平得到了大幅提高。而最终失去政权也是因为这方面的原因。

20世纪90年代以前，自民党成功地解决了经济领域的各种难题。但90年代泡沫经济崩溃后，日本经济持续低迷，面对"民主、民生、民族"危机，自民党开始寻找摆脱困境的出路：在社会政治与经济层面，继战后"民主改革"之后进行第二次"结构性的改革"或称为新自由主义的改革。由于自民党政治力量的削弱，改革没有实质性进展，经济也没有大的起色，原来支撑日本经济的主要支柱产业——制造业整体瓦解。《朝日新闻》对100家主要企业的调查显示，有半数以上的企业认为小泉的改革速度慢，有40家认为改革没有进展。[1]而且改革的负面后果开始显现，特别是日本社会从"平等"社会发展到"不平等"社会，收入差距拉大，年金不透明、农村低收入人群扩大、劳工所得减少、教育质量下降，老百姓的痛苦越来越大。对此，作为执政的自民党不仅拿不出切实有效的改革措施，而"修改宪法"的呼声却日益高涨、措施越来越明朗化且更加意识形态化，离日本国民的切身利益越来越远。安倍在不到一年的施政中，更是涉及了修宪、教育改革、行政改革等措施，但关系民生的养老金问题、贫穷差别问题、失业问题却没能引起政府的重视。面对世界性的金融危机，麻生内阁更是束手无策。经济问题、民生问题成为导致自民党下台的主要原因。

经过30多年的改革，我国的经济实力迅速壮大，人民生活得到明显的改善。当前及今后一个时期，如何保证我国经济长期持续健康发展，让人民更好地享受经济发展的成果，成为摆在我党面前的重大课题。作为执政党，必须始终坚持立党为公，执政为民。不能忽视广大人民群众关心的社会与民生问题，如养老、就业、教育、医疗、住房等。要正视中国人"不患寡而患不均"的传统社会文化心理的影响，处理好经济发展与人民共享发展成果的关系，消除各领域存在的不公平、不公正现象，缩小不同社会阶层之间的贫富差距，夯实党的执政根基。

四、廉政建设应常抓不懈

执政党的廉洁是其长期执政的最根本保证。自民党"一党优势"的统治体制造成了自民党内部的政治机制僵化，统治效能下降。只有具备"三盘"的人才有可能脱颖而出。"三盘"即"银盘"（金钱）、"地盘"（有一定势力范围）、"脸盘"（社会威望）。正因为如此，自民党中有很大一部分是世袭议员，这在一定程度上压制了人才的成长。[2]自民党内部存在的金权政治、派别均衡、论资排辈、阁僚人事向组族议员转化和在野党的幕后交易等，使曾经灵活有生机的政治变得死板、停滞不前。自民党长期执政派生出既得利益集团，这个集团也是不思改革和相互勾结的温床。这一切都为政治腐败的滋生创造了条件。

自民党长期推行所谓的"利益诱导政治"的政策，即通过为财界、"农协"和各种利益集团提供便利来赢得对方从金钱到选票的支持。久而久之，就形成政治家、官僚和企业利益的"铁三角"结构，造成了金权政治泛滥。20世纪90年代以后，由金权交易引发的政治丑闻屡见不鲜。1998年2月，自民党议员新井将敬涉嫌接受日兴证券公司

---

[1] 孙成：《日本与东亚：一个变化的时代》，世界知识出版社2005年版，第33页。

[2] 杨爱珍：《当代中国政党制度研究》，学林出版社2004年版，第280页。

的贿赂被迫自杀。2000年，日本"全国中小企业福利事业团"向多名国会议员行贿曝光，此案涉及自民党高层多人。随后，自民党的筹款大户铃木宗男和加藤辻一相继因非法敛财而不得不辞去议员职务。自民党的干事长山崎拓被揭露出有绯闻事件。以加藤、山崎、小泉在自民党内组成的"YKK"（二人名字发音的开头字母组合）构成了小泉内阁的支柱，因两人被卷入政治丑闻严重削弱了小泉内阁的基础。[1]但联合执政的自民党并未因其政权的危机而加强党自身的建设，安倍内阁更是政治丑闻迭出，尤其是出现了全国养老金记录丢失的丑闻，结果失去民心，最终导致失去了长期执政的地位。

克服腐败、廉洁建党是各执政党面临的共同课题。目前，我国廉政建设和反腐败工作同样面临许多新情况、新问题。法制不健全、体制不完善、政策不配套、监督不到位等问题依然突出，反腐倡廉任务很艰巨。继续扎实有效地做好反腐倡廉工作，第一要强化对党的领导干部与党员的思想政治教育，加强党的自净能力。第二要加速立法并严格执法，依靠法律对党的干部与党员的行为进行约束。第三要加强制度建设和制度创新，做到决策及行政公开透明，充分发挥公民和舆论的监督作用，做到标本兼治。

五、维护党的团结统一，提高执政党的凝聚力及创造力

自民党的派阀斗争激烈，日本自民党的历史可以说是一部派阀无休止的抗争史，党内矛盾重重，影响了执政党的凝聚力。自民党作为由不同利益、不同政策、不同人际关系的集团集合在一起的混合体，一开始便呈现出派阀林立的局面。1956年的大选，对刚成立不久的自民党产生了划时代的影响。这次选举以后，自民党内部形成了八大派别：岸信介派、石桥湛山派、三木武夫派、河野一郎派、佐藤荣作派、池田勇人派、石井光次郎派和大野伴睦派。[2]在每个派阀形成的具体过程中，以猎取官位为目的和金钱的因素占很大比重。正因为有这些好处，所以自民党的派阀越来越兴旺。也正因为20世纪90年代初自民党内最大派阀竹下派的分裂，最终导致了自民党长期执政的结束。自民党并未吸取教训，相反派阀斗争更加激烈，仅1992—1993年的一年间，自民党就出现大大小小7次分裂，尤其是新生党和先驱新党的另起炉灶对自民党的打击最大。由于自民党内部长期存在着派阀结构，政策决策须在派阀充分协商的基础上才能进行，使得统治集团的决策效能低下。尽管自民党是一个派系发达、制度化水平较高的政党，但党内派阀的发展制约了自民党整体凝聚力的提高，削弱了自民党的竞争能力，减弱

[1] 孙成：《日本与东亚：一个变化的时代》，世界知识出版社2005年版，第34页。

[2] 王振锁：《战后日本政党政治》，人民出版社2004年版，第320页。

了其自身的执政能力，失去执政地位也就成为不可避免的了。

我们党是一个拥有7000多万党员、350多万个基层组织的大党，维护党的团结统一至关重要。每一个党员特别是党员领导干部都应做到不搞帮派，把维护党的团结统一作为自己应尽的义务。只有保持党的团结统一，不断增强党的创造力、凝聚力，才能保证国家的统一、民族的团结及社会的和谐。面对错综复杂的国内外形势和艰巨繁重的改革建设任务，才能保证步调一致，保障改革开放和现代化建设的顺利进行。

原载于《山东社会科学》2011年第2期

再度获胜的巴西劳工党

李亚洲　　李文倩

摘　要：巴西劳工党在2022年10月的总统选举中再度获胜，重新成为执政党。该党再度获胜的原因主要包括：迎合了多数巴西民众对变革求新的渴望、上个执政周期内取得的成就获得民众高度认同、竞选纲领凝聚民众共识、充分发挥自身资源和渠道优势、建立更具包容性的竞选同盟、领袖卢拉的旗帜性作用与个人魅力等。展望未来，该党的执政道路不会一帆风顺，相反将面临一系列挑战：如何保持政权稳定、如何破解经济发展困境、如何弥合社会分裂并解决民生问题、如何重塑大国外交形象等。

关键词：巴西劳工党；再度获胜；获胜原因；执政前景

巴西劳工党成立于1980年，曾于2003—2016年期间连续执政13年。2016年8月随着罗塞夫的下台，劳工党连续执政的历史宣告结束，一时间陷入低谷。但劳工党依旧在逆境中奋进，最终在2022年10月的总统选举中再度获胜，重新成为执政党。这一事件在南美洲以至全世界都引起了强烈反响。本文拟以再度问鼎政权的巴西劳工党为主题，首先简要介绍该党的发展历程，然后对其再度获胜的原因给予客观的阐述，在此基础之上，对其执政前景进行前瞻性分析。

一、劳工党的发展历程

巴西国土面积851.49万平方千米，人口2.15亿，是南美洲最大的国家，同时也是"金砖国家"成员之一。1964—1985年军政府统治时期，巴西经历了快速的资本主义发展，对农村和城市产生了巨大影响。由于资本主义的大规模扩张，农民的土地被剥夺，农民为了生存不得不涌向城市出卖劳动力，从而扩大了该国的工人阶级队伍。资本主义的发展带来严重的不平等，受资本家剥削的工人、农民和中间阶层对军政府的不满与日俱增，掀起了罢工的浪潮，其中影响力最大的是新工会运动。正是在这样的背景下，巴西劳工党应运而生。

在此起彼伏的工人运动热潮中，以卢拉为首的一批工会领导人积极投入到巴西劳工党的筹建工作中。1979年10月，他们在圣贝尔纳多召开全国会议，包括卢拉在内的近100名代表参加。会议决定组建巴西劳工党，并成立了临时全国委员会。会议通过的《政治宣言》明确表示，劳工党进行斗争是为了让工人拥有政治和经济权利，这是结束剥削和压迫的唯一途径，同时呼吁广泛动员群众，壮大反对独裁政权的民主力量。1980年2月10日，最高选举法院正式宣布巴西劳工党成为一个合法政党。此后，劳工党将该日期作为自己正式成立的时间[1]。1981年8月，劳工党召开全国代表大会，通过了党的纲领和章程。纲领主张在巴西建立一个没有剥削者和被剥削者的社会，指出社会主义是解决当时问题的唯一道路。

受益于大规模的政治动员，巴西劳工党发展迅速：到1982年底，该党的党员人数达到24.5万名[2]。1983年，劳工党参与创立了巴西三大工会之一的"劳工统一中心"，并且领导无地农民运动，开展争取土地的斗争。与此同时，劳工党积极参加各级议会选举。1982年该党第一次参加众议院选举[3]，以"工作、土地和自由"为竞选口号，呼吁结束巴西的军事独裁，将权力交给人民，社会主义是唯一的出路，建设一个社会主义社会。此次选举结果，劳工党赢得了3.5%的选票，获得8个众议院席位。

在1986年11月的众议院选举中，巴西劳工党的得票率与1982年相比翻了一番，达到7%，众议员人数从1982年的8位增加到16位。卢拉在圣保罗获得了651763张选票，比全国其他任何议员都多[4]。在1988年的地方选举中，劳工党一举获得36个市长职位，该党的市议员从1982年的118名增加到900名。这对劳工党来说是不小的胜利。

20世纪90年代是巴西劳工党力量持续快速发展的时期。在参与各类地方选举和总统选举中，劳工党的影响力日益扩大。在1992年、1996年和2000年三届市长选举中，劳工党所获得的市长职位分别为54个、115个和108个。在1990年、1994年和1998年三届众议院选举中，劳工党赢得的席位分别为35个、50个和59个。1990年劳工党在参议员选举中实现零的突破，获1席；在1994年和1998年的参议员选举中，该党分别获得5席和7席[5]。卢拉作为劳工党的候选人参加了1989年、1994年和1998年总统选举，虽然均败北，但都获得了较高的支持率，分别为47%、27%和31.7%。

---

[1] 关于巴西劳工党成立的时间，中国学术界有不同的观点。本文以该党官方网站为准，认定1980年2月10日为该党正式成立的时间。

[2] Michael Lowy and Arthur Denner, "A New Type of Party: The Brazilian PT", Latin American Perspectives, Vol.14, No.4, 1987, p.462.

[3] 巴西联邦议会是该国的最高立法机构，由参议院和众议院组成。参议院共81名成员，由选举产生的各州代表组成，任期八年，每四年更新其中三分之一或三分之二的席位。众议院共513名成员，通过比例代表制选举产生，任期四年。

[4] Richard Bourne, Lula of Brazil: The Story So Far, University of California Press, 2008, p.46.

[5] 康学同：《当代拉美政党简史》，当代世界出版社2011年版，第104页。

进入新世纪，巴西劳工党更是迅速崛起。一是劳工党在2002年的众议院选举中获得91个议席，首次成为众议院第一大党；二是卢拉在2002年的总统选举中以61.3%的得票率获胜，使劳工党成为执政党；三是党的指导思想"劳工社会主义"理论不断完善。劳工党建党之初并没有形成一个非常明确的理论纲领，经过多年对斗争实践经验和教训的总结，直到1990年，才在劳工党全国代表会议上通过了题为《劳工社会主义》的决议，首次明确提出"劳工社会主义"的概念。后来，在1999年11月召开的劳工党全国代表大会上确立了"劳工社会主义"的指导思想地位。

第一任期结束后，卢拉在2006年的总统选举中以61%的得票率赢得第二个总统任期。2003—2010年是卢拉执政时期。在此期间，巴西经济发展迅速，成为金砖国家之一。在促进经济发展的同时，卢拉政府致力于促进社会公平、消除贫困和不平等，重点推出的以全民扶贫和消除饥饿为目标的"零饥饿计划"，使2800万巴西人摆脱贫困，创造了超过1500万个正式工作岗位，最低工资有62.8%的实际增长[1]。可以说，卢拉政府在经济发展和减贫方面取得了前所未有的巨大成就。

卢拉的接班人罗塞夫在2010年和2014年总统选举中获胜，开启了劳工党执政第三和第四任期。2011年—2016年8月是罗塞夫执政时期。罗塞夫在沿袭卢拉政府稳健的宏观经济政策的同时，实行"壮大巴西""企业创新"等发展规划，加强对基础设施、能源、机械等重点领域的投资，逐步完善经济持续发展的模式。在发展经济的同时，罗塞夫政府坚持消除贫困，在延续卢拉政府政策的基础上推出了多项新举措，如旨在帮助1700万人摆脱贫困的"巴西无赤贫计划"。此外，罗塞夫政府还扩大医疗保障的覆盖范围，重拳打击暴力和犯罪行为等。

然而，2015年巴西经济开始出现衰退，这种状况是国内外多种因素共同作用的结果。经济的持续恶化、高通胀和失业率持续上升，引起巴西民众的不满。2015年，巴西爆发了数次示威游行，要求罗塞夫总统下台，罗塞夫的支持率从2013年3月的顶峰79%骤跌到8%的历史最低点。经济的恶化和巴西石油公司腐败案[2]的事态严重化导致罗塞夫总统陷入政治危机。2016年5月11日，巴西参议院以55票对22票通过了特别委员会提交的弹劾罗塞夫的报告，暂停罗塞夫的总统职务，由副总统米歇尔·特梅尔担任代理总统。同年8月31日，参议院以超过三分之二的绝对多数票通过了对罗塞夫的弹劾案，副总统特梅尔接任总统职务至2018年。随着罗塞夫的下台，巴西劳工党连续执政13年8个月的历史宣告结束。

[1] "Herança maldita：economia destruída，famílias endividadas e povo passando fome"，https://pt.org.br/heranca-maldita-economia-destruida-familias-endividadas-e-povo-passando-fome.

[2] 巴西石油公司腐败案是指巴西石油公司的高管利用外包工程大肆收受贿赂，并向执政党提供政治献金。

巴西劳工党的政治厄运接踵而至。2016年9月，前总统卢拉因巴西石油公司腐败案遭到联邦检察院正式指控，这在巴西引起强烈震动。罗塞夫总统弹劾案和前总统卢拉被指控参与腐败案使劳工党接连遭受重创，元气大伤。罗塞夫下台后不久，在2016年10月举行的全国市政选举中巴西劳工党表现不佳。根据巴西最高选举法院公布的统计结果，在全国27个州的首府城市竞选中，劳工党候选人除在偏远的阿克里州首府里奥布朗库获胜外，仅在东北部伯南布哥州首府累西腓获得进入第二轮选举资格，而且得票率远低于竞争对手[1]。

　　尽管卢拉因被指控贪腐罪入狱，但是2018年总统选举民意调查结果显示，卢拉依旧是呼声最高的总统候选人，这对劳工党来说，是重新夺回执政权的绝佳机会。但不幸的是，卢拉的总统候选人资格被取消，劳工党不得不推选曾担任圣保罗市市长的阿达为卢拉的接替者参加总统选举。由于劳工党身陷腐败的传闻，选民对劳工党腐败印象的深恶痛绝远远超过对右翼社会自由党候选人博索纳罗非主流价值观的担忧。博索纳罗在第二轮选举中获得55.13%的选票，击败劳工党候选人阿达（44.87%），当选为巴西新一任总统。腐败的传闻对劳工党造成较大的冲击，不仅体现在该党在总统选举中的失败，也体现在它在众议院和参议院席位的减少：分别减少了13个、7个[2]。劳工党跌落低谷。

　　但是，在2018年总统选举中，社交网络特别是假新闻明显干扰了选举结果。根据透明国际巴西分支机构发布的一项研究报告，82%的受访者表示，2018年的选举受到了假新闻的影响[3]。自那以后，劳工党意识到加强党的宣传工作对有效地解决政治争端的重要性。劳工党对所有的宣传部门进行了重新整合，对其工作方式进行了改进，建立并不断完善有组织的、广泛的数字网络。为此，劳工党推出了一个有关该党的手机应用程序，为该党成员提供信息并使他们保持联系。该党还设立了自己的广播电台和电视台，促进了有关该党的信息的传播。此外，劳工党建立了"网上真相"——一个揭露和谴责谎言的平台，以反击右翼政党发布的假新闻。为更有效打击假新闻，劳工党宣传秘书处还建立了监测社会网络的平台。

　　巴西劳工党认识到，在2022年的总统选举中仅仅有卢拉作为该党的魅力型领袖是不够的，还需要民众的广泛支持，这样卢拉才能以工人阶级的名义夺回政权，因此，有必要开展一个强大的、有组织的民众运动，组织和动员民众力量。在劳工党成立42周年纪念日之际，该党宣布建立人民斗争委员会，并且争取在2022年5月前建立5000个

---

[1]　袁东振：《拉丁美洲和加勒比发展报告（2016—2017）》，社会科学文献出版社2017年版，第154页。

[2]　袁东振：《拉丁美洲和加勒比发展报告（2018—2019）》，社会科学文献出版社2019年版，第163页。

[3]　"WhatsApp admiteusoem massa de fake news nas Eleições2018"，https://pt.org.br/whatsapp-admite-uso-em-massa-de-fake-news-nas-eleicoes-2018.

人民斗争委员会。人民斗争委员会是以劳工党成立初期在工厂、学校、基层社区建立的核心小组为模板，在基层组织和动员民众力量。这是劳工党根据丰富的斗争经验所作出的决定。人民斗争委员会的基本任务是，把对劳工党的普遍认可转变为一支能够在全国各个角落进行对话和战斗的有组织的社会力量。它是所有希望参与各地斗争并为改变巴西人民的生活作出贡献的人的组织。参与者可以通过人民斗争委员会与劳工党领导人进行交流，接受培训，并在如何动员他们的社区保卫一个民主和公正的国家方面得到指导。巴西民众可以按城市、街道、社区、学习地点、工作场所组织起来。它的活动可以面对面进行，也可以以线上方式进行，或者两种方式相结合。

经过一系列调查，2021年4月巴西最高法院撤销了对卢拉的定罪，案件终于真相大白。这不仅洗刷了巴西劳工党的不白之冤，而且为卢拉参加2022年总统选举扫清了障碍。为了赢得选举，卢拉致力于建立和打造反博索纳罗阵线的政党联盟"巴西希望"。卢拉所在的劳工党同巴西共产党、绿党两个左翼政党结盟，并获得了可持续网络党、社会党、社会主义自由党、团结党、前进党、行动党的支持[1]。卢拉甚至选择昔日的竞争对手阿尔克明作为副总统候选人。卢拉主打"怀旧牌"，通过对比劳工党往昔成就和当前博索纳罗政府的败绩，试图唤起巴西民众的美好记忆。经过在全国各地的走访，与各种各样的政治和社会领导人交谈，卢拉和阿尔克明发起重建巴西的运动，即"让我们一起为巴西而战"运动。该运动于2022年5月7日在圣保罗正式启动，巴西劳工党、巴西共产党、绿党、可持续网络党、社会党、社会主义自由党、团结党、民众运动中心等参加了此次活动。在启动仪式上，卢拉和阿尔克明强调了恢复巴西人民的公民权和尊严的重要性，呼吁巴西民众团结起来，将巴西从当前的危机中拯救出来。该运动迅速扩展到全国各个城市，引起了强烈的反响。

在2022年的巴西总统选举中，共有11名候选人参加角逐，其中现任总统博索纳罗是卢拉的强劲对手。竞选活动开始后，巴西不断发生选举暴力冲突事件，网络上到处充斥着政党之间相互攻击的新闻，竞选形势一度十分紧张。在10月2日的第一轮选举中，卢拉获得了48.43%的选票，而博索纳罗的得票率为43.2%。因无人超过50%的选票，排名靠前的卢拉和博索纳罗在10月30日进入第二轮对决。首轮投票结束后，卢拉和博索纳罗投入到激烈的争夺选民大战中。博索纳罗将重点放在低收入选民身上，利用现任总统职务之便，采取经济刺激措施，并提前支付社会福利，以确保选民在第二轮投票前得到这些福利。卢拉则在保持东北部地区领先优势的同时，深入到博索纳罗的南方地区的票仓加大竞选力度，希望分化对方阵营选票。在10月30日的第二轮选举

---

[1] 何露杨：《2022年巴西大选：一次最分裂的选举》，《世界知识》2022年第22期。

中，卢拉最终以50.9%比49.1%的得票率战胜博索纳罗，再次当选巴西总统[1]。这次选举胜利在劳工党的历史上具有重要意义，标志着劳工党从低谷中再度崛起。

二、劳工党再度获胜的原因分析

劳工党在2022年10月的巴西总统选举中再度获胜，重新成为执政党，原因是多方面的：既有博索纳罗政府执政业绩不佳的客观原因，也有劳工党不懈努力的主观原因。

（一）迎合了多数巴西民众对变革求新的渴望

自2019年博索纳罗上台以来，其政府执政表现糟糕。巴西街头多次出现反对博索纳罗政府的大规模示威游行，参与者不仅包括受疫情影响最大的中下层民众，而且包括左翼政党，甚至中间派政党也参与其中。这凸显了巴西民众对博索纳罗政府施政无方和应对疫情不力的强烈不满。

第一，大批巴西民众再次陷入饥饿困境。博索纳罗在就职的第一天宣布取消由卢拉创建的国家粮食和营养安全委员会。此后，博索纳罗不仅大幅缩减全国扶持家庭农业计划、粮食购买计划等促进粮食安全的资源，而且改变了劳工党执政期间关于提高最低工资的政策。加上物价上涨、通货膨胀等带来的冲击，大批巴西民众再次陷入饥饿困境。2022年7月联合国粮食及农业组织发布的《世界粮食安全和营养状况》确认，巴西重新回到人口遭受中度和重度粮食不安全的国家名单，全国至少有6100万人处于严重或中度粮食不安全状态[2]。

第二，失业率创历史新高。愈演愈烈的高通胀引发各类物资价格全面上涨，巴西民众生活成本愈加沉重。根据巴西国家地理统计局2022年10月公布的数据，该年度前9个月食品和饮料的价格上涨9.54%，这是28年来的最高增幅[3]。高通货膨胀和高利率导致许多企业破产，失业率增加。根据2021年拉丁美洲和加勒比统计年鉴，巴西2020年失业率高达13.76%，创下自1992年以来的最高纪录，2021年失业率仍然居高不下，高达13.22%[4]。

[1] "Brazi: Lula Beats Bolsonaro by Narrowest of Margins", https://www.latinnews.com/component/k2/Iitem/94833.html? period= 2022&archive= 3&ltemid= 6&cat id= 829526: brazil-lula-beats-bolsona-ro-by-narrowest-of-margins.

[2] "FAO confirma: sob Bolsonaro, Brasil estáde volta ao Mapa daFome", https://pt.org.br/fao-confirma-sob-bolsonaro-brasil-esta-de-volta-ao-mapa-da-fome.

[3] "Obra de Bolsonaro: carestia de alimentos é a maior em 28 anos", https://pt.org.br/obra-de-bolsona-ro-ca- restia-de-alimentos-e-a-maior-em-28-anos.

[4] "Brazil: National Economic Profile", https://statistics. cepal.org/portal/cepalstat/national-profile. html? theme= 2&country= bra&lang= en.

第三，教育资源被削减，学生的学习机会受到限制。随着新冠疫情的不断蔓延，由于学校经费不足、家务负担过重、缺乏网上学习所需的设备等，成千上万的学生被迫放弃了学业。此外，博索纳罗政府削减了用于69所联邦大学10亿雷亚尔的预算，这些预算的削减不仅危及大学的正常运转、科研项目开展等，而且导致奖学金的支付和助学政策缺乏资金来源，从而增加了贫困家庭学生的辍学率。

第四，公共安全受到威胁，巴西民众的不安全感增加。自2019年以来，博索纳罗发布多项政令，放松了对枪支的管制。根据"我支持和平"研究所的数据，巴西拥有持枪执照人数从2018年的11.7万增加到2022年的67.38万，暴涨了476%[1]。随着枪支管制的放松，枪击暴力事件频繁发生。枪支的任意使用带来的威胁远远超出合法防御的预期效果，给民众生活带来了不可估量的负面后果。

第五，博索纳罗政府应对疫情不力增加了民众生命安全受到威胁的风险。新冠疫情暴发后，博索纳罗无视世界卫生组织和巴西卫生部门的建议，坚信群体免疫是结束新冠疫情的最好办法。因此，他将民众的生命安全置之不顾，阻止各州长和市长采取社会隔离措施。针对新冠疫情不断蔓延的状况，博索纳罗并没有组织联邦中央、州、市各级政府协同建立有效应对新冠疫情的处置方案。在疫苗采购和接种方面缺乏力度，疫苗接种率比较低，致使巴西新冠疫情不断恶化。根据《我们的数据世界》研究结果，巴西每一百万人中有3195人死于新冠疫情，这在20国集团中排名第一[2]。博索纳罗政府应对新冠疫情失当，为巴西民众所诟病。

经济持续低迷，失业人数激增，飙升的物价难以得到有效控制，加上抗疫不力，触发了民众长期积压的不满情绪，博索纳罗成为众矢之的。巴西民众急于变革求新，并且认为卢拉任期内政绩出色，因此将变革的希望寄托于卢拉和劳工党。

（二）上个执政周期内取得的成就获得民众高度认同

劳工党在上个执政周期（2003—2016年）内，尤其是卢拉担任总统期间，使巴西在各个领域都取得了巨大成就，这与博索纳罗糟糕的执政业绩形成了鲜明对比，因此，有相当一部分民众非常怀念劳工党执政时期。

第一，2003年劳工党执政后，巴西经济呈不断增长态势，摆脱了前任政府时期经济处于崩溃的局面。这体现在以下几个方面。①国内生产总值不断增加。在劳工党政府执政期间，有11年实现了经济增长。2009年在严重的国际金融危机形势下，巴西国

---

[1] "Com liberaçãode armas, Bolsonaroéo benfeitor do crime organizado", https://pt.org.br/com-liberacao-de-armas-bolsonaro-e-o-benfeitor-do-crime-organizado.

[2] "Bolsonaro na pandemia：crime que não podeser esquecido", https://pt.org.br/bolsonaro-na-pandemia-crime-que-nao-pode-ser-esquecido.

内生产总值依旧保持一个相对稳定的水平。在这13年期间，巴西国内生产总值平均每年增长2.9%。②实现了由国际货币基金组织债务国向债权国的转变。劳工党政府努力发展经济，在2006年到期之前提前偿还了前几届政府所欠的全部贷款。2009年巴西在遭受国际金融危机冲击的情况下，还向国际货币基金组织提供了100亿美元的贷款，成为该组织47个债权国之一。③财政实现盈余。在劳工党执政期间，有11年产生了财政盈余，提高了公共账户的可持续性。[1]

第二，劳工党执政期间致力于消除饥饿和贫困。巴西历史上一直存在饥饿问题。卢拉总统就职当天启动了"零饥饿计划"，强调把消除饥饿作为政府的优先事项。主要通过实施全国扶持家庭农业计划、粮食购买计划、家庭农业价格保证计划等促进家庭农业发展，粮食生产得到保证。2014年联合国发布的《世界粮食不安全状况》报告称，2002—2013年，巴西营养不良人数下降了82%，2013年仅占总人口的不到5%[2]。

第三，劳工党执政期间受教育群体扩大，受教育成为每个人的权利。2006年卢拉政府设立了基础教育发展基金，增加了联邦对各州和市政府的基础教育拨款。劳工党执政期间，新建了18所大学和178个大学校区，高等教育的在学人数从2002年的352万增加到2015年的803万[3]。此外，劳工党还将教育资助政策向贫困地区倾斜。实行全民大学计划，通过发放奖学金使数百万低收入学生能够进入私立大学。为农村和贫困地区购置了30500辆校车，实行免费校车的"上学之路"项目。

第四，劳工党执政期间普及基本医疗卫生公共服务。劳工党政府对医疗卫生的投资从2003年的648亿雷亚尔增加到2016年的1204亿雷亚尔。该政府出台了许多创新性政策，不断完善全国统一医疗体系。政府还提供移动急诊服务，实施"大众药房""微笑巴西"和"更多医生"等医疗卫生计划。家庭健康战略的人口覆盖率从2003年的36%上升到2016年的61%，大约1.24亿人因此受益。

第五，劳工党执政期间加强基础设施建设，促进区域平等。为了满足农村居民的照明需要，劳工党政府发起了"全民照明计划"，惠及近1600万巴西人。为保证干旱半干旱地区居民用水，卢拉政府启动了蓄水池项目，这一项目在罗塞夫政府时期得到加强。在劳工党执政期间，共修建了约120万个蓄水池。[4]劳工党政府多年来用实际行动扭

---

[1] "O Partido Que Mudou O Brasil", https://api.casa13. pt.org. br/storage/downloads/dyGrYIbsMpvu3h-XRHh7dRNBmFyCJfO8IYdTqC5tp.pdf.

[2] "Como o Brasil saiu do Mapa da Fome? Com vontade política de Lula e Dilma", https://pt.org.br/como-o- brasil-saiu-do-mapa-da-fome-com-vontade-politica-de-lula-e-dilma.

[3] "O Partido Que Mudou O Brasil", https://api.casa13.pt.org.br/storage/downloads/dyGrYIbsMpvu3hXR-Hh7dRNBmFyCJfO8IYdTqC5tp.pdf.

[4] "Lula e Dilma entregaram 1, 1 milhão de cisternas no Nordeste", https://pt.org.br/lula-e-dilma-entrega-ram-11-milhao-de-cisternas-no-nordeste.

转了干旱地区缺水的状况，这一创新性举措受到国际社会的高度赞扬。

第六，劳工党政府的大国外交使巴西的国际地位得到显著提升。劳工党执政期间，巴西的外交政策侧重于多边主义和加强与南半球国家的对话。巴西在国际舞台上频频亮相，发挥了重要作用。作为一个大型的新兴市场国家，巴西积极响应南半球国家的要求，主张彻底改革国际经济秩序和在布雷顿森林会议上建立的多边机构，特别是国际货币基金组织与世界银行。在区域合作方面，劳工党政府撇开过去与邻国的矛盾和纷争，将加强与促进南美洲一体化作为优先事项。巴西促成了"南美洲国家共同体"[1]的成立，使南美地区一体化从单纯的自由贸易向政治联盟和基础建设领域扩展。"南美洲国家共同体"的成立确认了巴西在南美洲的领导地位和领导作用。

（三）竞选纲领凝聚民众共识

卢拉领导的政党联盟的竞选纲领无论是从其编撰的过程，还是从其本身的内容来看，确实汇集了民众的智慧，广泛吸取了民众的意见。这一纲领成为劳工党收拢民心的重要武器。

在竞选纲领编撰前期，卢拉领导的政党联盟代表走访社会各界，组织研讨会，力求全方位、多层次了解社会各阶层的所需所求，并将这些建议纳入竞选纲领中。这为竞选纲领的出台奠定了坚实的民意基础。

2022年6月中旬，巴西劳工党、巴西共产党、绿党、社会党、可持续网络党、社会主义自由党和团结党在共同完成竞选纲领草案后，创建了"携手共建巴西"网站，并将竞选纲领草案发布在该网站上。该网站允许提交建议、在论坛里辩论，旨在充分调动巴西人民的积极性和创造性，引导民众广泛参与竞选纲领的完善，打造一个具有前瞻性、创新性、综合性，不仅被民众广泛理解和认同，而且能充分体现民意的竞选纲领。6月20日至7月20日，该网站收到来自公民个人、工会、社会组织、不同地方的集体和其他单位的13000多份建议案[2]，这使竞选纲领有了相当广泛的民意基础。

目前巴西民众身陷饥饿、失业、通货膨胀、债务高筑等困境，国家遭到重创。针对此状况，卢拉领导的政党联盟明确了巴西重建的方向，竞选纲领重点围绕促进经济可持续发展、提高民众生活质量、建立民主公平的社会展开。

竞选纲领指出，在经济领域的主要目标是遏制通货膨胀、激发经济增长的活力、实现经济可持续性增长。首先，促进生产力发展，进一步提高国际竞争力。通过调整

---

[1] 2004年12月8日，第三届南美洲国家首脑会议通过《库斯科声明》，宣布效仿欧盟成立"南美洲国家共同体"。2007年4月，该组织更名为"南美洲国家联盟"。

[2] "Democracia é comida na mesa, criança na escola e pais trabalhando", https://pt.org.br/democra-cia-e-comida-na-mesa-crianca-na-escola-e-pais-trabalhando.

汇率等政策消除通货膨胀，降低信贷成本，提高公共和私人投资率；调整产业结构，向科技、绿色、创新产业转型；利用本国的生态和能源优势，打造自身的竞争品牌；改革当前功能失调的税收制度，简化税收，穷人少纳税，富人多纳税；鼓励企业创新，制定相关政策为中小企业进入市场、获得信贷和技术援助等提供便利。其次，维护国家主权安全，主要包括粮食安全和能源安全。对农业进行改革，支持中小农发展，保证粮食供应，建立可持续的粮食安全体系；增加农产品附加值，生产具有全球竞争力的农产品；挖掘清洁和再生能源，扩大能源种类多样化；反对巴西国家石油公司、巴西中央电力公司、巴西邮政公司等关系到国家命脉和民生企业的私有化。最后，克服当前生产和消费模式的弊端，建立经济、社会、生态三者共赢的可持续发展模式[1]。

竞选纲领把关系民生的社会政策放在首位。解决巴西民众的吃饭问题，增加就业机会、提高最低工资是卢拉阵营的优先事项，这关系到民众的基本生存问题。解决当前迫在眉睫的饥饿和贫困问题，需要重建社会救助体系。加快实施家庭救助金计划，保证民众的一日三餐；重新建立劳动法，为各行各业的劳动者提供广泛的社会保护；对基础设施和住房进行投资，提供信贷支持中小企业发展，创造广泛的就业机会；加强对公共基础设施的投资，进行市政改革，消除区域不平等现象；推动社会保障体系改革，使其覆盖的范围与经济发展相协调；消除性别歧视，保证男女权利平等，在任何职业领域同工同酬；制定政策，消除种族偏见，确保不同民族享有同等发展的权利，尊重和保护土著人的文化、传统和生活方式。

（四）充分发挥自身资源和渠道优势

与其他参加竞选的政党相比，巴西劳工党拥有的资源和渠道优势非常突出。劳工党诞生于反对军政府独裁统治、争取民主的群众运动中，是巴西第一个群众性的工人政党。它扎根于基层，无论是群众基础还是基层组织机构都具有其他政党无法比拟的优势。劳工党利用其得天独厚优势，与劳工统一中心以及其他社会运动组建了人民斗争委员会，旨在与广大巴西民众对话，为建立一个更加美好的巴西而一起奋斗。人民斗争委员会首先在成员所在的工作部门、社区、学校等地方建立，然后不断扩大覆盖范围。人民斗争委员会在线上和线下开展活动。人民斗争委员会建立了官方网站，来自国内外的成员可以随时对网站进行访问。它线下活动内容多样，如在街道上与民众对话，组织民众抗议示威、分发传单、分发食物等，通过这些活动可以进一步拉近与民众的距离。民众的参与方式灵活多样、十分便捷。参与者无须隶属任何政党或组织，可根据其所在街道、社区、学习或工作场所随时加入人民斗争委员会。人民斗争委员

---

[1] "Diretrizes para O Programa de Reconstrução e Transformação do Brasil", https://www.programajunto-spelobrasil.com.br/diretrizes.

会活动范围大到国外，小到国内的集市、蔬菜水果店、面包店等。

劳工党总统候选人卢拉与其他候选人相比获得更多竞选资金。在巴西的政治竞选中，候选人为了取得优势，需要进行有组织的竞选活动，如竞选团队的组织、候选人的宣传推广等，而这些活动都离不开资金的支持。这些因素使得竞选资金成为决定成败的重要条件。巴西选举基金于2017年根据国会批准的法律设立，是各政党开展选举活动的主要收入来源。此基金的设立是为了取代2015年被巴西最高法院废止的企业捐赠。巴西2022年度预算规定将49亿雷亚尔用于竞选基金。这笔资金根据最高选举法院制定的标准在各政党之间进行分配。巴西联盟获得了基金总额的15.77%，相当于7.825亿雷亚尔，排在第一位。紧接着是劳工党，获得4.998亿雷亚尔，占总额的10.2%。巴西民主运动获得3.632亿雷亚尔，排名第二。自由党和民主工党分别获得2.842亿雷亚尔和2.499亿雷亚尔，分别居第七和第九位[1]。

各政党除了把所获基金的一部分用于资助女性参加竞选活动外，其余均用作其他候选人的竞选活动。卢拉从劳工党获得了6670万雷亚尔，是所有候选人中获得选举基金最多的，来自自由党的博索纳罗和来自巴西民主运动的特贝特分别从各自的政党获得了500万雷亚尔[2]。

劳工党还拥有媒体优势，与其他候选人相比，该党候选人能够获得更多的电视演说时间。在巴西总统选举中，电视和广播竞选演说具有很强的影响力，因此，在电视上的出镜时长对每位竞选人都非常重要。获得越多的党派支持，在广播电视上发表竞选演说的时间越多，也就减少了对手的露面时间[3]。在整个竞选期间，卢拉赢得了最多的电视出镜时间，他在电视上的出镜总时长为3小时39分钟。博索纳罗的出镜总时长是2小时38分钟，来自民主工党的戈麦斯和来自巴西民主运动的特贝特分别获得52分钟和2小时20分的电视演说时间。进入第二轮选举后，两位候选人各有五分钟演说时间，这时总统候选人的人格魅力和竞选经验就显得格外重要。卢拉凭借多年丰富的演说经验和个人魅力，最终在总统选举中胜出。

（五）建立更具包容性的竞选同盟

建立更具包容性的竞选同盟是劳工党在2022年总统选举中获胜的又一个重要原因。

---

[1] Beatriz Araújo e Vital Neto，"Lula lidera em dinheiro de Fundo Eleitoral ao receber R$ 66 milhões"，https://www.cnnbrasil.com.br/politica/lula-lidera-em-fundo-eleitoral-ao-receber-r-66-mil-hoes.

[2] Beatriz Araújo e Vital Neto，"Lula lidera em dinheiro de Fundo Eleitoral ao receber R$ 66 milhões"，https://www.cnnbrasil.com.br/politica/lula-lidera-em-fundo-eleitoral-ao-receber-r-66-mil-hoes.

[3] 李慧：《2014年巴西总统选举评析及执政展望》，《拉丁美洲研究》2014年第6期。

受到历史传统和选举规则的影响，巴西形成了一个高度碎片化的政党格局。在这样的政党制度结构中，单一政党推举的候选人很难获得总统宝座。因此，能否建立多党选举联盟成为决定胜负的一个重要因素。

2022年3月24日，巴西民意调查机构的民调结果显示，与2021年12月相比，博索纳罗的支持率稳步上升，卢拉和博索纳罗之间的差距正在缩小[1]。面对激烈复杂的竞争形势，劳工党不得不在吸引选票上下功夫，建立政党联盟成为明智之举。

经过多方考量，卢拉决定与中左翼政党社会党结盟，选择该党成员阿尔克明作为自己的竞选副手。尽管阿尔克明在2006年的总统选举中曾是卢拉的竞争对手，但是他在巴西民众中具有一定威信，在圣保罗担任州长达8年，拥有丰富的政治经验。综合各种因素，卢拉决定暂时将两人的个人恩怨搁置一边，与阿尔克明冰释前嫌，联手共同备战2022年总统选举。卢拉与阿尔克明联盟，此举主要是向经济自由派选民发出信号，表明卢拉愿意向中间立场靠拢并作出妥协，打消了这些选民对卢拉提出的经济政策的疑虑，还能增加卢拉在较富裕的南部各州获得选票的机会，这些州是劳工党选民基础最薄弱的地方。对阿尔克明来说，与卢拉结盟能让他有机会重返权力中心。其结盟不能忽视的一点是，两人对时任总统博索纳罗的治理效果充满失望，有共同改变巴西的强烈愿望。因此，卢拉将阿尔克明作为自己的竞选副手也是大势所趋。为了增加在总统选举中获胜的筹码，劳工党放弃了永不与右派政党结盟的立场，不断扩大政治联盟，劳工党与巴西共产党、绿党结盟，共同建立了巴西希望联盟，并获得可持续网络党、社会党、社会主义自由党、团结党、前进党和行动党等的支持。

在2022年10月2日总统选举第一轮投票中，卢拉和博索纳罗的得票率分别为48.43%和43.2%。该结果显示，卢拉和博索纳罗之间的差距比预期的要接近得多。因无人取得50%以上的有效选票，在第一轮选举中得票最高的卢拉和博索纳罗于10月30日参加第二轮竞选。在第一轮选举中，博索纳罗不仅缩小了与卢拉的差距，而且博索纳罗的几个重要盟友当选为参议员。对劳工党来说，情况不容乐观。争取其他候选人的支持成为在第二轮选举中获胜的关键因素。劳工党积极采取扩大政党联盟的策略，以期在第二轮选举中夺下总统宝座。

第一轮选举结束后，劳工党与在第一轮选举中排名第三的民主工党、第四名的巴西民主运动化敌为友，与它们积极对话，以获得它们的鼎力支持。经过多次协商讨论，卢拉以接受巴西民主运动关于加强教育、解决低收入家庭的债务问题等五项政策提议以及民主工党有关最低收入和贫困家庭债务谈判等政策提议为条件，换取了它们的支持。

[1] "Brazil: New PollShowsSmallerLulaLead overBolsonaro", https://www.latinnews.com/component/k2/item/92225.html?period=2022&archive=3&Itemid=6&cat_id=827853 brazil-new-poll-shows-lula-s-lead-over-bolso-naro-shrinking.

作为竞选活动的一部分，卢拉主动加强与其他国家左翼领导人的交流，旨在通过强调他与博索纳罗的不同之处，以获得国外左翼政党的支持。在国内，他经常与银行家、经济学家、企业家会面，阐明自己的竞选纲领。劳工党吸取其他政党的有益经验，实时关注选情以便及时作出调整，聘请专业的顾问设计竞选方略。卢拉竞选团队对选民情况进行盘点，针对卢拉支持率下滑的情况提出相关对策。卢拉甚至改变了竞选活动的官方颜色，将劳工党的传统红色变为白色。其原因是红色很容易让人联想到激进革命，可能会吓跑保守的反博索纳罗的选民。

劳工党为赢得选举进行策略调整，向温和立场转变，在劳工改革问题上态度软化，放弃彻底废除2017年劳动法的主张，同意就劳工法改革进行谈判，这无疑给商业界和金融界的企业家吃了一颗定心丸。最重要的是，卢拉与昔日的竞争对手化敌为友，并且打破了不与右派政党结盟等限制，从而扩大了竞选联盟的包容性，为获得更多选民的支持奠定了基础。

（六）领袖卢拉的旗帜性作用与个人魅力

与普通政党成员相比，政党领袖具有无可比拟的作用。他们自身的经历、能力和经验等因素有时甚至会成为决定一个政党在选民中是否拥有威信、能否在选举中获胜的关键条件。就个人经历与品质而言，卢拉贫寒的出身、坚毅的性格、远大的抱负、强烈的责任感、卓越的才能等使他足以成为魅力型领袖。

卢拉是一位出身于贫困的农民家庭、坚定不移维护工人利益和反抗军政府统治的斗士。由于家境贫困，卢拉只上了5年小学，14岁成为一家五金厂的工人，23岁加入了圣贝尔纳多冶金工会。由于其出色的表现，1975年当选为圣贝尔纳多冶金工会主席。卢拉目睹并切身体会到工人阶级生活的艰难，这激发了他维护工人阶级利益的决心。卢拉宣称，"工人阶级的未来至关重要，如果有必要，我们将献出自己的生命"[1]。卢拉领导工人发起了一系列反对军政府独裁统治的罢工，从此他由一个工会积极分子成为"穷人的代言人"和反抗军政府统治的先锋。随着国内政治局势不断恶化，卢拉逐渐认识到，工会结构无论多么现代化，都无法满足工人的全部需求。因此，卢拉等人创建了巴西劳工党。劳工党的不断壮大引起当局的恐慌，因此军政府逮捕了卢拉等领导人，将他们关押在监狱。但是此起彼伏的工人罢工浪潮迫使军政府释放了卢拉等人。此次入狱使卢拉的政治形象和地位进一步得到提升。

卢拉是一位始终坚守初心、带领巴西人民摆脱贫困、具有很高威望的领导人。面对前任政府留下的沉疴顽疾，他上台后在经济领域大刀阔斧进行改革。通过卢拉政府

---

[1] Richard Bourne, Lula of Brazil: The Story So Far, University of California Press, 2009, p.67.

行之有效的措施，巴西经济发展迅速，从全球第十三大经济体跃升至第六位。在社会领域，卢拉政府扶贫和促进社会发展力度空前，成效斐然：推行以全民扶贫和反饥饿为宗旨的"零饥饿运动"，使2800万人摆脱贫困，其中的"家庭救助金计划"使巴西全国1300万贫困家庭受益[1]。为了有效防止返贫，卢拉政府不仅出台向农业、中小企业、低收入家庭倾斜的优惠政策，而且加大对教育科学、卫生医疗、生活住房、基础设施的投入力度，使巴西的经济发展成果惠及广大民众。卢拉在任期内兑现了他就任总统时的承诺。2010年卢拉卸任时，他的民众支持率高达87%，成为巴西有史以来最受欢迎的政治人物之一。

卢拉是一位坚毅勇敢、具有强烈的使命感和远大的政治抱负、对巴西甚至世界影响巨大的政治家。跌宕起伏的政治生涯不仅造就了卢拉顽强不屈的性格，而且更加坚定了他改变巴西的志向和决心。卢拉曾参加了三次总统选举，均以失败而告终。尽管三次失败经历耗费了卢拉一生中精力最旺盛的10多年时间，但他不气馁，不懈怠，发誓不达目的决不罢休[2]。经过不懈奋斗，卢拉终于在2002年总统选举中胜出，成为巴西历史上第一位工人出身的总统。卢拉执政期间，巴西经济高速发展，社会矛盾得到了很大程度缓解，贫富差距不断缩小，国际地位得到很大提高。

2016年右翼政府上台执政，卢拉因被控涉嫌腐败案件锒铛入狱。面对不公正的判决结果，卢拉进行上诉，结果被巴西联邦地区法院驳回。因此，卢拉2018年总统候选人资格被取消，他与总统宝座失之交臂。最高法院2019年11月7日通过一项新决议，认定在所有司法程序结束之前就将犯罪嫌疑人投入监狱的做法违反宪法，此时卢拉已被关押了580天。2021年4月，最高法院撤销了对卢拉的定罪，他的政治权利得以恢复。此后，卢拉竭尽全力为参加2022年巴西总统选举做准备。作为劳工党的旗帜性人物，卢拉在此次总统选举中发挥了至关重要的作用，是劳工党获胜的重要因素。

三、劳工党的执政前景

对劳工党来说，胜选不易，执政更难，获得执政权只是一个良好的开端，该党未来的执政道路绝不会一帆风顺，将面临一系列挑战。该党能否立足于本国国情，从过去的经验教训和目前的现实出发，成功应对这些挑战，将决定其未来能否保住执政地位，并对它的长远发展产生重大影响。

---

[1] 聂泉：《卢拉政府时期（2003—2010）的巴西经济和社会政策初析》，《拉丁美洲研究》2013年第2期。

[2] 吴洪英、孙岩峰：《巴西新总统其人及其心思》，《国际资料信息》2003年第3期。

（一）如何保持政权稳定

劳工党上台执政面临的首要挑战，就是如何保持政权的稳定。没有稳定的政权，发展经济、解决民生问题以及外交难题等，就无从谈起。要做到这一点，劳工党就要不断加强党的执政能力建设，增强执政联盟的凝聚力，团结一切可以团结的党派和政治力量。

首先，不断加强党的执政能力建设，尤其是解决好腐败这一社会顽疾。巴西存在严重的腐败问题。腐败是危害政党肌体的毒瘤，不仅削弱了执政党的执政根基，而且对政权稳定形成严重威胁。巴西历史上不乏总统因腐败遭到抨击甚至下台的事件。佛朗哥总统因国会挪用公款饱受批评，科洛尔总统因腐败问题被弹劾，甚至一向以清廉形象著称的劳工党上轮执政期间也卷入一系列腐败丑闻，近年来腐败丑闻更是频繁曝光。在始于2014年的巴西反腐"洗车行动"[1]中，多名政府要员牵涉其中，包括巴西前总统科洛尔、卢拉、罗塞夫和特梅尔以及上百名议员，劳工党的声誉受到严重损害。虽然卢拉最终无罪获释并成功当选总统，但是劳工党的形象依然受到腐败丑闻的拖累。因此，对劳工党来说，如何有效治理腐败、加强执政能力建设是一个紧迫而重大的难题。

其次，增强执政联盟的凝聚力。卢拉的政党联盟中包含着从激进左翼到温和中右翼的各种政治力量，彼此间意识形态、执政理念和政治诉求各不相同。如何分配未来执政资源，如何落实各党派的竞选纲领，如何处理执政联盟内部政党之间的矛盾和分歧，对劳工党来说，也是一些棘手的问题。如果不能对执政联盟内各政党进行有效整合，反对党和右翼势力可能对其进行分化，那么后果将无法预料。

最后，团结一切可以团结的党派和政治力量。虽然博索纳罗在总统选举中败北，然而他所代表的右翼势力并未受到严重削弱。无论在国会还是地方政府，博索纳罗所在的自由党仍处于优势地位。在众议院中，自由党赢得99个席位，成为众议院第一大党。加上盟友，博索纳罗代表的右翼阵营在众议院513个席位中占273个席位[2]。在参议院，经过改选三分之一议席后，自由党在81席中占据12个席位，而劳工党只有8个席位。博索纳罗所在的自由党及其联盟在众参议院的优势地位将对劳工党未来执政形成阻力。在巴西26个州的州长和联邦区行政长官的选举中，支持博索纳罗的政党联盟获得的州长职位数量超过卢拉的政党联盟：博索纳罗阵营获得14个州长职位，劳工党及

---

[1] 针对巴西石油公司腐败案的反贪行动，被称为"洗车行动"。
[2] 白云怡、邵世均、李静：《大选结束，巴西左右之争更激烈？》，《环球时报》2022年11月4日。

其盟友赢得10个州长职位[1]。所有这些都使劳工党处于尴尬危险的境地，卢拉推行的改革将会遭受重重阻碍。但也出现了一些相对有利的情况。总统选举结束后，博索纳罗的部分盟友释放出愿意与卢拉合作的信号，表示双方可以共同治理国家。博索纳罗对选举结果的恶意攻击，也促使他的重要盟友进步党和共和党与他保持距离，他目前在政治上处于孤立无援的状态。这对劳工党来说有利于缓和与反对党的关系，但与反对党的谈判也不容乐观。

（二）如何破解经济发展困境

不可否认，在2003—2010年卢拉执政期间巴西经济发展迅速，这主要得益于巴西抓住有利时机发展出口贸易，从国际大宗商品价格上涨带来的红利中受益。与卢拉第一次执政相比，当前国内外局势都发生了巨大转变，卢拉将面临更严峻的挑战。俄乌冲突、美国的货币政策变化，以及全球大宗商品贸易的不确定性都放大了巴西经济结构的弊端，对巴西经济冲击较大。巴西多届政府经济改革失败导致该国落入"中等收入陷阱"，过早出现"去工业化"现象。换言之，巴西还未实现从中等收入国家向高收入国家的跨越，就出现了工业部门萎缩的"怪象"。由于技术并未达到一定程度，过早的"去工业化"阻碍了制造业等的转型升级。这促使巴西经济结构转向石油、农产品等附加值较低的初级产品领域。巴西单一的经济结构特点增加了其对外部的依赖性，从而削弱了抵御外部冲击的能力。

从国内来看，巴西当前经济持续低迷，形势不容乐观。2019—2021年，巴西国内生产总值年平均增长率为0.6%。巴西中央银行2022年11月21日发布的《焦点公报》显示，预计2022年国内生产总值增长2.8%。如果将这一预测数值包括在内，博索纳罗执政四年期间的国内生产总值年平均增长率为1.2%左右，远低于同一时期的其他新兴国家[2]。

从国际来看，受新冠疫情影响，大宗商品需求下降，物流停滞带来的运输不畅，对巴西经济造成冲击。加上新冠疫情期间，国内失业人数暴涨，通货膨胀加剧，饥饿人口增多等因素，博索纳罗政府在财政收入来源减少的情况下，背负上巨额的公共开支负担，加大了政府财政风险。巴西财政部预估2022年政府债务占国内生产总值的77.3%[3]，实际状况可能比预期更严重。近年来，巴西的通货膨胀率居高不下。2021年通

---

[1] "Lula Faces Challenge to Unite Brazil after Edging Bolsonaro", https://www.latinnews.com/component/k2/item/94891.html? period= 2022&archive= 33&Itemid= 6&cat_ id= 829558: lula-faces-challenge-to-unite-brazil-after-edging-bolsonaro.

[2] "Herança maldita: economia destruída, famílias endividadas e povo passando fome", https://pt.org.br/heranca-maldita-economia-destruida-familias-endividadas-e-povo-passando-fome.

[3] "Ministério da Economia reduz previsão do PIB em 2023 de 2, 5% para 2, 1%", https://www.cnnbrasil.com.br/business/ministerio-da-economia-reduz-previsao-do-pib-em-2023-de-25-para-21.

货膨胀率高达10.06%，创2015年以来新高[1]。博索纳罗政府旨在控制通胀的高利率政策提高了投资、消费信贷和偿债的成本，削弱了投资者的需求。巴西经济研究所的报告显示，巴西的投资率多年来一直处于低水平，预计在2022年低于82%的国家。在170个国家中，139个国家2022年的投资水平占国内生产总值的比例预计高于巴西[2]。

经济增长放缓直接反映到就业市场上。根据巴西国家地理统计局的数据，从2018年底至2022年9月，工作岗位减少了380万个，失业率达到8.7%[3]。

巴西当前的经济状况是长期累积的结果，短期内很难改变。没有工业化强有力的支撑，主要依赖内需和出口初级产品这样一种简单粗放的经济模式来拉动经济增长，巴西经济很难恢复。劳工党在经济方面推行的改革将面临重重困难。

（三）如何弥合社会分裂并解决民生问题

2013年6月，巴西民众对公共交通票价上涨不满，结果零星的抗议活动演变成全国性的抗议浪潮。抗议的目标不再是公共交通票价的上涨，而是针对各种社会问题，如腐败、公共服务质量低下等。这不仅揭示出巴西社会转型中出现的各种矛盾，而且成为巴西社会分化的转折点。巴西石油公司腐败案、罗塞夫总统弹劾案、特梅尔对劳动法和养老金制度的改革等进一步加剧了社会分化。

博索纳罗执政后将巴西社会分化推到顶点。他上台后大幅削减社会福利项目，推行大规模私有化，放松环境许可和监管，开发亚马孙三角洲等，力图通过这些措施重振经济。这些措施不但没有达到预期的效果，反而严重损害了巴西中下层民众和原住民的利益。他甚至削减了为东北地区贫困家庭提供牛奶的资金，并终止了蓄水池项目，从而加剧了东北部干旱半干旱地区的粮食不安全状况。迫于无奈，该地区民众不得不通过"无担保"信贷维持基本的生活。巴西经济研究所的报告显示，80%的家庭负债累累，高利率的信贷导致违约增加，这种状况更多地集中在最低收入阶层。2022年7月，最贫困人口的个人贷款违约率达到10%，信用卡违约率为13%，其他违约率为13%，在高收入群体中，该比率分别为3%、3%和4%[4]。经济发展不平衡以及由此带来的收入差距加大，在巴西民众之间树立起"壁垒"。博索纳罗的执政方式和新冠疫情对经济造成

[1] Elis Barreto, "Herança maldita：economia destruída, famílias endividadas e povo passando fome", https://pt.org.br/heranca-maldita-economia-destruida-familias-endividadas-e-povo-passando-fome.

[2] "Herança maldita：economia destruída, famílias endividadas e povo passando fome", https://pt.org.br/heranca-maldita-economia-destruida-familias-endividadas-e-povo-passando-fome.

[3] "Herança maldita：economia destruída, famílias endividadas e povo passando fome", https://pt.org.br/heranca-maldita-economia-destruida-familias-endividadas-e-povo-passando-fome.

[4] "Endividamento e inadimplência atingem mais as famíliasmais pobres", https://pt.org.br/endividamento- e-inadimplencia-atingem-mais-as-familias-mais-pobres.

严重冲击，进一步撕裂了巴西社会。

此次总统选举结果足以印证这一问题的严重性。卢拉和博索纳罗的执政理念和施政纲领截然不同，但二人得票率仅存在1.8%的差距。从选票分布的地区来看，卢拉的支持者集中在东北部和北部，博索纳罗的支持者主要集中在中西部、南部和东南部地区。总体上看，东北部经济比较落后，南部和东南部地区经济较为发达。换言之，卢拉获得了贫困群体的拥护，博索纳罗赢得了相对富裕人口的支持。选举结束后，一些博索纳罗的支持者对他的失败心有不甘。一部分支持博索纳罗的卡车司机封锁了26个州和联邦区的道路，以抗议卢拉当选。紧接着，里约热内卢和圣保罗的军事基地前发生了大规模抗议活动。抗议者声称选举被操纵，要求发动军事政变。情况远不止于此，一些在总统选举中支持卢拉的民众和政府官员受到博索纳罗支持者的羞辱、恐吓甚至枪杀。政治暴力案件在巴西屡见不鲜。公共安全部门的报告显示，巴西民众拥有的持枪执照比全国军事警察和执勤军人拥有的枪支总和还要多。

以上充分说明，当前巴西的社会撕裂比以往更加严重，劳工党上台后很难在短时间内消除社会分裂，重新整合社会力量。

此外，巴西民生问题积重难返，亟待解决，主要体现在四个方面。一是巴西民众行走在粮食不安全的边缘。作为世界上最大的粮食生产国之一，巴西的饥饿率达到15.5%，大约3300万人。这比1993年面临的粮食不安全情况更加严重[1]。巴西的粮食不安全状况对儿童的影响更大，在超过3300万饥饿的巴西人中，至少有100万是儿童，并且儿童营养不良的比率不断上升[2]。二是巴西流离失所的人口不断增加。米纳斯吉拉斯联邦大学一项研究显示，2022年6月无家可归者达到184638人[3]。三是医疗卫生公共服务体系不健全，加上新冠疫情肆虐，民众的生命安全受到威胁。巴西医疗卫生体系薄弱，由于总统选举期间放松了对新冠疫情的防控，加上病毒的变异和疫苗接种覆盖率低，导致感染新冠病毒的人数和死亡人数增加。尽管巴西人口不到世界的3%，但新冠死亡人数却超过了世界总死亡人数的10%[4]。四是青少年辍学人数增加。博索纳罗削减了教育资源，各个阶段的学生受到不同程度的影响。除了要忍受教育资源削减带来的影响外，他们还要承受新冠疫情带来的影响。不少贫困学生因缺乏远程教育所需的设

[1] "Brasil tem mais civis autorizados a se armar que PMs, Fome avança sobre brasileiros e castiga 33 mil-hões de pessoas", https://pt.org.br/fome-avanca-sobre-brasileiros-e-castiga-33-milhoes-de-pessoas.

[2] "Com Bolsonaro, desnutrição disparou entre crianças e adolescents", https://pt.org.br/com-bolsona-ro-des-nutricao-disparou-entre-criancas-e-adolescentes.

[3] "Governo Bolsonaro deixou moradia popular sem orçamento para 2023", https://pt.org.br/governo-bol-sonaro-deixou-moradia-popular-sem-orcamento-para-2023.

[4] "Bolsonaro na pandemia: crime que não pode ser esquecido", https://pt.org.br/bolsonaro-na-pan-demia-crime-que-nao-pode-ser-esquecido.

备，被迫辍学。新冠疫情期间，超过200万学生辍学。根据联合国儿童基金会2022年9月的一项调查，在巴西11—19岁的儿童和青少年中有11%辍学[1]。

面对众多迫在眉睫的社会问题，博索纳罗几乎没有给卢拉留下财政回旋的空间。解决这些社会问题的支出将不得不超过支出上限。支出上限是2016年宪法修正案中规定的政府支出的年增长率限制在通货膨胀率以内[2]。对劳工党政府来说，无论是修改2023预算法案，还是废除宪法中规定的支出上限，或者将一些支出排除在支出上限之外，都将面临着巴西国会中占多数的反对派和右翼势力的阻挠。此外，这些支出可能会进一步加大政府债务风险并加剧通货膨胀，导致国家资产的贬值，市场对此充满担忧。劳工党政府如何在促进经济增长的同时，解决根深蒂固的民生问题，将是一个不小的难题。

（四）如何重塑大国外交形象

博索纳罗政府在国际舞台上表现欠佳，不仅使巴西的国际地位一落千丈，而且使巴西陷入外交孤立的困境。在博索纳罗政府遗留下的外交状况的基础上，劳工党政府欲重塑巴西大国外交形象，将面临极大困难。

博索纳罗政府在参与全球治理方面态度消极，招致国际社会批评。为了应对经济上带来的挑战，博索纳罗放松对环境的管制，鼓励在亚马孙地区进行经济开发。过度开采导致森林火灾频发和砍伐率直线上升。被称为"地球之肺"的亚马孙雨林的破坏引起国际社会的关注。亚马孙地区大火造成的环境问题危及欧盟与南方共同市场之间的自由贸易协定[3]。博索纳罗公开批评法国总统马克龙帮助该地区灭火的提议，引发了两国之间的外交危机。他不仅拒绝了七国集团对遏制亚马孙雨林火灾蔓延的援助，而且批评这些国家对环境问题一无所知。他甚至放弃了2019年全球气候大会的主办权。博索纳罗在应对全球气候变化方面的表现遭到世界各国的指责。博索纳罗曾扬言退出世界卫生组织，在联合国人权理事会上反对关于性教育、同性恋权利等议题的提案。劳工党上台后扭转博索纳罗对全球治理的负面态度势在必行。此次总统选举结束后，卢拉参加了《联合国气候变化框架公约》第二十七次缔约方大会，他在会议上承诺将不惜一切代价实现亚马孙地区森林的零砍伐，积极主动参与到对抗全球气候变暖的斗

---

[1] "Com menor verba em 11 anos, Bolsonaro cortou 34% do orçamento na educação básica", https://pt.org.br/com-menor-verba-em-11-anos-bolsonaro-cortou-34-do-orcamento-na-educacao-basica.

[2] "Brazil: Power Transfer Begins with Lula Seeking Budget Cap Waiver", https://www.latinnews.com/com-ponent/k2/item/94893.html? period= 2022&archive= 3&Itemid= 6&cat_ id= 829565：brazil-pow-er-transfer-begins-with-lula-seeking-budget-cap-waiver.

[3] 夏涛、叶坚：《巴西右翼民粹主义政府与民主政治危机》，《国外社会科学》2021年第3期。

争中去。卢拉在会议上的承诺标志着，同博索纳罗时期相比，劳工党政府在环境政策上的极大转变，同时也向世界各国释放出巴西在全球环境保护方面的积极态度。但在如何以减少碳排放谈判为突破点修复与发达国家的关系，进而推动南方共同市场与欧盟之间的自由贸易协议生效方面，仍存在困难。

当前巴西和美国出现一定程度的疏远。博索纳罗是特朗普的忠实支持者，在外交政策方面追随特朗普的脚步。为了亲近美国，他在多项国际事务上频繁向美国示好。在中东与以色列结盟，同时不承认巴勒斯坦主权国地位。随着拜登上台，巴美关系进入了冰封期。拜登的外交理念与特朗普不同，他的上台对巴西来说，不仅意味着美国对巴西政策的调整，也预示着两国分歧的加大。博索纳罗和拜登在保护亚马孙河、人权以及民主等问题上存在分歧，与特朗普时期相比，巴美两国之间的关系出现一定程度疏远。但是美国依旧是巴西对外关系的重点。当前国际局势可谓风云诡谲，地缘政治局势紧张，全球治理严重缺失。美国大搞"逆全球化"，推行霸权主义和强权政治，巴西作为美国的"主要盟友"，其对美政策不仅关系到两国关系的发展，而且影响到巴西与拉美其他国家的关系。因此在对美政策上，劳工党政府肯定会谨慎考虑。

博索纳罗政府对地区伙伴关系保持疏离的态度。博索纳罗以意识形态划线，对地区伙伴关系进行了调整。他暂停了与古巴合作的"更多医生"项目，承认瓜伊多"临时总统"地位，支持珍妮娜·阿涅斯在玻利维亚的政变。博索纳罗跟随美国的立场，抨击古巴、委内瑞拉等国。此外，博索纳罗政府在区域合作和促进区域一体化方面缺乏建树。在处理委内瑞拉危机中，巴西未充分发挥作为地区大国的协调作用。巴西与阿根廷、智利、巴拉圭、秘鲁、哥伦比亚、厄瓜多尔和圭亚那成立南美洲进步论坛，将邻国委内瑞拉和玻利维亚排除在外。博索纳罗对南美洲国家联盟、拉美和加勒比国家共同体（以下简称"拉共体"）颇有微词，在南美洲进步论坛成立不久，就宣布退出南美洲国家联盟，停止参加拉共体。劳工党上台执政后亟须改变博索纳罗政府单边主义的外交路线，推翻博索纳罗之前作出的许多重大决策，如退出南美洲国家联盟、与委内瑞拉断交的决定等，重新调整对地区伙伴的外交政策。同时卢拉的胜选推进了拉丁美洲新一轮"左翼浪潮"。在卢拉之前，墨西哥、阿根廷、智利、哥伦比亚和秘鲁等拉美主要经济体已迎来左翼政府执政。拉美左翼浪潮有利于巴西重新恢复与邻国的伙伴关系和地区的领导地位。

博索纳罗在外交政策上采取的亲美立场，给中巴友好合作关系蒙上了一层阴影。他在2018年总统选举期间"访问"台湾，践踏"一个中国原则"。美国拉拢巴西加入反华联盟，希望巴西成为其对抗中国的好帮手。随着中美贸易摩擦升级，出于政治利益考虑，博索纳罗坚定地站在美国一边。自新冠疫情以来，巴西极右翼政府成员多次对中国进行污名化攻击，中巴关系出现了自两国建交以来最严重的外交"风波"[1]。劳工党上台执政，预示着中巴关系向积极方向发展。在上一个执政周期内，劳工党加强与中国共产党的党际交往，中巴关系友好。巴西和中国经济高度互补，双方都视彼此为不可或缺的经贸好伙伴。当前双方需要摒弃过去的矛盾和分歧，紧密合作，进一步深化政治互信，加强经贸关系，推动中巴关系再上新台阶。

原载于《当代世界社会主义问题》2023年第1期

---

[1] 周志伟：《中国—巴西关系"风波"与巴美接近》，《世界知识》2020年第10期。

瑞典社民党执政时期社会政策改革的弹性分析（1994—2006）

——基于非商品化的分析框架

张　岩　蒋　锐

摘　要：1994年瑞典社民党重新上台执政之后对高度非商品化的社会政策进行了改革。本文参考艾斯平—安德森的非商品化评价指标体系，对瑞典社民党社会政策的三个子项目——养老保障、失业保险以及医疗卫生服务改革的发展趋势进行了测度，发现其改革呈现出再商品化和非商品化并存与发展的矛盾趋势，这是瑞典社民党力图在保持社会政策普遍保障作用的同时，促进社会政策的弹性。社会意识形态、政策制定机制以及政党权力资源运用是社民党维持非商品化社会政策的制度性基础和内在逻辑。改革之后的社会政策为瑞典有效应对金融危机奠定了基础。

关键词：瑞典社民党；社会政策；非商品化；制度因素

　　非商品化是艾斯平—安德森分析社会政策的一个核心概念和工具，非商品化的充分实现意味着"公民获得社会福利被视为一种社会权利，并且个人福利相对独立于其收入之外，又不受其购买力影响"[1]。安德森用非商品化的程度来衡量资本主义国家社会政策的发展水平。自20世纪30年代以来，瑞典社民党致力于建立一套以平等公正为基本价值理念，以国家为直接责任主体，以充分就业和普遍保障为核心，兼顾普遍性与高水平的社会政策，"把社会保障提升到公民权利和社会精神意识的水平，福利上升为每个人都可以享有的权利"[2]，而不仅仅是那些劳动力市场记录符合受益要求的人。因此瑞典社民党的社会政策具有高度的非商品化特征，被看作是民主社会主义国家的典范。[3]

---

[1] Sping-Andersen, G., Multi-dimensional De-commodification: A Reply to Graham Room, Policy and Politics, 28th, 1990, p.353.

[2] 马金芳：《西方社会法的"逆向"生成机理——对"恶之花"结出"善之果"的评析》，《法学论坛》2013年第6期。

[3] 曹健华、尹世尤：《中国特色社会主义道路与民主社会主义道路的实践对立和时代关联》，《湖南师范大学社会科学学报》2012年第4期。

瑞典社民党的社会政策是建立在高税收的基础上，其顺利运行需要以较低的失业率为前提，更需要国民经济保持持续稳定增长势头，以便国家有大规模的资金注入到社会开支上来。但是20世纪90年代以来，伴随着全球化的冲击，瑞典自身经济增长停滞，失业率不断攀升，高福利的社会政策面临着严重挑战。瑞典社民党在1994年重新执政之后对社会政策进行了改革，更加强调个人发挥积极作用，减轻国家的财政负担，但是否可以就此认为瑞典非商品化的社会政策已经被拆散？影响改革的内在制度逻辑有哪些？本文拟对这些问题作进一步的分析。

一、瑞典社民党社会政策的改革措施

1994年瑞典社民党重新执政，在多重压力下对传统的社会政策进行了结构调整，强调权力与责任相统一，公正与效率相统一。本文重点分析瑞典社民党社会政策中最具典型性的养老保障、失业保险和医疗卫生服务三个子项目的改革措施。

1. 养老保障改革：由固定收益型转为缴费关联型，提高退休年龄

由于正在显现的人口结构变迁和财政危机，养老保障的筹资问题成为瑞典社会20世纪90年代的一个难题。社民党政府在执政初期对养老保障政策进行改革，以期建立与市场相结合的、更加灵活机动的养老保障制度。1998年6月，通过新的"缴费关联型"养老保障制度，由原来现收现付的养老金筹资模式改为实行现收现付与部分积累相结合的新模式，这是社民党养老保障体系改革的重点和创新所在。其最大特点就是其缴费金额计算不再依据工资最高的15年，而是与雇员整个工作生涯中依收入而定的缴费有关，这意味着养老金给付标准将会降低。缴费率由占工资总额的19%降为18.5%，由原先雇主独自承担改为雇主和雇员各缴纳9.25%来共同承担，其中缴费的16%计入现收现付账户，用来支付退休人员的养老金，同时作为个人领取养老金的依据；其余的2.5%计入个人账户，这部分资金将直接进入资本市场进行投资运营。[1]雇员退休后，个人账户资金的积累可以转换成养老金。这项改革强化了缴费与给付之间的关系，把养老金收入与个人缴费数量和缴费时间相挂钩，强调权利与义务相结合，培养国民的缴费意识和责任分担意识，是瑞典养老保障制度的一次重大跨越。对于这项改革的激进程度，Palme和Wen-nemo说，"这是一个明显的与瑞典社会保障模式的决裂"。[2]

[1] Joakim Palme, Features of the Swedish Pension Reform, the Japanese Journal of Social Security Policy, Vol.4, No.1, June 2005, p.44.

[2] Palme J and I Wennemo, Swedish Social Security in the 1990s Reform and Retrenchment, Stockholm: The Printing Works of the Cabinet Office and Ministries, 1998.

实行退休引导制度，改变过去退休后都拿工资的60%的做法，实行退休越晚，养老金越高的政策。将养老金领取者的最低资格年龄提高到61岁，最低退休年龄提高到65岁，年满65岁退休可得到全额养老金，不满65岁退休必须承受退休金的显著降低，超过65岁退休可获得额外补贴，有关退休时间的规定灵活化了，这样就从制度设计和政策倾斜上鼓励和引导延迟退休，既可以缓解劳动力供给紧张的状况，也在一定程度上减少了养老金的支出。

2. 失业保险政策改革：降低给付水平，严格给付条件

面对严重的财政赤字和高失业率，社民党政府不得不继承前任资产阶级联盟政府推行的具有"新自由主义"特征的失业保险措施，包括削减给付待遇，最高工资替代金从90%降低到80%，领取津贴前增加了5天的等待期，但取消了个人必须承担1.5%的工资收入作为失业保险基金的缴费责任。1996年起社民党又实行了将失业金的工资替代率从80%降低到75%的改革，遭到工会的强烈抗议。[1]1997年1月，社民党和工会就失业保险改革进行协商，焦点主要集中在给付水平、受益资格以及领取期限上。经过讨价还价，双方同意将失业保险工资替代率从75%提高到80%；领取失业保险的受益资格由连续缴纳4个月增加到6个月，领取时间最长限定为三年，只有头三年参加了积极劳动力市场政策的项目，或者参加了至少6个月的教育培训，才能延长为四年。对于双方矛盾的焦点——领取期限问题，因遭到工会和社民党内部的强烈反对，直到2001年失业问题有所缓解才得以实行。

3. 医疗卫生服务政策改革：先暂时削减支出，而后谨慎增加支出

瑞典的全民医疗保险政策使医疗卫生费用负担日趋加重，社民党政府在1994—1997年间暂时性地采取了一些开源节流的措施。1994年11月，雇员需缴纳的社会税从工资收入的1%提高到3%以增加财政收入。[2]1996年起由雇主承担的前14天医疗保险的给付水平降低到工资的75%，由国家承担的15天之后的给付金标准降低到社会平均工资的75%，[3]比1993年的给付水平下降了5个百分点。父母保险同样如此。出于节约国家财政的原因，由雇主承担的病假工资给付期从1997年起延长到28天，给付水平不变。社民党打算以此来刺激雇主使劳动条件朝更有利于雇员健康的方向发展。但在来自企业巨大的压力下，这一规定于1998年被废除。1998年社民党政府的财政巩固取得了显著

---

[1] Richard B. Freeman, The Welfare State in Transition, Reforming the Swedish Model, The University of Chicago Press, 1997, pp.215-216.

[2] 沃尔夫冈·麦克尔等著，童建挺译：《社会民主党的改革能力：西欧六国社会民主党执政政策比较》，重庆出版社2009年版，第224页。

[3] 斯温·霍特著，郑秉文译：《20世纪90年代瑞典社会保障改革综述：从"慷慨"到"吝啬"》，《国外社会科学》2004年第4期。

成果，财政的活动余地使得社民党开始谨慎地增加医疗卫生服务支出。父母保险和医疗保险中的工资替代率重新提高到80%，并取消这些保险的雇员缴费。从2003年7月1日起，病假津贴被稍稍降低，企业病假工资照付的时间被延长到21天。2005年这一制度再次调整，第三周的企业工资照付被取消，但在医疗保险里引入了15%的企业社会税。从上述措施可以看出，瑞典社民党的医疗卫生服务改革只是微调，通过加大雇主的责任等措施来减缓政府的财政压力，雇员的利益并没有受到威胁，所以改革仍然以包纳全体国民为目标。

二、瑞典社民党社会政策改革的非商品化指标分析

瑞典的社会政策以高度的非商品化特征著称。20世纪90年代以后，社民党的改革是进一步延续其非商品化趋势还是与之相反发生了再商品化的逆转呢？本文将引用艾斯平—安德森的非商品化评价体系，通过以下四个指标对瑞典社民党1994—2006年执政期间的社会政策改革的发展趋势进行测度：

第一个指标是享受社会政策的资格条件。资格标准决定了获得社会政策给付的难易程度。如果获得社会政策的权利与就业记录、工作年限或者缴费状况相关联的程度越低，那么这项社会政策就越具非商品化潜力。

第二个指标是收入替代水平。收入替代水平显示了社会成员离开劳动力市场后生活水平的保障程度。如果替代水平降低到社会所认可的正常生活水平以下就会迫使社会成员重返劳动力市场，那么这样的社会政策的非商品化能力有限。

第三个指标是社会政策的覆盖率。一项社会政策即便能提供丰厚的给付和宽松的资格标准，但是如果它只能给予少数人，那么非商品化的能力是有限的。因此，社会政策覆盖的人口越多，非商品化程度越高。

另外，社会政策支出占国家GDP的比重反映了对国民生活的总体保障水平，因此也是作为衡量的一个指标。

1. 养老保障改革的非商品化指标分析

相对于其他方面的改革，瑞典社民党的养老保障政策改革力度最大。个人名义账户的设立、给付计算标准重新设置等一系列"激进"的改革措施，使瑞典社民党的养老保障政策实现了从结果公平到过程公平的路径转换。这一系列的改革变化如表1所示，变化最为明显的是养老金缴费由原先个人缴费比例为0%提高为9.25%，个人缴费比例的提高体现出养老金改革较强的再商品化；退休年龄反映了养老保障政策所要求的资格条件，延长退休年龄表现出了养老金改革的再商品化趋势；最低养老金替代率和标准养老金替代率在改革后有较大程度的下降也体现出较强的再商品化趋势。养老

金支出占GDP的比重在社民党的前两个任期呈现出下降的趋势，第三个任期开始有小幅回升，呈现出弱的再商品化特征。只有养老金覆盖率的提高仍然显示出社民党保持养老保障政策全民特征的努力，表现出非商品化的趋势。但从总体而言，具有新的筹资结构和计算方法的新养老保障政策其商品化程度比以前高了，非商品化因素减少了。

表1　瑞典社民党1994—2006年养老保障改革非商品化指数

年　份	养老金支出占GDP比例（%）	最低养老金替代率（%）	标准养老金替代率（%）	养老金覆盖率[1]（%）	个人缴费比例（%）	退休年龄
1994	10.4	42.1	69.5	103.0		
1995	9.8	42	69.4	103.1		
1996	10.0	40	65.9	102.9		
1997	9.8	40.1	66.5	103.2	缴费由原先雇主独自承担，个人缴费比例为0%，改为个人承担缴费工资的9.25%	最低退休年龄由原来的60岁提高到了65岁，提前退休年龄不能低于61岁
1998	9.5	39.4	66	103.5		
1999	9.3	38.8	65.3	101.4		
2000	9.1	36.2	62.2	104.5		
2001	9.1	35.7	62	101.1		
2002	9.2	34.4	61.2	103.7		
2003	9.8	37.6	58.2	103.5		
2004	9.6	37.9	58.8	104.1		
2005	9.4	36.8	57.1	103.8		
2006	9.1	36.0	55.9			

数据来源：OECD Social Expenditure Database, http://stats.oecd.org/Index.aspx? DataSetCode=SOCX_AGG#; LyleScruggs: pa–persanddata, http://sp.uconn.edu/~scruggs/; ComparativeWelfareEntitlementsDataset2, http://cwed2.org/download.Php。

2．失业保险改革的非商品化指标分析

失业保险改革是瑞典社民党社会政策改革进程中的一项重要内容，同时也是最具有争议的一项改革，因为失业保险在传统工人运动中一直被视为非商品化社会政策的主要斗争目标，而在雇主那里它又是瓦解以非商品化为目标的工人运动的一个重要武器，因此失业保险成为劳资之间斗争的一个焦点，与其他社会政策改革项目相比，失业保险的改革具有相当大的难度。从表2可以看出，享受失业保险的资格条件比以前更为严格并且失业保险的覆盖率从2000年以后有小幅下降，这都弱化了社会政策的非商品化特征。替代率在社民党前两个任期中有所下降，第三个任期又有明显的回升。领取失业保险的等待周期没有发生变化，个人缴费比例被减免为0，又体现出一定的非商

---

[1]　瑞典养老金政策允许在达到退休年龄之前提前退休，这就使得领取养老金的人数要大于达到退休年龄的人口数，所以出现了养老金覆盖率大于100%的情况。

品化趋势。失业补助支出的比重逐步减少，一定程度上是瑞典失业状况好转所造成的。所以总体来看，瑞典失业保险政策改革出现了再商品化和非商品化两个特征并存的发展趋势，失业保险的非商品化特征有一定程度的收敛，但其再商品化的力度远远弱于养老保障政策改革。

表2　瑞典社民党1994—2006年失业保险改革非商品化指数

年　份	失业补助支出占GDP比例（%）	替代率（%）	覆盖率（%）	等待周期（天）	个人缴费比例（%）	受益资格
1994	2.4	80.5	86.6			
1995	2.3	78.6	86.6			
1996	2.1	73.5	86.3			
1997	2.1	72.0	86.7			
1998	1.8	71.7	87.5			连续缴费从4个月增加到6个月。领取期间必须参加积极劳动力市场政策或者教育培训
1999	1.6	70.1	86.6			
2000	1.4	67.2	85.9	5	从1.5%降到0	
2001	1.1	67.6	84.9			
2002	1.0	74.8	84.6			
2003	1.2	78.5	85.0			
2004	1.3	77.6	84.0			
2005	1.2	75.5	82.0			
2006	1.0	73.6	81.0			

数据来源：　OECD Social Expenditure Database, http://stats.oecd.org/Index.aspx? DataSetCode=SOCX_AGG#; LyleScruggs: pa−persanddata, http://sp.uconn.edu/~scruggs/; ComparativeWelfareEntitlementsDataset2, http://cwed2.org/download.Php。

3. 医疗卫生服务改革的非商品化指标分析

瑞典社民党的医疗保险的特点是普遍性的慷慨给付，具有非常高的非商品化特征。如表3所示，享受医疗保险的资格条件为0，这说明不需要有缴费记录和工作记录就可以享受医疗卫生服务。医疗保险支出占GDP的比例稳中有升，说明瑞典社民党在财政巩固之后谨慎地扩大了医疗卫生服务，提高社会保障的水平。从替代率上看，医疗保险的替代率在1996年和1997年有较大幅度的下降之后又逐渐回升到原先的替代水平。领取医疗保险的等待周期仅为1天，个人缴费比例一开始有所提高，但从1998年开始降为0，有医疗卫生服务的覆盖率有所下降，这一系列数据都说明在财政预算出现活动余地时，社民党才把继续加强社会政策的普遍主义作为一项重要任务。总体来看，相对于养老保障和失业保险改革，医疗卫生服务政策改革的变化是最小的，它并不像养老和失业那样总处于不断的变革和调整之中，相对稳定性和连续性是社民党医疗卫生服务政策改革的一个基本特征。相对于再商品化趋势的养老保障和失业保险改革，医疗卫生服务改革具有明显的非商品化扩张态势。

表3 瑞典社民党1994—2006年医疗卫生服务改革非商品化指数

年 份	医疗保险支出占GDP比例（%）	替代率（%）	覆盖率（%）	个人缴费比例（%）	等待周期（天）	受益资格
1994	6.3	81.0	100	从工资收入的1%提高到3%	1	0
1995	6.2	81.8	99.7			
1996	6.4	76.6	98.5			
1997	6.2	76.6	97.9			
1998	6.3	81.1	97.3	从工资收入的3%降为0缴费		
1999	6.3	81.0	95.0			
2000	6.3	80.8	94.9			
2001	6.5	81.1	93.5			
2002	6.8	81.1	88.0			
2003	6.9	81.7	88.0			
2004	6.7	79.8	87.0			
2005	6.6	81.7	88.0			
2006	6.5	81.7	88.0			

数据来源： OECD Social Expenditure Database, http://stats.oecd.org/Index.aspx? DataSetCode=SOCX_AGG#; LyleScruggs: pa–persanddata, http://sp.uconn.edu/~scruggs/; ComparativeWelfareEntitlementsDataset2, http://cwed2.org/download.Php。

表4 1980年和1999年西欧国家非商品化指数排名顺序

国　家	根据 1999 年数据的排名	根据 1980 年艾斯平—安德森的排名
瑞　典	1	1
挪　威	2	2
丹　麦	3	3
芬　兰	4	8
奥地利	5	6
荷　兰	6	4
德　国	7	9
比利时	8	5
法　国	9	10
英　国	10	13

资料来源：郑秉文，《"福利模式"比较研究与福利改革实证分析——政治经济学的角度》，《学术界》2005 年第 3 期。

三、影响瑞典社民党社会政策改革的制度因素分析

瑞典社民党试图通过社会政策改革，使社会成员融入劳动力市场和社会，强化公民的社会责任，但是其社会政策改革更多地被打上"努力稳定财政支出，而不明显降低社会保障水平"的标签。为什么瑞典社民党采取了一系列社会政策改革措施，但其执行结果仍回到了社会民主主义的轨道上？这是因为社会政策本身既是独立变量也是依存变量，政策的制定根植于特定的经济、社会基础和政治生态之中，[1]改革不仅取决于政策制定者的意愿，也要受到制度背景因素的限制。瑞典福利国家的意识形态、民主政治的政策制定机制以及政党竞争格局等，限制了瑞典社民党采取激进的社会政策改革措施以及逆福利方向改革的效力。

从意识形态角度看，强调社会公正、非商品化和保障公民社会权利的社会民主主义意识形态在瑞典仍占主导地位。从民意调查看，这一仍在变动中的社会政策模式仍然受到很高的社会支持，[2]具有相当高的体制合法性，公众对社民党在实现社会公平的责任和作用上仍抱有较高的期望。当改革要把目前福利国家的理念转变为新自由主义的减轻国家干预和社会保障市场化原则，在制度安排上要削减社会政策支出，提高个人缴费水平，严格给付条件时，社民党政府必须权衡改革可能引发的政治代价和社会风险。瑞典社民党以实用主义的态度将社会政策改革与瑞典传统社会民主主义模式稳健地结合起来，走出了一条具有自身特色的社会政策改革道路。当经济状况的恶化导致福利财政方面的困境，从而迫使政府精英去采用自由主义的政策手段把体制导向自由主义方向；但只要该政策体制的合法性基础仍然存在，该体系一旦获得经济条件的改善就有可能恢复到先前的发展方向。[3]瑞典社民党就是在非商品化与再商品化之间的张力中对社会政策进行调整，并不是单向地降低福利水平，而是注重使福利水平与经济发展状况和财政能力相适应，没有偏离社会民主主义的政治底色，但却给福利制度刚性赋予了更多的弹性。

从政治参与角度看，瑞典的社会政策是建立在以公众参与政策制定过程为特征的民主政治基础之上，民主制度往往使政府不能独断专行，改革措施必须要得到一些强大的利益集团（如工会等）的支持才能施行，这就使瑞典社民党的社会政策改革面临

[1] 喻锋：《治理取向的公共政策绩效评价：基础、转型及其前瞻》，《湖北大学学报》（哲学社会科学版）2013年第1期。

[2] Andersen, J.G., P. A. Pettersen; S. Svallfors, H. Uusitalo, The legitimacy of the Nordic welfare states: trends, Variations and cleavages.In M. Kautto; M.Heikkila; B.Hvinden; S.Marklund; N.Ploug（eds.）Nordic social policy: changing welfare states.London: Routledge, 1999.

[3] 林卡：《论北欧学者对于其福利国家体制的研究、论争及其论争的逻辑基础》，《国外社会科学》2005年第6期。

一定的民主政治压力，实行紧缩的社会政策改革势必成为社会各阶层进行政治较量和利益妥协的过程。各个利益集团利用民主制度赋予他们的政治权力，通过民主的方式来影响政府的政策选择。因此社会政策改革要受到不同利益集团的牵制，与不同利益集团进行协商与合作是社民党能够成功进行改革的重要因素。在养老保障改革中，给付计算标准的改革对蓝领工人有利，却对白领工人不利，因此改革赢得了工会联合会的支持，但遭到白领工人联合会的反对；在失业保险改革中，工会的力量约束了社民党改革的选择空间，改革几经谈判才得以进行；在医疗卫生服务改革中，强化企业对雇员医疗保险的责任需要得到雇主集团的配合。总之，社会政策改革在重新分配社会财富的同时，也塑造着新的社会利益结构，社民党必须平衡社会各阶层和利益群体的利益，否则打破现有制度的改革将难以执行或者引发社会冲突。

从政党竞争格局看，瑞典的政党结构主要包括社会民主党、温和党、中央党、自由党、基督教民主党、左翼党和绿党。从1932年开始，社民党作为瑞典议会第一大党连续执政44年，其党员数量占很大优势，在议会中也占据绝大多数席位（见表5），拥有明显的政治优势。社民党在选票缺乏绝对多数的情况下组成少数政府，在社会政策的改革上就需要得到其联合伙伴的支持。左翼党构成了社民党的一种权力资源，但同时社民党在社会政策领域也面临着左翼政党越来越激烈的竞争，尤其当社民党政府实行了全民性的养老金和医疗保险的削减时，选民向左翼党转移。1998年瑞典议会选举时，因社民党的社会政策改革，许多失意的社民党选民选择了左翼党，社民党取得了1920年以来最差的大选结果。虽然把选票投给左翼党而没有投给资产阶级中间党的选民仍然留在左翼阵营，没有使市场自由化的右翼政党获得议会的多数派地位，从而危及社民党的执政地位，但相对强大的左翼党的存在还是阻止了社民党的社会政策改革在纲领和政策上向中间道路滑得太远，这也正是其社会政策一如既往地具有明显的社会民主主义特征的主要原因之一。

表5　1994—2006年瑞典议会选举结果

	1994 年		1998 年		2002 年		2006 年	
	选票比例（%）	议 席	选票比例（%）	议 席	选票比例（%）	议 席	选票比例（%）	议 席
社民党	45.4	161	36.6	131	39.9	144	35	130
左翼党	6.2	22	12.0	43	8.3	30	5.9	22
绿　党	5.0	18	4.5	16	4.5	17	5.2	19
温和党	22.2	80	22.7	82	15.1	55	26.2	96
基督教民主党	4.1	15	11.8	42	9.1	33	6.6	25
中央党	7.7	27	5.1	18	6.2	22	7.9	29
自由党	7.2	26	4.7	17	13.3	48	7.5	28

数据来源：任军峰，《超越左与右？北欧五国政党政治比较研究》，上海三联书店2012年版，第188页。

四、瑞典社民党社会政策改革的后续效应

20世纪90年代以来，瑞典社民党社会政策改革过程中出现的再商品化和非商品化并存与发展的矛盾现象说明，瑞典社民党在全球化背景下为应对国际、国内新的挑战对社会政策进行了调整，将社会政策与公民责任挂钩，削减给付标准，提高缴费水平，严格给付条件，减少滥用福利，这些紧缩措施对劳动力市场中比较脆弱的人群产生了一定的压力。但经验证据表明，改革并不意味着要放弃社会民主主义的高度非商品化的社会政策，它迄今仍是瑞典公民引以为豪的社会制度安排。改革是要解决对社会政策的滥用问题，使社会政策从过度回归到适度，实现社会政策内部收支的平衡、福利增长与经济增长之间的平衡，是对社会政策的自我调整与完善。

社民党在2006年的大选中失利，结束了长达12年的执政时期，意味着社民党的社会政策改革告一段落。以赖因费尔特为首的温和党组成新一届政府，但上台执政的温和党转而拥抱社民党人奠定的瑞典社会政策，仍然延续了社民党改革政策的基本框架。赖因费尔特在竞选演说中一再声称不会根本改变现行制度，只是根据形势的需要做些微调。"我们希望表明我们喜欢瑞典现有的东西"，"所有社民党的社会福利承诺我们都同意并改进"，[1]赖因费尔特被媒体称为"变得比社会民主党人还要社会民主党人"。[2]温和党政府对现有社会政策进行大幅改革的空间有限，因为无论是基于意识形态、政策制定机制还是政党竞争格局，对社民党的社会政策改革发挥作用的制度因素同样也对温和党政府产生效力，所以中右翼政府也只是对社民党社会政策的基本框架进行局部的修补，而不会触动社会政策的根基。

瑞典社民党以及之后的温和党政府力图在保持社会政策普遍保障作用的同时，随着环境条件的变化对社会政策进行逐步的、微小的调整，这些改革积累起来促进了社会政策的弹性。这种既保持高度非商品化又具有弹性的社会政策成为瑞典有效应对金融危机的缓冲器，使得瑞典在2008年爆发的全球金融危机以及近两年的欧债危机中独善其身。法国总理府经济分析委员会主席Chritian De Boissien认为瑞典之所以在最近这次金融危机中受影响很小，失业率也比较低，甚至2011年、2012年公共财政还略有盈

---

[1]　史寒冰：《瑞典社会政策调整拾零——第四届中欧社会保障高层圆桌会议访谈录》，《中国社会保障》2009年第12期。

[2]　林建华、张有军、李华峰等：《冷战后欧盟诸国社会民主党政坛沉浮研究》，人民出版社2010年版，第238页。

余，是因为瑞典在20世纪90年代经济危机之后采取了一系列社会政策改革。[1]2014年又是瑞典的大选之年，社民党能否在选举中获胜还是未知数，但是无论哪个政党上台执政，对于社会政策的改革都将沿着瑞典高度非商品化的社会政策模式进行，在效益与公平之间寻求平衡，增加社会政策的弹性，更好地促进经济发展与社会和谐。

原载于《求索》2014年第2期

---

[1] 佘宇：《福利国家模式是否必然影响经济增长——围绕北欧福利国家模式的争议》，《发展研究》2013年第2期。

加拿大新民主党选举成绩及发展状况研究

赵 婷

摘 要： 加拿大新民主党是加拿大政坛上重要的政治力量。自建党以来，新民主党在联邦大选、地方政府选举中取得较好成绩，并曾在多个地方省份执掌政权。但是，新民主党在发展中存在一系列制约因素。若想克服这些制约因素，竞逐联邦政权，新民主党还须不断加强自身建设、明确党的定位、扩大选民基础，并积极争取与其他党派的合作。

关键词： 加拿大；新民主党；选举；发展

加拿大新民主党（New Democratic Party）成立于1961年，前身是1933年在萨斯喀彻温省由伍兹沃斯仿效英国工党创建的"集体联盟联合会"[1]。该党代表工人阶级利益，在政治上属于左翼政党。目前该党力量分布于加拿大中部、西部和大西洋沿岸省份。2011年，新民主党在加拿大第41届联邦大选中赢得103个席位[2]，一跃成为加拿大第二大党。

一、新民主党的选举成绩

加拿大的选举制度因实行联邦制而呈现出多样性的特点。由于参议员不经民选，而由总督根据总理的提名，以英国女王名义委任，所以，联邦选举实际上是指众议院议员的选举。

加拿大联邦大选的时间并不固定。在宪法规定的众议院五年任期限制内，总理可以根据执政党的需要在任何时间，或因众议院通过对政府的谴责案或不信任案时[3]，向总督提出宣布解散议会举行大选的动议。二战结束以来，联邦选举一般是四年左右

---

[1] 也有学者把它翻译成"平民合作联盟"。此处译名参考王家瑞主编《当代世界政党概论》当代世界出版社2009年版第944页的译法。

[2] 资料来源：加拿大竞选局官方网站最新统计数据，参见 http://www.elections.ca/scripts/ovr2011/default.html。

[3] 此时，政府内阁也可以宣布辞职，然后由总督请求反对党领袖组成新的内阁。

举行一次，但也有例外，有时两次大选间隔一年左右，如1957年、1958年、1962年、1963年、1992年以及1993年的大选。以下主要从联邦层面和地方层面来分析新民主党自成立以来的选举成绩。

（一）联邦层面

自成立以来，新民主党积极参加联邦选举。在20世纪90年代之前，新民主党在联邦选举中表现比较稳定，得票率一直保持在13%—20%之间；议席数不断增长，由1962年的19席增加到1988年的43席；投票总数呈现不断增长的趋势。1988年的投票人数（2685263）与1962年的投票人数（1044754）相比，翻了一番。[1]

20世纪90年代，由于受到东欧剧变的影响，新民主党遇到了危机，在选举中处于不利地位，得票率急剧下跌。在1993年的联邦选举中，得票率为6.88%，为新民主党成立以来最低的选举成绩。在1997年的联邦选举中，新民主党取得了很大进步，得票率增长到11.05%，但在2000年的大选中，新民主党又倒退回去，只获得了8.51%的得票率，如图1所示。

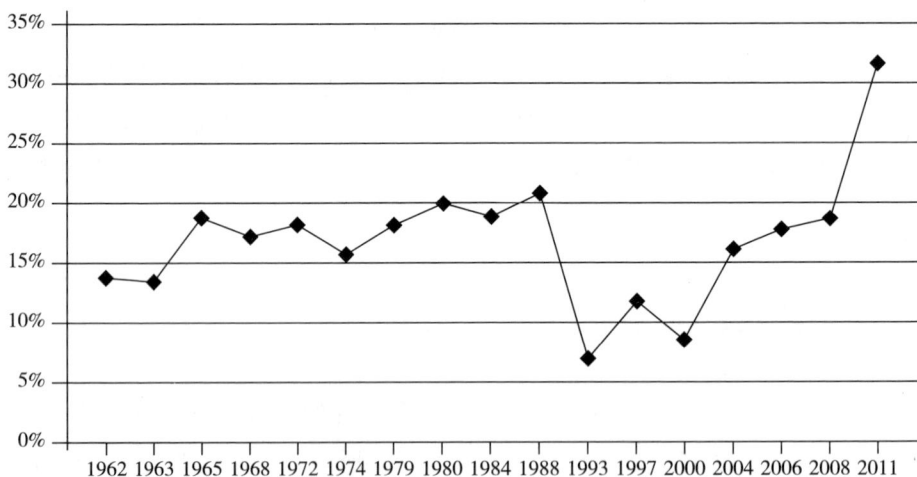

图1　1962—2011年新民主党联邦选举得票率变化曲线图

在这一困难时期，新民主党提出了一些迎合中下层民众要求的措施，比如关注就业、提高工资、扩大社会保障、工人健康安全以及实现收入平等，并且在新民主党执政的省份加以实施；另外，在意识形态上也逐步温和化，不再提过于激进的口号和纲领。通过这些努力，新民主党奠定了一定的群众基础，吸收了很多其他阵营的选民，

[1]　资料来源：加拿大竞选局官方网站，参见 http://www.elections.ca/content.aspx? section = ele&lang = e。

在21世纪的大选中取得了优良成绩。自2000年以来，新民主党在联邦选举中得票率直线上升。2004年获得19个议席，得票率为15.68%；2006年获得29个议席，得票率为17.48%；2008年获得37个议席，得票率为18.13%。在2011年联邦选举中，新民主党击败了自由党和魁人党，获得103个议席，得票率为30.63%，取得成立以来的最好成绩，成为加拿大政坛上第二大党。

从表1可以看出，各政党议席数变化较大。这种现象表明，加拿大政坛上各政党力量的发展都不是很平稳，大选竞争激烈。新民主党的力量虽逐年上升，但由于基础薄弱，力量不稳，尚不足以单独组阁。目前，新民主党作为正式的反对党，主要在保守党、自由党等其他党派之间发挥制衡作用。

表1　2000年以来加拿大联邦选举中各党派所占众议院席位表

年份 党派	2000	2004	2006	2008	2011
保守党	66	99	124	143	166
自由党	172	135	103	77	34
新民主党	13	19	29	37	103
魁人党	38	54	51	49	4
独立党派	0	1	1	2	0
绿　党	0	0	0	0	1

资料来源：加拿大竞选局官方网站，http://www.elections.ca/content.aspx?section=ele&lang=e。

（二）地方政府层面

自成立以来，新民主党尚未在联邦层面组建全国政府，而是作为少数党在活动。不过，在地方政府层面，包括省级选举和市级选举中，新民主党都取得过直接的胜利。新民主党曾在加拿大十个省中的七个省，三个领地中的一个领地，掌握地方政权。目前，新民主党在曼尼托巴省、新斯科舍省执政，在不列颠哥伦比亚省、萨斯喀彻温省处于官方反对党地位。[1]2015年5月，阿尔伯塔省举行大选，新民主党在省议会中获得53个议席，给在此省执政了44年的保守党重重一击。其实，在新民主党的前身——集体联盟联合会时期，它就在许多地方建立过政府。1944年，集体联盟联合会赢得省级选举，在萨斯喀彻温省组建北美第一个社会主义性质的政府，并连续执政数十年。由于发展社会民主、反对法西斯主义、实行医疗保险制度等政策，其领袖汤米·道格拉斯至今在加拿大声誉颇高。

---

[1] Jordan Michael Smith, "Return of the New Democrats Canada's Socialists Re-invent Themselves", in Dissent, Vol.59, Issue 1, Winter 2011, p. 13.

综合新民主党在联邦大选和地方政府的选举成绩，可以看出，新民主党力量呈不断增长之势。新民主党虽尚未在联邦层面掌握政权，但在地方政府层面积累了不少执政经验。作为加拿大主要的政治派别，新民主党对于加拿大的内外政策都有一定的影响。不过，新民主党的总体力量发展仍不平稳，在省级地方政府的力量也无法与保守党、自由党抗衡。

二、发展中的制约因素

新民主党的发展仍存在许多不确定因素。作为一个成立仅50余年的党，其发展状态还不是很成熟，若想跻身加拿大政坛，成为执政党，其党内思想、理论政策、阶级基础等还有待进一步调整和改革。综合起来分析，新民主党发展中的制约因素主要有以下几个方面。

（一）传统政党力量强大

在加拿大政坛上，自由党和保守党是两大重要的全国性政党，政权一般在这两党之间轮替。自由党和保守党历史悠久，执政经验丰富，具有较稳定的社会基础和较成熟的理论政策。[1]自由党虽然在2011年的联邦选举中惨败，但它在加拿大联邦和各省的影响力一直都在。根据历年选举成绩来看，自由党的力量不容小觑，2011年的选举失利很可能只是一次偶然。2015年大选在即，但多项民调显示，新民主党的支持率要落后于自由党和保守党。虽然新民主党已成为加拿大正式反对党，但是，若想与自由党、保守党角逐全国政权，还有一定的难度。

（二）党内思想不统一

新民主党在2011年大选中取得骄人成绩，与领袖林顿的个人魅力和领袖才能有很大关系。2003年，林顿接任党的领袖职务时，新民主党在众议院中只有13个议席。在林顿的领导下，新民主党逐渐具有了全国性。不过，2011年8月，林顿因病去世，新民主党一度陷入群龙无首的局面。林顿的离去是新民主党的一大损失，新民主党未来的

---

[1] 保守党由加拿大联盟及进步保守党合并而成。进步保守党成立于1845年，原名自由保守党，1942年改为进步保守党。进步保守党曾于1911—1917年、1930—1935年、1957—1963年、1979—1993年多次在联邦执政。2003年12月，进步保守党与加拿大联盟合并，成立保守党。保守党于2006年、2008年、2011年蝉联执政。自由党成立于1873年，多次与保守党轮流执政，曾于1935—1957年、1963—1979年和1993—2004年多次执政。

发展前景也将受到影响。[1]2012年3月，经过选举，马尔凯[2]成为新民主党的新领袖。马尔凯是魁北克省国会议员，曾是自由党人，在全国的影响力无法与林顿相比。马尔凯当选后，表示要调整党的纲领和理念，超越新民主党传统的左倾路线，学习英国的布莱尔走中间道路。多年来，由于新民主党的左倾纲领，在联邦范围内只得到少数人的支持。马尔凯认为，如果新民主党奉行中间路线，吸收更多中间选民和进步力量，有利于日后参加联邦选举会。但是，这在党内引起很大争议，一部分传统党员认为应该坚守传统路线，并担心马尔凯的主张会使新民主党改变颜色。所以，如何统一党内思想，使大家保持统一的看法和态度，是新民主党发展中面临的一个重要问题。

（三）阶级基础有限

新民主党的主要社会基础是少数民族、工会和妇女。成员以劳动阶级为主，少数民族党员占约1/3，工人和少数民族党员比例明显多于其他政党。

2014年的统计数据表明，加拿大现有人口3531万，英法裔居民占70%左右，其他欧洲人后裔占13%，土著居民（印第安人、米提人和因纽特人）约占3%，其余为亚洲、拉美、非洲裔等。[3]这样算来，所有的少数族裔加起来比重不到20%。即使这些少数族裔全都支持新民主党，它的社会基础也是很有限的。何况新民主党获得全部支持也是不可能的。

新民主党与劳工组织关系密切，工会是其主要社会基础。但是，工会组织与新民主党之间的关系比较复杂。由于受到地域、语言、观念的影响，工会组织之间经常发生分裂，而且国营企业和私营企业的工会组织界限分明。[4]所以，加拿大的工会运动多种多样，一部分工会会员表示全力支持新民主党，一部分工会会员却对政治不感兴趣。另外，随着新科技革命的开展，社会结构和产业结构发生变化，传统工人阶级数量减少，工会会员只是整个社会阶层中的一小部分。新民主党作为一个左翼政党，应该积极吸纳工会人员。但是，新形势下，政党若想取得更大发展，也不能局限于此。

（四）加拿大特殊国情的限制

首先是地域和语言的差异。加拿大民族和语言的多样性，使各政党在扩展自身力

---

[1] Jordan Michael Smith, "Return of the New Democrats Canada's Socialists Re-invent Themselves", in Dissent, Vol.59, Issue 1, Winter 2011, p. 11.

[2] 也译作唐民凯、穆尔凯。

[3] 资料来源：中华人民共和国外交部网站，参见 http://www.fmprc.gov.cn/mfa_chn/gjhdq_603914/gj_603916/bmz_607664/1206_608136/default.Shtml。

[4] Tim Fowler and Doug Hagar, "Liking Your Union: Unions and New Social Media during Election Campaigns", in Labor Studies Journal, Vol.38, Issue 3, Sep.2013, pp. 201-228 .

量时遭遇了一些困难。[1]魁北克省在这一问题上比较有代表性，而且魁北克省人口众多，在加拿大议会中拥有75个席位[2]，比重非常大。新民主党若想成为多数党，势必要赢取魁北克省的议席，争取获得法裔加拿大人的支持。但是，就新民主党来说，它发端于西部地区，历年来在魁北克省的影响都很小，地域和语言的差异无疑加大了新民主党发展的难度。自1993年以来的联邦选举中，魁人党在魁北克省一直占有多数议席。新民主党能否取代魁人党代表魁北克省的利益，仍是一大挑战。[3]

其次是加拿大选举制度的影响。加拿大联邦选举制度建立在单一议员选区制[4]的基础之上，这种单一议员选区是按人口普查所确定的人口数在各省范围内划分的。无论其得票率是否最高或者得票数是否过半数，赢得选区数最多的候选人或政党获胜。这种选举制度比较适合两党制，但加拿大却是多党制。[5]联邦层面和省级政府都适用这一选举制度，但省级政府的选举略有不同。新民主党虽多次掌握省级政府政权，却尚未在联邦选举中获胜，也与目前的选举制度有关。

三、应对措施

新民主党是北美地区唯一的社会民主党，它的成立和发展是加拿大国内工人运动和社会民主主义运动长期发展的产物。目前新民主党的地位已由之前的"第三党"成长为"官方最大反对党"，这确实是新民主党有史以来取得的最好成绩。如果这个成绩能够保持的话，新民主党离执掌全国政权将越来越近。但是，新民主党必须克服发展中的制约因素，抓住机遇加强自身建设，扩大选民基础。只有这样，才能继续发展和壮大党的力量。笔者认为，新民主党应从以下几方面着手：

---

[1] 法裔和英裔两个种族集团在加拿大历史上一直占有统治地位，而且，这两大集团间的关系也是加拿大政治中从未中断的争议主题。语言成为将加拿大分割为两大文化成分的因素，这两大文化成分即以说英语的盎格鲁—凯尔特人及其他种族为一方，而说法语的一方则为纯粹的法兰西血统。

[2] 众议院共308席，众议员由按各省人口比例划分的联邦选区直接选举产生，任期四年。根据加拿大议会 2011年通过的《公平代表法案》，众议院到2015年大选时将增至338席，届时魁北克省的议席也将会增加。

[3] Lawrence LeDuc, "The Federal Election in Canada, May 2011", in Electoral Studies, Vol. 31, Issue 1, March 2012, pp.239-242 .

[4] 又称单一选区一票制、单一选区相对多数制，加拿大将全国分为单一选区，一区选出一名，选区数及选区范围根据每五年一次的人口普查进行调整。在建国之初的1867年只有181席，在1945年时增加到245席，2008年增加到308席，2015年将增加到338席。

[5] Emily Clough, "Two Political Worlds? The Influence of Provincial Party Loyalty Federal Voting in Canada", in Electoral Studies, Vol. 26, Issue 4, December 2007, pp. 787-796.

（一）加强党的自身建设，明确党的定位

政党自身建设关系到一个政党的生死存亡。政党的自身建设内容广泛，包括思想理论、组织制度、干部队伍以及党风廉政等方面。如果一个政党的自身建设出了问题，那么由此产生的一系列影响和后果是非常严重的。例如，自由党在2011年联邦大选中的惨败就与自由党之前爆出的腐败案有关[1]，许多选民对自由党不满，转而将选票投给了新民主党。新民主党近年在地方省份也被爆出过腐败丑闻，影响了党的形象。新民主党应该高度重视和不断加强党的自身建设，反腐倡廉，进一步把党建设好。

在加强自身建设的基础上，新民主党若想取得长远发展，还应该明确党的定位。目前看来，在加拿大政坛上，新民主党属于左翼政党。而在加拿大，自由党与保守党相比，也属于左翼政党。新民主党在以后的发展中，是向"左"走还是向"右"走，或是处在"中间"位置？如果新民主党继续向左，那它无论如何也左不过加拿大共产党；如果向右，又右不过保守党；如果向中间靠拢，那又与自由党有所重合。所以，明确党的定位，既能保持本党特色，又能扩大社会基础，是新民主党未来发展中需要解决的问题。新民主党作为民主社会主义力量，体现的是其他传统政党和政治组织所没有代表的阶层利益，无论是作为社会调和力量、作为基层群众的讲坛、民间的政党组织，它的存在都是必要的。新民主党应该强调自身优势，增强政党认同，拒绝被边缘化，明确表达自己的原则，宣扬自身价值。

（二）扩大阶级基础，争取更多选民

随着西方民主化浪潮的兴起，资本主义民主政治进一步发展。在现代民主政治中，各政党由之前的"使命型政党"逐渐转变为"选举型政党"，选民代表了一切。

新民主党之所以到现在还没能问鼎联邦政权，很重要的一个原因就是它的选民基础薄弱。自由党和保守党由于历史比较悠久，且已在全国范围内形成了比较稳定的选民基础，所以才能轮流执政较长时间。全球化、信息化形势下，社会结构进一步分化，传统工人阶级数量减少，新兴中间阶层不断增多，新民主党原有的社会基础遭到削弱。新民主党在稳固原有社会基础的前提下，必须积极争取新兴中间阶层的支持，扩大选民基础。并且，随着新媒体的发展，新民主党也应该充分利用各种新媒介平台，宣传党的价值理念，加强与选民，特别是与年轻人、女性等群体的交流，发挥党的影响力和号召力。只有这样，才能在联邦选举和地方选举中处于优势地位。

---

[1] 2005年11月曝出的自由党"国家统一计划"腐败案，直接导致了自由党名誉受损，当时执政仅17个月的自由党政府被迫下台。

（三）积极寻求与其他党派的联合

从目前加拿大政坛各政党的力量对比来看，新民主党的力量还不足以与自由党和保守党抗衡。虽然在2011年的联邦选举中，新民主党超过了自由党，成为最大反对党，但是至于以后如何发展，能否保持这个最大反对党的位置或者有所突破，还是个未知数。而且自由党是加拿大政坛上两大全国性政党之一，一直与保守党轮流执政，其力量不容小觑。自由党在选举中暂时性的失利是可以理解的，以后极有可能重新执掌联邦政权。与保守党相比，自由党属于较左的政党，是新民主党可以寻求合作的力量。另外，新民主党也可以积极寻求与其他一些少数派政党合作。在未来的发展中，新民主党不仅应该积极加强自身建设、扩大社会基础、吸收更多选民、制定更符合民众利益的社会政策，还应该积极寻求与自由党或其他党派的合作与联合，以寻求联合执政或组阁的机会。

原载于《当代世界与社会主义》2015年第4期

对澳大利亚工党"第三条道路"变革的探析

董沐夕

摘 要: 为了寻找解决澳大利亚经济和社会问题的有效途径,克服因意识形态右倾而陷入的身份危机,自20世纪90年代中期以来,澳大利亚工党确立了"第三条道路"的指导思想,以平衡效率与公平为基本原则进行了政策调整和实践。但是,以"第三条道路"为指导的澳大利亚工党事实上是将政治目标转向在资本主义制度内实现"社会主义价值",这意味着该党仍然没有准确定义自身的政治属性,也不可能从根本上解决澳大利亚在资本主义制度下的固有弊端。现如今的澳大利亚工党已基本不再提"第三条道路"的口号,但并未放弃对"第三条道路"的探索。

关键词: 澳大利亚;"第三条道路";政策变革

2006年陆克文担任澳大利亚工党(以下简称"澳工党")新领袖后明确宣称,他不曾也不会成为"社会主义者",而自称是一位"社会民主主义者",他认为要把澳工党"建设成为现代化、进步和民主的党",就必须走超越"左"与"右"的"第三条道路"[1]。对"第三条道路"的探索是20世纪90年代中期以来澳工党意识形态变革的新思路,是澳工党在主客观因素作用下进行的战略新选择。

一、澳大利亚工党选择"第三条道路"的原因

20世纪90年代的东欧剧变引发了世界政党体系的大调整,冷战结束后经济全球化实现了快速发展,这些都深刻改变了澳工党的生存环境。与此同时,经过新自由主义洗礼的澳工党还面临因政治的右倾化发展而带来的"身份危机"。在这种背景下,主客观环境的巨大变化从深层次上引导着澳工党未来的发展方向,成为澳工党走上"第三条道路"的主要原因。

---

[1] 海之灵:《陆克文:"中国通"成为澳大利亚工党新船长》,《当代世界》2007年第4期。

（一）客观原因：新自由主义政策导致社会矛盾激化

冷战结束后，经济全球化进程的加快带来了各民族国家之间利益竞争的进一步加剧，这迫使包括澳大利亚在内的各民族国家不得不将注意力集中到"经济效率"上来。但事实证明，仅靠新自由主义的经济重建并不能使澳大利亚完全应对经济全球化带来的挑战，过度强调市场竞争和经济自由化已经使澳大利亚社会发生了严重分裂，并导致了许多新的社会问题的出现。

第一，贫富差距加大。自20世纪70年代中期以来，澳大利亚政府所进行的新自由化改革虽然一度促进了澳大利亚的经济发展，但也因居民收入不均而导致社会贫富差距不断扩大。尽管澳大利亚的公共福利制度能够在一定程度上缓解社会贫困所带来的压力，但是，这种有限的财富再分配方式并不能从根本上消除日益拉大的收入差距。2001年9月，堪培拉大学"全国社会经济模式研究中心"在珀斯西澳大学经济学家会议上公布了一份调查报告，称大多数澳大利亚人正在变得越来越富有，但与此同时，贫困家庭的数量也与日俱增。[1]另据澳大利亚国家社会经济发展模式研究中心（NATSEM）2002年9月针对国内财富占有的一项统计结果显示，占总人口20%的最富人群的人均财富为77.2万澳元，而占总人口20%的最穷阶层的人均财富为1.8万澳元；全国财富的55%为20%的人口占有，只有8%的财富掌握在40%的低收入家庭手中。[2]另外，《澳大利亚人报》（The Australian）在2000年6月针对是"缩小贫富差距"还是"尽快增加国家总财富"进行了一项问卷调查，其中有70%的人选择了前者，只有28%的人选择了后者。[3]可见，贫富差距加大已经成为澳大利亚社会面临的一个严重问题。

第二，劳资关系恶化。为了降低劳动成本，促进经济增长，于1996年上台执政的自由—国家联盟党进一步推进了对澳大利亚劳动力市场的自由化改革，大力推行自由劳资谈判制度，允许雇主与雇员自由签订个人劳动合同，赋予雇主更大的用工自由。霍华德政府大力推行劳动力市场自由化的做法确实促进了经济发展，但同时也严重削弱了雇员的就业安全保障，从而使普通雇员陷入地位相对弱势的不公正境地。2006年4月，澳大利亚政府从提交到就业援助办公室的6263份劳动合同中随机抽取了250份进行调查。结果显示，所有合同样本都至少减掉了一项以往受到保护的裁定劳动条件。其中，16%的合同剔除了除澳大利亚政府规定的五项劳动条件以外所有以往受保护的裁定劳动条件，64%的劳动合同取消了休假规定，63%的合同取消了非正常时间工作的惩罚

[1] 韩锋、刘樊德：《当代澳大利亚——社会变迁与政治经济的新发展》，世界知识出版社2004年版，第268页。

[2] 赵家琬、方爱伦：《当代澳大利亚社会与文化》，上海外语教育出版社2004年版，第149页。

[3] 韩锋、刘樊德：《当代澳大利亚——社会变迁与政治经济的新发展》，世界知识出版社2004年版，第267页。

性补贴条款，52%的合同取消了关于轮班工作的规定，40%的合同剔除了关于公众假期的规定，20%以上的合同规定在合同期间工资不予增长，22%的被调查者实际工资收入下降。[1]劳动关系改革削弱了对工人的保护，使劳动者逐渐对工作和生活状况感到不满，劳资关系进一步恶化。

第三，因气候条件恶化而引发的抗议活动白热化。澳大利亚的经济结构决定了澳大利亚是名副其实的碳排放大国。但是，自1997年以来，在应对气候变化问题上，霍华德政府认为过分限制碳排放量会危及澳大利亚经济的发展，因而考虑更多的是产业界和商业界的承受能力，这种为了追求经济效率而对气候变化的消极应对姿态无疑加快了气候恶化的步伐。据统计，在1997年至2007年间，澳大利亚化石燃料排放的气体增加了10%。[2]澳大利亚也因此深受气候变暖的影响：农村旱情严重，农作物大幅减产；城市里供水不足，影响了普通民众的日常生活；最高气温屡创历史新高，特别是发生在墨尔本的持续高温和莫雷达林地区的持续干旱的恶劣天气，引起了澳大利亚民众对气候状况的更多不满。自20世纪90年代中期以来，为了引起政府对气候变化问题的重视，澳大利亚民众举行了多次大规模抗议活动，这一问题已经达到了白热化程度。

社会问题关乎民众切身利益，社会问题的解决效果是民众判断一个政党能否担当执政重任的主要指标。因此，由过分追求经济效率而导致的各类社会问题的层出不穷，使包括澳工党在内的澳大利亚各政党都面临着前所未有的挑战。澳工党作为同自由—国家联盟党轮流执政的政党，在1983年到1996年的执政中所采取的新自由主义手段无疑助长了澳大利亚社会问题的滋生，对澳大利亚社会矛盾的激化具有不可推卸的责任。因此，对于20世纪90年代中期以来的澳工党来说，必须要对盲目追求经济效率的政治行为进行反思，寻找解决社会问题的有效途径、树立擅长社会治理的政党形象至关重要。

（二）主观原因：澳工党因意识形态"右转"而陷入身份危机

自20世纪70年代以来，澳大利亚社会环境发生深刻改变的根源就是受到了经济全球化的冲击。澳工党无论是作为执政党还是作为在野党，在无力阻止经济全球化进程的情况下，就必须顺应经济全球化发展的要求，参与国际经济竞争，强调经济效率，重视市场作用，压缩社会福利开支。从20世纪70年代中期到90年代中期，为了顺应社会环境的改变，进一步推进国内经济政策的调整，澳工党在霍克—基廷时期进行了大规模的右倾化变革。具体表现为：将实用主义作为行动指南，在理论和实践中进一步淡化社会主义意识形态，疏远同工会的组织关系，增大对新社会阶层党员的吸收力度，

---

[1] 竺淑琴：《澳大利亚劳动关系改革探析》，《山东劳动保障》2006年第11期。

[2] 丁斗：《2007年以来的澳大利亚气候政治》，《国际政治研究》2011年第3期。

放弃对工人阶级的政策保护。从短期来看，澳工党的这种实用主义做法产生了一定的大选效应；但从长远来看，澳工党在变革中的急功近利行为将会对它未来进一步发展产生巨大的负面作用，其中最突出的一个体现就是，随着右倾化变革的逐步推进，澳工党逐渐丧失了作为工人阶级代表的传统身份特征。

在20世纪70年代中期以前，高福利政策作为澳工党的政策标志曾经为澳工党争取执政机会和扩大社会基础发挥了重要作用。但霍克—基廷时期澳工党在福利国家建设上的后退，等于放弃了它作为澳大利亚左翼政党的身份标志，等于放弃了它致力于维护社会公平正义的政党价值符号，并最终导致了澳工党身份定位的模糊化。这种身份定位的模糊化对澳工党的发展产生了非常大的负面影响，它所采取的新自由主义变革措施，在牺牲传统工人阶级利益的同时也没有维护好新生社会阶层的利益，在破坏传统阶级基础的同时也没有建立起新的稳固的社会基础，这对于一个处于议会制度下的选举党来说无疑是致命的。虽然对于这些负面影响澳工党有一定的认识，但它已经不可能重塑过去作为"劳工党"的形象了。因为从澳工党自身来讲，在强烈实用主义指导下进行的右倾化变革已经部分地"摧毁"了它过去所赖以生存的旧框架，党内传统上关于"左"与右的共识已经遭到了根本性的破坏。与此同时，澳工党意识形态"右转"所带来的影响并不是单向的，还会使传统的社会环境在澳工党的执政作用下发生改变，而社会环境的改变又会从客观上进一步左右澳工党的变革行为，使澳工党更加无法主观地控制自身未来的变革方向。而这一切必然导致的一个后果就是，澳工党在变革中逐渐迷失而深陷身份危机的泥潭。

20世纪90年代末，昆士兰州工党政府总理韦恩·戈斯（Wayne Goss）曾经警告说："工党正在丢掉它自己的身份。"[1]在从1996年到2007年的11年间，澳工党均连选连败，长期在野的现实警示该党必须树立起明显异于自由党的身份特征才能在澳大利亚政坛上独树一帜。因此，如何在新的社会形势下塑造起一个全新的政党形象，是澳工党自20世纪90年代中期以来一直思考和探索的重大问题。

二、澳大利亚工党"第三条道路"的理论与实践

从20世纪90年代中期的政治形势来讲，当时的澳工党除了要树立标新立异的形象之外，还必须要寻找一条可以有效解决澳大利亚经济和社会问题的途径。实际上，澳工党所面临的这两个问题有一个共同的解决办法，就是创新党的意识形态，使它的意识形态不仅可以突破以往左翼与右翼政党的政治局限，而且可以通过政治语言的转换

---

[1]　黄宗良、林勋健：《冷战后的世界社会主义运动》，北京大学出版社2003年版，第356页。

巧妙地树立起澳工党政治理念和政治身份的特殊性。在这种情况下，澳工党在摸索中逐步走上了"第三条道路"。

（一）确立"第三条道路"的指导思想

尽管澳工党明确提出以"第三条道路"为指导思想是在2006年陆克文担任澳工党领袖之后，但实际上对"第三条道路"的探索从基廷时期就已开始。基廷上台时正值冷战刚刚结束，为了能够有效应对东欧剧变带来的负面影响，化解在变革中所面临的进退两难的尴尬处境，基廷开始考虑澳工党的未来之路。"在1993年的大选中，基廷向选民标榜澳工党是处在一个居中的政治立场，在它的左边是传统派，在它的右边是坚决主张经济自由化的两党联盟"，"基廷将自己描绘成了一个坚定的、折中式的经济进步与社会公正相结合的中间道路的拥护者"。[1]不过，当时的澳工党对于如何走中间道路尚处于茫然状态，糟糕的执政成绩导致澳工党1996年大选败北。失败后的澳工党开始更加深入地思考如何解决因过分推崇新自由主义理念而带来的诸多社会现实问题。该党认为，要解决经济效率与社会公正之间的矛盾冲突，还是需要国家对经济和社会发展进行适度干预。澳工党重提国家适度干预的重要性，表明澳工党政府将在经济和社会的发展中发挥更大的作用。

1998年澳工党的新党纲提出，要把"向所有的澳大利亚人提供安全和创造机会"当作自己的优先奋斗目标，并指出：所谓"安全"，包括工作保障、收入保障、个人生活环境的安全保障以及国家的安全；所谓"机会"，包括个人实现自己潜能的机会，提高生活水平和生活质量的机会，获得工作、接受教育、拥有健康和福利服务的机会等。[2]2000年澳工党的新纲领进一步指出：在新世纪，澳工党应该坚持自身的传统价值观，经济进步只是实现社会目标的手段，建设一个好的社会的最可靠办法是满足大部分人的需求以及提供给每一个人充分发挥潜能的机会。[3]

澳工党对"中间道路"的尝试是世界中左翼政党在20世纪90年代中后期意识形态探索的一部分。其中，英国新工党凭借"第三条道路"的执政理念在1997年大选中获得胜利就是这一探索领域中最成功的案例。在英国新工党的示范作用下，"第三条道路"成为冷战后中左翼政党为克服意识形态危机而纷纷信奉和追随的新思维。从西蒙·克林（Simon Crean）所著的《使全球资本文明化：澳大利亚工党的新思维》一书中可以看出，他既否定传统的自由放任市场，又否定国家对市场的过度干预，表达出他要同传统的"左"右政治分野划清界限的态度，这实际上是对"第三条道路"的认可和接

[1] 韩隽：《澳大利亚工党研究》，新疆大学出版社2005年版，第309—310页。

[2] 黄宗良、林勋健：《冷战后的世界社会主义运动》，北京大学出版社2003年版，第360页。

[3] ALP's National Platform 2000，http://www.alp.org.au.

纳。2006年陆克文担任澳工党新领袖后便明确宣称，要想把澳工党"建设成为现代化、进步和民主的党"，就必须走兼顾公平与自由竞争的"第三条道路"。[1]

在2008年席卷全球的金融危机冲击下，澳大利亚经济发展缓慢，失业率上升。2009年2月，陆克文在《全球金融危机》一文中指出："本次危机正是过去30年来自由市场理论主宰经济政策的最终恶果。"[2]同期，还在他另一篇名为《"第三条道路"的使命》的文章中强调，要防止极"左"或极右的极端反应占据优势，就需要走"第三条道路"来完美地解决新自由主义遗留下来的挑战。[3]可见，陆克文时期的澳工党已经将"第三条道路"确立为新的指导思想。陆克文对"第三条道路"的解释是："社会民主党人不仅要从凯恩斯学派中汲取养分，也要结合国际形势的现状作出创新。社会民主派应当同新自由派的极端主义断绝关系，建立社会民主主义国家，既维护合理管制的竞争性市场的生产能力，又确保政府作为规则制定者、资金提供者和公共产品供应者，缓解市场所导致的不平衡，维护社会公平。当然，社会民主主义不是社会主义，而是介于国家社会主义和自由市场主义之间的中间路线。"[4]

可见，澳工党"第三条道路"的核心理念在于革除新自由主义的弊端，集中发挥两者的优势，意在协调和兼顾市场与社会福利、自由主义与反贫困斗争、经济效率与社会公平之间的关系。不过，澳工党并没有像英国工党和德国社民党那样对"第三条道路"进行更进一步的深入说明，它对"第三条道路"的阐释只是为了能够为经济社会政策上的变革提供解释。

（二）以平衡效率与公平为基本原则的政策实践

自20世纪90年代中期以来，澳工党对参与经济全球化进程一直持积极态度，同时也能谨慎地对待经济全球化所带来的负面影响，努力在资本主义制度中注入社会民主主义的政策元素，积极探索在资本主义制度下实现社会公平正义的有效办法。

1. 对社会福利政策的"折中"调整

1996年大选下台后，澳工党深刻反省了霍克—基廷政府在新自由主义指导下所进行的社会福利建设中的不足。澳工党认为，"增强劳动者的技能和教育水平是增强个人抵御经济全球化给个人以及工作场所的冲击的最佳途径，同时也是实现'安全和机会'

---

[1] 海之灵：《陆克文："中国通"成为澳大利亚工党新船长》，《当代世界》2007年第4期。

[2] 陆克文：《全球金融危机的根源与变革》，《中国金融》2009年第6期。

[3] 陆克文：《"第三条道路"的使命》，《金融实务》2009年第3期。

[4] 李慎明：《世界在反思之二：批判新自由主义观点全球扫描》，社会科学文献出版社2012年版，第103页。

的根本途径"[1]。因此，在澳工党于2000年发表的《劳动力2000》（Workforce 2000）的报告中，澳工党提出了一个旨在帮助提高国民教育和技术水平的详细计划。

事实上，澳工党自1996年以来所主张的社会福利政策是在"第三条道路"的指导下制定的，是在新自由主义和平均主义的分配标准之间选择的一条折中路线，以求能够平衡效率与公平之间的关系。这些社会福利政策不仅是为了重新突出澳工党传统的"公平"理念，更是为了挽回曾对澳工党的福利措施感到失望的那部分选民的支持。在具体实践中，澳工党强调它与自由—国家联盟党在社会福利建设上的最大区别在于，后者致力于"削减"，而工党致力于"投入"，凸显出澳工党比自由—国家联盟党更擅长协调社会各方利益。

在新的社会福利理念的指导下，于2007年上台的陆克文工党政府主张加大对社会福利的投入力度，具体做法除了增加在技能培训、国民教育等方面的专项投资及其他间接福利手段外，澳工党还致力于通过直接救济的方式改善澳大利亚人民的生活水平。[2]另外，澳工党政府还增大了现金福利发放的力度。[3]据统计，在2008—2009年间，澳工党政府的社会福利开支约为136.6亿美元，其中，现金支付占总支出的69%，社会服务占31%。[4]

2010年6月，接替陆克文担任澳工党领袖和联邦总理的朱莉娅·吉拉德（Julia Gillard）继续推进福利改革，针对"澳大利亚普通公民即便不工作，也能领到确保衣食无忧的社会救济"这种被描述为"腐蚀性"的福利政策，适当减少了用于社会福利的开支。但是，相对于霍克—基廷时期，陆克文—吉拉德工党政府时期的社会福利政策仍然融入了更多公平因素，表现出更加明显的广泛性和深入性。

2. 在反贸易保护主义前提下的政策补偿

二战结束后的澳工党一改以设置高关税壁垒为手段来保护本国工人阶级利益的传统做法，转而通过降低关税、增加进口的方式来提高澳大利亚物资市场和劳动力市场的竞争力。但是，同自由党相比，澳工党还是在贸易政策上表现得更为谨慎。2004年

[1] 黄宗良、林勋健：《冷战后的世界社会主义运动》，北京大学出版社2003年版，第362页。

[2] 陆克文政府推出了税金减免政策，中低收入者从2008年7月起可以享受每年1000澳元的减税政策。澳大利亚财政部文件显示，年收入为4万澳元的人每周税金将减少20澳元，年均减税额度是以前联邦政府的3倍；年收入为5万澳元的中等收入者将享受每周15澳元的减税额度。由此可见，年收入少于5万澳元的人群成为政府减税政策的最大获益群体。

[3] 比如，为了保障养老金领取人群和低收入家庭的生活支出，从2008年12月8日起，工党政府分别向领取恤金的寡居者和老人一次性每人发放福利金1400澳元，老人夫妇2100澳元，需护理的特殊群体每人1000澳元，儿童每人1000澳元，凡符合"家庭税务福利A"或符合领取"青年补贴"、助学金、"退伍军人子女教育计划"条件的家庭均可获得此项福利。

[4] 张海龙：《新世纪澳大利亚工党联邦政府社会福利政策评析》，新疆大学2012年硕士学位论文。

8月，在野的澳工党对自由—国家联盟党政府的美澳自由贸易协议表示支持，但条件是追加三条修订条款以保护部分消费药品的政府补贴。时任澳工党领袖马克·莱瑟姆（Mark Latham）表示，这样做的目的是确保澳大利亚民众能够买到质优价廉的药品。

2009年7月，工会发起了"购买国货运动"，呼吁购买国货、保障就业。但陆克文政府并没有对此给予回应。陆克文指出："这种保护主义将导致类似20世纪30年代的大萧条"，澳大利亚的大部分利益源于对出口的依赖，"我们需要避免任何形式的保护主义措施，否则将引起世界各国的报复性保护措施"。"30年代大萧条的错误就是，最初人们认为出路在于封闭经济，使他们自己与外界隔绝。结果怎么样呢？全球经济萎缩。我们不会重复那些错误。"[1]

不过，澳工党并没有完全无视"购买国货运动"背后工会的利益诉求，作为对工会的补偿，澳大利亚工业部部长金·卡尔（Kim Carr）在2009年7月28日宣布，政府将启动一项耗资1900万澳元的计划，帮助本土企业参与竞投政府和私营领域的合同。[2]对此，澳大利亚制造业工会负责人戴夫·奥利弗（Dave Oliver）表示支持，称"这将支撑130万名制造业工人的未来"[3]。

可见，这一时期的澳工党尽管仍然反对贸易保护主义，但也没有对贸易自由化采取听之任之的放任态度，而是在反对贸易保护主义的前提下采取适当的弥补措施。

3. 在自主协商基础上的劳资权利平衡

尽管澳工党自二战结束以来一直试图改革过于机械的仲裁制度，也希望通过建立灵活的劳动力市场制度来促进澳大利亚经济的发展，但澳工党并不会接受破坏劳资合作并危及工人阶级利益的过度改革。

1996年上台的霍华德政府为了提高澳大利亚经济的竞争力而出台了《工作选择法》，取代了澳工党政府时期的《产业关系法》。《工作选择法》片面强调经济效率的提高和劳动力市场的自由化发展，推行解雇自由与个人谈判，削弱工会的作用，在极力扩大雇主权利的同时，严重削弱了广大工人的就业安全保障。澳工党和澳大利亚全国工会理事会反对霍华德政府时期的劳资关系改革，认为霍华德政府对劳资关系的改革是对澳大利亚工人阶层的挑战，不仅破坏了劳资之间的合作主义理念，而且不利于经济效率与社会公平的平衡发展。

2007年陆克文工党政府上台后，即着手制定平衡劳资关系的新法案。2008年11月，在澳工党主持下制定的《公平工作法》正式取代了霍华德政府时期的《工作选择法》。《公平工作法》保留了《工作选择法》中诸如"不干预在诚意基础上的谈判""用一个

[1] 陈小方：《陆克文政府反对保护主义》，《光明日报》2008年7月31日。

[2] 陈小方：《陆克文政府反对保护主义》，《光明日报》2008年7月31日。

[3] 陈小方：《陆克文政府反对保护主义》，《光明日报》2008年7月31日。

全国统一的劳资关系体系取代联邦和各州的劳资关系体系"等合理成分，但本着平衡劳资关系的宗旨，对《工作选择法》作出了根本性的改变。[1]

可见，在兼顾效率与公平这一理念的指导下，尽管澳工党主张劳资关系向自主协商的方向发展，但自20世纪90年代中期以来，澳大利亚劳动力市场自由化的变革步伐有所放缓。

4. 在公平理念的指导下积极制定环保政策

随着人们对生活质量重视程度的提高，环境治理问题逐渐受到民众的更多关注。面对气候变化，一向积极投身环保事业的澳工党选择继续坚持"改良"的执政方式和（代际间）"公平"的价值理念，通过展现它在气候变化问题上同自由—国家联盟党截然不同的立场，来塑造工党关注生态、与时俱进的良好形象。

陆克文在2007年就任澳总理的当天，正式签署了曾被自由—国家联盟党拒签的《联合国气候变化框架公约的京都议定书》（以下简称"京都议定书"），称要在2050年前将澳大利亚的温室气体排放量减少60%。[2]2009年4月，陆克文政府推出了"碳污染削减计划"（Carbon Pollution Reduction Scheme，简称"CPRS法案"），但遭到参议院的否决，陆克文本人也因在气候变化议题上的无所作为而令环保人士失望。祸不单行的是，陆克文政府在2010年5月提出的"征收资源超额利润税"[3]计划又遭到了矿产行业的强烈反对，陆克文及其领导的澳工党也因此失去了大量的民众支持。

为了挽回澳工党在2010年大选中的失败局势，陆克文被迫于当年6月24日宣布辞职。接任澳工党领袖和联邦总理的吉拉德为平息部分选民对澳工党的抵触情绪，在气候政策上作出一系列调整。其中，最引人瞩目的是改变了陆克文"一步到位"地引入碳排放交易机制的做法，首先提出固定碳排放税制度，宣布"从2012年7月1日开始，对澳大利亚500家重污染企业征收碳排放税，具体征税标准为2012年7月1日至2013年6

---

[1] 第一，《公平工作法》废除了个人工作场所协议，把劳资谈判作为雇员和雇主达成协议的主要手段，规定如果大部分雇员都要求谈判，雇主必须和雇员进行基于诚意的谈判；第二，《公平工作法》仍然规定雇员在会见雇主前须提前24小时向雇主提交通知，且只能于休息期间在工作场所会晤员工，但工会无须再征得雇主同意，只需取得澳大利亚公平工作委员会的准许即可进入工作场所；第三，《公平工作法》废除了只有100位员工以上的大公司的雇员有申诉遭不公平解雇的权利的规定，恢复了雇员自认"遭无情或不公平"解雇而提出申诉的权利，为所有雇员提供了免受不合理开除的保护；第四，《公平工作法》废除了《工作选择法》中规定的仅适用于自行在工作场所签署协议（而不适用于由工会集体谈判达成协议）的员工的五项最低工作标准，重新制定了十项受保护的裁定劳动条件，以保障雇员的每周工时、最低工资、超时工作津贴、年薪、公众假期、假期津贴、公积金、遣散费等权利。

[2] Kevin Rudd, "Rudd Government Ratifies Kyoto Protocol: First Official Decision", Dec.3, 2007, http://australianpolitics.com/2007/12/03/rudd-government-ratifies-kyoto-protocol.html.

[3] 主要是要求矿产企业须将他们开采的不可再生资源所获利润的40%作为税金上缴。

月30日，每吨二氧化碳征收碳排放税23澳元，之后两个年度逐年提高2.5%，直到2015年实施一个长期的碳排放交易机制为止"[1]。

吉拉德政府提出和实施的碳排放税制度实际上是陆克文时期资源附加税的延续。按照澳大利亚煤炭协会首席执行官拉尔夫·希尔曼（Ralph Hillman）的观点，吉拉德时期的碳排放税制度事实上比陆克文时期的减排方案更为苛刻。[2]所以，吉拉德政府的固定碳排放税制度在很大程度上也伤及了澳大利亚能源产业的利益，增加了澳大利亚制造业的负担，并关联性地提高了物价水平，从而遭到利益相关人群的反对。2013年7月，迫于各方压力，取代吉拉德再次担任澳工党领袖和联邦总理的陆克文在环境问题上有所妥协，宣布以浮动的碳排放交易机制取代固定碳排放税。尽管如此，澳工党所制定的环境保护政策在改善澳大利亚的气候条件中还是起到了非常积极的推动作用。

三、对澳大利亚工党"第三条道路"的评析

"第三条道路"既是20世纪90年代中期以来的澳工党为克服因意识形态右倾带来的身份危机，而以重塑不同于自由党的身份特征而进行的理论和实践创新，也是澳工党为克服传统民主社会主义和新自由主义的政治危机，寻找解决经济社会问题的新方案而进行的策略选择。至少从理论上可以说明，澳工党跨越了传统的意识形态障碍，突破了传统的思维定式，这反映了澳工党在新的历史条件下的变革努力。澳工党对"第三条道路"的探索使它能够从2007年到2013年连续执政。但是，澳工党对"第三条道路"的探索已经明确表明，它并不是将社会主义视为一种比资本主义优越的社会制度，而仅仅视为一种具有伦理特征的"社会价值"，它的政治目标已经转变为在资本主义制度内实现"社会主义价值"。这也就意味着澳工党仍然没有准确定义自己的政治属性，也不可能从根本上解决澳大利亚在资本主义制度运行下产生的经济和社会问题。

自冷战结束以来，澳工党的政治影响力在经历了六年的短暂高涨之后再次转入低潮，充分说明澳工党并没有走出冷战结束后的政治危机。究其原因，与澳工党所选择的"第三条道路"的局限性有关。澳工党在20世纪90年代中期以来极力渲染"中间立场"，力求为自身的发展谋求一条出路。但是，澳工党为争取新中间阶层的支持而在政治上向中间阶层靠拢的行为，既受到了来自党内左翼人士和国内工会组织的攻击，又受到了来自右翼自由党的挑战。

澳工党的这一尴尬处境所反映出的实质是，没能在党的组织属性和政治现实之间

---

[1] 丁斗：《2007年以来的澳大利亚气候政治》，《国际政治研究》2011年第3期。

[2] 曹扬、陈南：《澳大利亚将征收碳排放税吉拉德食言》，《新华每日电讯》2011年7月11日。

找到平衡点。澳工党的长远发展要求它必须要有自己的身份特征，因此澳工党乐于接受"第三条道路"作为新的政治旗帜，但在政治现实面前，问题便产生了。澳工党为了突出它对民生问题的关注，在财政上可谓是"坐吃山空、入不敷出"。2007年自由党下野时，曾留下198亿澳元的财政盈余，但澳工党执政后所采取的扩张性财政和货币政策，使澳工党执政时期的财政赤字始终处于高位，2009—2010财年的财政赤字竟高达545亿澳元。[1]尽管这一时期的高赤字是世界金融危机冲击的必然结果，但与澳工党为了彰显它"第三条道路"特色而进行的"高投入"变革也不无关系，这无疑会加重澳工党的执政风险。与此同时，澳工党以"第三条道路"为指南而在大选中提出的政策主张和作出的政治承诺在2008年国际金融危机影响下大多是没有条件兑现的。例如，澳工党政府因资金不足而放弃了建立222个儿童保育中心的计划；为没有绝缘层的房屋加装绝缘层的计划也因资金缺乏半途而废；实施碳交易的计划因能源产业人士的反对而不得不推迟等。[2]尽管澳工党政府在兑现承诺上的确面临诸多现实困难，但澳工党的这种"口惠而实不至、务虚多于务实、造势多于行动"的行为还是令很多选民倍感失望，从而对澳工党的诚信提出严重质疑。另外，从执政实际成效来看，澳工党的"第三条道路"的确没能有效地扭转国际金融危机冲击下澳大利亚财政紧缩、失业人数上升的困境，很多人因此开始对澳工党的"第三条道路"产生怀疑，认为澳工党政府的改革不过是"换汤不换药"，依旧为了效率而牺牲公平。

当然，澳工党凭借"第三条道路"的口号在短期内吸引了选民，但就"第三条道路"这个概念本身来说，事实上是表面形式大于实际内容的。澳工党更多的是想借助这一新标签来引起选民的关注，随着好奇感和新鲜感的逐渐逝去，"第三条道路"在解决社会问题中大打折扣的实际效果逐渐显露，选民也就失去了兴趣。

在此形势下，尽管澳工党没有放弃"第三条道路"，但比尔·萧藤（Bill Shorten）领导下的澳工党已经将意识形态束之高阁，基本不再提及，而只在社会政策问题的解决上积极表明态度。2015年7月，在野的澳工党举办了第47次全国代表大会，大会修订的党纲是首个根据澳工党全国政策论坛制定的新框架修订而成的政策性文件，概述了澳工党未来政策的主要着力点，表明澳工党将致力于提高民众生活条件、保障国家安全、为民众提供更多的发展机会、永远不会接受根深蒂固的社会不公正的立场。[3]2016年，澳工党在最新的竞选纲领中表示，将充分代表工人阶级和中产阶级的利益，并推出了一系列积极的经济和社会政策。比如，为推动社会公平的发展，提出将投资学校

---

[1] 李佳彬、陈小方：《执政六年澳工党缘何落败》，《光明日报》2013年9月8日。

[2] 李景卫：《澳大利亚大选年预算出台陆克文借此重新密切与选民关系》，《人民日报》2010年5月13日。

[3] "ALP's National Platform 2015"，http://www.alp.org.au.

和高等教育、增加基础设施支出、开创一个清洁能源的未来、建设全民医疗保健系统等；为了平衡巨大的财政支出，将采取向跨国公司征税、减少对百万富翁养老金的税收优惠、提高烟草消费税、不再成立减排基金、不再继续发放自由党政府时期的新生儿补贴等。[1]

可见，现如今的澳工党仍然在为平衡经济效率和社会公平之间的关系而努力。从意识形态角度来说，尽管现如今的澳工党选择对"第三条道路"避而不谈，但澳工党并不会放弃这一指导思想。其中有两个方面的原因：一是随着后工业社会的深入发展，澳大利亚的社会阶级结构进一步趋向中间化，澳工党重返激进左翼的老路、重新回头依靠传统工人阶级的支持显然已经是不可能的了；二是澳工党想要保持自己独特的身份特征就不能彻底放弃它作为左翼政党的传统价值理念和行动方案，所以澳工党也不可能完全接受新自由主义的主张。

因此，尽管目前澳工党已经很少使用"第三条道路"的表述，但仍然坚持"第三条道路"的核心理念，其政策主张仍然属于"第三条道路"的范畴。可是，我们也应看到，包括澳工党在内的世界范围内的社会民主党目前所遭遇的身份危机是极其严峻的。新自由主义的盛行、福利国家危机本身就模糊了澳工党的身份，而此时又恰逢全球性的金融危机，通货膨胀、物价上涨、大量失业等社会问题的出现在破坏了选民对于"第三条道路"的期望的同时，又进一步加剧了澳工党已经存在的身份危机。不过，这并不意味着澳工党所走的"第三条道路"的失败，毕竟澳工党在"第三条道路"上摸索的时间并不长，澳工党能否借助"第三条道路"重塑自身的身份特征、能否更好地发挥其政治作用还需要时间来检验。

原载于《当代世界与社会主义》2016年第5期

---

[1] "Positive Plan to Help Housing Affordability", http://www.alp.org.au/negativegearing.

澳大利亚工党变革的现状及态势

赵　婷　董沐夕

摘　要： 澳大利亚工党是澳大利亚的主要政党之一。工党多次执掌国家政权，在澳大利亚政治舞台上发挥着重要作用，这与其自身的不断变革密切相关。当前，工党对其价值与目标进行了提炼，进一步明确了党的性质和工作方向；定期革新党的纲领和政策，完善党内法规建设；调整党员结构，加强组织的中央权威；改革党内决策机制，扩大党员决策参与权；适应新形势的发展，改革社会福利政策，积极制定环保政策，不断增强政党的适应性和竞争力。

关键词： 澳大利亚；工党；变革

澳大利亚工党自1891年成立以来，在澳大利亚政治舞台上一直扮演着重要角色，多次与自由党—国家党联盟轮流执政。适应新形势、解决新问题、努力代表更广泛的民意、扩大社会基础是澳大利亚工党的生存之道。进入21世纪以来，为了进一步增强党的适应性和竞争力，澳大利亚工党在党的价值与目标、党内法规、党的组织结构、党内决策体制等方面进行了一系列变革和调整，呈现出一些新的特点和走势。

一、凝练价值与确立工作新方向

进入21世纪的澳大利亚工党，特别重视党的价值凝练与党的工作方向的有机统一，善于将党的价值目标具体化、现实化。新修订的党章党纲以平等、民主、自由和社会合作的价值为引领，确定了党在政治、经济、社会、生态、外交等方面工作的新方向。

工党是澳大利亚历史最长的政党，从成立到现在，其价值和目标日趋成熟。从最初受工联主义影响，到1921年实行"工业、生产、分配和交换社会化"，正式确立社会主义目标，再到1957年大会上明确民主社会主义的目标。1982年工党代表大会对党的目标作了最根本性的重新修订。新纲领明确规定"澳大利亚工党是一个民主社会主义的政党。它的目标是在工业生产、分配交换领域实现民主的社会主义化，从某种程度上，消除剥削和上述领域中其他反社会现象"[1]。在1984年和1986年工党全国代表大会通过的纲领中，上述基本原则得到了肯定。进入21世纪，工党为了适应澳大利亚经济社会文化的发展变化，在最新的党章与党纲中进一步明确了它的价值和目标。2000年工党的新纲领提出：在经济全球化时代，澳大利亚人仍然要依赖工党传统的价值观，工党认为建设一个好的社会最可靠的办法是满足大部分人的需求以及提供给每一个人充分发挥潜能的机会；工党承诺要实现澳大利亚经济与社会正义、公平、平等的共同发展[2]。2006年陆克文担任工党新领袖后明确宣称，他不曾也不会成为"社会主义者"，而是一位"社会民主主义者"，他认为要想把澳大利亚工党"建设成为现代化、进步和民主的党"，就必须像英国工党一样，走超越"左"与"右"的"第三条道路"[3]。

工党现行的党章进一步指出，澳大利亚工党是民主社会主义政党，将致力于推动国际民主社会主义运动的发展。2016年，工党在最新的竞选纲领中提出"把澳大利亚人民放在第一位"[4]的口号，并表示以比尔·肖腾为领导的工党政府将充分代表工人阶级和中产阶级的利益，在经济、政治、文化、社会、生态等方面采取积极政策，为澳大利亚人民谋福利[5]。为了达成上述目标，实现平等、民主、自由和社会合作的政治和社会价值，澳大利亚工党的工作方向是：（1）政治方面：承认和保护基本的政治权利和公民权利，包括：言论自由、出版自由、集会自由、结社自由、宗教信仰自由；保护私有财产及个人自由；对澳大利亚司法体系进行民主改革；（2）经济方面：在重要经济领域建立和发展以联邦、州或其他社会所有制形式为基础的公共企业；为了全澳大利亚人民的利益，对澳大利亚的自然资源实行民主的、战略性的社会所有制；承认私有产权，鼓励私营部门发展；保护劳工权益，为工人创造更安全、更健康、更人性的工作环境，扩大工人的参与度和决策权；（3）社会方面：消除贫困，在收入、财富、机会的分配上实现更大程度的平等；实现社会公正，实现个人、家庭及所有社会成员的平等；就业、教育、信息、科技、住房、健康和福利政策、文化、娱乐活动及法律地位的机会平等和权利；消除对阶级、种族、性别、性倾向、宗教、政治派别、民族血统、国籍、年龄、残疾、地区、经济或家庭地位的歧视；承认和鼓励澳大利亚多样化的文化和生活方式；承认土著居民和岛民的土地所有权；承诺把既定的传统土地的所有权退还给土著居民和岛民；（4）生态方面：合理利用自然资源，保护自然环境，

---

[1] Dean Jaensch, The Australian Politics Guide, Melbourne: Mcmillan PtyLtd, 1996, p.400.

[2] Australian Labor Party National Platform 2000, p. 1-2, http://australianpolitics. com/downloads/alp/2000/platform—2000. pdf.

[3] 秦德占：《塑造与变革：澳大利亚工党社会政策研究》，河南人民出版社2009年版，第276页。

[4] http://www. alp. org. au.

[5] 根据宪法，澳大利亚最迟必须在2017年1月举行大选，但一般估计选举会在2016年下半年就举行。——作者注

实现生态可持续发展；（5）外交方面：工党致力于维护世界和平；在世界事务中保持澳大利亚的独立地位；承认所有国家自决和独立的权利；遵守区域和国际军控和裁军协议；给予发展中国家经济和社会援助；承诺通过联合国解决国际冲突；承认所有人享有自由、平等、民主、社会公正的权利。工党在追求这些目标时，要与工会、合作社团开展合作，也要与志愿组织、社会团体和其他有代表性的团体展开合作。

二、完善党内法规和依规治党

健全和完善党内法规、依规治党是澳大利亚工党的传统，目前已经形成了一套比较完整的党内法规体系，既有关系政党发展大局的宏观制度，如党章、党纲和党的竞选纲领等，也有一些涉及政党具体活动的规章制度，如决策制度、选举制度、经费筹集制度、纪律维护制度、党员联系活动制度等。这些规章制度，一方面宣示工党的价值诉求和纲领政策，另一方面规范和约束党员的行为，如规范选举以赢得政权、处理党内争议、监督党内事务，以及党内的纪律约束等。当前澳大利亚工党完善党内法规和依规治党的重点是对党章和党纲的修订和完善。

党章修订与时俱进，不断增添新内容、新规范。澳大利亚工党的党章是党的根本大法，由工党全国代表大会负责制定、修改，党内其他机构不享有此等权力。工党党章主要规定了党的基本目标与原则、党的组织结构、党的组织原则、党员、全国代表大会议事规则等内容。工党党章是参照澳大利亚《选举法》《政党登记指南》等规定制定的，包含政党名称、目标与原则、各级组织结构、党员资格、全国代表大会议事规则、党章修订方法等内容。工党的党章曾多次修订和补充，比如，1955年代表大会补充了党员提出法律诉讼的条款；1963年代表大会明确规定政府人士不能干涉工会活动；1981年代表大会提出"反歧视行动"，目的是增加女性在党、政府各级职务中的比例；1994年代表大会补充了工党筹集资金的行为规范；等等[1]。21世纪以来，为了适应新形势的发展，工党在第46届、第47届党代表大会上多次对党章进行了修订和完善。例如，将全国政策论坛写入党章，进一步明确党各级职位的男女比例，采取措施招募党员等。

党纲调整紧跟社情民意变化，凝练党的价值，提出新的理念。澳大利亚工党党纲可以分为正式党纲和非正式党纲。正式党纲是由工党全国代表大会通过的政党纲领。非正式党纲是指工党在议会或联邦竞选中提出的竞选纲领、施政纲领等。工党一般每3—4年修订一次党纲，现行纲领于2015年工党第47届全国代表大会上通过。现行党纲共分为11个部分，总结了21世纪以来面临的主要问题，并有针对性地提出了自己的认

---

[1] Australian Labor Party National Platform 2015，p. 224. http://www. alp. org. au.

识和对策。现行党纲的主要内容包括：工党的价值观；为澳大利亚人创造繁荣的经济；构建澳大利亚的未来；解决气候变化和环境危机；提供体面的工作；澳大利亚老年人的新机遇；为澳大利亚人提供世界领先的教育；健全卫生系统；社会公平；民主、高效的政府；澳大利亚在世界中的位置。

除了不断修订党章与党纲外，工党内部规章对于政党经费筹集也有严格规定。目前，澳大利亚选举法规定，当捐赠资金数额达到12400澳元及以上时，政党必须公开捐赠信息。为了保障财务透明，工党对于资金捐赠的规定是当捐赠资金超过1000澳元时，就必须进行信息公开[1]。工党内部规章制度所规定的捐赠资金数额远远低于《选举法》中的相关规定，确保了捐赠资金的信息透明，防止工党候选人贪腐或浪费筹集资金。

三、加强中央权威和优化党员结构

进入21世纪以来，澳大利亚工党为了增强凝聚力、战斗力和竞争力，特别重视党的组织变革。2002年8月，工党特别调查委员会向联邦执行委员会提交的调查报告就扩大党内民主、优化党员结构、更新党的纲领和政策、重构同工会的关系模式等问题提出了诸多建议[2]。同年10月5日，西蒙·克林（Simon Crean）在联邦工党特别代表会议上指出："如果工党希望澳大利亚选民信任工党，工党必须先改造自己。"[3]2014年4月22日，比尔·肖腾（Bill Shorten）在其发表的题为"重建工党——向现代化的工党迈进"的演讲中宣布："今天是开启重建澳大利亚工党之日，现在我们有了更多的成员，我们的成员有了更多的发言权，我们要建设一个更强有力的工党。"[4]从当前澳大利亚工党组织变革的现状和走势看，加强党中央的权威和优化党员结构是其重点。

（一）加强中央权威

工党的党组织结构分为中央级组织和地方级组织。中央级组织包括全国代表大会、全国执行处和全国执行委员会。全国代表大会是党的最高权力机构。全国代表大会的决定对党的每一个成员和部门都有约束力。全国代表大会是工党的最高决策机构，负责制定和通过党的章程、纲领以及各种政策主张的重要文件。全国执行处是党的总执行机构，只对全国代表大会负责。全国执行处的决定对工党的所有部门和成员都具有

---

[1] https://australianlaborparty. nationbuilder. com/donate.

[2] Bob Hawke, Neville Wran, National Committee of Review—Report, August 2002, http://australian-poli- tics. com/downloads/alp/02-08-09_ hawke-wran-review. pdf.

[3] 韩隽：《澳大利亚工党研究》，新疆大学出版社2003年版，第313页。

[4] Bill Shorten, Towards a Modern Labor Party, http://www. alp. org. au/rebuild_ labor.

约束力，其影响力仅次于全国代表大会。全国执行处主要负责管理党的事务、贯彻全国代表大会的决议、解释党章或党纲等。每年至少召开三次会议。全国执行委员会服从全国执行处，负责召开全国执行处的会议。中央以下设两级地方组织，其中中级组织包括工党在州一级的分部，基层组织是州以下的地方支部及下属工会。

澳大利亚实行联邦制，所以工党在组织结构上也是联邦制。在20世纪60年代之前，工党的权力主要集中在州一级的党组织中[1]。与此相对应的是党中央权威的严重不足。在组织结构上，工党全国代表大会及其执行委员会是最高权力机构和执行机构，但直到1967年，工党全国代表大会只有6个州的党组织各派出的6名代表，一共是36名成员[2]。1967年，时任工党领袖的高夫·惠特拉姆（Gough Whitlam）在参加西澳大利亚州的州代表大会时指出：世界上其他国家的社会主义政党都有一个强有力的中央党组织，但是我们党的联邦机构却只有一个全国秘书处加两个排字工人的小组[3]。

针对党中央权威不足的问题，澳大利亚工党采取的主要解决办法是调整全国代表大会和执行委员会的代表结构和人员规模，以提高党的全国组织的地位。20世纪60年代末期，惠特拉姆将工党执行委员会的人数从之前的12人扩大到17人，其中增加了4个联邦议会党团的领袖和1个北领地的工党代表；将联邦工党代表大会的人数从之前的36人增加到47人，其中增加4个联邦议会党团的领袖、1个北领地的工党代表，还有其他州的工党代表，另外还特别要求参加联邦工党代表大会的每个州的州代表中必须包括各个州的工党议会领袖[4]。随着后来工党对全国代表大会和执行委员会代表构成的进一步调整，构成执行委员会和全国代表大会的代表人数逐渐增多。2011年，工党执行委员会的人数有20位[5]，现已扩大到26位[6]。工党全国代表大会的人数在1981年时有99位成员[7]，在1990年时有101位成员[8]，到了2011年已达到400位[9]。通过这样的调整，工党在参众两院的领袖、副领袖成为党的全国代表大会和执行委员会的当然成员，各州工党在州众议院的领袖也成为党的全国代表大会的当然成员，党的全国组织的地位逐渐得到

[1] 沈永兴、张秋生、高国荣：《列国志：澳大利亚》，社会科学文献出版社2010年版，第173页。

[2] 刘丽君、邓子钦、张立中：《澳大利亚文化史稿》，汕头大学出版社1998年版，第173页。

[3] Ross McMullin, The light on the hill: he Australian Labor Party 1891-1991, Oxford University Press, 1991, p. 316.

[4] Ross McMullin, The light on the hill: he Australian Labor Party 1891-1991, Oxford University Press, 1991, p. 318.

[5] Australian Labor Party National Platform. p. 237. http://www.alp.org.au.

[6] 工党执行委员会成员详见 http://www.alp.org.au/national_executive.

[7] Ross McMullin, The light on the hill: he Australian Labor Party 1891-1991, Oxford University Press, 1991, p. 399.

[8] 刘丽君、邓子钦、张立中：《澳大利亚文化史稿》，汕头大学出版社1998年版，第149页。

[9] Australian Labor Party National Platform 2015, p. 235, http://www.alp.org.au.

提高。

（二）优化党员结构

澳大利亚工党是全国最大的政党，有党员120多万人，其中个人党员约5万人，其余为工会集体党员[1]。党员依入党方式可以分为两类，分别是个体党员和工会团体党员。党员成分主要是各行业职员、技术工人、高级和普通公务员、自由职业者。为了壮大党员队伍，工党加大了对个人党员的吸收力度。具体体现为工党继续放宽了入党条件，党纲规定所有的澳大利亚公民，只要接受工党的目标，且与其他政治党派没有关系，都可以成为澳大利亚工党党员。2011年12月，工党在第46届全国代表大会上通过的章程规定，要在2012年招募8000名新党员。2015年工党在第47届全国代表大会上继续重申了招募党员的任务。为此，工党简化入党程序，鼓励各州、领地的支部以社区组织的形式，授权给工党党员或支持者，在当地招募党员，组织宣传活动；为了照顾青年人和低收入群体，降低党费数额，并考虑为青年党员和附属工会会员提供党费折扣。工党章程规定，所有工会组织都有资格加入工党。工党鼓励工会会员入党，并为工会会员提供党费优惠。

为吸引个人入党，工党采取多种措施，比如将党的入党登记表挂在网上，以方便那些认同党的政策主张的民众随时办理入党手续或申请为志愿者[2]；通过将"属地支部"改建为"环境支部""教育支部""维护小企业主利益支部"等"主题支部"的方式增加工党的吸引力[3]。比尔·肖腾在2014年4月发表的演讲中，宣布工党将于2014年7月开始实施"一键式"网上入党申请，设立全国统一的低价党费，他还建议某些州应删除民众想要加入工党必须先加入某个工会的条款[4]。

工党还采取诸多措施，吸收女性党员、土著党员、年轻党员。在吸引女性入党方面，一是建立了全国劳动妇女组织，用于鼓励妇女加入工党、制订并推广一些劳动妇女的技术培训计划，促进工党与社区妇女组织的交流，确保妇女参与政策制定过程、向妇女论坛提名代表等党务工作；[5]二是重视提高党内女性党员在议员和高级干部中的比例。为了保障男女平等，促进社会公平，工党现行的章程明确规定在党的各级职位中，每个性别的比例最低各占40%[6]。在吸引土著党员入党方面，工党建立了由各州的

---

[1] Steve Bracks, John Faulkner, Bob Carr, 2010 National Review—report to the ALP National Executive, p. 10.

[2] 柴尚金：《变革中政党：国内外政党建设的经验与教训》，经济科学出版社2013年版，第63页。

[3] 姜跃：《国外政党执政面临的几个共同问题及其应对》，《中共中央党校学报》2008年第6期。

[4] Bill Shorten, "Towards a Modern Labor Party", http://www.alp.org.au/rebuild_labor.

[5] Australian Labor Party National Platform 2015, p. 211, http://www.alp.org.au.

[6] National Constitution of the ALP 2015, p. 209, http://www.alp.org.au.

劳工网络联合而成的全国土著劳工网络体系，该网络体系旨在吸引、帮助工党中的土著成员，增加土著居民在工党各层的参与度，增加认同感，培训、支持土著候选人。工党承诺全党党员将在最大程度上代表土著居民利益，鼓励土著党员就任党的各级职位[1]。在吸引年轻人入党方面，工党也采取了多种办法，比如，设立网络党支部，在工作场所、大学校园中建立党的组织，允许不到法定选民年龄的青年人参加党内投票活动等[2]。工党与时俱进，积极运用互联网和新媒体，开通了Facebook、Youtube、Twitter等社交工具，及时推送党内信息，加强了与年轻人的互动和交流。

四、创设政策论坛和扩大党员参与权

澳大利亚工党传统的决策体制是，只有州支部、澳大利亚青年工党、联邦议会工党以及过半数州的澳大利亚工党附属工会才有权向联邦执行委员会提交议题。在某些特别议题由过半数支部提出且这些议题确实具有全国意义时，才可以召开全国代表大会特别会议[3]。工党的这种决策体制存在的最大的问题就是，基层党员基本没有机会参与到党内决策中来。

在扩大基层党员决策参与权的改革中，工党的做法是首先通过提高党员代表中个体党员代表的构成比例，增加个体党员在党内决策中的话语权。其次，为了给基层党员参与党内决策搭建平台，工党建立了工党全国政策论坛以及各州、领地支部政策论坛。全国政策论坛以促进联邦议会工党、党员及分支机构之间关于政策的讨论、发展为主要目标，由来自党的各个部分的提名代表组成，每三年改选一次，负责审核政党纲领，组织政策委员会领导党内的辩论，就政策问题向全国代表大会和全国执行处提供建议。全国政策论坛每年至少开会三次，且至少在首都之外的城市开会一次[4]。为了使全体党员能够最大限度地参与到决策过程中来，在全国执委会的指导下，各州、领地支部都效仿全国政策论坛的形式在主要区域中心设立中心政策支部或论坛，用以向全国政策委员会提供建议。所有党员都有资格参加各个州、领地政策委员会会议，探讨相关政策议题。各州支部、澳大利亚青年劳工组织、联邦选举理事会、劳工运动策略委员会，以及附属于党的工会组织等机构都有权向全国政策论坛提交议案，作为反馈，全国政策论坛会以书面形式把对议案的审阅意见告知这些机构。

这样一来，工党的决策体制更加科学和完善。新体制保留了工党代表大会对党的

[1]　Australian Labor Party National Platform 2015，p. 204，http://www. alp. org. au.

[2]　韩隽：《澳大利亚工党现代化进程评析》，《聊城大学学报》（社会科学版）2004年第4期。

[3]　金太军：《当代各国政治体制——澳大利亚》，兰州大学出版社1998年版，第123页。

[4]　Australian Labor Party National Platform 2015，p. 214，http://www. alp. org. au.

政策的最终决定权，而全国政策论坛和各州、领地政策论坛的建立和运行，既为工党的中央权力机构与地区党组织之间的直接对话提供了可能，也为广大基层党员直接参与党的决策提供了平台，使他们的意见和建议通过在地方政策论坛的讨论后提交给全国政策委员而得到反映。同时，新的决策机制还加强了中央层面机构在决策中的协调性和统一性，州一级的权力被弱化，而广大党员与中央之间的直接联系得到了加强。全国执行委员会的内部权力从工会到了普通党员。

五、调整党的政策与塑造亲民形象

作为竞争体制下的政党，澳大利亚工党向来重视以社情民意为晴雨表调整党的政策和塑造亲民政党形象。进入21世纪以来，澳大利亚工党更是注重社情民意，以兼顾效率和公平为原则，不断调整党的政策，积极探索实现社会公平正义的有效办法。这突出表现在社会福利政策和环保政策的改革和调整上。

（一）改革社会福利政策

在1996年的大选中下台后，工党深刻反省了霍克—基廷工党政府在新自由主义指导下所进行的社会福利建设中的不足。工党重新强调："经济发展的目的是促进福利，提高所有澳大利亚人的生活质量，即通过提供最大限度的就业机会和收入的增长来提高生活水平，使社区能够向那些无法通过自身努力获得上述好处的人提供一种体面的生活。"[1]事实上，工党在1996年以来所主张的社会福利政策是在"第三条道路"的指导下，在新自由主义分配标准和平均主义分配标准之间选择的一条折中路线，以求在处理效率与公平之间的关系问题上找到一个平衡点。这不仅是为了重新突出工党的"公平"理念，更是为了挽回曾对工党的福利措施感到失望的那部分选民的支持。因此，在具体的实践中，工党强调其与自由—国家联盟党在社会福利建设上的最大区别在于，联盟党致力于"削减"，而工党致力于"投入"，强调工党要比联盟党更善于协调社会利益。

在新的社会福利理念的指导下，2007年上台的陆克文工党政府主张加大对社会福利的投入力度，除了在技能培训、国民教育等方面增加专项投资这种间接福利手段外，工党还致力于通过直接救济的方式改善澳大利亚人的生活水平。比如，陆克文政府推

---

[1] 韩隽：《澳大利亚工党研究》，新疆大学出版社2003年版，第311页。

出了减免税政策，中低收入者从2008年7月起可以获得每年1000澳元的减税[1]。另外，工党政府还增大了现金福利发放的力度。比如，为了促进养老金领取人群和低收入家庭的支出，工党政府从2008年12月8日起，分别向领取抚恤金的寡居者和老人一次性每人发放福利金1400澳元，老年夫妇2100澳元，需护理的特殊群体每人1000澳元，儿童每人1000澳元，凡符合"家庭税务福利A"以及符合条件领取"青年补贴"、助学金或"退伍军人子女教育计划"的家庭均可获此福利发放[2]。

2010年6月，接替陆克文担任工党领袖和联邦总理的朱莉娅·吉拉德（Julia Gillard）继续推进福利改革，针对"澳大利亚普通公民即便不工作，也能领到确保衣食无忧的社会救济"这种被描述为"腐蚀性"的福利效应，吉拉德适当减少了用于社会福利的开支，但相对于霍克—基廷时期，陆克文—吉拉德工党政府时期的社会福利政策仍然表现出了明显的广泛性和深入性。新一届工党领袖比尔·肖腾继续扩大社会福利政策覆盖面，致力于改革和建立健全惠及所有国民的福利体系。在2016年的竞选纲领中，肖腾提出了工党的"100项积极政策"，将继续加大对教育、医疗、就业、养老等方面的投入[3]。

工党是澳大利亚最早推行社会福利政策的政党。工党所推行的一系列社会福利措施，极大地改善了澳大利亚人民的生活。在社会福利政策的制定中，工党坚持把澳大利亚人民放在首位，力争惠及最大多数人，这体现了工党所推行的社会化理念和目标。

（二）制定积极的环保政策

随着人们对生活质量重视程度的提高，环境的治理问题始终备受民众关注。面对大气污染所导致的气候变化，澳大利亚工党选择坚持其"改良"的执政方式和"公平"的价值理念，利用其在气候变化问题上同自由党—国家党联盟截然不同的立场来塑造工党与时俱进的良好形象。

陆克文在2007年大选前夜的竞选演说中说道："霍华德反对建立碳排放目标和温室气体贸易，如果我当选，我将确立和实施减少60%碳排放的目标，并建立全国范围的温室气体贸易机制。霍华德反对发展可再生能源，如果我当选，我将确立和实施在2020年前完成开发20%可再生能源的目标。"[4]凭借在环境问题上的政策主张，陆克文赢

---

[1] 澳大利亚财政部文件显示，年收入少于5万澳元的人群将成为政府减税政策的最大获益者。工资为4万澳元的人每周税金将减少20澳元，是以前联邦政府平均每年减税的3倍。年收入5万澳元的中等收入者将获得每周15澳元的减免。

[2] 沈永兴、张秋生、高国荣：《列国志——澳大利亚》，社会科学文献出版社2010年版，第130页。

[3] http://www.100positivepolicies.org.au/?_ga=1.264673103.1996092097.1456386088.

[4] K. Rudd, "Policy Launch Speech", November 14, 2007, http://static.oph.gov.au/timeline/media/docs/pms-speeches/2007%20rudd%20policy%20speech.pdf.

得了2007年的大选，在就任当天就正式签署了曾被联盟党拒签的《京都议定书》[1]，宣称要在2050年前将澳大利亚的温室气体排放量减少60%[2]。在落实应对气候变化政策的行动中，陆克文提出了"碳污染减排机制"（Carbon Pollution Reduction Scheme，CPRS）法案，把碳排放交易机制（ETS）作为碳污染减排的新途径[3]。作为补充，陆克文还主张大力发展太阳能、风能和核能等可再生能源，并提出了建造全球规模最大的太阳能发电站网络的计划。接任工党领袖和联邦总理的吉拉德提出了固定碳排放税制度，即从2012年7月1日开始对澳大利亚500家重污染企业征收碳排放税，具体征税标准为2012年7月1日至2013年6月30日，每吨二氧化碳征收碳排放税23澳元，之后两个年度逐年提高2.5%，直到2015年实施一个长期的碳排放交易机制为止[4]。

可以说，陆克文—吉拉德工党政府致力于平衡经济效率与社会公平的关系，为缓和澳大利亚的社会矛盾作出了突出贡献。继任工党领袖肖腾表示，在环保问题上继续采取积极政策，并提出要在2050年实现零污染的长远目标[5]。为此，工党将继续削减碳排放量，并增加对可再生能源的投入，发展清洁新能源，争取在2030年将可再生能源在总能源中的比例提高至50%[6]。而且，新一届工党领袖表示，保护全球环境是一项重要的外交政策，工党将积极开展环境外交，在环保和可持续发展问题的多边论坛中发挥领导作用。工党将带领澳大利亚人民积极行动起来，在环保问题上有所作为。

综上所述，进入21世纪以来，澳大利亚工党面对国际国内客观环境的新变化，为了增强党的适应性和竞争力，为了赢得大选和追求党的执政地位，不断进行自身变革，将包容、民主、开放、多元、信息等现代化社会元素注入到党的肌体和党的建设中，在党的价值凝练、法规完善、组织变革、决策体制创新、政策调整等方面出现许多新的变化和特点，其中的经验和走势值得借鉴和关注。

原载于《当代世界社会主义问题》2016年第2期

---

[1] 《京都议定书》全称《联合国气候变化框架公约的京都议定书》，是人类第一部限制各国温室气体排放的国际法案，由联合国气候大会于1997年12月在日本京都通过。其目标是将大气中的温室气体含量稳定在一个适当的水平，进而防止剧烈的气候改变对人类造成伤害。

[2] http://www. chinadaily. com. cn/world/2007—12/03/content_ 6294935.htm.

[3] 2010年5月，陆克文政府推出的矿业税改革方案，即拟对矿企征收 40% 的"资源超额利润税"（RSPT），要求矿业企业须将其开采不可再生资源所获利润的40%缴为税收。

[4] 丁斗：《2007 年以来的澳大利亚气候政治》，《国际政治研究》2011年第3期。

[5] http://www. 100positivepolicies. org. au/net_ zero_ pollution_ by_ 2050.

[6] http://www. 100positivepolicies. org. au/net_ zero_ pollution_ by_ 2050.

澳大利亚工党党规建设

赵　婷　董沐夕

摘　要： 澳大利亚工党是澳大利亚的主要政党之一，在澳大利亚政坛上发挥着重要作用。作为历史悠久的成熟政党，工党具有完备的党章、纲领、制度、规约、准则等内部规章。在内部规章制度建设过程中，工党注重党章、党纲等根本制度的建设，并不断革新自己的纲领和目标；注重发扬党内民主，保障党员权利，进一步扩大了基层党员的选举权和决策权；注重实事求是、与时俱进，不断增强自身的政党适应性。

关键词： 澳大利亚工党；党内法规；法律

澳大利亚拥有较为健全的政党体制和法律法规体系。澳大利亚工党（以下简称"工党"）自成立已近130年，是澳大利亚现存的政党中成立时间最早的一个，且党员人数最多。作为西方成熟政党之一，工党历来十分重视政党内部规章制度建设。工党具有完备的党章、纲领、制度、规约、准则等内部规章，并且较好地处理了党内规章制度与国家宪法和法律的关系。

一、澳大利亚工党的基本规章制度

（一）工党基本规章制度的类型、制定机构

一般来讲，政党内部规章制度可大致分为两种类型，即最高层次的党章、党纲与其他补充性的规定。澳大利亚工党的内部制度有关系政党发展大局的宏观制度，如党章、党纲和党的竞选纲领等，也有一些涉及政党具体活动的规章制度，如决策制度、选举制度、经费筹集制度、纪律维护制度、党员联系活动制度等[1]。这些规章制度共同构成了工党内部的法规体系，不仅展现了工党的性质、目标及政策主张，而且规范了党的各级组织和机构的运作，更对党员的行为进行了一定的约束。

---

[1]　赵婷、董沐夕：《澳大利亚工党变革的现状及态势》，《当代世界社会主义问题》2016年第2期。

党章及其他规章制度的制定和修改权属于工党的全国代表大会。全国代表大会是工党的最高决策机构，负责制定和通过党的章程、纲领及其他重要文件。全国代表大会由400名代表组成，均按照单一比例代表制选举。全国代表大会每三年召开一次，特殊情况下可以召开特别会议。党章和其他规章制度的实施机构是全国执行委员会，全国执行委员会是中央级的常设机构，拥有最高的执行权。全国执行委员会服从全国执行处，负责召开全国执行处的会议。

（二）工党基本规章制度的主要内容

工党的党章由全国代表大会负责制定和修改。党章主要包括"目标与原则""一般规则""全国组织原则""全国组织原则的具体实施办法""全国代表大会议事规则"等部分。一般来讲，党章一经通过就比较稳定了。不过，随着时代的发展和形势的变化，工党多次修订过党章。比如，1955年党的全国代表大会补充了"成员提出法律诉讼"的条款，认为工党在处理党内事务时应建立自己的诉讼程序；1963年，党的全国代表大会在"工会选举"问题上作了补充规定，认为政府、外界人士及组织不应干涉工会活动，也号召所有工会会员不要干涉其他工会的内部事务；1981年，党的全国代表大会提出"反歧视行动"，反对性别歧视，推动性别平等，规定党所有的代表大会及会议、党所有的文献及出版物都不应带有性别歧视色彩和性别歧视言论；1994年，党的全国代表大会补充了"工党筹集资金行为规范"，允许各州、领地的财务委员会在自愿的基础上，向个体工会、企业筹资，作为对党的基本收入的补充；等等。[1]

工党的纲领阐释了其理念、价值观以及政治主张。工党从成立至今，共召开过47次党的全国代表大会。一般来讲，每次党的全国代表大会都会制定和通过一份新的纲领，根据时代的发展变化对党的一些具体政策和主张进行调整和补充。所以说，工党的纲领几经变化，一般每三年修订一次。由于工党成立之初多依赖于工会，所以受工会主义影响较大。在1982年的工党代表大会上，工党进行了自1921年以来对它的目标最根本性的重新修订。新纲领明确规定，"澳大利亚工党是一个民主社会主义的政党。它的目标是在工业生产、分配交换领域实现民主的社会主义化，从某种程度上，消灭剥削和上述领域中其他反社会现象"[2]。之后，工党在纲领中基本坚持这一原则。进入21世纪，工党在坚持民主社会主义性质的基础上，结合经济全球化和科技信息化的新发展，对其纲领进行了补充和调整，如主张采取积极措施应对金融危机，繁荣澳大利亚经济；保护气候和环境，发展清洁能源，进一步减少碳污染；建立健全医疗保障体系，为老年人的生存和发展提供全面保障；在移民和难民问题上保持尊重和支持，坚持澳

---

[1]　"Australian Labor Party National Platform 2015", http://www.alp.org.au.

[2]　Dean Jaensch, The Australian Politics Guide, Mellbourne: Mcmillan Pty Ltd, 1996, p.400.

大利亚的多样性等。

除不断修订党章与党纲外，工党内部规章对于政党经费筹集也有严格规定。《1918年联邦选举法案》最初对每个候选人的最高选举费用作出了规定，参议员候选人为500澳元，众议员候选人为250澳元。从1946年起，法律规定了竞选费用的限额，众议员不得超过500澳元，参议员不得超过1000澳元。但是，实际上的竞选费用远远超过限额。1981年以后，新南威尔士州的选举开始接受公众捐款。1983年，澳大利亚修改《1918年联邦选举法案》的部分条款，允许政党在联邦参众两院选举中接受公众捐款，条件是政党须在选举委员会注册，并且该政党在议会中至少有一名代表或者至少有500名党员。选举法案规定每一个候选人、组织及政党都必须向选举委员会提交一份在选举期间获得的捐资以及开支情况报告，所有政党及候选人须将其接受的捐赠及捐赠人的姓名和地址公开。目前，澳大利亚选举法对于政党必须公开的捐赠资金限额是13000澳元，澳大利亚选举委员会（Australian Election Commission，AEC）将定期公布各政党所获得的选举资金及捐赠资金的详细信息。为了规范党的财务制度，工党的政策规定，当捐赠资金达到1000澳元及以上时，捐赠人的姓名、地址、资金来源等详细信息就必须被公开，并接受公众监督。工党内部规章制度所规定的捐赠资金数额远远低于选举法中的相关规定，一方面确保了捐赠资金的信息透明，另一方面对防止工党候选人贪腐或浪费筹集资金也有帮助。

二、党员参与决策情况

工党比较重视自身党内民主建设，注重维护和保障党员的权利，特别是基层党员的决策权。工党党章规定，党员享有预选资格、党的各级机构和部门的投票权，并且可以参与工党的各级政策论坛，探讨相关政策议题，参与制定党内规章制度。为了保障党员们的性别平等，工党党章明确规定在党的各级职位中，每个性别的比例最低各占40%。[1]

通过工党提供的各种渠道，在制度制定的事前、事中、事后以及党领导层的选拔上，党员都发挥着重要作用。为了充分发挥党员在党内重大问题上的决定性作用，扩大基层党员在党内规章制度制定中的参与权和决策权，工党采取了多种措施。一方面，增加基层党员数量，大力招募党员。21世纪以来，工党先后在2001年、2015年两次全国代表大会上提出大规模招募党员的规划，并进一步简化入党流程，提供多种入党方式，为广大党员提供便利。另一方面，为基层党员参与制定党内规章制度搭建平台。

---

[1] "Australian Labor Party National Platform 2015", http://www.alp.org.au.

工党现行的纲领是在2015年工党第47届全国代表大会上通过的，这也是工党首次通过"全国政策论坛"制定的一份党纲。"全国政策论坛"由党的各级组织大约69名具有表决权的成员组成，负责审核政党纲领、组织政策委员会领导党内的辩论、就政策问题向全国代表大会和全国执行处提供建议。[1]"全国政策论坛"除在全国层面组织政策委员会外，各州、领地支部仿效论坛的形式，成立了多个政策委员会。如果条件允许，政策委员会将在相关区域中心举行论坛以及磋商活动，使全体党员最大程度地参与到工党决策过程中。通过这一平台，普通党员可以直接参与到工党的政策制定过程中，与党的领导层、政策专家等共同制定党的纲领。从2013年起，"全国政策论坛"在全国设置了30多个工作组，大约1500名工党党员直接参与了纲领政策的形成和讨论过程。"全国政策论坛"的相关规定已写入党章，成了工党决策程序的一部分。

三、党内规章制度与国家宪法和法律的关系

在澳大利亚，除了党内规章制度外，政党还受到一系列外部规范的制约，这些外部规范主要有《澳大利亚联邦宪法》、《1918年联邦选举法案》（一般简称《选举法》）、《1983年代表法案》、《1984年全民公决法案》、《联邦选举程序》及《政党登记指南》等法律法规。从层次上来讲，澳大利亚联邦宪法是最高层次的根本大法，《1918年联邦选举法案》《联邦选举程序》等普通法是中间层次的规范，行政机关的相关规定则是具体的规范。就具体内容来说，这些法律法规对政党的运作、政党的活动等作出了规定。

澳大利亚选举法将合格的政党定义为：以为其支持的参议院或众议院候选人的选举进行宣传造势为目的或以此展开活动的组织。一个合格的政党应该拥有成文的党章阐述政党的目标，同时还应该满足党员标准。具体标准为，政党必须至少有一名澳大利亚联邦议会的成员，或至少拥有500名党员。此外，政党还须拥有一部成文党章。《政党登记指南》明确指出，党章应包含以下内容：（1）政党名称；（2）政党的成立；（3）政党的目标；（4）政党组织架构；（5）入党资格；（6）年度大会或委员会会议召开办法及流程;（7）政党党章修订的方法;（8）如果政党设有支部，须有管理州、地区、地方支部的条款;（9）政党解散及资产分配事宜。[2]工党的党章就是参照《选举法》《政党登记指南》等相关规定制定的。

总体上看，工党内部规章制度与国家宪法和法律存在诸多不同之处，主要表现在制定与实施机构、层次、约束对象与适用范围、效力等方面。但是，工党内部规章制

---

[1] 赵婷、董沐夕：《澳大利亚工党变革的现状及态势》，《当代世界社会主义问题》2016年第2期。

[2] "Party Registration Guide", http://www.aec.gov.au/Parties_and_Representatives/party_registration/guide.

度是在国家宪法和相关法律法规的框架下制定与实施的，其制定与实施要以国家宪法和相关法律法规为依据，不能违背国家宪法和相关法律法规的有关规定。可以说，政党内部规章制度与国家宪法和法律相辅相成，共同构建了政党的行为规范体系。

四、澳大利亚工党党规建设的基本经验

（一）党章、党纲是政党内部规章制度的根本，集中反映了政党的立场和信念

对于一个政党来讲，章程和纲领是最根本的规章制度。我们可以从政党的章程和纲领中，了解和认识一个政党。党章和党纲的条文是否完备，是否能够全面反映一个政党的性质、原则、价值和理念，都是检验政党是否成熟的重要因素。不同国家、不同类型的政党的纲领是不同的，正是这些不同的纲领将这些政党区别开来，使不同的人根据自己不同的信仰选择或不选择该党。工党在其章程中明确提出，"澳大利亚工党是民主社会主义政党"，工党致力于"消除贫困，在收入、财富、机会的分配上实现更大程度的平等"。[1]正是党章中的这些规定，显示了工党的民主社会主义性质，将工党区别于自由党、国家党等其他政党。

（二）政党内部规章制度建设的成熟程度、完善程度，在很大程度上决定着政党的发展状况

人们了解一个政党，是从了解一个政党的内部规章制度开始的。政党内部规章制度建设的成熟程度、完善程度，在很大程度上决定着政党的发展状况、政党功能或价值实现的程度。如果一个政党的内部规章制度不健全、不系统、不完善，那么政党的发展势必要受到影响。

目前，澳大利亚有大小政党几十个，除影响较大的工党、自由党和国家党外，还有绿党、民主党、家庭第一党、单一民族党、世俗党等。各种各样的政党虽然很多，但多数小党没有系统完善内部规章制度，制度化水平不高，影响力有限。比较而言，工党、自由党等主要政党重视自身党内规章制度建设，政党制度化水平较高，在思想理论、组织结构、社会基础等方面比较健全。正是由于这些完善的规章制度，工党等主要政党才能运作良好，并在国内外保持较大的影响力。

---

[1] "National Platform", https://cdn.australianlabor.com.au/documents/ALP_National_Platform.pdf.

（三）党内规章制度建设应注重发扬党内民主，切实保障党员权利

党内民主是党的生命。党内民主对于政党发展至关重要。在政党进行内部规章制度建设时，更要体现党内民主的价值取向。为此，工党进行了多方面改革，如扩大基层党员选举权、在领导层选举中引入直接选举、党内决策引入全国政策论坛程序等，进一步保障了党员的参与权和决策权。

在制定章程、纲领及其他制度和政策的过程中，工党比较重视党员和选民的意见和建议。一是广开言路，广泛吸收党员和选民意见。工党在各州为青年人、妇女、土著等群体设立了专门的组织，加强了彼此之间的联系。为了扩大社会代表性，工党深入社区，建立了劳工对话机制，党员、社区人员、社区领导人都可以在线参与。二是与时俱进，利用先进技术和网络平台，保障党员和选民的知情权。三是发挥党员、选民在党内重大问题上的决定性作用。工党党章规定，"澳大利亚工党的政策不是根据领导人的指示制定的，而是来自各支部、附属工会及个人党员的正式决议"[1]。这表明工党在处理重大问题时，领导人不可以独断专行，必须充分考虑各支部、党员以及广大选民的意见和建议，并且经过一定的法律程序。

（四）政党的各项规章制度都应实事求是、与时俱进，不断增强自身的政党适应性

政党应该准确把握全球化的发展趋势，充分利用现代信息技术发展的优势，根据变化了的经济社会形势，及时修订、调整相关政策和规章制度，调动广大党员和选民的积极性，增强党的适应性，推进党自身建设的发展。工党对于党章的修订、党纲的调整以及其他内部规章制度的完善都是自身建设的一部分，是其转型和变革的体现。特别是21世纪以来，工党多次在全国代表大会上以制度化的形式扩大基层党员的决策参与权，进一步保障了党内民主，密切了政党各级组织和各级党员之间的联系，也增强了党员对工党的认同感。

原载于《当代世界与社会主义》2017年第1期

---

[1] "Australian Labor's National Platform, Confirmed at Our 47th National Conference", http://www.alp. org.au/national_ platform.

二战后澳大利亚工党的组织变革及其现实启示

董沐夕

摘 要： 针对党组织存在的党员结构失衡、中央权威不足、党内民主不充分等问题，二战后的澳大利亚工党从改善党员结构、调整党内权力分配结构、扩大基层党员直接参与党内事务的范围、加强党内各层级的交流沟通和良性互动入手，对党组织展开了一系列变革。澳大利亚工党组织变革的经验教训对现代政党的组织建设具有重要的启示意义。维护中央权威是政党组织建设的根本前提；发展党内民主是政党组织建设的基本要求；优化党员队伍结构是政党组织建设的重要任务；推行网络党建是政党组织建设的创新举措。

关键词： 二战；澳大利亚工党；组织变革；组织建设

澳大利亚工党成立于1891年，并在1901年建立起了全国范围的联邦工党。在120多年的历史发展中，工党以赢得大选为首要目标，始终随着社会环境的变化不断地调整自己。尤其是二战以来，基于新科技革命而引发的传统工人阶级的衰落、新中间阶层的崛起、公民民主意识的提高、新式传媒工具的普及等，使得"陈旧的"工党组织无法同新的社会环境相融合。工党在20世纪五六十年代的持续在野[1]迫使其开始重视党组织自身存在的问题，并于20世纪60年代正式开启了组织变革进程。本文试对澳大利亚工党在二战后的组织变革进行考察分析，并就其对现代政党组织建设的启示略述己见。

一、二战后澳大利亚工党组织建设存在的问题及其影响

二战后澳大利亚社会环境的深刻变化，不仅使工党组织在二战前原本就存在的问题更加显露出来，而且还带来了许多新的问题。这些问题构成了工党在二战后进行组织变革的直接原因。

1. 党员结构失衡。二战前，工党主要从工人阶级和社会下层中发展党员，但工党

---

[1] 第二次世界大战爆发之后，澳大利亚工党曾于1941年10月至1949年12月之间执政。但齐夫利政府在1949年因国有化、镇压煤矿工人罢工等问题而下台后，工党接连输掉了20世纪五六十年代所有联邦和大部分州的大选。

所吸收的个人党员数量极其有限，工党的党员主要是来自集体入党的工会会员[1]。以工会集体党员为主体的党员结构存在其固有的弊端。第一，工会对内是工党的集体党员，对外是一个有着自己的政策主张和组织机构的独立组织。工会与工党的功能和目标是不同的，工党作为一个政党，必须从全局出发，综合考虑经济和社会发展的各个方面；而工会作为代表工人阶级的政治社团，在大多情况下往往只考虑工人的利益。当工会的目标与工党的目标相冲突时，工会优先考虑的往往是自己的目标而不是工党的目标，甚至不惜采用激烈对抗的态度和行为来反对工党的政策，这使得工党内部派别斗争十分激烈，难以制定出统一有效的政策。第二，在以集体党员为主体的党员结构下，个人党员的权利容易被忽视，个人党员对党内事务的作用也十分有限，这就严重打击了个人党员的积极性。第三，女性、土著人等社会群体因性别歧视、种族歧视等原因而被排除在劳动大军之外，更没有资格加入工会。因此，工党党员在集体党员和个人党员方面的结构失衡，会进一步导致工党党员在性别、人种方面的不平衡，具体体现为白人男性党员在工党党员中占有绝对多数，而女性党员、土著党员的吸收和发展受到了忽视。工党在党员结构上所表现出来的狭隘性，不利于工党现代形象的塑造。

2. 中央权威不足。在地域组织上，工党有6个州党部和2个领地党部，分别对应着澳大利亚的州和大陆领地，各州级党部下辖地方支部[2]。澳大利亚联邦工党成立于澳大利亚联邦之后，工党的党组织结构因此也是高度联邦制的，相对独立的各州工党支部本身就反对联邦工党将权力集中化的企图[3]。在20世纪60年代之前，工党的权力主要集中在州一级的党组织中[4]。与此相对应的是党中央权威的严重不足。在组织结构上，工党全国代表大会及其执行委员会是最高的权力机构和执行机构[5]，但直到1967年，工党全国代表大会只有6个州的党组织各派出的6名代表，一共是36名成员[6]。1967年，时任工党领袖高夫·惠特拉姆（Gough Whitlam）在参加西澳大利亚州的州代表大会时指出，澳大利亚工党缺乏一个强有力的中央党组织，澳大利亚工党的联邦机构只有一个全国秘书处加两个排字工人的小组[7]。

工党中央权威的不足对工党凝聚力的发挥是极为不利的，而且极易造成党组织的

[1] 韩隽：《澳大利亚工党研究》，新疆大学出版社2003年版，第206页。

[2] 参见http://zh.wikipedia.org/wiki/澳大利亚工党，访问时间：2014年7月7日。

[3] 韩隽：《澳大利亚工党研究》，新疆大学出版社2003年版，第128页。

[4] 沈永兴、张秋生、高国荣：《列国志——澳大利亚》，社会科学文献出版社2010年版，第173页。

[5] 沈永兴、张秋生、高国荣：《列国志——澳大利亚》，社会科学文献出版社2010年版，第173—174页。

[6] 刘丽君、邓子钦、张立中：《澳大利亚文化史稿》，汕头大学出版社1998年版，第173页。

[7] Ross McMullin, The light on the hill: he Australian Labor Party 1891–1991, Oxford University Press, 1991, p.316.

分裂。从历史上看，工党自建立以来曾经历了三次大的党内分裂。第一次是1916年因在第一次世界大战中的强制征兵问题上党内产生严重分歧而导致的分裂[1]；第二次是1931年因在制定应对经济大萧条的政策问题上观点无法调和而发生的分裂[2]；第三次是1955年在东西方"冷战"条件下工党内部因对共产主义态度的不一致而再度发生的分裂[3]。尽管工党的每一次分裂都有着特殊的原因，但最根本的原因是一致的——工党因中央权威的不足而无法对整个党进行集中协调和统一领导。

3. 党内民主不够充分。随着二战后民主诉求的日趋高涨，工党存在的党内民主不充分的问题也便随之浮出水面。第一，基层党员参与直接选举的范围小。以工党领袖的选举为例，由党主席、副主席、书记组成的组织领袖由全国代表大会选举产生[4]，党的各级政治领袖由各级议会的议会党团表决产生[5]，即基层党员只能以间接的形式参与到工党领袖的选举中。第二，基层党员无法参与到党内决策中。工党传统的决策体制是，只有州支部、澳大利亚青年工党、联邦议会工党以及其州分会与过半数州的澳大利亚工党有关系的工会，才有权向联邦执行委员会提交议题；在某些特别议题由过半数支部提出且这些议题确实具有全国意义时，召开特别全国代表会议（表决）[6]。工党的这种决策体制存在的最大问题就是，基层党员基本没有机会参与到党内决策中来。而且，由于全国代表会议中工会代表占有绝对多数，这使得工党决策的结果往往是工会利益的体现，议会党团乃至党的领袖的意志在决策中很难得到贯彻，个体党员的意志更是被排除在外。第三，党内信息沟通渠道狭窄。在二战前信息传播媒介尚不发达的条件局限下，工党的基层党员主要是通过口口相传、报刊、广播等途径来获取党内信息。这种上情下达的单向沟通方式使基层党员只能被动地接受信息，而无法将自身的意愿传达给党的高层来影响党的决定。因此，在党内沟通渠道不畅通的情况下，一方面是党将信息强行灌输给基层党员，另一方面是基层党员的集体失语和积极性的减退。

---

[1] 韩隽：《澳大利亚工党研究》，新疆大学出版社2003年版，第153页。

[2] 韩隽：《澳大利亚工党研究》，新疆大学出版社2003年版，第155页。

[3] 韩隽：《澳大利亚工党研究》，新疆大学出版社2003年版，第158页。

[4] 澳大利亚工党的党组织由全国执行委员会领导，各州级党部有州级执行委员会。全国执委会的首脑是工党主席，下设两个副主席、一个书记。此外，各州级党部有州级主席和州级总书记。党主席、副主席的实际职责主要在党组织方面，并负责调停内部纠纷。全国书记和各州级总书记是各级党部的实际负责人，负责党内纪律，竞选时担任竞选主任。变革前工党的组织领袖由全国代表大会选出。参见http://zh.wikipedia.org/wiki/澳大利亚工党，访问时间：2014年7月12日。

[5] 政治领袖，也称"党魁"或"党首"，是工党在相应层级的实际领导者，因此一般所称的"工党领袖"指的是政治领袖，不是主席或书记。工党执政时，政治领袖出任总理或州长，在野时则担任反对党领袖。变革前工党的各级政治领袖由各级议会的议会党团表决产生和罢免。参见http://zh.wikipedia.org/wiki/澳大利亚工党。

[6] 金太军：《当代各国政治体制——澳大利亚》，兰州大学出版社1998年版，第123页。

二战后民众民主意识的逐渐觉醒使民众要求参与政治的民主诉求开始高涨。尤其是对于二战后崛起的新中间阶层而言，他们本身加入政党的意愿就不强烈，即使加入了政党也是倾向于通过更加民主的方式参与到党内事务中。在此情况下，工党组织民主性的缺乏便成为了阻碍工党吸收党员的一个重要原因。党内民主的不充分因此也会成为阻碍工党扩大社会基础的关键因素。

工党在组织方面存在的以上问题是工党同二战后澳大利亚社会环境相脱节的表现，是导致工党在20世纪五六十年代长期在野的主要原因。当工党意识到这一点之后，组织变革也就随即开启了。

二、二战后澳大利亚工党组织变革的举措及评价

始于1967年惠特拉姆时期的工党组织变革[1]，以增强工党的吸引力为目的，始终围绕着壮大党员队伍、削弱工会在党内的力量、深化党内民主、强化中央权力这样一条主线来展开。

1. 改善党员结构，壮大党员队伍。为了壮大党员队伍，二战后的澳大利亚工党一改向来不注重吸收个人党员的传统做法，不仅鼓励工人以独立党员身份加入工党[2]，而且开始从社会上大量吸收个人党员。对此，工党逐渐放宽了入党条件。党纲规定澳大利亚工党向所有接受工党目标并与其他政党或被取缔的组织没有联系的公民开放[3]。为了吸引个人入党，20世纪90年代以来的澳大利亚工党还采取了多种新的措施。比如将党的入党登记表挂在网上，方便那些认同党的政策主张的民众随时办理入党手续或申请为志愿者[4]；通过将"属地支部"改建为"环境支部""教育支部""维护小企业主利益支部"等"主题支部"的方式增加工党的吸引力[5]。2013年10月新上任的澳大利亚工党领袖比尔·萧藤（Bill Shorten），在2014年4月22日发表的题为"重建工党——朝向一个现代化的工党迈进"的演讲中，宣布工党将于2014年7月开始实施"一键式"网上入党申请、设立全国统一的低价党费，另外他还建议某些州应删除民众想要加入工党必须要先加入某个工会的条款[6]。这些措施因降低了个人加入工党的"门槛"高度而增强了个人加入工党的便捷性。

[1] Ross McMullin, The light on the hill: he Australian Labor Party 1891–1991, Oxford University Press, 1991, p.316.

[2] 秦德占：《塑造与变革：澳大利亚工党社会政策研究》，河南人民出版社2009年版，第61页。

[3] 澳大利亚工党党纲National Platform, p.251, http://www.alp.org.au.

[4] 柴尚金：《变革中政党：国内外政党建设的经验与教训》，经济科学出版社2013年版，第63页。

[5] 姜跃：《国外政党执政面临的几个共同问题及其应对》，《中共中央党校学报》2008年第6期。

[6] Bill Shorten, Towards a Modern Labor Party, http://www.alp.org.au/rebuild_labor.

在吸收个人党员的过程中，工党尤为重视对女性党员、土著党员、年轻党员的吸收力度。因为工党发现，随着二战后妇女解放运动和土著人民权运动的发展，越来越多的妇女步入了工作岗位并在社会中发挥着越来越重要的作用，土著人也在争取自身权益的斗争中提升了社会地位。另外，随着澳大利亚知识经济的崛起，很多年轻人凭借自己的知识和技能优势，在短时间内展示出了自身的智慧和才能，而一跃成为了具有较高收入和较高社会地位的新锐力量，也成为了构成二战后新崛起的、占劳动人口最多数的新中间阶层的主体人群。在此情况下，澳大利亚工党逐渐增加了对女性党员、土著党员、年轻党员的吸收力度，并重视提高他们在党内的政治地位。具体措施包括：在吸引女性入党方面，一是建立全国劳动妇女组织用于鼓励妇女加入工党、制订并推广一些劳动妇女的技术培训计划、组织会议、促进工党与社区妇女组织的交流、确保妇女参与政策制定过程、向妇女论坛提名代表等党务工作[1]；二是重视提高党内女性党员、议员和高级干部的比例[2]，强调妇女党员在党内享有平等的发言权和决策权[3]。在吸引土著党员入党方面，工党建立了由各州的劳工网络联合而成的全国土著劳工网络体系，该网络体系旨在吸引、帮助工党中的土著成员，增加土著居民在工党各层的参与度，增加认同感，培训、支持土著候选人，提高全工党对土著问题的意识，承诺全党党员在更大程度上代表土著居民利益，鼓励土著居民在党的职位上就业[4]。在吸引年轻人入党方面，工党也采取了多种办法。比如，设立网络党支部，在工作场所、大学校园中建立党的组织，允许不到法定选民年龄的青年人参加党内投票活动[5]；考虑为青年党员提供党费折扣[6]；等等。

澳大利亚工党为吸引个人党员入党而采取的措施取得了显著成效，从统计数据上来看，尽管个人党员的人数会根据工党在选举中的表现而出现浮动，但总的来说，工党的个人党员数量同二战前相比还是表现出了大幅增长。2002年工党的个人党员人数为48334人，2007年达到了二战后的制高点49725人[7]；与此同时，工党党员的性别结构、种族结构、年龄结构都得到了一定程度的均衡化发展，工党党员以往存在的一元化、老龄化特征得到了很大改变，工党组织传统的狭隘形象得到了颠覆。但是，由于工党

[1] 澳大利亚工党党纲National Platform，p.241，http://www.alp.orgau.

[2] 2011年修订后的工党党纲中规定的公职职位的性别比例为40∶40∶20，即相关公职职位中至少有40%的女性和40%的男性，其余20%可以由任一性别的候选人当选。

[3] 秦德占：《塑造与变革：澳大利亚工党社会政策研究》，河南人民出版社2009年版，第61页。

[4] 参见澳大利亚工党党纲National Platform，p. 235，http://www.alp.org.au.

[5] 韩隽：《澳大利亚工党现代化进程评析》，《聊城大学学报》（社会科学版）2004年第4期。

[6] 澳大利亚工党党纲National Platform，p.263，http://www.alp.org.au.

[7] Steve Bracks, John Faulknr, Bob Carr, 2010 National Review-report to the ALP National Executive, p. 10, http://www.alp.org.au.

设置的准入"门槛"本身比较低，加之工党既不注重对党员的教育，也不注重党员作用的发挥，党员的质量无法得到保证。

2. 调整党内权力分配结构，强化中央权威。针对党中央权威不足的问题，澳大利亚工党采取的主要解决办法是调整全国代表大会和执行委员会的代表结构和人员规模，以提高党的全国组织的地位。20世纪60年代末期，惠特拉姆将工党执行委员会的人数从之前的12人扩大到17人，其中增加4个联邦议会党团的领袖和1个北领地的工党代表；将联邦工党代表大会的人数从之前的36人增加到了47人，其中增加了4个联邦议会党团的领袖、1个北领地的工党代表，还有其他州的工党代表，另外还特别要求参加联邦工党代表大会的每个州的州代表中必须包括各个州的工党议会领袖[1]。随着后来工党对全国代表大会和执行委员会代表构成的进一步调整，构成执行委员会和全国代表大会的代表人数逐渐增多。2011年，工党执行委员会的人数有20位[2]，2014年已扩大到了26位[3]。工党全国代表大会的人数在1981年时有99位成员[4]，在1990年时有101位成员[5]，到了2011年已达到了400位[6]。通过这样的调整，工党在参众两院的领袖、副领袖成为了党的全国代表大会和执行委员会的当然成员，各州工党在州众议院的领袖也成为了工党的全国代表大会的当然成员，工党的全国组织的地位逐渐得到了提高[7]。

由于工党采取了调整党内权力分配结构的措施，工党的中央权威也因此而逐渐得到了强化。自20世纪60年代以来，尽管工党党内仍然分为政治立场分明的左派和右派，两大派之下又各有多个分派系，不同派系之间的争斗也从未停止，但工党在党中央的统一领导下再也没有发生过党内分裂，工党党内的稳定性得到了显著提高。但是，工党允许党内派别和派别斗争合法存在的行为，说明工党对中央权威的维护程度是非常有限的，从长远来看，这无疑为工党的内部团结埋下安全隐患。因为党内派别的存在在任何时候对于党的凝聚力和战斗力来说都会构成威胁，尤其是对于澳大利亚工党的联邦制组织结构而言，由于各个州党部具有极大的自主权，党组织本身就相对容易分裂，外加存在于某些州党部的多个分派系同属于一个大派系[8]，这样更是加大了工党

---

[1] 惠特拉姆改革联邦工党代表大会代表构成的具体行为，可参考Ross McMullin, The light on the hill: he Australian Labor Party 1891-1991, Oxford University Press, 1991, p. 318。

[2] 澳大利亚工党党纲National Platform, p.237, http://www.alp.org.au.

[3] 工党执行委员会成员详见http://www.alp.org.au/national_executive.

[4] Ross McMullin, The light on the hill: he Australian Labor Party 1891-1991, Oxford University Press, 1991, p.399.

[5] 刘丽君、邓子钦、张立中：《澳大利亚文化史稿》，汕头大学出版社1998年版，第149页。

[6] 澳大利亚工党党纲National Platform, p.235, http://www.alp.org.au。

[7] 沈永兴、张秋生、高国荣：《列国志——澳大利亚》，社会科学文献出版社2010年版，第173页。

[8] 参见http://zh.wikipedia.org/wiki/澳大利亚工党。

分裂的危险。

  3. 加强党内民主建设，扩大基层党员直接参与党内事务的范围。在扩大基层党员选举权的改革中，工党除了鼓励和支持各州、领地对全国代表大会的代表进行直接选举外[1]，还在工党的领导层选举中引入了直接选举办法。工党在党主席、副主席的选举中引入直接选举的时间是2003年[2]，而在党魁选举中引入"部分"直接选举则是在2013年7月才进行的改革[3]。尽管工党政治领袖的直选改革时间最晚，但其对工党的影响是最为深刻的。因为自工党建立以来，党的各级政治领袖按照往常惯例都是由各级议会的议会党团表决产生和罢免，如果被罢免的领袖时任总理（州长），该领袖应立即辞去政府首脑职位[4]。因此，澳大利亚工党一直存在党领袖选举频繁、不民主的问题，议会党团成员垄断党领袖选举权、普通党员在党领袖人选上缺乏话语权、工党在执政期间以党内程序更换"民选"总理等问题，饱受诟病[5]。2013年7月，重新出任联邦总理的陆克文提出了改革工党联邦党魁的任免方案。根据该方案，联邦党魁由普通党员与国会议员各占50%的选票共同选举产生；如果党魁带领工党赢得了大选，则可在其任期结束之前一直担任党魁；如果工党在大选中失败，则会自动转入更换党魁的投票程序；工党执政时，如果出现现任党魁辞职或提出重选要求，以及有超过75%的议会党团议员联名上书要求改选党魁的情况，也可重新进行党魁选举；工党在野时，如果有60%的议会党团议员联名上书要求改选党魁，即进行党魁选举[6]。比尔·萧藤在2014年4月的演讲中鼓励各州及领地分部在选举党领袖的时候应该像联邦工党一样采取工党决策委员会和基层党员的意见各占一半的办法[7]。工党对党魁选举制度的这一民主化改革，在扩大了基层党员选举权的同时，也大幅增强了联邦工党领导层的稳定性，可有效地避免因工党高层的频繁更换而带来的党内动荡。

  在扩大基层党员决策参与权的改革中，工党首先提高了代表大会中个体党员代表的比例。2002年8月，时任工党领袖的西蒙·克林（Simon Crean）将代表大会中的联系工会代表与个体党员代表的配额比例由之前的60∶40改为了50∶50[8]。在2011年召开

[1] 澳大利亚工党党纲 National Platform，p.264，http://www.alp.org.au.

[2] 澳大利亚工党党纲 National Platform，p.239，http://www.alp.org.au.

[3] Caucus votes to support new rules，http://www.sbs.com.au/news/article/2013/07/22/caucus-votes-sup-port-new-rules.

[4] 参见http://zh.wikipedia.org/wiki/澳大利亚工党。

[5] 陈健:《陆克文隐退，澳大利亚工党何去何从？》,《当代世界》2013年第12期。

[6] Caucus votes to support new rules，http://www.sbs.com.au/news/article/2013/07/22/caucus-votes-sup-port-new-rules.

[7] Bill Shorten，Towards a Modern Labor Party，http://www.alp.org.au/rebuild_labor.

[8] 韩隽:《澳大利亚工党研究》，新疆大学出版社2003年版，第313—314页。

的第46届全国代表大会所修订的党纲中，工党强调一定要保持50∶50的代表比例[1]。比尔·萧藤在2014年4月发表的演讲中仍然在强调这个比例[2]。工党通过提高党员代表中个体党员代表的构成比例，增加了个人党员在党内决策中的话语权。其次，为了给党员参与党内决策中搭建平台，工党还建立起了工党全国政策论坛以及各州、领地支部政策论坛。全国政策论坛以促进联邦议会工党、党员及分支机构之间关于政策的讨论、发展为主要目标，由来自党的各个部分的提名代表组成，每三年改选一次，负责审核政党纲领、组织政策委员会领导党内的辩论、就政策问题向全国代表大会和全国执行处提供建议，全国政策论坛每年至少开会三次，且至少在首都之外的城市开会一次[3]。为了使全体党员能够最大限度地参与到决策过程中来，在全国执委会的指导下，各州、领地支部都效仿全国政策论坛的形式在省会城市及主要区域中心设立了中心政策支部或论坛，用以向全国政策委员会提供建议，所有党员都有资格参加各个州、领地政策委员会的会议，探讨相关政策议题[4]。各州支部、澳大利亚青年劳工组织、联邦选举理事会、劳工运动策略委员会，以及附属于党的工会组织等机构都有权向全国政策论坛提交议案，作为反馈，全国政策论坛会以书面形式把对议案的审阅意见告知这些机构[5]。这样一来，二战前工党的决策体制得到了根本改变。新体制保留了工党代表大会对党的政策的最终决定权，而全国政策论坛和各州、领地政策论坛的建立和运行，既为工党的中央权力机构与地区党组织之间的直接对话提供了可能，也为广大基层党员直接参与党的决策提供了平台。同时，新的决策机制使得工党中央在决策中的协调性和统一性得到进一步增强，州一级的权力得到了弱化，而广大党员与中央之间的直接联系得到了加强。但是，从政党选举的角度看，基层党员的参与只能对党内决策起到参考和补充作用，并不能产生决定性的影响。因为在大选利益面前，工党会雇用各类政策专家用于具体政策的分析和制定。

4. 利用互联网推进党内各层级的交流沟通和良性互动。二战后，新技术革命带来了以互联网为代表的新式传媒工具的迅猛发展。互联网的兴起和发展为工党拓宽党内信息沟通渠道、增加党内信息沟通方式提供了可能，工党顺势把几乎所有的工作都转移到了网络空间来开展，除了在大选中通过网络平台来解读和阐释党的纲领政策、介绍党的组织原则和机构、宣传党的领袖和公职候选人、收集民意、动员选民等以外，工党还将网络信息技术运用到了党内事务管理和党内信息沟通中。比如，工党通过创

---

[1] 澳大利亚工党党纲 National Platform，p.265，http://www.alp.org.au.

[2] Bill Shorten.Towards a Modern Labor Party，http://www.alp.org.au/rebuild_labor.

[3] 澳大利亚工党党纲 National Platform，p.243，http://www.alp.org.au.

[4] 澳大利亚工党党纲 National Platform，p.254，http://www.alp.org.au.

[5] 澳大利亚工党党纲 National Platform，p.236，http://www.alp.or.gau.

建门户网站（http://www.alp.org.au）在网上吸收党员、吸收捐款、发布党内信息、公布党的新闻动态、组织问卷调查等；通过创设全国范围的基层网络党支部，并在网上公布各级党支部的机构设置及联系方式，来方便基层党员与党组织的日常沟通[1]；通过电子邮件（labor@australianlaborparty.emailnb.com）向海内外党员发布党的信息和指示。除此之外，工党领导人还通过私人邮箱、Facebook、Twitter等新兴网络沟通平台，就党的内部建设、政策主张和未来发展等问题同普通党员进行交流[2]。

工党通过使用以互联网技术为支撑的信息沟通方式，有效地实现了"上情下达""下情上达"以及领袖和党员的双向互动，为党员及时掌握党内信息、直接参与党内活动拓宽了渠道，进一步实现了党员的民主权利。但不可否认的是，工党在组织建设中对互联网的高度依赖也给工党自身带来了新的挑战。因为工党重视"网络党"建设的同时却疏于传统的党组织建设，大量中间层级和基层的组织机构或形同虚设或直接被取消。据统计，工党地方分支机构的数目，2002年为1140个，2006年为1100个，2010年为1027个，地方分支机构数目减少趋势明显[3]。如果中间层级组织机构的减少可被视作工党组织"扁平化"发展之表现的话，那么大量基层党组织的消失则不利于工党组织的长远发展。因为基层党组织所具有的组织、团结、密切联系公众的功能是网络党组织所无法企及的，所以基层党组织的逐渐减少会使工党面临脱离公众的危险。

总之，二战后的澳大利亚工党从党员结构、党内权力配置、党内决策模式、党内选举制度等方面展开了一系列变革。尽管工党在二战后的组织变革中存在种种问题，但从整体上看，历经变革的工党组织不仅具有了更多的生机和活力，而且在组织结构、运行方式等方面也具有了更多的科学性和合法性，这有效地保证了工党在20世纪70年代以来的大选中取得了令人瞩目的成绩[4]。

三、二战后澳大利亚工党组织变革对现代政党组织建设的启示

"组织的建立与维护是政党生存和发展的必要行为，任何政党都必须重视党的组织建设。"[5]澳大利亚工党的组织变革中蕴含着世界政党组织建设的一般经验和规律，是一笔宝贵的财富，对当今政党的组织建设具有非常重要的启示性意义。

[1] 张光平：《西方发达国家政党运用互联网推进电子党务》，《当代世界》2007年第5期。

[2] 工党领导人的私人联系方式在工党官网http://www.alp.org.au上均有相关链接。

[3] Steve Bracks, John Faulker, Bob Carr, 2010 National Review——report to the ALP National Executive, p.10, http://www.alp.org.au.

[4] 二战后的澳大利亚工党曾在1972年12月到1975年11月、1983年3月到1996年3月、2007年11月到2013年9月期间执政。

[5] 王韶兴：《政党政治论》，山东人民出版社2011年版，第251页。

1. 维护中央权威是政党组织建设的根本前提。澳大利亚工党因中央权威的不足而导致了党内的不稳定，对此，二战后的澳大利亚工党采取了一些必要措施以加强党的集中领导并取得了明显成效。"就组织而言，维护中央的权威是必要的，因为中央权威是党组织统一政令、指挥有力、行动一致的前提，看一个政党有没有凝聚力和战斗力，关键是看中央是否有权威。"[1]从世界政党现状看，在政党内部实行中央集权、保持中央权威，这是一个普遍的现实，是一个政党组织特点所决定的"铁律"[2]。二战后的西方政党在积极推进党内民主发展的同时，也加快了将权力向中央层面进行转移的步伐，或者说，西方政党发展党内民主的过程同加强中央权威的过程是并行不悖的。以欧洲社会民主党为例。欧洲社会民主党党内运作的民主化趋势，与其组织专业化（表现在专职党务领薪官的增多和竞选运动中专门机构的活跃）及权力集中化（表现在中央尤其是领袖的集权）趋势，是并行发展的。社会民主党在决策过程中扩展直接民主的做法，实际上便于以领袖为首的中央层绕过地方组织，通过控制议事日程、选择表决议题、引导讨论等来控制决策，结果自然削弱了中层精英的权限，抑减了它们可能对中央发起的挑战，加强了中央对全党的控制[3]。因此可以说，"集权化是西方政党在其发展过程中出现的另一明显趋势。即政党权力向中央尤其是领袖手中集中，主要表现为人事权及决策权的集中"[4]。而对于像中国共产党这样的社会主义国家的执政党来说，加强中央权威的重要性更加突出。因为中国共产党所肩负的实现中华民族伟大复兴中国梦的历史使命，决定了必须有强有力的中央权威来保证党的集中统一领导。"遵守党的政治纪律，最核心的，就是坚持党的领导，坚持党的基本理论、基本路线、基本纲领、基本经验、基本要求，同党中央保持高度一致，自觉维护中央权威。"[5]对此，中国共产党必须要严格遵守民主集中制的组织原则；要合理划分中央和地方的权限，在保证中央绝对权威的前提下向下级党组织适度分权；要以严肃的党纪党规来确保党的路线、方针、政策、决议在党的各层级组织中得到彻底的贯彻执行。

2. 发展党内民主是政党组织建设的基本要求。党内民主是现代民主社会向政党提出的必然要求，是政党组织的合法性基础，任何政党的发展都离不开党内民主建设的推动。澳大利亚工党在组织变革过程中虽然没有就党内民主问题提出系统完整的理论，

[1] 王邦佐、谢岳：《党的作风问题是事关全局的政治性问题——学习〈中共中央关于加强和改进党的作风建设的决定〉的体会》//丁锡满：《风正帆悬——党的作风问题研讨论文集》，中国检察出版社2001年版，第36页。

[2] 刘红凛：《党内民主与人民民主的耦合与互动》，《理论探讨》2009年第6期。

[3] 林怀艺：《政党民主：社会民主党的探索及其启示》，《聊城大学学报》（社会科学版）2011年第1期。

[4] 谢峰：《西方政党党内民主的功能及发展限度——执政能力的视角》，《中共中央党校学报》2005年第2期。

[5] 习近平：《反腐败是实现"中国梦"前提》，《人民日报》2013年1月23日。

但在实际行动中却致力于党内民主建设，目的是通过党内权力的合理分配和党员权利的充分行使，把党员个体、党的各级组织等构成工党组织的诸要素有机地联结起来，使党组织能够灵活、高效地运转。从世界范围看，在二战后民主诉求日趋高涨的时代条件下，加强党内民主建设、规范党内权力运作、落实党员的民主权利是世界各国政党的必由之路。自20世纪90年代以来，英国工党、德国社会民主党、法国社会党等西方国家政党，就已经逐渐实现了"党员公决"这一直接民主形式。中国共产党的发展同样离不开党内民主建设的推动。虽然改革开放以来，在基层党员的选举权和决策参与权的实现方面，已经取得了长足进步。但是，党内民主依然存在诸多问题。从目前党员民主权利的实现情况来看，离时代的要求和党员的期望还有很大的差距。对此，我们应该学习澳大利亚工党在推进党内选举民主化和决策民主化中的有益做法，积极探索党员民主权利的实现形式，努力实现党内民主的体制化和具体化。

3. 优化党员队伍结构是政党组织建设的重要任务。二战后的澳大利亚工党为了壮大党员队伍而加大了对个人党员的吸收力度，不仅采取措施吸引女性、土著人这些曾经被社会边缘化的人群入党，更是不遗余力地吸引以年轻人为主体的新中间阶层人士入党，党员的阶级结构、年龄结构、性别结构、种族结构等均得到了完善。党员是政党的细胞和行为主体，是政党生存和发展的基础。"鉴于党员人数的多寡在象征意义和物质意义上均为政党执政提供帮助，因此，西方政党较为重视发展党员。"[1]尤其是面对二战后党员人数下降的客观现实，增强党组织的开放性、在社会各类人群中广泛吸收党员成为了西方政党的普遍选择，西方政党的党员结构也在这一过程中实现了多元化、均衡化发展。但是，西方政党党员的基本功能是在竞选中发挥作用，因此西方政党更为重视的是党员的数量而不是党员的质量。这一点，对以马克思主义为指导的包括中国共产党在内的社会主义国家执政党来说，是应该避免和引起注意的。中国共产党历来重视党员质量，党章中规定了明确的入党标准和严格的入党程序。但不容忽视的是，"改革开放30多年来，党的发展总体上属于粗放式的外延发展，党发展的规模'硬实力'彰显了，质量素质'软实力'却没有质的提高"[2]。这一问题必须引起高度重视。因为"马克思主义政党的力量和作用，既取决于党员的数量，更取决于党员的质量"[3]，所以，"在党员队伍规模较大的情况下，要按照控制总量、优化结构、提高质量、发挥作用的总要求，做好发展党员工作，使党员队伍结构不断得到优化"[4]，为此，要"科学确

[1] 谢峰：《西方政党党内民主的功能及发展限度——执政能力的视角》，《中共中央党校学报》2005年第2期。

[2] 崔桂田：《党员结构优化与质量建设的路径选择》，《人民论坛》2012年第26期。

[3] 习近平：《在全国组织部长会议上的讲话》，《党建研究》2012年第1期。

[4] 习近平：《在全国组织部长会议上的讲话》，《党建研究》2012年第1期。

定党员比例和发展速度，并在此基础上建立党员数量控制机制，使发展党员工作建立在有计划、按比例发展的基础之上"[1]。

4. 推行网络党建是政党组织建设的创新举措。从澳大利亚工党的运作方式上来看，二战后尤其是20世纪90年代中期以来，澳大利亚工党审时度势地将党组织的日常工作基本都转移到了网络平台上来开展，塑造起了澳大利亚工党在新时期的网络化、信息化特征。二战后互联网的迅猛发展，在强有力地推动着世界各国朝向信息网络社会转变的同时，也给世界各国政党的组织建设工作带来了新的手段和广阔空间。建设"网络党"因此而成为了互联网时代世界各大政党的普遍选择。早在20世纪90年代，德国社民党就提出了"网络党"的概念，并率先建立起了网站并实现了通过网络办理入党手续[2]。西方国家的"网络党"建设，无论在政治宣传、党务管理，还是在同基层党员的交流互动上都已经较为完善。而在互联网发展较晚的社会主义国家，网络党建尚处于起步阶段，如何利用网络信息管理系统来进行党员信息管理、收缴党费、转接组织关系等党务管理工作，以及如何利用新兴的社交网络媒介来开展同基层党员的交流与互动等问题，还有待于进一步探索。需要指出的是，无产阶级政党的网络党建，不应局限于以互联网为载体进行信息传播、信息沟通和组织管理，更需注重利用互联网平台来开拓党员教育、培训以及自主学习的新途径。另外，澳大利亚工党在组织变革中的教训告诉我们，尽管网络党建有着不可替代的优势，但不可因此而忽视传统党建工作，应该将网络党建同传统党建有机结合起来，应该使两者在相互推进和相互补充中共同服务于党的组织建设。

原载于《山东大学学报》（哲学社会科学版）2015年第2期

---

[1] 陈海飞：《维护党组织的纯洁性》，《求实》2006年第10期。

[2] 黄明哲、赖路成：《国外政党尊重党员主体地位和保障党员民主权利的实践及启示》，《江苏广播电视大学学报》2009年第4期。

澳大利亚工党与绿党的政治联盟：基础、机制与特征

董沐夕

摘　要： 澳大利亚工党和绿党的政治联盟关系作为澳大利亚政治体制下的一种特殊现象，具有其自身的生成和发展逻辑。左翼性质是澳大利亚工党与绿党政治联盟关系的建立基础，利益交换是澳大利亚工党与绿党政治联盟关系的运行机制，不稳定性是澳大利亚工党与绿党政治联盟关系的鲜明特征。

关键词： 澳大利亚工党；绿党；政治联盟

澳大利亚工党成立于1891年，是澳大利亚两大传统政党之一。澳大利亚绿党正式成立于1992年，是澳大利亚的新兴政党。澳大利亚工党和绿党的政治联盟关系是澳大利亚议会政治的特殊产物，具有其特殊的生成和发展逻辑。

一、左翼性质：澳大利亚工党与绿党政治联盟关系建立的政治基础

从政党性质上来讲，工党与绿党同属于澳大利亚的左翼政党，这就决定了无论是在政治理念还是社会基础上，澳大利亚工党与绿党之间都会存在某些共同之处，而这些共同之处构成了两党建立政治联盟关系的基础。

（一）政治理念的相近

"澳大利亚远离欧洲工人运动的中心，工人群众较少受到马克思主义理论的熏陶，工人领袖大多受到工联主义和费边社理论的影响。"[1]因此，澳大利亚工党成立之时所确定的方向就不是马克思或者列宁式的社会主义革命，而是主张通过对澳大利亚的资本主义制度进行渐进改良来实现自身的"社会主义"理想。对于澳大利亚绿党而言，其建立在西方绿色革命的背景之下。绿色革命是一种非暴力革命，"是建立在对环境和人

---

[1]　郑寅达、费佩君：《澳大利亚史》，华东师范大学出版社1991年版，第140页。

类对环境的影响的关注之上的，由一些特殊的人群、绿色压力集团和绿党构成的社会运动"[1]。绿色革命的非暴力性也就意味着，澳大利亚绿党是在不触动澳大利亚资本主义制度的前提下，试图通过议会活动谋求执政，以实施其绿色改良计划。可见，工党与绿党所奉行的改良主义战略在内涵上有很大区别。但是，两者都是以批判现实为主，它们对澳大利亚资本主义制度的批判态度是相同的。

传统的澳大利亚工党以"民主社会主义"意识形态为指导，国有化、福利国家建设是工党用于实现"社会主义"的主要手段。随着澳大利亚经济危机在20世纪70年代中期的到来，工党提出社会正义的实现有赖于经济繁荣，开始接受日渐兴起的新自由主义价值理念，意识形态出现了一定程度的右转。20世纪90年代以来，为克服因意识形态右转而带来的身份危机，工党走上了中和民主社会主义和新自由主义的"第三条道路"。"第三条道路"的实践意味着工党改良的目标已不再是社会主义制度的实现，而是在澳大利亚的资本主义制度内实现民主、平等、人权等社会主义所主张的基本价值，意识形态色彩被明显淡化。但是，工党始终主张国家对经济生活的更多控制，始终坚持维护社会公平正义，这就使得工党从本质上较容易接受对市场经济理性及其破坏性的限制，而这一点同绿党的环境和社会政策不谋而合。

澳大利亚绿党由绿色环保运动发展而来，其所倡导的绿色政治作为一种后物质主义政治理念，是对完全以人类为中心的传统发展模式进行反思而形成的以生态优先为基本导向的价值观。绿党对生态优先的认同，意味着其对重塑澳大利亚经济、社会、文化结构的内在要求。20世纪90年代以前，绿党的政治诉求较为单一，属于专注于绿色环保议题的单一议题党。20世纪90年代以来，随着绿党朝向组织化发展，绿党为满足参与政治的需要已不再仅仅关注生态问题本身，而是逐渐疏远了极端的生态中心主义、淡化了最初的绿色意识形态，并逐渐形成了一套涉及治国理政各方面的完整的理论体系，力求在政策定位上融入澳大利亚社会的主流价值观当中。正如前自由党主席约翰·霍华德（John Howard）指出的："绿党关心的不仅仅是环境，还有一大堆关于药物等诸如此类东西的非常古怪的政策。"[2]

虽然绿党的政治目标发生了去激进化的转变，但是在绿党的政治理念中始终坚持四大基本原则：一是生态的可持续。绿党认为，如果我们想避免气候的恶化，传统的发展模式将不再适用，我们要基于绿色原则而不是短期的个人利益来构建经济发展的新模式；二是社会正义。绿党认为，如果我们专注于消除存在于澳大利亚以及世界各地的极端不平等，犯罪、歧视、疾病、贫困等现存的诸多社会问题就能够得到显著改

---

[1] Dean Jaensch, The Australian Politics Guide, Macmillan Education Australia Press, 1996, p.99.

[2] Alison Caldwell, "Bob Brown unfazed by conservative attacks", http://www.abc.net.au/worldtoday/content/2004/s1213412.htm.

善，并认为减少贫困、给所有社会成员创造机会应该是所有政府首先考虑的事情；三是草根参与式民主。绿党认为，真正的社会进步是有足够多的民众能够参与到政治中来，绿党反对"精英政治"，强调绿党成员有权参与党的重要决策、绿党的权力由成千上万的基层支持者掌握；四是和平和非暴力。绿党认为，澳大利亚的外交政策应该基于对话、交际以及合作，而不是侵略，绿党会致力于在地方、全国以及全世界推行和平、非暴力的解决方案。[1]以这四大基本原则为指导，澳大利亚工党的政治立场在很多具有争议性的问题中引起了世界的关注。比如，澳大利亚工党反对1991年海湾战争、反对2003年伊拉克战争、反对油开采与核动力、倡导可再生能源、倡导水资源管理的可持续方法等。[2]

其实，"社会正义原则是与生态优先原则互为补充和完善的，也是基层民主的目标"，绿党"主张的基层民主和生态优先的理念，实质是要使社会回归正义，包括实现人与自然之间的正义"[3]。从这个意义上说，社会正义也是绿党政治理念的核心诉求。自由党议员凯文·安德鲁（Kevin Andrews）曾经写道："绿党的目的是对支撑西方文明的文化的根本转变"，其政策会威胁到"人类历史上最能够为绝大多数人创造财富和繁荣的经济体制"[4]。而前国家党领袖约翰·安德森（John Anderson）将绿党形象地比喻成"西瓜"——"外面是绿色的，但里面是红色的"[5]。

可见，绿党将环境保护与社会正义连接起来，在政治理念中有着同工党相类似的"社会"主义的、民主的、非市场的成分，与工党的社会政策是相通的。另外，基于环境保护与社会正义的内在联系，工党也较容易接受"绿色"政治主张。因此相对于右翼自由党而言，绿党更容易接受对经济增长的生态化限制，环保、自然、生态等"绿色"词语也更早地出现在工党的纲领中，并成为20世纪80年代以来工党传统政治理念之外的新理念。

（二）社会基础的重叠

澳大利亚工党由工会运动建立，在二战前工人阶级、资产阶级两极分化较为严重的社会条件下，工党具有浓厚的劳工阶级色彩，是典型的"劳工党"。随着二战后澳大利亚产业结构和社会阶级结构的调整，主要在第一、二产业从业的传统工人阶级衰

---

[1] "The Four Pollars", http://greens.org.au/four-pillars.

[2] 朱子熹：《每天读一点世界文化 这里是澳洲》，中国水利水电出版社2012年版，第13页。

[3] 金纬亘：《西方生态主义基本政治理念》，江西人民出版社2011年版，第164页。

[4] Kevin Andrews, "The Greens'Agenda, in Their Own Words", http://quadrant.org.au/magazine/2011/1/the-greens-agenda-in-their-own-words.

[5] Max Blenkin, Ballina, "Anderson sees red over 'water melon' Greens", http://www.theage.com.au/ar ticles/2004/09/06/1094322715096.html.

落，而主要在第三产业从业的新中间阶层强势崛起。根据贾尼恩·巴克斯特（Janeen Baxter）等人的计算，澳大利亚的新中间阶层在20世纪90年代初已经占到了澳大利亚劳动人口的44%。[1]20世纪90年代中期以来，白领工人在澳大利亚总就业人数中的比例继续呈现明显递增趋势，在1996年为63.8%，到2000年的这个比例已经达到了66.7%，到2011年这个比例更是达到了68.7%。[2]庞大的新中间阶层的出现，使得在当代澳大利亚社会中，位于金字塔顶端的超级富豪和身处底层的贫困者都成为了社会成员中的少数，澳大利亚的社会阶级不再是工人阶级和资产阶级分化明显的"哑铃形"结构，而是呈现出了"两头小、中间大"的"橄榄形"结构，澳大利亚社会越来越趋向于"中间阶层化"。面对社会阶级结构的重新分化组合，二战后的工党开始了对自身社会基础的重构。在具体的实践中，工党逐渐跨越了左、右政治界限，淡化了维护阶级差别和阶级利益的传统价值观，弱化了对工人阶级的政策保护，放弃了传统纲领中的某些激进成分，扩大了意识形态的包容性和党组织的开放性，减小了对工会这一特殊社会利益团体的倚重，等等。总之，二战后的澳大利亚工党无论是在意识形态、组织体系还是政策主张上均开始向新中间阶层倾斜。

2016年3月，比尔·萧藤（Bill Shorten）领导下的工党在联邦大选期间高呼："我们代表的是中间阶层和工人阶级。"[3]明确将新中间阶层纳入了其阶级基础之列。另外，对于新中间阶层自身来说，他们的处境要优于蓝领工人，具有一定的社会地位，所以不希望破坏现有的制度；但他们同样受雇于资本家并受到剥削，这一点又使他们具有进一步改善工作和生活条件的愿望。而工党的改良主义思想恰恰顺应了他们的这一利益需求。因此，二战后的工党吸引了大量新中间阶层的支持，工党的社会基础也因此而超出了传统工人阶级的范围，逐渐延伸到了新中间阶层之中。

与此同时，于20世纪70年代兴起的绿色环保运动也在对澳大利亚的新中间阶层进行着分割。20世纪70年代以来，肇始于西欧并迅速风靡整个资本主义世界的绿色运动波及澳大利亚，并迅速成为了在澳大利亚影响最大、参加人数最多的一类社会运动。绿党的参与者来自社会各个阶层，但以新中间阶层人士为主，原因是新中间阶层的生活条件较好，经济利益和物质财富分配已经不再是他们关心的主要问题，他们普遍持有后物质主义价值观，关心的是生态环境、教育、健康等关乎生活质量的问题。而绿党在意识形态上超越了传统意识形态的阶级界限，主张按照生态要求重新确定人类的

[1] Janeen Baxter, M. Emmison and J. Western, Class analysis and contemporary Australia, Macmillan Co. of Australia Press, 1991, p.67.

[2] "50 Years of Labor Force Statistics Now and Then", http://www.abs.gov.au/AUSSTATS/abs@.nsf/ Lookup/41 02.0Main+Features30Dec+2011.

[3] 澳大利亚工党网站首页，http://www.alp.org.au.

生产和生活方式，强调的就是建立在非物质价值基础上的生活质量。因此，绿党一经成立就受到了大量新中间阶层的拥护。另外，绿党对资本主义的批判，以及在环境、和平、民主、社会发展模式等诸多问题上的新主张也吸引了不少工人阶级的支持。

可见，澳大利亚工党和绿党的社会基础是高度重叠的，这意味着工党与绿党之间必然会为此而展开争夺战。工党成员林赛·坦纳（Lindsay Tanner）就指出："绿党的出现……已经威胁到工党吸引年轻新成员的能力。"[1]但是，面对右翼自由党对新中间阶层来势汹汹的抢夺，工党和绿党联合起来对付共同的政治敌人便成了在特定历史条件下两党的策略之选。从左、右翼对立的角度出发，工党和绿党具有共同的左翼政治利益，只有联合起来才能坚守共同的左翼政治阵地。

二、利益交换：澳大利亚工党与绿党政治联盟关系的运行机制

对于澳大利亚工党和绿党两种不同类型的利益主体而言，两党之间的政治联盟关系之所以能够建立，就在于两党之间存在利益交换的契合点。从这个角度上来讲，澳大利亚工党同绿党之间的政治联盟关系实际是一种以实现各自利益为导向的利益交换关系。

（一）以各取所需为原则

绿党的成立和发展带来了澳大利亚传统政治的分野以及政党认同的动摇，澳大利亚工党和自由党两大主流政党的生存空间因被绿党挤占而在政治前途上面临着巨大的威胁。相对而言，绿党的崛起对工党的影响要甚于对自由党的影响，因为尽管绿党凭借自身的实力还不足以独立掌握国家政权，但同样作为左翼政党，绿党在大选中更多的是分享了工党的选票。此时所形成的政治局面是：工党需要得到绿党在大选中的支持，以挽回因绿党发展而带走的原本属于自己的选票；而绿党也亟须找一个实力强大的政治帮手帮助其将政治主张带到国家层面进行执行，以尽量弥补其因无法执政而带来的政治遗憾。在此情况下，以利益交换为依托的政治联盟关系在澳大利亚工党和绿党之间就建立起来了。

实际上，澳大利亚工党在成立初期的1901—1909年间的大部分时间里，在议会中力量尚小的工党就曾经奉行了一种"以支持换取让步"的政治策略，靠支持同自己政

---

[1]　Lindsay Tanner, "If Not Now, when?", http://www.australianpolitics.com/news/2002/02-02-05.shtml.

治观点相近的"保护关税派"[1]来实现其改良主义目标。同当初的工党相类似，新兴绿党尽管逐渐成为澳大利亚议会中一支不可忽视的政治力量，但在其力量尚无法在议会中占据优势的情况下，绿党同样采取了"以支持换取让步"的政治策略，试图依靠在环保问题上更愿意做出让步的工党来帮助其实现政治目标。

与此同时，伴随着绿党在联邦和州大选中支持率的节节攀升，其对澳大利亚传统大选格局的影响也在日趋增大。根据澳大利亚的选举制度，在大选中获得联邦众议院半数以上议席，且获席位较多的政党即赢得大选成为执政党，此党领袖也便自动成为国家总理。绿党的政治实力不足以囊括众议席中的多数，但足以影响到众议席在传统政党之间的分配格局。对此，"工党的竞选专家和一些敏感的党内人士明确地提出：争取来自环保运动的选票对工党的大选利益至关重要"[2]。20世纪80年代以来工党所采取的"以让步换取支持"，就是与绿党的"以支持换取让步"相对应的政治策略，意在通过其在环保政策的制定中做出让步来换取绿党手中的选票。

可见，澳大利亚工党与绿党之间的政治联盟关系是以各取所需为原则而建立起来的，是两党对澳大利亚左翼政治资源的重新分配，也是对澳大利亚左翼政治力量的重新集结。以此为基础，澳大利亚工党与绿党的政治联盟关系迅速升温，并成为了澳大利亚政坛上一支极具影响力的政治力量。

（二）以互利共赢为目的

任何交易的达成都有一个基本的支撑条件，那就是各方均能够从交易中获益，实现互利共赢。澳大利亚工党和绿党以争取各自的利益为动力，两党结成政治联盟关系的基本目的就是在利益交换中实现政治上的互利共赢。在具体的实践中，澳大利亚工党和绿党为争取各自的政治利益最大化而同对方展开了积极合作。

澳大利亚的众议院选举采取的是偏好投票制（Preferential Voting，PV），在这种

---

[1] 在19世纪末的澳大利亚，各殖民区议会中的政治力量并没有明确的党派之分，仅仅是围绕持不同政见的领袖人物形成的几个松散的政治集团，这些集团都没有确定的政治纲领，成员可以自由改变观点并随时转入他团，不受任何纪律的约束。当时在议会内势均力敌的是关税保护派和自由贸易派，这两派之间实际上并没有明显的政治分野，只是在关税问题上各执一端。关税保护派代表本国新兴工商业资产阶级的利益，主张提高关税和保护本国民族工业的发展；自由贸易派则代表农场主、牧场主和大进出口商的利益，他们的农产品和矿产品主要销往海外，因此主张降低关税和实行自由贸易。

[2] 韩隽：《澳大利亚工党的绿色战略评析》，《国际政治研究》1999年第4期。

投票机制下，绿党对工党的影响就显现出来了。[1]以1989年澳大利亚联邦大选为例，在1989年10月，工党推出了其历史上最为激进的环保政策——将完全禁止在卡卡杜国家公园中的采矿行为，并扩大公园第三期的边界。这一政策的推出成为工党在1990年3月大选中获胜的关键。因为为了回报工党的卡卡杜计划，以自然保护基金会为首的环保组织公开要求其选民在大选中把手中的第二优选票投给为环保事业做出突出贡献的工党。大选的结果是，工党在众议院中获78席，联盟党获69席，工党仅以9席的优势险胜联盟党。[2]而工党靠优先计票选择方法从环境保护组织和绿党等小党那里获得的议席就达到了7—8席。[3]可见，此次工党大选获胜的关键是获得了来自环保运动支持者的大量第二优选票，同时工党的上台也便意味着绿色组织将更容易在环保问题上得到积极回应。

另外，尽管澳大利亚的参议院选举[4]不会决定人选的胜负归属，但是，澳大利亚参议院拥有阻止众议院执政党立法通过的权力。因此，澳大利亚工党同绿党交易机制的另一个方面是：在众议院选举中，绿党号召其支持者将手中的第二优选票投给工党；而在参议院选举中，工党则号召其支持者将绿党作为第二偏好。在2010年大选前，工党与绿党达成协议，协议的内容是："在即将到来的联邦大选中，工党将给绿党拨参议院的票；而作为回报，绿党也会给工党拨众议院的票。"[5]如表1所示，在2010年的众议院选举中，绿党的票源有78.84%流向了工党。而在工党的帮助下，绿党在参议院中的议席达到了9席，相较2007年大选增加了4席。[6]此次大选的结果是：工党在绿党的帮助下保住了多个竞争激烈的选区的议席，而绿党也在工党的帮助下成为澳大利亚参议院

[1] 因为根据偏好投票制的规则，选民可根据自己的意愿，按其对该选区所有候选人的选择先后次序在选票上以注明1、2、3……的方式进行投票，计票时按候选人的得票次序进行统计，某一候选人至少要得到该选区选票总数的50%+1（即过半数）票才能当选，如果在以第一提名顺序计票时无人获半数以上选票，那么得票最少的候选人就会被淘汰出局，但提名该出局者的选票将用于第二轮优先选择投票，即查看这些选票上所标识的第二候选人，第二候选人的选票数加上其在前一轮的选票数即为其在第二轮计票时所获得的选票数，如果此时仍无候选人获半数以上选票，则按上述方法继续进行计票，直至产生票数过半数以上的候选人为止。

[2] 澳大利亚政治和选举数据库（西澳大学），http://elections.uwa.edu.au/electionsearch.lasso.

[3] 秦德占：《塑造与变革：澳大利亚工党社会政策研究》，河南人民出版社2009年版，第59页。

[4] 澳大利亚参议院选举采取的是"可转移单票制"。可转移单票制（Single Transferable Vote, STV），又称单一可转移票制或单记可让渡投票制，是一种选出多重获胜者的投票制度。是在采用比例代表制的同时，为了避免选票的浪费，同时避免出现复数选区单记不可让渡投票制中的配票现象而采用的投票制度。具体来说，就是投票者依照偏好排列候选者，若一候选人已得到足够的票数当选，超出当选门槛的票数可转移到第二偏好的选项；若一候选人所得的票数明显不足以支持当选，有关票数亦可转移到第二偏好的选项。

[5] 《工党绿党达成拨票协议》，http://www.dichan.com.au/news/ztdd/2010-08-27/679.html.

[6] 澳大利亚政治和选举数据库（西澳大学），http://elections.uwa.edu.au/electionsearch.lasso.

中名副其实的第三大党，在参议院中拥有了举足轻重的制衡权。总之，互利共赢既是澳大利亚工党和绿党建立政治联盟关系的基本目的，也是保证两党关系良好运行的重要条件。对工党和绿党自身来讲，互利共赢体现为合作分别给两党带来了政治红利；而从澳大利亚社会发展的角度来讲，互利共赢还体现为工党和绿党联合起来对澳大利亚社会进行的改良，从根本上促进着澳大利亚社会的发展和进步。当然，社会效益只是两党合作的附属产品，两党在建立政治联盟关系时更多考虑的还是它们自身的获利。

表1　众议院2010年大选若干小党转给两大党的票数比例

政　党	绿　党	家庭至上党	基督教民主党	自由民主党	民主工党	社会主义联盟
工　党	78.84%	40.18%	26.53%	27.93%	59.04%	73.36%
自由—国家联盟党	21.16%	59.82%	73.47%	72.07%	40.96%	26.64%

资料来源：澳大利亚选举委员会网站，http://results.aec.govau/15508/Website/HouseStateTppFlow-15508-NAT.html。

三、不稳定性：澳大利亚工党与绿党政治联盟关系的鲜明特征

从澳大利亚工党与绿党已经在政治实践中结成了非正式的政治联盟关系。之所以称两党的政治联盟关系是非正式的，是因为建立在利益交换基础上的政治关系，其稳定性本身就不强，而工党和绿党作为两种不同类型的政党所存在的本质性差异，则进一步决定了两党之间不可能长期稳定合作。

（一）实用主义的行为准则带来的不确定性

在澳大利亚议会民主制下，工党和绿党的一切工作都是围绕如何在议会中发挥更大的作用而展开的。在此过程中，实用主义作为西方政党应对议会政治的惯用手段而发挥着重要作用。实用主义忠于事实，以实际需要为行为准则，以务实性为行为特征。在实用主义的指导下，澳大利亚工党和绿党会在利益交换的基础上结成政治联盟关系，但也往往会在利益权衡之下放弃合作，做出破坏两党关系的举动。因此，不稳定性是澳大利亚工党和绿党在实用主义指导下所建立的政治联盟关系的天然属性，而两党政治联盟关系自结成以来所经历的波折起伏即证明了这一点。

作为澳大利亚议会民主制下的选举型政党，争取选票赢得大选的胜利是工党的首要目标。因此，20世纪80年代的工党为争取来自环保主义者的选票而愿意在环保政策的制定过程中做出大量让步。所谓的"绿色战略"就是工党在20世纪80年代所使用的

有力选举武器。[1]但是，同样是出于选举利益的考虑，进入20世纪90年代的工党却果断放弃了"绿色战略"。因为工党在1990年联邦大选中的成绩表明，尽管其争取到了绿色政治力量的支持，但却失去了大量的传统支持者，原因是其为推行"绿色战略"而在大范围内禁止采矿的行为使就职于工矿业部门的蓝领工人大量失业，这引起了以工会运动为主体的工党传统支持者的强烈不满。对此，进入20世纪90年代后，随着人们对环境问题关注度的下降，工党也趁机放弃了"绿色战略"。尽管对"绿色战略"的放弃并不意味着工党与绿党政治联盟关系的终结，但却能够说明工党同绿党在20世纪80年代的密切合作只是工党为争取自身的大选利益而采取的权宜之计，具有非持久性。

同样，为了实现对澳大利亚政治的干涉以发挥自身的政治作用，将实用主义贯彻到党的实际行动中也是绿党在澳大利亚议会民主制下惯用的策略手段。在具体的实践中，绿党的实用主义倾向不仅表现为其为融入澳大利亚主流政治而逐渐将经济增长和社会公正问题与绿色政治相融合，而且还表现为其为了寻找有效的政治参与途径而选择了同工党进行政治结盟。简单来讲，绿党之所以会经常同工党展开政治合作，是由于工党在更多的时候能够帮助其实现政治理想。但是，当工党无法满足其政治要求，或者自由党能够更大程度地帮助、支持其实施政治主张的时候，绿党自然就会站到自由党一方。因此，在绿党的历史上也不乏与自由党的政治合作。

塔斯马尼亚州绿党就曾声明，其将支持塔斯马尼亚州自由党在1996—1998年期间组建少数派政府，交换条件是自由党在任期内要制定一些森林保护和支持同性恋的政策。[2]2013年12月，绿党不顾工党的反对，与自由党达成了撤销债务最高限额的协议。[3]针对2014年维多利业州大选中绿党在边缘席位使用开放式选票（open ticket）的举动，维多利亚州工党秘书诺亚·卡罗尔（Noah Carroll）表示，绿党的此举表达了其对现任自由党政府的欢迎和支持。[4]2015年12月，绿党与自由–国家联盟党达成协议，协议的内容是联盟党要制定一项法案，要求营业额在2亿美元的跨国民营企业公开它们的税务信息，还要给全球营业额在10亿美元以上的跨国公司准备"通用"的财务报表，强制它

---

[1] "绿色战略"是工党同环保运动的主流派之间进行"交易"的一种实用主义战略。"绿色战略"的酝酿和初步实施是在1983年联邦大选之前，在20世纪80年代中后期工党加大了实施力度，1987年联邦大选后，工党政府的环境部部长理查森明确提出了"绿色战略"这一概念。

[2] Tony Rundle, Mercury, "Minority rule garnered milestones, says former Tasmanian premier Tony Rundle", http://www.themercury.com.au/news/opinion/minority-rule-garnered-milestones-says-former-tasmanianpremier-tony-rundle/story-fnj4f64i-1226903769280.

[3] Emma Griffiths, "Government strikes deal with Greens to scrap debt ceiling", http://www.abc.net.au/news/2013-12-04/government-strikes-deal-with-greens-to-scrap-debt-ceiling/5134972.

[4] 选举前，绿党会向自己的选民发放"如何投票卡"，选民一般会根据"如何投票卡"的建议进行投票。所谓开放式选票是指绿党并未对选民发放和介绍自己偏好的"如何投票卡"。

们公开更多的税务细节。[1]

绿党与自由党进行政治合作的现实说明，以实用主义为行动方针的绿党在政治合作立场上同样是摇摆不定的，工党与绿党的政治联盟关系也时常会因绿党对工党的背叛而无法持续下去。

（二）两党差异导致的不确定性

如果说工党和绿党所采取的实用主义手段是导致两党关系不稳定的直接原因，那么两党之间存在的本质性差异则从深层次上决定着两党矛盾的不可调和，并从根本上决定着两党政治联盟关系的不稳定性。

在进入议会政治的道路上，尽管绿党在努力摆脱其作为一个仅关注生态环境问题的"单一问题党"的传统形象，但相对工党而言，绿党的利益诉求仍然较为单一，生态政治原则仍然在相当程度上左右着绿党的政治行为。而工党在本质上就是一个以人类中心主义为指导的"综合性"政党，这就决定了尽管为了扩大社会基础，工党会对绿色环保等新兴政治议题加以关注，为了争取绿党的支持，工党也会刻意迎合绿党的特殊政治诉求，但工党终究不可能将环境利益置于其所追求的物质利益之上。简言之，人类中心主义和环境中心主义两种哲学理论的对立决定着澳大利亚工党和绿党之间有着不可逾越的政治鸿沟，同时也意味着两党不可能在政治合作中做到真正的同心协力。

因此，绿党虽然也承认与工党之间存在政治联盟关系，但并不认为两党的关系是牢固和必然的。而工党也曾在两党产生矛盾时庆幸与绿党政治联盟关系的结束。2013年2月，绿党党魁克莉丝汀·米尔尼（Christine Milne）在位于堪培拉的全国记者俱乐部（National Press Club）发表讲话时责怪工党政府跟财雄势大的采矿公司越走越近，使绿党跟工党在2010年结成的联盟关系名存实亡。与此同时，工党也表示，与绿党联盟关系的破裂将不会对2013年大选前工党政府的稳定性造成影响，工党议员也普遍庆幸与绿党结束了联盟关系，因为他们认为绿党是"抗议者之党"，他们不懂矿业在就业和经济增长上起到的作用。[2]

另外，从政党体制上来讲，工党作为澳大利亚的传统大党，在绿党兴起之时，工党就已经在澳大利亚政坛中具有了较强的政治实力，已经与自由—国家联盟党在政治钟摆的作用下形成了轮流执政的稳定局面。绿党作为新兴政党，尽管其政治实力在不断增长，但是在"单一制选区、绝对多数制"这种对小党具有歧视性的澳大利亚议会

---

[1] Susan McDonald, Chris Uhlmann, "Coalition and Greens strike deal on multinational tax avoidance", http://www.abc.net.au/news/2015-12-03/coalition-and-greens-strike-deal-on-multi-national-taxavoidance/6997328.

[2] 《工党庆幸联盟关系结束》, http://www.taschinese.com/thread-112943-1-1.html.

选举制度下，绿党的政治地位不可能在短时间内与工党相比肩，也不可能在短时间内改变其在澳大利亚议会中附属性存在的事实。而工党和绿党在政治地位上的悬殊则进一步决定了两党政策视野的不同。无论是作为谋求执政还是正在执政的政党，工党所主张的各项社会政策都需要在平衡社会各阶层利益诉求的基础上进行制定，而绿党所极力推崇的环保政策因此很有可能会在利益权衡中被消极化，这也是工党在环保问题上"政治宣誓"永远多于实际行动的原因。对此，绿党也深知不可能凭借"以支持换取让步"来最大限度地实施其绿色改良计划。因此，自20世纪90年代中后期以来，绿党在努力壮大自身力量的同时，也加强了其作为特殊利益团体进行单独政治行动的能力，这也意味着工党与绿党政治联盟关系的不稳定性将有增无减。

原载于《社会主义研究》2017年第6期

德国红绿联盟执政时期政党协商的做法与启示

卢文娟　臧秀玲

摘　要：在德国，红绿两党协商是一种新型协商形式。社民党和绿党通过订立两党协商的联盟协议，搭建协商平台，并在平等、民主和相对独立的协商原则指导下，实施互相妥协的政党协商策略，实现了两党间为期7年的协商执政，并产生了系列协商成果。这一经验对于我们今天的政党协商建设具有重要的借鉴意义。

关键词：德国红绿联盟；政党协商；做法；启示

1998年，在野16年的德国社民党和绿党共同赢得德国大选，携手组成一个史无前例的执政联盟，是为"红绿联盟"。通过对红绿两党协商[1]执政经历的回顾，我们可以看到无论是执政期间红绿两党经由政党协商达成的政治成果，还是两党在此期间政治合作与博弈的经验做法，对德国政党政治和红绿两党均产生了深远的历史性影响。那么，德国社民党和德国绿党在红绿联盟的框架下是怎样实现政党协商的？对于社会主义国家的政党协商有哪些重要启示？本文拟对德国红绿联盟政府政党协商的做法进行梳理和阐释，并借此对政党协商的一般性规律作初步探究。

一、德国红绿联盟执政时期政党协商的主要做法

红绿两党联合执掌联邦议会是德国历史上一种新型的政党协商形式，是社民党和绿党在特定历史时期彼此靠拢的必然结果。在此之前，在联邦州层面红绿两党便有过协商执政的尝试性接近和成功经验。1998年德国联邦议会大选中，社民党和绿党组成的竞选联盟获胜[2]，经协商组成德国历史上第一个红绿联盟政府[3]。此后，社会民主党和绿党分别以38.5%（251席）和8.6%（55席）的得票率联合再次赢得2002年的德国大选，

---

[1]　这里的政党协商是指红绿联盟执政时期的德国社民党和绿党之间的协商合作。

[2]　社民党和绿党在1998年的大选中的得票率分别为40.9%和6.7%。

[3]　郇庆治：《欧洲绿党研究》，山东人民出版社2000年版，第183页。

续写了红绿两党联合执政的历史。2005年，面对各种政治因素的叠加而造成的党内外困境，时任社民党总理格哈德·施罗德宣布提前一年结束任期进行大选。但在这次大选中，红绿联盟却未能如愿赢得胜利。由此，红绿联盟在经历了为期7年的两个任期后而告一段落。

7年间，红绿两党求同存异，在政治理念和政策上互相协商，彼此促进，推动德国在分阶段放弃核能、推动环境税和能源政策改革、促成新环境法、新国籍法和移民法的通过、更好地保护消费者的利益等领域取得新进展，在治国理政的实践中取得系列成果，特别是在改革德国福利制度问题上迈出新步伐。毫无疑问，上述成果的取得在很大程度上得益于红绿两党在联合执政期间的广泛而有效的政治协商。具体来讲，两党协商的主要做法包括：订立联盟协议，搭建协商平台，遵循平等、民主和相对独立的协商原则，实施互相妥协的政党协商策略等。

（一）订立两党协商的联盟协议

随着德国政党政治的发展，德国社民党和德国绿党从现实政治角度出发，为实现上台执政的共同目标，经协商后订立两党的联盟协议。实际上，两党的结盟在很大程度上是德国政党政治发展的一种历史必然，也是红绿两党共同努力的结果，是两党的双赢：德国社会民主党和德国绿党在意识形态领域的趋同，以及在纲领政策等领域所具有的部分相近性为双方合作奠定了前提条件。1998年两党走到一起后，为加强双方在新内阁中的协商合作，更好地治理"红绿联盟"执政框架下的德国，实现各自的价值目标和政治目标，双方在前期协商合作[1]的基础上，就有关问题进行了广泛协商。

在外界看来，社民党和绿党的协商谈判进展得异常顺利。"一切事情都得到了妥善安排，谈判会议都按时结束。既没有拖延至深夜的会议，也没有一直持续到次日凌晨的危机。每天晚上，分别有一个绿党代表和一个社民党代表组成的团体都会出现在电视屏幕前，向外界展示一个两党间和谐团结的画面。"[2]历时两周，经过九轮谈判，红绿两党于1998年10月20日，顺利完成协商谈判的各项预期目标，达成题为《觉醒与革新——德国迈向21世纪的道路》的联盟协议。这为两党日后的协商执政开了一个好头，让人不免对两党未来的协商合作前景充满期待。

在联盟协议中，两党主要就内阁成员构成与职务任命、执政政策取向与基本框架、政党协商的基本原则等关键性问题达成协商一致。

---

[1]　这里一方面是指两党在大选期间的互相靠拢与合作，另一方面是指两党在此前的州政府层面的合作。

[2]　斐迪南·穆勒-罗密尔、托马斯·波古特克主编，《欧洲执政绿党》，郇庆治译，山东大学出版社2005年版，第101页。

首先，协议就新任内阁组成达成协商一致。协议中明确了新任内阁部长、次部长和欧盟委员会委员等职位的归属问题。其中，绿党分得内阁部长中的3个职位，即外交部长[1]、环境部长[2]和健康部长[3]，同时还分得了5个"议会国务秘书"（相当于次部长）、一些非部长以及1名欧盟委员会委员的职位。社民党则获得了时任内阁中的其他部长、次部长以及欧盟委员会委员等职位，此外还获得了总统候选人的推荐权[4]。政府总理和副总理则分别由来自社民党的施罗德和来自绿党的约西卡·菲舍尔担任。对内阁职务的任命确立了两党政治精英在执政联盟中的职责分工，在某种程度上也框定了两党在未来协商执政过程中可以发挥自身影响力的主要施政领域。

其次，协议就红绿联盟治国理政的政策达成协商一致。协议明确了红绿联盟政府的政策框架和基本政策取向。其中，涉及外交、安全、内政、税收改革、能源、交通、文化和教育等各个领域。这构筑了未来两党治国理政过程中的协商基础和政策边界。这里需要特别指出的是，其中一部分政策，尤其是改革性政策是绿党非常看重并极力主张的——当然，这些政策在本质上是社民党认同的，或者至少在其既有理念中并不排斥的。比如，拟引入"双重国籍"制度的国际法改革，在与工业界达成一致的前提下开展分阶段消除核能的计划，开征生态税的计划，以及更多的直接民主化进程（比如全民公决的民主形式）和对同性恋的法律认可等。这一方面体现了绿党在执政联盟中积极发挥参政党作用的强烈意愿，另一方面也体现出社民党对协商伙伴重要关切的充分重视。同样地，也在一定层面上体现出两党在协商关系中的合作善意。

此外，协议明确了双方在治国理政和协商过程中的协商一致的原则。双方协商并一致同意，在新任内阁中，任何一方都不会"在对联盟活动具有根本性意义的议题上"以投票的方式强行通过决定。双方将为"联盟的整个政策"承担责任。从而规定了未来两党在执政联盟中的协商原则，为两党的协商合作奠定了思想基础，对两党均具有强制性的约束力。

（二）搭建两党协商的平台

社民党和绿党无论是在进行联盟协议谈判时，还是在协商执政的政治实践过程中，无疑都清醒地认识到搭建两党协商平台的重要性。为更好地实现在国家事务中的协商

---

[1] 由绿党事实上的领导人约西卡·菲舍尔（Joschka Fischer）担任。

[2] 候选人是绿党发言人、党内左翼领袖于尔根·特里廷。

[3] 由来自柏林的作为绿党东部地区代表的，在绿色社会政策发展方面贡献卓著的安德里亚·菲舍尔（Andrea Ficher）获得。而安德里亚·菲舍尔女士和绿党实际领导人约西卡·菲舍尔没有任何私人关系，只是碰巧姓氏相同而已。

[4] 1999年7月1日，来自社民党的约翰内斯·劳（Johannes Rau）当选为德国第八任总统，其任期直至2004年6月30日。

一致问题，特别是在两党可能会出现意见冲突时的决策问题，双方经协商先后成立了联盟委员会、联盟圆桌会议以及形式各异的专项协商平台作为双方的协商机制。

一是预设红绿联盟委员会。为协调解决在国家事务中具有根本性意义的问题上的共同决策问题，特别是在双方出现意见冲突时如何实现协商一致的问题，社民党和绿党在订立联盟协议时决定成立联盟委员会作为两党的协商平台。联盟委员会旨在通过协商讨论的方式，解决两党在联合执政期间可能发生的冲突或意见相左问题。实际上，这一委员会是双方为应对可能出现的突发状况而预设的一项协商运行机制，或者可以称之为一个特殊协商程序。按照双方的规划，联盟委员会由双方分别派出8名代表组成，并应任何一方的要求，就彼此关切的问题展开协商讨论，并谋求达成一致意见。

二是创设红绿联盟圆桌会议。在联盟委员会的基础上，或者说作为联盟委员会的有益补充，社民党和绿党创设了一个不定期会晤小组作为两党灵活协商处理联盟事务的功能性平台。这个通常被描述为"联盟圆桌会议"（Koalitionsrunde）的小组，是一个非正式的机构，由红绿两党根据实际政治需要临时组成[1]。其成员并不固定，一般由总理以及两党依据协商内容的不同而分别派出的代表组成。作为两党协商讨论执政联盟事务的机构，圆桌会议被设计为联盟委员会的"前置"程序。其初衷是通过程序上的预设，避免两党在执政期间出现协商危机，尽量保证有关事项在提交到联盟委员会之前达成协商一致。换而言之，圆桌会议的设立在一定程度上反映出，红绿两党均不希望双方在协商执政过程中出现重大的意见"相左"以至于必须将该问题上升到红绿联盟委员会的协商层面才可以解决的程度。

三是形式各异的专项协商平台。实际上，德国红绿两党的协商运转良好，或者说实现了一种更为理想的状态："双方追求的是尽可能早地在'联盟圆桌会议'之前通过其他渠道的协商达成一致意见，并且只把那些已经达成协议的事项交给内阁。"[2]为达成协商一致的目标，两党创建了一些具有决策功能的机构，如"工作同盟"、能源协商会谈和众多专门委员会（包括军事改革委员会、移民委员会等）。

总体而言，在红绿两党联合执政期间，上述协商机制有的发挥了积极作用，有的则没有预期的理想。比如，联盟委员会的16名委员从未在该平台设立时规定的情况下聚会——当然，这可以理解为社民党和绿党在为期7年的政治联盟中始终协商良好，没有出现事先预期的"根本性冲突"。同样地，由于形式各异的专项协商平台作用的有效运作，联盟圆桌会议这一处在第二道防线上的协商机制基本上也没有用武之地——红

---

[1] 斐迪南·穆勒-罗密尔、托马斯·波古特克主编，《欧洲执政绿党》，郇庆治译，山东大学出版社2005年版，第105页。

[2] 斐迪南·穆勒-罗密尔、托马斯·波古特克主编，《欧洲执政绿党》，郇庆治译，山东大学出版社2005年版，第105页。

绿两党协商实现了理想中的状态，即在召开圆桌会议之前能够就治国理政的有关问题达成协商一致。事实上，两党很多关键性的协商决议是在联盟委员会和圆桌会议之外的场合通过的，比如内阁某部之内、各部之间的协商，以及总理与部长之间的私人协商等。

从政治实践的层面考察，两党协商机制的确运转良好。在经过一段磨合期后，到2000年末，联盟协议中的大多数关键问题都以某种方式得到妥善处理。联盟内部的决策呈现稳定状态，两党在关键时刻能迅速达成协议。比如，2001年牛海绵状脑病危机使得绿党的卫生部长安德烈·菲舍尔与社民党的农业部长一起辞职，替补人员构成在施罗德与弗里茨·库恩[1]的一次会晤中达成协商一致——由来自绿党的一位主席特雷娜·屈纳斯特（Renate Künast）出任新成立的消费者保护、食品和农业部部长。同样地，在很多关键性问题上，总理和副总理之间的协商合作在外界看来显得非常和谐。一个很有说服力的观察视角是，施罗德和菲舍尔彼此从未在公开场合严肃地批评过对方[2]。

（三）奉行平等、民主和相对独立的政党协商原则

无论从价值理念上还是政策主张上，社民党和绿党都有明显分野。因此，在执政联盟当中，两党从政治理念到政策实践层面不可避免地会出现各种分歧。面对歧见，两党基本能够遵循民主和独立的原则，在平等互利的基础上开展联合执政期间的政党协商。

一方面，社民党在两党协商过程中体现出了大党胸襟，遇有重大事项能够尊重绿党，并与之民主协商。相较于绿党，作为时任联邦议会中的多数党，以及自二战以来德国政党政治格局中的两大政党之一，社民党无疑会更为强势。而这一情形由于施罗德个人较为强硬的执政风格，相应地会变得愈加明显。然而，在联合执政期间，社民党多数时候表现出了自身作为大党的政治胸襟。一方面，在彼此具有相近或相同立场的问题上，社民党能够接受绿党的政策动议。比如，在绿党关注的环境相关议题上，社民党充分尊重绿党的核心关切，在两党协商一致的基础上积极推进相关政策的出台落地；在军事打击伊拉克问题上，社民党认同并接受绿党所珍视的和平主义原则，表示德国不参战。另一方面，在重大改革事项中，社民党同样能够充分发扬民主，尊重绿党的不同意见。比如，在德国福利制度改革问题上，社民党充分尊重绿党的反对意见，并一再做出让步。当然，这并不是说社民党在协商过程中失去了独立性。相反，

[1] Fritz Kuhn，2000年6月绿党理事会创立后，与特雷娜·屈纳斯特一同成为绿党的主席。

[2] 斐迪南·穆勒-罗密尔、托马斯·波古特克主编，《欧洲执政绿党》，郇庆治译，山东大学出版社2005年版，第106页。

如有必要社民党会选择与绿党据理力争，坚持并竭力贯彻本党立场，比如在养老金费率提高的问题上[1]。

另一方面，绿党虽然居于弱势地位，却在两党协商中表现出了极大的独立性和自主性。无论就党员数量、选民基础[2]，还是执政经验而言，绿党均是处于相对弱势的一方。因此，在与社民党的协商合作关系中，绿党居于天然的劣势地位。这似乎预示着绿党在与社民党的协商过程中似乎必然处于被动地位。然而，绿党与社民党的协商路径并没有局限于此。实际上，在联盟政府中绿党不仅保持了充分的独立性，还积极发挥自身优势，重点在生态环境相关议题但又不仅局限于此的广泛的政策层面上取得诸多实质性突破。在执政联盟的第一个任期中，基于其所占据的三个内阁部长的职位优先权，绿党便重点围绕环境、外交和社会政策等议题逐渐展现了其独特的影响力，在许多具有标志性的问题上取得长足进步。比如，在分阶段消除核能计划、"高速磁悬铁路"计划等代表绿党生态政治取向的问题上，绿党积极与社民党协商，使得（有时甚至是迫使）后者作出让步。

综上所述，虽然党有大小强弱之分，但在联合执政期间，红绿两党在"党格"上是平等的。双方互相尊重，重视彼此的核心关切，当然也不会放弃本党的基本价值取向和核心利益。总体而言，两党能够在维护本党根本性价值与利益的基础上，本着独立、平等、民主的原则进行协商，并且能够在适当的时候做出适度的选择性退让，以谋求稳定的合作关系，从而在最大程度上实现双赢。

（四）实施互相妥协的政党协商策略

尽管社民党在20世纪80年代起开始了从纲领到政策的广泛绿化，但它与绿党在政治视野与政策主张上依然有明显区别。物质主义和后物质主义的价值分野依然是两党间的基本分水岭，而不同政治哲学视野下即使相同的政策措施其含义仍是有区别的[3]。联合执政后的社民党和绿党之间的优先政策倾向也有着明显的差异：社民党以"新中间道路"为标签在经济社会等领域谋求国家政策的布局，而绿党则始终贯彻以生态环境关切为重点且兼顾其他的政策取向。对此，红绿两党采取了求同存异的政治妥协策略。决策前，两党能够站在国家而非仅局限于本党利益的视角进行综合权衡，从而实现了双方在最大程度上的相知相融。具体实践中，两党能够对彼此保持适度宽容，对对方不同意见能够予以包容，彼此让步、互相妥协，以谋求最大公约数。

---

[1] 绿党主张调整的上限是19.3%，但在施罗德的强力坚持下，德国的养老金费率由19.1%提高到19.5%的计划于2002年11月5日获得了通过。

[2] 绿党发言人在该党参与执政联盟之初，曾不断地强调绿党的弱小规模和选举支持的有限性。

[3] 郇庆治：《欧洲绿党研究》，山东人民出版社2000年版，第180页。

一是两党能够互相吸收对方有价值的理念和做法。社民党在环境等相关问题上认可并接受了绿党的理念，也在一定程度上认同绿党的和平主义原则。而绿党则在更为广泛的层面上学习借鉴了社民党在执政方面的经验做法，不断进行自我调适。经过7年的协商执政实践，绿党由"纯绿"转变为"浅绿"，成长为一个意识形态与执政能力趋于成熟的"既存化"政党[1]，从而成为德国政坛一支不可忽视的政党力量。在实践层面上，社民党与绿党一起将分阶段消除核能计划、环境税和能源政策改革等政策从理论层面落实为国家政策，同时还共同促成新环境法、新国籍法和移民法等的通过。这些政策的推行和法律的出台，一方面得益于绿党多年来的积极呼吁和政治实践中的努力作为，同时不可忽视的是社民党对这些政策主张的认可和呼应。

　　二是两党能够在兼顾国家利益和本党核心利益的前提下做出适度妥协。实际上，与绿党联合组成红绿联盟政府这一战略选择，本身就是社民党为发挥自身政治影响力，对现有政治形势做出的妥协退让之举。绿党在实践中也能够适当兼顾社民党的核心关切，为其以环境关注为重点但又不仅仅局限于生态环境议题领域的战略性目标作出适当的妥协和让步（包括意识形态方面和部分政策领域的妥协），以显示其代表德国的"政策连续性"和"政治负责精神"，进而主动维护了与社民党的合作关系。比如，"9·11"事件后，绿党认同社民党对美国反恐立场的无条件支持，接受社民党境外参战的军事政策等。这无疑是放弃了自己所固有的和平主义立场，从国家整体利益和两党协商合作的角度出发而做出的妥协。简而言之，红绿盟政执联期间的政策性成果和政治行为几乎无一例外都是红绿双方互相协商、彼此妥协、两相呼应的结果。

　　综上所述，在某种程度上可以看出，两党联合执政后，社民党和绿党均非常重视维护本党核心价值和政治关切，但在关键性问题，尤其是双方协商出现分歧时，两党更多地能从国家层面而非仅仅从本党的角度出发作出抉择。正如菲舍尔就外交事务所宣称的那样："我不是为绿党从事外交事务，而是为德国推行外交事务。"从社民党方面看，无论是与绿党共同推出消除核能计划等与环境相关议题的政策落地，还是虽面临绿党的诸多反对意见依然坚持推行《2010规划》实行改革的做法，无疑都是站在德国经济社会发展的角度出发，为医治"德国病"而做出的历史性选择。整体而言，这样的选择对红绿两党均是双赢之举，而两党协商的政策性成果对德国的影响无疑是积极而深远的。比如，分阶段消除核能计划政策，虽然未能在红绿联盟任期内得以完全落实，但时至2011年6月30日，德国联邦议院就全面退出核电，扩建再生能源通过一系列法案。由此可见，经红绿两党协商一致并着手实施的分阶段消除核能计划在德国政

---

[1]　郁庆治：《"新中间道路"的终结？——2005年大选及其以后的德国社民党》，《当代世界社会主义问题》2006年第2期。

坛获得了广泛共识。同样不可否认的是，而德国之所以能够在全球金融危机和欧债危机的双重压力下依然保持经济的稳定增长，在一定程度上得益于红绿两党协商执政时期以福利制度改革为核心的系列改革政策的深远影响。

二、德国红绿联盟执政时期政党协商的经验启示

政党协商是政党政治发展的趋势，政党协商联合执政在西方国家是普遍的做法。社民党与绿党组成的执政联盟是德国政党发展史上一种新型政党协商的尝试，其做法和经验值得借鉴。中国共产党领导的多党合作和政治协商制度是中国的一项基本政治制度，是具有中国特色的政党制度，多党合作制度作为中国特色社会主义政党制度，是我国社会主义民主政治制度的重要载体，也是中国特色社会主义事业的重要制度保障。我国多党合作制度的基本特征是"共产党领导、多党派合作，共产党执政、多党派参政"[1]。党的十八大以来，随着多党合作实践的创新发展，以习近平同志为核心的党中央围绕坚持与完善中国政党制度、加强政党协商、多党合作的基础、民主党派建设等问题提出了一系列新理论、新观点，并推动我国多党合作事业进入了一个历史发展新阶段。因此，吸收和借鉴世界政党政治中的有效经验和先进做法，是我们今天推进政党协商、完善政党制度的题中之义。

（一）要从协商民主的战略高度重视政党协商

从德国红绿两届政府的协商经验和教训来看，政党政治目标的实现与否和政党协商的好坏有着密切的正相关的关系。正所谓成也联合，败也联合。政党协商好的时候，红绿两党能够在大选中赢得议会中的多数席位从而连续两届携手执掌德国政府；在内外政策上协商一致时，两党能够在德国政治经济社会的"连续性"发展进程中贡献自身的力量。而两党之所以在2005年德国大选中落败，政党协商出了问题也是其主要原因之一。社会主义政党协商应积极借鉴德国红绿两党协商的经验教训，积极发挥政党协商的独特政治优势，努力把中国共产党领导的多党合作提升到协商民主的战略新高度。党的十八大以来，我们党作出了建设社会主义协商民主制度、推进协商民主广泛多层制度化发展的战略部署，并明确将政党协商、政协协商作为政治协商的两种表现形式。2015年中共中央颁布的《关于加强社会主义协商民主建设的意见》中首次将中国共产党与民主党派直接的政治协商明确为"政党协商"，规范了政党协商的具体内容与形式，并将其定位为社会主义协商民主七大协商形式的首位。党中央高度重视执政

---

[1] 《江泽民文选》（第3卷），人民出版社2006年版，第144页。

党与参政党之间的和谐政党关系建设，不仅更加重视发挥多党合作制度的效能，而且还明确指出要加强协商民主建设，形成强大合力，确保多党合作事业有序高效开展。在加强社会主义协商民主、推进政党协商的过程中，红绿两党协商的经验教训无疑是一块重要的"他山之石"，可供我们借鉴。

（二）政党协商要有制度规范和长效机制

德国红绿两党协商既有制度规范，即明确内阁人事组成、国家政策框架和协商治理原则的联盟协议；也有两党协商的平台机制，即由联盟委员会、联盟圆桌会议和形式各异的专项协商平台共同构建的协商机制。在中国，自多党合作制度确立为我国的一项基本政治制度以来，中国共产党一直致力于"坚持和完善多党合作制度"并不断推进多党合作的制度化、规范化发展。但从制度化建设要求看，还需要进一步完善。对此，党的十八届三中全会进一步提出要重点推进政治协商、民主监督、参政议政的制度化、规范化、程序化。在这一过程中，一方面要有制度规范，以规定政党协商的目标和方向，明确参与协商的各政党的权、责、利，确立各政党协商合作的原则基础。要以推进和构建立体化的制度体系作为发展和完善多党合作制度的根本，建立健全决策咨询制度、不断完善民主党派中央直接向中共中央提出建议制度、提出在政协健全委员联络机构，完善委员联络制度等。另一方面也要有平台机制，即在中国共产党的领导下，分层次、有区别地设计并搭建若干政党协商平台，并使之形成协调运行的协商机制，为民主党派和无党派人士更好地发挥作用创造了有利条件，从而形成政党协商民主的合力。这就要求中国共产党各级组织特别是领导干部，要从提高协商民主成效和水平的高度，"以开阔的胸襟、平等的心态、民主的作风广纳群言、广集众智，丰富协商民主形式，增强民主协商实效，为民主党派、工商联和无党派人士发挥作用创造有利条件"[1]。

（三）政党协商要建立在民主、平等、共赢的原则之上

作为老党大党的社民党与新型政党绿党共同组成的德国红绿联盟是非均衡的联盟形式和协商组合。总体上看，德国红绿联盟是成功的，可以说社民党和绿党在此期间的协商合作也是成功的。究其原因，既有绿党虽为小党，却坚持本党的独立性、自主性，在两党协商执政期间充分发挥自身优势，积极促成诸多协商成果的努力；更为关键的是，社民党在协商过程中体现出的大党胸怀以及由此带来的对友党的尊重。在很大程度上，恰恰因为社民党能够在协商过程中尊重绿党的价值理念和核心关切，本着

---

[1] 《不断提高协商民主成效水平》，《人民日报海外版》2014年1月24日。

独立、民主、平等的协商原则与绿党求同存异，甚至主动做出政治妥协，从而在最大程度上实现了两党的双赢。作为执政党的中国共产党应一如既往地发扬从民主主义革命时期就已充分体现的虚怀若谷精神，充分尊重各参政党，一方面，要主动为民主党派的政治协商提供宽松民主的协商环境，另一方面，在民主党派履行民主监督职能时，作为执政党的中国共产党尤其要有容得下批评的宽阔胸襟，本着民主、平等、共赢的原则推动我国政党协商的进一步发展。具体实践中，应充分发挥协商民主的合力优势，努力调动各民主党派的积极性，在关系国计民生的重大事项上与各民主党派协商共治、成果共享，从而形成和完善中国特色的协商民主的制度新优势。

（四）要不断提高政党协商的能力和艺术方法

妥协是一门艺术。德国红绿两党协商执政期间，社民党和绿党均采取了求同存异的妥协策略。在此期间，面对歧见，双方不是选择"你进我退"式的退让，便是采取"各退一步"式的妥协。总体而言，两党能够在兼顾本党利益、友党利益和国家利益的基础上相知相容，通过彼此的妥协退让实现协商执政的共赢局面。中国共产党领导的多党合作和政治协商制度一方面要充分发挥自身的优势，同时要借鉴德国红绿两党在协商执政期间的政治艺术，不断提升协商民主的能力。具体而言，党无论大小，执政抑或参政，要积极吸收借鉴他党有价值的理念和做法，不断提升本党的包容性和吸引力。更重要的是，参与协商的各党要站在维护发展国家和人民利益的高度，愿意并善于在政党协商中做出适度妥协，以推动政党协商的合作共赢发展，从而最终实现维护好发展好国家和人民的根本利益的整体目标。

原载于《山东社会科学》2017年第9期

澳大利亚工党党内政治生态研究及启示

赵　婷

摘　要： 良好的党内政治生态对于政党的发展至关重要。工党作为澳大利亚历史最悠久的大党，近年来党内政治生态状况不佳，存在派系纷争、贪腐现象、党员流失以及政党认同下降等问题，为此工党失去许多选票，沦为在野党。为净化党内政治生态，工党加强党建力度，在党魁任免规则、党员作风、廉政建设、党内民主等方面采取了一系列举措，力争重塑工党形象。

关键词： 澳大利亚工党；党内政治生态；经验教训

党内政治生态是否风清气正，不仅关系到政党的形象，更关乎政党的前途与命运。良好的党内政治生态对于中西方政党来讲同样重要。作为澳大利亚历史最悠久的政党，工党在政坛上发挥着十分重要的作用。不过，工党近几年在政坛上表现不佳，已连续两次在联邦大选中败北，自2013年下台后在野至今。选举失利的背后，是工党政党形象和竞争力的滑落，也是党内政治生态问题的积聚与累积。

一、目前工党党内政治生态存在的问题

庞大的组织结构、长期对地方政权的掌控以及派系之间的争斗，导致工党党内积聚了很多问题，影响了党内政治生态的良好运转，损害了党的整体形象。特别是21世纪以来，工党内部存在一系列派系之争、贪腐丑闻现象，直接影响了工党在联邦大选和州议会选举中的竞争力。

（一）派系之争

工党被认为是澳大利亚劳工阶层的代表，在政治立场上属于中间偏左。在章程和纲领中，工党多次明确了党的民主社会主义性质，并以实现工业、生产、分配和交换的民主社会化以及平等、民主、自由与社会合作为其主要目标。不过，像西方其他政党一样，工党内部一直存在多个派系。西方政党一般将派系视作"党内民主"的象征，

但很多时候，这些派系之间却互相争斗、互相竞争。目前，由于在市场政策、与美国同盟关系以及一些社会议题上的分歧，工党内部主要分为两大派系：一派称为"工党右派"（Labor Right），另一派称为"工党左派"（Labor Left）。工党右派一般倾向于自由市场经济，希望小政府大市场，比较赞成澳洲与美国结成同盟关系，并在一些社会议题上采取保守态度；工党左派虽然很少公开拥护社会主义，但在经济方面倾向于主张政府进行干预和调控，并且不像工党右派那样热衷于澳美同盟。[1]两大派系都是由在各州党支部内活跃的分派系组成，在某些州党支部还会有同属一个大派系的多个分派系，这些分派系的政治立场各自稍有不同。不仅如此，在工党的附属工会、青年团等组织中也有相应的派系和分派系。派系之间的斗争，不仅不利于工党内部的团结，更影响了工党价值观和政策的连续性。

虽然工党内部一直有激进的左翼和温和的右翼之分，但学者们一般认为，比例代表制的引入是工党内部派系不断发展的重要因素。[2]联邦层面以及州和领地层面的公职选举实行比例代表制以后，名额分给党内不同派系，派系按比例推选代表或候选人去竞争某一职位。工党的派系之争由来已久，历史上曾造成工党多次分裂。[3]到20世纪80年代，工党内部曾存在三大派系，即右派、左派和中左派，它们定期开会，推选公职人员，出版自己的刊物，甚至制定自己的政策。[4]工党新南威尔士州党支部派系之争更是复杂，光是其中的左派就曾分裂为"社会主义左派"（1971年）、"社会主义者目标委员会"（1972—1975年）、"温和的左派"（1989—1990年）等分派系。[5]此外，在维多利亚州、昆士兰州、西澳大利亚、南澳大利亚的工党党支部都曾发生过大的派系纷争。派系之分一直延续至今，影响着各州以及联邦层面的政治生态。

21世纪以来，工党虽进行了一些现代化改革，但内部仍有派系之争，涉及党的政策、党与工会的关系以及领导人之间的个人恩怨等。首先，以中澳自由贸易协定为例，从2005年4月启动到2014年11月结束共经过22轮谈判，期间工党在2006年至2013年连续执政，但没有在任期内取得实质进展。原因在于，工党内部围绕中澳自由贸易协定分歧较大，联邦层面与州党支部以及各地方支部无法取得一致意见。工党部分激进的左

[1] B. M. Edwards and Matt Beech, "Labour Parties, Ideas Transfer and Ideological Positioning: Australia and Britain Compared", in Policy Studies, Vol.37, No.5, 2016, pp.486-498.

[2] Andrew Leigh, "Factions and Fractions: A Case Study of Power Politics in the Australian Labor Party", in Australian Journal of Political Science, Vol.35, No.3, 2000, pp.427-448.

[3] Rodney Mark Cavalier, "The Australian Labor Party at Branch Level: Guildford, Hunters Hill and Panania Branches in the 1950s", in A Century of Social Change, Sydney: Pluto Press, 1992, p.118.

[4] Graham Richardson, Whatever It Takes, Sydney: Bantam Books, 1994, p.80.

[5] See Andrew Leigh, "Factions and Fractions: A Case Study of Power Politics in the Australian Labor Party", in Australian Journal of Political Science, Vol.35, No.3, 2000, pp.427-448.

派和附属工会认为，中澳自贸协定计划对更多的457签证者开放绿色通道，会导致大量的海外劳工入境，从而影响澳洲本地劳工阶层的就业和薪资水平。[1]其次，在与工会的关系上，工党虽已从成立之初的严重依赖工会发展到目前一般的社会合作伙伴关系，但是工会仍在很大程度上影响着工党的决定和政策。一方面，由于工会会员众多，工党在联邦大选和州议会选举中仍要靠其支持；另一方面，在长期的合作关系中，工党许多高层公职人员来源于工会，代表着各行业工会组织的利益。工会与工党之间，既有合作，又有利益冲突。在2002年之前，工党党代表大会名额按照3∶2的比例分配给工会和个人党员，所以其实工会在党内掌握着很大权力。[2]最后，近年来工党领导人之间的权力之争也加剧了内部派系的演化。例如，陆克文和吉拉德之间的领导权之争，使工党内部的派系矛盾公开化，严重影响了尚在执政的工党形象。党内领导人的不稳定直接导致了工党支持率下滑，并一定程度上造成2013年工党在联邦大选中失利。[3]

（二）党内高层人员的贪腐现象

根据国际组织"透明国际"发布的"清廉指数"（Corruption Perceptions Index）排名来看，澳大利亚一直稳居世界前15名，可以说是比较清廉的国家。然而，近年来澳大利亚政坛却曝出了一连串贪腐现象，且多与工党干部有关，严重影响了工党在澳大利亚民众心目中的大党形象。工党成立时间较早，在现存的澳大利亚政党中历史最为悠久，党员人数和规模也最庞大。工党不仅在联邦层面常与国家党——自由党轮流执政，而且在澳大利亚多个州长期执政，地方影响力不容小觑。例如，工党曾在新南威尔士州执掌地方政权长达52年。[4]在长期的地方执政过程中，许多工党党员在政府、议会、立法、司法等部门担任要职，掌握着越来越大的权力。而对权力运行的制约和监督一旦缺位，则很容易滋生腐败。

例如，在澳大利亚影响较大的"健康服务工会贪腐案"，直接涉及多名工党高层人员。健康服务工会（Health Services Union）在澳大利亚是一个专业性的工会组织，会员有七万余名，主要为医疗、社会救助行业服务。该工会的组织结构是联邦性质的，在澳大利亚各州和领地设有分支机构。"健康服务工会贪腐案"涉及多位工党高层干部，自2008年被媒体曝出后，在澳大利亚政坛上造成了恶劣影响。先是工党众议院议员克

[1] "China-Australia FTA Compromise Proposed to Avoid Parliament Stalemate", http://europe. chinadaily. com. cn/business/2015-09/28/content_21998161. htm.

[2] See Ian Henderson, "Wrong Way, Go Back", in The Sydney Institute Quarterly, Iss. 18, Vol. 6, No. 3 & 4, 2002.

[3] "Review of the 2013 Federal Election Campaign", http://www. alp. org. au/2013_campaign_review.

[4] See Richard Allsop, "How Labour Factions Broke New South Wales", in Institute of Public Affairs Review: A Quarterly Review of Politics and Public Affairs, Vol. 60, No.5, 2008, pp. 16-19.

雷格·汤姆森（Craig Thomson）被指控在担任健康服务工会秘书长期间（2002—2007年）违规使用工会信用卡和非法使用工会资金。汤姆森随即被澳大利亚工会联合会取消会员资格，并开始接受相关部门的调查。[1]2014年3月，汤姆森以欺诈和盗窃健康服务工会资金为个人牟利等65项罪名被判处12个月监禁。[2]汤姆森的贪腐案尚未告一段落，接替汤姆森担任健康服务工会秘书长的工党党员凯西·杰克逊（Kathy Jackson）以及分会秘书长迈克·威廉姆森（Michael Williamson）又被曝出非法使用工会资金、违法收受企业佣金、虚开发票套取资金等，从2008年开始接受审计和调查。2015年8月，杰克逊因非法使用工会财产被强制赔付140万澳元。[3]另外，工党党员前新南威尔士立法委员会成员埃迪·奥贝德（Eddie Obeid）、乔·特里波地（Joe Tripod）涉入贪腐指控，被指在任职期间利用职权，在悉尼环形码头商铺租赁中谋取非法利益[4]，在2012—2014年接受廉政公署（Independent Commission Against Corruption）调查。奥贝德、特里波地等人身居高位，不仅是工党新南威尔士州党支部重要成员，还是工党右派分派系"泰瑞加"（The Terrigals）的领导人物，在2005年操纵并影响了新南威尔士州州长的选举，被称为"一大暴行"。[5]

多名工党高层干部相继落马，使工党的政党形象受损。作为宣称代表工人阶层利益的工党，其党员在担任公职时却利用权力侵害了民众的利益，这对于选民来说是不能容忍的。而2013年和2016年在联邦选举中的失利，则是澳大利亚选民对于工党忽视党员作风建设和廉政建设最直接的惩罚。

（三）党员流失，政党认同下降

党员流失、党员人数下降是西方许多政党现代发展中面临的一大问题。一方面，入党人数减少，特别是青年人入党意愿不强；另一方面，退党人员增加。[6]比如，英

---

[1]　"ACTU Suspends Health Services Union", ABC News, Australia, April 5, 2012, http://www.abc. net. au/news/2012-04-05/actu-suspends-health-services-union/3935476.

[2]　"Craig Thomson: Former Labour MP Sentenced for Defrauding Health Services Union", ABC News, Australia, March 25, 2014, http://www.abc. net. au/news/2014-03-25/craig -thomson-fraud-hsu-sentencing/5342428.

[3]　R. Kennedy, "A Timeline of the Health Services Union Expenses Affair", in City Journal, August 21, 2015, http://thecityjournal. net/news/timeline-health-services-union -expenses-affair.

[4]　Jamelle Wells, "ICAC Finds Eddie Obeid and Joe Tripodi Corrupt over Retail Leases at Sydney's Circular Quay", ABC News, Australia, June 6, 2014, https://www. smh. com. au/national/nsw/icac-finds-eddie-obeid-and-joe-tripodi -corrupt-over-circular-quay-leases-20140605-zryap. html.

[5]　Alex Mitchell, "The Terrigals ' Reign of NSW Bastardry is Over", Crikey, Australia, January 28, 2009, https://www. crikey. com. au/2009/01/28/the-terrigals-reign-of -nsw-bastardry-is-over.

[6]　Markus Wagner, " Why Do Party Members Leave?", in Parliamentary Affairs, Vol. 70, No. 2, 2017, pp. 344-360.

国工党党员人数从19世纪60年代的70万下降到2013年的19万。[1]澳大利亚的主要政党也面临如此状况，曾有数十万党员的日子一去不复返。目前，两大主要政党党员人数都不超过五万人，而且党员参加党内会议不积极，参加人员多是些老年人。[2]就工党来说，近年来党员人数虽在一些年份略有增长，但整体上呈减少趋势。20世纪30年代末，工党党员人数曾多达37万人，到21世纪，党员人数一般在4万至5万之间。[3]具体来看，2002年工党有48334名党员，有1140个地方支部；2007年工党党员人数有小幅增加，达到49725人；到2010年，工党党员人数则减少了一万多人。[4]党员人数的减少，在一定程度上削弱了工党的阶级基础和选民基础。造成工党党员人数减少的原因是多方面的，概括起来讲可以归结为三个因素：第一，二战后澳大利亚经济结构和产业结构的变化使得传统的蓝领工人越来越少，各种新型阶层、中产阶级随之兴起，极大地削弱了工党的阶级基础；第二，由于经济全球化的冲击，工党在霍克—基廷时期曾进行了大规模右倾化改革，而在高福利政策上有所后退，一度因意识形态"右转"而陷入身份危机；第三，随着网络化信息化的发展，各种兼具利益表达功能的社团、俱乐部逐渐流行起来，它们的入会条件比政党宽松，活动方式也更为灵活，因而在年轻人当中比较受欢迎。[5]

其实，由于政党组织形态以及政党与国家关系的演变，政党党员人数有所减少是必然的。多数政党朝"职业选举型政党"或"卡特尔型政党"发展，在选举中越来越职业化，资金方面更多依赖于国家资助而不是党员党费。[6]不过，大多数学者认为，在现代政党政治中，党员对于一个政党的发展来讲仍然尤为重要。[7]若党员能够团结一致，认同党的理念和价值观，具有较强的凝聚力，该政党在竞选中仍有较大可能获胜。然而，工党目前不仅面临党员人数下降的问题，更严峻的问题是党员对党的认同度不高。

[1] Anika Gauja, "Policy Transfer, Contagion Effects and Intra-Party Reform", in Policy Studies, Vol. 37, No.5, 2016, pp.471-485.

[2] Cathy Alexander, "The Party's Over: Which Clubs Have the Most Members?", Crikey, Australia, July 18, 2013, https://www. crikey. com. au/2013/07/18/the-partys-over -which-clubs-have-the-most-members.

[3] Anika Gauja, "Policy Transfer, Contagion Effects and Intra-Party Reform", in Policy Studies, Vol. 37, No. 5, 2016, pp.471-485.

[4] Steve Bracks, John Faulkner and Bob Carr, "2010 National Review, Report to the ALP National Executive", http://resources. news. com. au/files/2011/02/18/1226008/222073 -labor-review-report. pdf.

[5] Cathy Alexander, "The Party's Over: Which Clubs Have the Most Members?", Crikey, Australia, July 18, 2013, https://www. crikey. com. au/2013/07/18/the-partys-over -which-clubs-have-the-most-members.

[6] Paul F. Whiteley, "Is the Party Over? The Decline of Party Activism and Membership across the Democratic World", in Party Politics, Vol. 17, No. 1, 2011, pp. 21-44.

[7] William Cross, Anika Gauja, " Evolving Membership Strategies in Australian Political Parties", in Australian Journal of Political Science, Vol. 49, No. 4, 2014, pp. 611-625.

20世纪90年代，工党党员的政党认同维持在41%左右[1]；21世纪以来，工党在联邦大选中首轮得票率持续走低，从2001年的37.8%下降到2016年的32.5%。[2]工党政党认同下降的原因有很多，从党员的反馈意见来看，有些党员认为工党与联盟党区别不大，有些认为工党失去了与其传统支持者蓝领阶层的紧密联系。[3]工党曾在内部报告中明确指出，"工党目前正遭遇党员人数危机，党员参与也在下降，不少党员有种疏离感，对党的认同不够"[4]。

二、工党净化党内政治生态的举措

在西方竞争性选举体制下，良好的党内政治生态对一个政党来讲尤为重要，很大程度上决定了该政党能否获得大多数选民的支持和认同，能否在选举中具有竞争力。针对工党党内存在的派系之争、贪腐现象、党员流失和政党认同下降等问题，工党党魁和高层极度重视，多次表示要进行现代化改革，重塑工党形象。特别是在2013年澳大利亚联邦选举失利之后，工党党建力度加强，在党魁任免规则、党员作风、廉政建设、党内民主等方面采取了一系列举措，进一步净化了党内政治生态。

（一）改革联邦党魁任免规则，增强党内领导权的稳定性

前文论述了工党党内存在的派系之争问题，这一问题近年来愈演愈烈，不仅引发了"党内政变"，使党内派系矛盾公开化，而且进一步削弱了工党的凝聚力和号召力，使工党丧失了许多选民。自2010年6月开始，工党一部分右翼派系领袖、政治掮客就开始暗中操作撤换时任澳大利亚总理的党内领袖陆克文。由于维多利亚、新南威尔士、昆士兰、南澳大利亚和西澳大利亚的绝大部分右翼工党党员支持茱莉亚·吉拉德，陆克文得不到大部分党内议员支持，所以在党内选举前夕宣布放弃票选并辞职，吉拉德直接当选新任工党领袖和澳大利亚总理。[5]

[1] Philip Senior, "Re-examine, Leader Effects: Have Leader Effects Grown in Australian Federal Elections 1990—2004?", in Australian Journal of Political Science, Vol. 43, No. 2, 2008, pp. 225–242.

[2] Sarah M. Cameron and Ian McAllister, "Trends in Australian Political Opinion: Results from the Australian Election Study", http://australianelectionstudy. org/voter_studies. html.

[3] Bob Hawke and Neville Wran, "National Committee of Review, Report August 2002", https://laborrenewalsa. files.wordpress. com/2014/09/02-08-09_hawke-wran-review. pdf.

[4] William Cross and Anika Gauja, "Evolving Membership strategies in Australian Political Parties", in Australian Journal of Political Science, Vol. 49, No. 4, 2014, pp. 611–625.

[5] Chris Uhlmann, "Rudd's Backers Concede Defeat", http://www. abc. net. au/news/2010-06-24/rudds-backers- concede-defeat/878918.

陆克文与吉拉德之间耗时三年之久的权力斗争，不仅反映了工党党内不同派系之间的互相争斗，也暴露出了工党党内选举制度的一些弊端。其中最突出的问题就是如何保证党内领导权的稳定性，像工党这样频繁更换党魁的做法肯定不利于政党的团结，也不利于保持党内政策和理念的延续性。特别是在执政时期发生党内权力变动，工党更无法向广大选民和民众交代。

为了避免党内发生大的分裂，增强党内领导权的稳定性，工党对党内选举制度进行了调整，进一步改革了联邦党魁任免规则。这项改革是2013年陆克文二度当选工党党魁时提出的，旨在避免2010—2013年工党相继更换两任时任总理党内领袖的"权力闹剧"。此前，联邦党魁的产生和罢免均由联邦议会党团全权决定。议会党团是工党在议会中进行活动的重要领导者和组织者，也是工党内部重要事务的主要决策者。工党党章规定："在议会党团审议之前，任何州的支部都不能就党章、政策及司法问题直接处理议会党团的成员。"[1]议会党团在党内重要事务上拥有的绝对权力，使不同派系之间的斗争更加严重，持不同政见的议员们拉帮结派的现象屡见不鲜。陆克文倡导的党魁任免规则改革，迈出了工党现代化改革、重塑政党形象的重要一步。根据新规则，联邦议会党团不再具有决定联邦党魁产生的绝对决定权，而是只占50%，另外50%的决定权分配给基层党员。而且，新规则明确指出，如果工党在大选中失败，则立即进行下一轮领导人选举；如果工党上台执政，除非党魁自己宣布辞职，否则必须有议会党团75%的议员请愿，以党魁严重败坏党的声誉为由要求撤换，方可进行领导人选举；工党在野期间，若议会党团60%的议员请愿，则可进行党魁选举。[2]这项改革不仅能在一定程度上减少联邦议会党团的派系之争，也赋予了基层党员更多的决定权，增强了基层党员在党内重要事务中的参与权和决策权。

（二）加强党员作风建设，对腐败零容忍

在澳大利亚现有的各政党中，工党的党员规模最大。工党的党员主要由两部分组成，一部分是工会集体党员，占工党党员的绝大部分；另一部分是个体党员，目前大约有5万名。工党党章对党员的要求比较简单，只要承认工党党章，没有参加其他党派的人都可以入党。由于西方国家在政治选举中采用的是竞争性投票机制，所以多数政党往往把主要精力放在如何获得选举胜利、如何制定选举策略、如何迎合大多数选民的利益和诉求上，而忽视了对党员思想和作风层面的系统培训和教育。而且，由于

[1] George Wright, "A Smart, Modern, Fair Australia", https://cdn. australianlabor. com. au/documents/ ALP_National _Platform. pdf.

[2] "Caucus Votes to Support New Rules", http://www. sbs. com. au/news/article/2013/07/22/cau-cus-votes-support- new-rules.

这些竞选活动并不纯粹是能力方面的竞争，背后需要巨额资金支持，最后变成提供巨额竞选资金的资本集团的竞争，完全扭曲了竞争机制，与设计这种竞争的初衷背道而驰。[1]所以，尽管澳大利亚选举法和工党党内法规对于选举资金、政党经费筹集等作出了一些规定，但还是无法完全杜绝政党与一些利益集团的权钱交易。近年来，工党被曝出的贪腐丑闻，进一步反映了西方政治运行面临的选人用人难题，也揭示了目前工党党内政治生态的乱象。

为整顿党风，整治党内贪污腐败现象，工党拿"新南威尔士州党支部"开刀，从2013年起加大了党的建设力度，着手清理党内政治生态中存在的不良现象。新南威尔士州人口众多，在众议院选举中拥有47个选区，一直是工党的选票重镇。不过近年来由于一系列贪腐丑闻的影响，工党失去了民心，在该州议会选举中屡屡失利。所以，工党痛定思痛，决定拿该州党支部开刀，反腐倡廉。工党采取的主要举措有：第一，工党联邦执行委员会实施直接干预，对新南威尔士州党支部进行全面接管。由于工党组织结构的联邦性质，州一级的党组织在实际运行中拥有比较大的自主权，一般情况下，工党联邦执行委员会不会干涉州一级党支部的工作。不过，在新南威尔士州党支部曝出一系列贪污丑闻后，2013年7月4日，陆克文宣布工党联邦执委会接管新南威尔士州党支部30天，对其进行全面调查，这是40多年来联邦工党首次对党支部进行干预。这次联邦干预被称为工党"40年来最大的改革行动"，是"工党推进改革的重要一步"，是"工党现代化改革的开始"。[2]可以说，工党联邦执行委员会采取的这项行动，在工党内部以及整个澳大利亚政坛都引起了强烈反响。第二，加大反腐力度，对腐败零容忍。针对党员和高层干部的贪污腐败问题，工党开展了"对腐败零容忍"（Zero Tolerance of Corruption）的专项整治活动。首先，对牵扯贪腐丑闻的党内干部，工党及时作了停职甚至开除出党的处分，如汤姆森、威廉姆森、奥贝德等人均被开除出工党。[3]其次，勒令党支部进行自查，主要是检查在实际工作中有无弄虚作假、贪污腐败行为，有无与利益集团进行不正当的权钱交易。再次，成立独立审查机构、任命监察专员（Labor Ombudsman），提高党支部执行委员会基层党员比例等，加强对党员干部的监督工作，

[1] 黄锫：《候选人的能力并不是获胜的关键因素 竞选方式无法确保选人质量》，《人民日报》2018年2月25日。

[2] Emma Griffiths, "ALP National Executive Places NSW Labour into Administration in Corruption Crackdown", http://www. abc. net. au/news/2013-07-04/federal-labor-party -to-overtake-nsw-alp-in-bid-to-stamp-out-cor/4798382.

[3] Sean Nicholls, "Labour Party Expels Michael Williamson, Craig Thomson", https://www. smh. com. au/national/nsw/labor-party-expels-michael-williamson-craig-thomson -20140404-363f5.html.

防患于未然。[1]

（三）大力吸纳党员，进一步扩大党内民主

针对目前的党员流失现象，工党加大了招募党员的力度，力图吸收更多党员入党，充实党员基础。工党在2015年党代表大会上通过了招募大量党员的决议，并采取多种措施鼓励选民入党。例如，简化入党程序，推行更为方便快捷的"一键式"网上入党申请；鼓励年轻人、土著人、女性入党；鼓励工会会员以个人身份入党，提供党费优惠等。此外，为了适应信息化、网络化时代发展的需求，工党在实践中不断创新党支部活动方式，成立各类"议题支部"（Issue Branches），允许其召开会议、探讨政策，吸引了许多对加入传统地理意义上党支部不感兴趣但对某项政策议题感兴趣的年轻人。不仅如此，对于党外人士和支持者，工党也采取了相应举措，比如在网络上成立"智囊团"（Think Tanks），吸引党外支持者加入，以储备党员备选力量。[2]为了增加党员的认同感，提高政党凝聚力和向心力，工党在近几年的改革中进一步扩大党内民主，并着力提高基层党员在党内的参与权和决策权。如前所述，工党改革了传统的党魁任免规则，将50%的决定权赋予基层党员，这极大地提高了基层党员在党内重要事务中的话语权和决策权，改变了之前党内领导人的去留全由议会党团议员决定的局面。除此之外，工党也调整了党代表大会中工会代表和个人党员代表的比例，从3：2调整为1：1，以提高基层党员的权利。[3]另外，为了进一步扩大党内民主，提高基层党员的代表性和决策权，工党设置了"全国政策论坛"（National Policy Forum）。在全国政策论坛中，1/3代表为基层党员，其他成员为议员、工会代表以及各领域专家学者，他们一起参与党内决策。[4]从2013年起，工党的全国政策论坛在澳大利亚设置了30多个工作组，1500多名工党党员直接参与了纲领政策的形成和讨论过程。"全国政策论坛"的相关规定已写入党章，成了工党决策程序的一部分。[5]

---

[1] Sean Nicholls and Jonathan Swan, "Rudd Seizes Control of NSW Labor in Bid to Stamp out Corruption", Sydney Morning Herald, July 4, 2013, https://www. smh. com. au/politics/federal/rudd-seizes-control-of-nsw-labor-in-bid-to -stamp-out-corruption-20130704-2pcym. html.

[2] See Anika Gauja, The Politics of Party Policy: From Members to Legislators, Houndmills: Palgrave Macmillan, 2013.

[3] "How the Influence of Trade Unions on the Labor Party Is Overestimated", http://theconversation. com/how-the- influence-of-trade-unions-on-the-labor-party-is -overestimated-57476.

[4] George Wright, "A Smart, Modern, Fair Australia", https://cdn. australianlabor. com. au/documents/ALP_National _Platform. pdf.

[5] 赵婷、董沐夕：《澳大利亚工党党规建设》，《当代世界与社会主义》2017年第1期。

三、启示

党的十八大以来，中国特色社会主义党建事业进入一个崭新的时代，党的建设成为政治生活的新常态。为了加强党的建设，推进全面从严治党，习近平总书记多次在谈话和讲话中强调了良好政治生态的重要性。党内政治生态一度成为学术界关注的热点。近年来，党中央坚持全面从严治党，重点严肃党内政治生活、净化优化党内政治生态，已使党内政治生活出现了许多新气象。不过，从澳大利亚工党等西方国家民主政党的发展来看，党内政治生态建设任重而道远，是中西方政党都应该长期重视的问题。虽然工党目前的党内政治生态仍存在很多问题，但研究工党的党内政治生态现状及其应对举措，可以为我们加强党的建设、优化党内政治生态提供一些启示和借鉴。

第一，深刻认识坚持党的指导思想的重要性，统一党的思想和意志。思想不统一、党内派系纷争，会影响党内团结，甚至造成党的分裂，这是许多西方政党走向衰落的一大原因，也是目前澳大利亚工党营造良好政治生态面临的棘手问题。作为世界上党员人数最多的执政大党，中国共产党面临的任务更加艰巨。在党内政治生态建设中，更要重视党的思想统一的重要性，坚持党的指导思想，坚定党员的理想信念，使全党拧成一股绳。具体来讲，新时代全党在思想上要与时俱进，以习近平新时代中国特色社会主义思想为指导，坚持党的全面领导，紧密团结在以习近平同志为核心的党中央周围，统一思想，统一行动。

第二，党的作风建设不容忽视，须强化追责问责机制，严明党的纪律和规矩。澳大利亚虽然是世界上排名前列的廉政国家，但近年来也时常曝出高层公职人员的贪腐行为。特别是工党党内干部的不良作风，严重影响了工党的政党形象和党内政治生态，并一定程度上导致工党丧失了联邦和州层面的执政权力，不仅沦为在野党，还丢掉了传统根据地。虽然工党目前采取了一些改革措施整治党内干部的贪腐行为，不过效果怎样还需时间检验，失去的民心要想再赢回来是很有难度的。所以，工党当前堪忧的党内政治生态带给我们的教训是非常深刻的，党的作风建设永远不容忽视。习近平总书记多次强调党的作风建设的重要性，并指出领导干部的作风关乎党风政风乃至整个社会风气。这就告诫我们，全面从严治党永远在路上，我们党要继续勇于自我革命，切实推进党风廉政建设和反腐败斗争，进一步严明党规党纪。只有这样，才有可能做好时代的答卷人，让人民满意。

第三，在规范党员行为的同时，仍须发扬党内民主，激发普通党员的积极性和创造性。营造良好的党内政治生态，不仅要严肃党内政治生活，规范党员行为，而且要注重发挥党员的积极性和主动性，使党员自发地认同党、热爱党、维护党。澳大利亚工党扩大基层党员参与权和决策权的做法值得我们借鉴，良好的党内政治生态需要广大党员们一起努力。所以，我们仍须进一步发扬党内民主，充分尊重党员在党内的主体地位，坚持和完善党内民主各项制度，创新具体开展方式，赋予普通党员更多参与党内决策的机会和途径，凝聚广大党员的力量。

综上所述，澳大利亚工党的党内政治生态现状及其应对举措，既给我们带来了一些深刻的教训，也为我们优化党内政治生态提供了许多启示和借鉴。营造良好的党内政治生态，对于中西方政党都至关重要，也是当前中西方政党在党的建设中比较重视的问题，事关政党形象和竞争力。特别是对中国共产党来讲，构建积极向上、风清气正的党内政治生态尤为重要。所以，要全面准确深刻把握习近平总书记党的政治生态思想，吸取国外政党的经验教训，借鉴其有益启示，全面净化党内政治生态，始终坚持全面从严治党不松懈。以良好党风带动政风民风，用实实在在的行动赢得人民群众信任和拥护，从而凝聚起推动党和人民事业不断从胜利走向胜利的强大力量。

原载于《当代世界与社会主义》2018年第3期

公正俄罗斯党的演变、理论主张及前景

毕　松

摘　要： 公正俄罗斯党是当代俄罗斯最有影响力的社会民主主义政党，自成立以来一直活跃于俄罗斯政坛，在俄罗斯政党政治中占有重要地位。该党提出建设"21世纪新社会主义"的战略目标并以此为指导思想，主张以公正、自由和团结为核心价值理念，代表广大劳动人民利益，力主构建新社会主义国家。虽然该党有一定社会基础，并在历次国家各级选举中有不错的表现，但还面临一系列发展难题，能否克服这些难题将直接决定着该党的前景和未来。

关键词： 公正俄罗斯党；发展进程；理论主张；前景

公正俄罗斯党是当代俄罗斯国家杜马四大党中"最年轻"的政党，于2006年10月正式成立。该党自成立以来就活跃在俄罗斯政坛，长期处于国家杜马第三或第四大党的地位，在俄罗斯政党政治格局中占有重要位置。其政治立场中间偏左，属于社会民主主义政党，为社会党国际成员。党的意识形态和指导思想是"21世纪新社会主义"，政治纲领基础是社会公正思想。虽然该党历史不长，但却能很快进入俄罗斯政党政治的核心圈，成为政坛不容忽视的中左翼力量，实属不易。作为一个由多个小党合并形成的政党，其内部存在凝聚力不足和政见分歧等问题，如多党难以协调管理，党的意识形态和政治口号不够清晰，政治立场模糊等，能否解决这些问题是公正俄罗斯党未来发展的关键所在。

一、公正俄罗斯党的发展演变

公正俄罗斯党的出现与执政当局同"祖国"党的激烈斗争密切相关。为应对2003年国家杜马大选，罗戈津、格拉济耶夫等一些中左精英组织"祖国"竞选同盟，并一举成为国家杜马第四大党，引起轰动。在2004年总统候选人问题上，联盟内部出现分裂，罗戈津主张支持普京，而格拉济耶夫坚决参选，最终格拉济耶夫退出同盟。之后罗戈津将联盟中的俄罗斯地区党改组为"祖国"党。但为普京连任作出贡献的"祖国"

党并没有得到回报，这引起罗戈津的不满。他随后支持乌克兰的"颜色革命"并企图在俄罗斯发动类似运动，同时强烈反对政府推行的社会福利改革法案，并走上街头进行示威抗议。罗戈津愈发激进，成为当局的激烈反对派，这引起了当局的不满和打击。在重压之下，"祖国"同盟内部原来就存在的矛盾爆发，同盟其他成员不满罗戈津将"祖国"这一名称据为己有。同盟重要领导人之一巴布林多次公开批评罗戈津，招致罗戈津将其开除出议会党团。矛盾激化的最终结果是在议会中出现了两个分别以罗戈津和巴布林为首的"祖国"党团。后来在重重压力之下，罗戈津辞去党主席职位，巴巴科夫接任并对该党进行了全面变革。其实，"罗戈津事件"是当局调整政党格局的步骤之一，当局建立第二个"政权党"的说法传遍政坛，谁来替代分裂的"祖国"同盟的位置也是俄罗斯政坛的一个重大问题。不久，时任议会上院主席的谢尔盖·米罗诺夫与普京达成共识，建立以米罗诺夫的俄罗斯生活党为基础的新中左翼联盟[1]。

2006年春，俄罗斯生活党积极与其他政党商讨组建中左联盟事宜。同年8月29日，《论据和事实》周刊发表了俄罗斯生活党、退休者党和改组后的"祖国"党领导人米罗诺夫、佐托夫和巴巴科夫联合签署的三党合并文件。10月28日，合并大会举行，参会代表决定将新党的名称确定为"公正俄罗斯：祖国·退休者·生活"（以下简称"公正俄罗斯党"）。原俄罗斯生活党领导人米罗诺夫以160票赞成、6票反对的结果当选为该党领导人，巴巴科夫当选为中央委员会主席团书记，原退休者党领导人佐托夫当选为中央委员会书记。同时，在成立大会上还通过了党的宣言和纲领性文件[2]。此举宣告了俄罗斯政坛中左翼势力的联合，在俄罗斯政界引起强烈反响。时任总统普京在第一时间对公正俄罗斯党的成立表示祝贺。

公正俄罗斯党成立后，经过四个月的工作，于2007年2月26日举行了第一次代表大会，提出了政治纲领，宣称以"新社会主义–21世纪社会主义"为指导思想，其宗旨是在俄罗斯建设强大的、社会取向的公正国家，性质是代表和捍卫工人、学者、雇员、中小企业主、教师、医生、大学生、农业劳动者、文化工作者特别是退休者、贫困家庭和残疾人利益的党，是多数人的党。2007—2008年，古德科夫的俄罗斯人民党、舍斯塔科夫的俄罗斯社会主义统一党（精神遗产）、格拉切夫的"创业发展"党和立宪民主党等多个小党先后并入公正俄罗斯党。

2007年3月11日，公正俄罗斯党参加了所有14个联邦主体举行的地方立法会议选举，此次地方大选是年底进行的国家杜马选举的一次预演。根据俄罗斯中央选举委员会公布的选举结果，在此次地方立法会议选出的全部632个席位中，"统一俄罗斯党获

[1] Время собирать камни. Вслед за Владимиром Путиным в Коми побывали Сергей Миронов и Александр Соколов. http://www.zyryane.info/articles/page-3855.html.

[2] История партии. http://www.spravedlivo.ru/5_47745.html.

得383个席位（60.6%），居第一位；公正俄罗斯党获得77个席位（13.91%），居第二位；俄共获得73个席位（11.55%），居第三位；自由民主党获得31个席位（4.91%），居第四位"[1]。

2007年9月23日，公正俄罗斯党在莫斯科举行了第二次党代会，为开展杜马竞选活动进行提前动员。此次大会通过了党的竞选纲领和杜马议员候选人名单，重申了"新社会主义"的奋斗目标。"作为一种新的政治力量，合并后的三党派不仅保留了原名称中的关键词，而且还保持了三个党派现有的政治、组织和人员潜力。合并后的党在政治力量上也比每一个单独政党更为强大。这些无疑有利于在2007年底即将举行的国家杜马选举中获取优势。"[2]

2007年12月2日，俄罗斯举行了第五届国家杜马选举。公正俄罗斯党在选举中成功进入国家杜马，得票率为7.8%。这对于一个成立仅仅一年多的政党来说，实属不易。此次国家杜马选举是公正俄罗斯党建立以来经历的第一次国家级选举，作为一个由几个小党派组合而成的党，"公正俄罗斯党有广泛的党员基础，约有37.6万党员，并在81个联邦主体建立了地区分部，有1398个地方分部和2635个基层支部。在国家杜马中，该党团拥有29位议员，占全体议员的6.4%"[3]。

2008年4月15日，公正俄罗斯党举行第三次代表大会，通过了党的纲领草案，将"公正、自由、团结"作为党的价值观，党的选择是以社会主义为前途。党纲草案还指出："我们的任务是考虑到俄罗斯的历史经验，为俄罗斯社会主义思想注入新的意义，使其符合21世纪的任务。""党的主要目标是宣扬人道主义理想，即人的生命和保护国家人口。"[4]同时，大会通过了新的党章并根据新党章改组了党的领导机构，米罗诺夫任党主席，巴巴科夫担任中央委员会主席团第一书记。同年6月，公正俄罗斯党成为社会党国际的观察员。11月，俄罗斯社会公正党和"绿党"加入公正俄罗斯党。

2009年6月，公正俄罗斯党召开了第四次代表大会。会议通过了新党纲，对原有的党章进行了修订，并选举产生了新的中央领导机构。作为俄罗斯政党中的中左力量，公正俄罗斯党不仅在俄罗斯国内发展迅速，而且在世界左翼运动中也具有一定影响力。在第四次代表大会召开前，公正俄罗斯党与社会党国际联合举办了主题为"克服金融危机的战略：社会主义者的立场"的第三届世界社会主义论坛。为表明应对国际金融危机的立场，该党出台了《稳定俄金融体系和实现可持续发展的计划》，对政府反危机

[1] 李兴耕：《第五届国家杜马选举前的俄罗斯政党基本态势》，《俄罗斯研究》2007年第2期。

[2] 徐海燕：《"公正俄罗斯"党简介》，《国际资料信息》2006年第11期。

[3] 李兴耕：《第五届国家杜马选举前的俄罗斯政党基本态势》，《俄罗斯研究》2007年第2期。

[4] 张红侠、申健：《谢尔盖·米罗诺夫和他的"公正俄罗斯党"》，《俄罗斯东欧中亚研究》2009年第4期。

纲领提出批评，强调刺激内需，加强社会保障力度，特别关注弱势群体和反腐倡廉等社会热点问题。在本次大会上，"公正俄罗斯党"成为党的正式名称。

2011年4月，公正俄罗斯党召开了第五次代表大会，米罗诺夫作了题为《党的纲领——国家发展纲领》的报告，选举出新的党主席、议员委员会主席、中央委员会主席团和中央监察委员会成员，对党章进一步做了修改，通过了党的选举纲领草案。该党国家杜马议员团领导人列维切夫当选为新的党主席，米罗诺夫改任在本次大会上新产生的机构——公正俄罗斯党议员团理事会主席。此时"公正俄罗斯党在各级立法机构中拥有5000多名议员，在30个联邦主体建立了地区议员团。米罗诺夫主要负责党的干部和政治工作，而列维切夫负责组织工作"[1]。

2011年9月，公正俄罗斯党在莫斯科召开第六次代表大会第一阶段会议，审议通过了参加第六届国家杜马的候选人名单和竞选纲领，选举米罗诺夫作为该党竞选领导人。2011年12月9日，俄罗斯中央选举委员会宣布了第六届国家杜马选举的官方统计结果，公正俄罗斯党不仅顺利进入国家杜马，而且支持率（13.24%）首次超过俄罗斯自由民主党，成为杜马第三大党，议席数增加了26席（共64席），获得1个杜马副主席和4个委员会主席职位。2011年12月，公正俄罗斯党在莫斯科举行第六次代表大会第二阶段会议，正式推举米罗诺夫作为该党候选人参加次年3月4日的总统选举。最终，总统选举中米罗诺夫的得票率为3.85%。在2012年8月举行的第24届社会党国际大会上，公正俄罗斯党成为该组织的正式成员。

2013年10月26日至27日，公正俄罗斯党举行第七次代表大会。会议选举米罗诺夫为新任党主席，列维切夫为党的议员团理事会主席，并产生了新的中央委员会主席团、中央委员会、党的议员团理事会和中央监察委员会组成人员。会议还对党章做了修改，精简党的领导机构，撤销了中央委员会主席团办公室，设置中央委员会主席团书记。

2016年是俄罗斯联邦会议下院——国家杜马的选举之年。为筹备第七届国家杜马选举，公正俄罗斯党于2016年4月23日在莫斯科举行第八次代表大会。党主席米罗诺夫作大会主旨报告，重点介绍公俄党的最新纲领和政策主张。大会选举产生了新一届中央领导机构，米罗诺夫连任党主席，布利亚恰克当选为党的议员团理事会主席，列维切夫当选为中央监察委员会主席。同时，大会修改了党的章程，通过了新的党纲。但是由于受到选举制度改变和一系列不利因素的影响，公正俄罗斯党在2016年的国家杜马选举中表现不佳，得票率（6.22%）勉强超过国家杜马的门槛（5%），仅获23席，又回落到第四大党的位置，是公正俄罗斯党在国家杜马选举中的最差战绩。

2018年9月9日，俄罗斯举行地方选举，公正俄罗斯党取得了不错的成绩。在16个

---

[1] 李兴耕：《公正俄罗斯党第五次代表大会综述》，《国外理论动态》2011年第6期。

联邦主体的地区立法会议选举中，该党通过了15个地区的得票率门槛获得议席，第一次进入卡尔梅克自治共和国、巴什科尔托斯坦自治共和国和克麦罗沃州议会，重新获得哈卡西自治共和国、伊万诺沃州、伊尔库茨克州和涅涅茨自治区这四个联邦主体议会的席位。公俄党在以下地区的选举中得票率最为突出：萨哈自治共和国16.25%，阿尔汉格尔斯克州14.94%，雅罗斯拉夫州10.26%，弗拉基米尔州10.07%。此外，在所有12个联邦主体首府的议会选举中，公正俄罗斯党无一失手，全部获得议席。在莫斯科市长的竞选中，公俄党年仅38岁的候选人斯维里多夫位列第三，显示了该党年青一代精英的竞争力，而布尔科夫则以82.56%的高得票率当选鄂木斯克州州长[1]。此轮地方选举表明，虽然最近几年公正俄罗斯党遭遇波折，但维持了俄罗斯国内第三或第四大党的地位，仍是俄罗斯政坛上非常有影响力的政党。

此外，公正俄罗斯党还积极开展党际合作，除加入社会党国际外，与中国共产党、日本社会民主党、德国社会民主党、摩尔多瓦共和国社会主义党等有着较为密切的联系。

二、公正俄罗斯党的理论纲领和政治主张

公正俄罗斯党在第一次代表大会上就制定了党的政治纲领，确定了党的宗旨，即俄罗斯人应该以"公正""自由"和"团结"的核心价值观团结在一起，共同建设一个强大、自由、公正的俄罗斯，并规划了俄罗斯"新社会主义"的前景。随着时代的发展，公正俄罗斯党不断对自己的理论纲领进行完善，并顺应当代俄罗斯政治发展的实际情况，提出了一些具体的政治主张。

（一）提出"21世纪新社会主义"的战略目标

目前，公正俄罗斯党是俄罗斯议会中唯一的社会民主主义性质的政党。公正俄罗斯党成立以来，多次使用"21世纪社会主义""新社会主义""第三社会主义"等词语表示党的意识形态。2008年4月15日，米罗诺夫在党的第三次代表大会上宣布把"21世纪新社会主义"作为党的意识形态并写进党的纲领草案。在2009年6月公正俄罗斯党第四次代表大会上，"21世纪新社会主义"正式成为党的战略目标。

对于选择新社会主义道路，公正俄罗斯党指出，世界发生着翻天覆地的变化，"许多国家都在探寻适合自己的发展道路。在中欧和西欧以及拉丁美洲都出现了新的现象，选民对左派的信任加深，一些欧洲国家政坛开始出现了左倾的浪潮，即更为关注解决

---

[1]　Миронов С. М. СР расширила влияние в парламентах регионов. http://www.spravedlivo.ru/9109710.

社会问题"[1]。从俄罗斯目前的发展状况看，自由市场经济带来的结果并不理想，贫困、不公平现象仍存在。因此，公正俄罗斯党认为当前俄罗斯在走民主道路的同时，还应该处理好社会发展难题，提出21世纪新社会主义的口号，目标就是要建设一个公正的社会。公正俄罗斯党认为，国家和社会需要的是强大的、有能力的和负责任的政府，政府应建立在人民信任和社会长期监督的基础上。人的存在不是为了国家，恰恰相反，国家的存在是为了保障人的各项法律权利。强大、自由和公正的俄罗斯是维护国家同一性的坚实保障，只有新社会主义才能保证俄罗斯成为这样的国家。新社会主义保障人们体面的工资和养老金、免费医疗、获得住宅的权利和符合标准的公共服务。新社会主义经济是保证国家优先发展的现代市场经济，公正俄罗斯党支持诚实的竞争和个人创造，但反对把资本的利益置于人民利益之上，公正俄罗斯党支持市场经济，但反对市场社会。新社会主义加强公民社会制度，给予公民分配国家自然资源的机会，发展地方自治，旨在建设保证公民体面生活的社会国家。公正俄罗斯党的目标就是建设公正的社会[2]。

（二）公正俄罗斯党的核心价值观

2008年4月15日，公正俄罗斯党第三次代表大会通过了党的纲领草案。纲领草案中写道："我们的纲领是以现代社会主义世界观的价值为基础的，这就是公正、自由和团结。"公正俄罗斯党将"公正、自由、团结"作为党的核心价值观，宣称公正思想是该党的政治纲领基础，把自由、平等、社会安全、所有公民具有获取社会资源的同等权利、团结等基本价值联系在一起作为党的思想根基。在2016年公正俄罗斯党第八次代表大会上，对党的纲领进行了修订、完善和补充，公正俄罗斯党的核心价值观在新党纲中进一步得到了体现。

第一，公正思想。公正俄罗斯党主张，所有人政治权利平等，根据人的劳动贡献和能力分配财富，人们都享有过上体面生活的权利。对公正的追求牢牢地嵌入俄罗斯的国民意识和传统价值体系之中，保证社会公正是国家的义务。公正是人与社会和谐发展的保证，没有公正就不可能有真实的民主和自由。当下存在的穷人和富人之间的巨大鸿沟威胁着社会平衡和国家安全，只有在工资、税收和退休金等方面实行理性的国家政策，获取教育和医疗保障资源机会平等以及有针对性的社会救助，才会使穷人和富人之间巨大的收入差距缩小。公正俄罗斯党坚持公正思想，为俄罗斯每个人的公正而斗争。公正俄罗斯党相信，公正思想能够促进追求自己和子孙更加美好生活的俄罗斯民众的联合。

[1] 王超：《公正俄罗斯党现状研究》，《西伯利亚研究》2007年第3期。

[2] Программа партии Справедливой России. http://31.44.80.183/files/pf59/075833.pdf.

第二，自由思想。公正俄罗斯党强调，在社会主义传统中，自由就是免于一些人对于另一些人的剥削和压迫，同时自由不能同个人的责任割裂。个人自由与对其他人权利的尊重密切相关。完全的自由只有在法治国家才能实现，只有法律制度才能保证可靠的生活和人们的健康，才能保障信仰自由、言论自由和政治选举自由，才能保护个人的真诚和尊严。自由和公正是社会和政治生活稳定的最重要的准则。

第三，团结思想。公正俄罗斯党重申，团结是现代社会存在和发展的最重要条件，只有团结的社会才能产生社会国家并保证人们体面地生活。使团结思想具体化并把俄罗斯人民联合起来是公正俄罗斯党最重要的任务。只有团结全社会的力量才能使国家战胜诸如腐败、犯罪、恐怖主义、贫穷、酗酒和吸毒等不良社会现象[1]。

公正俄罗斯党从建立伊始就把自己定性为维护社会弱势群体利益、反对资本垄断、反对官商通过非法手段压榨人民群众利益的政党，包括工人、农民、学生、教师、中小企业主以及一些社会边缘群体，都是公正俄罗斯党的维护对象。为此，该党提出了优先任务和计划。在解决社会贫富差距方面，提倡根除贫困，公平分配社会收入，使退休金达到世界标准水平；在保障民生方面，抑制房价以及公用事业费用的上涨，改善俄罗斯公民的住房条件；在教育方面，提倡信息社会教育是人类发展的基础条件，把自由地获取知识作为提高人民生活水平、巩固个性权利的主要条件；在法治建设方面，提倡充分保障残疾人的权利，坚决反对酗酒和吸毒，实行关心年轻人的政策；在国家治理方面，提出军队现代化，坚决同各类腐败作斗争。

（三）表面上的反对派，实际上的政权同盟者

在政治立场上，作为反对党，公正俄罗斯党反对政权党统一俄罗斯党在政治上的垄断。例如在组建政府方式上，统一俄罗斯党主张由议会多数党组建政党政府，而公正俄罗斯党则表示反对[2]。在俄罗斯"胜利旗帜"问题上两党也持有不同立场。2007年3月底，国家杜马根据统一俄罗斯党议员的提案通过《胜利旗帜法》，去掉了旗帜上的镰刀和锤子标志，改为红底带白色五角星的图案。这引发了广大群众特别是老战士的不满。在时任上院议长米罗诺夫的推动下，该法案被推翻，几经周折后，胜利旗帜最终保留了镰刀和锤子[3]。在这场关于胜利旗帜的争论中，公正俄罗斯党站在了统俄党的对立面，获得了广大群众的支持。

但是总体上看，公正俄罗斯党在政策方针上支持普京政权。2007年4月，公正俄罗斯党提议修改宪法关于总统任期的期限，将原先的4年延长到5—7年。这一做法实际上

---

[1] Программа партии Справедливой России. http://31.44.80.183/files/pf59/075833.pdf.

[2] 李兴耕：《公正俄罗斯党的"21世纪新社会主义"》，《当代世界与社会主义》2008年第3期。

[3] 李兴耕：《"公正俄罗斯"党的崛起及其"新社会主义"》，《当代世界》2007年第10期。

是为普京在2012年再次出任总统铺路。在2008年的总统选举中，公正俄罗斯党和统一俄罗斯党站在了一个阵营中，携手推举梅德韦杰夫为总统候选人，认为梅德韦杰夫将继续贯彻普京路线，这一行动也表明公正俄罗斯党事实上是政权的同盟军。众所周知，统一俄罗斯党正是在普京的一手扶持之下成长起来的，普京和统一俄罗斯党有着密不可分的联系。普京作为统一俄罗斯党的实际领导者，其方针政策不可避免地体现了统一俄罗斯党的声音。正是公正俄罗斯党这种表面上的反对派、实际上的政权同盟者的立场，给该党带来一定的困扰。

近些年公正俄罗斯党的发展路线也充分体现了这一点。该党在米罗诺夫的领导下并没有完全按照普京预想的方向发展，甚至有时会向普京支持的统俄党发起挑战和冲击。2011年5月18日，在俄罗斯圣彼得堡市议会会议上，经过投票表决，米罗诺夫被罢免，从而自动失去了其担任的俄联邦委员会主席一职，而这也导致"公俄党走向统一俄罗斯党的对立面，成为坚决的反对派"[1]。但很快公俄党和当局的关系又发生了变化。2018年总统大选，公正俄罗斯党没有推出自己的候选人而支持普京参选，这使得各界对公正俄罗斯党的立场又有了新的猜测。但在2018年的养老金改革中，公正俄罗斯党的态度又一次转变，旗帜鲜明地反对当局制定的方案，称其"不是解决问题的良药，而是毒药"[2]。因此有专家认为，公正俄罗斯党既不像统一俄罗斯党那样完全依附于当局，又不像俄共那样以明确反对派身份活跃于政坛，实际上该党是在当局和俄共之间的范围内表达自己的观点主张，并不是一个真正的反对派，是普京和统一俄罗斯党抵挡俄共的缓冲地带。

（四）主张俄罗斯左翼力量实现联合

公正俄罗斯党认为，俄共把自己作为劳工阶级利益的唯一代表者，在一定意义上也是一种垄断。米罗诺夫强调，公正俄罗斯党也是代表社会中下阶层人民利益的中左翼政党，同样维护社会弱势群体的利益，对于资本垄断、官商勾结等现象也是持反对的态度。因此，他提出要和俄共一起合作，并且准备实现同包括俄共在内的所有左翼政党和运动的联合，一起为实现社会公平而努力。

米罗诺夫声称，公正俄罗斯党和俄共有分歧但也有共同之处，其中最基本的共同点是两党都秉承社会主义意识形态，而不同之处则在于两党对"社会主义"这个概念有不同的理解，公正俄罗斯党的指导思想是"新社会主义——21世纪社会主义"。公正俄罗斯党表示不会重走过去的道路，但对于过去的苏联模式，米罗诺夫也并非持完全

---

[1]　胡梅兴：《俄罗斯第六届国家杜马选举》，《国际资料信息》2012年第2期。

[2]　Миронов С. М. Пенсионная реформа — это не лекарство, это яд. http://www.spravedlivo.ru/9080010.

否定的态度："我们没有权利完全摒弃我国在20世纪所走过的道路"，对于今天的俄罗斯来说，"社会主义思想是使大家联合起来的思想，不是使人们互相对立的思想，是把他们团结起来投身于共同事业的思想"。

对于米罗诺夫提出的要与俄共合作的想法，俄共主席久加诺夫表示坚决反对。久加诺夫认为两党实现联合是几乎不可能的事情，这只不过是公正俄罗斯党在竞选时给自己增添筹码的一个噱头，让民众产生公正俄罗斯党是真的想为社会公平做点事情的印象。久加诺夫认为"公正俄罗斯党提倡的不同于苏联时期的社会主义新道路是不存在的，那是假的社会主义"。俄共第一副主席梅利尼科夫也指出："公正俄罗斯党与统一俄罗斯党都是政权党，是代表政权利益的党，目前的俄罗斯不存在法定的执政党，而只有得到总统支持的政权党才有可能提高其在克里姆林宫的政治价值。"[1]

三、公正俄罗斯党的发展前景

公正俄罗斯党作为由几个中左派政党合并形成的党，既有优势也有一定的短板。优势体现在当前的俄罗斯政党环境处于一个转变时期，由数目众多的小党合并之后形成的大党，能够有效地利用多党组成的政治资源、发展资金和财政资源，如公正俄罗斯党"在2007年3月的地方立法会议选举中募集的竞选基金达到4.29亿卢布，仅次于统一俄罗斯党"。该党在国家各级选举中表现不俗，是俄罗斯政坛很有实力的政党。劣势在于，公正俄罗斯党内部存在凝聚力不足和政见分歧问题，并且有些人之所以加入该党是为了争取列入候选人名单并获得职位，所以在确定党的领导机构以及地方立法会议和杜马议员候选人名单时，经常发生争吵和讨价还价的现象。因此，公正俄罗斯党在发展进程中还面临一系列难题，能否克服这些难题，将直接决定该党的前景和未来。

（一）意识形态和政策主张特色不足

公正俄罗斯党提出"21世纪新社会主义"，宣称社会公正和社会安全是党的基本价值，并坚持"公正、自由和团结"的基本思想。但是如果仔细分析公正俄罗斯党的核心观点主张，就会发现"一个主义加三个思想"没有鲜明的独特性和创新性。在当今俄罗斯，"社会公正"是一个广泛流行的词语，几乎没有一个政党的纲领不提社会公正，几乎所有俄罗斯主流政党都支持公正、自由和团结，公正俄罗斯党的核心思想与其他政党相比并没有很高的区分度。而什么是社会主义？如何实现社会主义？迄今为止，公正俄罗斯党还没有对这些问题作出全面系统的阐释，其社会主义思想既不系统，

---

[1] 李兴耕：《"公正俄罗斯"党的崛起及其"新社会主义"》，《当代世界》2007年第10期。

也不全面，更缺乏创新。含糊的口号会导致选民的理解出现偏差，从而对是否支持该党造成一定的影响。公正俄罗斯党的很多观点与统俄党雷同，比如对社会民生的关注，支持国家的外交政策，重视市场经济的快速发展，赞成构建社会国家，提高民众福利等。而作为中左翼政党，公正俄罗斯党又要和俄共争夺社会主义意识形态资源。俄共多次抨击公正俄罗斯党的社会主义是假的、冒牌的，显然俄共不希望公正俄罗斯党和自己争夺社会主义这面旗帜。可以说，公正俄罗斯党的观点主张处于中派和左翼思想的狭小空间之中，发挥和创新的余地十分有限。

（二）党内缺乏凝聚力

由原先三个政党组成的公正俄罗斯党，此后又有众多小党加入，党内管理方面的主要难题是，如何用行之有效的方法整合各派的资源，真正实现资源的共享，而不是资源的碎片化。如何在意识形态上真正实现各派的融合，统一思想、齐心协力地争取在杜马中的发言权，这对公正俄罗斯党来说是一个严峻的挑战。在公正俄罗斯党的发展史上，组织建设问题多次引发危机。就在公俄党成立大会刚结束，巴巴科夫与列维切夫有关机构设置的矛盾就爆发了，两人都希望自己原来所在党的成员在新成立的党中谋取更多重要职位，古德科夫、列别杰夫等人则强烈要求罢免列维切夫。地方组织的合并也使得各党内怨声一片，众多原各党地方组织的领导人被解职。到2010年末，原"祖国"党79位地区领导人只剩下29人，退休者党74位地区领导人只保留了26人，生活党的77位领导人只留下了31位[1]。大量被罢免的地区领导人纷纷退党。随后，部分原退休者党的成员不满于在公正俄罗斯党中的地位和不公待遇，后悔与"祖国"党和生活党合并，多次提出要重建退休者党，但未获成功。虽然遭遇波折，但退休者党的重建没有停止，最终在2012年4月彻底完成，组建了在俄罗斯政坛上有一定影响力的俄罗斯"支持社会公正退休者党"。公正俄罗斯党的组织问题还表现在吸收党员的随意性上。该党为了扩大规模，曾希望招募以米特洛凡诺夫为首的原自由民主党人士，这在党内外引起了轩然大波。米特洛凡诺夫在俄罗斯政坛上一向以口无遮拦和浓厚的极端民族主义色彩言论受人诟病，被称为"政治小丑"。吸引这样的政治"怪人"入党引起了党内巨大的反对之声，巴巴科夫等表示与米特洛凡诺夫水火不容，一批公正俄罗斯党议员因此退出了议会党团。统一俄罗斯党更是批评该党是"接收罪犯和普京总统敌人的党"。这场风波大幅损伤了公正俄罗斯党的声望，普京甚至表示拒绝公正俄罗斯党的支持。此外，还有两个事件暴露出了公正俄罗斯党的组织问题。一是该党在提名2007年国家杜马选举候选人时将举止轻浮且没有任何名气和实力的沙尔古诺夫列在第

[1] Данилин П. Партийная система современной России. Москва：ЗАО Издательский дом "Аргумент недели"，2015，cc.119-120.

三名的位置上，这引起了党内一片哗然。在三党合并之前，沙尔古诺夫曾经背叛"祖国"党而投靠生活党，原"祖国"党的成员痛恨沙尔古诺夫，最终在党内多数领导人和代表的重压之下，公正俄罗斯党在无法替换和补充新的候选人的情况下将沙尔古诺夫从名单中剔除。二是公正俄罗斯党为了竞选资金将大量商人列入了党的候选人名单，被外界看作是过于明显的钱权交易。上述事件都反映出公正俄罗斯党党内缺乏凝聚力和向心力的问题。

（三）政治立场摇摆不定

作为一个有影响力的大党，公正俄罗斯党的政治定位问题严重地制约了自身的发展。早在普京在圣彼得堡任职的时候，米罗诺夫就与其结识。2000年总统大选时，米罗诺夫还是普京圣彼得堡市竞选总部的二号人物，而竞选总部的领导人正是梅德韦杰夫。这段经历使米罗诺夫与"梅普"有着密切的关系。2001年，米罗诺夫被选为议会上院主席，实际上成为普京团队核心成员之一，这对于他组建公正俄罗斯党有很大影响。2006年7月24日俄罗斯总统网站上发布了普京与巴巴科夫会面的新闻。当天晚上"祖国"党主席团以22票赞成、1票反对的结果通过了与米罗诺夫领导的生活党合并的决定。如前文所说，公正俄罗斯党的建立是普京和米罗诺夫协商一致的结果，被认为是当局的"第二条腿"，形成议会上下两院议长各自领导一个"政权党"的局面。但一直以来米罗诺夫不承认这一说法，声称公正俄罗斯党是当局的反对派，不反对普京，但视统一俄罗斯党为竞争对手。2007年地方选举中，出现了公正俄罗斯党候选人战胜统一俄罗斯党候选人的情况，而米罗诺夫更是表现出了挑战统一俄罗斯党地位的倾向。米罗诺夫利用权力资源反对政权党统一俄罗斯党，这引起了当局的警觉，打压公正俄罗斯党逐渐成为普京团队的共识。之后，米罗诺夫转变态度，提出将总统任期延长至5—7年，支持普京在2008年开始第三任期，这反而对其造成不良影响。一方面，反对派认为，米罗诺夫完全不是自称的反对派，公正俄罗斯党完全是站在普京一边；而普京团队则认为，此举是米罗诺夫吸引统一俄罗斯党票源的策略。可以说米罗诺夫两头"不讨好"。由于公正俄罗斯党和统一俄罗斯党之间的竞争过于激烈，无法形成两个"政权党"相互监督配合的共存局面，当局的"两条腿"构想破灭。在这种情况下，普京团队还是选择了支持统一俄罗斯党，随之，公正俄罗斯党在一定程度上受到打压。公正俄罗斯党一方面要支持普京总统，但是却对普京支持的统一俄罗斯党持反对态度，这一定位本身就存在巨大的矛盾性。如果该党选择支持现政权，一方面会被反对派抨击为向当局低头，与其宣称的务实反对派身份不符合，另一方面它也无法占据当局第一政权党的位置，普京团队大力扶植的首先是统一俄罗斯党。而如果该党选择以强硬反对派的身份出现，一方面当局会在一定程度上限制其活动空间，另一方面会面临大量支持选民流失的风险，因为大部分支持公正俄罗斯党的选民也忠于普京，最多是轻微地批评普京的政策。在左翼狭小的空间里，公正俄罗斯党又面临与根基深厚的俄共的竞争。纵观公俄党的定位，在2006—2010年，也就是建党初期，被认为是当局的第二个"政权党"，扮演的是建设性的反对派角色；2010—2012年，是公正俄罗斯党与统一俄罗斯党的矛盾激化期，公正俄罗斯党更多地表现为激进反对派；2012年后，随着党内激进分子脱党和收回克里米亚等事件，公俄党又转而大力支持普京，并在很多重大问题上与统一俄罗斯党达成一致。因此，在重重矛盾和困难面前找到一个更加准确的政治定位，对于公正俄罗斯党的发展来说尤为重要。

在苏联解体后，俄罗斯曾经出现过众多社会民主主义政党和团体，其中包括戈尔巴乔夫领导的俄罗斯社会民主党[1]。这些政党存在时间一般很短，昙花一现，很快就退出了历史舞台。公正俄罗斯党虽然是当今俄罗斯政坛上一支不容忽视的力量，是唯一一个每次都能突破国家杜马门槛的社会民主主义政党，但它今后能否避免重蹈众多社会民主主义政党的覆辙，以鲜明的理论纲领和有力的实际行动赢得广大民众的支持，尚需接受实践的检验。

原载于《当代世界社会主义问题》2018年第3期

---

[1]　李兴耕：《苏联解体后的俄罗斯社会民主主义思潮和政党》，《俄罗斯研究》2005年第4期。

瑞典社会民主党廉政建设与腐败治理机制研究

赵　婷

摘　要： 瑞典社会民主党作为瑞典执政时间最长的政党，在廉政建设与腐败治理方面进行了诸多探索，推动建立了瑞典的廉政体系和廉政制度。目前，瑞典逐渐形成了比较完善的反腐败立法机制、廉政制度运行机制与比较健全的监督机制，其清廉指数一直排在世界前列。尽管瑞典社会民主党并没有从根本上解决腐败问题，但其重视反腐败立法、不断加强自身建设、注重发挥各监督主体合力的系列举措，仍值得我们借鉴。

关键词： 瑞典社会民主党；廉政建设；腐败治理

瑞典社会民主党历史悠久，稳居政坛，成功塑造了"瑞典模式"，在党内治理和国家治理层面颇有成就。特别是在廉政建设与腐败治理上，瑞典社会民主党成绩显著，瑞典一直被不同机构列为世界上最廉洁的国家之一，是国际社会反腐败的样板。在腐败问题蔓延的今天，深入研究瑞典社会民主党廉政建设与腐败治理机制尤为必要。

一、瑞典社会民主党的廉政建设举措

瑞典社会民主党上台执政以后，在廉政建设与腐败治理方面进行了诸多探索，使瑞典逐渐形成了一套比较健全的廉政立法、运行和监督机制。

（一）以立法为根本，建立健全反腐败立法机制

自执政以来，瑞典社会民主党积极推动议会制定并修订了一系列法律法规，从立法入手预防和整治腐败。

第一，推动宪法改革，从根本上预防腐败的发生。瑞典是民主法治国家，早在1809年，瑞典议会就通过了欧洲第一部宪法性文件《政府法典》。瑞典社会民主党在执政期间，曾多次主导宪法改革，推动议会制定和修订了《新闻自由法》《政府法典》和《议会法》等宪法性文件，使瑞典的宪法日趋完善，特别是在公民自由权利、议会和政府的权力监督制约等方面作了更明确的规定。例如，1949年制定的《新闻自由法》赋

予瑞典媒体和公民更广泛的新闻自由，并加大了对信息提供者的保护力度；1974年修订的《政府法典》规定了议会的权力和职能，在强调议会对政府部门的监督职能的同时，也从议会体制上限制了执政党的组阁权力，使议会、政府和司法机关之间的权力相互制约。[1]瑞典《议会法》还规定，"任何议会内阁成员不得从事任何公共事业或私人事业，也不得担任或从事有损于公众对他信任的职务或活动"[2]。

第二，制定专门的反腐败法规和廉政准则。为了整治腐败和进一步规范国家公职人员的行为，瑞典社会民主党分别于1919年和1962年推动议会制定了反对在商业领域行贿和防止公职人员受贿的法律，在此基础上才有了后来《反行贿受贿法》《审计法》和《瑞典公职法》等法律法规的出台。《反行贿受贿法》对国家公职人员、国有企业和私人企业中的经理、经纪人等普通职员的行为作出了严格规定："政府官员不得接受200克朗以上的礼品，企业雇员不能接受500克朗以上的礼品，否则视为行贿受贿。""任何人索贿、受贿或接受不适当的报酬，都被认为犯有受贿罪，应当处以两年以内监禁，情节严重者判处六年以内监禁。"[3]《瑞典公职法》更是一部专门规范国家公职人员职业操守的法律，按照其规定："公务员不得利用职权或委托从事任何有损于公正形象的活动，任何公务员履行官方职责，不能有损于机关声誉；公务员未经政府许可不得利用职务之便收受礼品、捐赠或类似好处；公务员必须严格遵守《公务员保密法》的规定；公务员不得身兼二职，除非有法律规定可以兼职；公务员应以公职为己任、恪尽职责。"[4]瑞典社会民主党在本党前主席、瑞典前首相莫娜·萨林（Mona Sahlin）1995年使用公务信用卡购买个人物品的丑闻被曝出后，及时推动修改法律，"将原来政府官员因公消费可以用公务信用卡支付的规定修改为官员若因公消费必须先由自己垫付，之后凭消费发票并经过相关机构审核后报销"[5]。此外，1962年通过并于1965年正式生效的《瑞典刑法典》是瑞典关于犯罪与刑事责任的法律，也是在瑞典社会民主党执政期间通过的。它明确"将贿赂犯罪区分为受贿罪和行贿罪"，并将公职人员的界定范围进一步扩大，把"一切与公共事务相关的人员以及社会中介机构人员的腐败都纳入贿赂犯罪之中"[6]。

[1] Magnus Isberg, The Constitution of Sweden: The Fundamental Laws and the Riksdag Act, Stockholm: Sveriges Riksdag, 2016, pp. 15—20.

[2] 陈锦荣：《瑞典社会民主党治国理政经验研究》，中共中央党校2016年博士学位论文，第134页。

[3] 陈锦荣：《瑞典社会民主党治国理政经验研究》，中共中央党校2016年博士学位论文，第133—134页。

[4] 倪邦文、石国亮、刘晶：《国外廉政建设制度与操作》，中国言实出版社2013年版，第66页。

[5] 王建波主编：《国外廉政建设述评》，武汉大学出版社2016年版，第18页。

[6] 李秋芳、孙壮志主编：《反腐败体制机制国际比较研究》，中国社会科学出版社2015年版，第212—213页。

（二）打造阳光透明政府，完善廉政制度的运行机制

社会民主党作为瑞典的主要执政党，一直致力于打造公开、阳光、透明的政府，不断推行政务公开和公务员财产申报制度，完善政府信息公开体系和公开方式，以保持清正廉洁的政府形象。在瑞典，"1766年传统"即政务公开的历史传统由来已久，"任何一个公民都可以到任何一个部门要求查阅其财务文件资料"[1]。社会民主党在执政期间十分注重政务信息的公开与透明，大力推进电子政务系统建设。从1997年开始，由瑞典司法部统一负责建设、运行和维护的瑞典政府门户网站"看瑞典"（Sweden.se）成为民众获取政务信息的重要网站，"一些政府机构同时为公民提供了各种电子服务，所有的部委和立法都可以在网上找到，并且可以看到政府和各部委的完整列表"[2]。社会民主党通过电子化办公平台，将政府所有文件都上传至网站以备民众查询，"每年的财政预算法案和决算情况也都及时向社会公布"，"还建立了财产申报制度和审计制度，通过订立'协议'等形式，规定社会民主党所有官员的收入、纳税情况等个人信息每年都必须向社会公布"，充分保障了民众的知情权、参与权和监督权。[3]

此外，政府采购是瑞典经济的重要组成部分，其影响面非常广，涉及数以万计的政府采购实体和供应商，也是潜在的腐败高发区域。为预防腐败，瑞典社会民主党推动政府采购法制化、程序化、透明化，促使政府采购工作有序开展。与政府采购相关的法律法规主要包括《公共采购法》《政府采购协调条例》等。瑞典的政府采购和公共采购还设有专门的监察机构——瑞典从业竞争管理局。

（三）健全监督机制，发挥多元监督主体的整体合力

瑞典社会民主党注重发挥各监督主体的整体合力，将议会监督、司法监督、审计监督等体制内监督与党际监督、舆论监督等外部监督结合起来。经过长期实践与发展，瑞典的监督机制逐渐健全，形成了一套监督主体多元化、监督职责清晰化、监督机构专门化的监督体系。

瑞典实行议会民主制，其反腐败体制属于议会主导型，主要的反腐败机构由议会产生，对议会负责。若出现问题，议会可以"就腐败问题要求政府给出适当的解释，甚至可以要求重组内阁，以对政府工作施加压力"[4]。瑞典的议会监督主要分为议会监察专员监督和委员会及议员监督。监察专员制度在瑞典设置较早，是瑞典廉政建设的一大特色。监察专员共四人，每届任期四年，是负责监督国家行政机构、军事机构官员

[1] 高波：《廉洁拐点》，中信出版集团2017年版，第120页。

[2] 韩阳编：《北欧廉政制度与文化研究》，中国法制出版社2016年版，第184页。

[3] 陈锦荣：《瑞典社会民主党治国理政经验研究》，中共中央党校2016年博士学位论文，第135页。

[4] 王建波主编：《国外廉政建设述评》，武汉大学出版社2016年版，第19页。

的专门人员，他们的监督范围特别广泛，重点督察政府权力运作过程是否合法、是否出现不良行政行为和腐败行为。监察专员之间相互独立，政治上保持中立，由议会任命并且直接听命于议会，每年以提交年度报告的方式向议会汇报工作。据统计，议会监察专员每年大约收到7000起投诉。[1]在官员监督方面，议会常设委员会中的立法委员会负责审查各大臣履职、处理内阁事务的情况。另外，"除了议会所设的监察专员制度外，社会民主党政府在1954年也建立了监察专员的监督机制"[2]。

"瑞典司法权独立，法院独立审判案件而不受行政权和立法权的干预"，因此，"更能体现公平与公正，防止徇私舞弊的发生，真正起到监督作用"[3]。瑞典司法部设有国家预防犯罪委员会，该委员会主要进行司法研究，"宣传预防犯罪的知识"，发布一些有关瑞典腐败问题的研究报告，"其研究结果一般会被作为政府决策者的依据"[4]。在审计监督方面，瑞典政府设有专门的国家审计署，该机构"具有较强的独立性与权威性，有权直接获得政府和公司的账号信息，以便对其活动进行监督"，此外，"还具有审计权，代表议会审计国家政府的活动"[5]。

党际监督和舆论监督是瑞典社会民主党廉政建设与腐败治理外部监督机制的主要方式。由于大多数西方国家实行竞争性的选举制度，不同政党之间是激烈的竞争关系，能否获得执政地位取决于各政党所代表的政治力量之间的较量，所以在西方政党政治中，党际监督其实发挥着重要作用。瑞典实行多党制的政党体制，在长期的政治实践中逐渐形成了以社会民主党、环境党、左翼党等为代表的中左阵营和以自由党、保守党、基督教民主党等为代表的中右阵营，两大阵营轮流执政，相互监督。社会民主党作为执政时间最长的政党，对于党际监督也尤为重视。另外，由于具有公开、迅速、直接、覆盖面广、方式多样等特点，舆论通常被视为除立法、行政、司法之外的"第四种权力"。瑞典较早就出台了《新闻自由法》《言论自由法案》等，赋予了报纸、刊物、电视、广播等充分的监督权。1995年"前副首相腐败案"和2006年"内阁成员偷税案"都是在新闻媒体的曝光下才被揭露出来，最后导致相关政府官员引咎辞职，可见，舆论监督的重要性不容小觑。

[1] "Examines the Work of the Government", http://www.riksdagen. se/en/how-the-riksdag-works/what-does-the -riksdag-do/examines-the-work-of-the-government.

[2] 陈锦荣：《瑞典社会民主党治国理政经验研究》，中共中央党校2016年博士学位论文，第135页。

[3] 王建波主编：《国外廉政建设述评》，武汉大学出版社2016年版，第19页。

[4] 韩阳编：《北欧廉政制度与文化研究》，中国法制出版社2016年版，第194页。

[5] 王建波主编：《国外廉政建设述评》，武汉大学出版社2016年版，第19页。

（四）充分利用民间组织和团体的力量，开展反腐败行动

瑞典有类型多样的非政府组织、非营利组织、协会、团体等民间组织，更有规范其行为的法律规范，公民的法律意识和公共参与意识都比较强。据估计，瑞典有20多万个民间组织和团体，在16—84岁的人口中，至少85%的人加入了某一组织或协会，这一比率远高于欧盟国家的平均水平。[1]瑞典社会民主党认识到了民间组织和团体在本国反腐败实践中的重要作用，通过多种方式鼓励其开展反腐败工作。

第一，支持专业性的反腐败组织开展活动。在反腐败和廉政建设中，瑞典比较重要的民间团体是瑞典透明国际分会和瑞典反腐败研究所。这两个组织合作紧密，发表了多份有关腐败问题的报告，并经常举办研讨会，活跃在瑞典的各类反腐败斗争中。第二，通过民间组织和团体开展信息宣传工作，提高公众的反腐意识。瑞典较早通过了《信息自由法案》，及时、透明地公开各种信息，是有效打击腐败的主要条件之一。为了提高公众对公共信息的认知，瑞典设有一些专门的数据门户网站，其中最著名的是开放知识基金会和"停止秘密合同运动"。人们可以通过基金会的"问题直通车"（Frga Staten）项目向当局提出任何问题，系统会把问题发送给相应的政府当局和办公室，他们必须作出答复，而且所有的问题和回答都向公众公开。此外，新闻调查中的信息透明和信息自由也十分重要。在瑞典，记者可以自由地报道、传播有关腐败的信息和新闻，如瑞典《每日新闻报》《晚报》等报纸和"冷酷的事实"（Kalla Fakta）、"任务调查"（Uppdrag Granskning）等电视节目都发布过有关腐败丑闻的报道。第三，借助工会组织和协会来开展反腐败活动。瑞典有涉及诸多行业和领域的协会和工会，也比较关注反腐败问题。它们一般通过召开研讨会、举办培训等方式开展反腐败的宣传活动，或与瑞典透明国际组织及反腐败研究所等机构开展合作。[2]

二、瑞典社会民主党廉政建设与腐败治理的成效

瑞典社会民主党是瑞典历史最悠久和执政时间最长的政党，通过不断探索与实践，逐渐形成了一套独具特色的廉政建设与腐败治理体系。反腐败是一项系统工程，不仅涉及预防、调查与惩处，更涵盖立法、监督、教育等多项内容，整治腐败也十分复杂，并非一朝一夕就能完成。瑞典的廉政建设颇有成效，一直被认为是欧洲甚至世界最廉洁的国家之一，这与瑞典社会民主党长期重视廉政建设和一贯的反腐传统是分不开的。

[1] Marina Makarova, "The Anti-Corruption Civil Society in Sweden as Part of Sustainable Policy Networks", in Regional Formation and Development Studies, Vol. 26, No. 3, 2018, p.80.

[2] Marina Makarova, "The Anti-Corruption Civil Society in Sweden as Part of Sustainable Policy Networks", in Regional Formation and Development Studies, Vol. 26, No. 3, 2018, pp. 83–86.

（一）瑞典一直稳居世界最清廉的国家前列

自1995年透明国际首次公布年度清廉指数以来，瑞典一直被列为"六个最不腐败的国家"之一。"根据透明国际公布的廉政体系评估报告，瑞典的各反腐败机构通过高效合作，整个体制框架形成了高度的问责性、完整性和透明度高的特征。"[1]此外，自1999年反腐败国家集团[2]（GRECO）刚刚成立时，瑞典就加入了该组织。当时正值社会民主党执政时期，这一举动显示了该党对于反腐败工作的重视。反腐败国家集团先后对瑞典进行了五轮审查和评估，主题涉及"预防和打击腐败的国家机构的独立性和专业性""行政腐败""审计制度、腐败、犯罪和洗钱之间的联系""税务机关和财务系统如何预防腐败""政党资助经费和选举活动资金的透明度""预防议员、法官和检察官贪污腐败"等，并发布了数份"评估报告"和"合规报告"。其中一份"评估报告"这样写道："瑞典一些反腐败机构通力合作，为其反腐败提供制度保障，但信息公开才是打击腐败最有力的武器，为公众和媒体监督公共部门运作提供了有效途径，再加上审计制度、司法大臣和议会监察专员制度，进一步加强了监督力度。长期以来，瑞典形成了一种公开透明的文化和一套对公职人员的监督体制，从而确保了瑞典的低腐败率。"[3]

2017年10月，欧盟民意调查机构"欧洲晴雨表"发布关于腐败问题的调查报告。报告指出，欧洲的腐败状况仍然比较严重，且各国之间差异较大。[4]在被调查的28个欧盟成员国中，瑞典、芬兰、丹麦等北欧国家一直位居欧洲最廉洁的国家前列，各种腐败指标也是最低的。"其中，只有37%的受访者认为瑞典存在腐败，比欧盟的平均水平（68%）低31个百分点；在瑞典，约36%的人认为政党存在滥用权力、贿赂等腐败问题，欧盟的平均比例则高达56%；近25%的欧洲人认为腐败已经影响到了他们的日常生活，而在瑞典，只有10%的人赞同这一说法；大约60%的欧洲人认为腐败已成为他们国家商业文化的一部分，大多数人认为必须有政治关系才能经商成功，而瑞典的调查结果是

[1] 韩阳编：《北欧廉政制度与文化研究》，中国法制出版社2016年版，第173页。

[2] 反腐败国家集团是欧洲反腐败的重要机构，由欧洲理事会于1999年成立，旨在监督各成员国对该组织反腐败标准的落实情况。反腐败国家集团有专业的评估团队，通过问卷调查、实地访问、高级别访谈等方式，监测各成员国对欧洲理事会反腐败标准的遵守情况，并且对各成员国的反腐败政策和进展提出有针对性的意见和建议，从而促进必要的立法和改革，提高各成员国的反腐败能力。

[3] GRECO, "Fourth Evaluation Round: Corruption Prevention inRespect of Members of Parliament, Judges and Prosecutors, Sweden Evaluation Report", https://rm. coe. int/CoERMPublicCommon-SearchServices/DisplayDCTMContent?documentId = 09000016806ca2c3.

[4] European Commission, "Special Eurobarometer Summary on Corruption 470", http://ec. europa. eu/commfrontoffice/publicopinion/index. cfm/Survey/getSurveyDetail/search/corruption/surveyKy/2176.

30%。"[1] 从这些数据可以看出，与欧洲其他国家相比，瑞典的廉政建设与腐败治理成效还是比较显著的，可以说是欧盟腐败程度最低的国家之一。

（二）瑞典社会民主党树立了良好的政党形象，有利于其长期执政

通过以上种种举措，瑞典社会民主党较好地处理了腐败问题，完善的法律体系和制度与互为制约的权力体系和阳光透明政府相得益彰，使其在民众中树立了良好的政党形象，有利于其长期执政。瑞典社会民主党自1917年上台组阁以来，迄今已累计执政70余年，它不仅是瑞典执政时间最长的政党，而且多次获得单独组阁机会，单独执政时间多达55年。瑞典社会民主党对廉政建设与腐败治理的持续探索，极大地净化了党内政治生态，提升了政党形象，有助于它保持长期执政地位。可以说，瑞典社会民主党没有随着执政时间的推移而被权力腐蚀，这也是其得以长期执政的重要原因。一个世纪以来，瑞典政治经济文化的发展模式很大程度上是由瑞典社会民主党塑造的。从提出"人民之家"的设想到福利制度的日趋成熟和完善，瑞典社会民主党使"瑞典模式"独具特色，成为民主社会主义发展的典范。

由于社会民主党在廉政建设与腐败治理方面的不断努力，瑞典基本形成了一套比较健全的以预防为主、防治结合的反腐败体系，既有相关法律和制度，又有多重主体的合力监督，可以说从多个方面对腐败行为进行了预防、遏制和打击。不管是从透明国际、反腐败国家集团、欧洲晴雨表等机构的排名，还是从瑞典社会民主党自成立以来的执政成绩来看，我们都能发现，社会民主党所进行的廉政建设与腐败治理颇有成效。

三、几点启示

目前，全球的腐败形势依然严峻，反腐败任重而道远。不过，腐败问题作为世界性难题，仍需各个国家群策群力、互相借鉴。虽然瑞典社会民主党并没有从根本上解决腐败问题，但其廉政建设与腐败治理的基本经验仍值得我们学习。

第一，重视反腐败立法，从根本上预防腐败。为了预防及惩治腐败，瑞典社会民主党上台执政以后，大力推动议会修订并制定了多项法律法规，既有最高层次的宪法，又有一般性法律，对腐败、贿赂等行为及其惩处方式作了明确规定，为政府公职人员的行为规范提供了法律依据。纵观世界上比较清廉的北欧国家，立法都是廉政建设与腐败治理的重要举措。例如，冰岛的《刑法》、丹麦的《刑法典》、挪威的《刑法》等

---

[1] European Commission，" Special Eurobarometer Report on Corruption 470"，http://ec. europa. eu/ commfrontoffice/publicopinion/index. cfm/Survey/getSurveyDetail/search/corruption/surveyKy/2176.

明确规定"腐败是犯罪";冰岛的《政治协会财务法》与《政府雇员法》、丹麦的《税务评估法》、芬兰的《国家公务员法》、挪威的《反洗钱法及反恐融资法》等法律对预防政党及公职人员腐败又作了进一步规定。除了国内立法，这些北欧国家还签署了多项国际法律反腐承诺，其中包括经济合作与发展组织的《禁止在国际商业交易中贿赂外国公职人员公约》《联合国反腐败公约》以及欧洲理事会的《反腐败刑法公约》等。我们可以借鉴瑞典等北欧国家在廉政建设方面的经验，进一步加强反腐败立法。

第二，不断加强执政党自身建设，努力打造阳光政府。瑞典社会民主党执政多年，在廉政建设与腐败治理方面进行了诸多探索，其最终目的也是进一步加强党的建设，巩固党的执政地位。自执政以来，瑞典社会民主党坚持民主、平等、公正等价值理念，致力于实现普遍的福利，提出的"人民之家"思想深入人心，福利制度和福利国家的建设，使瑞典人民在教育、医疗、住房、保险等多方面获得了充分的福利保障，塑造了瑞典社会民主党良好的政党形象。但在瑞典社会民主党执政期间，由于对党员约束不力，仍会有党员贪污丑闻被曝出，因此，瑞典社会民主党进一步加大了对腐败的整治力度，加强党的建设，推行政务公开，进一步加强对自身的权力制约，从而充分保障民众的各种权利，以预防和减少执政党自身和政府运行过程中的腐败行为。可见，对于执政党来讲，反腐败斗争永远在路上，而加强党的长期执政能力建设也是一项长期任务。

第三，注重发挥各监督主体的合力。在廉政建设和腐败治理机制中，对权力进行制约和监督是十分重要的一环。瑞典的监督体系比较完善，既有体制内各职能部门之间的相互监督，又有新闻媒体、社会民众以及各政党之间的外部监督，监督主体多元、监督范围广泛。这些监督主体结合起来，形成了一种合力，对党和政府的运作以及国家公职人员的行为进行了多层次、全方位的监督。

总之，"腐败是多种原因综合作用的结果，民主不等于清廉，西方的民主制度阻止不了腐败"[1]。廉政建设与腐败治理，是不同社会制度国家共同面临的一项长期而艰巨的任务。当前，大多数国家的腐败形势不容乐观，且全球腐败日益呈现出扩大化、国际化、复杂化等特点，更需各国开展紧密合作，共同构建国际反腐新秩序。

原载于《当代世界与社会主义》2019年第4期

---

[1] 张军妮：《中东欧国家的腐败与反腐败——腐败相关理论适用性探析》,《当代世界与社会主义》2017年第1期。

日本自民党总裁选举：从封闭到开放

王晓林　臧秀玲

摘　要： 日本自民党总裁选举在自民党内部竞争中具有重要的意义。自民党总裁选举经历了一个从封闭到开放的过程，实质上是一个从"寡头竞争"到"民主选举"的过程，也是一个从"恶性竞争"到"良性竞争"的过程。随着自民党总裁选举开放性的发展，自民党党员和党友逐渐摆脱了派阀的控制，能够独立投票，提高了对总裁选举结果的影响力。总裁选举的开放性使自民党回归政党本位的组织形态，向中央集权型组织政党转型，加强了党员和党友的党内政治监督权利，对日本政党政治产生了重要影响。

关键词： 日本自民党；总裁选举；日本政党政治

根据日本自民党总裁公选章程，自民党总裁由党所属的国会议员、党员、自由国民会议会员及国民政治协会会员（自由国民会议会员及国民政治协会会员，以下简称"党友"）公选产生。[1]但是长期以来，自民党总裁选举其实是在封闭的环境下进行的，党员和党友的参与度比较低，其话语权被国会议员所掌握，而国会议员又被各派阀领袖所掌控，因此，自民党总裁选举不过是不同派阀领袖之间"寡头竞争"的结果，这引起了自民党的党员、党友以及党内部分高层开明人士的不满，他们不断要求改变这一状况，以获取更多的支持力量，稳固自民党的根基。在总裁选举发展进程中，自民党逐渐开始进行党内改革，扩大党员和党友的参与度，不断提高党员和党友地方选票的比重，力求打破总裁选举的封闭性，扩大开放性。这一系列改革措施使自民党总裁选举实现了从"寡头竞争"到"民主选举"、从"恶性竞争"到"良性竞争"的改变。

一、自民党总裁选举的发展阶段

日本自民党自成立以来进行了一系列总裁选举方式的变革，主要是从封闭迈向开放。从总体上看，自民党总裁选举从封闭向开放的发展进程经历了三个阶段。

---

[1]　「総裁公選規程」第一条，https://www.jimin.jp/aboutus/pdf/organization.pdf を参照。

（一）封闭性总裁选举阶段（1955—1976年）

自民党在1955年成立之初既包容了右翼民族主义思想，又继承了中道思想以及自由民主思想，在意识形态和政治倾向上具有包容性和多样性。作为不同利益、不同政策、不同人际关系的结合体，自民党呈现出派阀林立的格局。在成立之初，自民党党内共有11个派阀，经过分化组合，形成了自民党的"八大师团"，即池田勇人派、佐藤荣作派、石井光次郎派、大野伴睦派、河野一郎派、石桥湛山派、岸信介派以及三木武夫派。在佐藤内阁时期，随着池田派、河野派、大野派等领袖的相继过世，自民党内部又进行了新一轮的分化组合，重新形成了十余个派阀。随后经过十多年的派阀之争，自民党内部最终形成了三木武夫、田中角荣、大平正芳、福田赳夫、中曾根康弘五大派阀角逐的格局，这一时期被称为"三角大福中"时代。[1]派阀在不断发展演变过程中，逐渐失去了拥护总裁领导的初衷，变成了以金钱和地位为目的而团结起来的小利益集团。

自民党为了消除各派阀在总裁人事问题上的对立，实现"保守合同"，创立了总裁选举制度。根据成立之初的自民党总裁公选章程，自民党总裁由党大会投票选举产生，国会议员和都道府县支部联合会各两名代表具有投票权。[2]可见，自民党总裁选举的结果受到国会议员选票和都道府县支部联合会代表选票的影响，但是实质上国会议员选票和都道府县支部联合会代表选票又都受到自民党内部不同派阀领袖的制约。一方面，派阀领袖可以推选国会议员候选人，分配政治资金，决定党内职务，在党内政治中起到主导性的作用。在自民党总裁选举的国会议员投票上，国会议员一般都遵从所属派阀领袖的意志进行投票。另一方面，都道府县支部联合会决策受到派阀下属的国会议员个人后援会的影响。对自民党总裁选举的都道府县支部联合会代表来说，他们同样遵从国会议员所属派阀领袖的意志进行投票。在这一较为封闭的总裁选举阶段，各派阀为了总裁职位进行了激烈而残酷的竞争，为了赢得总裁选举不惜以分裂自民党为要挟。

（二）开放性总裁选举的初步探索阶段（1977—1993年）

赳山一郎、岸信介和田中角荣为了消除派阀政治，试图从变革选举制度出发，废除中选区制，实行小选区制。由于受到党内派阀的强烈反对，结果均以失败告终。在此教训下，三木武夫和福田赳夫决定采取相对温和的方式探索相对开放性的总裁选举模式，在不改革选举制度的基础上，推行总裁预备选举制度，让党员和党友参与总裁

---

[1]　栾欣超、谭君久：《日本自民党派阀政治探析》，《湖北社会科学》2012年第6期。

[2]　中北浩爾：『自民党政治の変容』，NHK出版社2014年版，第21—22頁。

选举。三木将总裁选举的投票权扩大到全体党员和党友，将自民党由以派阀和国会议员个人后援会为中心的议员政党向以党员为中心的组织政党转化，进行党内民主化建设。但是，总裁预备选举制度方案同样因其他派阀的批判与抵制而最终被搁置。福田吸取了三木的教训，成立了党改革实施总部，在党改革实施总部下又设立五个委员会，负责讨论由党员和党友参与的总裁预备选举制度的诸多问题，以消除党内派阀政治、将自民党建设成为开放性的国民政党。[1]福田最终在1977年4月的自民党临时大会上通过了党员和党友参与的总裁预备选举制度。随着总裁预备选举制度的确立，福田开始进行解散派阀的运动。总裁预备选举制度在原则上有利于消除派阀的政治影响力，提高党员和党友对党内事务的参与热情，促进自民党向开放性政党发展。但在实际运作过程中，派阀迅速"死灰复燃"，通过金钱贿赂等手段，动员支持本派阀的国会议员个人后援会的成员、相关人士及普通社会民众加入自民党，进而干预总裁选举。

实际上，总裁预备选举制度具有三个预期目标：一是让自民党全体党员和党友参与总裁选举，切实反映全体党员和党友的意志，维护全体党员和党友的权利；二是进行党内改革，消除派阀对自民党总裁选举的影响，消除自民党内部的权钱交易等腐败行为，净化党内政治生态；三是吸纳更多的党员，壮大自民党的组织势力，营造包容性和开放性的党内政治环境。[2]但是，在1977—1993年间，自民党共进行了13次总裁选举，其中有党员和党友参与的总裁选举仅有三次。[3]同时，党员和党友的投票意志同样受到派阀领袖的制约。这表明开放性总裁选举的初步探索遭遇失败，并没有达到福田的预期目标。随着时间的推移，派阀日益限制了自民党党组织的灵活性，最终导致自民党在1993年沦为在野党。

（三）开放性总裁选举实质发展阶段（1994年至今）

沦为在野党的自民党为了解决党内存在的问题、激发政党组织的活力、重回执政地位，从1994年开始持续探索消除派阀对总裁选举的干预，进行实质上的开放性总裁选举。1995年，自民党举行沦为在野党后的首次总裁选举，为了吸纳更多的党员加入，自民党采取了党员一万张选票等同于国会议员一张选票的投票方式，桥本龙太郎和小泉纯一郎被提名为总裁候选人。由于桥本得到当时最大的派阀小渊惠三派的支持，而小泉当时在党内知名度不高，桥本成功当选自民党总裁。在1998年自民党总裁选举中，

---

[1] 「党のあゆみ 第八代福田赳夫」, http://www.jimin.jp/aboutus/history/prime_minister/100342.html を参照。

[2] 中北浩爾：『自民党政治の変容』, NHK出版社2014年版，第74頁。

[3] 上神貴佳：「選挙制度改革と自民党総裁選出過程の変容—リーダーシップを生み出す構造と個性の相克—」,『選挙研究』2010年26巻1号。

小泉仍然没有竞争过当时最大派阀的领袖小渊惠三，小渊当选为自民党总裁。在1995年和1998年的自民党总裁选举中，小泉虽然都以失败告终，但他的党内知名度获得了提高，为其要求增加党员和党友地方选票以挑战党内主流派阀支持的总裁候选人奠定了基础。2000年4月，小渊由于身体原因突然辞去总裁职务，森喜朗在众参两院议员总会的决议下当选为自民党总裁。但森当选自民党总裁过程的合法性和正当性遭到日本媒体的普遍批判与质疑，森内阁支持率不断下降。[1]

在此契机下，小泉表明了要革除自民党腐朽体制的决心，提倡没有禁区的结构性改革，党内人气急剧上升。拥护小泉的国会议员和地方组织要求党的中央执行部增加总裁选举中党员和党友的地方选票，寻求更加开放的总裁选举。在这一政治压力下，自民党中央执行部决定赋予国会议员和都道府县支部联合会各三名代表在总裁选举中的投票权，并规定大多数都道府县支部联合会代表的投票意向由各都道府县的党员和党友参与的预备选举决定。[2]2001年3月，森辞去总裁职务。在同年4月的总裁选举中，桥本和小泉再次交锋。桥本受到当时最大派阀桥本派的支持，代表国会的主流势力，而小泉得到党内非主流派山崎拓和加藤纮一的支持。由于自民党发展停滞，为了使自民党重新焕发活力，自民党部分国会议员开始将希望寄托于"政治怪人"小泉。[3]小泉的改革政策深得党员和党友的支持，在地方上拥有很高的人气。最终，在国会议员选票上，小泉获得175票，桥本获得140票；在党员和党友地方选票上，小泉获得123票，桥本获得15票。由于在党员和党友地方选票上出现"小泉一边倒"的局面，小泉成功赢得2001年的自民党总裁选举。当选党总裁后，小泉进一步增加了党员和党友的地方选票，决定将地方选票从都道府县支部联合会各三张改变为总共300张。在此后的2003年、2006年、2009年和2012年的自民党总裁选举中，都采用国会议员选票和地方300张选票的选举方式。值得说明的是，自民党在2009年众议院选举中出现失利，国会议员减少到199人，党员和党友地方的300张选票因而成为左右总裁选举结果的关键性因素。[4]在小泉的推动下，自民党总裁选举的开放性得到实质性发展。

2012年安倍晋三内阁成立，经过六年的政权经营，形成了"安倍一强"的党内格局。安倍在加强党内集权的同时，不断扩大党员和党友在自民党总裁选举中的参与度，

[1] 濱本真輔：『現代日本の政党政治—選挙制度改革は何をもたらしたのか』，有斐閣 2018 年版，第179頁。

[2] 井芹浩文：「自由民主党（自民党）総裁公選規程」，https://imidas.jp/genre/detail/C-103-0026.html を参照。

[3] 山崎拓：「山崎拓がいま明かす、『小泉純一郎総理誕生秘録』」，https://gendai.ismedia.jp/articles/—/49298を参照。

[4] 井芹浩文：「自由民主党（自民党）総裁公選規程」，https://imidas.jp/genre/detail/C-103-0026.html を参照。

试图削弱对其"一强"地位合法性和正当性的质疑。2018年的自民党总裁选举进一步扩大了党员和党友地方选票比重，使地方选票的数量增加到与国会议员选票数量一致，各有405张，进一步增加了党员和党友地方选票的比重。[1]在安倍和石破茂作为候选人的2018年自民党总裁选举中，安倍不出意外地获得大多数国会议员的支持。而在党员和党友的地方投票中，由于安倍推行的"安倍经济学"没能让地方中小企业受益，党员和党友对他产生了较大质疑。此外，安倍的"森友学院丑闻"和"加计学院丑闻"问题也被党员和党友所批判。相比安倍，石破担任过地方振兴大臣，关注地方经济发展，提出了一系列振兴地方经济的政策，在一定程度上获得了党员和党友的支持。最终，在国会议员选票上，安倍获得329票，石破获得73票，出现了"安倍一边倒"的局面；而在党员和党友地方选票上，安倍获得224票，石破获得181票，安倍并没有取得很大的优势。开放性总裁选举的实质性发展为总裁选举增加了一定程度上的不确定性，也给总裁候选人带来了更多的挑战。

从1994年至今，自民党共进行了15次总裁选举，其中有党员和党友参与投票的总裁选举高达十次。党员和党友地方投票权的扩大使开放性总裁选举进入实质性发展阶段，尤其在2001年和2018年自民党总裁选举中得到充分的体现。

二、自民党总裁选举开放性发展的原因

作为保守主义政党，自民党在总裁选举和政党转型的探索中保持了自身特色。自民党推进总裁选举开放性发展、重视党员和党友地方选票的原因可以总结为以下三个方面。

（一）小选区比例代表并立制的确立导致派阀政治影响力的降低

派阀的存在背离了自民党总裁选举为了强化党中央执行部权威和确保地方组织参与的初衷，阻碍了总裁选举的开放性发展。在总裁选举的前两个阶段，日本众议院选举采取中选区制的选举制度。在中选区制下，派阀领袖在选举、资金和人事上发挥着重要的政治影响力，主导党内政治事务，导致了党内的金钱政治，使自民党面临严重的执政危机，因而必须进行党内改革。在开放性总裁选举初步探索阶段，即使福田赳夫确立了总裁预备选举制度，但只要中选区制继续存在，派阀领袖就能够继续干涉总裁选举的结果。

1994年，由非自民党的八大党派联合执政的细川护熙内阁将中选区制改革为小选区比例代表并立制，同时还通过了《政治资金规正法修正案》和《政党助成法》等一

---

[1] 「総裁選挙の仕組み（概要2018年版）」，https://jimin. jp—east-2. os. cloud. nifty. com/pdf/aboutus/organization02. pdf を参照。

系列政治改革法案。小选区比例代表并立制规定,众议院议席定数为500个,其中小选区议席300个,比例代表选区议席200个。此后,众议院议席定数得到两次调整,现为465个,其中小选区议席289个,比例代表选区议席176个。小选区比例代表并立制的选举制度以小选区制为中心。[1]在小选区下,同一选区只有一名自民党候选人,且候选人必须得到党中央执行部的正式认可。在比例代表选区下,候选人名单排序也要由党中央执行部决定。因此,派阀失去了推选候选人的政治能力,派阀的影响力不断衰退。同时,《政治资金规正法修正案》要求国会议员政治资金透明化,禁止国会议员接收企业和团体的政治献金,这严重削弱了派阀筹集政治资金的能力,使派阀势力受到进一步削弱,派阀领袖在总裁选举中的主导性地位受到削弱,对党员和党友地方选票的控制力下降,使党员和党友能够独立自主地将选票投给所支持的总裁候选人。

(二)在日益复杂的社会结构中反映更多党员和党友的需要

在封闭性总裁选举阶段,日本选民结构单一,自民党主要通过国会议员个人后援会联络选民以争取得到选民的支持。在国政选举和地方选举中,国会议员个人后援会的成员不仅投票率高,而且会积极动员周围社会民众进行投票,对自民党赢得选举起到了重要作用。在1958年众议院选举之后,国会议员个人后援会非常普及,每位国会议员个人后援会的成员平均有两万至三万人,若包含未加入个人后援会但与个人后援会有关系的人员,国会议员个人后援会的成员及相关人士甚至可高达五万人。[2]而国会议员个人后援会的成员及相关人士一般不是党员,这就为自民党的稳定性发展埋下了隐患。从20世纪70年代开始,日本社会结构发生着显著变化,自民党也面临着政党转型。在开放性总裁选举初步探索阶段,为了吸引社会民众加入自民党以壮大政党力量和维持执政地位,福田赳夫建立了总裁预备选举制度,并在国民政治协会的基础上成立了自由国民会议的党友组织,企图淡化政党色彩,着重发展社会友好力量,谋求进一步扩大自民党的支持基础。

从20世纪90年代开始,随着日本社会结构的日益复杂化和国会议员个人后援会势力的削弱,日本传统的选民结构也发生着深刻变化。1993年下台后,自民党党员数量急剧下降。面对日益多元化的市民社会,以及另一大保守政党民主党的崛起,通过扩大党员党内政治权利以吸纳社会各阶层成员入党成为自民党不得不面对的政治课题。在2009—2012年民主党执政期间,自民党的党员数量进一步减少,2013年末,自民党党员数量降到史上最低的78万人。由于党员数量的减少,自民党的政治影响力也呈现

---

[1] 张伯玉:《论日本自民党的中央集权化》,《日本问题研究》2018年第3期。

[2] 佐藤慎吾:「後援会の空間組織と選挙戦略——衆議院富山県第三区を事例として—」,『季刊地理学』2008年60巻1号。

出下降趋势。[1]为了挽回颓势，自民党不断增加党员在总裁选举中的投票比重，这在一定程度上吸引了社会民众，使处于低谷的自民党不至于解体。随着党员权利的扩大，自民党的党员数量从2014年开始连续五年实现增长，到2017年增至106万人。

（三）出于巩固党的地方组织的考虑

自民党地方组织具有自治性和多样性，能够结合各地区实际情况进行灵活管理。由于这种自治性，自民党在1974年参议院选举中遭遇失败，但在都道府县议会中仍然保持优势地位。20世纪90年代初，在自民党沦为在野党之前，自民党在都道府县议会中的议席率约为55%；1993年沦为在野党后，很多国会议员退出自民党，但是国会议员下属的大部分地方议员仍然支持自民党，它在都道府县议会中的议席率仅仅下降约5%，在人多数都道府县议会中仍然占据多数议席。[2]随着都道府县议会中政党数量的不断增长，自民党的地方议员也未出现分裂或大面积退党的现象，表现出强大的统一性。[3]

进入21世纪，自民党越来越表现出卡特尔化特征，不再注重地方组织在国政选举中的基础性作用，而导致2009年众议院选举的失利。但是自民党在都道府县议会中的议席数没有受到此次下台的影响，这使自民党中央执行部再次认识到地方组织的重要性。2012年自民党再次执政后，时任自民党干事长的石破茂表示，在野的自民党在没有权力、资金和职位的状态下之所以没有支离破碎，就是因为有地方组织的支撑。继任干事长谷垣祯一也表示，自民党最大的优势是拥有强大的地方组织。[4]为了回馈地方组织，自民党中央执行部通过开放性总裁选举的方式扩大党内权力，使地方议员不断向自民党靠拢，以确保自民党的长期稳定性发展。

三、自民党总裁选举开放性发展的影响

自民党总裁选举开放性发展在影响党内政治的同时，也对日本政党政治产生了重要影响。

（一）对自民党党内政治的影响

自民党总裁选举开放性发展对自民党的政党模式和监督方式产生了重要影响，具

[1] 中西孝介：「自民が実名で初公表！党員獲得ランキング"トップ 10 とワースト 10"」，https://www. fnn. jp/posts/00317770HDK を参照。
[2] 中北浩爾：『自民党—「一強」の実像』，中央公論新社2017年版，第232頁。
[3] 笹部真理子：『「自民党型政治」の形成・確立・展開—分権的組織と県連の多様性—』，木鐸社2017年版，第45頁。
[4] 中北浩爾：『自民党—「一強」の実像』，中央公論新社2017年版，第229—230頁。

体表现为以下两个方面。

第一，促进自民党由议员政党向组织政党转型，成为中央集权型政党。随着自民党总裁选举的开放性发展，派阀势力日益被瓦解，国会议员凝聚力下降，而以总裁为中心的党中央执行部的权力得到不断加强。党中央执行部创立了国会议员候选人公开招募制度，以培养党内人才和正式认可国会议员候选人。公开招募制度使党中央执行部掌握了重要人事决定权和国会议员候选人决定权，在一定程度上对国会议员形成了制约，加强了对国会的控制，使国会议员向党中央执行部靠拢。与此同时，都道府县支部联合会受国会议员个人后援会的影响也不断降低，党员也逐渐脱离了派阀的束缚，开始向党中央执行部靠拢。因此，自民党从"派阀—国会议员—国会议员个人后援会"的松散型议员政党模式转变为"党中央执行部—都道府县支部联合会—党员"的集权型组织政党模式，这有利于提高党中央执行部的权威、加强党中央的向心力与党内团结。

第二，党员和党友能够通过总裁选举限制总裁的权力，并对总裁进行政治监督。随着自民党总裁选举开放性发展，派阀势力的减弱和总裁权力的强化使自民党失去了限制总裁权力的有效机制，以至于安倍被曝出"森友学院丑闻"和"加计学院丑闻"后，仍然能够正常执政，并能够参加2018年的自民党总裁选举，并没有出现党内派阀领袖集体反攻的现象。但是，在2018年自民党总裁选举中，党员和党友对安倍表现出强烈怀疑和批判的态度，不少人将选票转投给安倍的竞争对手石破茂。总裁选举的开放性发展使党员和党友可以对总裁进行有效的政治监督，逐渐取代了派阀在党内的政治监督功能。如果总裁的施政方针符合党心，就会得到党内基层民意的支持，顺利实现连任；否则，纵然总裁得到大部分国会议员的支持，也会因党员和党友的反对而下台。因此，总裁候选人都开始重视通过网络媒体和地方演说的方式宣传自己的政治理念和政策主张。安倍和石破都曾在各自竞选网站上发布相关的宣传视频，并访问日本各地，多次与党员和党友会面，以争取他们的支持。[1]因此，尽管总裁的权力在党内不断得到集中，但是由于自民党总裁选举的开放性发展，党员和党友逐渐成为自民党制定新政治游戏规则的重要参与力量，总裁不得不重视党员和党友的利益，并自觉接受他们的监督。

（二）对日本政党政治的影响

通过提高总裁选举开放性发展，自民党吸纳了大量的社会支持力量，对日本政党政治产生了重要影响，具体表现为以下两个方面。

第一，在日本政党格局中，自民党"一强多弱"的政治地位得到维持。自民党自

---

[1] 徐万胜：《论日本自民党总裁选举及"后安倍时代"政局走向》，《和平与发展》2018 年第 6 期。

成立以来，仅在1993年和2009年有过两次下台经历，而且下台后都进行了党内改革，不断增加党员和党友在总裁选举中的选票，完善地方组织建设，这是自民党重新焕发活力并重返政治舞台中心地位的重要原因。反观获得大量国会议员支持的民主党，因缺乏党员和地方组织的支持，在其因政策失误下台后，国会议员纷纷退党，民主党也因此一蹶不振并最终解体。随着安倍的强势回归，自民党进一步重视发展党员和党友，加强地方组织建设，并持续推进总裁选举的开放性发展。总裁选举开放性发展使自民党更具包容性和竞争性，激发了党组织机体的活力，维持了自民党在国政选举和地方选举中的优势地位。而相比发展势头强劲的自民党，在野党呈现出一盘散沙的状态，无法对自民党形成力量制衡。非共产党系在野党对日本共产党持有疑虑，与日本共产党存在隔阂，无法建立真正意义上的合作互信共赢关系。在小选区选举中，在野党各自拥立候选人，导致左派选民的支持选票被分散而使自民党渔翁得利。[1]因此，只要自民党没有出现严重的政策性失误，在野党在短期内很难形成与自民党相制衡的力量，无法撼动自民党"一强多弱"的政治地位。

第二，日本政党政治总体呈现右倾化的趋势，在野党压力较大。冷战后，随着社会党的解体，日本民间右翼团体于1997年相继成立，如"新历史教科书编纂会""思考日本前途与历史教育的青年议员会""日本会议"及其下属的国会组织"日本会议国会议员恳谈会"等。[2]自民党总裁选举因此越来越容易被右翼团体所利用。右翼团体不仅影响着国会议员投票，也影响到了党员和党友地方投票。例如，"日本会议"倡导"重建美丽日本"的"复古主义"，积极开展修宪活动，是安倍内阁强大的支持力量，使日本政党政治呈现出急剧右转的发展态势。面对急剧右转的日本政党政治，在野党力量薄弱，难以应对自民党的扩张与压力。例如，日本共产党虽然有稳定的党员和地方组织，但是长期以来在党内政治生活上缺乏公开透明性，且其一些政策主张因过于理想化而脱离现实，经常受到自民党的抨击；而2017年成立的立宪民主党和2018年成立的日本国民民主党没有稳定的党员和地方组织，在激烈的政党竞争中不够稳定，它们将重蹈民主党解体的覆辙还是继续保持良好的势头仍值得关注。可见，日本民间右翼团体的崛起和政党政治的急剧右转给在野党带来了极大压力，如果它们想要继续生存、平衡日本政党政治，就不得不在加强组织建设、促进党内改革、强化党际合作、培养民间左翼团体等一系列措施上下功夫。

原载于《当代世界与社会主义》2019年第4期

---

[1] 赵熠玮：《从立宪民主党支持率看日本左派政党合作前景》，《当代世界与社会主义》2018年第5期。

[2] 中野晃一：『右傾化する日本政治』，岩波书店2015年版，第107—108頁。

新加坡人民行动党党内政治生态建设研究

董沐夕

摘　要： 新加坡人民行动党对党内政治生态建设的探索包括维护党内领导权威、发扬党内民主、加强党员自律、打造亲民爱民形象等多个维度，并从中表现出了态度的主动性、行为的务实性、结果的有效性等鲜明特征。新加坡人民行动党与中国共产党党内政治生态建设的具体制度和行为既存在差异，亦存在相通之处。从比较的视角总结两党党内政治生态建设的规律，对于中国共产党进一步优化党内政治生态具有重要启示。

关键词： 人民行动党；党内政治生态；战略路径

新加坡人民行动党成立于1954年，自1959年一直执政至今，是世界上多党制国家中对国家控制力较强、执政时间较长的主要政党之一。人民行动党之所以在长期执政进程中能够保持生机活力，与其高度重视党的建设、营造健康的党内政治生态密切相关。

一、新加坡人民行动党党内政治生态建设的主要举措

人民行动党在长期执政过程中立足于党内政治生态客观实际和发展要求，积极协调和处理党内外矛盾，推动党内政治生态不断优化。

（一）注重维护党内集中统一，凝聚党内力量

人民行动党崇尚"追求真理""团结共进""和而不同"等儒家思想，明确指出"党的优势在于团结、忠诚和纪律"[1]。尤其是在经历过两次分裂[2]之后，人民行动党更加意识到党内集中统一对于党的建设和发展的重要性，认为只有全体党员坚守共同的理

---

[1]　The People's Action Party, "Our Attributes", https://www.pap.org.sg/our-party.

[2]　在人民行动党刚刚执政的20世纪60年代初期，党内的民族统一战线连续出现了两次破裂：第一次是1960年李光耀内阁的国家发展部部长王永元因指责李光耀而被开除党籍，第二次是1961年以林清祥为首的约80%的党员脱离人民行动党并成立了社会主义阵线。

想信念，坚决维护党的领导层和党中央权威，党才能保持团结战斗的信念和决心，党的事业才能不断前进发展。对此，人民行动党强调以"团结合作""服从权威"等价值观念引领党内政治生态发展，立誓要"建立一个强大、团结的政党"[1]，不仅在批判各种分裂错误的斗争中强化党员理想信念教育，筑牢共同思想基础，而且还坚持将维护党的领导层和党中央权威作为党内政治生态建设的中心任务，着力打造一支团结、和谐、统一、具有战斗力的党员队伍。

从组织结构设计上来讲，根据新加坡城市国家的特点，人民行动党遵循简单、高效的基本原则，主要将党的组织结构设为中央和基层两个层级。中央执行委员会由每两年举行一次的干部党员大会选举产生，统管党的一切事务；下设总部执行委员会，包括9个分委员会，承担具体职能；每个选区设一个支部，大的选区设立分部，支部按选区划归5个区部委员会，但其作用有限，支部实际上直接听从中央指挥，使中央委员会的触角深入到支部和基层。[2]这种严密的政党组织结构有效保证了人民行动党中央的意志在全党上下得到迅速高效的贯彻落实，为人民行动党维护中央权威提供了基本组织支撑。

除此之外，人民行动党能够在长时间内保持和谐稳定，还得益于其领导层在党内所树立的崇高权威。尤其是作为国家最高领导人，无论是李光耀、吴作栋还是李显龙，都以高尚的人格魅力和高超的领导能力在党内树立了崇高的威望，赢得了全党的拥戴，从而有效保证了人民行动党领导层的稳定有力和全党的团结统一。在党员队伍建设上，人民行动党奉行"精英政治"的治国理念，认为党的影响力和战斗力并不取决于党员数量，而是取决于党员质量。为了保障党员发展的质量，人民行动党将党员划分为普通党员和干部党员两大类。基层党支部通过严格的入党程序，将高素质且服从党指挥的人才吸收入党成为普通党员；通过长期的实地锻炼，在日常党支部活动中表现突出的普通党员需要经过两名中央执行委员会委员的推荐、与党内高层进行面谈，最后经过中央执行委员会的批准才能够成为干部党员。干部党员拥有投票、选举以及被选举成为中央常务委员会委员的权利，是人民行动党内具有权威的中坚力量。

有学者认为，人民行动党的干部型组织结构是其政治优势的重要来源，它确保了自新加坡独立以来人民行动党党内没有重大分歧，其核心思想始终不受挑战，最大程度地减少了其治理基础发生根本改变的可能性[3]。

---

[1] The People's Action Party, "Our Pledge", https://www.pap.org.sg/our-party.

[2] 周淑真：《世界政党格局变迁与中国政党制度发展》，中国友谊出版公司2013年版，第320页。

[3] Lily Zubaidah Rahim and Michael D.Barr, The Limits of Authoritarian Governance in Singapore's Developmental State，Palgrave Macmillan, 2019, pp.151-171.

（二）注重党员权利发挥，激活党内活力

严密的组织结构和"精英政治"理念充分体现了人民行动党的党内权威，但同时也引起了外界对人民行动党党内民主问题的质疑。为适应新生代党员民主意识增强、参政热情上升的实际情况，人民行动党不断完善党内民主选举和民主决策制度，力求基层党员的民主权利得到保障。

在党内选举中，人民行动党对民主化的探索首先体现在领导人权力交接的党内高层民主推选制上。李光耀于1990年交棒时倾向于陈庆炎接班，但他没有强行指定接班人，而是由年轻的部长们自己决定拥护谁来当他们的"班长"，最后大多数内阁部长推选了吴作栋，由此开创了新加坡独特的领导人权力交接制度[1]。这种老一代主动退位让贤，新一代"自行决定"领袖的权力交接模式，有效保证了人民行动党权力层的平稳过渡和党内的和谐稳定。另外，人民行动党还大力推进党内基层民主选举制度改革。比如，总部执行委员会委员以前都是由中央执行委员会委任，为了适应民主化发展潮流，2004年7月，人民行动党第一次在党内选举中引入竞争机制，从区委中投票产生两名总部执委，参与党中央日常事务管理，其余总部执委则仍由中央执行委员会委任[2]。随着总部执委选举制度的改革，人民行动党的5个区部委员会也由过去的委任全部改由基层党员直选产生，有效保障了党员最基本的选举权利，使基层党员的主体地位得到了切实尊重。

在党内决策方面，新世纪以来，人民行动党一改传统单向下行的决策模式，于2004年4月成立了由普通党员组成的"政策论坛"。人民行动党将政策论坛定位为加强党员和领导层之间公开和互信的平台，通过直接对话使人民行动党普通党员有机会与政府领导人就政策议题进行接触[3]。有兴趣的党员可自行提名参与政策论坛，党的89个支部也从支部中提名党员参与政策论坛，以最大限度地保证民意的代表性[4]。另外，为了扩大论坛的社会参与，论坛成员还可在各自的支部里组织政策讨论会，广泛收集党员和群众的意见，再反馈给党的领导层。政策论坛在党的领导层和普通党员之间充分发挥了信息沟通与联络纽带的作用，展现出了人民行动党全体上下自由参与、民主议事的良好形象，这对于增强党员的归属感和主人翁意识，提升党内决策的民主化、科学化水平发挥了积极作用。

---

[1] 国防大学课题组：《新加坡发展之路》，国防大学出版社2016年版，第83页。

[2] 中共中央组织部党建研究所：《2008党建研究纵横谈》，党建读物出版社2009年版，第450页。

[3] The People's Action Party，"About PPF"，https://www.pap.org.sg/pap-policy-forum/about.

[4] The People's Action Party，"About PPF"，https://www.pap.org.sg/pap-policy-forum/about.

（三）注重用道德和纪律约束党员，永葆清廉本色

在党的建设中，人民行动党不仅重视用儒家的"忠、孝、仁、爱、礼、义、廉、耻"等道德准则教育党员，而且重视用严肃的党内纪律约束党员，在实践中探索出了一套独具特色的制度规范体系。

人民行动党将党的核心价值观确立为"诚信——党必须保持清正、廉洁、透明；多民族——新加坡属于每一个公民，无论种族、语言和宗教信仰如何，每个人都平等地享有公平和正义；举贤任能——每个人的贡献和价值都将得到认可；自力更生——减少对国家福利的依赖，建设积极公民社会"[1]。除了要求每一位党的高层带头身体力行党的核心价值观以外，人民行动党还注重将党员教育寓于基础性和长期性的公民教育之中，在公民中全面开展国家意识、公民道德和儒家伦理的教育，从而将党的思想教育内化于无形，使党员的行为受到潜移默化的约束[2]。

除了道德手段之外，人民行动党还尤为重视党纪手段的运用。人民行动党素以党纪严明著称于世，对踩红线者"零容忍"，党员无论级别高低，一旦触犯党规党纪，一视同仁。《人民行动党章程》是党内的根本法规，也是制定各项具体纪律规范的基本依据，对入党资格、入党条件、入党程序、党员的权利与义务、党的纪律、党的会议、党代会、党的管理部门、党章的修订、党纲等都有严格规定。例如，在"党员条件"方面，党章明确规定："每位党员必须忠诚于新加坡，必须支持国家章程。每位党员必须接受并遵守章程、法规和党的方针政策。"[3]在"党的纪律"的规定中，有关党员涉嫌违纪的情形、违纪党员的处分方式及处分程序等都有明确说明，使党纪真正成为了"带电的高压线"。另外，人民行动党还建立了诸如党务守密、个人操守、适任考核、进修要求等制度，以更为严格的纪律对干部党员及国会议员加以约束。

人民行动党以道德和纪律为抓手推进党内自律生态建设，并将反腐败作为根本落脚点。执政伊始，人民行动党便把廉政建设上升为国家战略，提出了"为了生存，必须廉政；为了发展，必须反贪"[4]的口号。落实到实践中，人民行动党始终立足于党内规章与国家法律的整体性建构，除了用党规进行自我约束之外，还自觉地将其纳入《防止贪污法》《公务员法》《公务员行为准则》《公务员纪律条例》《财产申报法》《没收非法利益条例》《不明财产充公法》等一系列反贪法律规章的约束之下。人民行动党虽然没有在党内设立专门的党纪监督机构，但是，为了确保党纪国法真正落到实处，

---

[1] The People's Action Party, "Our Core Values", https://www.pap.org.sg/our-party.

[2] 国防大学课题组：《新加坡发展之路》，国防大学出版社2016年版，第79页。

[3] The People's Action Party, "Party Constitution", https://www.pap.org.sg/party-constitution.

[4] 武光军、顾国平：《新加坡反腐的历史进程及廉政建设机制研究》，中国法制出版社2016年版，第151页。

1970年，人民行动党政府规定：腐败调查局直接隶属于内阁总理，局长由总统直接任命，并且只对总理负责，不受其他任何人士的指挥，调查局成员的地位、身份、权力都有严格的法律保障，薪水也高于同级别官员，这从根本上保障了腐败调查局独立行使监督权。人民行动党党员受腐败调查局严格监管，有力促进了党员廉洁自律意识的塑造和培育。

（四）注重民本价值实现，着力打造亲民爱民形象

在20世纪50年代初独立运动高涨的革命时期，人民行动党影响并动员了当时在新加坡最为广泛的工人阶级群众，工人阶级由此构成了人民行动党最初的政治基础。执政以来，人民行动党紧紧抓住"以人为本"的核心理念，始终坚持"为人民而行动"的宗旨和"植根于民"的基本路线，倾力打造"代表国内各方面利益"的亲民爱民形象，在党内营造了浓厚的亲民氛围，构筑起了良好的党内亲民生态。

人民行动党从建党之初就强调群众的重要性。早在1955年，李光耀第一次以人民行动党候选人身份参加新加坡第一次立法议员竞选时就宣称："我们人民行动党，是专门为工人和穷人的利益而奋斗的。"[1]执政以后，人民行动党以更加务实、温和的姿态争取选民的信赖。

为了深入联系群众、服务群众，人民行动党建立了较为完善的联系群众的组织机构体系，搭建起了全方位的为民服务平台。首先，在党内组织结构设置上，人民行动党通过遍布全国的89个基层党支部与各个选区群众保持密切联系。其次，人民行动党还创建了单独的青年组织、妇女组织和老年人组织——人民行动党青年团、妇女团和老年团，它们直接向中央执行委员会汇报工作，以便及时地反映新加坡年轻人、妇女和老年人的需要与关切。再次，人民行动党还逐渐建立了包括人民行动党社区基金会、公民咨询委员会、民众俱乐部、居民委员会、邻里委员会、社区体育俱乐部以及社区民防协调委员会等在内的众多社区基层组织，组织领袖均由党内活跃分子担任。通过这些组织，人民行动党为群众提供了涵盖工作、学习、休闲、娱乐及吃、穿、住、行等全方位的社区服务，使党的影响在民众的生产、生活中无处不在。

人民行动党将强有力的面对面接触视为根本和优势，认为新加坡人不应只把人民行动党视为一个有能力的政府，而应视其为他们可以联系的对象、可以信任的对象[2]。为了畅通民情民意沟通渠道，人民行动党建立了议员定期接待和走访选民制度，并逐

---

[1] 刘建立：《开国元勋：李光耀传（第2版）》，时代文艺出版社2003年版，第54页。

[2] The People's Action Party, "1st Assistant Secretary General Heng Swee Keat's Speech at 36th Ordinary Party Conference", https://www.pap.org.sg/news/1st-assistant-secretary-general-heng-swee-keats-speech-at-36th-or-dinary-party-conference.

渐实现了制度化、经常化和深入化。自李光耀时代起，人民行动党就要求包括总理在内的所有议员每周固定安排一晚上到所在选区接见选民，倾听民意、反馈民需，并且规定议员在任期内至少到每个选民家庭走访两次；人民行动党还将群众服务意识、群众工作能力作为遴选议员和部长候选人的重要指标，每次大选前都会劝退一批群众工作不力、群众评价不高的议员。时任人民行动党第一助理秘书长王瑞杰在2020年人民行动党候选人介绍会期间表示："人民行动党的候选人均经过严格的遴选程序，并依据以往做志愿服务工作的表现及经验进行评审。此举是为了确保团队多元化，以接触不同阶层的民众。"[1]

在此基础上，人民行动党积极创造官员走近居民并获得反馈的机会。正如武吉巴督区议员穆仁理在2016年5月新加坡国会议员补选胜选后呼吁的："单单靠每周接见居民的时段来接触居民是不足够的，我们必须更主动、更积极地跟居民接触和交流。我们无法预测几时会发生一些出乎我们意料的事，因此必须随时做好准备，确保居民所关注的事情迅速获得解决。"[2]对此，人民行动党政府各部门探索了见面会、移动式接见选民、家访有需求的家庭等多种接触居民的方式[3]。2018年7月，人民行动党推出了部长级官员社区巡行，此巡行几乎每周进行一次，到2019年底，新加坡第四代领导班子团队已完成了58次[4]。官员与选民直接接触的方式有利于群众的利益诉求直达人民行动党和政府高层，使基层群众关切的现实问题得到及时回应，拉近了群众与政府高层官员之间的情感距离。

除此之外，人民行动党还坚持与时俱进，注重利用社交媒体等方式加强与民众，尤其是年轻人的互动。2011年7月，新加坡总理兼人民行动党秘书长李显龙在大选后指出："我们一旦在现实世界和网络世界建立了各种管道，便能与社会不同年龄层与利益群体建立联系。"[5]2015年大选期间，李显龙率先进军社交媒体，通过脸书、推特等平台分享相关资讯以及发表对特定事件的回应和看法。他所发布的任何一则帖文都能吸引大量互动[6]。现如今，社交媒体已经成为人民行动党高层所采取的倾听民声、广纳民意、

[1] The People's Action Party, "A Strong Sense of Service in Our PAP Candidates", https://www.pap.org.sg/news/ge2020-news/strong-sense-of-service-in-our-pap-candidates.

[2] 《阿穆的故事和心里话》，《行动报》2016年5月。

[3] The People's Action Party, "1st Assistant Secretary General Heng Swee Keat's Speech at 36th Ordinary Party Conference", https://www.pap.org.sg/news/1st-assistant-secretary-general-heng-swee-keats-speech-at-36th-or-dinary-party-conference.

[4] The People's Action Party, "4G leadership Engages with Singaporeans", https://www.pap.org.sg/stories/4g-leadership-engages-with-singaporeans.

[5] 李显龙：《未来之路》，《行动报》2011年7月，第9页。

[6] 澎湃网：《疫情下的新加坡大选：政客化身"网红"玩转社交媒体》，https://www.thepaper.cn/news-De-tail_forward_8157717.

体察民情的最新有效载体。不过，正如兀兰支部、社区义工兼党工许嘉荣指出的："所谓见面三分情，面对面近距离接触，依然是国会议员不可少的功课。"[1]

人民行动党对民众诉求的回应，最终体现为一系列扎实而富有创造性的民生政策的落实，切实改善了民众普遍关心的就业、住房、教育、医疗、养老和社会福利等方面的状况，让民众得到了实实在在的好处，也为人民行动党赢得了民心。在2018年11月11日党干部大会和服务奖颁奖典礼上，李显龙呼吁议员、支部委员、党员和志愿者以更贴近民心的方式来推动惠民政策，让人民行动党更具人情味[2]。

二、新加坡人民行动党党内政治生态建设的鲜明特征

人民行动党以建设坚强有力的执政党为目标，在优化党内政治生态中积极作为，大胆创造，彰显出了鲜明的实践特征。

（一）从态度上来讲，人民行动党具有党内政治生态建设的主动性

人民行动党的成功，其根本在于人民行动党自执政以来便怀有深深的忧患意识，对自身建设一刻也不敢松懈。自建党之初，人民行动党就聚焦党内突出问题，极具党的建设的主观能动性。在60余年的执政过程中，人民行动党虽然在历次大选中得票率均遥遥领先，但其对党的前途仍然抱有审慎的态度。人民行动党领导人将"有远见"确立为自身的性质之一。其党章明确指出："我们要着眼长远，防患于未然，带领人民沿着最好的道路前进。"[3]

可见，主动求变、未雨绸缪是人民行动党的政治传统。在党的建设中，人民行动党总是能够主动迎接挑战，着眼于整体布局，着手于具体实际，以长远的眼光和高度的责任感审视党的建设中存在的问题，自觉将权威、民主、廉洁、亲民等有效规避党内政治风险的多重元素深刻融入党内政治生态建设之中，树立了较好的现代政党形象。

（二）从行为上来讲，人民行动党具有党内政治生态建设的务实性

人民行动党将"务实"视为党的属性之一，无论是在党的建设还是治国理政中均表现出了明显的实用主义特征。当然，人民行动党的实用主义有着浓厚的社会主义色彩和民本政治特征，正所谓"我们在坚持价值观的同时始终采取灵活的方法，为解决

---

[1] 许嘉荣：《向我们的国会议员致敬》，《行动报》2014年4月。

[2] 《赢得民心和大选 行动党必须做好四件事》，《行动报》2018年12月。

[3] The People's Action Party, "Our Attributes", https://www.pap.org.sg/our-party.

国家问题提供新方案"[1]。

在党内政治生态建设中，人民行动党将严肃性、规范性的"刚"与以人为本、富有情感的"柔"相结合，反对意识形态教条，坚持行动至上，激发创新性思维。落实到行动中，人民行动党以科学规范、简便易行、务实管用为原则，大胆创造适合自身发展的党内政治生态建设之路，其在党的思想建设、组织建设、纪律建设、作风建设、反腐倡廉建设等方面进行的制度设计和实践探索相互促进、有机统一，既充满政治规则，又不失行动灵活，充分彰显其务实性。

（三）从结果上来讲，人民行动党党内政治生态建设具有有效性

新加坡人民行动党政治生态建设表现出了行动扎实、效果明显的特点。

人民行动党党内政治生态建设的成效主要表现在两个方面：一是从党自身发展的角度来讲，人民行动党对破坏党内政治生态行为的敏感识别、规范纠正和法制预防，不仅为自身肌体的健康发展改善了内环境，而且对外塑造了较为廉洁、公正、高效的良好政党形象，从而在根本上保证了人民行动党的长期执政；二是从新加坡国家发展的角度来讲，人民行动党作为执政党，其党内政治生态的优化程度主导着新加坡政治生态环境的发展进程，使新加坡不仅成为了世界上最清廉的国家之一，而且在人民行动党执政的60余年中，新加坡从未出现族群对立、民族分裂、社会动荡、政局不稳的乱象。

三、比较视野下优化中国共产党党内政治生态的思考

中国共产党和新加坡人民行动党性质不同，外加两国国家制度、政党体制不同，这就决定了两党在党内政治生态建设的具体制度和行为上存在差异。但两党在某些建设理念上也存在相通之处，一是因为人民行动党的执政理念和执政目标是努力在资本主义制度下建立起社会主义标准[2]，其党纲中融合了社会主义政党建设理念中的有益成分；二是因为两党同样根植于儒家文化圈，具有相似的传统文化基因，人民行动党在党的建设中对儒家文化进行了成功利用与改造，使其成为了影响党内政治生态发展的深层次力量。因此，作为儒家文化圈内的"非共产主义的社会主义政党"，人民行动党党内政治生态建设的相关举措，对于中国共产党进一步优化党内政治生态具有借鉴意义。

---

[1] The People's Action Party, "Our Attributes", https://www.pap.org.sg/our-party.

[2] 亚历克斯·乔西著，安徽大学外语系、上海人民出版社编译室译：《李光耀》，上海人民出版社1976年版，第210页。

（一）平衡党内民主与权威是核心战略，有赖于权力运行和权利维护机制的协调推进

从表面上看，中国共产党和新加坡人民行动党都以实现党内权威和民主的有机统一为组织原则，但两党的组织原则存在实质性差异。

中国共产党以马克思主义为指导，是由党的中央组织、地方组织、基层组织按照民主集中制原则组织起来的统一整体。民主集中制强调民主基础上的集中和集中指导下的民主相结合，其最大优势就是通过充分发扬民主把全党凝聚成一个统一的战斗集体。新加坡地域有限，人民行动党仅将组织层级设为中央和地方两层就可以对整个党形成有力控制。在此组织结构之下，中央执行委员会对分布在各选区的基层党支部拥有绝对的、直接的控制和领导权。与此同时，人民行动党积极为普通党员参与党内选举、决策、监督开辟道路，但普通党员主要分布在各区域的社会基层，其主要工作是加强与民众的联系，为赢得大选服务，民主权利的行使相对有限。

简而言之，对于中国共产党而言，"民主"相对于"集中"更带有根本性，而对于新加坡人民行动党而言，"集中"相对于"民主"更带有决定性。在不同的组织原则之下，两党在党内权威与民主之间努力寻找着最佳结合点。

新时代条件下，中国共产党加强党内政治生态建设，必须坚持发扬自身的组织制度优势，将民主集中制的内在活力进一步激发出来。落实到行动中，我们要将健全和完善民主集中制的运行体制和机制放到突出位置，以党章为根本，以完善党的集体领导制度、党的代表大会制度、党内选举制度、党内决策制度、党内监督制度等为抓手，在保障党员民主权利，充分落实党员知情权、参与权、选举权、监督权的基础上，坚持党员个人服从党的组织，少数服从多数，下级服从上级，全党服从中央，坚决维护以习近平同志为核心的党中央权威，使发扬党内民主和维护党内权威相得益彰，使党内政治生态进一步呈现出既有集中又有民主、既有纪律又有自由、既有统一意志又有个人心情舒畅的生动局面。

（二）永葆清廉本色是价值取向，有赖于依规治党和以德治党的有机统一

中国共产党与新加坡人民行动党均秉持"法以诛恶，德以劝善"的党内治理理念，但就具体实践而言，两党存在诸多不同之处。两党都将严密的组织规范和管理纪律作为维持政党良好运作的根本依托，不仅在党内法规中对党员纪律作出了详细规定，而且在各自政治体制内也都设立了党纪监督机构来处理违纪问题。其不同点在于，中国共产党的党内法规相对于国家法律更具独立性，而且单独设立了一套完整的从中央到地方层级的纪律检查委员会，专门负责党纪监督工作。而新加坡人民行动党在执行党纪监

督时更加倾向于将党内廉政建设与政府廉政建设统一起来，在通过政府相关法规对党员干部的行为进行严格约束的同时，借助腐败调查局对党员干部的行为进行严格监管。

另外，两党均重视将儒家道德巧妙融入党员教育中，进而对党员尤其是党员干部的行为作风施加道德约束。但是，从教育方式上来讲，中国共产党以组织生活为重要形式，思想道德教育具有经常性、广泛性、深层次、制度化的特点。相对而言，新加坡人民行动党更多采取的是"润物无声"的方式对党员进行道德教化。

坚持"法治"与"德治"的有机统一是中国共产党对执政党建设规律的深刻把握。习近平指出："坚持依规治党和以德治党相统一，坚持高标准和底线相结合，把全面从严治党实践成果转化为道德规范和纪律要求。"[1]落实到实践中，我们党既要以改革创新精神为指引，坚持破立并举，加快形成更加成熟更加定型的党内法规体系，使其在依规治党中发挥更加科学、实用、高效的作用；又要深入挖掘德治资源，健全德治体系，强化德治约束，用柔性治理提高党内治理韧性，不断把以德治党引向深入。

（三）密切联系群众是灵魂工程，有赖于党的群众工作制度方法的创新完善

从理念上来讲，中国共产党和新加坡人民行动党都将"为人民服务"这一信条贯穿于党内政治生态建设之中，在党内营造了浓厚的亲民氛围，极大地拉近了党与群众的距离，赢得了民心民意。但两党的为民宗旨在本质上存在很大不同。

中国共产党在党章总纲部分明确规定，"中国共产党是中国工人阶级的先锋队，同时是中国人民和中华民族的先锋队"。中国共产党将"为人民服务"作为立党宗旨，认为中国工人阶级的根本利益同全体人民的根本利益是一致的。因此，中国共产党从来不否认自己作为工人阶级政党的阶级党身份，也从来不把人民群众当作自己执政的工具，而是将实现最广大人民群众的根本利益作为一切工作的根本价值指向，这也是中国共产党密切联系群众的根本出发点和落脚点。

新加坡人民行动党以工人阶级政党的身份诞生，但执政后不久，随着现代化进程的不断加快和中产阶级占比的持续增加，人民行动党就逐渐完成了从工人阶级政党到"全民党"的转变。作为社会民主党性质的"全民党"，人民行动党有很多亲民实践，而且不乏实现人民利益的制度和政策设计，但是，人民行动党的全民党身份及其身处竞争性选举制度的政治现实，决定了其更多关注的是政党权力，有时候也会被民意"绑架"。当然，不可否认的是，人民行动党在如下方面的做法值得借鉴：紧紧抓住"民心"这一支撑党长期执政的核心要素，把为群众办实事摆在头等重要的位置，通过构建服务型党组织、"精英党"的草根化等实践打通党群彼此沟通、增进接触、交流感情、相互理解的

---

[1] 习近平:《在第十八届中央纪律检查委员会第六次全体会议上的讲话》,《人民日报》2016年5月3日。

有效途径，并以"具体而微"的制度建设为亲民实践提供可操作性规范。

中国共产党历经革命洗礼和社会主义建设、改革的磨砺，正是靠着群众的参与和支持一路披荆斩棘走到了今天，这使中国共产党更加懂得相信群众、依靠群众的重要性，更加具有密切联系群众和践行群众路线的坚定性。在新的历史条件下，必须紧紧围绕以人民为中心更加深入地开展群众工作，将党的最大政治优势充分发挥出来。

与人民行动党党员数量较少、党支部分布在各选区的情况不同，我们党是一个拥有460多万个基层党组织和9100多万名党员的大党，我们的基层党组织和党员分布在各行各业和社会各个领域，深处联系群众的最前沿。对此，必须以建设"服务型基层组织"为价值指向，将基层党组织打造成为贴近群众、服务群众，维护好、实现好群众利益的"战斗堡垒"。落实到行动中，要以加强党员队伍的服务意识、服务能力建设为重点，服务行动不搞花架子、一定要实打实，为身边群众解决实际问题，努力在基层形成"群众有问题找支部、找身边党员"的长效机制。

在对广大党员提出普遍性要求的同时，必须对"关键少数"特别是高级干部提出更高的标准。领导干部作为服务群众的排头兵，必须将"服务者"的身份定位为各级领导干部的第一身份，创新直接联系群众、服务群众的方式、平台和载体，推动领导干部以"草根化"的作风深入到群众中，为群众提供更多面对面的直接服务，切实解决群众关心的问题，树立良好的干部形象。

四、结语

优化党内政治生态是新加坡人民行动党在长期执政实践中积累的宝贵经验。人民行动党以维护党内领导权威、发扬党内民主、加强党员自律、打造亲民爱民形象为战略举措，形成了一整套优化党内政治生态的价值理念和行为规范，并将其转化为具体可行的制度设计，通过将制度做实做细，真正实现了权威、民主、自律、亲民等价值理念的落地生根。可以说，坚持制度建设为本，不断培厚良好政治生态的制度土壤，是优化党内政治生态的必由之路。

中国共产党要加强党内政治生态建设，必须将制度建设置于管根本、管全局、管长远的位置，进一步围绕营造风清气正、规范有序、民主平等、健康廉洁、大公无私的党内政治生态，构建系统完备、科学规范、运行有效的党内制度体系。同时，要紧紧围绕如何更务实、高效地推动制度落地来制定配套机制和相关行为规范，增强制度的可操作性，努力将党内制度优势转化为党内政治生态建设的实际效能。

原载于《当代世界社会主义问题》2020年第4期

日本社会民主党的历史演变与前景探析

孙小菲　李亚洲

摘　要： 作为日本"五五体制"下第二大政党兼左翼势力代表的社会党，为探索日本社会主义道路奋斗了近半个世纪。随着世情国情党情的变化，社会党最终转向社会民主主义，更名为社会民主党（以下简称"社民党"）。在历经76年的跌宕起伏之后，该党势力不断衰落，影响力持续弱化，当前处于日本政坛的边缘。社民党由盛转衰、一蹶不振的根本原因在于该党在思想建设、社会基础、执政关系处理、组织建设等方面存在的问题。同时，在新的历史条件下，社民党的发展面临选举体制制约、政治格局挤压、政党联合困难、活动资金匮乏、改革重建受阻的多维困境，如何在有限的政治空间内生存并找到发展壮大的契机成为其面临的主要问题。

关键词： 日本社会民主党；历史演变；衰落原因；发展前景

日本社会民主党的前身是日本社会党。社会党在日本政坛中曾长期发挥着重要作用，甚至几度走上执政地位，同以自民党为首的保守势力对峙斗争。在经历了由兴盛到衰败的历程后，当前社民党党势低迷，深陷困境。近年来，社民党提出"重建与再生"口号，试图通过改革走出困境、实现复兴，然而改革之路似乎并不顺畅。社民党的未来将通往何处？历史总是能够照亮现实、指引未来。本文试梳理分析社民党由盛转衰的历史进程及主要原因，并结合该党面临的多重挑战和潜在机遇对其发展前景作初步探讨。

一、社民党的历史演变

日本社会党成立于1945年，1996年更名为社会民主党。根据该党在不同时期基本理论、基本路线的调整与转变，结合党势兴衰，大致可将其发展历程划分为两个阶段。

（一）探索社会主义道路时期

日本社会党成立是顺应历史潮流和发展环境的结果。二战后，世界社会主义运动风起云涌，为建立新的政治秩序，日本放开"党禁"，各种政治力量纷纷组建政党。1945年，社会党应势而生。在成立初期，得益于日本工人组织的发展与支持，社会党的组织和势力迅速壮大。1947年，社会党一跃成为国会第一大党，与民主党、国民协同党联合执政，组成了日本历史上第一个有社会主义政党参与执政的政权，由于缺乏充足准备，联合政权仅维持数月。随后，社会党牵涉"昭电贪污案"，给自身带来极为恶劣的影响，导致1949年众议院选举惨败。政治受挫促使社会党进行理论反思，党内围绕党的基本理论展开激辩，引发了著名的"森户·稻村论争"。1951年10月，社会党内部在《旧金山和约》《日美安全保障条约》问题上再次发生重大分歧，直接导致政党分裂。分裂后的左右两派社会党都顺应日本国民意愿，高举和平主义的反战旗帜，奉行非武装中立政策，在日本最大工会组织"总评"的全面支持下，双方势力都得到不同程度的发展。

20世纪50年代至80年代中期，是日本社会党集中探索社会主义道路的发展阶段。1955年，在共同的执政目标下，左右两派再次合并。统一后的社会党制定了《日本社会党纲领》，提出社会主义革命和民族独立两大任务。随后，社会党领导工会开展了一系列工人运动，在维护劳动权益、争取和平民主、反对修改宪法、反对侵略战争、反对核扩散等方面发挥了极其重要的作用，获得了广大工人群众的信赖和支持。在1958年的众议院选举中，社会党创造了166个席位的历史最好成绩。1966年，社会党第27次党大会通过《日本走向社会主义的道路》，明确了"日本走向社会主义的道路，就是和平革命的道路"，同时规定社会党将"作为反体制势力继续前进"，以建立"单独政权"。[1]其间，社会党推出一系列战斗性很强的政策主张，更加积极地领导国民进行反安保斗争运动。70年代后，国内外形势的变化开始影响社会党的发展，促使其思考变革之道。1970年4月，社会党提出"通往社会主义的道路应该是多样的"。1979年大选的再次失败，迫使该党开始反思其社会主义理论和路线。1982年，该党提出"日本走向社会主义最适当的道路，就是彻底实现民主主义的过程"，而非原来的"和平革命道路"。随着党内对社会主义路线质疑的增多，社会党试图放弃科学社会主义的道路，淡化意识形态上的革新色彩，逐步向西欧社会民主主义靠拢。

1986年《新宣言》的提出，拉开了社会党向西欧社会民主主义转型的序幕。宣言明确规定党的性质不再是"阶级性政党"，而是"代表所有国民并向所有人开放的国民政党"，否定了过去的基本路线，放弃了科学社会主义的立场，承认自由主义经济。与此同时，社会党领导的女性运动、新和平运动在日本掀起高潮，在1989年参议院选举

---

[1] 勝間田清一、北山愛郎：『日本社会党綱領文献集』，日本社会党中央本部機関紙局1981年版，第213—224頁。

中获得68席，其声望和支持率在80年代末达到新的高度。1990年，社会党第55次党大会将党纲中的"和平民主地实现社会主义"删除，代之以"选择社会主义最民主的方针——社会民主主义"。苏联解体后，社会党发表《对政权的挑战——93年宣言》，提出与保守自由阶层共同建立联合政权。同年，日本"五五体制"宣告终结，作为最大在野党的社会党受到严重冲击，在当年众议院选举中仅获70席，得票率跌落至15.4%，在国会中的地位和影响力大幅下降。1993—1994年，社会党两度参与联合政权。在执政压力下，该党对自身的一贯立场和政策作出重大调整，在短暂实现执政目标的同时也丧失了原有立场和支持基础。随后，村山内阁通过的消费税议案招致国民强烈不满，社会党选举遭遇惨败。1995年，社会党发表《95年宣言——新的基本价值和政策目标》，强调以社会民主主义为基本理论集结民主主义、自由主义势力，并进一步指出社会民主主义是"在社会各领域为实现自由和民主主义的改革运动"，标志其路线政策全面转向社会民主主义。

（二）转向社会民主主义时期

1996年，社会党召开第64次党大会，正式更名为"社会民主党"，完成了向社会民主主义的过渡与转型。转型后的社民党步入了急速衰落、持续低迷的阶段。在同年10月举行的众议院选举中，社民党所获议席由上届的70席锐减至15席。1997年，社民党开始致力于重振之路。党首土井多贺子提出："社民党今后要维护与市民间的良好关系、加强与工会的平等合作，以求实现社民党的再生。"[1]1998年，社民党解除了对自由民主党（以下简称"自民党"）的阁外支持，并提出与之对抗的目标。在丧失大部分社会基础的境地下，社民党之后的一系列改变都收效甚微，党势发展日益严峻。2003年，在第43届众议院选举中，社民党所获席位由2000年的19席降至6席，此后在连续两届选举中所获席位维持在7席，进入持续低迷阶段。

2006年2月，社民党召开第十次全国大会，发表《社会民主党宣言》，对党纲进行修改。新宣言以建设"公正、和平的社会"为目标，将社会民主主义定义为"体现和平、自由、平等、共生理念的连续改革运动"，并明确了党在市场经济、劳动环境、两性平等、和平主义等13个方面的基本政策，此后一直沿用至今。2009年，社民党与民主党、国民新党组建联合政权。2010年5月，党首福岛瑞穗因拒绝美军基地迁移被罢免内阁大臣，社民党因此退阁。在随后的2012年众议院选举中，社民党席位再次滑落，仅剩2席。2014年，社民党提出"党的重建与再生"口号，主张通过对内改革与对外联合实现再次振兴，成为此后"事关党命运的紧急性最大课题"。

---

[1] 土井たか子：「全力で党再生にのぞむ」，『月刊社会民主』1997年1月号。

近年来，社民党主要致力于保护劳动者权益、反对税制改革、维护和平发展、拥护日本宪法等现实层面的活动，主张政策协调与政党合作，意在"缔造可信赖的政治、缔造令人安心的和平生活"，以重获国民认可。2008年国际金融经济危机以后，社民党提出将"雇佣保险、求职支持和生活保障"作为劳动者的三重"保护网"，号召关注劳动者权益。[1]2012—2019年，社民党针对日本政府提出的税制改革进行数次反对。日本前首相安倍晋三提出在任期内修改宪法后，社民党的工作重心转向维护宪法。2017年社民党提出："安倍更改宪法第九条的企图是引领放弃战争的日本重新走上能够战争的危险之路，社民党将联合国民共同阻止这一阴谋，维护日本的和平。"[2]2019年，在社民党等在野党的共同努力下，成功将自民党与公明党的国会席位数限制在2/3以下，阻击了安倍修宪的步伐。2020年，社民党在第17次全国大会中再次指出，社民党当前最大的政治课题是"坚决反对企图改宪和不断破坏民主主义的执政政权"。新冠疫情流行以来，社民党更加关注疫情中的失业人群和女性，号召国民共同为改变这个社会而努力。

当前，社民党在国会中处于绝对弱势地位，几乎毫无影响力。2020年11月，随着党内两名议员脱党加入立宪民主党，现任党首福岛瑞穗成为社民党硕果仅存的参议院唯一议员，众议院席位也在2021年选举后仅剩冲绳选区一席。

二、社民党衰落的原因探析

日本社会党发展初期虽然历经曲折，但总体处于上升趋势。陷入停滞后，该党进行了一系列探索与调整，甚至改变了政党性质与基本路线，但仍不可遏制地走向衰落。当前，社民党已然衰退为国会中的边缘小党，不仅无法与昔日老对手自民党相提并论，即使与同为左翼政党的日本共产党相比也存在较大差距。这固然有一定的客观因素，但究其根本还是在于该党自身，具体而言，主要有以下几个方面。

（一）党内对基本理论的认识长期存在分歧

政党政治发展的历史经验反复证明，思想的统一是政党行动一致和组织巩固的坚实基础。如果一个政党无法在思想上政治上凝聚共识，必然会导致组织的分裂。日本社会党对其基本理论的认识始终存在分歧与争论，党内思想混乱、斗争激烈、生态恶化，最终导致党内派别对立乃至组织分裂。同时，由于缺乏凝聚力，社会党的许多方针政策在实施中互相掣肘，严重影响党的团结和自身形象。社会党历史上几次较大的

---

[1] 「第80回メーデー・アピール」，http://www5.sdp.or.jp/comment/2009/04/29/ を参照。

[2] 「安倍首相の〈2020年改憲発言〉に関する見解」，http://www5.sdp.or.jp/comment/2017/05/31/ を参照。

分裂都源于理论争斗，比如，1960年西尾末广等右派分裂成立"民主社会党"和1978年江田三郎等人分裂成立"社会民主联合"。这些分裂活动不仅削弱了组织力量，也带走了部分支持基础，使得该党发展长期受限、逐步衰落。

日本社会党的纲领在其成立之初便存在模糊性，党内意识形态也是多种思想理论的大杂烩。建党初期，社会党以社会主义政党自居，但是全党对于"追求什么样的社会主义以及怎样实现社会主义始终没能达成一致，只是以反保守、非共产的形式结合在一起"[1]。建党纲领缺少对性质、任务、路线等基本问题的规定，只列举了简单的三条奋斗目标，致使该党初期的发展和实践缺少理论指导和路线遵循。1949年，党内左右两派展开了"森户·稻村论争"，并逐渐升级为派系之争，为社会党的分裂埋下了伏笔。1955年，社会党通过的新纲领虽然明确了党的性质等部分理论问题，但"只不过是两派为了统一相互妥协的产物，纲领中太多模糊不清的地方易造成党内派阀斗争"[2]。此后，社会党内关于社会主义基本理论的认知便长期存在分歧。1966年，社会党通过《日本走向社会主义的道路》的纲领性文件，试图统一党内意识形态，但由于左右两派对立已久，很难在全党范围内凝聚思想、达成共识。70年代，围绕结构改革，党内针对马克思列宁主义进行了激烈争论，反《道路》思想频现。80年代后，党内出现了社会主义与现实主义两条路线的对立。直到1996年，社会党内部的意识形态仍十分混乱。社民党成立后，其社会民主主义的基本理论没有实现符合社会发展客观要求的"本土化"创新，党内依然缺乏坚实的思想基础，难以凝聚合力。

（二）社会支持基础不断丧失

工会曾经是社会党选举的重要社会基础，对该党发展乃至生存都意义重大。"党是工会的政治臂膀，工会是党的选举臂膀。"[3]在党员十分有限的条件下，社会党的选举和发展主要依靠党外的工会组织。随着日本经济的发展及社会结构的变化，工人阶级的意识形态逐渐淡化，工会对社会党的依赖逐渐减弱，尤其是"五五体制"终结后社会党政策的全面右倾，直接导致工人阶级对该党彻底失望，双方的密切关系不复存在，社会党的社会支持基础大量丧失，在国会选举中所获选票持续滑落。

社会党与工会的关系在联合之初十分牢固，双方都以实现社会主义为目标，而且在拥护宪法、反对战争等具体问题上立场一致。社会党对工会的有效领导维护了工人阶级的利益，工会也给予社会党大力支持，使社会党在成立不久后就上升为国会第一大党。在国会选举中，仅五万多名党员的社会党却能赢得1000多万张选票，这主要得

---

[1] 森裕城：「日本社会党の路線問題」，『京都女子大学現代社会学研究』2001年5月号。

[2] 西尾末広：「主体性の確立は執行部から」，『月刊社会党』1958年10月号。

[3] 林建华：《社会党国际论纲》，东北师范大学出版社1997年版，第341页。

益于"总评"及其所属工会。70年代中期后，在"阶级调和论"的影响下，社会党路线开始右转，与工会逐渐脱节。各工会组织也不再把目标和希望完全寄托于社会党，导致社会党的选票逐渐流失。1960年，"总评"主力军"全电通"的72.2%的成员都是社会党的支持者，到1980年这一数据已跌至41.6%。[1]80年代后，社会党由"阶级的群众性政党"转为"开放型政党"，逐渐不再领导工人运动，甚至出卖工人利益，工会由此走上独立自主的重组道路。1989年，"总评"宣布解散，社会党迎来重重一击，此后工会组织对社会党的支持率持续走低。随后，面对联合执政的诱惑，社会党放弃了一贯坚持的革新立场，致使工人阶级对其更加不满。1995年工会系统的调查显示，超过半数的工人不再对社会党抱有任何希望。社会党与工人阶级的脱离使其丧失了大量选民基础和广泛的群众基础，导致该党在90年代迅速衰落。失去工人阶级的大力支持后，社民党提出的政策主张得不到广泛响应和有力推动，大多难以施行。尤其在21世纪后，社民党虽然在政策方面更加关注社会弱势群体，聚焦消费税、教育、就业等民生问题，但群众基础的缺失使其在政策层面对执政党的牵制作用大不如前。

（三）未能妥善处理坚持政治理念和适应执政环境的关系

在日本政党政治中，政党活动的目标是实现执政。对于社会主义政党而言，以坚持社会主义原则为基础带领国家走上社会主义道路是其执政的基本方向和最高目标，执政是阶段目标而不是最终目的，社会主义原则的基本政治理念在执政中应得到充分体现。从社会党的几次执政经历来看，该党并没有处理好坚持自身政治理念与适应执政环境的关系，虽然由在野党转为执政党要做出相应的政策调整，但该党为了稳固联合政权的短期利益，主动放弃了社会主义原则和基本立场，否定一贯坚持的政策和主张，在执政考验中迷失了方向。加之执政经验不足、执政策略失误、执政水平不高导致其执政业绩不佳，往往迅速丧失执政地位，不仅未能以政权强化自身建设、扩大社会基础，反而丧失了党的鲜明特色和国民信任，注定衰落。

社民党历史上曾经五次走上执政地位，其中两次作为主要执政党组阁联合执政。1947年，社会党在缺乏充分执政准备的情况下组成片山内阁，执政后不仅没有遵循社会主义原则推行重点产业国有管理等政策，反而实施了损害劳动人民权益的"新物价制度"，背离了党纲路线，失去工人群众支持的片山内阁仅维持八个月便宣告解散。如果说社会党初次执政是因执政经验不足而犯下错误，那么村山内阁的执政失败则充分证明了社会党对于执政目的的认知偏差和执政能力的严重不足。1994年，社会党与抗衡多年的自民党联合执政，组成村山内阁。"社会党和自民党长期以来围绕政治体制方

---

[1]　稲上毅：『労使関係の社会学』，東京大学出版会1981年版，第66頁。

面存在的各种争论点在这一年全部消失。"[1]除护宪主义外，社会党彻底改变了长期坚持的基本立场和政策，如放弃"非武装中立"立场，承认《日美安保条约》、自卫队合法性等，这些转变使社会党失去了作为革新政党的鲜明特色。面对执政考验，社会党没能交出一份合格的答卷，毫无建树的政绩致使政党形象和声望都蒙受重大损失，党势发展随之衰落。社民党的"执政后遗症"影响深远，直到如今，广大选民对其执政能力仍存在普遍质疑，这也是其一蹶不振、持续低迷的重要原因。

（四）党员队伍建设和基层组织建设长期薄弱

社会党发展的停滞衰落与其党员发展、组织建设有直接关系。由于在组织工作方面长期存在薄弱环节，社会党的组织发展滞后、党员数量过少、政治热情不高，导致其在国会选举中缺乏稳定的选票和支持率，选举结果经常起伏不定。

社会党自始就不注重有组织性的党员发展与队伍建设，缺乏吸收培育党员的长效机制，也没有建立稳定的外围组织。社会党曾提出"百万党员"建设的构想，但实际党员基本未超过10万人，从成立到80年代，党员人数长期保持在3万—7万，发展到1990年顶峰时为12.7万。社会党更名重组时超过半数党员脱党，导致1996年后仅剩3万多人。此外，社会党数次分裂导致党员流失严重，其倡导的革新理念在日本保守化环境下对国民缺乏吸引力，很难注入新鲜血液和年轻力量，党员老龄化和消极化严重，35岁以下的青年党员只占12%。[2]2013年，社民党党首选举时，参与投票的党员仅有17410人。[3]2019年社民党收支报告书显示，最新在册党员数为14136人。[4]社民党数次提出的党员增长计划都收效甚微。

社会党长期忽视基层组织建设，缺乏定期有组织的党内活动。在基层党员管理方面，由于遵循"议员万能主义"，只注重少数议员的功能和作用，普通党员的个体优势在党内得不到发挥。"即使大学教授加入社会党后也与地方普通党员一样派发传单，党员特有的知识和经验得不到充分运用。"[5]当前，社民党在多地的党组织活动处于停滞状态，机关报《社会新报》作为宣传和教育党员的重要载体，向地方党组织派送过程中

---

[1] 森裕城:『日本社会党の研究』，木鐸社2001年版，第214頁。

[2] 月刊社会党編集部:「座談会：若手活動家が語る社会党」，『月刊社会党』1994年6月号。

[3] 「社民党党首選挙」，http://www5. sdp. or. jp/election/2013leader/leader_top. htm を参照。

[4] 「政治資金収支報告書令和元年11月29日公表」，https://www. soumu. go. jp/senkyo/seiji＿s/seiji-shikin/contents/SS20191129/0000400166. pdf を参照。

[5] 五十嵐仁:「〈証言〉戦後社会党史・総評史 構造改革論再考：加藤宣幸氏に聞く（下）」，『大原社会問題研究所雑誌』2013年2月号。

经常出现一周左右的延迟。[1]基层党员对党的路线、政策等都缺乏认识和了解，参与政治活动的热情普遍不高，对党的认同感和信任感不足。

三、社民党的发展前景

社民党当前面临严重危机。为解决党的生存与发展问题，恢复昔日影响力，重获国民信赖，该党提出了"党的重建与再生"口号，开始进行改革重建。然而，现阶段社民党面临多重困境，改革之路曲折坎坷，复兴难度极大，甚至有走向消亡的可能性。

（一）现行选举制度制约小党发展

在日本现行选举体制下，众议院是政党角逐权力的主战场。日本众议院自1994年起实行小选区比例代表并立制的选举制度，小选区内只有得票最多的人才能成为议员，比例选区按政党得票排名选出数名议员。2021年众议院选举中，小选区设代表289名，而比例代表区仅有176名。因此，日本实质上实行的是以小选区制即多数选举制为核心的选举制度，该制度有利于大党胜选并不断巩固自身优势地位，也成为社民党等边缘小党发展的桎梏。

日本小选区"赢者通吃"的规则造成选民支持率转化为议会席位的效率变低，有影响力的大党尤其是第一大党自民党得以凭借较低得票率获得较高议席数，极大提高了大党在选举中获胜的概率。根据"迪韦尔热定律"，通常情况下多数选举制的国家偏向形成两党制的政党体制。自1994年实施新选举制度以来，日本连续九届众议院选举中前两大政党所获席位总和均占总席数的70%以上，作为执政党，自民党在第46—48届众议院选举中更是连续取胜，分别赢得294席、291席、284席，在众议院中占绝对优势地位。[2]面对大党在选举中的垄断趋势，社民党等小党发展空间有限，难以形成有效竞争力。

同时，现行选举制度对日本选民投票的选举心理和选举策略都造成影响。选民进行投票的目的在于期望通过选举其认可的政党上台执政来施行符合其政治意向的政策措施。然而，在当前的选举制度下，民意难以完全转化，选民即使对自民党执政持消极态度，也无法改变现状，因此缺乏政治热情和选举动力，往往放弃投票。2012—2021年期间，日本连续四届众议院选举投票率均低于60%，较低的投票率使得选举结果变化波动微弱，进一步巩固了执政党的选举优势和执政地位。由于害怕选票成为废

---

[1]　森本哲郎：「政党組織をめぐる理念と現実：55年体制初期の社会党と組織問題（1）」，『關西大學法學論集』2010年10月号。

[2]　「選挙」, https://www.jimin.jp/election を参照。

票，选民的选举行为也会进行策略性调整，在投票时趋向理性选择，将选票投给更有可能实现执政的主流政党及其候选人，这种情况下社民党等小党未来想要获得更多席位数可谓难上加难，生存与发展形势严峻。在2019年的参议院选举中，社民党的小选区代表全军覆没，当年仅有的两名议员均为比例代表制推举产生。2020年，新任党首福岛瑞穗曾提出将"获得五个议席、得票率3%以上"作为2021年众议院选举的目标。然而，即使与立宪民主党等在野党共同推行选举区候选人一体化的选举策略，社民党仍然只收获了一个席位，与既定目标相去甚远。

（二）"一党独大"政治格局挤压生存空间

2012年民主党政权崩析，日本政治发展进入"安倍时代"，日本政党政治愈发形成自民党"一党独大"、在野党"多弱并存"的格局。从目前发展趋势看，自民党将长期保持国内第一大党的优势地位，自民党与公明党的执政联盟仍将具备一定的长期性和稳定性，对日本政局拥有较强的主导能力，社民党作为日本的在野小党，其政党活动存在诸多限制，生存空间受到强大对手自民党的挤压。

日本自民党拥有长期执政的丰富经验，日本的经济社会发展在其领导下取得有目共睹的进步，其执政效能得到多数国民的认同，为连续执政提供了稳定基础。截至2021年，自民党在众议院465席中占据"绝对多数"的261席，在参议院245席中独占112席，会同其执政同盟公明党的席位，执政联盟牢牢掌控着众、参两院，除修宪以外推行一般性的政策法案几乎毫无阻碍。在国家选举、立法、决策以及重要人事任免等方面，自民党都具有绝对主导权，其拥有的行政资源是包括社民党在内的所有在野党无法比肩的。自民党前总裁安倍晋三曾连任三届日本首相，在其任期内，自民党党内基础异常坚固，安倍倡导的"经济最优先"理念也帮助日本经济实现了连续增长，日本国民对其普遍认可，一些无党派选民也开始转投自民党。2020年8月28日，安倍晋三因健康原因辞去首相职务，日本政治进入"后安倍时代"，虽然自民党内频现人事调整等状况，但是安倍时期的大部分政策主张仍在沿袭推行，可以预见，继任者们为求得党内普遍支持，势必会在一定程度上保持政策的连续性和稳定性，这将有利于保持自民党权力交接的平稳过渡和执政地位的继续稳固。

反观在野党，其发展呈现出"多弱并存"的局面。首先，近年来日本"中间阶级"和"中流意识"盛行，政治环境和国民意识愈发保守，国民即使对当前政权不满也不愿轻易选择更不信任的在野党，社民党以实现"平等社会"为目标、以鼓动群众打破现状为出发点的各种革新政策自然备受国民冷落。其次，日本选民对在野党的执政水平普遍持怀疑态度，在野党的支持率近年来持续走低。2020年日本公共广播电视台调查显示，立宪民主党支持率仅为5.6%，国民民主党0.6%，日本共产党1.7%，日本维新会3.8%，社民党仅剩0.7%。[1]近年来，日本各在野党政治势力整合频繁，趋向统一政治目标或初步达成政治共识的不同党派不断进行合并重组，[2]试图形成一个有号召力影响力的大党，但仅仅在决策层面和组织体系上的重组并不能有效地扩大群众支持基础、促进选举方面的完美合作。比如，2021年，合并几个党派的立宪民主党在众议院选举中仍然无法突破自民党议席的半数。因此，新组建的政党往往难以对执政党构成实质性威胁，反而不断消耗原有选民的政治耐心。在野党发展的持续弱化使得以对抗自民党为目标的国会斗争如隔靴搔痒，难以形成有效制衡，社民党提出的诸多议案也因缺少支持和呼应，举步维艰。

（三）建立在野党联合斗争"统一战线"困难重重

当前，面对自民党和公明党稳固的执政联盟，日本在野党想要进行有效的国会斗争、实现政权更替，必须突破"分散"状态，形成以对抗执政党为共同基础的、广泛的联合斗争"统一战线"。由于诸多因素制约，联合之路困难重重。

近年来，社民党致力于通过"在野党共斗"的形式加强党际合作与联盟，以谋求新的联合政权。2006年，社民党在第十次全国大会上提出："为了实现政权更替，社民党期待联合政权的形成。"[3]此后，社民党在拥护宪法、反对提高消费税等方面多次与在野党联合开展共同提议法案、组成议会联盟等形式的共斗。2016年，社民党与生活党在参议院组成统一党派"希望之会"开展联合议会斗争，并在同年与日共达成护宪统一战线。在2019年参议院选举中，社民党、立宪民主党、民友会组成的联盟成功阻击了执政者的修宪进程。2020年，社民党在第17次全国大会宣言中再次强调了在野党联合政权的必要性。2021年，社民党提出"将与在野党、国民共同战斗，不惜一切代价实现为了生存的政权更迭"。

然而，近年来各党内部势力分化重组频繁，加之地方政党崛起，导致在野党普遍缺乏牢固的支持基础。同时，各党意识形态不同、政治理念各异，甚至因为选民争夺等问题存在对立冲突，难以达成稳固的合作同盟关系。比如，部分在野党对日本共产党存在偏激认识和政策分歧，不愿与其合作。各在野党的联合构想也存在较大差距且缺乏一定现实性，各党都试图按照自己的意愿和主张进行联合，在实际操作层面极大增加了联合的困难性，很难达成实质性统一，即使在议会选举中组成同盟也是"貌合

---

[1] 「各政党の支持率 NHK 世論調査」，https://www3. nhk. or.jp/news/html/20200622/k10012479691000. html? utm _ int =nsearch_contents_search-items_008を参照。

[2] 2016 年民主党与维新党合并为民进党，2018年民进党与希望党合并为国民民主党，2020 年立宪民主党与国民民主党合并成立新立宪民主党。

[3] 「改革の道 筋」，http://www5. sdp. or.jp/vision/vision. htm を参照。

神离"，一旦涉及选举后权力分配等问题便会各自为战、分崩离析。

在野党像一盘散沙，缺乏应有的统合力和向心力，不仅无法实现广泛的联合斗争"统一战线"，也难以提出契合国民利益的建设性主张和政策，日本国民对在野党的表现渐渐失望。朝日新闻社的调查显示，在支持自公两党执政联盟的选民中，有超过70%的选民表示"在野党没有魅力"[1]。各党貌似都在努力争取相互之间的合作，但是如何真正做到求同存异、建立牢固的"统一战线"，仍是包括社民党在内的日本各在野党重要待解之题。

（四）资金匮乏难以支撑党的选举和活动

目前，社民党财政匮乏，其选举和活动在资金层面受限，无法放开手脚，政治影响力与社会号召力随之减弱，社会资本的吸纳力不断下降，导致其政治影响弱化与资金短缺形成恶性循环。

社民党的资金主要来源于政党补助金、党费、党报等事业收入和社会捐款。社会党时期该党最大的社会捐款来源曾经是工会，随着双方关系的破裂，来自社会的捐款越来越少。1994年，日本国会通过政治改革法案引入政党补助金，日本政党金权体制由献金依附型向补助金依附型转变。除不接受补助的日本共产党外，政党补助金成为各党最稳定的收入来源。由于选举所获席位数与政党补助金直接相关，各党补助金差额巨大，社民党的政党补助金就处在日本政党的末流，并且正在逐年减少。2015年，社民党的政治补助金只有4亿多日元，不及自民党的1/40，到2019年已降至3.75亿日元。[2]随着党员人数减少和社会影响力下降，党费和党报的收入也每况愈下。目前社民党有党报《社会新报》和党刊《月刊社会民主》。2019年以《社会新报》为主的党报收入2.69亿日元，《月刊社会民主》甚至在日本亚马逊上可以凭积分免费获取。2019年社民党党费收入仅1.25亿日元。[3]这些收入只能基本维持社民党的内部运转，却难以为其发展续力。

社民党在日本国内是有名的"穷党"，资金的匮乏不仅使党的选举和活动备受限制，而且在一定程度上损害了政党形象。2005年，社民党由于资金困难解雇了部分职员，此举与其一向标榜的维护劳动者权利的形象相悖，招致国民反感，致使党的形象备受打击。社民党总部还因资金不足经历过两次搬迁。2011年，位于东京的社民党总

---

[1] 「野党へは流れ込まない民意 失望の高い壁を越えるには」，https://www.asahi.com/articles/ASP-2F6X8GP28ULZU00B. html? iref = pc_ss_date_article を参照。

[2] 「政党交付金使途等報告書」，https://www.soumu.go.jp/senkyo/seiji_s/seijishikin/reports/SK20160923/TK/ を参照。

[3] 「政治資金収支報告書等の公表に当たって」，http://www5.sdp.or.jp/comment_index を参照。

部因地震受损被认定为"危房",却因财政紧缺无力修缮；2013年该党因原址破旧被迫搬迁。2017年5月，社民党再次从日本的政治中心永田町搬移到租金便宜、位置偏僻的民间大楼，给人以"落魄而逃"的凄惨景象。该党自身建设也因资金问题受到影响。例如，为加强总部与地方组织联系，为选举宣讲活动提供便利，2014年社民党在全国开始实施"对话房车"计划，由于资金短缺，至今仍未完成。

（五）改革重建难有起色引发认同危机

2014年，时任党首吉田忠智提出推进"党的重建与再生"，在全党范围内围绕自身定位、存在意义等问题开展广泛讨论，随后通过的第三号议案针对地方组织建设、理论政策研究、议员发掘培养等九个方面提出了初步的改革构想。然而，社民党将"重建与再生"的改革目标与"选举获胜"等政治宣言相提并论，缺乏改革实践层面有针对性的政策和具体部署。同时，社民党目前宣称"取代新自由主义的必将是社会民主主义"，但在社会民主主义的理论创新和诠释方面难以突破，仅仅将其作为一种社会价值理念，以批评当前政权的政策性漏洞代替批判资本主义制度性矛盾，对于国家治理拿不出一套切实可行的系统性方案，理论缺乏说服力和吸引力。截至目前，社民党改革并没有给党的发展带来明显起色和实质突破。2019年，在日本第19届地方选举中，该党所获议席数反而减半，仅获22席。

由于改革难有起色，社民党内部近年来频现认同危机，党内多次出现解散并入其他党派的声音。2016年，社民党曾就解散并入民进党事宜进行过全党讨论，因党内意见不一而推迟，此事随着民进党的解散而终止。2019年以来，立宪民主党频频向社民党抛出"合并橄榄枝"。2020年1月，社民党召开全国干事长会议研究合并问题，由于临近党首选举，各地党组织意见各异，加之担心造成社民党再次分裂，最终未能达成统一共识。新任党首在就任发言中提出了在全党加深"合并"讨论的必要性，表明了社民党中央层面的合并意愿。2020年11月，社民党召开第18次临时党大会再次就"合并"问题讨论，最终部分党员选择脱党加入立宪民主党，其中还包括两名议员。社民党及时宣称，两党将在各自道路上朝着共同的社会民主主义目标继续努力，遏制了党的再次分裂。

在外部环境和自身建设的多维困境中，日本社民党的改革与发展之路仍将困难重重，短期内其党势低迷状态和"边缘小党"地位将难以改善，甚至有可能解散并入其他党派、走向消亡。然而，作为日本革新势力的代表，社民党在牵制日本保守势力尤其是右翼势力方面仍然肩负着不可替代的使命任务，仍然具有一定的社会基础和发展空间，这一点在坚持和平主义、反对修改宪法第九条上体现得尤为明显。当前，受新冠疫情、经济衰退等因素影响，日本国民对自民党政权的支持率正在逐渐下降。面对日益增长的庞大无党派选民群体，日本社民党是通过及时调整找到发展契机、重获国民信任、逐渐走出困境，还是终将落下历史的帷幕，其发展走势值得持续关注和研究。

原载于《当代世界与社会主义》2021年第6期

2022年澳大利亚工党胜选的原因及评析

董沐夕

摘　要： 澳大利亚工党在 2022 年联邦大选中的胜利是澳大利亚社会贫富差距拉大、雇佣劳动者阶级意识复苏、联盟党相对式微等外部环境因素，以及工党政策理念向左回调、不断完善组织体系、重塑候选人形象等内部支撑因素共同作用的结果。此次胜选表明，工党的新一轮变革已初见成效，但无论从得票率的比较优势、意识形态的回调程度还是在议会中推进政治议题的主导力来看，工党的回归均十分有限，未来工党在明确自身定位、克服理论创新瓶颈以及在资本主义结构性危机下突破政策困境等方面仍然任重道远。

关键词： 澳大利亚工党；有限回归；挑战

作为资本主义框架内的一支政治力量，工党在澳大利亚的政治光谱中居于中左位置，在130多年的发展历程中，其对资本主义的态度在批判和妥协之间反复摇摆、不断调适，力图争取更多选票和更大的政治空间。在2022年澳大利亚联邦大选中，工党击败了自由—国家联盟党（以下简称"联盟党"），成为联邦议院第一大党。安东尼·阿尔巴尼斯就任澳大利亚总理。工党在阔别政坛九年之后重登执政宝座。

一、澳大利亚工党胜选的外部环境因素

2008年国际金融危机以来，澳大利亚日益加速的经济衰退、贫富分化及政党格局极化促进了劳动者的再觉醒，为澳大利亚阶级政治的复归奠定了社会基础。

（一）社会贫富差距的拉大

二战后五六十年代澳大利亚经济的"黄金时期"和福利国家的兴起，曾极大地改善了广大雇佣劳动者的工作和生活条件，也使越来越多的雇佣劳动者否定自身的工人阶级身份而将自己归为中产阶级行列，中产阶级一度成为澳大利亚经济发展的引擎和政治稳定的压舱石。然而，2008年国际金融危机使广大雇佣劳动者的中产阶级幻想彻底破灭。为了应对危机，联盟党政府和工党政府均推行了财政紧缩政策和福利改革，

曾经自以为是中产阶级的白领工人，在危机中陷入了比蓝领工人更为严重的失业、资产缩水、工资下降等困境，澳大利亚的贫富差距出现了拉大趋势。2020年澳大利亚社会服务委员会与新南威尔士大学联合发布的报告显示，澳大利亚贫富差距持续扩大，处于"金字塔"尖的富人平均财富是穷人的90倍，而且过去15年，富人财富升值幅度是穷人的11倍多。这份报告还对2017—2018年澳大利亚统计局的数据进行了研究，结果显示，占澳大利亚人口20%的最富有的人比占20%的最贫困的人收入高出6倍，而这一数据在2015—2016年为5倍。[1]贫富差距的拉大客观上为秉持平等公正理念、主张加大政府调控力度的工党的东山再起聚集了越来越充足的动能。

（二）雇佣劳动者阶级意识的复苏

澳大利亚贫富差距的拉大带来了阶级分化的加速，阶级结构正在从两头小、中间人的"橄榄形"向两头大、中间小的"哑铃形"悄然变化。在残酷的现实面前，越来越多的中产阶级重新思考自己的社会地位和阶级归属问题，并回归工人阶级队伍，中产阶级逐渐萎缩的趋势愈加明显。西方学者在针对"在政治中，人们有时谈论'左'和'右'。在从0到10的范围内，你会把自己放在哪里？其中，0表示左边，10表示右边。用同样的标准，你会把两个联邦政党放在哪里？"这一问题的调查研究中发现，2019年两党之间的左右两极分化程度达到2.6分，为2004年以来的最高纪录，其中，选民立场与自由党立场之间的平均差距为1.5分，选民立场与工党立场之间的平均差距为1.1分，选民向左靠拢的趋向更加明显。[2]回溯历史，工党是在工会运动的支持下，以工人阶级代言人的身份走上政治舞台的。工党在成长为澳大利亚主要政党的过程中，曾长期倚重工人阶级选民的坚定支持，并与之建立了密切联系。中产阶级的回归无疑为工党重拾执政地位壮大了阶级力量。

（三）联盟党的相对式微

在连续执政的九年时间里，自由党的频繁内斗导致党首多次更替。2015年9月15日，马尔科姆·特恩布尔发动"政变"迫使托尼·阿博特下台之后，特恩布尔领导的联盟党仅占政府中的微弱多数，致使联盟党在推进关键政策议程时屡屡受阻。2018年以后，自由党内部派系斗争加剧，特恩布尔遭遇"逼宫"，财政部部长斯科特·莫里森当选自由党党首，上台就任总理。总理的频频易人加剧了澳大利亚政局的不稳定，引

---

[1] 《澳大利亚贫富差距持续扩大》，参见人民网http://world.people.com.cn/n1/2020/0908/c1002-31852760.html。

[2] Sarah Cameron and Ian McAllister, "Policies and Performance in the 2019 Australian Federal Election", in Australian Journal of Political Science, Vol.55, No.3, 2020, p.244.

发了群众的不满。

不仅如此，动荡不安的国内政治使澳大利亚政治精英为频繁的党争所累，无暇应对内政外交上的种种挑战。阿博特政府内阁推行的紧缩预算案严重动摇了联盟党的执政地位。特恩布尔没能从税收到能源等领域制定出连贯的政策，"政变"是在联盟党支持率连续38次落后于工党的情况下发生的。在莫里森任期内，野火、洪灾、疫情、高通胀、与中国关系严重恶化、国民收入停滞等危机把澳大利亚经济搞得疲软不堪，也让莫里森饱受质疑和批评。尤其在2021年初，澳大利亚政府先后曝出的一系列性丑闻掀起了轩然大波，使联盟党政府深陷政治泥潭，其在民众心目中的形象严重受损。《澳大利亚人报》公布的一项民调结果显示，自由党的支持率已降到2019年以来的最低点。[1]澳大利亚广播公司评论称，本届大选民众普遍有一种"因挫折而改变"的渴望。[2]

二、澳大利亚工党胜选的内部支撑因素

澳大利亚社会环境的深刻变化及长期在野的巨大压力使工党重新审视自身，并在政策理念、组织体系及领袖形象等方面进行了变革和调适，这成为支撑工党胜选的内部因素。

（一）政策理念向左回调

20世纪90年代末，在新自由主义理论框架下谋生存的澳大利亚工党在英国工党的示范下走上了"第三条道路"。但是，澳大利亚工党难以协调不同利益集团之间的冲突，没能产生能够有效整合社会中下层的政治理念，也因为政策的矛盾性和模糊性而没能挽救澳大利亚的经济社会危机。从社会基础来看，工党为吸引城市中产阶级的支持而偏离了工党的传统，失去了对社会公平议题的话语权，辜负了底层选民的期望，就此失去了工人阶级核心选民的稳定支持。

面对工人阶级意识的复苏，重构左翼政治和社会民主主义方案势在必行，重拾左翼传统成为比尔·肖顿和阿尔巴尼斯时期工党变革的新趋向。在此期间，工党试图采取向传统左翼立场靠近的方式回应来自工人阶级的诉求。

第一，反对经济不平等，拉开与新自由主义的意识形态距离。工党奉行"小目标"战略，把重点放在经济问题上。肖顿反对特恩布尔联盟党政府将公司税率从30%降至

---

[1] 《澳政坛丑闻频发凸显社会不平等痼疾》，参见新华网http://www.xinhuanet.com/2021-03/28/c_1127264628.htm.

[2] 马子倩：《各国政坛人事变动呈现多个共性特点——对抗性外交政策正在被更多国家抛弃》，《中国青年报》2022年5月26日。

25%的计划，理由是"政策的不公平性加剧了结果的不平等现象"[1]，认为自由党的立场是"给城市顶层人士减税，让其他人勉强度日"[2]。保罗·约翰·基廷和朱莉娅·艾琳·吉拉德在担任工党领袖期间都主张降低公司税率，这反映了工党立场的深刻变化。事实上，到2016年大选时，肖顿领导下的工党已经巩固了与鲍勃·霍克和基廷时期新自由主义改革的意识形态距离。肖顿强调，尽管经济增长了几十年，但收入和财富差距日益扩大，经济不平等处于75年来的最高水平。[3]另外，肖顿还打破了工党的传统观念，公开批评富有的商业利益集团，称它们为"城市的最顶端"。[4]而工人的收入是半个世纪以来最低的，他认为不平等是"对我们经济健康和社会凝聚力的最大威胁"[5]。在肖顿的领导下，工党制定了一系列体现公平的政策。比如，在儿童护理和老年人牙科护理等领域的新计划将通过对"城市的最顶端"征收更高的税收来弥补本质上是累退的税收漏洞。继肖顿之后，阿尔巴尼斯作为"老工党人"，同时作为党内的左派，更加强调工党作为中下层劳动群体代言人的信誉。他指出，在通货膨胀率高达5.1%的背景下，2022年人们的收入却只增加了2.4%，这是1998年以来的最低值。[6]他承诺将帮助澳大利亚人获得更高薪的工作，修复"破碎的谈判制度"，并实现最低工资的真正增长，计划用更多的公共开支来解决生活成本危机，例如计划增加41亿英镑的政府支出用于儿童保育、免费技术和继续教育、可再生能源和医疗保险等方面。整体来看，肖顿和阿尔巴尼斯时期的工党更加关注经济不平等问题，对于劳资关系和经济管理采取了比陆克文时期，特别是吉拉德时期更多的社会民主主义方法和更少的市场化方法。肖顿和阿尔巴尼斯都使用了更传统、更具干预主义色彩的左翼话语，试图纠正边缘群体遭遇的经济和社会不平等，强调澳大利亚市场经济的失败是导致不平等加剧和其他社会弊病的原因。

[1] Bill Shorten，"Speech-acoss Conference"，https://www.billshorten. com. au/news/bill-s-speeches/speech-acoss-conference-sydney-thursday-17-november-2016.

[2] Matthew Doran，"Election 2016：Malcolm Turnbull，Bill Shorten Make Pitches to Australia"，https://www. abc. net. au/news/2016-05-29/malcolm-turnbull-and-bill-shorten-face-off-at-leaders-de-bate/7457418? nw = 0.

[3] Bill Shorten，"Speech-Growing Strong and Fair：Labor's Vision for the Modern Economy"，https://www.billshorten.com.au/growing_strong_and_fair_labor_s_vision_for_the_modern_economy.

[4] Bill Shorten，"Speech-Transcript-Press Club Address Q＆A"，https://www.billshorten.com.au/tran-script_press_club_address_q_a_tuesday_30_january_2018.

[5] Bill Shorten，"Speech-Tackling Inequality：A Labor Mission-Melbourne Institute"，https://www.billshorten.com.au/speech_tackling_inequality_a_labor_mission_melbourne_institute_friday_21_july_2017.

[6] 张旌：《澳大选投票在即 朝野总理人选发起最后冲刺》，参见新华网http://www.news.cn/world/2022-05-21/c_1211649448.Htm.

第二，种族政策更具包容性和进步性。肖顿和阿尔巴尼斯在强调所有澳大利亚人面临的经济剥削和日益加剧的不平等问题的基础上，特别强调愿意承认种族和少数族裔群体基于种族身份所面临的劣势和歧视。他们延续了基廷和陆克文关于原住民问题的论述，强调承认和纠正过去的错误，要弥补强制迁移带来的代际影响，为"被偷走的一代"提供经济补偿。如果将他们关于原住民问题的论述与吉拉德的论述进行比较，会发现其进步性非常明显。吉拉德的论述侧重于责任，而肖顿和阿尔巴尼斯则侧重于民族自决以及解决现有和历史不利条件的措施。同时，他们坚持了工党的一贯主张，认为多元文化主义不仅可以促使澳大利亚的文化和社会更有活力，而且是经济增长和繁荣的关键驱动力。肖顿强烈反对阿博特联盟党政府修改《反种族歧视法案》的提议，揭露了联盟党政府把种族和文化问题作为掩盖其不平等经济政策的策略，承诺为原住民及其家庭成员设立1000万美元的国家康复基金。阿尔巴尼斯强调，工党致力于推动《乌鲁鲁声明》（Uluru Statement from the Heart）的全面实施，承诺举行全民公投修宪，将原住民在议会中的发言权引入澳大利亚宪法，设立国会顾问组织"向国会传达原住民之声"，让原住民和托雷斯海峡岛民参与和他们土地有关的决策。

第三，以更加积极的政策应对气候变化。工党一贯倡导低碳减排政策，支持气候治理。在肖顿担任工党领袖期间，采取行动应对气候变化是工党的核心议题。肖顿坚持了陆克文在第二次担任工党领袖期间的决定，将取消碳排放税作为工党的政策。但同时，他主张制订行业碳排放交易计划，并呼吁增加可再生能源生产，包括增加对可再生能源技术的投资。在2019年联邦大选中，肖顿提出了一系列关于气候的政策主张，其中包括一项到2030年确保碳排放在2005年的基础上减少45%以及澳大利亚50%的能源来自可再生能源的提案。[1]总体来看，工党试图重拾2007年以来应对气候变化的有效框架，并试图将气候变化行动构建为两党之间的重要争论点，其目的是表明工党具有比联盟党更现代、更务实的行动方案来应对气候变化的威胁。近年来，由于自然灾害等气候变化引发的问题直接冲击澳大利亚社会而愈发引起民众关切，在2022年联邦大选中，工党把气候行动放在了更加优先的位置，大打"低碳牌"。工党给出的承诺是，运用市场调节机制，到2030年将碳排放量在2005年的基础上减少43%，并将可再生能源发电比例从2021年的31%提高到2030年的82%。[2]阿尔巴尼斯试图将澳大利亚塑造为全球舞台上新兴的气候领导者，声称澳大利亚已经回到了应对气候变化的斗争中，并准备在

[1] Nicole Hasham and David Crowe，"Tony Abbott Performs Major Back Flipon with Drawing from Paris Climate Agreement"，https://www.smh.com.au/politics/federal/tony-abbott-performs-major-back-flip-on-withdrawing-fromparis-climate-agreement-20190308-p512op.html.

[2] 文乐乐：《澳大利亚将"强硬"应对气候变化》，《中国科学报》2022年5月25日。

应对日益严重的气候危机中发挥领导作用。[1]

（二）大力吸收党员，进一步扩大党内民主权

对党员流失现象，工党在2015年党的代表大会上通过了大量招募党员的决议，不仅通过推行更为方便快捷的"一键式"网上入党申请，鼓励年轻人、原住民、女性入党，鼓励工会会员以个人身份入党，提供党费优惠等多种措施鼓励选民入党；还适应信息化、网络化时代发展的需求，创新性地成立了各类"议题支部"，为那些不愿加入传统地理意义上的党支部但对某项政策议题感兴趣的年轻人搭建开展活动的平台；不仅如此，为了储备党员后备力量，工党还在网上成立了"智囊团"，以吸引党外支持者加入。[2]另外，为了让更多的普通党员参与到党的政策制定过程中，自2015年开始，工党改变了《澳大利亚国家纲领》的决策机制，由党的全国代表大会的形式转变为了全国政策论坛的方式，在全国政策论坛的65位成员中，除了有5名工党议员和20名工党核心小组成员之外，还有20名工党分支成员代表和20名工会代表。[3]他们共同参与工党纲领政策的制定，提高了基层党员在党内的参与权和决策权。

（三）重塑候选人形象

在肖顿担任工党领袖期间，工党推出了一系列酝酿成熟的政策。然而，由于媒体爆料肖顿是2010年吉拉德取代陆克文和2013年陆克文二次出山的幕后推手，以及其曾卷入工会腐败案件等，导致"肖顿不值得信任"的说法深入人心。尽管在作为反对党领袖的生涯中，肖顿努力将自己塑造为强大团队的领袖，着力于改善自身形象，但他一直没能成为民众心目中的"首选总理"，长期在同自由党领袖的竞争中处于下风。正如有学者提到："肖顿的公众形象是一个没有坚定信念的机器人，可他的政策比任何一个反对党领袖都要多、都要大胆。"[4]然而，选举结果显示，领导力比政策更重要。在2019年大选中，尽管工党的支持率总体上领先联盟党，但在最佳总理人选上，肖顿的支持率拉低了工党的选情，拖累了工党的政治抱负。

2019年大选落败后，肖顿宣布辞职，在随后启动的工党新领袖选举中，阿尔巴尼斯作为唯一参选人当选。与澳大利亚以往的多任总理不同，阿尔巴尼斯出身于真正意义上的"草根"阶层，他在坎伯唐公租房长大，其母亲是一名残疾养老金领取者。虽

---

[1] "Australia Election：Anthony Albanese Signals Climate Policy Change"，https://www.bbc.com/news/world-australia-61539426.

[2] 赵婷：《澳大利亚工党党内政治生态研究及启示》，《当代世界与社会主义》2018年第3期。

[3] 参见澳大利亚工党官网https://www.alp.org.au/about/national-policy-forum.

[4] John Quiggin，"Nothing"，http://johnquiggin.com/2018/06/25/nothing.

然出身贫寒，但是阿尔巴尼斯从悉尼大学经济学专业毕业后随即步入政坛，1996年就进入联邦议会，2007—2013年工党执政期间，他曾担任基础设施和运输部部长等职务，并于2013年短暂担任过副总理。阿尔巴尼斯从不避讳自己的出身，而是将"草根"作为身份标签，屡次前往社区倾听民意，"草根"的出身使他能够真正理解弱势群体的处境，更懂得如何为身处不利环境的人创造机会。

不仅如此，担任工党领袖之后，为了使自己对选民更有吸引力，阿尔巴尼斯瘦身18斤，注重以更为时尚的西装和眼镜塑造自己的形象。根据澳大利亚民调机构Newspoll的调查显示，选民认为阿尔巴尼斯"值得信任""对国家的未来有规划""关心民众"。[1]阿尔巴尼斯温和务实、其亲近底层的形象赢得了选民的支持，使他成为澳大利亚人心目中的最佳总理人选。

三、2022年澳大利亚工党胜选评析

工党的此次胜选表明，作为澳大利亚温和左翼的中坚力量，工党在澳大利亚政治舞台上仍然扮演着不可替代的角色。但是，种种迹象表明，工党的此次回归非常有限，其在未来的发展中仍然面临重重挑战。

（一）工党的回归有限

第一，工党得票率的比较优势有限。工党在2022年联邦大选中的胜利掩盖了一个事实，即它在众议院的初选选票（32.58%）跌破了历史新低，联盟党的初选选票（35.49%）也很低，工党和联盟党加起来只赢得了大约2/3的初选选票，而31.93%的选民将他们的初选票投给了其他小党和独立候选人。[2]只不过在澳大利亚的"偏好投票制"下，传统政党在选举中具有明显优势，即选民必须表明对工党或自由党/国家党的偏好，尽管这些政党不一定是选民的首选。正如有民调显示，大选前两天仍有1/3的澳大利亚人"不喜欢"任何一个候选党派，但无论如何选民都必须从两个"恶魔"中选出一个以组建下一届政府。[3]这使工党尽管在初选中获得的选票不足1/3，但最终在众议院获得了超过半数的席位。基于工党的初选票数较低，有学者认为工党的胜利靠的是"不温

[1] 胡慧茵：《阿尔巴尼斯正式就任31届澳大利亚总理 高通胀等民生问题待解》，《21世纪经济报道》2022年5月24日。

[2] 参见澳大利亚选举委员会网站https://www.aec.gov.au/results.

[3] 达乔：《澳大利亚今日进行大选投票》，《环球时报》2022年5月21日。

不火的支持"[1]。

第二，工党意识形态的回调程度有限。纵观澳大利亚工党的发展历程，其意识形态和政治定位出现过多次调整。20世纪50年代，在冷战环境下，为了缓和党内右派对社会主义的反对态度，并照顾那些与工党社会主义目标不一致的中间阶层选民的利益，工党将传统的"工业、生产、分配和交换的社会主义化"目标修改为"工业、生产、分配和交换的民主社会主义化"的新目标，确立了民主社会主义意识形态。80年代以来，新自由主义的兴极一时意味着工党长期奉行的凯恩斯主义在新的经济形势下已经失去效力，工党由此开始更加关注经济效率问题，其对"国有化"理念的放弃，对"私有化""市场化"理念的推崇，表明其民主社会主义意识形态的新自由主义化。90年代中期以来，经过新自由主义洗礼的工党面临着因政治右倾化带来的"身份危机"，为了突破以往左右翼政党的政治局限并树立起工党政治理念和政治身份的特殊性，工党走上了"第三条道路"。然而，"起来"（Get Up）等极左翼政治团体在澳大利业的崛起表明左翼进步价值和社会中下阶层民众仍需要政治代言人，但工党不再是其唯一选择。近年来工党在摇摆调适中复归左翼传统，试图明确其更多维护中下层民众利益的政治立场，然而事实表明，工党只是通过更多限制资本及金融特权群体的权力来纠正现实经济社会中的不公平现象，其对新自由主义弊端的反思与批判，更多折射的是经济危机和新冠疫情冲击下国家治理失效的问题，其在意识形态上的左转是具有鲜明实用主义色彩的有限调整。

第三，工党在议会中推进政治议题的主导力有限。阿尔巴尼斯执政后，工党政府对内面临后疫情时代抑制物价、促进就业、应对气候变化等一系列民生难题，对外面临与中国改善关系、加强国际合作等政治议题。而从议会席位来看，在众议院的151个席位中，工党获得77席，刚刚过半数，联盟党获得58席，另外的16个席位中，中央联盟获得1席，凯特澳大利亚党获得1席，绿党获得4席，独立候选人获得10席。[2]这意味着工党虽然执掌大权，但由于议会优势不足，必然将在新一届政府中受到多方制约和夹击，在推进政治议题时难免会出现处处掣肘的局面。

（二）工党的未来发展仍然任重道远

第一，如何明确自身定位。试图通过改革重新确立左翼身份特征，是工党为赢回传统工人阶级选民的信任所进行的努力。回归左翼传统虽然在经济危机以及后疫情时代的背景下有一定的社会基础，但从长远来看，随着澳大利亚社会阶层分化的日益加

---

[1] 转引自Derek McDougall，"Albo Crosses the Line：The Labor Win in the 2022 Australian Federal Election"，Vol. 111, No. 5, 2022，p.556.

[2] 参见澳大利亚选举委员会网站https://www. aec. gov. au/results.

快，阶级和政党之间的传统联系相对弱化，选民的实用性投票倾向愈发明显。因此，如何正确评估自身定位，处理好站稳阶级立场和吸纳多元力量的关系，仍然需要工党进行艰苦探索。

第二，如何克服理论创新瓶颈。2008年国际金融危机暴露了新自由主义的弊端，工党试图划清与新自由主义的界限，走出"第三条道路"的理论困境。但是，无论肖顿还是阿尔巴尼斯，虽然都努力为其反对财政紧缩、反对社会不公平、提高富人税收、增加社会福利等政见涂上左翼理论色彩，但实际上仍然仅限于对新自由主义的批判，并未寻找到一种新的体现社会民主主义特色的话语模式。工党要纠正"第三条道路"对新自由主义的妥协，需要突破社会民主主义的理论创新瓶颈，推动构建兼具传承性和时代性的新政治话语，从而进一步指导工党的可持续发展。

第三，如何在资本主义结构性危机下突破政策困境。工党的新一轮变革体现出其左翼政策的进步性，但是，阿尔巴尼斯在大选中承诺的税收减免、建设经济适用房等减轻民众生活成本的政策无不需要国家财政的有力支持。然而，澳大利亚财政部有关数据显示，澳大利亚并未走出2008年国际金融危机引发的经济困境，而新冠疫情又使政府积累了大量额外债务。预计到2024—2025财年，政府债务会达到9810亿澳元的峰值（政府债务在国内生产总值中的占比将达到40.9%），比疫情之前的2019年底高出约四倍。[1]面对经济复苏这一刚需，工党政府必然要开源节流。可以看到，大选后的工党政府已经作出妥协，不仅延续了莫里森政府对高收入群体的减税政策，也没有大幅削减采矿、煤炭产业。作为改良主义政党，工党致力于在资本主义制度框架内纠正澳大利亚经济社会建设中存在的不合理现象，但是，在后疫情时代资本主义结构性危机加重的背景下，工党到底能在多大程度上突破左翼政策困境，仍具有很大的不确定性。

四、结语

澳大利亚工党在2022年夺回执政地位，似乎与西方多数国家右翼复兴的趋势背道而驰。纵观全球，尽管还有2020年新西兰工党、2021年德国社民党重掌内阁等个别案例昭示着中左翼政治初现回暖的迹象，但西方社会民主党整体低迷的态势仍未得到根本扭转。在世界百年未有之大变局及后疫情时代，西方传统主流政党的影响力仍在减弱，选票越来越多地从传统大党流向了新兴政党及独立候选人。从澳大利亚2022年大选结果来看，独立候选人所占众议院议席从先前的三个增加到了十个，其中"蓝绿色"

---

[1] 胡毓堃：《"绿色"承诺、通胀高企：澳大利亚工党上台面临哪些严峻挑战》，参见澎湃网 https://www.thepaper.cn/newsDetail_forward_18223511.

独立候选人的异军突起在动摇自由党部分"票仓"的同时，也壮大了澳大利亚右翼保守势力的力量。同时，澳大利亚的民粹主义浪潮仍然波涛汹涌，单一民族党、澳大利亚联合党等极右翼政党依然非常活跃，未来工党要破浪前行还需要继续拓展和深化自身的改革和发展之路。

原载于《当代世界与社会主义》2023年第5期

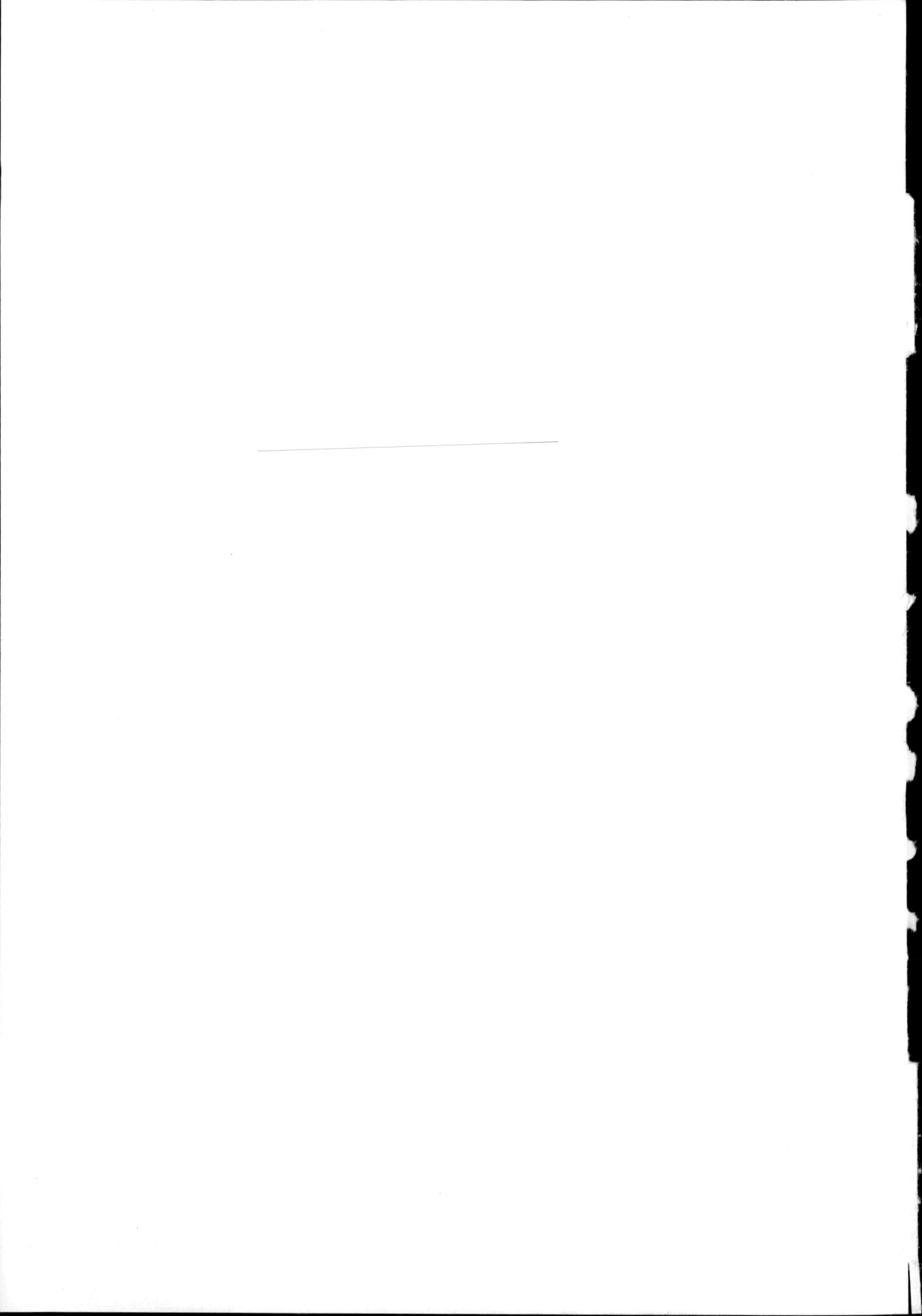